本刊受上海市高水平地方高校（学科）建设项目资助

CSSCI来源集刊

法律方法

Legal Method

第34卷

主　　编·陈金钊　谢　晖
执行主编·吕玉赞

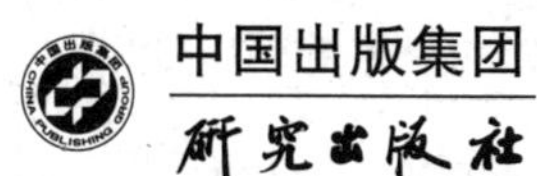

中国出版集团
研究出版社

图书在版编目 (CIP) 数据

法律方法 . 第 34 卷 / 陈金钊 , 谢晖主编 . -- 北京 : 研究出版社 , 2021.4
ISBN 978-7-80168-939-9

Ⅰ . ①法… Ⅱ . ①陈… ②谢… Ⅲ . ①法律 - 文集 Ⅳ . ① D9-53

中国版本图书馆 CIP 数据核字 (2021) 第 093992 号

出 品 人：赵卜慧
责任编辑：张立明

法律方法（第 34 卷）
FALV FANGFA（DI 34 JUAN）

作　　者　陈金钊　谢　晖　主编
出版发行　研究出版社
地　　址　北京市朝阳区安定门外安华里 504 号 A 座（100011）
电　　话　010-64217619　　64217612（发行中心）
网　　址　www.yanjiuchubanshe.com
经　　销　新华书店
印　　刷　河北赛文印刷有限公司
版　　次　2021 年 4 月第 1 版　　2021 年 4 月第 1 次印刷
开　　本　787 毫米 ×1092 毫米　1/16
印　　张　25.25
字　　数　519 千字
书　　号　ISBN 978-7-80168-939-9
定　　价　88.00 元

法律方法

（第34卷）

序　　言

人们不能总是消费别人的信任而不断地进行压服，司法裁判只有阐明裁判结论的形成过程和正当性理由，才可能提高裁判的可接受性，实现法律效果和社会效果的有机统一。法律方法就是站在维护法治的立场上，把法律作为修辞进行说服的纠纷解决方法，其包括但不限于法律发现、法律解释、利益衡量、漏洞填补、法律推理以及法律论证。而法律方法论则是对法律如何被运用的一系列解释、论证和推理的技巧、规则、程序、原则的系统思考。由于对逻辑思维的轻视，我国对法律方法论的研究起步较晚。但自21世纪初以来，随着对思维方式的体系化改造，法律方法论研究逐渐成为我国法学研究中的一门显学。

创刊于2002年的《法律方法》，迄今已经出版34卷，为法律方法论人才的培育，法律方法论研究的普及、深化、繁荣，提供了专业化的学术交流、切磋平台。多年来，幸赖学界同仁的支持、出版界同仁的合作，《法律方法》与学界同仁一道，共同推动了中国法律方法论的研究，见证了法律方法论研究的繁荣。

法律方法论研究的持续繁荣蕴含着研究契机的转换。随着裁判文书上网、案例指导制度的建立，学界越来越关注司法实践发展出来的教义规则及其方法支撑。法律方法论的研究正从以译介消化域外相关理论为特色的学说继受阶段，转向以本国立法、司法实践的教义学化为契机的本土化时代。面对这一新的发展趋势，我们认为，促进法治中国建设、生成法学教义规则，理应成为今日法律方法论研究的出发点和落脚点。法律方法论研究也应当在继续深挖法律方法的基础理论之上，提炼能够回应我国实践需求的命题。

因而，我们需要继续深挖法律方法的基础理论，拓展法律方法论的应用研究。

一是法律方法与法治的关系。法律方法依托于法治，没有法治目标，要不要法律方法都无所谓。基于何种法治立场、实现何种法治目标、讲述何种法治故事，是奠定法律方法论价值取向的前提性问题。如果忽略对这些问题的研究，法律方法的研究、运用必将沦为方法论上的盲目飞行。

二是法律方法与逻辑的关系。逻辑是思维的规律和规则。法律方法表现为各种具体的法律思维规则，法律思维规则构成了法律方法的骨架。如今，逻辑学经历了传统的形式逻辑向实质逻辑的转向。结合逻辑学的新变化，建构法律解释、法律推理、法律论证模型，对夯实法律方法论的逻辑基础，强化法律方法论的实践指向，具有重要的理论和实践意义。

三是回应实践的需要，提炼新的命题。面对法律供给不足的现实，我们应当坚持“持法达变”思维，把法律当成构建决策、裁判理由的主要依据，重视体系思维，将宪法中的“尊重和保障人权”原则融入法律思维或者法律方法之中，以防止“解释权”的误用、滥用。这意味着法律规范的供给不足隐含的是法律方法或者说法律思维规则供给不足。因此，面对法治实践的需要，应不断提炼出反映中国法治实践需要、满足中国法治实践需要的新的理论命题或者规则。

在法律方法研究重点发生转向的新时代，《法律方法》将“不忘初心，牢记使命”，继续秉持“繁荣法律方法研究，服务中国法治实践，培养方法论学术新进”的宗旨，为我国法律方法研究的繁荣、法律方法研究的实践取向，以及法律方法人才的培养做出应有的贡献。同时也希望各位先达新进不吝赐稿，以法律方法论研究为支点，共同推动中国法治建设。

陈金钊

目 录 法律方法（第34卷）

部门法方法论

域外法律方法

法院与制定法

[美] 罗斯科·庞德[*] 著　孙晓鸣[**] 译

摘　要　法院与制定法之间的关系是法学研究中一个普遍性的主题。认为立法者可以根据普世价值订立完美法典，或者相信法庭可以发现先验的、绝对正确的法律原则的理论，都属于一种“绝对理论”，这种绝对理论将法院即司法的职能限制在机械的适用规则上面。立法者总是试图建立完美的法律体系，使法院在处理争议时只需寻找已颁布的法律加以适用即可，但这种企图是无法实现的，由于社会活动的多样性和不可预知性，法院在处理个案时总会面临无法可依的情况，为实现正义，“司法造法”成为必然，立法不应当对此加以限制，反而应予以制度保障。在美国，由于深受自然法理论的影响，形成普通法具有终局性、普世性的另外一种绝对理论，从而导致司法对制定法进行调整的这一功能被滥用，法院不应当通过“虚假解释”来承担本属于立法机关的职责，而是应直接在立法层面废止不合时宜的规则，同时建立一套解释法律的社会学方法。

关键词　法院　制定法　法律发现　法律解释

我想首先引用一段话：

“毫无疑问，我们的法律与法律建构的秩序让人无所适从，它不确定，杂乱无章。法律没有一个稳固的基础，人人都可以以各种冠冕堂皇的理由阻止法律的实施。一个律师就可以挑战甚至摧毁很多聪明人作出的判决。我们的普通法没有一个稳固的根基，《判例报告》中的判决十分冗杂且充满争议……法官们不把它

---

* [美] 罗斯科·庞德（Roscoe Pound），美国20世纪著名法学家，哈佛大学法学院院长、教授。原文最初为庞德1911年12月28日在布法罗（Buffalo）向美国政治学会做的演讲。

** 孙晓鸣，女，安徽歙县人，华东政法大学法律学院法律史专业博士研究生，研究方向为法律史。

们当作必须遵循的规则，他们在律师的引导下，根据案件的具体情况，依照他们自己的想法作出自由裁判。这造成我们的法律不确定，没有目的，使案件久拖不决。因此，为了弥补这一欠缺，我们应该像查士丁尼在罗马法中做的那样，在适当的环节停止那些无休止的程序，将冗长的法律简洁化，依靠政治精英制定一些简明扼要又行之有效的法律和政令。"①

以上观点是斯塔基（Tomas Starkey）在向亨利八世提交的一段对话中借用雷吉纳德·波尔（Reginald Pole）之口表达。如果这些话似乎听起来很熟悉，只需要用现代英语修饰一下就会被认为是从最新杂志中摘录的片段，或者是某个美国法律评论家的言论，那么其部分原因在于"司法审判"与"制定法律"之间的关系是一个永恒的话题，部分原因在于当时的立法活动和现如今一样，是在同一个普通法体系下进行的。稍后一段时期，经过一场对英格兰法律及其程序的收效甚微的改革尝试后，克伦威尔（Cromwell）不得不承认："洗鲁雅（Zeruiah）的儿子们比我们强壮。"这里他指的是法官和律师。在更晚一段的立法变革运动时期，边沁（Jeremy Bentham）经常提到"法律是由法官及其同伴一起制定的"，并且指责律师们"用一种似乎其所有修养都无法压制从而不得不表露出来的洋洋得意，来嘲笑立法机构的所谓失败"。②

当今，随着由现代化的议会负责立法活动这一趋势的发展，法院与制定法之间的关系成为世界范围内的普遍问题。在欧洲大陆，有关这一问题的法学研究在过去十年大量涌现。尽管其所呈现的表象各有不同，但"司法的方法"已成为专业讨论中的首要主题，比如在法国，人们对旧的法典提出了变革要求，并已获得一些政策和法理方面的支持；或者如德国，新的立法方针正等待法学理论在诸多重要问题上面有所突破；又或者如在美国，迅速发展的成文法体系正在与顽固的、僵化的传统法律体系相协调，甚至于司法机关是否具有对违宪立法的审查权这一问题也逐渐国际化，马伯里诉麦迪森案（Marbury vs. Madison）在南非的一个法庭里被遵循"罗马—荷兰"法律体系的律师们援引并认可；③ 随着一部成文宪法的落地，这一问题在澳大利亚变得非常尖锐——尽管英格兰枢密院（privy council）存在明确的相反意见，但澳大利亚的法院和律师们仍然坚持"美国主义"。④ 当我们脑海中谨记法院与制定法之间的关系并非是一个新问题也非一个地方性问题的时候，我们方能更加冷静地来审视这一问题的不同方面。

根据简单美好的分权理论，三个相互独立但又彼此制约的机构各自发挥其功能，分别

① Maitland，《英格兰法与文艺复兴》（*English Law and the Renaissance*），第42页。（本文属于一篇讲稿且发表日期在百年以前，故原文注释较简单，译文遵循原文格式——译者注）

② 《边沁文集（鲍林编辑版）》（第5卷）［*Works*（*Bowring edition*）］v，第369页。

③ Brown vs. Leyds，14 *Cape Law Journal*，94.

④ Rex vs. Barger，6 Com. L. R. 41，63，81. 另参见 Webb vs. Outrim［1907］A. C. 81。

制定法律、执行法律以及在发生争议时去适用法律。对此，一些论调已属老生常谈，比如从未存在过这样清晰彻底的分权状况，以及宪法中对三者所划分的界线是基于历史实践而非逻辑分析。但该理论本身，就其将司法的功能限制为仅是去适用司法机关以外的机构提前制定的规则这一点来说，是基于18世纪的法律和立法概念发展起来的，而这些法律和立法概念是我们今天所不能接受的。

18世纪的法学家坚信，能力出众的精英们可以通过对抽象的法律原则进行推理，为任何国家制定一套周密、完善的法律制度。他们认为法律制度是可以根据人们对理想中的正义的理解而随时推倒重建的一个结构。于是，他们将法律科学视为是对这一理想正义的发现和阐述，是一种永恒不变且独立于人类意志的东西，凭借于此，他们可以为立法者提供一个模范法典，为法官提供一个检验法律“纯度”的试金石，为公民提供一个可靠的行为准则。只要人们还相信存在这种绝对的自然法，他们就有理由宣称发现并制定这些模范法典是立法者的责任，而法官只需简单地适用它。

即便法学家们已经不再相信这些观点，但仍有两股势力强大的理论使上述已经形成的有关司法职能的观念继续流行。第一个是相信存在绝对正确之法律原则的传统，这一理论认为存在一些绝对正确的法律原则，由法庭所发现并适用，但却先于并独立于任何司法裁决而存在。自布莱克斯通（William Blackstone）开始，司法裁决只不过是法律存在的证据，或者是未成文的那部分法律存在的证据这一观念被视为基本学说。奥斯汀（John Austin）的描述非常恰当，他认为这一理论“是法官们幼稚的异想天开，认为司法体系或普通法不是他们所创设，而是非由人力所为的奇迹，我猜大概是从创世之时既已存在，只是时不时地被法官们所重申。”① 从历史的角度，这一理论代表了日耳曼传统中对法律的认知，即法律是“众生哀求造物主降临正义和真相的悲叹”②。据霍伊斯勒（Heusler）所称，该理论在中世纪的所有法律著述中均有体现。这一传统在18世纪形成以后，立刻适应了当时的法学理论以及由此衍生的有关司法机关的理论。

除此之外，还存在另外一个理论相支撑。历史法学派的法学家们在抛弃18世纪的法学理论后，默契地在欧陆形成一种学术传统，将历史研究局限于罗马法的文本。而在美国他们形成了另外一种学术传统，将法学家们局限在对传统普通法的研究。于是，表面上司法的功能仍然只是单纯地适用法律，人们只是在其所适用的究竟是什么这一问题上意见相左。对某些人来说，所适用的是统治者的命令，一般通过立法的形式表现；对某些人来说，所适用的是自然法，在合适时机会被立法者发现并通过法典予以颁布；对某些人来说，所适用的是普通法的原则，通过先例佐证或通过成文法确定；对某些人来说，所应用的是一整套法律原理——学术传统将对法律的历史研究范围框定在某些渊源中，而该等原

---

① 《法理学》（第四版）[*Jurisprudence*（4 ed.）]，第655页。

② 《德国的私法制度》（*Institutionen des deutschen Privatrechts*），§1。

理就暗含于此并通过法律推理从中提取而出。不管哪一种观点，都假定法官在任何个案中仅仅是适用规则，而这些规则都是先验的、独立存在的。

一位德国学者如此总结道："法庭像是一个自动机械，一种司法机器，所有必要的机械部件均由在先的立法或公认的法律原理装置完善，人们只需从机器的上方塞进案件事实，然后从下方扯出司法裁决。当然，案件事实有时候与机械部件并不完全契合，所以需要对一些部件进行敲打修理。但即便你对其大修大改，最终的司法裁决还是会被认为是整个机器所产出的，与修理过程无关。"① 所以毋庸置疑，如同所有司法制度、政治制度正在遭受的那样，这样一种司法裁决的产生方式经不起严格的推敲。人们始终想明白，在法官揭示和适用以前，那些先验存在的规则是如何被发现的？它是以何形态存在？它是如何以及从哪里获得这种形态和权威？继续深究下去，会得出这些规则似乎是"嘭"的一下从司法人员的脑袋中完美诞生的结论，意识到这一点的时候，"司法功能仅限于解释和适用"这一说法似乎站不住脚了，因为这意味着法庭其实在屈从于本属于自己而被剥夺的权力。

但真正的结论应该是上述有关司法功能的理论是错误的，这一理论只是一种假设，诞生于相信存在绝对正确且永恒不变之法律的时代。如果所有的法律规则都被包含在永恒不变的形式中，这一形式可能是《圣经》（*holy writ*），可能是《十二铜表法》（*twelve tables*），可能是一部法典，可能是公认的《国法大全》（*corpus juris*），可能是其原理已经被先例所佐证的地方惯例，那么不仅需要在法律解释的幌子之下，通过演绎或类推等方式满足新的情况，也要以同样的幌子来掩饰对法律的不可避免的修订。如今，当所有人已经意识到并坚信法律制度必须与时俱进，法律的原则并非绝对真理而是随其所处时空而异，以及司法理想主义不应比其所处时代的理想走得更远，所以是时候抛弃这种假设了。

分析法学派的法学家们通过揭露这种假设，为法学理论做出了巨大贡献，尽管他们有关应当通过制定一部完善的法典来终结"司法造法"的结论，表明他们只看到了部分真相。因为法律的适用不是也不应当是一个纯粹的机械运作过程。法律本身并不是目的，而是实现正义的手段。因此，法官在处理个案时应当有一定的自由裁量权，以满足当事人的正义需求。对法官上述自由裁量权的任何压缩，或通过冗杂死板的规则对司法职能的任何限定，都会立即损害到法律存在之意义。所以法律的适用不仅仅依靠逻辑，还需要一定的自由裁量尺度。任何排除法官的自由裁量权、使法律的适用成为一个纯粹的机械程序的尝试都注定失败。正义要求我们用规则去适应案情，而非以案情去套用规则。齐特尔曼（Ernst Zitelmann）曾言："所有处理司法问题的人，都必须同时在某种程度上成为立法者。"② 他意指，在某种程度上，司法者必须为他面前的案件创造法律。

所以，在审视法院与制定法之间的关系时，第一步我们必须要分析司法的功能。

---

① Kantorowic，《法律与社会学》（*Rechtswissenschaft und Soziologie*），第5页。

② Zitelman，《民法典对法学的危险性》（*Die Gefahren des bfirgerlichen Gesetzbuches fur die Rechtswissenschaf*），第19页。

对于一个事实已被查明的争议案件作出司法裁决时，一般认为需要三步：（1）找到可以适用的法律规则；（2）解释这一规则；（3）将规则适用于案件。第一步仅需掌握一部成文的法典或法规，然后确定其中规则的含义并加以应用。一般情况下，第一步会涉及在相竞合的法规或条款中进行选择，所以需要对不同的规则进行法律解释以期作出最明智的判断。但经常在解释（我是指真实解释）后却发现没有现存规则足以作出公正的裁决，所以“临时造法”显得十分必要，这种通过“临时造法”产生的规则可能会也可能不会成为此后类案的先例。无论如何，第一步的这个过程在所有的法律体系中一直存在并仍将继续进行，不管通过什么具体形式，也不管其法学理论将司法的功能限制在纯粹的机械适用上有多彻底。

可能《法国民法典》第五条的规定是最能反映上述情况的经典案例，其称：“法官不得通过审理案件制定普遍适用的行为准则，也不得以遵循先例为由对案件作出裁决。”正如一位权威评论家所说，上述规定的目的一方面是为了阻止法官形成一套指导法庭的判例法体系，另一方面是为了“阻止法官通过司法解释来纠正生效法规中的错误”。① 在为实现这一目的进行了一个世纪的努力后，法国法学家们现在一致同意上述条款已经失效。即便面对民法典和罗马法的传统，但当今法国的法学基础教科书仍毫不犹豫地宣称司法裁决的形成过程也是一种法律。②

上文描述的三个步骤通常都会与“法律解释”相混淆，因为在历史初期，当法律被认为是上帝赐予和永恒不变的时候，人类统治者能被允许做得最多仅限于解释这一“神法”。分析法学派的法学家最早指出，通过所谓解释寻找新的规则和解释现有规则是两个截然不同的过程，奥斯汀将其分别称为“虚假解释”（spurious interpretation）和“真实解释”(genuine interpretation)，因为他坚信人们可以建立一套足以适用所有案件的、尽善尽美的成文法体系，由此他认为前者即创造新规则的解释方法在当代法律体系中无立足之地。③ 的确，他有关“虚假解释”是一种法律拟制从而与当今法律体系不相容的观点是非常正确的。但是经验表明（这本应由理性来解释），这样一种拟制是为了满足司法中对正义的现实需求而产生的，并且除了最简单的案件外，在裁判时创造新的规则对于解决争议来说是必要因素。近一段时间，如何通过司法途径解决现代法典所出现的新问题引起广泛讨论，大陆法学家开始把特殊个案的法律适用问题与更普遍的法律解释问题相区分开来。由于社

---

① Laurent，《法国民法典》(*Droit civil Franfais*)，i，§§250－262。

② Baudry－Lacantineri，《民法要论》（Precis de droit civil）（第八版），前言；Capitant，《民法研究导论》(Introduction a l' Etude du droit civil)（第三版），第30页。另参考 Demogue，《私法的基本概念》Notions fondamentales du droit prive，第216页；Esmein，《法学及其学说》(La jurisprudence et la doctrine，Revue trimestrielle de droit civil，i，1；Saleilles)，《民法典和历史研究方法》(Le code civil et la methode historique，Livre du centennaire du code civil，i，97；Geny)，《解释方法论》）Mithode d'interpretation)，§§39－59。

③ 《法理学》(Jurisprudence)（第四版），第1026－1036页，也可参考我的论文：《虚假解释》(Spurious Interpretation)，7 *Columbia Law Rev.* 379。

会法学派坚持认为，对个案争议予以公平合理的解决是实现法律正义的应有之义，受此影响，法律的适用在当今法学研究中成为核心问题。

前文我们总结了目前法庭在审理案件时的三个步骤，即发现法律、解释法律以及将发现和解释后的法律适用于个案，在此基础上，我们通过对这些步骤逐一分析来探究法院与制定法的关系。

立法者最喜欢的观点是，发现法律的工作其实可以被简化为对法律进行“真实解释”的过程，他们可以建立一个尽善尽美的成文法体系，法官在处理手头案件时，只需去检索已颁布的法律对其加以解释并适用。① 当然如前文所述，这是18世纪的观念了。所以在《腓特烈大帝法典》（*the code of Frederick the Great*）中，其“立法意图是为所有潜在争议提供尽可能详尽的规则以防未来出现任何疑惑。法官在法律解释层面不享有任何自由裁量权，而是应就任何可疑之处向一个皇室委员会征询意见并绝对遵照执行。这种陈旧观念来源于自然法学说，根据其观点，立法者可以构想出一套完美的法律制度，无须对其作出任何修订，一劳永逸，足以应对任何复杂案情。”② 边沁和奥斯汀都清楚地认识到18世纪的自然法学说是站不住脚的。尽管如此，他们却抱有相同的观点，认为立法者可以制定出一部完美的法典，其足以自洽，足以应付任何案件。所以，被奥斯汀称为是《法国民法典》之缺陷的地方却恰恰被证明是其成功的最重要原因，即立法者在订立《法国民法典》之初并未打算将其打造成一部尽善尽美的法典，而是本来就有所留白并计划通过各种途径对其进行补充和解释。③

众所周知，历史法学派已经推翻了“通过立法可以成就完美、终极之法律”的观念，但令人遗憾的是，他们却朝着另一方向走得太远。他们认为，人类有意识地去努力塑造和完善法律纯粹是徒劳的，法律是随着一个民族的民族精神之发展及这种发展在惯例中的逐渐体现而发展的。因此，他们将研究这一发展过程并追溯其在现行法律体系中的影响视作法学家的职责，但绝不试图干预其中，因为其坚信有意识地制定法律如同竹篮打水。尽管随着社会法学派的兴起，这一理论在许多地方已被抛弃，但由于种种原因，其曾在美国非常流行且目前仍在某种程度上占有一席之地。

于是，对于法院和制定法的关系，我们目前有两种截然不同的理论。一方面，承继于18世纪的理论，较早的分析法学派认为，人们可以通过立法提前为任何事项制定完善的

---

① “这些判决使我国合法的商业活动处于不确定状态……我已经向参议院提出一项法案来改善这一状态。它用通俗易通的语言列举了不当兼并在实践中扼杀竞争的具体作法以及如何排除他人加入其中。”参议员La Follette，《美国杂志》（American Magazine）1912年6月刊。

② Schuster，《德国民法典》（The German Civil Code），12 *Law Quarterly Rev*. 17，22；关于这种法律解释的观念，“法律解释权属于法律制定者”eius est interpretari legem cuius est condere这一格言，以及通过立法机关或皇室委员会对法律进行非司法式的解释之理论的衰落，可参见Geny，《解释方法论》（Mgthode d'interpretation），§§40－45。

③ 《法理学》（Jurisprudence）（第四版），第695页。

法律，而“司法造法”则完全是一种变态，即便其确有合理性，也是由于立法在预见性上存在一定不足。另一方面，历史法学派却认为上述主动立法的尝试纯粹是白费力气，如同凭空造物，因此他们寄希望于通过法理思辨和司法判例来推动法律的发展，并将其视为法律发展的正道乃至唯一可行的路径。上述两种理论均未涵盖所有真相，但是现代立法观念的兴起以及随之而来的认为法律为不可或缺之观念的流行，使前者保持活力。同时，欧洲大陆对一套现代法典体系的迫切需求，以及英美两国在适用现代成文法规方面的实践经验又使后者经久不衰，并且通过各种形式成为整个法律职业的一种信条。举例来说，有理由认为，新《德国民法典》的一个优点是它没有试图成为18世纪意义上的完美法典，但是却有一些德国的评论家反对这一法典的概括性特点以及它所预留的改进空间，指责它仅仅是一个普通的教科书。①

实际上，萨维尼的历史法学派的瓦解以及随之而来的对制定法态度的转变，正在导致“立法绝对论”的死灰复燃，这在许多方面都是不幸的，尤其考虑到历史法学派在促使我们努力改良法律方面给了我们很多信念而备受欢迎。的确，有言道立法机关的“为之”是成就现代法律的基本途径，“人民想要立法”，任何试图对其加以限制的理论在这一基本事实面前都是徒劳的。但另外一个事实是，只要这些立法活动还坚信立法者可以提前设计出一套足以应对所有争议、全面且完美的方案，只要这些立法活动还认为法律的普遍性原理以及该立法所要融入并相协调的法律体系的原则可以被忽视。只要立法活动还抱有这样的想法，即通过在前言加上诸如“特此制定”一类彰显权力的专横言语就能赋予法律更多分量，那么最终即便不是所有，但大部分这些立法都将被证明是白费力气，如同以往所发生的情况一样。立法机关和司法机关都应从法制史中汲取的一个教训是，立法者决不能野心勃勃地企图制定出“普世规则”。

因为法律的基本概念是其可作为所有司法裁决的规则或原理，所以显而易见，发现法律这一法庭必须行使的权力应当受某种制度的约束，否则我们完全可以通过“人治”而非“法治”去实现正义。通常，人们首先会试图通过全面的立法规划来建立上述制度，但是这一规划会迅速变得十分庞杂且永远无法尽善尽美。因此为将“法律发现”的过程制度化，在法学理论上出现三种方法：

第一种要介绍的是被称为“概念法学”（jurisprudence of conceptions）的方法：首先从传统法律原则中总结出一些基本概念，然后通过纯粹的逻辑推理从这些概念中提炼出可以适用于待决案件的规则。这一方法的优点是可以带来确定性，只要人们仍如同19世纪那样，将商业发展和财产保护视为法律的最高价值，这一方法就会胜出一筹。

第二种方法是将传统制度中的一些规则或立法制度中的部分内容作为前提，在准备适

① Endemann,《民法教科书》（Lehrbuch des biirgerlichen Rechts）, i, §5；另参见Crome,《德国民法体系》（System des deutschen bargerlichen Rechts）, i, §§9, 11；Kohler,《民法教科书》（Lehrbuch des biirgerlichen Rechts）, i, §1。

用这些前提时，根据当时所处社会条件并结合其所要达到的目的和其所调整的社会关系对其进一步优化。目前，大陆法系的法律文献中充满了有关如何实现这一方法的理论研究。

第三种方法就是我们纯粹基于经验主义发展而来的盎格鲁—美利坚法律制度，如同大法官米勒阁下（Mr. Justice Miller）所言，是一个在司法层面“去粗取精”的过程。这一方法表面看来粗糙、不科学，但其合理性却得到了最终效果的验证。实际上，这种方法正是自然科学家的研究方法，也是医生、工程师的研究方法，是一种对猜想进行试验并加以确认的方法。通过先验推理产生的假设结论会根据经验得到不断的修正，法院在某一个节点会非常谨慎地前进一步，如果产生公正的效果，那么就继续前进并在合适的时候形成一个规则；如果效果不佳，则换一个方向继续摸索，以此类推直到发现最佳路径。尽管存在诸多缺陷，但经实践检验这一方法确实更优。当谈到这一方法及其在英格兰法律体系中所产生的效果时，当代法学家中的佼佼者科勒（Kohler）说道：“他们科学方面的发展仍停留在一些基本起点，但是在法律的实施方面却已远远超过我们。”①

由于哪怕再完善的立法规划也无法避免法官对法律的“司法发现”，只能依据现有法学理论将其制度化，所以立法的首要任务应当是为法庭继续发展这一制度提供新的、更好的前提条件，而非通过各种冗余的规则束缚法庭的手脚。在任何过渡时期，这一任务都是可行的并且尤为必要。因为通过司法层面的“去粗取精”来推动法律的缓慢进展，以及通过牺牲大量当事人的利益去发现一套合理规则的过程，在过渡时期是难以忍受的。从许多方面来看，根据公众的需要迅速对法律体系进行调整变得迫在眉睫。此外，在英美判例法体系中这一现象已十分常见：由于法庭过于雄心勃勃地制定普适性规则，我们的“经验主义方法”在法律体系中的许多方面已被“概念法学”所替代。在这种情况下，由于社会无法等待逐渐转变的过程，上述新的“前提条件”就显得尤为必要，否则可能导致法律的重新调整。但是在这一方面要注意两点：

首先，立法者必须时刻谨记他的立法行为不是孤立的，其所颁行的法律必须在整个法律体系中找到合适位置并成为其一部分。所以立法者不能忽视其所立法律与整个法律体系之间的关系，任何规则无法脱离整个法律体系而存在。只要人类的预见性有限而人类活动的多样性无限这一规律不发生改变，法律上的正当理由即“法律理性”（legal reason）就必须成为法庭对案件进行裁判的尺度。这种“法律理性”可以通过我们上文所述的三种方法之一实现，但需以存在一个规则体系作为前提，对该体系的扰乱会随之扰乱法律理性的实现，最终或者这些干扰因素屈服于这一体系，或者相反，这一体系向干扰因素认输。无论如何，一部法律与其所要融入的法律体系之间的关系，以及其与该法律体系相协调适应的方式，会比其他任何因素更深远地影响到该法律的实际运行。相较于可以提前预见的有关法律条文如何具体适用的问题，这一问题要重要得多。

---

① Geleitwort to Rogge,《法律批评方法初论》(*Methodologische Vorstudien zu einer Kritik des Rechts*), iii。

我们关注的第二点，是司法根据一部制定法所处的法律体系对其进行调整的这种合理功能，非常容易被滥用，且在最近的美国法律体系中已经出现了这种滥用情况。在同一个法律体系中，旧的法律和新的规则应当并且最终必须相互协调。但这并不意味着要用怀疑的态度去评判这些新规则，或将其适用严格限制在文义表述范围内，甚至由于其条文表述与原有法律的原则不相符而对其曲解。令人遗憾的是，这种趋势已经显现且目前尚未完全消失。19 世纪的美国法律中出现这种趋势是由多种因素导致的，比如多数州立法律的质量低下，分析法学派关于“法由人定”及其美国变种“法官造法”的理论，在一个宪法赋予了司法对立法的审查权的法律体系下法官和立法者之间的关系，包含了大量不可人为改变的日耳曼法律规则的法律制度传统，等等，除此之外最重要的，是一种关于普通法具有终局性（the finality of common law）的观念，这一观念部分源于日耳曼传统，部分源于稍后的自然法观念，并最终被历史法学派“主动立法毫无价值”的原则所加强。法庭和民众之间的绝大多数摩擦都源于一方秉承法律具有终局性，而另一方则认为立法权才具有终局性。

让我们更进一步地来审视法院和制定法之间关系的这一特点。

遵循固有的法学思维习惯是美国法学的特色，我们的法学研究首先是历史性的，我们有关法学主题的专业思考几乎完全来自 18 世纪自然法学的观点，它总是以英美判例法开始，也在英美判例法中结束。不要误解，我从未轻视这一传统司法经验在调整个人关系和处理具体争议案件中的作用。但是，除了与其他经验一样指明某种行为准则之外，我并不认为这一经验在其他任何意义上包含了更多内容，尽管各个学派的法学家们均赋予其更多其他的意义。不止一次，历史法学派在历史前提之基础上为我们提供了自然法理论，它将我们传统判例法的基本概念变为所有法律科学的基本概念，于是它形成了一套固定的、专横的外部标准，所有新情况和新学说都要经过这一标准的检验。这一学派在学术界曾经几乎享有无可争议的权威，其在法律实务界及受从业者所领导的法学院中也通过不同方式达到了同样的结果，除非出身于少数几所伟大的法学院，否则律师和法官们均已被灌输接受 18 世纪的自然法学说。

甚至直到最近一个时期，不论是学术的还是职业的法学教育，都以学习布莱克斯通为开端。目前或许所有严肃的专业研究都是以布莱克斯通或其美国效仿者开始的。我们最新和最引以为傲的教科书大肆宣扬自然法的概念却对其他可能成立的学说只字不提。一些法学院仍将布莱克斯通作为教学的首要对象，而在另外一些法学院，布莱克斯通是入学考试中的主题，或者是入学后指定阅读的主题，或者开设所谓的法律基础课程，教授的是重述 18 世纪法学理论的教科书。因此，学者和律师们就此达成一致意见并曾经成为美国律师的绝对信念，即普通法的原则是普世法律规则的一部分。当他谈论法律的时候，他想到的是这些普通法原则。他认为《宪法》和《权利法案》是对这些原则的宣言。他以这些原则为标准来解释成文法规。通过法庭对违宪立法的审查权，他将这些原则施加于现代社会立法之上。当援引布雷克顿（Bracton）和科克（Coke）时，他提醒统治者任何统治都要在上帝和法律之下①，意思是这些孕育于任何宪法产生之前且立法所不能企及的原则，是衡量政府行为的标准。

但英美判例法的基本概念绝不是当今流行的这些思想。由于这些自然法原则在许多细节上与当前的正义观念不相容，并且经常与眼下的经济和社会思想脱节，所以即使没有积极的力量加以抵制，它们也不大可能全部被默认。而我们知道目前这种抵制是存在的。因为或许可称为传统美国政治理论的人民主权理论，已牢牢地扎根于公众的思想中，就如同18 世纪的法律理论根植于律师的思想中一样。平民大众或者在学校被教授这一政治理论，或通过报纸，或在国庆日，或在竞选集会以及各种“肖托夸”（Chautauqua）② 场合了解到这一政治理论，并且他很少甚至从来未听到过其被质疑。因此，如同律师对其法律理论那样，公众对这一政治理论也深信不疑。如果律师将所有与其信奉理论不一致的行为都指责为违法乱纪，那么公众就会同样将所有与其信奉理论不一致的行为指责为颠覆政权。

对于律师来说，法律的原则是绝对的、永恒的、放之四海皆准的，并且法律只能被发现而非被创造，但民众却坚信法律是可以被创造的并且正是他们享有这种创造权。对于律师来说，由于法律是法律，所以国家要执行法律，但民众却认为法律之所以是法律，是因为国家意志为之，而国家意志又反映了民众的意愿。对于律师来说，法律高于且超越所有意志，但对民众来说，法律只不过是公众意志的表现形式。所以经常会出现律师认为自己在执行法律而民众却认为他是在颠覆法律的情形。对于律师来说，民众的行为应当受到规则的限制，这些规则先于任何宪法而存在且宪法不过是对这些规则的重述而非创造。但民众却认为自己是所有宪法和规则的制定者，也是其含义和效力的最终裁判者。律师和政客之间的这种理论冲突削弱了法律的效力。律师信奉的理论经常导致他对制定法缺乏关注，或者将其扭曲为他所认为的“真正的法律”以供应急使用。但是对于并不认同其理论的人来说，其行为无异于蛮横地凌驾于法律之上，抱有这一印象的普通人无法理解为什么律师可以垄断这一权力。另一方面，民众关于法律无非是人民意志的主观产物这一理论，又容易导致武断的、不谨慎的立法行为，这样的立法不可能对实际争议产生令人满意的适用效果。

因此我认为，源自 18 世纪的“绝对理论”是法庭与制定法之间发生矛盾的主要原因。只有这一矛盾的起因消失了，其在我们法律体系中所造成的困扰才会随之消失。现如今正在发生的，或者说不久的将来势必达到的是：一方面，我们在朝着更正确的方向，更好地去理解立法应达到什么样的效果以及作出怎样的尝试，在此基础上更加谨慎地立法；另一方面，普通法具有终局性这样的观念正在消亡。与此同时，司法对于制定法的态度也发生了显著的变化，当我们将 1880 年至 1890 年期间的判例汇编与今天的判例汇编对比时，可以明显看出这一变化，当我们再回顾 1890 年到 1910 年间的司法裁决时，也会发现一个明

① 禁止国王听审案 Prohibitions del Roy，载《科克判例集》（12 Co. Rep. 63）。

② 肖托夸运动（Chautauqua Movement）是 19 世纪后半期美国兴起的以成人教育和函授教育为主的教育运动，因起源于美国纽约州的肖托夸湖畔而得名。——译者注

显的不断发展的自由化进程。总体来说，这一变革在法庭中比在立法系统中发展得更为迅速，尽管有些州是明显的例外。为了成为法律体系中行之有效的一部分，许多现代社会法律都会要求司法层面选任最强势的法官去发挥最大的作用。

我们再来说法律解释，我必须在开始前先澄清，我所称的解释是指真正的解释，是指对立法条文之含义进行的真正的探知。然而，这一问题与另外一个更棘手的问题，即如何将条文适用于眼前的待决案件联系十分密切，所以在某种程度上我们可以将二者并列研究。在过去，寻找规则、解释规则、再适用这一规则等这一整套复杂的过程被统称为法律解释。这导致一种观点，即所有法律解释都涉及那些原本只属于法律发现（如果你愿意也可称为“司法造法”）的立法和人为因素。

所以目前的民意要求法庭走向对宪法条文进行虚假解释的极端，而与此同时，又出现一些抱怨说，正常的法律发现和适用程序反而导致成文法规形同虚设。我们无法清晰地去辨别，说法律发现是一回事，而真正的法律解释是另外一回事。由于立法难以提前预见未来案件的具体情况，所以在面对一般成文法时，除非法庭通过掷骰子或抛硬币的方式作出裁决，法律发现（或称“司法造法”，又或称“虚假解释”）是必不可少的。但面对宪法时，由于焦点只是某一立法行为是否必须遵循宪法条文所确定的最高规则，所以问题只剩一个，即真正的法律解释。但最高法院在对《法定货币法案》（*The legal tender act*）一案作出的第一个裁决中（实际上偶尔也在其他案件中），就已经通过类推方式对立法权进行默示的限制。但是如果这种默示的限制确实存在的话，必须确实是“默示的”。

订立一部规范性宪法的想法，或者制定一些基本原则（权利法案正是其体现）作为政府的行为标准的想法，只不过是另一种形式的自然法思想，对其实践应用代表了普通法基本原则的终极发展理想。正是这一想法导致许多州法院难以援引权利法案的具体条款作出宪法性裁决。的确，在权利法案起草者的观念中，这一想法有其合理性，因为如果权利法案的内容变成具体的成文法条款而非普通法原则的“宣言”，它即丧失了通过类推方式被扩展适用的可能性。因为我们的权利法案代表了18世纪立法者的愿望，他们企图规划一个哲学意义上、政治意义上以及法律意义上万古长青的蓝图，对于相信自己在思想的所有方面已获得终极真理的人们来说，这无可厚非。我国宪法发展的第一个阶段就处于这些观点的影响之下，但当时的立法机关自愿遵循这种规定性蓝图的指导，并且即便当时没有这样的规定，他们也会如此行事。

人们当时主要抱怨的是，法院通过法律解释扩大了政府权力的边界，例如法院允许联邦政府行使许多宪法不予认可的权力。后来，随着立法侧重点转向社会性法律，人们的抱怨也变化了。现在，大家开始担心法院的解释权过于受限，联邦和州一级的立法机关都在剥夺本属于法院的权力。就已发生的情形来看确实如此。经验尤其是司法经验已多次表明顽固而死板的立法是多么的不明智，18世纪的政治和法律蓝图现已被发现是不合时宜的。但联邦宪法的原始文稿中忽略了“权利法案”却是一种明智行为，这样的条款在当时并不必要，我们今天也并不期待。诚然，将权利法案仅视为一种权利宣言，然后去推理适用假想的“第一原则”而非直接适用其条文本身，在某种程度上是对权利法案的滥用。但随着“普通法具有终局性”这一观点的逐渐衰退，这种做法也已经式微，现有的判例表明，除了个别例外，联邦和州法院对其均已完全拒绝。不幸的是，正当这种虚假解释在宪法司法解释中再无立足点时，公众却强烈要求通过虚假解释程序来消除或减轻那些确定无疑的法律限制。

将司法程序中“法律发现”的过程称作“法律解释”这一拟制导致上述闹剧。它导致难以对重要的法律原则进行直接的变革，它让大家误以为现实的需求是对法律进行解释，但最后的解释却是虚假的，其实是一种立法。解释出一个并不存在从而可能引起反感的规则，而不是通过公正合理的立法去实现这一规则，这种做法势必会造成许多困惑，但其却一直被当作经典普通法教义向法律界灌输并也获得大量的公众支持。所以边沁不无恰当地讽刺道，如果法律运行不佳，那么错的永远不会是法律本身，而总是由于一些拙劣的解释者在腐化和滥用法律。[①] 于是我们的司法系统被强加一个不必要的紧箍咒，法庭承担了本属于立法机关的工作。

关于如何实现制定法的正当性，我认为其有赖于一套完善的法律解释和适用制度，但我们在这方面还有许多工作要做。范德雷肯（Vandereycken）认为司法解释制度的发展有三个阶段[②]：（1）文义解释阶段（literal stage），是指将文字的字面意思作为解释的唯一标准；（2）逻辑解释阶段（logical stage），这一阶段法律被认为产生于立法者的意志，对其意志的尊重取代了此前对诉讼程式（formula）的尊重。普通法的绝大多数解释都属于这一类，我们认为真正的法律解释是通过逻辑方法探明立法者的意志；（3）积极解释阶段（positive stage），这一阶段法律不再被认为是立法者的意志，而是通过立法者表达出来的社会需求，是经济和社会因素作用于立法者的产物，只不过通过立法者的语言表达出来。因此，法律条文本身不再被认为是规则的全部，法律颁行时考虑到各种前提条件也不被认为是不容置疑的。而最应该关注的是社会生活的迫切需要、立法所要达到的社会效果，以及不同解释和应用情况对规范客体可能产生的各种影响。这一观念的早期倡导者之一科勒已将该方法应用于新的德国法典，他的以下论述值得参考：

> “迄今为止，最不幸的是我们忽视了立法的社会学意义。虽然我们坚信创造历史的不是个人而是全体人民，但在立法过程中，我们却认为立法者个人足以担当此重任。我们完全忽视了立法者是他那个时代的人，他被灌输了那个时代的思想，浸润着周遭的文化，他了解的是他所处文化背景下的观念和思想，他使用的

---

① 《政府片论》（Fragment on Government），第17页。

② 《法律解释》（L’Interpretation juridique），§§236 ff。

> 语言有着一个世纪的历史积淀，其含义经过一千年的语言学发展已在社会学意义上被固定，而非由个人个性决定。认为解释法律时应以立法者的意志为主的观念，恰好是以非历史的方式对待历史事实的实例，这种观念应该完全从法理学中消失。所以应遵循的原则是：我们应该从社会学意义上，而非根据立法者的意志去解释法律，法律应被视为是全体人民的产物而立法者不过是人民据以产出法律的‘器官’。”①

具有重要意义的是，德国的法学家大会（Juristentag）已开始对现行法律的社会影响进行法律社会学的研究，并将其作为立法提案的基础。而且已经有德国法学教授就此类研究举办了专门的研讨会。②

如前文所述，我们传统的普通法法律解释是第二种解释类型。但是我国也已产生一种与社会学解释方法非常类似的东西。从布兰代斯阁下（Louis D. Brandeis）在穆勒诉俄勒冈州（Muller vs. Oregon）一案和伊利诺伊州关于妇女劳动时间的法令一案中提交的辩论摘要中，可以看出我们在这一方面的成果。威斯康星州最高法院最近关于该州工人赔偿法案的裁决也表明，我国法官的优秀领悟力正在引导他们孕育出类似的方法。

接下来，关于法律解释，我认为我们的任务是：（1）摆脱“绝对理论”的束缚，尤其是摆脱“普通法具有终局性”这一教条的残余影响；（2）直接废除那些应当被废除的规则，而不是通过虚假解释予以间接废除从而把麻烦留待以后；（3）建立一套如何适用法律的社会学方法，在此基础上根据需要通过司法层面的“法律发现”寻找新的规则。

但如今，一种完全相反的观点受到了许多外行的青睐，并且得到了许多政府专家和政治学教授的支持。某一位政治学教授最近就建议，为了他幻想的更贴近民意，应当剥夺法庭的法律解释权并将其授予某个行政机构，从而将法庭的工作限制在适用那些规定性的或已被解释的规则上面。我想已无须多言的是，离开“决策”的“解释”是不切实际的，任何试图将决策功能与解释功能相分离的努力都是徒劳。如果真实解释的功能仅仅是陪衬法律，我们何苦如此劳神费力！当然这样的话，虚假解释就成为一种立法，并且在理论上由一个行政委员会而非法院来承担这一功能再合适不过。此外从实践考虑，具体的规定也明显比抽象的原则更便于执行。格雷（Gray）教授非常准确地认识到这一问题：“目前有一个根本性的误解在到处流行，并且充斥于那些如何处理法院与成文法规之间关系的著述中。一般来说，法律解释的主要功能是去发现立法机关的本意是什么。但是如果立法机关确实通过某种方式在某个点上存在一个真实的意思，那么关于其真实意思是什么的问题不

---

① 《民法教科书》(Lehrbuch des burgerlichen Rechts)，i，§38。

② Kantorowicz，《法律与社会学》（Rechtswissenschaft und Soziologie)，第9页；Ehrlich，《现实法研究》(Die Erforschung des lebenden Rechts)；《法律、政治和经济年鉴》（Schmoller's Jahrbuch fuir Gesetzgebung)，Gewaltung und Volkswirthschaf，第35册，第129页。

会仅仅出现一次。如果这就是法官面对成文法规时要做的所有事情，那么解释法律将不再是法官最艰难的职责之一，而是变得极其简单。然而问题是，当立法机关完全没有意图时，或者目前法律中显现的问题在立法时并未显现，又或者当法官的任务不是在立法机关已经认识到某个问题的情况下，而是在其没有认识到该问题但假设其对此已有所认识的情况下去判断立法机关的意图，所谓法律解释的困难就出现了。”①

并且，腓特烈大帝法典中已经对这一设想进行了尝试，但如所预料的那样最终完全失败。为什么我们会指望一个行政委员会能比立法机关更具有远见呢？所有的法律史研究均已表明，我们能提前做到的最好的就是先设定一个前提或指导原则，而如何具体适用法律这一问题必须留待司法机关在摸索和实践中解决。

在一个经常被引用的 14 世纪的案例中，律师提醒高等民事法庭（the court of common pleas）的法官，如果他们不遵守自己此前作出的裁决，那么没有人知道法律是什么。他继续阐述称法律是法官之意志的时候，其中一个法官打断其发言，他纠正到：“不是的，法律是理性。”② 正是在个人意志和理性的对立中，我们能发现争议的根源所在。所以，单纯的意志本身无法成为法律。当人民在抱怨他们的意愿未得到重视的时候，暴躁的詹姆斯一世（James I）却震怒道：“难道我不比我的法官们更加理性吗？”③ 而腓特烈大帝正试图将所有的法律解释权都交由一个皇室委员会，拿破仑则徒劳地妄想在其法典中阻止“法官造法”的发展趋势。不论是独裁国王或是民选总统，任何统治者都无法通过将其纯粹的个人意志转变为法律来实现正义。

综上所述，我认为法院与制定法之间的矛盾源于：（1）过度的立法给法院强加了太多死板的规则；（2）粗略的立法使法院不得不去探究立法机关所想要表达但未明确的意思；（3）法律和立法方面的绝对理论导致立法机关和法院均试图寻找一些普适规则，试图将其所处时代的思想模式化为永恒的法律，并导致法院经常无视新的原则而仍固执地执行传统的陈旧教条。（4）最后但同样重要的是，法规一经制定后，对其执行问题关注不足。执行与应用是法律的生命，但是我们却将全部精力都放在制定法律上面，似乎相信徒法足以自行。最重要的是，对程序、对法律执行及其在实践中的应用等问题的关注会缓解当前的紧张局势。清教徒通过详尽的法律规则建立起来的理想的司法制度，最终被证明并不完美。如果我们足以信赖法律的发展史，那么问题的解决途径在于赋予法院更大的权力，使其有足够的权力去实现正义，遵循立法者所设定的原则但又不受无尽规则的束缚，如若这样，最终必定会产生任何人所不可预见的效果。

（编辑：吕玉赞）

① 《法律的性质和渊源》（*Nature and Sources of Law*），§370。

② Langbridge's case，Y. B. 19 Ed. III，375.

③ 禁止国王听审案 Prohibitions del Roy，载《科克判例集》（12 Co. Rep. 63）。

论法律解释

[美] 马克斯·雷丁[*] 著 毛皓强[**] 译

摘 要 适用英美法的国家近年来所颁布的制定法逐渐增多，立法意图与司法实践中时常出现法律理解上的偏差。欧陆的成文法传统在法律解释上已有一定经验，但在法律逻辑论证上还不够完备。引入法律条文中所包含的确定性与可能性作为分析要素，可以更有效地理解法律的真实含义。法律的直接目的与终极目的在实践中也存在着张力，用扩大解释或狭义解释的方法可以部分规避法律理解上可能存在的矛盾。法律解释的动机是让普通人能够理解法庭适用法律的原理，但囿于英美法的传统，这项任务还有很大的提升空间。

关键词 法律解释 确定性 可能性 立法意图 法律目的

英美法正逐渐走向成文法之路，这些法律并非像《德国民法典》或《瑞士民法典》那样，是一部总括性质的伟大法典，而是50多台立法机器通过例行化的一年一度或两年一次的僵硬总结汇聚而成的。不管怎么讲，在不断增加的涉诉案件中，争议解决的依据很可能并非一部法规，而这种依据的法律效果则有待考证，其真实意图有待发现，其适用性也同样有待被确认。① 当然，这一点在美国的法院中尤其现实——很明显，许多州法院在普通法规则中不允许修改或讨论的地方，确实发现自己不得不在越来越多的案件中商榷适用法律时的措辞。而法院如此不情愿地进行解释，其实也是普通法古老传统的一部分，但

* [美] 马克斯·雷丁（1880－1950），加利福尼亚大学法学院教授。原文载于《哈佛法律评论》1930年第6期，总第43期，第863－885页。

** 毛皓强，男，江苏镇江人，华东政法大学法律史专业博士研究生，研究方向为比较法、外国法制史。

① 即使我们因为1897年之前不断增添进来的司法案例很难进行比较而忽略《百年判决摘要汇编（1658－1896）》（Century Digest）的内容，我们也可以在《十年判决摘要汇编》（Decennial Digest）的第一辑（1897－1906）中找到88个词条与法律解释相关，在第二辑（1907－1916）中可以找到194个，第三辑（1917－1926）有268个。

很显然法院的耐心并不会持续多久。

当美国法律学会（American Law Institutes）的工作进入最后阶段并以印刷卷本的形式提供给法院和律师后，将会有大量的准制定法加入我们现有的庞大法律体系中。这些所谓的《法律重述》（Restatements）在形式上并非法定——美国法律学会并没有立法权威，事实上它们也反对将这种权威加诸己身。然而，在法院实际操作中，这种准制定法却被大量运用。许多法院都会像援引制定法那样去适用这些规则。

正如我们所设想的那样，在欧陆早就已经有了解决这种问题的常规方法。① 即便存在"法律漏洞"和法律完整性的问题②——假定这些漏洞发生的几率较小，在法庭审判时法官也会适用法典中的相关条文加以解释。对公众而言，所谓的法典条文适用的具体方法如下：先援引条款，再作必要的解释。也就是说，法官们大体上是通过查阅案件"事实"、立法机关的争议解释、相关委员会的报道以及诸如此类的具体素材来发现条文"真意"的。当法律条文本身存在明显分歧或潜在歧义时，上述这些具体素材就显得十分必要了。在对法条真意清晰阐述并对争议两造调查清楚后，据此逻辑对制定法的合理解释就只会是两者中"真实"的一个而非另一个。

但是，上述过程并不总是法律解释的真实顺序，这一点即便对于那些据称以该顺序进行解释或暗示以这种顺序进行解释的法院来说也是显而易见的。这些法院对法庭系统内的其他成员或案例汇编的读者们几乎不会掩饰这样的事实，即真实的解释顺序几乎总是颠倒过来的——争议法条内容解释的选择已经作出并且法典中的相应条款也被找到以便证明这一选择的合理性，之后再发现法条中的分歧并选择解决它的方法。这种解释方法对决定的影响程度不言自明。这一过程被称为"加密社会学"（cryptosociology），显然只有恩斯

---

① 仅列出瑞士、德国、法国、意大利等国的法学家们的研究领域内能够体现出欧陆法律解释理论中最重要的成果都是几乎不可能完成的任务。值得庆幸的是，这些法学家的成果中都包含了大量的参考文献。以下文献中可以找到大量素材：Manigk，*s. v. Auslegung* in 1 Handwörtebuch der Rechtswissenschaft（1926）429 *et seq.* 在法国，Gény 的书 Méthode d' Interprétation et Sources en Droit Privé Positif（2nd ed. 1919）几乎可以说是该领域的经典文本。而站在批判式学习的角度，我们也可以参看 Fabreguettes，La Logique Judiciare（1914）366 – 92 等实用性的小册子，书中对法律解释中经常出现的司法习语有准确而详细的阐述。类似的手册还有 Van der Eycken，Méthode Positive de L' Interprétation Juridique（1907）；Janssen，Das Wessen der Gesetzesbildung（1910）；Reichel，Gesetz und Richterspruch（1915）；Bonnecase，L' École de L' Exégèse en Droit Civil（2nd ed. 1924）；Sternberg，Einführung in die Rechtswissenschaft（1912）123 – 42；Degni，L' Interpretazione Della Legge（2nd ed. 1909）. 或许，作为一个总述性质的文献，我们还可以加上 1 Perreau，Technique de la Jurisprudence en Droit Privé（1923）260 – 374. 的精准考查。从 Kantorowicz 和 Patterson 的 *Legal Science—A Summary of its Methodology*（1928）28 Col. L. Rev. 1679 – 707 一文中可以看出，在以制定法为主的制度背景下，法律的社会学理论可以发展到何种程度。的确，许多欧陆学者在 The Science of Legal Method（IX Mod. Leg. Phil. Ser. 1917）一书中所发表的论述，都说明了法律解释的一个问题，即法律之下的解释很大程度上也会被视为制定法。

② 关于"法律漏洞"理论的完整表述及其相关文献，可参看 Cosentini，La Réforme de la Législation Civile（French transl. 1913）Pt. II，c. 1，at 223 – 78. 该理论在意大利首次出现于 1911 年，某种程度上还有待完善。对美国读者而言，或许可以参看 Kantorowicz and Patterson，supra note 2，at 699 – 703。

特 · 富克斯（Ernst Fuchs）这样的人才会发明出这种术语。① 这种对法律逻辑大前提寻找过程的描述显然不是很友好，但是该作法本身在各个法庭的适用频率却是毋庸置疑的。

其实在大多数案例中，法律适用的流程基本上都是以法院确定的顺序为准，因此几乎所有的案件都被篡改成了这种倒置的程序。况且，既然所谓的司法认识论本身就具有相当程度的重要性，我们就绝不应当忽视法律解释的技巧。当一部法律的实际内容如德国、法国、瑞士等国家的民法典一样不仅为法官所知，也为所有从业者所熟知时，许多待解释的情形会自动地激发出他们对法律特定条款的记忆，即便这两者之间的相似程度小之又小，这一点我们应当谨记。然而，在每一个案件中，根据案情调整法律适用的过程都会因为解释技巧的缘故被认为是或好或坏。对于一个受过训练的法律执业者来说，这种专业技能极其重要，而对所展示之技能表现出的某种认可也会被带入到实际的工作中去，我们没有必要否认这一点。

英美法系国家的法院在不同时期都有一种非常类似的解释性技巧，但这却是一种广泛应用于原则性推理的技巧，而非法律本身。② 现在，我们有时也倾向于作出这样的假设，即法律也是对原则性推理的表述，至少我们坚信规定一般事项的法律要优先于对特别主体的特别规定。但是一般法规中所确定的原则——除了这些原则是如何确定的外——与制定法中所宣称的原则并不相同，因为在判决先例中我们不需要考虑任何特定的表达形式。

霍姆斯大法官曾如此睿智而恰当地警告过我们："文字不是纯洁的水晶"，③ 但它们毕竟也不是藏污纳垢的杂物箱。我们不能把任何我们喜欢的东西都诉诸文字。同理，我们也不应当轻视法律文本中的词句。法律解释的症结其实就是法律中词和句的处理问题。

对文字的解释是语言学和神学的一种常见技巧，或许我们可以说，它是神学语言学的一种常见技巧。《圣经》中的文字被视为上帝思想的表达。因此，从内容上看，这些文字

---

① Fuchs, Die Gemeinschädlichkeit der Konstruktiven Jurisprudenz, （1909） 2 et seq. , Fuchs, Juristischer Kilturkampf （1912） 1, 37 – 50.

② 英语国家中最重要的文本当属 Maxwell, On the Interpretation of Statutes （7th ed. 1929），以及 Craies, Statute Law （3rd ed. 1923） ——其内容基于 Hardcastle, Statutory Law （1879），尤其可以关注该书第 65 ~ 203 页。C. K. Allen 的著作 Law in the Making （1927） 有一个章节着重分析了法律解释的相关内容，参见该书第 273 ~ 289 页。Black 的 Construction and Interpretation of Law （1896） 一书列出了各种法院宣称在法律解释时曾适用过的规则。当然，冗长而枯燥的一般性概括也看参看 1 BL. Comm, 88 – 91，以及 1 Kent, Comm. 460 – 68。

常见的有关于法学理论的英文著作大体上都会忽视法律解释的相关问题。但是 Gray 的 Nature and Sources of the Law （1909） 一书的 § § 366 – 99 对法律解释提供了颇多关注，在 Salmond 的 Jurisprudence （7th ed. 1924） 一书中更是有半章内容 c. VII, § 53 对相关议题进行了研究。同时，我们还应当关注两本旧书。Dwarris 的 Statutes （Potter's Am. ed. 1874） 在 122 ~ 124 页举出了关于法律解释的 19 条格言，其中又附上了瓦特尔（Vattel） 45 条法律格言的美国版。需要补充说明的是，在美国版的书中很难找到 Dwarris 的相关表述，因为书中增删了许多东西。Dwarris 的观点还可以在 9 Law Library （1835） 中找到。

说到这就不得不提由 Francis Lieber 所著的 Legal and Political Hermeneutics （3rd ed. 1880），该作者的崇高品德显然没有在他的第二故乡得到应有的认可。该书包含了大量精心编排的注解，这也使其具有了永久性的价值。但就我们当下的目的而言，对于一个以提出主张为切入点的系统（法律解释）而言，我们几乎无能为了，"再多的句子或再多的文字格式都比不过一句'真意'表达，而这里的'真意'正是我们所寻求的。"同上注，第 74 页。

③ Towne v. Eisner, 245 U. S. 418, 425 （1918）.

就是不可更改的、永恒的和准确的。[①] 粗心的修改或是近似的改变都是不被允许的。在各种神学体系里都或多或少存在着这样的观点——即使是全体成员参加的、按字面意思解读的文本也未必是神圣文本的精确解读，绝对的权威和意志是无法为人类所参悟和解释的。

“解释”这个词在被纳入法学系统前在文学领域已经有了很深的历史底蕴，当它被纳入欧洲现代法律系统时，其也已经具备了很大的神学光环。“解释”本身就具备强烈的暗示性，即通过某种排他性的传播方式向一个外行群体清楚地说明行业内的人应当知道些什么。这种暗示可以说就是关于法律常识的判断基础，换句话说，我们迫切想知道的其实是立法机构或“立法者”的意图。在文学和神学领域，这正是我们的任务。但是在法律解释时，文学方法和神学方法都是无关宏旨的，或者说本就该如此，毕竟我们的目的也不是进入艺术家的脑袋里一探究竟。我们并不是在试图理解神的旨意，况且当我们的主要职责是摆脱这些先入为主的成见时，在这种充斥着先入观念的氛围中衍生出的方法是否有效还未可知。

事实上，当法院声称在含义“简单明了”（plain）的情况下不存在法律解释的余地时，法院就已经认识到了这一点。[②] “无歧义之词，不应自愿接受讯问。”（*Cum in verbis nulla ambiguitas est*，*non debet admitti voluntatis quaestio*）[③] 这一逻辑在神学和文学的事例中并不具有当然性。或许存在着这样的一种教条——认为《圣经》文本中清晰明确的含义是不正确的，而且在任何情况下，只有内行才懂的以及神秘隐晦的含义才是正确的，即便这样解释的结果和原来没有任何不同。同理，在文学作品中，鉴于作者为公众所知悉的特殊癖好，清晰明确的含义也可能是简单而纯粹的谬误。因此，当法律的含义“简单明了”时，法院不会去进行多余的解释，此时的法院已经假设自己采用了一种非神学和非文学的解释技巧。但是在这种一般作法中却隐含着这样一种观念，即一般来说存在着这样一种直白的含义，而这种含义对于具有正常的理性人来说是显而易见的。[④] 其他任何法律解释都显得多余。

---

① 指出法律神圣来源的确定性与其适用上的确定性并非相伴而生，这似乎并无不妥。参看 The Federalist, No. 36. “当全知全能的上帝降临人间以自己的语言屈尊向人类布道时，其含义——当然是有如太阳般光明——却被传达其话语的媒介——层层乌云——所遮蔽”。

② 法院经常放任自己对同义词的使用。在许多判决中就存在着“简单明了/直白的”（plain）这样的字眼，参看 Regina v. Poor Law Comm.，6 A. % E. 56（1838）；Lake County v. Rollins，130 U. S. 662（1889）；Mulville v. City of San Diego，183 Cal. 734，192 Pac. 702（1920）. “明确的”（unambiguous）这样的字眼则出现在 People v. Long Island R. R.，194 N. Y. 130 87 N. E. 79（1909）；Johnson v. Southern Pac. R. R.，196 U. S. 1（1904）中。自然的、直白的、平常的”这样的字眼则出现在 Southington v. Southington Water Co.，80 Conn. 646，658，69 Atl. 1023，1030（1908）中。“清晰表明”（clearly shown）这样的词汇则可以在 Miles v. Wells，22 Utah 55，61 Pac. 534（1900）中找到。“明确的”（explicit）这样的字眼可以在 Sutters v. Briggs，［1922］1 A. C. 1，8. 中找到。对上述观点的总结可以参看 Maxwell，*op. cit. supra* note 5，at 3－24。

③ Dig. 32，25，I.《摘要汇编》中提到的是一份遗嘱，但这一引文也被平民视为一般格言。

④ “一般来讲，拒绝接受那种对一般读者的思想没有实质性暗示的解释是较为安全的。”参见 Shulthis v. MacDougal，162 Fed. 331，340（E. D. Okla. 1907）。

冒着自陷于纯粹形而上学的风险，我们应当厘清法律含义这一概念的真实含义。① 通过将此处含义的范围局限在制定法之内，我们或许可以减轻解释的负担。

一部制定法既非文学创作也非上帝启示。因此，它要展示的就既不是一种充满暗示的情感表达，也不是一种终极智慧的不朽杰作。它是对一种状态的描述，或者说是对一种状态下可能发生的一组不确定事件的陈述，因此其本质上是含混不清的。大多数人在说这个词时都带有贬义的色彩，“本质上含混不清”似乎就暗示着一份模棱两可的判决或许存在着两种相互矛盾的含义，照此逻辑，例如，表面上禁止某种行为的生效判决可以有另外一种允许该种行为实施的解读方式。这当然不是“含混不清”时的含义了。如果存在两种可能的含义——任意两种——而且无论这两种含义彼此之间是否存在部分表述上的矛盾，这种表述都是含混不清的。

因此，如果一条法规描述了一组事件，那么必须至少有两种情况符合这种表述，那么对这一组事件的任何描述几乎都符合含混不清的定义。但是，尽管“明确的”（unambiguous）和“直白的”（plain）已经被画上了等号，这样的类比却并不十分合理。即便内容本身包含了数种解释的可能性，我们仍有可能视其为一条“简单明了”的法规。

W. E. 约翰逊先生的《逻辑》② 是近期相关领域内最值得肯定的一本书，他所提到的可能性事项（determinables）和确定性事项（determinates）这一对范畴在展现法律含义等方面为我们提供了一个很有价值的理论工具。一条法规中所描述的状态通常来说都是充满可能性的，也就是说，法条的内容中或许包含着许多种事件和多个独立的个体，而其中任何的一个都有可能恰好与法条所具备的可能性对应上。通过减少可能存在的独立个体的数目，法条中的这种可能性事项也可以逐渐向确定性趋近，而当法条内容表现的只有一种可能性时，它就相当确定了。

一条法规只能规制一个确定性事件，这条法规的目的应当是批准或认可特定之人过去所实施的某种行为。这在私法领域（此处的“私法”并非现代意义上的私法，而是指除立法机构以外的个人或组织提出的涉及特定个人、某一地方或团体利益的议案——译者注）同样适用，比如给特定的人发放养老金或为特定的夫妇办理离婚手续。因此，这类法规自身就具有确定性。但是与一般的制定法相比，这类法规少之又少，在制定法中的类似规定就更是少得可怜了。如果制定法中真的出现了这样的规定，我们当然可以说这些规定是“简单明了”和“清晰明确”的了。但这样的法规仍有可能是“简单”却不“清晰”的，那就是当法条中所有的可能性都无限接近于确定性以至于我们可以立刻明白当中的转变过程的时候。比方说有这么一条法律规定“当总统突然死亡时，副总统应当立刻接任成

① 法律人几乎无法从诸如 Ogden，The Meaning of Meaning（1923）的书中获得帮助，况且这本书也并非该主题的形而上学领域处理得最好的书。某种意义上说，每种形式的实用主义哲学或自然主义哲学都与“含义”的真实含义密切相关。

② Johnson，*Logic*（1921）Pt. I，c. 11，at 173 – 86.

为总统”，这就是一条可能性规定，因为将来或许存在着数不清的总统和副总统，但它又足够简单，毕竟这种先决条件发生的概率比起其他可能性法规所描述的条件要小得多。而众所周知的事实是，相当程度上我们大多数最具体的法条都不具备上述这种高可能性，结果导致当法条内容太过简单明了时，法条中本该发挥作用的自我否定机制无法对法条的可能性假设作出限制。实际上，在大多数案件中当法院宣称一条法规太过简单明了以至于并不需要进一步作出解释时，法官们的这种做法已经与他们口口声声标榜的司法程序正义截然相反了。（按照法官们的逻辑）他们已经对法律本身作出了解释，进而他们会强调如此解释的法条无须进一步加以阐释。

然而，解释行为本身并非仅仅为了区分法律中的可能性事项和确定性事项。此处所讨论的法律的确定性问题在诉讼中也确实是一个实际的问题。一旦确认了法律中的可能性事项是否包含与诉讼相关的确定性事项后，解释行为就完成了。因此，法律解释的过程几乎就是从可能性假设推导出确定性条件的过程。于是乎，我们的分析就必须转向法律解释的方法了。

正如法律人常常念及的那样，最常规的法律解释方法就是去发现立法者的真实意图。① 立法者在法条中设置可能性假设时，脑中是否会有一连串的图景，而其中一幅图景又会否就是那个特殊的确定性条件？对于这种空穴来风的猜测，我们没必要细想。这显然是将文学和神学中的法律观进行了不恰当的类比。这样的立法者在英美、德国、法国都不会存在，② 试想，如果这种作为个体的立法者被由多个成员组成的立法机构所取代，或许只会产生更严重的思想混乱。由为数不多的人起草的（立法）文本，本来其中就会有不同的观点和理念，或许会有相当多的人支持或抵制这些法律，但立法机构本身根本无意理会这些看法。

立法机构的意图在任何意义上都是无法被发现的，这一结论几乎是从命题的陈述中直接可以推导出来的。当给定的可能性假设逐渐减少，即使几百个人心中都会存在一个相同的确定性情境，但这种事情发生的概率微乎其微。而在法庭审判阶段，一条法规不仅要被立法者重新审视，还要供所有认为法条中的可能性假设都应当被限制的法官们进行筛选，

---

① 这一说法在一份特纳法官（Turner）所作出的经常被引用的判决中时常被提起，参看 J. Blackburn，Hawkins v. Gathercole，6 De G. M. & G. 1，22（1855）；在 L. C. Birkenhead，River Wear Comm’rs v. Adamson，2 App. Cas. 743（1877）一案中以及伦布里爵士（Lord Wrenbury）对朗达子爵夫人（Viscountess Rhondda）的声明［1922］2 A. C. 339. 中也有相同表述。廷代尔（C. J Tindal）在 Sussex Peerage Case，11 Cl. & F. 85，143（1844）中称其为“唯一法则”，这一说法在麦克那登爵士（Lord Macnaghten）主审的 Vacher v. London Soc.［1913］A. C. 107，118. 一案中被沿用，参看 Cf. Bacon，Abridgement Stat. I，（5）. 财政署法庭的法官们如是强调——“必须思考法律的最真实和准确的解释”，参看赫顿案 Heydon’s Case，3 Co. 8a（1584）. 法官们必须“根据立法者的真实意图”来提出补救措施，同上所注。这是对所谓“简单明了”的解释方法（黄金法则）的限制。在 C. J. Jervis，Mattison v. Hart，23 L. J. C. P. 108，114（1854）. 一案中，肯特（Kent）法官认为立法机构的真实意图是可以被法庭知悉和控制的，见 1 Kent，Comm. 460。

② 立法者除非把自己理想化为假定的“国家之父”（bonus pater patriae）形象，这种身份才会处处只想着百姓们的福祉。*Cf.* Reichel，*op. cit. supra* note 2，at 78。

这样的情境发生的概率甚至更小。在一种极端的情形中，我们可能会发现法律起草者或六人制定委员会在立法时的所思所想与法条中所表现的完全一致。但当制定出来的法律草案被提交给立法机构（表决）时，如果立马获得了全票通过而且并无半点争议和质疑，那么我们又如何知悉（美国国会）那四五百号投赞成票的人心里是怎么想的呢？即便立法机构投票者们脑中所想的内容与立法草案完全一致，除非这上百号人通过外在的言语或肢体表达，否则我们完全无法知晓他们的真实想法。况且，几乎每一种情境中这些表决者的外部行为都是一种极其模糊和默许的姿态，毫不夸张地说，这种姿态的背后或许又存在着几百种不同的主观意见，这本身就与法律描述所刻画的图景相悖。（理论上讲）立法者的真实意图确实是可以获知的，但即便是最富有冒险精神的数学家也不会愿意从事这项统计工作的。

更进一步，如果立法者的真实意图是可以发现的，那么法律在约束我们时就会显得极其无力。究竟是什么赋予了立法机构的意志以强制力？在神学和文学领域内，答案不证自明，但在法学领域内，立法机构的组成人员是特定的个体，这些人临时地被赋予了特定的职能。即便是在限度以内，这项特殊职能也并非将他们的意志强加给同胞们，而仅仅是“表决通过法律”而已，这是一项相当精确的技术活。也就是说，他们对法律的陈述——通常来讲就只有受欢迎和被反对两种情况——必定会产生特定的结果。一般来说，对法律的见解应当以特定的语言为载体。时下，用拉丁语书写的法律就并非法律，[①] 尽管拉丁语和英语一样，也可以从中判断立法机构的好恶。如果一条法规展示了一张内容为两辆汽车的图片，并在图片下方印上了“司机遇到上述情况将受到起诉”的字样，这就不是一条法规，即便用这种表达方式发现立法机构的意图与用固定词汇一样容易，甚至更容易。当立法机构将法律付诸文字时，它们只是在履行一项官方职能，这并不是对孟德斯鸠意义上的三权分立的强调，而是因为这就是立法的本意所在。立法机构的角色可以由法庭和行政机关来扮演，但它绝不可以“三位一体”。

待到条文拟定完毕、被记录、被颁布、被备案、被公告、甚至被镌刻在青铜器上之后，它们就变成了行政官僚和法官们执行其特殊社会职能的工具了，而他们最常用的手段就是“解释”了。解释行为本身要求被解释的对象是一件业已发生的确定性事件——涉诉问题——并且显然要求这一确定性事件在相关法律生效后发生。如果说立法机构的意图决定了法律解释的内容，就意味着立法机构已经检视了法条中的可能性假设且否定了进行另一种解释的可能，并基于此结论在立法前就完成了解释的工作。

通过表示法律解释的内容应当“如法律本身所言”，英美法院大体上都默认“立法意图支配法律含义”这一黄金法则。[②] 既然如此，如果说法律意图只在法条本身中有所体

---

① *In re* Lockett, 179 Cal. 581, 587, 178 Pac. 134, 137 (1919).

② 两个案例就足以说明问题，参见 United States v. Goldenberg, 168 U. S. 95 (1897); The Sussex Peerage, 11 Cl. & F. 85 (1844)。

现，那么最好的做法就是直接援引法律而不是完全考虑立法意图。如果说这一黄金法则的存在真的有那么重要的话，它或许意味着一旦法律条文出现在法庭之上，立法意图就变得无关紧要了。

事实上不可被发现、即使被发现了也无关紧要，这里所谓的立法意图是我们所谓的“黄金法则”中仅剩的内容了。这一仅剩的内容也是极其怪异和模糊的。难道我们真的已经沦落到必须通过塑造“怪物”并赋予它们“意象”（此处指立法意图——笔者注）才能理解法律的地步了吗?

如果通过检视历史能够得到经验和教训的话，我们可能会做得更好。据以往的规律来看，法律的立法历史摘要应当与法律本身一起公布，这是欧陆国家惯常的做法。这种做法显得理所当然以至于换一种方式就会显得不合理。① 在英格兰，至少最近几年，一种完全不同的做法就大行其道。即便是为了证明以其他方式得到的法律解释（而援引的法律），其立法历史也肯定会被排除在外。② 在德国，反对这一进程的声浪也渐趋浩大，它被轻蔑地成为“实体法异端”（Materialienkult）。③ 在美国，还尚无定论。在解释宪法和分析其他法律时，我们经常通过开会辩论的方式来获得定论。其他情况下，按照惯例我们会遵循英国的作法。④

就法律草案的连续性和立法机构的论争而言，英国的做法是值得称赞的。前后相继的草案并不能体现法律发展的历史，它们是一个独立的过程，草案本身以一定顺序与制定法彼此衔接，一一对应。但是，这一事实几乎无法为我们提供任何关于法律最终形式的信息，因为我们无法揣测为何一个草案会被另一个所取代。这无疑有很多原因，例如个人的、武断的以及反复无常的表达（法律起草者的语言特色）、对其他起草者的厌恶、对某个关联词的误读、某种机遇的耦合，以及大多数情况下的仅仅是由于疏忽大意而已。这并不是说一些结论——尤其是一些否定性结论——不能从立法史中找到依据。然而，到最后我们只能看到法律以最终形式展现在我们眼前的样子，这一事实是无可争辩的。

因此，以“材料”为依据的立法史并不能使我们毫不费力地发现究竟是哪些确定性的条件或事实被包含在了或大或小的法条内容之中。⑤ 我们也可以诉诸技术手段，理论上其过程类似于数学或亚里士多德三段论中命题减少、简化、转制和求解的过程。在不检视这些流程是否在大方向上适用于法律解释的情况下，我们或许能饶有兴致地注意到两个技术

---

① 与（1919）43 Revue Générale du Droit 56 – 57 中的论点对比来看。

② Halsbury，Law of England（1907）141；Millar v. Taylor，4 Burr. 2303，2332（1769）；Rex v. Board fo Education，［1909］2 K. B. 1045，1057，1072.

③ Poewe，Der Kampf um Eine Neur Rechtsprechung（1916）10.

④ 我们可以将 United v. Trans – Missouri Freight Ass’n，166 U. S. 290（1897）一案与 Standard Oil Co. v. United States，221 U. S. 1（1911）案以及 Binns v. United States，194 U. S. 486（1904）案对比分析。

⑤ 法律的“立法史”是指从提交第一份草案到最终通过为止，法律本身连续不间断的形式体现。这显然不同于群众暴动的历史，但立法一般总与暴动伴随而生。历史上，后者被赫顿案（Heydon’s Case）中财政署法官们所确立的著名的四项考量因素所规制，3 Co. 8a（1584），并由布莱克斯通所推广，1 COMM. 88 *et seq*。

性工具，它们最初都以拉丁语的形式而存在且都被广泛应用。它们分别是“明示其一，排除其他”原则（expressio unius est exchusio alterius）以及“同类类比”原则（ejusdem generis）。

作为一项规则而言，“表述一件事就意味着排斥另一件事”，与大多数人日常的说话方式格格不入。说所有男人都终有死去的一天，并不意味着女人不会死，或者说其他动物不会死。无论是实践中还是逻辑上都不存在这种理解，除非前述的男人被重点强调或另有所指。在法律制定时强调这一点既非习惯做法亦非方便之法，如果没有这点共识，那么该制定法的第一条评论或许就应当是“该法条的规定不是真的”。

这样的立法非但不像一些法院所说的那样合乎逻辑，反而体现出了最简单的逻辑错误之一，即“大词不当”（illicit major，一种形式谬误，是因三段论中的大词在结论周延，在大前提中不周延，而导致论证无效——笔者注），就好像长期以来小学生的“旁门左道”（pons asinorum）一样。① 然而，在一本被广泛使用的百科全书中，至少有700个案例涉及“应用或解释”所谓“明示其一，排除其他”的。② 这一格言被英国上议院奉为“公理”，也曾被评价为“没有比它更普遍、更统一的适用准则”。③ 然而，在类似的案件中，被上议院奉为“公理”的准则又被忽略了。④《美国法大全》（Corpus Juris）里引用的第一个适用该“公理”的案例是一个联邦最高法院的驳回案件。⑤

必须澄清的是，所谓的准则、公理或规则，唯一有价值之处就在于其是建立在某种检验机制之上的，这种检验机制可以进而判断其法律适用性是可靠的还是近乎可靠的。在日常对话中，除了那些作为我们行动准则的、可以推定得出的强调事项以外，适时的强调对我们大有裨益。此外，书于纸面的强调事项也没有必要被进一步加粗放大。相应地，在每一个类似的案件中，并不是说某一事物的表达和解释排除了其他事物，而是我们在特定案件中究竟是肯定还是否定这一规则。当我们肯定或否定一种法律中的可能性假设时，是因为其他原因，而非因为所谓的“公理”，而这里所说的那些其他原因才是我们需要找到的。

作为两大解释技巧之一的“同类类比”原则，其在日常说话的习惯和逻辑等方面有着更深的群众基础。但正是由于这个原因，在发现法律中的确定性事项的过程中其重要性十分有限。在使用和适用“其他”或“任何其他”等词汇时，相同情况下如果没有这些词，就不可能达到同样的效果。如果法院发现“其他”一词的使用有极大增加法规中确定性事项数量的效果时，通常是以舍弃法条中先前多次提到的别的“其他”为前提的。因此，当我们面对法条中由“及其他”这一关键词汇所引导的长长增补事项时，就出现了选择上的

---

① *Cf. Jevons*, *Elementary Lessons in Logic*（1918）132.

②（1921）25 C. J. 220.

③ Saunders v. Evans, 8 H. L. Cas. 721, 729（1861）; Broom, Legal Maxims *s. v.*, Johnson v. Jordan, 2 Metc. 234, 261（Mass. 1841）.

④ Saunders v. Evans, 8 H. L. Cas. 721（1861）.

⑤ United States v. Barnes, 222 U. S. 513（1912）.

困境——究竟是省略“及其他”还是直接将增补事项删除。[①]“同类类比”的规则在那些严格遵循“狭义解释”（strict construction）的案件中就体现出了价值。但是正如我们所见的那样，由于“狭义解释”这一准则在真正意义上已经不再适用了，因此那些案例严格意义上也不能适用于上述的假设情境中。

我们在找寻一种能够确定法律意义的方法时，很容易联想到两种通用的作法——考虑目的以及考虑结果。这是两种不同的方法，任何把它们合二为一的努力都会使状况变得更糟，即所谓的“理论的非正当结合”（methodological bigamy），[②] 根据二者之一解释得出的定论，或者是两者结合分析所得出的结论，都必然是不合规的。

如果说根据法律制定的目的——这里我们指的是制定或表决通过法律的人的真实目的——角度来分析，当我们本应该注意到其与立法意图含混不清时，也就意味着这个目的实际上是不可被发现的，即便发现了也无足轻重。但许多法律本身的目的可能更简单、更明确，这从事物本身的性质就可以看出，在亚里士多德的观念中，这就是目的因或终极因，而非动力因和质料因。[③] 因此，从这个意义上看，刮胡刀自然是用来刮胡子的，在明确这一点的同时，诸如“制造刮胡刀时制造商是什么想法”的问题我们当然不用去思考。有些要件的目的和结果是我们无法轻易决定的。毫无疑问，只有技术专家才能从许多机器部件中看出它的用途，但大多数具体的物件，其用途确是不言自明的。

就法律本身而言，我们很少能通过阅读来确定某一特定法规的目的是什么。一条法规通常是相当具象的表达，它的作用是强调何事可为，以及在何种条件下那些模棱两可的事可为，法条本身无法规制还未发生的社会现象。一条宣布赌博合同无效的法条或许需要进一步加以解释，但是它的直接目的就是抵制赌博现象。

但事实情况是，对于上述内容，我们真的确信如此吗？立法目的越来越多。与其说同一部法律是同时达成多个立法目的的有效工具——显然不可能，不如说几乎每一个立法目的都是达成另一个立法目的的手段。我们在行动和思想上会区分直接目的和最终目的，大多数情况下，我们所设想的最终目的很可能是模糊且遥远的，但它肯定是不可忽视的。

让我们回到与赌博合同相关的法律问题中，我们是否能够将其立法目的简单地理解为

---

① 这与其说是对作为解释标准的“同类类比”原则的批评，倒不如说是对使用偷懒工具（“和其他”）的立法实践的批评。如果对何时适用“同类类比”原则何时不适用该原则没有明确的标准，对该原则的适用范围也不甚清晰，那么它对法律解释而言就毫无益处。在法国《民事诉讼法典》中，按照 La Société Française，123 Cal. 525，56 Pac. 458（1899），§ 1276 规制的一类案件，“任何宗教、慈善、文学、科学或其他组织”都应当被解释为法人团体，包括储蓄银行。如果没有“和/或其他”这个词，就不可能得到这种结论，但是所有的慈善机构也都被囊括在了该法条的规制范围内。“和其他”这个词通常很不真诚，它自诩为因为人们无法将法律内容详尽列出而设计出的兜底条款。而事实上，这只是人们不愿把事情想清楚的借口。对于一个没有在法条中被明确例举的客体来说，最糟糕的情况可能是，虽然法律决定它的归宿，但表面上并没有任何法律对其进行了规制，这种情况肯定会让普通法地区的法律执业者们感到困惑。

② Reichel，*op. cit. supra* note 2，at 67，n. 1.

③ Aristotle，Physics II，3，194b，24，以及 Metaphysics 1013，a，24。

抵制赌博现象呢？这显然是个长远目的，其直接目的就没有那么远大了。其直接目的是使得人们无法就赌博合同提起诉讼，或至少无法为赌博的性质问题做法律辩护。很显然，直接目的的实现很大程度上要依赖于对长远目的的坚持。举例说明，一项规定杀人者偿命的法律，其直接目的就是将犯罪者处死，但很明显它的长远目的则是禁止谋杀罪行的发生。我们或许可以这样理解，关于这项立法更宏大的和更积极的目的则是其直接目的（处死杀人犯）最好永远不要实现。

当我们念及于此时，我们还需要牢记一个事实——所有法律解释的公开目的和最终目的都是实现正义和保障安全。当然，我们不能公开宣称这些目标太过遥远，因此不值得重视，况且在某些场合还会有庄严的宪法申明强调这些遥远的立法目的的至高无上性。无论如何，解释方法和解释目的的长期并置或导致一个或多个最终目的的产生，如果一项法律的直接目的与最终目的近乎完全相反，那么法院就会在相当程度上表现出对自己判决公正性的担忧。

最好的例子或许就是《反欺诈法》了。该法律被 1677 年议会通过时的最初目的就体现在这项法律的名称上——防止欺诈和伪证行为的发生。实现这一目标的方法变成了这一法律的直接目的，其在某种程度上使得口头合同变得无效化了。或许没有一部法律像《反欺诈法》那样，经常要以直接目的而非最终目的来衡量案件，而且法院在审查每一份口头合同时可能都要避免这种适用最终目的的结果。其结果则是，法律中由身为更高一级逻辑层次的可能性假设所引导的确定性事项会持续减少，而这肯定是立法者们所不愿意见到的。

事实上，我们必须对“法律的直接目的通常是显而易见的”这一说法加以限定。通常来讲，越是隐秘的目的有时越是显而易见。例如，只有当我们确定何为真正意义上的隐秘目的后，我们才能知道使赌博合同无效的法律，其直接目的是什么。

法律的首要目的和隐藏目的之间的矛盾，或者说所有法律的最终目的之间的矛盾——如果存在的话，只有在我们执行或试图执行首要目的时才会显现。因此，唯结果论的法律“解释”方法就成了刻意追求一系列立法目的的最终下场。正如法院惯常的做法，如果它们宣称从未考量过解释的结果，那么他们只是在心理上假设了这种不考虑的可能性罢了。

法律解释的直接结果是显而易见的，即确认法律中所给出的确定性事项是否可以被视为更宽泛意义上可能性假设的缩减。但这并不能告诉我们如何进行法律解释，因为我们只有在解释完成后才能找到答案。因此，我们要扪心自问，当我们用法律解释的结果作为其解释的方法时，如果这种解释生效了，会有何种更深远的影响。法院总喜欢援引一些危险案件来抵制他们拒绝的法律解释。奇怪的是，越是保守的法院反倒越有前瞻性，它们会否定有意识的、基于解释结果的解释方法，一般这些法院会指出这种解释方法本身就是一种激进的和不可容忍的创新。①

基于结果的解释方法就包括预言，这种行为本身并不应当受到谴责。对事件概率进行一定程度的预测本就是人类的一项基本行为，世界各地的法官们也没有理由禁止这项行为。我们的困难是解释的技巧问题。当法庭宣布因某种解释将导致消极结论而放弃该种解释时，令人震惊的反倒是这种声明或许会引发人们对预测行为准确性的怀疑。

我们可以这样总结：以立法目的来解释法律需要法庭从一系列目的链中选择一个，而这种选择是由通常情况下被压制的动机决定的。而用解释结果来解释法律的方式，则是预言几种解释中的一种或另一种可能的结果，其可选项的来源同样是未知的。而且这两种解释方法不仅是实际操作中最常见的方法，在所谓技术性解释的层面也不鲜见。

可见，就目的解释或结果解释而言，法院并非是依据法律本身的内容做出的，但是考虑到（解释时的）措辞应当精确到位，是否参照法律仍是一项重要区别，在法律适用的过程中，法条本身还会作出一定的限制。在大法官霍姆斯眼中，词语要么是真实思想的外在体现，要么就像是吸收了外部色彩的变色龙的皮肤。这里我们要明确，在欧陆法学家眼中，无论是外在体现还是变色龙，这些词语之下都已经不是法律最初的形态了，但变色龙自己的皮肤本色也会透过它从周围吸收的花花绿绿的颜色中呈现出来。即使我们确信绞死一个杀人犯起不到任何威慑作用，甚至还有轻微的刺激作用，我们也很难改变“杀人者应当处死”这条法律的直接目的。我们对司法程序中其他要素的操纵——如事实查明、程序应用、试图获得赦免或减刑——将受到我们隐藏（深层）目的的影响，而不会受到法规本身之解释的影响。同时，就法律的直接目的而言，其几乎不会受到法律的最终目的及其可能导致的后果的影响。② 类似地，尽管《反欺诈法》会允许大幅缩短延期履行义务的时限，但当原告确有难处或被告强词夺理时法庭也不可能拒绝援引法条。尽管《反欺诈法》公开的目的仅仅是杜绝不诚实的合同生效，但其直接目的毕竟是部分恒定的，并且肯定会有相当部分的诚实和公平的合同因此而无法生效。

相应地，法律中所假设的确定性事项也有一个最大和最小的限制范围。这些限制对任何阅读过法律文本的理性人来说要么是显而易见的，要么是不值一提的，而法律本身也有可能因为被视为完全无意义而无效。若我们将这些或大或小的限制解释理解为法律“最简单明了的含义”，那么这样的理解就没有任何争议了。但是“直白的法律不被接受”这一著名论断在这里却并不适用，因为在对立法目的进行选择以及对决定性因素进行限制时，

① See Hammer v. Dagenhart, 247 U. S. 251, 385 (1918); Felts v. Edwards, 181 Ky. 287, 204 S. W. 145 (1918); Jersey City v. North Jersey St. Ry., 72 N. J. L. 383, 61 Atl. 95 (1905); Albermarle County Immigration Soc. v. Commonwealth, 103 Va. 46, 48 S. E. 509 (1904).

② 一个更为明显的例证是，西部各州甚至颁布了许多法律，对在郊区捕获森林狼的人以狼的头皮为据进行奖励。毫无疑问，这些法律的最终目的自然是消灭森林狼，或者至少是减少它们的数量。结果，人们为了收集法律规定的赏金建立了森林狼养殖场。然而，这条法规是如此的接近确定性要件，以至于它几乎没有受到法律的长期结果的影响，并且如果法庭无视法律规定中可操作部分的限制，那么此种做法就满足了渎职行为的构成要件。

判断者们仍有可能被影响。

在对立法目的进行限制和解释的过程中，几乎任何一部法律所设定的可能性假设都有可能被放大或缩小。在那些反对者眼中，“狭义”或“扩大”等术语演变成了“刚性”或“柔性”，但它们显然是少数决定多数的典型案例，反之亦然。当我们需要将一项很有可能被纳入法律适用的确定性事项排除时，就需要诉诸狭义解释了。相对地，扩大解释则是指无需将这种确定性排除的情况。

这些趋势是完全可以理解的，明确何时应当使用狭义解释对我们有着独特的价值。不幸的是，该问题的答案并无助于我们的研究。当我们认为那种立法宗旨是“着眼于公众福利和便利、有助于公益设施的建设、为保护全人类的生命安全或者公民权利、防止欺诈、为公共领域或私人空间里遭受损失的人提供救济的法律应当进行扩大解释时”,① 列举大量立法类型无助于我们的论证。尤其是当我们马上能想起这样一种情境，即扩大解释仅被限制在打算实现法律某种“特定”的目的或目标时才会被使用。相似地，对兜底性条款进行扩大解释时也有一项准则,② 那就是解释范围不应扩大到立法机关的考量之外。减损公民权利的法规、授予特权的法规以及所有刑事法规都应遵循狭义解释的原则,③ 而且如果逻辑上无法区分的先例并没有体现出来的话，那是因为在这些案例中有的适用了狭义解释，有的则没有。

尽管如此，每一次法律解释的过程都将趋向于一种选择性命题，即要么做狭义解释，要么做扩大的解释。如果法条中的可能性假设果真如条文内容一般具有兼容性，那么其确定性事项就总是能够如愿以偿地被保留下来。但问题是对确定性事项的限制性解释是否能将其包含在内。狭义解释和扩大解释的作用就在于此。如果案件要求法律必须进行“狭义”解释，那么就意味着法条中应当筛选出尽量少的确定性要件，即使无法令所有人满意，对此我们也应当制定出一个可行的规则。但事实并非如此，实践中对解释的程度并没有明确的限制，因此忽略整条法规的情形时有发生，因此这样的解释方法很大程度上就失去了意义。

因此，我们仍在努力寻求一种办法来解释法条中的可能性假设在向确定性要件转变时被叫停的原因。法律最“简单明了的含义”为我们提供了寻找的范围。“立法机构的意图”是纯粹无用的假想。对“立法目的”的猜测需要大量目的作为备选项。而法律解释的“结果”又包含了大量的预言，这些预言并非法院事先想好的，根据对其概率的计算，这种解释的结论包含了好几种可能性。

---

① 这一列举是基于（1910）36 CYC. 1173，而且部分内容源于 1 BL. COMM. 87－89。

② *Ibid.* at 87；Hudler v. Golden，36 N. Y. 446（1867）；Camunas v. New York & P. R. S. S. Co.，260 Fed. 40（C. C. A. 1st，1919）.

③ I BL. COMM. 89；Corrigan v. United States，298 Fed. 610（S. D. N. Y. 1923）. But *cf.* Ash Sheep Co. v. United States，252 U. S. 159（1920）.

但是，既然选择就意味着动机，无论怎样，法官都会不得不做出选择——据我们所见，这些选择并非以他们自己的意志为依据，而是在大方向受到解释规则本身的制约，于是这些制约就使得法官们具备了成为法律解释者的心理因素。这是纯粹的主观主义，基于这种情结，还有一种不成功的解释后果没被提及。很难说在法律解释时法官的主观意识或他的个性特征被拒斥在了法律结论之外。① 主观主义对法律解释的影响并不需要被考虑，因为法律解释的方向总是趋向于先例，这是因为如此行事就减轻了法庭的部分重担，而且法官们既然身为审判团队的一员——像其他正常人一样——也会展现出自己趋向于社群的一面。②

但我们也可以这么理解，许多混乱的、矛盾的和无意义的解释“理论”和“方法”使得法官的思维方式变得混乱不清，这更无益于法官们厘清思路。值得庆幸的是，许多理智的法官们仍可以时常穿透这层混乱的迷雾找到合适的解释方法，但其过程通常又是在近乎无意识的状态下偷偷作出的。

公开进行解释可以保证法律解释方法的单一性。如果我们必须要选择一种解释方法，很难找出我们不去选择那些最常用的方法的理由，即便这些方法最不为人称道。法律本身就对狭义和扩大的范围作出了限制。在这范围内，任何狭义解释——即任何排除特定的确定性要件的决定——都可以有意识地根据其可能的结果加以解释，这是出于一种好意，就像法官们经常出于下意识而偷偷作出的解释那样。在作出解释时，如果遇到特殊的案件——尤其是那些数量有限的、高度专业化的经济类案件时，法官们或许会寻求具备专业知识的人协同指导。

当他们具备了能够作出明智解释的要件时，我们便会发现，想要让法官们得出另外一种解释的结论是相当困难的。一位法官或许能够摆脱法布里盖特（M. Fabreguettes）所说的那种心智诡辩（sophismes du coeur）的影响，③ 但他不能与自己的偏见和解。当他发现

---

① 社会法学家喜欢在主观主义和他们自己的方法之间进行对比是基于这样一个假设，即社会学上的价值观或目标是明确的和可被证明的。这是不是真的值得怀疑。毕竟，决定基于选择，而选择基于动机。一个保守党人（Tory）会根据健全的社会学原理选择一种法律结果，这种结果将会确立财产范围、提升传统道德以及抵住不良内容。激进分子则不太关注这些目的，但也同样具有社会学意义。如果法律规定是以公认的社会学术语来表达的，那么很有可能任何一种类型的社会学家都会被赋予一种能够自由支配自己目标的权利。

② 这里我故意忽略了所有关于同一法庭先前对法律的解释所占比重的讨论。这就涉及了遵循先例（stare decisis）的问题，就像约克郡的学校一样（表示昂贵且复杂），其是一个棘手的话题，太过重要以至于不能随便讨论。

③ Fabreguettes，La Logique Judiciare 436 *et seq.*

排除既有的确定性要件会带来一些特定的影响时，他必须对可能造成的影响加以衡量。① 如果案件与社会或经济秩序的其他方面有着密切的联系，法官如果无视这种联系，仅凭自己的好恶选择一种解释方法，那将比凭空捏造一种方法还要糟糕。

于是乎，在解释的过程中就必然存在着两个极其重要的问题。其一，在法庭上，法律中最普遍意义上的可能性假设是否可以被纳入确定性要件的范围？法律规定越清晰确定，涉讼问题越容易解决。制定一部包含大量可能性假设的法律要比限定这些可能性容易得多，但如果我们想——在任何可能性存在的前提下——清楚地看到解释的最大和最小限度在哪儿时，我们就必须避免使用诸如“公正”“合理”以及“财产”等词汇，以及其他类似的可以无限延伸的术语。这些词汇几乎没有任何本身的色彩（如前述的变色龙一样），它们几乎可以被任何我们希望得到的结论所“附色”。

其二，将某一特定的确定性要件加入充满可能性的法律条文中，会否产生令人满意的结果？令人满意的点在何处？何为正义？何为确定？能够符合法官社会化情绪的点在何方？法官能够认可的理想化的解决方案又在何处？吊诡之处在于，无论答案在何处，隐藏于答案之中的情绪法理化（Gefühlsjurisprudenz）趋势是不可避免的。一种通过要求法官根据更加宏观的原则而非具体状况来断案以避免这种趋势的尝试最终并没有起到作用，原因就在于，所依据的原则越宏观，法官个人化的偏好就会越多。如果法官认为可取的点与社会中绝大多数人认为的可取之处存在明显的矛盾，那么，社会成员必须在行使其立法职能时，通过将更多的可能性假设写入法律，尽可能谨慎地限制法官们能够选择的、其偏好结果的范围。但是立法机构又不可兼得鱼与熊掌，它不可能一方面放任自己在立法的过程中去使用大而空、周全而又响亮的字眼；另一方面又去抱怨法院不对这些字眼进行准确、清

---

① 或许对法律解释之效果最佳的例证就是下述两大被广为讨论的案件。在 Holy Trinity Church v. United States，143 U. S. 457（1892）一案中，审案法庭援引了禁止鼓励外国人移民美国以提供任何形式服务的《合同劳工法》，并提出自己的反问，一个富有而出众的新教圣公会雇佣一名英国牧师，是否是为了鼓励移民，以便为自己提供任何形式的服务。当然，其目的可以很容易地被包含在法律条文所表述的大量可能性假设之中。法庭认为该法的立法意图不应被包含在法律解释之中，因为其不能提供哪怕一点点的事实证据。《合同劳工法》仅有的明显目的就是防止外国劳工的输入，以免与美国本土的劳工发生竞争。但这并非该法律可能包含的唯一目的。在解释法律时缩小法律条文中的可能性假设以使得确定性要件不能被囊括进所需的结论中，几乎可以肯定这样的事情只可能是由那些受训要尊重那些业已建立的基督教教派的人的感情所驱使的，而根据基督教的历史，向国外派遣牧师简直就是家常便饭。

在 Caminetti v. United States，242 U. S. 470（1917）一案中，所谓的《曼恩法》（Mann Act）受到了质疑。36 STAT. 825（1910），18 U. S. C. § 398（1926）. 该法视任何帮助运输未成年或成年女性以达到卖淫或淫乱的目的（或其他不道德的目的）的行为为重罪。一对夫妇自愿越过州边境，并在越过边境后犯了在他们自己州被认为是不道德但不是犯罪但在该州被认为有罪的罪行，审案法庭认为此案适用该法。《曼恩法》的立法意图在法庭上被强调且被驳斥。242 U. S. at 484. 《曼恩法》已知的目的之一就是防止运输和组织卖淫的出现。很多人当然地以为这就是该法的唯一目的。法庭选择了将法条中可能性假设的范围扩大到足以囊括这一特殊行为，毫无疑问，在这一过程中法庭似乎受到了一种不饶恕道德上存在缺陷的行为的影响。如果法庭考虑到了如此解释可能引发的后果，其或许已经预见到这样的解释方法会使该法律变为现成的勒索工具，并且也不会明显减少性犯罪的发生。

但两种解释方法之间的对比清楚地展现了社会动机在决定法律中可能性假设的限制方面所发挥的作用。法庭在各个方面都坚持宗教立场。法庭并不想以任何方式纵容性的不道德行为。

晰和稳定的限定。

法院或许真的怀有超越法律条文中可能性假设的限制进行解释的故意，法官们可能真地会做出与法相悖（contra legem）的决定，这是对那些“善于利用”法律漏洞之人的指责。或许有人认为，在一个明确的解释理论之下，相比现在，法院将会更少地作出那种与法相悖的解释，因为这就禁绝了他们这样做的理论前提。但是，如果我们将神学上那些先入为主的观念——将法律从单调乏味的工具变成了具有半神性智慧的命令——搁置一旁，同时我们也必须将我们对主权者的敬畏——这种敬畏从贵族们坐在审判椅上以最直接的方式行使主权权力时便一直萦绕在法官周围——也搁置一旁。一种比我们现有的更加灵活和易于管理的司法责任执行体系或许能够有效地减少法院任意解释的危险。那些故意作出与法相悖的解释的法官们在我们当下的体系里将受到弹劾。这种惩戒方式通常会因为其自身的严厉程度而崩溃。但是一种能够吊销法律执照，对不当行为加以谴责或撤销不当行为本身，能够判处金钱赔偿的惩戒性法庭或许会管用，尽管这个建议会让那些普通法地区的法律从业者们坐立不安。

通过对可能造成的后果的适当计算，得出一套明确且统一的法律解释体系，我们显然无法指望建立在这种体系上的解释术语能够被采纳。晦涩难懂的术语和解释技巧上的疏离感是神圣性的，很可能需要一场法律革命来摧毁。这一事实将继续成为法律思维和任何其他思维方式之间渐行渐远的主要原因之一，而这种理解上的割裂已经造成了严重的危害。就法律解释而言，外行人会自认为与法律人没有多少差距，不会像他们在探讨传统法律原则时那样疏离。如果法官们拒绝抛弃诸如“明示其一”这样的荒谬言论，如果法官们将实质性司法机关（指法院、检察院）自身都无法赞同的“简单明了的含义”玩弄于股掌之中，如果法官们将自己想象的场景放入拟制的状态中，如果法官们在随意选择解释目的的同时又任意预测法律结果，他们就不能指望外行人相信法官是一个理性且高效的职业。不幸的是，和过去一样，理性高效地行事、自欺欺人地掩饰,① 仍将是当下和未来法律解释的主流方法，而法律共同体还天真地期待着如此解释出来的法律，其效力会使得法律本身重新焕发生机（ex opera operato）。

（编辑：吕玉赞）

① 这一过程本身就是一种程序，而法律论证则必须遵循这样的步骤。以相当程度的常识或一致性为代价，司法程序也终将沦为一种如同传统的辩护模式那样的僵化类型。如果将法律解释的过程视为纯粹程序性的过程，那么其危害性将小很多。

法律解释的形成理论*

［美］斯科特·索阿姆斯** 著　魏广萍*** 译

摘　要　立法者通过法律规定，法律规定的文本内容需要法律解释。法律权威对法律条文的解释，包括认识论解释和构成论解释。法律解释被认为受制于法律，可能因制度而异。法律解释时司法机关需要了解立法机关通过法律的理由，并对现有法律进行最低限度的修改和最大限度地实现立法理由。文本主义者重视意义而非主张立法意图，也导致其错误地否定了立法意图在法律解释中的作用。不同类型的法律意图之间最基本的区别是用意，认识论解释部分的核心内容是确定这些意图。完成认识论解释确定主张后，法律解释者可以忽略立法者的游说意图，除案件解决的重要事实处于模糊的主张范围内，法律结合具体案件事实导致不一致的裁决，对特定案件的事实产生了不一致认识。对传统法律模式的解释，使法律解释者能够辨别一项立法的目的。这种目的的确定发生通常构成解释阶段，要求解释者对现有法律如何修改最能推进立法理由作出规范性判断。需要寻求法律规定的目的，并不是产生该法律或规定的因果效力的动机，而是为证明其通过的合理性而公开提出的主要理由。

关键词　法律解释　法律规范　立法理由　立法目的　合理性

“法律解释”是权威性地解决法律在具体适用中的内容问题。“法律解释”是法律权威对法律条文的解释，包括认识论解释和构成论解释。认识论法律解释的任务是确定法律权威的先前行为所产生的法律内容，构成论法律解释的任务是作出权威性判断以确定法律

* 本文系华东政法大学优秀博士学位论文培育项目的阶段性研究成果。

** 斯科特·索阿姆斯（Scott Soames），南加州大学哲学学院特聘教授、院长。感谢纽约大学法学院比尔·罗森的研究和编辑协助，这是作者在 2011 年 2 月 18 日于纽约大学法学院召开的“语境中的朴素意义”会议上的简要发言稿。原文发表于《纽约大学法律与自由杂志》2011 年第 6 卷第 2 期。

*** 魏广萍，女，黑龙江省双鸭山人，华东政法大学博士研究生，研究方向为社会法学、法理学。

内容。有时这种判断会改变基于先前行为所产生的法律规定。

一般来说，法律规定是指立法者通过权威性文本所主张、提出或以其他方式规定的法律内容。正如一般语言中的主张性内容通常不与其中语意相通，或根据对话者的目标表述。因此，法律文本的主张性或规定性内容一般不能与句子的文本含义相区分，也不能与促使立法者批准它的政策目标相区分。法律文本内容不能与立法者宣称或规定的任何规范性改进相提并论，也不能与其言论行为的理想化相提并论。例如，若立法者知道所有相关事实会如何规定。法律文本内容与其他文本或语言表现的内容的确定方式基本相同，除了立法行为的代理人往往不是单一的语言使用者，而是一个群体的复杂的情况。立法者的目的通常不是为了促进信息的合作交流，而是产生修正行为的规定，并且预先产生一套复杂的规定。

广义的立法者是指，其官方行为和语言表述构成法律内容的机构或行为人，具体包括法律规定的颁布者、发布执行规则的行政机构、宪法批准者、投票倡议的选民，以及开创先例的法官。在私法领域，"立法者"包括合同当事人、颁布合同法规范的立法者、法官以及裁决合同纠纷的其他官方机构。至关重要的是，具有法律权威性的法律解释者本身就是立法者，而立法者的行为又得到进一步解释。

法律解释被理解为具有法律权威的行为人对法律文本的解释时，这种解释自然会被认为受制于法律。法律规则的控制性确定了解释法律条文并对其作出权威性决定的官员的责任。这些法律规则或被编纂为成文法，或在宪法中进行表述。无论如何编纂，它们都是对具体法律行为者的义务具有约束力的社会公约。由于这些义务的内容可能随着不同的法律制度而发生变化，因此，正确的法律解释可能因制度而异。

规范性解释和裁判的一般法律规则的内容是什么？以下是笔者对法律规范内容的粗浅认识。

JR 法院不立法，而是要将立法机关通过的法律适用于具体案件。当法律规范不能为法律结果提供绝无仅有的可靠的指引，或对法律规范的适用导致不一致的法律结果，或其没有导致任何法律结果，或其导致明显荒谬和不可预见的法律结果时（在需要单一、明确和其他方面可以接受的法律结果的情况下），司法机关需要：一是了解立法机构在通过法律或法律规定时的主要立法理由；二是对现有法律规定进行最低限度的修改以消除缺陷，同时最大限度地实现相关法律规定可辨识的立法理由。

对于争议性的表述，可以提出如下问题：

Q1. 事实上，类似这条的规则是美国法律制度（或其他制度）的一部分吗？

这是一个广义的社会学问题，需要通过对特定法律文化中公认的规则进行实证研究。笔者认为，规则是对美国一些法院的裁定和法律解释的合理近似，但这种说法不完全正确。由于法律解释和裁决的规范争论不休，情况变得更加复杂。与十九世纪末的英国上议院不同，美国联邦最高法院以及各州法院面向使法院发挥更广泛、更明显的立法作用的方向发展。[1] 无论如何保守的执政规范，虽然受到挑战但仍然或多或少的存在，这不是一个哲学或规范的问题，而是一个经验的问题。

关于笔者表述的规则，可以提出的第二个问题。

Q2. 美国的法律制度（或其他特定的制度）是否应将其纳入？

这是一个道德和政治问题。事实是，对于某些法律制度和控制法律规范的候选者来说，即使问题二的答案是“不应纳入”，问题一的答案可能是“是的，它是法律制度的一部分”。事实上，笔者所勾画的规则是一个好规则，它不仅可以指导许多美国法院的司法实践，还是一个政治哲学的问题。

笔者最感兴趣的是第三个问题。

Q3. JR 法律规则究竟对法律解释者有什么要求？允许法律解释者有多大的自由度？以及在解释时应考虑哪些因素？

要回答这个问题，必须将其与问题四相区分。

Q4. 在具体案件中，法官和其他法律解释者在道德上如何做，应该考虑哪些因素？

问题四是一个赤裸裸的道德问题，但问题三不是，问题三明确了某些行为人的委托权力和责任。这些行为人是否应坚持履行这些责任，而不是以更高利益的名义违反有关法律规则，这是独立的道德问题不应被预先判断。虽然可能不恰当，如果否认达成一项道德上正确的决定，有时可能需要终审法院的成员不仅超越其实际的法律权威，甚至可能超越政治和道德上最佳法律规范的合法权威，造成思想混乱。

最后，笔者把提出的所有问题都与“现实主义”问题进行区分。

Q5. 法官和其他法律解释者实际怎么做？如果有一般的法律规范，他们在解释时应遵循哪些？

这个问题的回答主要在于对其他问题特别是第一个，关于法律规范解释的经验性启示。如果法官经常无视规范其行为的法律规则，而没有受到指责、推翻、忽视，那么他们的行为就会侵蚀该规则，并可能导致该规则被另一规则所取代。这一点对美国联邦最高法院这样的终审法院尤为明显。笔者认为，在过去 60 年中美国联邦最高法院的判例呈现一种趋势，使笔者所阐述的法律解释受到压力。例如，涉及宪法第十四修正案平等保护条款[2]、实质性正当程序[3]、1964 年民权法[4]，以及各宪法修正案中提到的有限隐私中“产生”的一般隐私权[5]，与政治上公正解释法律的传统模式不相符合。那么将会面临一个艰难的困境：我们必须重新思考这些判例的内容，并取代其中的一部分，或者重新思考民主

① Thomas A. Bishop, The Death and Reincarnation of Plain Meaning in Connecticut: A Case Study, 41 *Conn. L. Rev.* 825, 83342 (2009).

② 美国宪法修正案 XIV。

③ See, e. g., Beauharnais v. Illinois, 343 U. S. 250, 277 (1952) (Reed, J., concurring).

④ 1964 年的民权法案，Pub. L. No. 88－352, 78 Stat. 241 (1964)。

⑤ 参见 Griswold 诉康涅狄格州案，381 U. S. 479, 484 (1965)。

立法与司法解释之间关系的传统理解，代之以提升司法机构的地位，使其扩大的政治作用合法化。

既然解决这个问题是一项艰巨的任务，我们需要更仔细地研究，传统的法律解释规范所要求和允许的内容。基于此，回到问题3“解释时应考虑的因素是什么?”和“法律解释者有多大的自由度?”如前所述，法律解释既有认识论的一面，也有构成论的一面。认识论解释的任务是确定现有法律中与当前案件有关的内容。粗放型规则在本质上是原初主义的，甚至是文本主义的，但不是最普遍的文本主义的形式。笔者认为，现有的法律内容既不符合初衷，也不符合文本，而是立法者在通过法律文件时所主张或规定的内容。当代语言哲学和理论语言学将一个句子的意义与其相对应语境的语义内容相区分，两者都与一个语句所表述的或所规定的（内容）相区别。虽然在某些情况下三者相重合，在另一些情况下最后两类内容也是重合的，但在多数情况下第三类内容与其他两类内容是不同的。①在每一个存在这种差异的法律案件中，任何可辩的文本主义所要求的是第三类内容，即主张或规定。由于没有认识到而混淆了这三类内容，就导致了法律本身的错误，以及关于法律及其权威性来源的理论错误。②

常见的趋势是将文中某句话的意思与该句话用来表达或规定的内容相混淆。其结果是混淆了两个不同的解释原则，即坚持立法机关规定的法律条文的含义与坚持立法机关在使用时宣称或规定的内容之间的混淆。这种混淆显而易见，安东宁·斯卡利亚大法官在“史密斯诉美国案”中提出了另一精彩的反对意见，关于用枪支换取毒品的企图是否在贩毒罪中构成使用枪支的问题。③ 斯卡利亚不同意多数人的裁决，其观点如下。

在寻找法定含义时，我们赋予非技术性词句以普通含义，使用工具通常是指将其用于预定的目的。当有人问，“你用手杖吗?”他不是问大厅里是否展示你祖父的银柄手杖，而是想知道你是否用手杖走路。同样，谈论“使用枪支”就是谈论其作为武器使用的独特目的。当然，“一个人用枪的方式是多样的”，包括作为一种交易品，但这并不是“使用”的一般含义。④ 法院声称，这一论点的“重大缺陷”是，“使用枪支”的普通含义包括“使用枪支作为武器”，与“也排除任何其他用途”的普通含义完全不同。笔者认为，两者确实不同，但笔者主张的是后者，“使用枪支”的一般含义并不包括将其作为商业物品使用。例如，如果证人在检察官询问他是否曾经“使用过枪支”时回答“没有”，即使他曾经将祖父的恩菲尔德步枪卖给了一个收藏家，也不符合伪证罪定罪的客观真实性要求。

---

① See, e. g., Scott Soames, Philosophy of Language 145 – 73 (2010); Scott Soames, *Philosophical Essays* 278 – 97 (2009).

② See generally Stephen Neale, *On Location*, *in Situating Semantics*: *Essays on the Phil Osophy of John Perry* 251 (Michael O'Rourke & Corey Washington eds., 2007); 1 SOAMES, *Philosophical Essays*, supra note 6, at 403 (2009).

③ 508 U. S. 223, 241 (1993).

④ 同上注，at 242。

在假设的情况中，斯卡利亚主张的内容都非常正确。“史密斯诉美国案”中能够得出，立法机关对“任何人（在实施暴力犯罪或贩毒过程中）使用或携带枪支，除了这种犯罪规定的刑罚外，还应判处五年监禁”[①] 这一刑罚规定的是，将枪支作为武器使用（或为此目的携带枪支）应受到额外惩罚。如果不是斯卡利亚和其他法院成员混淆了这一规定的含义，这就是斯卡利亚的结论。

遗憾的是，由于这种混淆，斯卡利亚以不同的方式得出结论，认为“使用枪支的人”的一般含义只涉及将枪支作为武器使用,[②] 但正如大多数人指出的，情况并非如此。

当一个词语在法条中没有规定时，我们通常会根据它的一般或自然含义来解释。当然，当事人对“枪支”的处理情况，可以说是日常意义上的“使用枪支”，当事人企图通过“使用枪支”换取可卡因毒品。[③] 史密斯的行为可以被这样描述，是由于法律规定中“使用枪支”一词的普通字面意思。之所以可以如此描述该动作，是因为“使用N”的普通含义没有规定有关事物的使用方式。正因为如此，当该短语出现在一个句子中时，论断必须有明确的短语限定内容，如“作为武器”或“作为交易物品”，或者（当没有这种限定短语时）通过使用该句子的人所预设的内容来推断某事。既然国会采用了后一种选择，那么法院的工作就是从法定语言所提供的不完整的语义内容中推断出国会所主张的内容。文本主义者应该追求的是忠实于立法机关所宣称或规定的内容，而不是用于宣称或规定的句子的含义。

重视意义而非主张，也导致文本主义者错误地否定了立法意图在法律解释中的作用。斯卡利亚认为法律文本的内容是“它们的普通含义”，因此得出，调查立法史以发现立法者的意图是不相关的结论。更为糟糕的是，他担心艰难的认识论问题往往使人们无法确定真正的立法意图，从而使法学家们可以以立法思想为借口在文本中自由解读自己的政策偏好。请注意斯卡利亚在解释中的这两段话是如何利用表述内容与意思或意图之间的对比，来支持与立法意图无关的极端观点。

法官解释一项法规的目的常被理解为，落实“立法机关的意图”，但是这一原则并不符合一些普遍接受的具体的成文法解释规则。其中一条规则是，当法规的条文规定清楚问题就结束了。如果我们调查的对象是立法机关的意图而不是它表述的内容，为什么会这样呢?[④]

当决定不是根据立法机关规定的内容，而是根据其规定的意图……要想清楚立法机关的意图，最好的办法就是问问自己，一个明智和聪明的人应该是什么意图；这肯定会使你

① 18 U. S. C. 924（c）（1）（2006）.

② 508 U. S. at 242，n. 1.

③ 同前注，at 228。

④ ANTONIN SCALIA，A MATTER OF INTERPRETATION：FEDERAL COURTS AND THE LAW 16（Amy Gutmann ed.，1998）.

得出结论，法律的意思就是它应具有的意思……①

虽然斯卡利亚将通过某一法律文本时置于立法者意图以达到立法者目标，但这种合理的优先权不能与将他们所使用的句子的语言含义优先于他们的意图混同，也不能用来证明当语言含义明确时，所有对意图诉求的排除是合理的。

如果斯卡利亚不那么容易将句子与其内涵相混淆，他就会明白由于语言使用者的语意、内容与他们所使用的词语的含义，一起构成他们所主张的关键因素。因此，立法者的意图与他们所制定的法律内容直接相关。在多数情况下，这些构成的意图完全清楚，相关的主张或规定性内容也是如此。斯卡利亚坚持认为不需要进一步呼吁意图的正确性，前提是表述的内容并非模糊。即表述的内容连同案件的事实不会与其他同样权威的法律规定相冲突，且适用所颁布的法律规定不会导致明显荒谬和不可预见的结果，不会甚至颠覆立法者的立法理由。在遵守这些但书的前提下，表述的内容是主要的，即使某些意图是其构成要素，其他意图可能因不同冲突而发挥作用。

由于上述原因，笔者不能接受斯卡利亚对立法意图的否定，但他的担心是有道理的。笔者相信，这些担忧是基于对以下规则的正确理解，即除了特殊、指定的情况之外，法院应将立法机关颁布的法律适用于特定的案件事实，避免对法律内容进行构成性改变。虽然斯卡利亚在某方面对这一规则进行了错误的描述，但笔者赞同他对美国法律体系中存在某种类似规则的判断，并认为这一规则在规范上是可取的。因此，需要纠正斯卡利亚的错误，以便更清楚地阐明情况。由于两种立法意图在法律解释中发挥不同作用，首先需要从根本上进行区分。

不同类型的相关法律意图之间最基本的区别是用意，即通过使听众认识到自己这样做的意图而表述、主张或规定，而导致或引起某事。② 例如，某议员打算颁布一项法案，禁止学生接受陌生人的接送，以减少学生受到性侵的风险。他们颁布法律文本的语言表述意图是，今后提供乘车往返学校的行为是一种犯罪。既然这种意图赋予了法律的内容，那么任何法律解释的理论都无力否定它。

由于词法意图在确定法律文本规定内容方面的作用，使确定这些意图成为解释任务的第一部分，即认识论部分的核心内容。虽然这部分任务往往是例行公事，但也有例外，包括使用含糊其词③、使用参照性表达方式并对其主张语义上不适用的事物④，以及使用语

① ANTONIN SCALIA, A MATTER OF INTERPRETATION: FEDERAL COURTS AND THE LAW 16 (Amy Gutmann ed., 1998), at 18.

② See J. L. AUSTIN, HOW TO DO THINGS WITH WORDS 109 – 19 (J. 0. Urmson ed., 1962) (distinguishing between illocutionary and perlocutionary acts).

③ See Scott Soames, Vagueness in the Law, in THE ROUTLEDGE COMPANION TO THE PHILOSOPHY OF LAW (Andrei Marmor ed., forthcoming May 2012). See also, 1 SOAMES, PHILOSOPHICAL ESSAYS, supra note 6, at 418 – 21.

④ See SOAMES, PHILOSOPHICAL ESSAYS, supra note 6, at 407 – 10.

法上完整但语义上需根据上下文才能明确的语句，以此得出主张或规定的内容①。

一旦完成确定主张或规定内容的认识论任务，法律解释者就可以忽略立法者的游说意图，除非出现以下三种情况之一。② 第一种情况是当主张或规定的内容是模糊的，而案件解决的重要事实处于模糊性的范围。在这种情况下，事实加上事先存在的法律内容，就不需要做出明确的判决。同类案件中，法院的职责是通过对模糊的内容进行部分概括修改，以达到最符合立法者通过法律或法律条文理由的结果。③ 初步来说，法律的基本原理是立法者通过该法律达到的目的。基于此，解释者需要确定立法者的某些意图，这往往需要调查立法史，而这恰恰是斯卡利亚大法官所贬低的。

第二种情况是立法者意图的解释情况，如果几部同样具有权威性的法律以相反的方式对一个案件产生影响，其结果是法律结合具体案件事实导致不一致的裁决。当这种情况发生时，可能需要法律解释者对现有的法律内容进行最低限度的修改，以消除不一致，并允许作出独特的判决。同时最大限度地满足法律上可辨别的立法理由，这是对立法者用意的诉求。

最后一种与立法者意图有关的解释情况，是对特定案件的事实产生了不一致认识，这种不一致并非不同法规上的，而是法律条文与法律目的之间的不一致。在这些情况下，现有的法律加上案件的事实，会产生一种无法预料的结果，而这种结果对法律目的的实现毫无帮助，同时违反了法律规定的基本原理。可能要求法律解释者对现有法律的内容再次进行最低限度的修改，同时最大限度地实现立法宗旨。

为了避免过于抽象的讨论，可以思考“普雷斯博罗的学生在上学或放学的路上接受乘坐陌生人的车是一种犯罪”，颁布该法案的目的是制止外地男子接送高中女生而发生性侵犯事件。假设几个月后犯罪浪潮消退，一名高中生苏珊，因为担心放学后去迷你超市工作迟到，她乘坐一个非常慈祥且没有危险性的陌生老太太的车，老太太在学校食堂工作且住在迷你超市旁边。由于这种情况下，字面适用法律会对苏珊造成伤害，且不符合法律规定的目的，因此，地方法官可能会以缩小法律规定效力的方式，合理地做出有利于苏珊的裁决。当然，这种司法裁量权的行使是合理的。

议会是否有必要制定这种法律？也许他们考虑过各种表述明确以减少危险。例如，“普雷斯博罗的学生在上学或放学的路上接受乘坐陌生人的车是一种犯罪”。这种表述很可能被否决，理由是，要求儿童判断是否是危险人物可能会适得其反。而且在法规中加入这样一个有争议的词语，很容易造成执法的不确定性和起诉的困难。议员们认为最好不加修

---

① See SOAMES，PHILOSOPHICAL ESSAYS，supra note 6，at 412 – 15.

② 下文所归纳的三类情况在 Scott Soames，What Vagueness and Inconsistency Tell Us about Interpretation，in THE PHILOSOPHICAL FOUNDATIONS OF LANGUAGE IN THE LAW 31，43 – 51（Andrei Marmor & Scott Soames eds.，2011）中进行了更详细的讨论。

③ 关于什么是模糊性的不同说法，有时会导致类似这样的案件出现不同的法律结果，也会导致对模糊性在法律和解释中的功能的不同阐释。参见同前注 Soames，Vagueness in the Law 一文。

饰地使用这些语言，让法官以立法意图为指导，区分案件是否应该适用该条例，以减少该镇学生遭受不必要的风险。

这一法案是在任何接受陌生人搭车的同时，告知陌生人可能会受到刑事处罚。律师认为，可以预见法官会承认无罪的例外情况，并最终缩小条例的有效法律内容。然而，这些例外情况的确切特征是事先无法预见的，是分散得出的。无论如何，最终导致一个人接受搭车的行为与可能受到法律惩罚的界限变得模糊不清，而且无法预测。从这个角度看，通过该法案确立了一个强有力，但可反驳的、对阻止行为的推定，即以一种宽泛和开放的方式来表达这一推定，为避免任何可能属于该类别的行为提供了动力。并且承认该推定可被司法推翻，减少了规定本身对该行为（过于）普遍性描述的弊端。总而言之，律师团可能认为这是一项很好的法律规定。

宪法规定和法官的自由裁量权之间也有类似的动态变化，即宪法往往以概括性和易于理解的语言来表述，随着时间的推移需要进行大量调整。比如，美国宪法第一修正案中保障言论自由的内容部分。

国会不得制定关于建立宗教或禁止宗教自由的法律；不得剥夺言论自由或新闻自由；不得剥夺人民和平集会和向政府请愿以纠正冤情的权利。①

美国联邦最高法院承认，有时某些言论会受到法律的有效限制，包括诽谤性和中伤性言论②、商业言论③、公布危害国家安全的国家机密④、以及煽动暴力（包括使用“煽动性词语”）⑤。法律甚至对政治言论也有限制，如竞选捐款限制。⑥ 虽然其中一些例外情况的合法性受到争议，且其中任何例外都可能受到质疑。笔者认为，没有任何严肃的论据支持这样的结论，第一修正案所要求的正是其字面意思，即任何法律都不得以任何方式限制个人言论自由，或新闻界出版自由。

要理解“国会不得制定任何法律剥夺言论自由或新闻自由”含义的差距，以及目前所接受的第一修正案（相关部分）的内容，重要的是，首先要认识到其含义与立宪者宣称的

---

① 美国宪法修正案I。

② 参见例如，纽约时报公司诉沙利文，376 U. S. 254，279－80（1964）（承认如果是以“实际恶意”作出的虚假和诽谤性声明可能不受保护）。

③ 参见例如，Central Hudson Gas & Elec. Corp. v. Public Serv. Comm'n of New York，447 U. S. 557，566（1980）（如果商业言论涉及非法活动、具有误导性，或者如果政府的利益是实质性的，限制直接推进了政府所宣称的利益，而且限制的范围不超过服务于该利益所需的范围，则可以对其进行限制）。

④ 参见 Snepp v. United States，444 U. S. 507，509 n. 3（1980）（暗示国家安全的“迫切利益”可以证明政府有理由对其雇员的活动施加一些限制，否则这些活动将受到第一修正案的保护）。

⑤ 参见 Chaplinsky 诉新罕布什尔案，315 U. S. 568，572（1942）（“‘战斗词语’即那些因其言论本身而造成伤害或倾向于煽动立即破坏和平的词语”，是言论自由权的有限例外）；另见 Brandenburg 诉俄亥俄州案，395 U. S. 444、447（1969）（暗示言论自由保障不得禁止国家禁止，旨在煽动即将发生的不法行动并可能煽动这种行动的宣传）。

⑥ Citizens United v. Fed. Election Comm'n，130 S. Election Comm'n，130 S. Ct. 876，898（2010）（允许法律对政治言论造成负担，如果限制能促进令人信服的利益，并且是为实现该利益而狭义的）。

含义之间的差距。当然，可以肯定的是，立宪者并不赞同禁止所有可以想象的法律，规范所有可以想象的言论，即他们并不是在主张句子的字面意思。人们自然地认为，造成意义与主张之间的这种差距有两个重要原因：首先，正如立宪者和第一修正案的批准者所使用的“言论自由”，是一个法律术语，其含义比该词在英语中的字面意思（由成分决定）要窄。大致是“说话（不受限制）的自由”。确切来说是指，“说话的自由（不受限制）”。相反，该论点认为，它被理解为“以长期以来被认为是受保护和合法的方式说话的自由”。虽然这些方式是含糊不清的，而且是开放式的，但如果认为没有为今后讨论受保护的言论之间的区别提供重要的起点，将是愚蠢的。然而，如果认为严格地确定了所有相关参数，以确定目前所承认的这种区别的轮廓，那也是愚蠢的。这就使笔者想到了造成立宪者的语句含义与他们所要表达的主张之间差距的第二个因素。“没有法律……”这类量化表达在特定场合使用的范围，是由合理归因于该短语使用者的意图所决定的。因此，第一修正案的制定者所颁布的规定，既不是完全禁止一切可以想象的法律，根据长期以来被认为遵守普通法的方式限制言论自由，也不是对以前没有考虑到的（因此没有得到承认）新类型言论施加限制的“空白支票”。随着第一修正案的颁布，最初的主张性内容必须比句子的字面意思更细微。然而，即便如此，该修正案最初的主张性内容肯定没有包含所有现在已被承认为合法的例外（和扩展）。而这些增加的内容是合法的法律解释和裁定的结果。

这种解释和裁定是更为重要和复杂的版本，法官对普雷斯伯勒议会通过的法案的解释就是基于这个模板。议会的目标在于减少性侵犯，通过一个广泛的立法规定作为实现这一目标的手段，并且预计未来的裁决将导致分步的改进，通过无辜的但未预料到的例外情况来保留他们的立法初衷。虽然公认类似的情况是假设性的，但也可以梳理出第一修正案的制定者们的推理思路。立法者想要的是一个强有力的、可反驳的法律推定，反对国会通过规范言论自由或新闻自由的法律。① 可以推测，立法者使用的措辞具有广泛性和开放性的内容，其合理意图是让国会议员注意到，任何限制言论或新闻自由的法律都有可能被判定为违宪（因此无效）。② 假设随着时间的推移，禁止的合理例外情况得到承认，从而缩小禁止的法律内容。这并不是说可以预见这些例外的确切范围和内容，而是这些例外情况得到承认的过程将是零散的，且这些例外情况与禁止继续适用的法律之间的界限仍然是模糊不清且难以预测的。简而言之，第一修正案中关于言论自由的规定，以及宪法中的“自由”一词，都是不明确的。这相当于一个强有力的、但可反驳的法律推定，阻碍了制宪者和批准者希望限制的立法。③ 在法律解释规范的传统概念中也许并不完美，但在可接受的

① 为了简单起见，我在此暂且不谈修正案所涵盖的其他自由。

② 这种判断的深远影响或实际可行性，特别是由于在批准第一修正案时还不存在司法审查，是很复杂的，不在本分析的范围之内。

③ 在本例和其他参考文献中，我使用“法律推定”和“推定”的普通内涵，而不是它们作为与举证责任或说服有关的术语的技术性法律名称。在我的论述中，法律推定只是相关法律行为者必须遵循的政策。

解释范围之内也不失为一项好的规定。如果这就是一部“活的宪法”① 所需的条件，那么宪法万岁。

笔者基于假设对传统法律模式的解释，使法律解释者能够辨别一项立法的目的。这种目的的确定发生通常在解释的第二个阶段，即构成阶段。这就要求解释者在解释过程中对现有法律如何修改最能推进立法理由作出规范性判断。确定这些目的主要是一项描述性任务，不需要认同这些目的。然而，它确实需要明确人所追求的各种目的。

寻找立法理由并不是寻找促使多数立法者颁布法律的因果效力因素。这些动机除了是私人的且难以辨别之外，还可能与个别的立法者本身目的一样。个别立法者的动机可能基于个人的或政治上的私利，增进朋友或前同事经济利益的愿望，对某一派别或政党政治命运的献身精神，对私人主张或公开表达的意识形态的认同。任何试图综合这些因素，并确定相关群体的主导动机的努力，通常都会面临严重的认识论障碍。无论这些障碍是否能够在案例中被克服，为法律解释服务而试图这样做是根本错误的。在需要作出构成性司法裁决的棘手案件中寻求法律规定的目的，并不是产生该法律或规定的因果效力的动机，而是为证明其通过的合理性而公开提出的主要理由。

前面提到的案例中议会通过了一项禁止学生接受陌生人提供搭便车行为的法律，目的是为了减少学生在上学和放学途中遭受性侵犯的风险。可以推测，这是当地报纸所鼓动的，也是议员们对自己行为的解释和辩护。无论他们怀有什么私人的目的或政治动机，都是无关紧要的。复杂现实生活中的案例也如此，比如，2010 年 3 月美国国会通过的《平价医疗法案》。② 个别立法者的动机包括，以其所在州或地区的特殊利益为形式的政治贿赂，支持立法的团体和从中获利的公司的政治献金，担心政府及其盟友的报复，希望提高其政党的财富，以及在意识形态上致力于扩大政府对经济的控制，并开创一个更加社会主义的医疗和政治经济制度。然而，这些都不是该立法的目的，立法目的与随后的法律解释有关。它的主要目的包括：（一）扩大缺少保险之人的健康保险；（二）在不影响质量的情况下，减少用于保健的总支出；（三）减少多数公民的费用，包括将得到更多补贴的穷人的费用；（四）使获得保健和健康保险的机会平等；（五）通过切断两者与就业的联系，更可靠地提供保健和健康保险。③

由于这些都是为《平价医疗法案》提供的公共理由的核心要素，法案的目的很容易辨别，承认并不意味着赞同这些目的。在这种情况下，了解立法目的不存在问题，也不涉及用代替的规范性，法律解释者的判断取代了立法者的判断。当执行的细节与不为人知的事

---

① 参见前引注 SCALIA 一文，at 38。

② Patient Protection and Affordable Care Act，Pub. L. No. 111 - 148，124 Stat. 119（2010）（将被编入 42 U. S. C. 的零散章节）。

③ See U. S. DEP'T OF HEALTH & HUMAN SERVS.，IN Focus：HEALTH DISPARITIES AND THE AFFORDABLE CARE ACr，http：//www. healthcare. gov/news/ factsheets/2010/07/health - disparities. html（最后访问时间：2011 年 9 月 22 日）。

实发生碰撞时，可能会出现真正的规范性问题，导致法案的主要目的、特定章节或条款中更具体的次要目的，与法案的许多条款内容发生冲突。这时就需要在执行和管理方面，以及在可能的司法挑战方面作出规范性的决定。笔者认为，规范性是可辩护的，JR 规则中关于法院和复杂立法的法律解释者的作用，符合这一基本保守概念的限制。

虽然这种讨论只是浮于表面，但其分析框架适用于法律解释的许多情况，即：（1）解释是指对法律的解释；（2）其中宪法解释是特别好的例子。通常，宪法条款是以其广泛目的会让明确的语言来表述的，尽管这种语言的主张性内容设计过于笼统。其目的是为了阐明一个明确的、持久的规范目标，随着时间的推移，该目标的推进将指导无法预见的具体法律规定的实施。该条款过于笼统的内容使人们牢记规范性目标，同时也要注意，虽然必须注意遵守该条款，但解释不一定总是严格符合该条款的字面内容，在某种程度上有待商榷。在这一过程中法律的基本特征是，当一项法律的目的与现有内容在新的案例中的字面适用发生冲突时，法律解释在解决冲突方面发挥着必要的作用。

虽然这一程序中固有的立法职能是不可避免的，但也必须加以限制，以免传统上对宪法和其他民主权力的尊重受到破坏，并制约其在美国法律制度中的地位、颠覆政府的职能。法院不是上议院，无权否决或修改任何与其有政策分歧的立法。法院的作用是只在必须的情况下才进行“立法”：（1）为了使模糊的法律与边缘案件相适应，以推进立法者的立法理由；（2）为了解决与相关和既定事实共同不一致的法律规定之间的冲突，以减少法律内容的变化，同时最大限度地实现立法理由；（3）调整法规或宪法规定的字面内容与法规制定者或批准者打算推进的理由之间的明显差异。在所有情况下，最重要的因素是确定相关的立法理由。如果要遏制司法立法，尽量减少滥用，就必须对立法理由的识别进行强有力的限制。

根据普雷斯博罗议会的例子稍做延伸，就可以说明这一点。议会颁布条例的目的，是减少学生受到性侵犯的危险。由于这种对学生的性侵犯构成了对镇上居民的一种危害，所以该条例是为了减少居民的危险。然而，只有比较具体和完整的目的才与未来的司法解释有关（而不是比较笼统的目的，因为这种目的只是对立法目的进行了部分的具体说明）。例如，即使苏珊工作的小超市位于城市的危险地区，她很可能成为持械抢劫的目标，也不能合理地辩解她应该接受搭车去兼职而违反条例。驾驶员既不危险又与她有点头之交，也会被判定有罪，因为对她不利的裁决会减损保护居民的目的。相反，与决定本案有关的意义上，该条例具体的、完整的目的，对她有利的裁决是正确的。

虽然此案为假设，根据道格拉斯法官在 Griswold 一案中撰写的观点，Griswold 诉康涅狄格州①（关于限制销售避孕药具的法案）和 Roe 诉 Wade②（关于限制堕胎的法案）这

① 381 U. S. 479（1965）.

② 410 U. S. 113（1973）.

两个具有里程碑意义的判决，所提出的标准观点基本相同。

权利法案中保障措施的形成创造了隐私权。第一修正案中的结社权就是其中之一；第三修正案中禁止在和平时期未经房主同意在“任何房屋”中设置士兵营房，这是该隐私权的另一个方面；第四修正案明确申明“人民有权保障其人身、房屋、文件和财产安全，不受无理搜查和扣押”；第五修正案中的“自证其罪”条款使公民能够建立隐私权，政府不得强迫以免对公民造成损害。①

反对观点认为，虽然通过了宪法修正案以确立特定的隐私权，但并没有确立涵盖避孕（或堕胎）的一般隐私权。利用分析框架，道格拉斯提到的条款是为了确立强有力的、但可反驳的推定，反对通过侵犯特定隐私权的法律。相关宪法条款原本的主张或规定内容，并非旨在解决所有的问题，确切地说哪些法律在宪法上将会被禁止。前面关于第一修正案的讨论强调对适用于言论的原始保障进行合理的缩小。对有限地扩大到某些表达形式也可以做出类似的允许，这些表达形式虽然不是严格意义上的言论，但与言论一样具有传达思想的功能。即使承认这一切，在我们的框架下也无法达成道格拉斯的决定。尽管他所提到的宪法保障的内容可能会随着时间的推移而变化，以更好地满足其动机，尽管可以说每一项保障都是为了保障某种隐私，但这样的目的定性是不完整的，也不够具体。一旦消除了这一缺陷，宪法规定的目的得到充分和具体的说明，由此产生的隐私权并不包括禁止避孕或堕胎的一般隐私权。

对于解释第十四修正案的其他具有里程碑意义的决定也可以提出类似的观点。以下是相关章节。

> “所有在美国出生或归化并受美国管辖的人都是美国和他们居住的州的公民。任何州都不得制定或执行任何法律来削弱美国公民的特权或豁免权；任何州都不得未经正当法律程序而剥夺任何人的生命、自由或财产；也不得剥夺其管辖范围内的任何人法律的平等保护”。②

1868年通过的修正案的主要理由是保证内战后新获得自由的非裔美国人及其后裔享有充分的公民权。③ 宽泛来说，这一理由可以合法地描述为防止各州以种族为由剥夺正常的公民权。④ 由于这些权利在1868年与现在的权利不同（例如，在投票、参与公共生活和公共教育方面），因此，保障的适当范围并不限于修正案制定者所考虑的特定权利。相反，修正案的明确内容表明，所保障的权利是公民的权利，无论这些权利在任何时候都是

① Griswold，381 U. S. at 484.

② 美国宪法修正案 XXIV。

③ See，e. g.，Slaughterhouse Cases，83 U. S. 36，37（1872）.

④ See Loving v. Virginia，388 U. S. 1，10（1967）.

如此。至于具体规定个人享有正当法律程序和法律平等保护的权利的措辞，所保障的具体权利和法律平等保护的权利都是公民的权利。虽然正如美国联邦最高法院所认为的那样，认为某些权利适用于许多非公民和公民，当然并非不合理的，如受陪审团审判的权利，以及与此密切相关的权利。①

在 1954 年布朗诉教育委员会案中②，第十四修正案所保障权利的重要性在现代判例中尤为突出。该案推翻了法律规定的公共教育中的种族隔离。虽然 1968 年理解的“法律的平等保护”这一含糊而抽象的短语的主张内容不明确、不准确，但种族在修正案基本原理中的中心地位，以及制宪者赋予非裔美国人及其后裔充分公民权的明确意图，使 1954 年非裔美国人的权利属于修正案保护的范围这一观点高度可信。由于 1868 年美国的公共教育状况很不平衡，远未达到普及的程度，所以当时很少有人考虑第十四修正案对进入公立学校，甚至对公民来说意味着什么。然而，到了 1954 年，公共教育系统的普遍性和重要性使得州的公民有权接受该州提供的公共教育这一说法初步可信。同样在一些地方，非裔美国人当时所受限制的“单独但平等”的制度③，实际上与大多数人制度有内在的不平等，因此，包括修正案最初打算解决的非裔美国人的后裔，由于种族问题而被剥夺了公民权利。

虽然布朗案中推理的核心方面在笔者坚持的传统法律解释概念中是有道理的，但不清楚后来对第十四修正案的上诉是否也可以这样评价，特别是对平等保护和正当程序条款的上诉。在布朗案之后的数十年间，上文所引用的修正案部分，包括平等保护和正当程序的概念，一再被用于各种形式的案件中，包括涉及福利待遇、④ 排斥性分区、⑤ 州立法机构席位分配、⑥性别歧视、⑦ 道德立法、⑧ 外国人的权利、⑨ 堕胎、⑩ 以及诉诸法院的机会等案件⑪。虽然在这些案件中使用或滥用第十四条修正案的情况值得在每个领域展开广泛的调研，但有一种普遍的担忧将它们联系在一起。如果我们首先考虑修正案的制定者所宣称的内容（部分是由他们的措辞不当的意图构成的），然后使用通过修正案的理由和意图来补充这一内容，这样做不会达到美国联邦最高法院在过去五十年的一系列相关裁决中所解读出的广泛内容。笔者认为，这些裁决所产生的宪法实质内容的累积增加，也不能完全解释

① See Wong Wing v. United States, 163 U. S. 228, 238 (1896) ("The fourteenth amendment of the Constitution is not confined to the protection of citizens." (quoting Yick Wo v. Hopkins, 118 U. S. 356, 369) (1886).

② 347 U. S. 483 (1954).

③ 同上注，at 488。

④ 例如，参见 Shapiro 诉 Thompson，394 U. S. 618（1969）。

⑤ 例如，参见 Moore 诉 City of East Cleveland，431 U. S. 494（1977）。

⑥ 例如，参见 Reynolds 诉 Sims，377 U. S. 533（1964）。

⑦ 例如，参见 United States 诉 Virginia，518 U. S. 515（1996）。

⑧ 例如，参见 Lawrence 诉 Texas，539 U. S. 558，577 – 78（2003）。

⑨ 例如，参见 Plyler 诉 Doe，457 U. S. 202（1982）。

⑩ 例如，参见 Roe 诉 Wade，410 U. S. 113（1973）。

⑪ 例如，参见 Boddie 诉 Connecticut，401 U. S. 371（1971）。

为：（1）在案件中，对所需的模糊语言进行合理的司法澄清，否则不会产生法律结果；（2）对平等保护条款进行合理的司法改写。因为具体案件的事实与其他同样具有权威性的宪法规定不一致，或制宪者通过修正案的理由清晰可辨。

在这一点上是有争议的问题。如果笔者是对的，那么，过去半个世纪权威性的宪法解释中的一个重要倾向就不符合笔者提出的规则，即 JR 是一种社会惯例，既在规范上是合理的，又在经验上嵌入我们的法律体系，具有法律效力。笔者认为，这条规则在规范上是合理的，在法律上也是权威的，就倾向于认为过去五十年来法院制定的部分法律是有问题的，今后应被解释为只具有有限的先例权重。不同的看法需要表明，法院制定的法律事实上符合笔者对法律解释和司法责任规范的传统概念，或者阐明另一种规范使之与这套法律体系相一致。具体包括：（1）可以提出强有力的经验论据，说明另一种规范是在美国法律中实际执行的规范；（2）可以提出强有力的道德或政治论点，表明它在规范上优于笔者的概念。在笔者看来，要做到这一点，概述或两者兼而有之，其主要的挑战是要证明观点的合理性。例如，美国联邦最高法院的大法官担任终身职位，拥有政治智慧或道德权威，旨在与民主政治绝缘，可以公平地描述为对民主共和国的所有其他代议机构和办公室行使绝对的、基本上不受限制的立法否决权。

（编辑：吴冬兴）

三种立法意图

[波] 马尔钦·马特扎克[*] 著　宋　瑞[**] 译

摘　要　立法意图的性质仍是学者热烈讨论的一个学术问题，许多学者以不同的方式理解立法意图。导致对立法意图有不同理解的原因是：立法涉及三个意图，而不是一个。这三个意图对应言语行为的三个方面：言内行为、言后行为和言外行为。法学界主流观点认为立法意图是一种语义（言内行为）意图，但经过分析可知它实际上是一种言外行为意图。本文提出了这一更具理论化的立法意图模式，以期对法律解释理论的发展有帮助。为了从根本上推动法律解释理论的发展，我们需要提出一种更有理论化的立法意图模式。

关键词　言外行为意图　语义（言内行为）意图　动机　集体意图

引　言

很久以前，法哲学家们就对立法意图的本质展开了争论。值得注意的是，他们从不同角度、采取不同方式理解立法意图：将立法意图作为理解法律文本的一种特殊方式；将文本内容作为法律颁布的意图载体；将立法意图视为对该法律未来效果的预测。这种差异会导致许多错误观念和理解混淆。

笔者将详细分析法哲学家对立法意图的理解如此多样化的原因——在立法过程中出现了三种意图，而不是一种。三种意图的区分源于奥斯汀（J. L. Austin）对言语行为的构造，① 即言语行为可分解为三个组成部分：言内行为、言外行为、言后行为。言语行为的这三方面分别对应了三种意图：言内行为意图、言外行为意图和言后行为意图。与言语行

---

* 马尔钦·马特扎克（MARCIN MATCZAK），华沙大学教授。原文发表在 *Law and Philosophy*（2017）36：651－674。

** 宋瑞，男，江苏连云港人，华东政法大学宪法学博士研究生，华东政法大学讲师，研究方向为立法学。

① John L. Austin，*How to do Things with Words*（Oxford：Oxford University Press，1975）.

为的三个方面一样，本文所讨论的三种意图之间在性质和功能上都有所不同。但是，这些意图的特殊性没有获得学界普遍承认，导致了当下关于立法意图的研究面临了相当大的实际和理论困难。

本文第一部分阐明了关于立法意图的讨论一般尚未考虑到立法过程中所涉及的各种意图，容易导致人们混淆这个意图究竟是“为了制定法律而说什么”，还是“为了在现实中产生具体效果”。[①] 本文第二部分提出了三种意图的概念，并重点论证了它们的区别在书面交际中的重要性，特别是当一个人起草文本（如在立法中）另一个人使用该文本进行演讲行为时。本文最后一部分提出了“区分三种立法意图并将不同立法意图归属于不同的立法行动者，可以解决一些重要的理论问题”的观点，这些理论问题包括集体意图是否存在，在解释法律时是否需要考虑立法者的交际意图等。

一、传统观点：各种各样的意图

法学理论中关于立法意图的解释有三种较为流行的模式。第一种也是最流行的模式是将立法意图视为一种语义意图，[②] 即立法意图是指立法者说某件事、向受话者传达某一特定语义内容的意图。从这个角度看，立法者有使用语言文字来表达规则的意图，而这些意图是赋予这些规则特定意义的一个因素。[③]

第二种模式将立法意图定位为立法者将一个文本提交并使其成为法律的意图，如拉斯（Raz）的“最低意图”[④] 或“制定法律的意图”[⑤]。沃尔德伦（Waldron[⑥]）也持类似的观点，认为立法意图是将文本作为法律颁布的一种正式的意图。公共选择理论[⑦]对立法意图的态度也类似：立法意图是将特定的立法建议变为法律的意愿。这种观点包涵两方面内容：一是立法者理解法律文本的方式，是次要的；二是将法律文本变为约束性文本的决定，是关键的。这项决定采用多数决原则，即多数人投票赞成某一文本并将其变为法律。

---

① 言内之意、言外之意和言后之意的区别存在于法哲学文献中（参见 Heidi Hurd，“Sovereignty in Silence”，in 99 *Yale Law Journal* [1990]，p. 945，and Michael S. Moore，‘A Natural Law Theory of Interpretation’，58 *Southern California Law Review* 277，1985）。然而，这些作者并没有从这种区别中得出关于立法意图的深远结论。

② Richard Ekins，*The Nature of Legislative Intent*（Oxford：Oxford University Press，2013）；Lawrence M. Solan，“Private language，public laws. The Central Role of Legislative Intent in Statutory Interpretation”，93 *The Georgetown Law Journal*（2005），p. 427。为了避免混淆，我将使用语义意图而不是交际意图。因为交际意图在文献中使用时，既指言内之意，也指言外之意。

③ Stanley Fish，‘Intention Is All There Is：A Critical Analysis of Aharon Barak's Purposive Interpretation in Law’，29 *Cardozo Law Review*（2008）.

④ Joseph Raz，*Between Authority and Interpretation*：*On the Theory of Law and Practical Reason*：*On the Authority and Interpretation of Constitutions*：*Some Preliminaries*，（Oxford，Oxford University Press，2009b），p. 284.

⑤ Joseph Raz，*Between Authority and Interpretation*：*On the Theory of Law and Practical Reason*：*Intention in Interpretation*（Oxford，Oxford University Press，2009a），p. 329.

⑥ Jeremy Waldron，*Law and Disagreement*，（Oxford，Clarendon Press Oxford，1999）.

⑦ Kenneth A. Shepsle，Congress is a ‘They’，not an ‘It’：Legislative intent as oxymoron，in *International Review of Law and Economics* 12（2）（1992），pp. 239 – 256.

前者蕴含的意图是赋予词语一定的含义，后者蕴含的意图赋予词语一定的约束力。

第三种模式将立法意图等同于对法律在现实中产生的结果的具体期望。① 这种意图超越了立法的时刻，延伸到了未来：它是关于现实世界中的变化，这些变化因已制定规则的影响而引起。这种模式假设法律是影响人类行为的有效工具，受影响而发生的行为将改变现实世界，比如犯罪将会减少，正义将会占上风，一些利益相关者将会受益，而另一些利益相关者将会损失。这种模式下，立法意图不在于立法者说了什么或颁布了什么，而在于因某人说了什么或实施了什么行为导致什么结果产生。

本文中，笔者将立法视为一种言语行为。上述三种感知立法意图的模式，对应了言语行为中所涉及的三种意图：言内行为意图、言外行为意图和言后行为意图。

二、言语行为的三个方面及其相关意图

言语行为理论是法哲学家们分析法律语言及其相关问题，特别是立法和解释法的常用理论工具。许多法哲学家直接表达了他们对这一理论效用的信念，② 更多的人在工作中运用言语行为理论的原理。③

法哲学中言语行为理论的核心要素是 J. L. 奥斯汀（J. L. Austin）④ 提出的言语行为概念，这一概念随后由瑟尔（Searl）⑤、巴赫和哈尼什（Bach and Harnish⑥、M. Sbisà⑦）等语言哲学家进一步发展。在最初的奥斯汀版本中⑧，一个言语行为被描述为由三个方面组成：言内行为、言外行为、言后行为。根据奥斯汀的观点，言内行为包括说一些可感知和有参考的东西（例如，文本“打开窗户”）。言外行为是指说某事时表现的行为：该行为发生在一个常规程序情况下，该程序可以修正说话者的行为和所处环境，从而实现与该程序相关的常规效果，简言之即具体行为的履行（例如，发出“打开窗户”的请求或命令）；言后行为意指语言外现实的改变（例如，已经打开了一扇窗户）。

奥斯汀所区分的言语行为的三个方面对应着采取这种行为的人的三种意图。第一种是

---

① Ronald Dworkin, *Law's Empire* (Cambridge: Harvard University Press, 1986, p. 321).

② Paul Amselek, ‘Philosophy of Law and the Theory of Speech Acts’, in *Ratio Juris* 1 (3) (1988), pp. 187 – 223.

③ See Andrei Marmor, *The Language of Law*, Oxford, Oxford University Press, 2014; Richard Ekins, The *Nature of Legislative Intent* (Oxford: Oxford University Press, 2013); Lawrence B. Solum, ‘Se mantic Originalism’, *Illinois Public Law and Legal Theory Research Papers Series*, No. 07 – 24, 2008.

④ Austin 1975, *passim.*

⑤ John Searle, *Speech Acts: An Essay in the Philosophy of Language* (Cambridge, 1969).

⑥ Kent Bach, *Robert M. Harnish*, *Linguistic Communication and Speech Acts* (MIT Press, 1979).

⑦ Marina Sbisà, *Speech acts in context*, *Language & Communication* 22 (2002), pp. 421 – 436.

⑧ A recent reconstruction of it can be found in Sbisà 2013 (Locution, Illocution, Perlocution, in Sbisà and Turner eds., Pragmatics of Speech Actions, Mouton de Gruyter).

言内行为意图，说话时的意图带有一定程度明确的“含义”和“指涉”。① 第二种是言外行为意图，即通过说出某些言语时实施特定的言外行为的意图（例如，通过言语发布一项命令的意图），或者如弗格森（Forguson）所说，这是一种有约束力的意图。② 在某些言外行为中，言外行为意图是“制定规则的意图”。③ 第三类是言后行为意图，即通过实施言外行为来改变语言以外现实情况的意图。④ 言后行为意图被理解为“言语行为在听众中产生一定反应的意图”（例如，如果言语行为属于阐述类型，则是一种信念；如果言语行为属于指令型，则是一种采取行动的意图）。⑤

在进行言语行为的大多数情况下，这三种意图是同时发生的。“结婚交换结婚誓言”的例子可以较好解释：如果男女双方是真诚的交换婚姻誓言，他们执行言语行为包括三种意图，一是说出誓言的意图（言内行为意图），二是结婚的意图（言外行为意图），三是按照规定的行为准则共同度过余生的意图（言后行为意图）。事实上，三种意图的共现性和连贯性是言外行为有效而无瑕疵地履行的条件。

然而，言语行为也会存在三种意图不一致、不连贯的情况。例如，两名演员在舞台上表演结婚时，他们的意图无疑包括说“我把你当作我的丈夫/妻子”的言内行为意图。但行为人既没有进行结婚的言外行为意图，也没有与结婚后的现实相关联的言后行为意图。另一个言后行为意图缺失的例子是《教会法典》中与婚姻有关的规定。⑥ 根据该法典，有效的婚姻必须包括几个重要的因素：家庭和睦、团结，生育孩子，教育后代。如果未来配偶中的任何一方或双方排除了上述任何因素，婚姻可以被废除。在这种情况下，尽管有结婚的言外行为意图，但没有产生与言外行为相关的现实效果（比如生育后代）——言后行为意图，从而导致婚姻行为存在法律上的缺陷。⑦

在讨论法律行为的有效性时，可以更广泛地适用三种意图之间区别的相关原理。通过

---

① Austin（1975，p. 93）。由于言内行为可分为语音行为、交际行为和表意行为三个子行为，因此言语意图可以分为三个方面。一个人可以在行为里面区分出一个语音意图，一个发出声音、标记或手势的意图（Joshua Rust，John Searle［London – New York：Continuum，2009，p. 112］）。交际行为意图被 Forguson 称为 L – intention，表意行为意图被称为 SR – intention，SR 代表“含义”和“参考”。

② Forguson（1973，p. 168）.

③ See Mary Kate McGowan，‘On Pragmatics，Exercitive Speech Acts and Pornography’，in Lodz Papers in Pragmatics，5. 1 *Special Issue on Speech Action*（2009），pp. 133 – 155.

④ 言内行为意图和言外行为意图的区别出现在 Quentin Skinner，“Motives，intentions，and the interpretation of texts”，*New Literary History* 3（2）（1972），pp. 393 – 408. *The perloeutionary intention is distinguished in Francois Recanati*，*Meaning and Force*：*The Pragmatics of Performative Utterances*（Cambridge，Cambridge University Press，1987），p. 179.

⑤ *Recanati*（1987，p. 179）.

⑥ 参见《教会法典》准则 1101：1. 人们认为，在庆祝婚姻时所使用的语言和符号与内心的一致。2. 然而，如果一方或双方的积极行为排除婚姻本身，婚姻的一些基本要素，或婚姻的一些基本财产，该婚姻可归为无效。

⑦ 在教会法的狭窄范围之外，也可以找到将言后行为意图作为评估法律言语行为有效性的相关因素的例子。例如，帕尔默诉汤普森案［403 U. S. 217（1971）］，法官考虑了城市当局无视法院有关种族融合的命令，而采取关于种族立法的非法立法动机（事实上是一种非法的言后行为意图）。

对三种意图的区分，可以更准确地描述、分析立法过程，而这一过程通常被理解为是一种复杂的言语行为过程。① 之后，笔者将分析这三个意图在立法过程中是如何运作的。

三、法律的书面性和三种意图之间的不协调

法学层面上，实施言外行为所包含的三种意图往往是完全一致的。比如，一个警察说“停下!”时，是怀有正确地说这句话的意图（言内行为意图）的。此外，他还怀有命令对方停下来的意图（言外行为意图），以及希望对方停下来的意图（言后行为意图）。然而，当我们从口头交流转向书面交流时，这种一致性就发生了变化。书面交流是更为复杂的言外行为的载体，比如通过一项新的法律。正如我在另一篇论文（Matczak 2015）中指出的，书面语言行为的过程性使得区分言内行为意图形成的时间点和其他两种意图形成的时间点成为可能。比安奇（Bianchi）在一个例子中描述了这种情况：一个人在办公室写了“不要离开我!”的便签，随后对他的妻子、儿子和管家三个不同的人使用，② 其中实际上分别蕴含了请求、命令、鼓励三种不同的言外行为意图。

文本书写和使用的时间间隔使得在每个时间点形成不同的意图成为可能：言内行为意图在书写文本的时刻形成，不同的言外行为意图在使用之前的文本时形成。立法情形中的沟通过程比比安奇（Bianchi）的例子还要复杂。在比安奇的例子和立法情形中，都涉及一些独立的时刻。但在立法中，行动主体的数量更多，至少有两个：一个是起草文本的人，另一个是使其成为具有约束力的法律的人。梅列（Maley）指出了这一职责分工，他确认了起草者和来源在立法中的作用。③ 梅列认为，立法机关具有为共同体制定法律的主权权力，是立法的源头。同时，是起草者、立法机关的特定成员或行政部门的代表，负责起草法规草案。④ 高夫曼（Goffman）也做了类似的区分，区分了作者（选择并编码信息的人）和代理人（致力于所表达的主张和行为的人）的角色。⑤

四、立法意图是言外行为意图

从上述职责划分的例子可得出这样的判断：书面交流可能需要将言内行为（书写行

---

① See Marmor（2014）and Dick W. Ruiter，‘Institutional Legal Facts：Legal Powers and Their Effects’（*Springer Science + Business Media Dordrecht*，1993）.

② Claudia Bianchi，‘How to do things with（recorded）words’，in *Philosophical Studies* 167（2）（2013），pp. 485 – 495.

③ Yon Maley，“The Language of Legislation”，*Language in Society* 16（1）（1987），pp. 25 – 48。尽管在来源和起草者之间做了这样的区分，Maley（1987，pp. 31 – 32）得出不同的结论。例如，笔者把言外行为意图归于源头，他认为应将交际意图归于源头：“法令的来源是立法机关本身，其交际意图——法令的文字被认为是明确表达的。”另一方面，“立法机关就法案的实质内容指导起草人（就像现阶段一样），这才是法案的本意”。

④ 草案的概念几乎完全限于书面语言的范围。Michael Stubbs，“Can I Have That in Writing? Some Neglected Topics in Speech Act Theory”，*Journal of Pragmatics* 7（1983），p. 485.

⑤ Stubbs after Erving Goffman，*Forms of Talk*（Oxford：Blackwell，1981），p. 492.

为）与言外行为（使用以前的书面文本的行为）区分开。言内行为意图和言外行为意图遵循相同的区分模式。起草法律文本（言内行为）涉及言内行为意图，即表达某些语言文字的意图。起草者（比如部门员工）表达这一意图，但是立法程序并未将起草者确定为有能力执行立法这一言外行为的人。因此，起草者的言外行为意图不存在。言外行为意图是由代理人形成的，目的是赋予法律文本草案约束力。此外，立法还包括言后行为意图，即改变语言外现实情况的意图。①

在上述框架中，言外行为意图（强制性意图，而非言内行为意图）对于赋予颁布法律行为适当的规范意义是必不可少的，而这种效果是仅仅通过文本的书写是不可能实现的。言外行为意图只能由那些被一定程序授权实施言外行为的人体现出来。立法机关的言外行为意图符合约瑟夫·拉兹的最小的、正式的立法意图（制定法律的意图）的理念：②

一个人在立法（投票赞成法案等）过程中，实际上是表达了“他正在投票的法案文本将在以下情形时成为法律：当被理解为是法案文本时，当在该发布的情况下发布时，且在该国法律文化中被理解。”这样一个意图。③

这种模式下的立法机构不是起草者，而是代理人：立法机构不写草案，而是受委托将已写好的草案用于自己的目的。下面的例子有助于理解言外行为意图是如何起作用的：一个人可以去美发师那里，口头指导他该如何理发。这种情况与面对面的言语交际相对应，言语同时具有言内行为意图和言外行为意图。不过，一个人也可以拿着自己最喜欢的明星照片给美发师，并发出指令：我想剪一个这样的发型。在这种情况下，给美发师发指令的人使用了通常由其他人创建的人工制品（一张图片），并发出一个指令，指令的内容由图片内容指定。这个指令带有发出命令的言外行为意图，但命令的内容是由其他人（图片的作者）或其他东西（以图片形式出现的人工制品）决定的。

笔者认为，立法是按照第二种模式进行的。就像照片为理发师的命令提供内容一样，法律文本也为立法者的命令提供内容。立法机关的言外行为意图就是使该法律文本成为法

---

① 本文中使用的言后行为概念是传统的奥斯汀言语概念的延伸，后者指的是言语行为在听众的态度和行为中所引起的直接后果（如提到的“打开窗口”的例子）。这种传统的、狭隘的对言后效果的理解是由传统的、狭隘的对面对面交流情况的理解导致的。如果要依法适用于面向广泛受众，远远超出说话者直接语境的书面交流，则必须扩展传统的言后效果方法。法律文本的言后行为效果可以理解为它对社会群体和整个社会的影响；此外，社会现实中的后果应该宽泛理解，而不仅仅是直接的交流环境。我非常感谢一位匿名评论者引起我对这个问题的注意。

② Raz（2009b，p. 329）.

③ Raz（2009a，p. 284）（footnotes omitted）.

律,[①] 但文本的语义内容并不是由立法机关确定的。[②] 因此，必须采取授权的形式。

借助于麦卡勒姆（MacCallum）的立法意图模型,[③] 可以认为在立法过程中发生了这种意图的授权。授权的任务是起草者形成言内行为意图（选择词语来表达想法），而不是形成言外行为的或言后行为的意图。授权任务使文本成为一个黑箱：将文本作为法律颁布的立法决定只是对箱子的选择，而不是对箱子里具体内容的选择。言外行为意图类似于莱波雷（Lepore）和斯通（Stone）所定义的“基本意图”，他们强调了这一意图的指示性，即这一意图的作用是将说话者想要采取的行为用某个或一组句子表示出来。[④]

将文本颁布为法律的立法决定类似于立法者任命某人担任某一职位（法官、监察专员或总统）的决定。在这两种情况下，立法者的期望并不决定他们任命的主体将如何运作，因为主体（一个执行给定功能或法律文本的人）是自主的。人的选择与文本的选择一样，是理性的：它是基于对人或文本为特定目的服务的适用性进行评估。就文本而言，这种适用性是由文本描述“立法机构成员在打击他们想要打击的不法行为时发现有用的行为模式”的潜能来定义的。[⑤] 这一评估是对还是错并不重要：文本的适用性与立法者对该文本的看法无关。

如果立法者设置形式，由谁设置内容？语言哲学家认为，文本的语义内容不依赖于任

① 与脚注31中所讨论的经过修改的、引申的后言概念类似，本文使用的言外行为和意图的概念与传统的奥斯汀的言语概念略有不同。这种差异源于面对面交流的结构差异（Austin 提到）和法律规定的复杂的多人交流。在传统的研究方法中，言外行为意图与言内行为意图紧密相连，因为言外行为意图只涉及一名产生者：说话者。起草者与受托者之间的区别（法律层面上通信的一个特点）使得区分言内行为意图和言外行为意图有理由。这并不是说法律交际中的言外行为意图完全脱离了对法律文本的理解。我将在动机部分指出：理解常常产生言外行为意图，而且常常是议员言后预期的基础。然而，这种理解不能等同于传统的、意义塑造的言内行为意图。

② Forguson 对言语行为解释中可能出现的两种“不确定”进行了有趣的区分：一种是效力不确定；另一种是言语内容的不确定。前者是关于言内行为有何种言外行为的效力的不确定，后者是关于明确的言外行为表达了什么样的语义内容的不确定。在法律解释中，效力不确定的现象非常罕见，言语内容的不确定非常普遍：律师很少会质疑立法行为是否是一种施加指令的言外行为，但往往很难确定该行为的真正语义内容。立法意图的三类区分有助于说明这一法律解释方面的现象。受托人的言外行为意图比较明确，起草者的言内行为意图是众所周知的不确定。Forguson（1973，p. 170）。

③ Gerald C. MacCallum，*Legislative Intent and Other Essays on Law*，*Politics and Morality*（Ma - dison：University of Wisconsin Press，1993）.

④ Ernie Lepore，Matthew Stone，*Imagination and Convention*（Oxford：Oxford University Press，2015），pp. 209，219.

⑤ 一些学者（如 Ekins 2013，第112页）认为，遵循 Waldron 或 Raz 的“最小”立法意图的观点，将立法机构成员视为在他们的选择中不理性的人，即盲目地接受提交给他们的任何文本。我的观点是，基于对立法过程的目的的评估和草案的特点，选择某一文本作为法律的决定是完全理性的。然而，所有这些评估都是立法机构成员个人采取行动的非聚合动机，而不是可以共享的意图。因此，它们不构成立法意图，对法律文本的解释不应具有任何意义。

何人的意图或心理状态，而是依赖于文本中使用的语言工具（单词、句子等）的历史。① 这些哲学家是所谓语义外在主义的代表，他们主张语言的含义是在词语（句子）和事件状态的重复共现过程中形成的：名字和人同时出现，名词与物同时出现，谓词与给定属性同时出现。共现可以是物理性的（词语、事物或品质同时出现在同一时间和地点），或者具有历史因果性质（就像在克里普克－帕特南语义中一样，我们目前的参考文献可以追溯到单词的首次使用）。

由于这种共现，使用的历史链条就形成了，密立根（Millikan）称其为“世系”。② 从一个词第一次以特定方式使用的那一刻起，世系就开始了。这一刻被称为最初的洗礼③或命名仪式④。在这一刻，讲话者第一次指向现实的一个特定元素（一种事物的状态，一种品质），并使用这个词来指代现实的这个元素。这个词的后续用法在第一次使用时就被固定了。语言的使用者从语言的先前用途中获得使用参考。这样一来，使用者就可以参与历史链条，从而成为该词使用的传统。

共同发生的链条（构成了我们所说的语言实践）导致了所谓的符号“稳定功能”的出现。⑤ 稳定的功能是指，不管某一特定使用者的意图如何，一个词都是指它在过去系统地指涉的一种事态。指涉是指该词与典型的事态之间的联系；这个链条是由大量的案例构成的，在这些案例中，使用者用这个词来表示该事件的状态。通过这种方式，一种公共语言就出现了，它包括该语言使用的历史以及词与现实之间的一种相对稳定的语义联系，个人的意图远远不是这个过程的中心。⑥ 类似的反意图主义立场最近被莱波雷和斯通所接受，他们质疑格莱斯“意图是有决定意义的关键因素”的观点。

---

① 例如，Millikan 观察到，我们使用的词语和句子具有相对稳定的公共意义，产生于语言的历史条件和社会性质（Ruth Garrett Millikan，*Language*，*Thought and Other Biological Categories*［Cambridge：MIT Press，1984］）。这种意义是独立于语言使用者的意图和心理状态的（Ruth Garrett Millikan，*Varieties of Meaning*：*The 2002 Jean Nicod Lectures*［Cambridge：MIT Press，2004］，p. 127），并且可以进化（Ruth Garrett Millikan，*Language. A Biological Model*［Oxford：Clarendon Press Oxford，2005］，p. 61.）Waldron（Jeremy Waldron，*Law and Disagreement*，［Oxford，Clarendon Press Oxford，1999］，pp. 128－129）和 Schauer（1993 在自主语言意义上也提出了类似的观点，尽管他们没有提及特定的语言哲学。根据 Schauer 的观点，意义独立于语言使用者的心理状态，并由“符号——单词、短语、句子——在特定场合承载意义的能力而独立于这些符号使用者的交际目标”构成。（Frederick Schauer，*Playing by the Rules. A Philosophical Examination of Rule－Based Decision－Making in Law and in Life*［Oxford，Oxford University Press，1993］，p. 55）。

② Millikan：“我相信，公共语言的现象不是作为一组抽象的对象出现的，而是作为现实世界中的一种真实的东西出现的，既不是抽象的，也不是理论家任意构建的。它由真实的话语和文字组成，形成了纵横交错的谱系”See Millikan（2005，p. 38）。

③ Kripke（1980）.

④ Devitt（1980）.

⑤ Millikan（1984）.

⑥ 关于语义外在主义的反故意立场对于一般法律理论，尤其是法律解释理论的意义的讨论，可以在 Marcin Matczak 的相关论著中找到。*A Theory that Beats the Theory*？*Lineages*，*the Growth of Signs*，*and Dynamic Legal Interpretation*，（*forthcoming*）*Maciej Witek and Iwona Witczak－Plisiecka*（*Eds.*），*Dynamics and Vari－eties of Speech Actions*，*a theme issue of Poznan Studies in the Philosophy of the Sciences and the Humanities*，*Brill*。

一些学者提倡“直接意图主义”的学说，该观点认为对话者的意图的唯一功能是指出他们想要使用的传统发展的语言习惯，而不是构成新的意义。① 同时认为，语言是一种公共工具，它由历史上形成的习惯而不是特定的使用者意图来定义单词和句子的含义。从某种意义上说，立法者使某一文本成为法律的决定是“直接意图主义”的实例：这是立法者想在沟通的情况下使用语言习惯的示例。莱波雷和斯通明确指出，在直接意图主义的框架内，意图可能意味着说话者想要承诺的整个话语（例如一篇文本）。② 同样，本文所讨论的立法者的言外行为意图，也将法律文本指为立法者想要向自己承诺的一套话语。

将立法意图的言外行为意图描述与习惯的公共语言描述相结合，构成了一个有前途的理论项目。在这个项目中，立法机构的作用是赋予法律文本以约束力，这些法律文本被理解为一组具有历史发展惯例、公共含义的语言表达方式。约束力由立法者的言外行为意图赋予，该意图具有笼统的特点，因为法律文本中使用的词语的习惯意义（历史发展中形成的）提供了语义内容。因此，某一特定文本所包含的词语和句子可能（但不一定）与其作者的言内行为意图相关。就法律文本而言，其公开的、习惯的意义与批准文本并赋予其法律的效力的立法者（代理人）对该文本的理解不必然相关联。立法者的权威在于有权使特定词语及其构成组合的文本成为法律，从而确立其为未来法律解释的对象。通过接受这些词及其组合，立法者就接受了它们在历史发展中形成的习惯意义。

与艾金斯（Ekins）相反，③ 我认为解释者应该将文本视为独立的对象。艾金斯则认为，一件制品（如手表或计量器）的权威一定来自其创造者的权威。但是他忽视了制品是为特定目的而设计的，但是制品比它的作者更能达到这个目的（比如手表比钟表匠更擅长计时）。同样的道理，文本在立法中被立法者使用，是因为文本有许多立法者不能履行的角色和功能。其中一项功能是在立法者不在场的情况下管理人们的行为的能力，即便在这个立法者去世后，这种能力仍可能有效。

立法意图具有言外行为意图的观点也可以从法律解释的传统衍生出来。根据法律解释的经典原则，解释者可以无视法律文本的言内行为意图和立法者的言后行为意图。当法律冲突原则适用的条件发生时（例如，特别法优于普通法原则），就会出现忽视言内行为意图的情况。在这种情况下，有必要询问文本的作者是否愿意说出他的原本意图，通过对最初意图的溯源（如果解释原则允许的情况下）提高法律文本的质量或连贯性，这也侧面证明了言内行为意图没有绝对的约束力。

言后行为意图对解释者也并非绝对具有约束力。解释者没有义务考虑到立法机关的个别成员对法律执行效果的预期。因此，无视立法机关的言后行为意图的可能性是存在的。解释者唯一不能忽视的意图就是立法者的言外行为意图。解释者不能简单地假定具有法律

---

① Lepore and Stone（2015）.

② Lepore and Stone（2015，p. 209）.

③ Ekins（2013，p. 96）.

约束力的法律文本就不是法律，而且解释者不能随意地选择另一文本作为解释的对象。这一事实使得言外行为意图在解释过程中至关重要，同时也表明该意图高于言内行为意图和言后行为意图。

总之，立法意图性质上具有施为性。这一观点与以前侧重于语义（言内行为意图）意图的观点有所不同。习惯了以前观点的读者可能会有“代理人的言内行为意图与立法是否有任何关联”的疑问。这是我将在下一节讨论的主题。

五、意图与动机

立法机构的成员显然对他们正在投票的法律文本的含义有一些较为明确的信念。问题是这些信念在复杂的立法言语行为中扮演了什么角色。特别是，我们需要判断这些信念是否应该等同于作为代理人的立法机构成员的言内行为意图，或者它是否扮演了其他角色。

要回答这个问题，我们需要区分言语行为的意图和动机。每一个言语行为本质上都是一个行动，通常会伴随发生一些鼓励或阻止言语行为履行的事态。这些事态可能会表现形态各异，比如：我需要钱（事态），所以我向别人借钱，并且答应会归还这些钱（我做了一个承诺性质的言语行为）；我觉得有点冷（事态），因此我命令一个站在窗边的人关上它（我做了一个命令性质的言语行为）。缺钱以及对钱的需要、寒冷的感觉，是促成我做出适当的言语行为的当然因素。然而，这些原因都不是言语行为本身的构成因素，也不以任何方式影响言行动的成功或失败。意图的运行原理则不同：这三种意图中的每一个意图的存在和性质都与言语行为的构造和有效性有关（正如前面交换结婚誓言的例子所示）。因此，产生言语行为的原因与言语行为所蕴含的三种意图有重要的区别。① 如果我们把立法看作是一种言语行为，那么与该行为的三个方面相对应的三种意图便是其构造的关键，而不是执行该行为的原因（即动机）。

动机是与该行为相关的外部因素。在立法过程中，立法机关成员决定投票支持某一法律文本的动机是多方面的。这些动机包括对他的政党成员的忠诚以及游说者施加的压力。② 然而，这些动机与言语行为的构造无关，因为它们不同于三种意图，不是言语行为发生所必需的，或者是由不能进行言语行为的人所形成的（正如艾金斯所指出的③）。

鉴于上述区别，一个关键问题是确定代理人对草案的理解究竟构成立法领域言语行为的意图还是动机。参加过议会工作的人都很清楚，立法机构的许多成员在投票表决时往往对该项法案并不熟悉。由于这些议员对其政党领导人的信任，愿意遵循后者的领导，因此

---

① Ekins（2013，第26－27页）承认了这一点，他声称在解释我的行为时，希望和期望都不能取代我的意图。我的希望和期望是我对自己的行动所持的心态；它们不是解释我如何和为了什么而行动的心理状态，而这才是我的意图。

② Dworkin（1986，p. 318）.

③ Ekins（2013，p. 21）.

前者在投票方式方面愿意遵循后者的方式。议员的言外行为（立法行为）是有效的，这一事实意味着熟悉某一法律文本或立法机构成员理解该法律文本的方式对立法来说不是必要的。由于行为的有效性并不依赖于代理人对文本的理解，我们可以得出这样的结论：代理人对文本的理解不是意图，而是动机。因此，以往的学者对言内行为意图或语义意图的关注是被误导的，代理人对法律草案的理解并不是影响立法行为的关键因素。①

通过一个思想实验，可以说明代理人对法律草案的理解在立法过程中所起的作用是相对次要的。让我们想象一下，议会将十诫作为法律颁布，但根据《出埃及记》十诫是由上帝撰写的。议员们会表达出通过投票方式来颁布十诫的言内行为意图吗？或者他们宁愿根据自己对十诫的理解，认为它所规定的内容值得支持？他们的解释是否会不同于史学的、神学上的解释，仅仅因为十诫已经作为法律在实证意义上被颁布？解释者是否应该遵循议员在颁布十诫时对其的理解方式？对“十诫之所以能够成为法律”的解释是基于历史方面的原因，也就是说独立于议员的个别理解。议员对十诫的理解可能会鼓励他们投票支持十诫成为法律，但这种理解只是他们采取行动的许多可能动机之一。换句话说，制定十诫为法律并不改变其语义内容，而议员的言内行为意图在其制定过程中并没有发挥任何实质作用。

如果人们把议员对法律文本的理解视为行动的动机，而不是意图，就可以明白立法机关的作用与法律文本的接收者的作用并没有太大区别。② 立法机关和接收者都在以某种方式理解他人所写的法律文本，不同之处在于立法机关有权使该文本成为法律来源，并可要求为了达到这种目的对法律文本进行修改（比如按照提交修正案的方式）。相反，法律文本的接收者不能改变或替换法律文本。

边沁讨论了角色动机对行为的激励作用，他区分了外在（实在的）动机和内在（精神的）动机，以及现实动机和预期动机。③ 根据边沁的分类，议员对草案文本的理解似乎

① 在我看来，Ekins（2013）提出的从原因来理解立法意图的建议是试图从动机来定义立法意图。从个人层面理解，立法的理由可能包括个人立法者对所提议的立法要打击的不法行为的理解，以及对引起打击该不法行为的因果链的理解。在某种程度上，Ekins 似乎在一个更普遍的、非个体的层面上理解原因，即一套统一的、客观的原因导致立法机关立法。这些普遍的理由是奇怪的现象：如果它们不是立法机关成员的综合的个人理由，它们一定是某种普遍性、柏拉图式的实体或解释者对立法机关颁布某一特定文本作为法律的推测。与 Ekins 相反，我相信作为动机的理由从定义上讲是个人的：它们必须分配给那些受其刺激而采取行动的特定立法者。

② 根据 Dworkin（1986，p. 322）的说法，普通立法者处于说话者和听者之间的中间位置。他必须决定他面前纸上的文字可能要表达什么想法。

③ See Jeremy Bentham，*An Introduction to the Principles of Morals and Legislations*（Oxford：Clarendon Press Oxford，1879），pp. 99 – 100，特别是他关于火的例子：你的邻居房子着火了，你担心它会蔓延到你自己的房子里。你考虑到如果你呆在里面，你就会被烧死，因此你就会跑出去。那么“跑出去”就是行为：其他的都是动机。你的邻居发生火灾是一个确实存在的外部动机，你对火灾可能蔓延到你自己的房子的想法或信念，如果你继续待在自己的房子会被烧伤的想法或信念，以及想到这样一场灾难你所感到的痛苦，都是确实存在的内心状态。火灾的事件实际上延伸并烧毁了你自己的房子是预期的外部动机。看到你的房子燃烧你会觉得痛苦，当自己被烧伤也会感到痛苦，预期的内在动机是：这些事情可能会发生，这种可能可以作为阻止这种事情发生的动机。（Bentham 1879，p. 100）。

是一种现实的内在动机，或者是一种预期的内在动机，即对法律草案的一种现时的心态，或对法律草案成为法律后对其未来理解和适用的一种心态，这两种心态都会导致议员投票。①

六、立法意图混合的原因

如前几节所示，立法过程包括不同主体之间角色的分工。这个过程很像建造一座房子，你需要一个建筑师来设计房子，一个想要实施设计的投资者，以及建造房子的承包商。这些角色不是由一个人来扮演的，因为它们需要一个非常复杂的行为结构，相互作用、相互制衡，所有这些都需要不同的能力和技能。房子的建造是基于建筑师的设计图这一关键文件。设计图是一个有形的元素，它使思想外化、行动协调和讨论焦点集中。如果在实施的任何过程中出现疑问或模糊不清的地方，都可以参考设计图。在立法过程中，法律文本的草案也起着类似的作用。根据沃尔德伦的观点，提出一项拟定的草案作为正在讨论的决议，为与会者在立法程序的每个阶段进行审议提供了一个重点。②

对立法过程的传统理解没有考虑到其多人参与的复杂性。例如，艾金斯认为③，我们应该把立法看作是结构上类似于单独的个人行动。这种简化的方法在当代法哲学中十分普遍，其结果是对立法意图的简化感知。采用这种方法的作者默认将立法意图视为单个说话人的交际意图，即原则上是一种言内行为意图。④

保罗·格莱斯（Paul Grice）对这种具有同质性的言内行为性质的立法意图负有一定的责任。他关于语言哲学的诸多重要著作为许多法哲学家分析立法意图提供了参考点。⑤鉴于格莱斯"律师会对说话人意图的关注"和"将立法者意图视为一种交际意图"的观点，他既值得赞扬，也应受指责。在对格莱斯观点的讨论中，法哲学家们引入的唯一修正是脱离个人意图而支持集体意图。⑥ 然而，立法意图的结构（作为一个简单的交往意图）保持不变。很多学者支持格莱斯观点，反映在他们关于立法意图及其对法律解释影响的著作中。⑦

格莱斯的看法在法哲学家的著作中通过以下假设表现出来：

1. 立法者是发言人，法律的受众是听众。

---

① 沃尔德伦指出："一个立法者投票支持（或反对）像'任何车辆不得进入任何市政公园'这样的条款，简单的说是基于这样的假设：这些词语对立法者的意义与它们对接收者的意义是相同的（如果该条款获得通过）。"（Waldron 1999，p. 129）

② Waldron（1999，p. 82）.

③ Ekins（2013，pp. 127－128）.

④ John F. Manning，'Textualism and Legislative Intent'，Virginia Law Review 91（419）（2005），p. 423："在一些重要方面，意图主义者认为立法命令可以而且应该被视为一个人将对待一个独立的行动者的言语行为。"

⑤ Paul Grice，*Studies in the Way of Words*（Cambridge：Harvard University Press，1991）.

⑥ See Dworkin（1986），p. 64.

⑦ See，for instance，Marmor（2014），Solum（2008）and Ekins（2013）.

2. 识别立法者的语义意图在法律解释中起着至关重要的作用。

格莱斯交际意图方法的基本局限性在于，它只适用于分析面对面的交际，即共时的（发生在同一地点和时间），并且只涉及一个说话人。就立法而言，是一项历经时间长河的活动，涉及许多参与者。因此格莱斯的观点太有限了。此外，他的分析主要涉及口头语言，① 而当代立法的过程和结果主要是书面的。如上所述，立法过程的书面特征决定了立法意图的复杂性。

依赖格莱斯的观点，目前对立法意图的研究主要集中在言内行为（语义的）方面。这往往导致立法意图的言内行为、言外行为和言后行为三方面的混合。混合的例子可以在艾金斯（传达某种意义的意图②，立法的意图③，一个制度意图追求的目的④）、加德纳（Gardner）（关于立法的意义、申请、用途和效果的意图⑤）、曼宁（Manning）（立法机关的原意⑥、拉兹的最低意图⑦、政策意图⑧）的观点中找到。

尽管有格莱斯的观点影响，一些学者还是设法分辨出这种意图的言外行为方面和言后行为方面。例如，马默（Marmor）认为立法意图是一种交际意图（一个想要领会说话人所说内容的听者的目的就是领会说话人意在传达的内容，法律上的言语不可能是一种例外）。⑨ 但是，后来他承认了立法意图的另一个方面：如果你投票赞成一个提议的文本，却没有意识到你传达了让这个文本在制度上得到批准的意图，你不知道你真正在做什么。⑩ 表达使文本在制度上得到批准的意图表明，马默承认了立法意图的言外行为意图（使文本具有法律效力的意图）。

有的学者认为，立法意图在性质上只是言外行为意图。拉兹的“最小意图”概念和沃尔德伦的立法意图观点是这种观点的典型例子。⑪ 同样，谢普瑟（Shepsle）对立法意图的理解似乎也是言外行为意图（她［立法者］主张更喜欢动议通过时获得的世界状态，而不是动议失败时获得的世界状态）。⑫

---

① 格莱斯（1991）在他的作品中使用了一些书面语言的例子（例如：请勿踩踏草坪），但在他的分析中并没有得出研究口头语言和书面语言需要不同方法的结论。

② Ekins（2013，p. 14）.

③ Ekins（2013，p. 8）.

④ Ekins（2013，p. 1）.

⑤ John Gardner，*Law as a Leap of Faith*（Oxford：Oxford University Press，2012），p. 60.

⑥ Manning（2005，p. 423）.

⑦ Raz（2009a，p. 287）.

⑧ Raz（2009b，p. 424）.

⑨ Marmor（2014. p. 116）.

⑩ Marmor（2014，p. 18）.

⑪ 令人惊讶的是，沃尔德伦 Waldron（1999）在他对立法意图的考虑中也借鉴了格赖斯的观点。艾金斯（2013）指出沃尔德伦 Waldron 对格莱斯的“关于句子意义对法律解释意义”的大量引用，但却与他的最终结论不一致。格莱斯框架正是 Waldron 在构建无意图立法理论时应该避免的，因为 Waldron 的方法更符合反格莱斯观点的，如 Millikan（1984）或 Lepore and Stone（2015）。

⑫ Shepsle（1992，p. 248）.

如果在研究中考虑立法意图的三重性质，会促使对立法意图的讨论将更加有序。对立法意图的三重性质的考虑，除了增加辩论的精确性之外，还为研究一些重要问题提供了新的路径，例如“集体意图”问题。本文的最后一部分将围绕这个问题讨论。

七、三种意图和集体意图

许多关于立法意图的讨论都围绕着“立法机关作为一个集体主体能否明确地表达意图”的问题展开。关于这个问题既有肯定的①也有否定的②回答。不管怎样，如果承认本文前面几节中所描述的三种意图，对于这个问题的回答可以令人满意。具体地说，如果立法机关的每个独立成员的言内行为意图和言后行为意图是不同的，就不能统一起来视为共同的意图。但是，立法机构中投票赞成某项法案的每个成员的行为都具有同样的言外行为意图。因此，立法机关作为一个集体主体，可以认为其行为具有共同的意图，即将文本变成法律的意图。③ 让我们仔细看看在立法过程中涉及的不同的意图怎样被聚合起来。

在法律行为的准备过程中，由于个人的言内行为意图千差万别，要将这些意图聚合起来是极其困难的：起草人和立法机构成员对草案文本的理解可以有许多不同的方式。即使克服了这一障碍，起草者的言内行为意图也与立法行为的有效性无关。正如我们所知，法案文本的作者或作者们不是能够有效执行立法行为的人。由于其意图与立法行为的有效性无关，其意图的聚合也与立法行为不相关。这样的论点可以用来反对“立法机构的个别成员理解草案文本的不同方式可以被聚合起来”的观点。即使他们可以聚合，也只能作为一种动机而不是意图，因为他们对文本的理解与立法行为的有效性无关。

同样，言后行为意图也千差万别、难以识别，因为参与立法的个人对于某一特定法律的实施将对现实有何种影响有着不同的期望。而且有些期望是非常隐蔽的，例如那些来自说客压力的期望。因此，言后行为意图不能构成集体意图，它对某一特定法律在将来的适用过程不重要。

在立法过程中所涉及的唯一统一的意图就是言外行为意图。对于每个投票赞成从而使文本具有法律约束力的人来说，这一意图是相同的。这是一个正式的、最低限度的意图。考虑到言外行为意图的上述特性，它们之间可以聚合。因此，可以认为立法机关作为一个集体主体，具有统一而共同的言外行为意图，即制定法律的意图。

立法机关成员的意图可以聚合的理念是立法意图大多数模式的基石。④ 许多学者反对

---

① See Solan（2005），Ekins（2013）.

② See Dworkin（1986），Waldron（1999），Shepsle（1992）.

③ 在本节中，我对共享意图的讨论是基于一个假设，即不能将反对者的意图与赞成者的意图结合起来。原因是，意图的聚会只有在相同意图的情况下才有可能。尽管如此，我们仍然可以声称，立法机构作为一个集体代理，其行为带有大多数成员所共有的共同意图。毕竟，唯一被接受的将意图分配给集体代理的机制是多数主义机制，在多数主义机制中少数意图被排除。

④ See Marmor（1992）.

这种模式。[①] 他们的批评一般包括两种观点：第一，不清楚在意图聚合时该考虑谁的意图；第二，不能达到将那些分歧很大甚至可能是矛盾的意图一致的效果。第一种观点可适用于言内行为意图和言后行为意图，但不适用于言外行为意图。虽然立法过程中的许多立法者都有言内行为和言后行为的意图，但制定一个规则的（言外行为的）意图只能归于立法机构成员（代理人），也只能归于他们中投票赞成该法案的人。这与德沃金、[②] 马默[③]和麦卡勒姆[④]的主张是一致的。因此，可以否定批评者所主张的“不清楚该聚合谁的意图”的观点。第二种观点“人们无法使差异很大的意图最终一致”也仅适用于言内行为的和言后行为的意图。以摩尔为代表的学者认为要将立法者对于法案中使用的每个词的各种语义意图聚合起来是不可能的。[⑤] 在三种意图理论框架内，摩尔的主张有效地陈述了不可能聚合立法者的言内行为意图。以赫德（Hurd）[⑥] 为代表的学者认为不可能聚合对于法案颁布后效果的期望，即不可能聚合言后行为意图。综上，这两种批评观点在分别适用于言内行为意图和言后行为意图，但都不适用于言外行为意图，主要原因是言外行为意图与它们之间存在潜在的差异，即言外行为意图是统一的、可以聚合的。

八、结论

本文反复提到的主题是：立法是一个复杂的言外行为的过程，包含三种意图的组合。通过论述得出的主要结论是：言外行为意图应该在这一组合中起主导作用，而不是目前所认为的言内行为（语义）的意图。首先，起草者（起草法案的公职人员）的言内行为意图并不决定对法律行为内容的理解方式，因为这个意图没有约束力。第二，代理人（立法机关）的立法行为被认为是对法律接受者具有约束力，实际上带有言外行为意图。第三，作为代理人（委托起草者起草法案文本）的单个议员对文本的理解方式是一种动机，而不是意图；这种“理解”本身是立法行为的非构成性部分。最后，言外行为意图的重要作用是源于它是唯一可聚合的意图，而言内行为（语义）和言后行为意图因太多样化而无法聚合。

承认言外之意在立法中的主导作用，也可以从跨学科的角度对法学理论产生积极的影响。法哲学中有关立法意图的最新研究没有承认立法意图的言外行为特征，[⑦] 同时还批评

---

① 正如赫德（1990，p. 971）所提到的：参与构建和辩护这一模型的理论家只对个别立法者所拥有的意图作出本体论承诺。但他们试图分析立法机构的意图，将其作为大多数成员共同意图的总和。根据这种对立法意图的解释，人们不需要假定群体意识的存在；只需要把促使立法者投票的个人意图加起来，就可以发现法令背后的立法意图。

② Dworkin（1986，p. 320）.

③ Marmor（1992，p. 163）.

④ MacCallum（1993，pp. 17 – 18）.

⑤ See Moore（1985）.

⑥ Hurd（1990，p. 945）.

⑦ e. g. Ekins（2013）.

拉兹、沃尔德伦和谢普瑟的观点，导致公共选择理论方法与法哲学方法在立法意图上的差异日益扩大。将法哲学的研究重点从言内行为（语义）意图转向言外行为意图，将使其与政治学的立法观点相一致，从而对两门学科产生整合效果。

（编辑：吴冬兴）

制定法中的隐含要素*

［美］朗·L. 富勒** 著 王志勇*** 译

摘 要 法律哲学有两种对立立场。一种观点认为所有真正的法律都是隐含法；另一种观点则在智识上极度偏好所谓的制定法。上述两种立场均失之偏颇，因为制定法中实则有隐含要素，隐含法中亦有制定要素。就制定法中的隐含要素而言，影响成文法解释的要素涉及对法律制度及其人类意义的理解，对杂乱冲突的成文法进行的协调亦需要隐含方法。更为一般来讲，制定法无法摆脱对隐含的或内在的“立法的法则”的依赖，理由有四：第一，与法律含义的通常观念最离谱的偏离，恰恰最可能为宪法起草者所忽视。第二，一个所谓的成文法，在一种情况下似乎与法律观念本身不一致，在另一种情况下可能有助于法律的正派事业。第三，我们难以预见可能的紧急情况，我们也难以预见在正常实践中需要做出何种调整来应对上述紧急情况。第四，在适用宪法词语之前，我们需要解释宪法词语。

关键词 制定法 隐含法 解释 路径分析 风险防范

如我之前所述，法律哲学倾向被两种不宣而战的观点所支配：一种观点认为所有真正的法律都是隐含法；另一种观点则在智识上极度偏好所谓的制定法。正如我们之前所提出的那样，我们的目的不是裁决何种观点“正确”，而是公正评价每种观点。

在此，我们将要求制定法的倡导者对其犯下的歪曲和疏忽作出解释。我们之前讲过，

---

* 本文系 2018 年度河南省哲学社科科学后期资助项目“法治社会的道德基础”（项目编号 2018HQ019）和 2018 年度国家法治与法学研究重点课题“先秦自然法思想研究”（项目编号 18SFB1006）的阶段性成果。本文原载于 Lon L. Fuller，*Anatomy of the Law*，Greenwood Press，1976，pp. 57－69。

** 朗·L. 富勒，美国法学家，第二次世界大战后新自然法学派主要代表之一。曾长期任哈佛大学法理学教授。本文原载于 Lon L. Fuller，*Anatomy of the Law*，Greenwood Press，1976，pp. 57－69。

*** 王志勇，男，河南安阳县人，河南财经政法大学法学院讲师，研究方向为自然法理论与法学方法论。

奥斯丁试图将习惯法改造成为一种特殊的制定法（made law），[①] 这就引入了人为捏造因素。在此，我们将继续展开上述分析所开启的讨论。

在之后论述“隐含法中的制定要素”时，我们可以颠倒过来。在那里，我们将证明：依照对隐含法的想象来重构所有法律现象，也许应该说“解构（unmake）所有法律现象，这如何扭曲了立法和执法的本质”。

在当前对“制定法中的隐含要素”的分析中，我们的讨论始于制定法体系实施时遭遇的最普遍的问题，即解释。正如我们之前所指出的那样，成文法的解释所涉及的难题通常比外行人所想的要难很多。对于法官来说，这些困难因如下情况而更加复杂：一些简单的案件往往在庭外就被解决，因此不需要走到司法裁判这一步。

让我们假设，在某个大城市的中心，有一个宽敞而迷人的公园。为了保护公园免受恼人的侵扰，相关机构出台一部成文法。该法规定，将任何“车辆”驶入公园的行为构成轻罪。就本法的目的而言，什么东西算作“车辆”呢？在有些案件中，我们很容易做出判断：10 吨重的卡车不应进入，婴儿车可以进入。应该注意的是，之所以容易得出这两个判断，并非因为我们可以从字典中找到答案。譬如，《韦伯斯特新国际词典》（Webster's New International）（第二版）将“车辆”定义为，“在其上面或者内部运载或能够运载人或物……”。显然，根据这个定义，婴儿车和卡车都属于“车辆”这一称号的适格对象。

那么，为什么我们很容易看到卡车不被允许进入公园，而婴儿车却被允许进入公园呢？我们之所以得出这个结论，并非通过考察“车辆”一词的语义，而是通过考量公园这一概念中隐含的东西。确实如此，即使“公园”一词根本没有出现在成文法中。我们可以不用“城市公园”来表达公园的概念，用“北面以亚当斯大道为界，东面以第三街为界的所有地区”等来表达公园的概念。因此，我们所解释的东西压根就不是一个词语，而是一种制度及其对生活在该制度下的人类的意义。

由此可知，对于法条的正确解释，取决于相关社会实践和态度赋予“公园”制度的意义。以纬度较冷的地区为例，在这样一些国家里，公园往往是宁静和供人憩息的地方。在公园里，市民可以逃避城市的喧嚣。在纬度较热的地区，公园可能是载歌载舞的娱乐之地。在那里，人们通过午休满足憩息的需求之后，就会到公园来娱乐。现在，我们可以看到，这些制度含义上的差异可能会对“车辆”一词的解释产生重要影响。譬如，在某种类型的公园，人们可能会欢迎蒸汽笛风琴，因为蒸汽笛风琴有助于人们娱乐欢庆。事实上，一位睿智的警官可能会为其决定作出如下辩护：蒸汽笛风琴压根就不是真正的“车辆”，因为它除了本身之外没有携带其他任何东西，它只是一个装在轮子上的乐器而已。同样，由于带有不祥的氛围，灵车必然会被排除在外。在另外的气候区，公园意味着完全不同的

---

① 此处“made law”指包括成文法在内的由人类有意创造的法律规范，参见 Lon L. Fuller，*Anatomy of the Law*，Greenwood Press，1976，p. 43。——译者注

东西，由此上述决定可能会被推翻。

现在，“所有真正的法律都是制定法”这一观点的坚定拥护者可能会沿着如下线索提出反驳：确实，当立法者使用语言进行立法时，他意图使该语言具有它在立法者所处的文化氛围中所具有的含义。立法者本身就是该文化的参与者，就他所适用的词语而言，他所意指的含义，并非字典所定义的含义，而是他的同胞在使用这些语言时所意指的含义。因此，“公园”制度所具有的本土意义，自然会进入到立法者制定的成文法的含义之中。构造成文法的语言要素在部分上可以说是土生土长的，但这并不意味着就有损成文法作为制定法的地位。

然而，这种观点太过于简单，也太过于静态。第一，正如我们已经指出的那样，“公园”一词可能根本不会出现在成文法中。第二，就立法者的明确意图而言，它可能是针对载重十吨的卡车之类的事物，这类事物将被关于公园的任何合理概念排除在可以进入公园的事物范畴之外。疑难案件实际上并非被立法者预先解决，而是在适用时被解决。这就意味着，法官或警官在适用成文法时，不仅要以成文法的文字为指导，而且要以关于某些可以进入“公园”的合适、妥当事物的观念为指导。这种观念隐含在法官或警官所处的社会实践和态度中。第三，随着时间的推移，我们可以想象，社会制度“公园”和与其相关的法律规定可能会相互影响。在法律适用层面对禁止入内的“车辆”的管理松懈，可能会逐渐改变“公园”的文化意义。相反地，完全超越法律对公园用途进行改造，可能会逐渐改变成文法的含义。所有这些加在一起得出的结论是：相关成文法的重要组成部分不是由立法者制定，而是受到复杂的社会实践和态度的影响而增长、发展，这些社会实践和态度本身也可能处于发展、变化之中。

在任何现代法律体系中，诸如公园和车辆这样的例子可能成倍增长。实际上，几乎没有哪部成文法可以适当地讲在自我适用。我们无法仅仅依靠熟悉词语的普通含义就对法条进行解释。要求车辆靠右侧行驶的成文法，似乎具有几何学上的简洁性。在此，立法者已然进行了明确清晰的规定，适用者似乎无须再狗尾续貂。然而，如果该成文法意指，驾驶员必须在迎面而来的车辆右侧驶过，那么这可能被视为包含如下隐含的意思（源自有序驾驶的必要性），即超车的驾驶员通常应在被超车辆的左侧驶过。原先的立法者，可能已经意识到这层隐含的意思，也可能尚未意识这层隐含的意思。

因此，对成文法的解释，不仅仅是从成文法中抽出制定者所放入的内容，而且在部分上、在不同程度上也是这样一个过程，即根据成文法所适用其中的社会的内在要求、价值调整成文法的过程。从这个意义上讲，我们可以说，没有任何一部制定法整体上或完全地由立法者“制定”。

当法院遭遇到由同一位立法者制定的相互矛盾的成文法时，我们就不能够假称，法官仅从法律文字中获取立法者放入其中的内容；因为在这种情况下，立法者放入其中的内容杂乱无章、难以理解。为了理解相互矛盾的成文法，法官必须从成文法本身未表达的某些原则中获取指引。关于这个问题最有洞察力的讨论之一是亚历山大·汉密尔顿（Alexander Hamilton）在 1788 年写的内容：

> 时常有两种在整体或部分上相互矛盾的法律存在，且均无在何种情况下撤销或失效的规定。在此种情况下，法院有澄清之责。法院如能设法加以调和，从法理上考虑自应予以调和一致；如不能做到此点，则有必要选用其一。法院用以决定两种法律的相对效力的方法是后法优于前法。但此仅为从事物的性质与推理方面考虑得出的实际运用方法，并无法律的依据。此一方法并非成文法，乃法官解释法律时采用的符合事物规律的一般方式。司法人员认为具有同等效力的相互冲突的立法，应以能表达最后意志的法律为准。（《联邦党人文集》（The Federalist），第 78 篇。）①

现在，我们可以有把握地说，在渐进社会的观念中隐含着一种普遍的假设，即后法应该控制前法。对于现代人而言，这似乎是最明显的常识。但是，我们必须记住，在世界历史的大部分时段里，上述关于人类进步的自然法则观念与人类的思维相去甚远。在一个绝大多数人相信人类是从先前的至善状态堕落而来的社会里，人们完全有理由放弃对后法的偏爱。在古老的法律书籍中确实有类似这样的说法，即在两个互相矛盾的皇家特许状（royal charters）之间，前者优先。然而，要对这一问题进行明确的考察并不容易。原因很简单，因为在人类历史的大部分时间里，制定法的概念本身不为人知。我们应当记住，只有制定法才明确规定其生效日期。如果所有法律基本上都被认为是永恒的，那么不同时期的法律之间的冲突问题就很难成为一个独特的问题。在这样一种智识气氛中，问题不在于哪种法律会使其他法律失效，问题在于那种法律现在是并且自始以来永远是真正的法律。

在分析制定法中的隐含要素时，我们已经辨识出如下事物：其一，影响成文法解释的要素；其二，对杂乱冲突的成文法进行的协调。然而，随着对这个问题的探讨的逐渐深入，这将触及法律本身的意义。立法职能的每一次行使都伴随着某种关于如下内容的默认假设或隐含期望：立法者致力于产生何种类型的产品，以及立法者将赋予该产品以何种形式。下面这个有点奇怪的例子，可能有助于阐明这一点。假设，经过长时间的酝酿，某个新成立的国家通过了一部成文宪法。这部宪法的起草者非常谨慎，采取了一切预防措施以明确规定：谁能制定法律，以及立法权威必须依据什么规则来制定对公民具有约束力的法律。我们可以设想，新宪法规定，最高立法权归立法机关，立法机关的成员应依照宪法本身明确规定的投票程序选出。所有这些规则都得到了忠实的遵守。新一届立法机构开会

---

① 此处翻译参考了程逢如、在汉、舒逊的译法并做了适当调整，参见［美］汉密尔顿、杰伊、麦迪逊：《联邦党人文集》，程逢如、在汉、舒逊译，商务印书馆 1980 年版，第 18 – 19 页。——译者注

时，其首先通过这样一项决议，即其制定的所有法律对公民保密。这一行为并没有违反宪法的字面含义，因为该宪法对法律的公布只字未提，它在这方面与美国宪法一样。

无疑，有人会说，正是在法律的观念中隐含着这样一种假设，即公民应当能够以某种方式接近法律的内容，从而有机会了解法律的内容并能够服从法律。然而，这样讲实际上就是在断言，立法过程本身受制于隐含法。显然，对于那些坚持认为所有真正的法律都是制定法的人而言，这并非一个招人喜欢的假设。困难也不会止步于未公布的法律。对于完全无法理解的法律，我们该怎么说呢？成文法内部矛盾如此严重以至于似乎自我挫败，我们就此又该怎么说呢？法律要求人们去实施某些超出人类能力范围的行为，我们就此又该怎么说呢？实施时完全合法的行为，被溯及既往的法律宣布为非法，我们就此又该怎么说呢？

也许有人会说，常识和正派的日常观念排除了上述畸形立法的可能性。但是，对于上述确信，历史上几乎没有任何证据予以支持。例如，溯及既往的刑事成文法数个世纪以来在人类生存的许多地方一直存在。无疑，如果制定法律的目的在于指引人的行动，那么该法律就要具有前瞻性并且仅适用于制定之后发生的行为。然而，如果你拥有立法权，并且你又想除掉一个敌人，尽管这个人现在还没有触犯任何书本上法律；那么，还有什么办法比如下办法更爽：颁布一项“法律”，宣布这个敌人因为在上周所实施的某个行为而应判处死刑？

在纳粹德国时期，此种恶习达到了一个荒唐的高潮。希特勒政权以前所未有的力度打破了伴随立法而来的日常期望。在审判涉嫌颠覆政权罪行的公民时，特别军事法庭经常完全无视纳粹自己针对此类案件所制定的法规而定罪。随之而来的后果是，德国公民没有必要通过学习纳粹法规来知晓其在新政权下能做些什么和不能做些什么。溯及既往的立法被恣意地适用。据说纳粹通过了许多“秘密法”，但我们很难知晓这在多大程度上发生了，因为纳粹对于公开其“法律”是极其随意的。有些学者坚持认为，尽管希特勒颁布的法令在目的方面彻头彻尾的邪恶，但它们与在英国或瑞士所颁布的法律一样具有法律地位。从目前的分析来看，这种观点意味着，一旦立法权被接受，其就不可能包含任何隐含的限制，也即不存在任何关于立法的隐含法。如果一以贯之，那么这就意味着如下两者具有“同等的法律地位”：其一，一整部法律典籍，其被秘密地制定并锁在地窖中；其二，一套规则汇编，其所使用的语言是在规则适用区域内通俗易懂的本地语，并且被分发到每一个公民手中。

当然，在许多国家，成文宪法会规范和调整立法。这样一部宪法可以规定，成文法生效必须采取的形式；换言之，宪法可以事先制定某些规则，从而判断何种立法行为的结果应被视为法律。如果存在这样一部宪法，法院似乎就没有机会求助于关于法律本质的隐含意义；因为宪法本身就是制定法的一种变体，一种人定的“高级法”，其完全能够回答如下问题，即特定立法行为的结果应否被称为法律。

上述理论努力试图使制定法摆脱对隐含的或内在的“立法的法则（laws of lawmaking）”的依赖。但是，至少有四个理由可以解释，为什么任何上述尝试必然失败。

第一，与法律含义的通常观念最离谱的偏离，恰恰最可能为宪法起草者所忽视。关于法律，最明显的一点是，公民应该有办法了解法律的内容。然而，美国宪法没有规定，法律要被公布。哲学家维特根斯坦（Wittgenstein）对这种忽视的解释如下：

> 有人对我说：“给孩子们展示一个游戏”。于是，我就教孩子们玩骰子游戏。这个人说，“我指的不是这种游戏。”当他给我下命令时，他一定想到了把骰子游戏排除在外吗?

当然，下命令的人完全可以说：“显然，我并不打算把骰子游戏包括在内。关于这一点的证据并不是我有意识地排斥它，而是这样一种‘游戏’压根没有可能进入我的头脑。在我有意识的思考中，根本不存在如此荒唐的结果。”

如果罗马帝国有一部成文宪法的话，那么如下内容显然令人生疑：起草者们是否能预料到，卡里古拉皇帝（Emperor Caligula）会任命他的马为执政官，或者卡里古拉皇帝会通过把自己的法律印得如此精美、挂得如此之高以至于没有人能读到，从而规避法律要被公开发布的要求。

除非起草者能假定，立法者与他分享一些关于法律正派、理智（legal decency and sanity）的限度的隐含观念；否则宪法的起草就几无可能。如果起草者试图通过宪法预先阻止立法权的所有可能的失常，这样的宪法将像一个怪物博物馆。当然，我们很难想象，这样的宪法能起到教育作用，抑或能作为效忠宣誓的合适对象。

第二，还有另一个理由可以解释，为何成文宪法完全按照自己先前制定的原则并不能成功地掌控立法。原因在于如下事实：一个所谓的成文法，在一种情况下似乎与法律观念本身不一致，在另一种情况下可能有助于法律的正派事业。溯及既往的成文法就是一个不错的例子。

如果一项法律要指引受其约束的公民的行动，那么它显然必须具有前瞻性，它必须告知公民在法律颁布之后他应该做什么，而非告知公民在法律生效之前他应该已经做了什么。对违反这个显而易见的常识的行为，新罕布什尔州（New Hampshire）宪法的起草者表达了道德上的愤慨，他们通过在立法章程（1784年）中插入如下文字进行谴责：

> 溯及既往的法律具有极度危害性、压迫性和不公正性。因此，无论是针对民事案件的判决，还是针对犯罪行为的处罚，我们都不应制定这样的法律。

这似乎可以将事情处理好，并将以前只是在日常法律思维方式中隐含的东西转化为一条明确的、制定的规则。然而，负责实施该条款的法院仍面临着麻烦。譬如，我们怎么看待下列情况。立法机关制定了一部法律，其中规定：从今以后，除非婚礼完成人填写一张由国家提供的表格，并在婚礼结束后五天内将表格交回中央局，否则婚姻无效。在该成文法生效前不久，一场火灾摧毁了国家印刷局，国家在六个月内不可能提供所需的表格。同时，立法机关已经休会，目前没有合法的方式可以废除该成文法或推迟其生效日期。在立法机关再次开会之前，数以百计的夫妇举行了婚礼。由于无法填写所需的表格，根据有关成文法，这些夫妇们的婚姻不具有法律效力，其所生的任何子女都是非法的。当立法机关再次开会时，其首先要干的事情就是通过一部成文法，溯及既往地纠正在上述期间婚姻缔结中的缺陷。

在真实实践中，新罕布什尔州最高法院也必然面临如下难题：就上述类型的矫正措施的合宪性问题作出判断。然而，可以肯定的是，新罕布什尔州最高法院所处的情景，并没有刚才想象的情形那样极端。新罕布什尔州最高法院面临着这样的尴尬处境，其不得不在如下两者之间做出决断：其一，尽管宪法条款的表述使用了绝对权威性语言，但立法者并不打算将条款内容真当回事；其二，某些类型的溯及既往的立法，不仅不“具有极度伤害性、压迫性和不公正性”，而且无辜且有益。

根据上述经验，有人可能会建议，将我们在某些情况下所感受到的对溯及既往立法的隐含需求，转变为宪法的明确、制定性规则。例如，为什么不通过添加以下文字来修正禁止溯及既往的法律条款：“……但本规定不适用于那些旨在纠正法律形式方面缺陷的法律?”

然而，这绝对不可能。假设一个被指控犯有谋杀罪的公民在审判中被审理、定罪并被判处绞刑，该审判却由一个看起来具有法官资格的人主持，但该人的某些“反常之处”使得其没有合法地履行法官的职务。当然，在考虑一部将溯及既往地使所谓法官的权威生效的法律之前，我们想知道影响其履行职务的更多“反常之处”。为了记住那些以矫正性立法的名义所做的可怕的事情，我们只需要简要地再看看希特勒时期的德国这个恐怖的法律之地。1934 年，纳粹党内部可谓山雨欲来风满楼，不同政见分子在慕尼黑公然地聚集在恩斯特·罗姆（Ernst - Röhm）周围。当希特勒得知这一事态发展时，他和他的追随者仓促前往慕尼黑，在那里歼灭了罗姆以及大约 70 名支持者。回到柏林，希特勒就宣布，他在采取这一措施时充当了“德国人民的最高司法权力者”。事实上，希特勒压根就没有被合法任命担任任何此类职务，而且他未经审判就宣判了那些人。然而，这些“形式上的反常之处”很快就被一部溯及既往地将枪杀转化为合法处决的成文法所消除。

溯及既往的法律的例子说明了如下转化何等困难，即将法律正派的隐含要求转化为明确的宪法限制。简单地考察该难题的另一个例子，这将是有益的。有一些古老的智慧至少可以追溯到罗马时期对特权（privilegium）的忌讳，这些智慧的内容如下：法律应该是普遍的，不应该针对特定的人，而应该针对一般的人或某类人（比如“所有的房主”）。相应地，一些美国的州在其宪法中加入了禁止“私人或特别”成文法的条款。然而，这带来了无尽的麻烦。

问题在于，我们只能在特定语境下评价针对私人或某个人的成文法，这就如同我们评价溯及既往的成文法一样。我们已经举了一个无辜且有益的“私法”的例子，① 其中涉及的特权服务于而非损害合法性事业。受贿的法官不当地认定专利无效。七年过去了，该法官的不义行为才被发现。新成立的法庭重新审理了这个案子，最后裁定专利有效。由此专利就返还给了受害者，但对于其七年间应获得、但被剥脱的利益于事无补。对于矫正此种不正义，法院无能为力。因为法院无权授予专利或者拓展专利期间。专利局依照国会法令才有权授予专利。国会可以发布重新拓展七年专利期间的法令，从而矫正上述状态。这里没有任何合宪性难题出现，因为美国宪法中没有规定任何反对特殊立法或针对个人的立法的一般性条款。此种疏忽大意在历史上反过来又引发了诸多弊端，而这在许多州宪法之下不可能发生。

在此不妨回顾一下，我们正在讨论的是如下问题：在多大程度上，成文宪法可以无须诉诸——奠基于人们普遍接受的关于法律秩序制度的观念之上的——所谓“立法的隐含法则”或对政府权力的限制？首先，我们已经指出，就破坏人们对政府权力行使的期望之方式而言，宪法起草人不可能（并且可能不希望）预先阻止所有那些更古怪的破坏方式。如果宪法规定行政官由人而非马来担任，这会令人感到莫名其妙。其次，我们进一步观察到，尽管偏离正常立法实践在多数情况下令人恨之入骨，但在某些情况下这确实也会服务于合法和公平之目的，就像溯及既往的成文法和特殊成文法抑或针对单个人的成文法那样。

第三，对于宪法上的先见之明的限制还在于，我们难以预见可能的紧急情况，我们也难以预见在正常实践中需要做出何种调整来应对上述紧急情况。法律最明显的特征在于，它应该被发布，并且受其约束的人应该可以接触到法律。如果成文宪法要满足此要求，那么其自然而然会采取如下作法：一则规定某种发布形式；二则规定例如成文法发布一周之后才生效，从而可以说为成文法的传播腾出一定的时间。在正常情况下，此种延迟是有益的；但在突然的国家紧急状况下，这可能带来灾难性后果。同时，在有些情况下，延迟法规生效日期的做法可能毫无意义，因为在此每个人都竖起耳朵想要了解立法机构将要做什么，制定法的消息很可能会非常迅速地传播开来。

众所周知，一些宪法已授予政府宣布国家紧急状态的权力；在官方宣布的紧急状态期间，宪法对政府权力的某些限制被暂时解除。就此类条款而言，涉及其的事态经历并不令人愉悦。吊诡的是，我们可以想象到，最好将对于偏离宪法限制的根据置于绝大多数公民容易理解的隐性必然要求上面，而非置于明确的权力授予上面，因为后者可能将专制主义

① See Lon L. Fuller, *Anatomy of the Law*, Greenwood Press, 1976, pp. 13 – 14。——译者注

形诸纸上从而为其合法性背书。

第四，成文宪法为何不能摈弃关于法律正派和有序政府的内在的或不成文的原则？我们现在来谈谈最后一个理由。这个理由基于如下简单的事实，即在适用宪法词语之前，我们需要解释宪法词语。截至目前，我们的讨论一直假设，正如在美国那样，解释宪法的重要任务将由一般性法院完成。然而，在有些成文宪法国家，宪法解释权交给专门的“宪法法院”；或者，宪法解释权留给立法机构自己，立法机构由此承担了解释其自身权力范围的任务。就当下目的而言，我们足以看到，无论哪个机构负责解释任务，当其认真完成任务时，那么该任务始终大体相同，而且在本质上呈现了同样的难题。

之前，我们曾指出，① 如下想法何等荒谬：在解释成文法时，法官仅仅从成文法的文本中获取立法机关置于其中的含义。在我们假想的成文法禁止车辆进入公园的情况下，我们注意到，在确定成文法效力时，法院必须自我追问如下问题：公园究竟是什么？这个问题的答案必然主要来自内容：其一，所谓的隐含渊源；其二，社群的态度和实践；其三，关于如何最有益地利用公园的一些共享观念。诸如上述的考量因素对于宪法解释而言尤其适用，这些因素颠覆了如下想法，即成文法可以摆脱其所在的社会生活之流变所带来的影响。

在美国，就此最好的例证来自整个宪政体制的核心特征，即法院有权宣布成文法违宪。宪法的字面表述并没有明确地将这种极为重要的权力赋予司法机构。我们充其量可以将之视为主要涉及其他主题的词语的间接含义。然而，权力的最安全基础不在于宪法文本，而在于由宪法所产生的整个政府框架中所隐含的必然要求。后者在如下情况下最有说服力：当联邦国会的法律与州立法机关的法律发生冲突时，法院要确定州和联邦的权力管辖范围。没有这种特殊的司法权，我们很难了解美国联邦制度如何运行。此种权力必然如此，因此也一直如此。

现代政府结构都涉及一套相互关联、互补的复杂权力系统。我们必须以某种方式来协调这些权力。就实现上述目标而言，一种明显、诱人的方法是将这些权力全部置于专制中央集权之下。无疑，这种解决方案意味着宪政的终结。另一方面，任何制宪者都无法预见，当他所创造的宪政体制面临新奇要求所带来的压力时，宪法冲突将会向何处去。我们必须在如下宪法解释方法中找到解决方案：该解释方法不仅仅尊重宪法的字面措辞，而且尊重宪法语词所试图表达的关于有序、正派政府的隐含理想。

现代宪法具有复杂的面向，其不得不依赖于宪法解释者、实施者的正直、判断和洞见。经由反思上述内容，一个人可能会非常想念更单纯的专制君主统治时期。在此期间，统治者所说的话**就是**法律，而且这也是法律的终极所在。然后，就来到制定法的鼎盛时期。在此期间，人类的意志命令可以制定任何法律。这些法律纯粹且不受任何“关于立法

① See Lon L. Fuller, *Anatomy of the Law*, Greenwood Press, 1976, pp. 56 – 58.

的法则”的干扰影响，无论“关于立法的法则”是成文的还是不成文的。从我们的角度来看，也许如此。然而，现实情况却复杂得多。

我们已经指出，梅因所论述的法律进化的最后阶段即立法阶段，绝非一朝一夕就能实现。进入该领域的第一步是试探性的和零敲碎打的。也许，“绝对”君主能够命令某个平民把自己的妻子交出来。然而，这个君主并不能够以命令的方式来强制改变婚姻的一般性法则；或者，他也不会设想，其能够以命令的方式来强制改变婚姻的一般性法则。如果这个君主对此种类型的普遍性立法动了任何念头，他周边的博学之人、祭祀们就会告诉他，他在立法方面可以“合法地”做和不做什么。

然而，对于君主的立法而言，最重要的“不成文”限制在于如下事实，即君主的统治迟早会结束。如果他有幸终生处于权力之巅，那么必然要有某种指定继任者的方法。当然，与“所有真正法律都是制定法”这样的理论最相吻合的原则无疑是这样一条规则，即立法者本人有权任命继任者。在历史的过程中，此种类型的规则不断出现。然而，此种规则从未稳固地为人接受。因为处于权力之巅的人不喜欢对手，哪怕是自己选择的对手。通常，大权逐渐旁落的人不太可能认识到指定继任者的时机已到。即使其认识到时机已到，其也很少成为一个好的王位任命者。

在现实实践中，继任者能否继任通常取决于，其与离任君主之间的某种被界定的关系。如果这种关系简单明了（比如，嫡长子继任制），则该规则可能被架空，因为指定的继承人可能不存在或者是废物一个。如果规则由于涉及诸多关系而纷繁复杂，这很容易引起争端和内战。但是，无论继任规则是什么，它绝不可能单单是制定或颁布的规则。它必须奠基于如下内容之上，即人们认为需要某种体制上的支持以防止混乱。它的内容通常不会具化为立法条款，而是体现在一种公认的传统中，这种传统为如下普遍信念所强化，即继任规则在根本上是正确的。

当君主在生前就被取代时，君主立法原则遭遇最严重的危机。这种取而代之或推翻的威胁可能以各种方式出现。在没有先例支持的情况下，自封的资深政治团体宣布君主不称职；觊觎王位的竞争者揭发在位君主的权力来源有明显瑕疵，并声称自己拥有王位；叛变团伙企图用武力推翻执政的君主；历史学家可能会从赤裸裸的权力斗争的角度来解释这些事件。然而，这些斗争通常都伴有正当性宣称，双方通常都会标榜自己受到隐含法的支持。这些宣称中通常有很多似是而非的地方。权力斗争者做出正当性宣称，并且在此名义下采取了许多行动。然而，当权力斗争的尘埃落定后，上述事实往往会限制获胜一方。当以法律之名获取王权地位之后，这就使得当权者自己对法律道德性（legal morality）的原则负有义务。实际上，其已经与臣民达成了一种默示协议，即立法要充分考虑到我们这里所说的“关于立法的隐含法”。

在我们结束成文法中隐含要素这个主题之前，还有最后一个问题值得我们简单反思。这个问题由诸如下列情况造成：一个已建立的政府被暴力推翻，叛党执政六个月；在此期间，其废除了旧政权的许多法律并颁布了新法取而代之；然后，旧政权重新掌权。现在，何种法律调整叛党掌权的六个月里发生的事情呢？这个昙花一现的政权制定了新婚姻法，但现在被复位政府所废除；难道我们要把所有在新婚姻法下结婚的夫妇所生的孩子都变成私生子吗？如果我们宣布这些婚姻具有法律效力，那么对于根据现在已被废黜的政权所颁布的法律所完成的所有财产充公行为，我们是否也要支持呢？

这些都是令人困惑的问题，它们在诸多历史背景下出现过。战后德国在清算希特勒时期滥用法律的行为时所处的困境，提醒我们这些问题是多么地恼人不休。另一方面，德国的经验可能很容易误导我们认为，日常道德价值的某些巨大扭曲才会导致这些问题。事实远非如此。

第二次世界大战快结束时，德国军队被驱赶出法国。政府权力出现空缺，这必须以某种方式被填补。当时的临时政府由法国人民组成。人们自愿担任市长或法官的职务，就像普通公民在某些紧急情况下可能主动承担交通指挥员的职责一样。设立临时法庭的目的就在于，审判那些被指控与占领军进行不正当合作的人。这一时期发生的大多数事情可能都是出于善意的，尽管滥用权力的行为肯定会发生。当一个更有秩序的政府成立时，它面临的任务是详细审查残留的法律碎片，确认某些反常行为的合法性，确认某些尽管表面上也许尊重法律形式要求的行为的不合法性。

在 1840 年代，罗得岛州也有类似的经历。在一场鲜为人知的所谓多尔叛乱（Dorr's Rebellion）的内战中，这个小州曾有段时间受到两个敌对政府的令人困惑的眷顾。尽管在不同时间并且通过不同的合格选民，每个政府都拥有了自己的成文宪法，并且都通过投票获得了权力。当冲突最终得到解决时，遗留下来的法律纠纷就像如下任何时期一样：在此期间，不可能说清谁有权制定法律谁没权制定法律。罗德岛没有流血牺牲事件，各方阵营中也没有真正顽固的恶棍，但上述事实并没有使问题变得简单明了。

诸如上述的历史事件处在人类日常经验的范围之外，对它们的反思可以让我们得出关于法律的重要经验教训。这些经验教训至少有三个：(1) 正常的立法过程可能失败或陷入混乱，其中的原因各种各样，人类的背信弃义只是其中之一；(2) 在引导社会回到“合法性是一种可实现的理想状态”的过程中，我们无法从主张“唯一真正的法律是制定法”这样的哲学中获得指导，这种哲学在政权恢复之后简直就是一种奢侈；(3) 对于实现政权恢复而言，必要的法律措施必然包括某些在正常情况下应予以完全谴责的措施。这些措施中最不可缺少的是溯及既往的成文法，其被新罕布什尔州宪法谴责为“具有伤害性、压迫性和不公正性”。套用沃尔特·白芝浩（Walter Bagehot）的话，我们可以说，通向合法性的阶梯之底层非常陡峭险峻。

（编辑：吴冬兴）

法律中的类比逻辑

［荷兰］雅普·哈赫* 著　张华麟** 译

摘　要　本文论述了法律类比推理的两个问题。第一个问题是类比规则适用是否存在，还是说类比规则仅仅是一种广义规则的“正常”适用。有学者主张，如果将规则作为立法者所制定的实体与案件的一般解决办法加以区分，类比规则适用的想法是有意义的。本文还说明了与传统分离规则或包含模型相比，“基于理由的规则适用模型”如何更容易给出类比规则适用的逻辑解释。第二个问题是我们如何从逻辑上主张两个案件充分相似，进而可以做出类似判决。为此，本文第三节提出一个一般逻辑模型，该模型是基于两个案件中对特定解决方法的支持理由或者反对理由的比较。

关键词　类比规则适用　案例比较　规则的本质

类比推理在法学中占有重要地位，由此也引申出了几个棘手问题。一个问题是针对类比推理，如何给出一个有说服力的逻辑解释，尤其是它的特殊变体，即类比规则适用。是否有类比规则适用这类事物，还是说类比规则仅仅是广义规则的正常适用？这是第二节的主题。

另一个问题是何种情况下两个案件充分相似到可以用同样的方式处理。这个问题在联系法律案例推理中起着重要的作用。旧的案件是以一种特定的方式判决的，而问题的症结在于新的案件是否充分相似到可以用同样的方式做出判决。这样的问题不仅在多数情况下需要强制遵循先例在普通法传统中发挥作用，而且在判例法作为成文法的补充而发挥重要作用的大陆法系传统中也同样如此。判断两个案件是否充分相似主要不是一个逻辑问题，

---

* 雅普·哈赫（Jaap Hage），荷兰马斯特里赫特大学方法学系教授，原文发表于 *Argumentation*（2005）19, pp. 401－415，本文已获得作者中文翻译授权。

** 张华麟，男，山东威海人，华东政法大学 2019 级法理学博士研究生，研究方向为法律方法论、党内法规。

也很难笼统地对其进行概括界定。尽管如此，在这方面还是可以做一些逻辑推理的，在文章的第三节，我将描述一个基于案例推理的逻辑框架。① 这个逻辑框架有助于搞清楚两个案件是否充分相似到可以做出类似的判决。

一、类比规则适用的逻辑

在本节中，我将对类比规则适用进行逻辑解释。在此之前，我首先对可能出现的批评进行回应。

（一）适当规则和案例法律后果

有时有学者认为，类比规则适用是没有逻辑的，因为类比并不是一种运用规则进行推理的特定形式，也不是一种以正常模式适用的不同规则（Kloosterhuis，2002，42ff；Prakken，1997，27ff；Soeteman，1989，239）。在我看来，这种观点似乎只是部分正确。究其原因，我们必须区分适当的法律规则和我所说的案例法律后果（简称 CLCPs）。

适当的法律规则本身是一种“事物”，只要它们存在（是有效的）就会导致获得某些特定事实。例如，小偷受惩罚，这个规则是可以制定和废除的（通常是通过立法）。在该规则被制定直到废除之前这段时间，它始终是一种有效的法律规则并导致小偷受惩罚。

小偷受惩罚的情况可以用 CLCP 描述，即一个一般案件（某人是小偷）和这类案件的一般法律解决方案（此人受惩罚）组成。CLCP 必须与适当法律规则区分开来。尽管法律规则和 CLCPs 之间是通用的并且十分相似，但两者间还是有不同之处，法律规则是构成性的，而 CLCPs 是描述性的。规则规定小偷受惩罚，使得小偷受到惩罚。小偷受惩罚的 CLCP 在特定法律体系中是真的，因为在这个体系中小偷受到惩罚。

由于 CLCPs 是描述性的，他们只处理（关于）他们提到的案件类型。它们不能类比地适用，因为适用的概念本身对描述性判决是没有意义的。② 尽管 CLCPs 不能适用，更不用说类比地适用，但我们有可能举出多项事实使其为真，作为另一个事实为真的理由。在荷兰物权法中有这样一项规则（《民法典》第 5：42 条规定），即一块土地的所有者不得在距离他人土地边界不到两米的地方种植树木。假设两个人租了一块彼此相邻的土地。但他们之间案件的裁判规则范围，不能仅限于这项只涉及土地所有者的规则。然而，这是有可能的。土地所有者承担这一义务可以作为一个很好的理由，进而去解释为什么出租土地的人，甚至所有可以与土地接壤的人都应该有同样的义务。这些人的案件并没有通过适当的规则来处理，但广义的 CLCP，即那些对边界土地拥有权利的人，通过法律制度得以实现。所提到的案例属于这个广义的 CLCP 并且与土地所有者的案例具有相同的法律后果，

① 这一逻辑在 Hage，J. C.（2005）. *Studies in Legal Logic*. Springer. Dordrecht. chapter 3 and in particular 4 有详细的描述。

② 例如，试图将“马有四条腿”这句话应用到马身上，这甚至不清楚人们期望做什么。

这个案例是由适当的规则处理的。

让我们回到这个问题上，即是否存在规则类比适用。如果法律规则是从 CLCPs 的意义上采取的，就不能进行类比适用，因为 CLCPs 只限定于其涉及的案件。① 因此，如果规则是从 CLCPs 的意义上采取的，那么如下观点是正确的，即运用规则进行类比推理不涉及任何特殊的东西，而所涉及的类比则是一个论证说明（在 CLCP 的意义上）另一个“规则”也成立。然而，我更喜欢对构成性的规则和描述性的 CLCPs 进行区分，一旦做出这种区分，那么是否规则可以类比适用的问题就迎刃而解。

（二）基于理由的规则适用模型

规则的类比适用应满足以下两个条件：

（1）它适用于不满足某个规则条件的案件（否则就是正常适用）。

（2）该案件与满足该规则条件的案件充分相似。

因此，需要处理的问题是如何从逻辑上解释这种适用。如果一个案件不满足某个规则条件，那么说该规则适用于这个案例有意义吗？在这一小节中，我将试图说明以下几点：

——将规则适用于不适用的案件是有意义的；

——如何使其有意义；

——在决定是否类比适用规则时将出现哪些逻辑问题。

狭义上的法律规则是指产生（而不是描述）法律后果，它由条件部分和结论部分组成，前者规定了该规则在哪些情况下适用，后者表明该规则的应用会产生哪些法律后果。

在这方面，“可适用的”和“适用”是技术术语。我将用“可适用的”的术语来表达一个案例（规则是可适用的）满足可适用规则的条件。我使用术语“适用”来表示这样一种现象，即所适用规则的结果附加到适用规则的案例上。在此处用法中，“适用”不是逻辑结果的得出，而是将规则的结论（精神上）增加到案件的事实中。通过将小偷受惩罚的规则适用于某个人，受惩罚的状态就指配给了这个人。这种指配通常只发生在小偷身上，但可以想象，在特殊情况下，它也可以发生在并非小偷的其他人身上，如贪污犯等。以此方式，规则的类比应用才有意义。

规则的“逻辑”通常采取条件句形式，这里规则适用是一种“分离规则”类型的论证，② 这种方法不是必然的。事实上，即使一项规则的适用条件全部满足，也不代表该规则或者类比规则就必然适用，这也强有力地说明了分离规则的适用模型并不令人满意。③

① 如果我上面的论证是正确的，那么 CLCPs 意义上的规则就根本不能适用，甚至不可能出现类比应用的问题。

② 参见第 4 节。

③ 有学者主张，我们不可能对一条规则做出例外处理或者类比适用（这条规则与最初相比，已发生变化）。这一论证似乎预设规则适用的逻辑是分离规则，而不是支持它作为结论。

基于这些原因，我提出了所谓的基于理由的规则适用模型（Hage，1997，2003 和 2005），① 根据该模型，一项规则应当（并且是）适用于一个案例，当且仅当支持适用的理由强于反对适用的理由。如果某一规则适用于某个案例，即：如果该案例满足该规则的条件，这就是适用该规则的理由，而该规则并非可适用的就是反对适用的理由。

示例 1

——约翰是个小偷。

——小偷受惩罚的规则适用于约翰的案件。这种可适用性是将规则适用于该案件的理由。

——本案未提及不应适用该规则的任何理由，因此假定没有这种理由（缺省推理）。

——有一个适用该规则的理由，而没有不适用的理由。由于假定（作为逻辑问题）非空的理由集合强于空的理由集合，支持适用该规则的理由强于反对适用的理由。

——因此（作为逻辑问题）这条规则适用于约翰的案件，其后果（约翰受到惩罚）依附于该案件。

示例 2

——约翰是个贪污犯（不是小偷）。

——小偷应受惩罚的规则不适用于约翰的案件，这是本案不适用该规则的理由。

——贪污与盗窃相似，为了这个例子，我假定没有任何规则规定可以惩罚贪污行为。这两个事实合在一起也是将盗窃规则适用于贪污案件的理由（类比规则适用）。

——关于盗窃的规则是一项刑法规则，这是增加该规则不可适用的权重的理由（刑法中没有类比）。②

——有理由适用这一规则，也有理由对约翰的案件不适用这一规则。由于该案没有提到任何其他理由，因此假定（缺省情况下）没有这种理由。

---

① Verheij，H. B，J. C. Hage（1994），Reasoning by Analogy；A Formal Reconstruction，in H. Prakken，A. J. Muntjewerffff and A. Soeteman（eds.）Legal Knowledge Based Systems；The Relation With Legal Theory，Koninklijke Vermande，Lelystad，pp. 65 – 78。对法律中类比逻辑进行了更广泛的讨论，其中包含了一个早期版本的基于理由的规则适用模型及其用于建模类比规则适用。基于理由的规则适用模型可以在基于理由逻辑（Hage，J. C.：1997，Reasoning with Rules. An Essay on Legal Reasoning and Its Underlying Logic. Kluwer Academic Publishers，Dordrecht；2005，Studies in Legal Logic，Springer，Dordrecht）中形式化。

② 这也可以有力地解释刑法中的禁止类推原则，例如，作为不应类比适用该规则的决定性原因。那么，就没有必要平衡支持和反对类比适用的理由了：由于禁止，那么就不应类比适用该规则。

——必须做出一个理由胜于另一个理由的决定。

——如果盗窃和贪污的相似性胜于差异性，则支持适用的理由大于反对适用的理由，并适用该规则。由于该规则不适用并且适用的理由是基于案例类型的相似性，这是一个类比适用的案例。

——禁止在刑法中类似地适用规则加强了该规则的不可适用性，如果认为该规则的不适用性大于盗窃和贪污之间的相似性，那么反对适用的理由就胜于支持适用的理由，该规则就不适用了。根据小偷受惩罚的规定，约翰是不受惩罚的。（拒绝类似地适用该规则）

正如上述例子所阐述的，规则的类比推理是有意义的，可以用基于理由的规则适用模型对其进行逻辑解释。该解释并没有说明在什么情况下应该适用类比规则，而只是说明如何在逻辑上构建类比规则适用。

二、基于案例推理的逻辑

规则类比适用并不是类比推理在法律中发挥作用的唯一方式。类比在法律中发挥作用的另一主要方式是基于案例推理。如果一个案件以某种特定的方式判决的，① 这就是为什么的理由：

——相似的案件应该做出相似的判决（纯类比）；

——对同一结果有更多支持的案件应做出相似的判决（更进一步的论证）。

在这方面，应区分两个问题，即

（1）哪些案件事实与相似性相关，以及它们是否有助于或减损相似性；

（2）支配这些案件事实作用的逻辑机制。

（一）基于案例推理的逻辑

案例事实与相似性相关的问题，以及它们是否有助于或减损相似性，这不是一个逻辑问题，在这里不会影响到我们的研究。我假定：

（1）案件由若干事实组成；

（2）其中一些事实是为可能的法律后果辩护的理由；

（3）其中一些事实是对可能的法律后果反驳的理由；

---

① 有学者认为，如果某一特定类型的案件应当或已经以特定方式做出判决，这也可以作为类比推理的起点。但这种观点只是一个误解。在决定这类案件应如何判决方面发挥作用的理由同样也决定了新案件的判决结果，而旧案件应以特定方式判决这一事实并未对理由产生影响。如果旧案件实际上是以一种特定的方式做出的，这确实会给这一决定背后的理由，即先例的效力带来一些影响。在假设性决策的情况下，这种力量是缺乏的。因此，在这种背景下，假设推理的作用仅限于心理学领域。

（4）这些理由都有很强的维度。

在这方面，我将在这里忽略的一个复杂问题是，有些案件事实不是“确凿的”事实，而是基于其他案件事实的法律后果，而它们又可能基于其他案件事实……，等等。显然，事实的递归必须以“确凿的”事实为基础。我们可以忽略这种复杂性，因为我的假定并没有区分“确凿的”事实的理由和法律后果的理由。

我还将忽略这样一种现象，即一些相关的案件事实不是直接成为支持或者反对某项决定的理由，而是其他一些理由或多或少超过正常情况的理由，或者为什么通常是理由的事实在本案中不算作理由（排除理由）。这些事实的存在是通过作为直接理由的事实和它们的权重作为理由来考虑的。

关于理由的强度，我最后重申一点是：在本文研究的基于案例推理的逻辑除了下面讨论的之外没有对这一特征提出任何其他要求。因此，可以认为强度纯粹是定性的。通过假定附加特征，例如：关系“强于”的传递性，那么基于案例推理的逻辑可以变得更加强大。① 鉴于上述的四个假定，就两个案件和（可能的）法律后果而言，可以区分四组理由，如下：

a. 作为法律后果 C 辩护理由的“旧”案件事实；

b. 作为法律后果 C 反驳理由的“旧”案件事实；

c. 作为法律后果 C 辩护理由的“新”案件事实；

d. 作为法律后果 C 反驳理由的“新”案件事实。

<table>
<tr><td colspan="2">旧案件</td><td colspan="2">新案件</td></tr>
<tr><td colspan="2">法律后果：C</td><td colspan="2">法律后果：?</td></tr>
<tr><td>旧案件中 C 的赞成理由</td><td>旧案件中 C 的反对理由</td><td>新案件中 C 的赞成理由</td><td>新案件中 C 的反对理由</td></tr>
</table>

在本节的其余部分中，我将以若干规则的形式描述一种半形式逻辑，它涉及基于法律案例推理，特别是关于是否可以将旧案件实际附属于法律后果 C 的这一事实引证为对新案件附属于法律后果的理由。

规则 1（类比理由）：

法律后果 C 实际上是附加在旧案件 OC 中获得的，这一事实也可以作为将法律后果 C 附加到新案件 NC 的理由，如果（但不必然只有当）：②

a. NC 对 C 的支持与 OC 一样精确（适当类比，基于平等的支持），

或者

① Hage，J. C.（2005）. *Studies in Legal Logic*，Springer，Dordrecht，chapter 4.

② 在下面的一些逻辑规则中，我只列举了采取推理步骤的充分条件。我保留他们不是必要条件的可能性。

b. 与 OC 相比，NC 为 C 提供更好的整体支持（基于更好支持的更进一步的类比）。

规则 2（同等支持）：

案例 NC 与另一个案例 OC 一样，为法律后果 C 提供同样多的支持，如果：

a. 在 NC 中为法律后果 C 辩护的理由［赞成（NC，C）］与 OC 中为法律后果 C 辩护的理由［赞成（OC，C）］相同，①

并且

b. 就法律后果 C 提出反驳的 NC 事实［反对（NC，C）］与就法律后果 C 提出反驳的 OC 事实［反对（OC，C）］相同，

并且

c. 赞成（NC，C）的理由作为一组提供与赞成（OC，C）的理由相同的权重支持

并且

d. 反对（NC，C）的理由作为一组提供与反对（OC，C）的理由相同的权重支持。

规则 3（作为一组相同的权重支持）：

集合 S1 中的理由作为一组为 C 提供与集合 S2 中的理由相同的权重支持，如果（但不必然只有当）：

a. 在 S1 和 S2 中的理由都辩护（反驳）相同的法律后果 C，

并且

b. 对于同时属于 S1 和 S2 的每个理由 s，其作为个体理由支持（或反对）C 的权重在两个集合中是相等的。②

规则 1 - 3 共同规定了旧案件何时通过适当的类比为新案件指派特定的法律后果提供支持。由于这些规则在适用类比时规定了严格的条件，它们似乎很少是可适用的。然而，因它们提供充分而非必要的条件，它们的适用范围可能会比第一次看起来更广泛。例如，即使规则 2 和规则 3 不是可适用的，一个旧案例可以证明两组理由对法律后果提供同样的支持。因此，即使规则 2 不是可适用的，也可以适用规则 1。让我举一个人为设计的例子：

OC ｛a，b，d｝：

赞成 C：a，b

反对 C：d

① 为了避免技术上的复杂情况，我假定这两个集合中的理由是相同的。在实践中，它们只会是相似的，因为它们是同一类型的事实。例如约翰是小偷的事实与彼得是小偷的事实并不相同，但两者是相似的。这一问题所带来的技术复杂性已被解决［Hage，J. C. （2005）. *Studies in Legal Logic*，Springer，Dordrecht. chapter 4］，此处不做考虑。

② 个体理由的权重在这里被视为原始，但在 Hage，J. C. （2001a）. *Formalizing Legal Coherence. Proceedings of the 8th International Conference on Artificial Intelligence and Law*，ACM，New York 22 - 31 中，我详细阐述了理由的权重。

NC {a, d, e}:

赞成 C: a, e

反对 C: d

两个案件 OC 和 NC 是不同的，因为在旧的案件下得到事实 b，而在新的案件下，事实 e 取代了 b 的位置。然而，这种差异可能并不重要。人们可以判定事实 b 和 e 充分相似，进而认为这两个案例也充分相似，从而得出结论 NC 为 C 提供与 OC 一样多的支持。在这种情况下，OC 为将法律后果 C 指派给 NC 以获得更进一步支持。为了强化这种支持，规则会变得更为复杂。

规则 4（更好的整体支持）：

与案件 OC 相比，案件 NC 可以为法律后果 C 提供更好的总体支持，如果（但不是必要地只有才）：

a. NC 为 C 提供比 OC 更好的数字支持，并且同等或更好的权重支持，

或者

b. NC 为 C 提供和 OC 同等或更好的数字支持，并且提供更好的权重支持。

规则 5（更好的数字支持）：

案例 NC 为法律后果 C 提供比案例 OC 提供更好的数字支持（然后，并且只有在那时，它给出的数字支持少于 NC），当且仅当：

a. 为法律后果 C 辩护的 NC 事实是为法律后果 C 辩护的 OC 事实的真超集［赞成（NC，C）œ 赞成（OC，C）］，并且

反驳法律后果 C 的事实 NC 是反驳法律后果 C 的事实 OC 的（不是必然真）子集［反对（NC，C） ⊆反对（OC，C）］，

或者

b. 反驳法律后果 C 的 NC 事实是反驳法律后果 C 的 OC 事实的真子集［反对（NC，C） z反对（OC，C）］，并且

为法律后果 C 辩护的 NC 事实是为法律后果 C 辩护的 OC 事实的（不是必然真）超集［赞成（NC，C）⊇赞成（OC，C）］

规则 6（更好的权重支持）：

与案例 OC 相比，案例 NC 为法律后果 C 提供更好的权重支持（然后，并且只有在那时，它比 NC 提供更少的权重支持），如果（但不是必要地只有才）：

a. 作为法律后果 C 的辩护事实，NC 事实比 OC 事实为支持 C 提供一组更多的权重支持，并且作为法律后果 C 的反驳事实，NC 事实比 OC 事实为反对 C 提供一组同等或更少的权重支持，

或者

b. 作为法律后果 C 的反驳事实，NC 事实比 OC 事实为反对 C 提供一组更少的权重支持，并且作为法律后果 C 的辩护事实，NC 事实比 OC 事实为支持 C 提供一组更多或同等的权重支持。

规则 7（作为一组更多的权重支持）：

集合为 S1 中的理由比另一个集合 S2 中的理由提供一组更多的权重支持以支持和（反对）C，［然后，并且只有在那时，S2 中的理由提供一组更少的权重支持以支持（反对）C］，当且仅当：

a. 在 S1 和 S2 中的理由都辩护（反驳）相同的法律后果 C，

并且

b. S2 是 S1 的一个（不必然真）子集

并且

c. 至少有一个理由是作为一个个体理由，在 S1 中比在 S2 中有更多的权重，

和

d. 个体理由在 S2 中比在 S1 中有更多的权重，这是没有理由的，

由于规则 4 和规则 6 设定了充分非必要的条件，因此，例如，规则 6 是可适用的，而规则 7 不是可适用的。这增加了这些规则的实用相关性。

（二）一个例子

以下案件由荷兰最高法院判决，① 它说明了基于案例推理的逻辑，如上文所述：

烧碱案件

一名社区中心的雇工将一个装有生活垃圾的袋子放在大街上，这样方便清洁部门及时清理。雇工本人并不知道袋子里有一个装有烧碱的容器。一个清洁工把袋子收走并装进了垃圾车，后来垃圾车出现机械故障，一部分烧碱溅到了他的脸上，他的眼睛因此受伤。清洁工起诉社区中心的经营者要求赔偿损失。尽管社区中心的雇员不知道袋子里有烧碱，但他们存在一定的过失，法院认为他们应当承担注意义务，即不应将一个装有不明液体的容器放在袋中，在仅有一个纸板盒和一个塑料袋的保护下让清洁部门带走，除非有社区中心的雇员当时有充分理由认为液体不具有危险性，或能够确保袋子安全可控并提醒清洁工潜在的危险。

后来，最高法院审理了以下案件：②

① HR 8 - 1 - 1982，NJ 1982. 614.

② HR 22 - 4 - 1994，NJ 1994，624.

红豆杉案

被告的花园毗邻原告的牧场，原告养了两匹马并且用网把牧场围起来。被告的花园里的一堆垃圾恰好靠近原告的牧场，被告在垃圾上面放置了一棵红豆杉树。原告的马吃了红豆杉以后死亡。(红豆杉对马有毒) 原告起诉被告要求赔偿损失。被告辩称，他既不知道，也不应当知道红豆杉对马有毒。

在这两起案件中，都是因被告制造了一种危险情景而导致原告受损。此外，在这两种情况下，被告造成风险的危害性较大，但被告本可以用很低的成本避免风险的发生。最后，这两个案件的共同点是被告没有意识到他造成的危险。鉴于这些相似之处，这两个案件应该有类似判决，因此第二个案件的被告存在过失。①

然而，事实并非如此。荷兰最高法院认为，在红豆杉案中，被告不应该被期望知道红豆杉对马有毒。在这种情况下，被告是没有过失的。显然，两者存在着法律相关上的区别。一边是含有未知内容的袋子，另一边是红豆杉。对于内容未知的袋子，人们应该假定其可能存在危险，除非有明显的相反迹象，而对于红豆杉，人们不必考虑可能的风险。这种差异可以概括为这样的说法：在烧碱案中，人们应当意识到危险的产生，而在红豆杉案中，危险的产生是不可被识别的。明确这一差异就可以对案件进行区分，结果是在一个案件中被告有过失，另一案件中被告无过失。

让我们仔细分析这两种论证。我将从两个案件相似的假定开始。由于这两个案件都有相同的理由对被告过失的判决提出辩护和反驳，因此它们似乎对这一判决提供同等的支持。如果这两个案例中的理由权重不同，那情况也就不同了。在没有证据表明为什么应该这样的情况下，我们可以使用缺省假定，即相同的理由在不同案件中具有相同的权重。基于这一假定，这些案件为被告过失的判决提供同等的支持，这使得烧碱案可以作为红豆杉案的先例。

我们可以再做一种假设，当然这可能与事实相反：在红豆杉案中潜在损害甚至高于烧碱案。在红豆杉案中基于损害赔偿的理由比在烧碱案中的类似理由更为重要。在缺省假定下，所有其他类似的理由在这两个案件具有相同的权重，红豆杉案件提供更好的权重支持。假设所有其他类似的原因在这两种案件下的权重相同，红豆杉案提供更好的权重支持，并且与烧碱案相比也可以更好地总体支持假定过失的后果。烧碱案可以被引证为进一步的论证，以支持在红豆杉案中也应假定过失的结论。

现在让我们从荷兰最高法院的角度来分析这些案件，最高法院认为，烧碱案中的被告应该考虑到可能的危险，而红豆杉案中的被告无须考虑这种潜在的危险。根据对这两个案

① 这些相似之处的相关性是基于一个早期的案例（HR5 - 11 - 1965，NJ1966，136）荷兰法律接受了这种公式的变体。

件的解读，烧碱案有一个理由可以认为红豆杉案缺乏过失。在这两个案件的所有其他方面都是相似的。从这个角度看，烧碱案比红豆杉案更适合认定过失假定。因此，这两个案件可以区分开来，至少从表面上看，烧碱案不能作为认定红豆杉案的先例。显然，这并不排除两个案件应以同样的方式判决。只不过认为这两个案件的结果应该是相同的论证思路被阻止了。

需要注意的是，如果红豆杉案中支持过失的理由权重多于烧碱案中支持过失的理由，比如红豆杉案中的潜在损害更高，那么该论证思路（基于案件的相似性）仍将被阻止。如果只从逻辑角度看而不考虑其他相关信息，这两个案例则不具有可比性，也就排除了基于相似性的论证。

三、相关研究

由于规则适用的重点是作为分离规则形式的论证，对类比规则适用的逻辑分析就比较匮乏。大多数学者试图将类比规则适用建模为分离规则论证的复杂版本。① 例如，克卢格（Klug）提出分析规则 M→P 的类比适用，可以用（M∨N）→P 取代该规则中的这种表述，其中 N 代表"类似于 M"。

从逻辑的角度来看，更有趣的是塔梅洛（Tammelo，1969，129）的讨论，其中类比规则适用被分析为具有以下逻辑形式：②

规则：∀x（Mx→Px）

事实：法律上－相似－to（M，a）

因此：Pa

这种方法不同于克卢格（Klug），因为它通过一种特定的推论规则来解释类比规则适用，并未调整规则的形式。这种特定的推论规则允许对法律上类似于规则所针对的情况推导出规则的结论。这种方法中特别吸引人的地方在于，它通过类比模仿法律推理，因为它似乎发生在法律实践中，而且它对哪些案件适用类推规则并不产生不利影响。两种不同类型的案件是否具有法律上的相似性，则由法律来决定。

与上述基于理由的规则适用模型相比，该方法的优点是可以与法律实践紧密结合。相对而言，其缺点是在决定两个案件是否具有法律上的相似性时难以界定哪些逻辑因素（支持和反对规则适用的理由）在发挥作用。

在法律领域，最早对基于案例推理的逻辑进行研究的是阿什利（Ashley，1991）。在

① Klug，U.（1982）. *Juristische Logik*. 4th ed，Springer Verlag，Berlin e. a. pp. 109－110；Kloosterhuis，H.（2002）. Van overeenkomstige toepassing. De pragma－dialectische reconstructie van analogie－argumentatie. in rechterlijke uitspraken，Ph－D thesis，Amsterdam. pp. 42－43.

② 最后，塔梅洛（Tammelo）拒绝这种论证形式在逻辑上无效，并采用了类似的解决方案，正如克卢格（Klug）所采取的方案。

他的研究中，对案例进行分析的核心是辩护或反驳案件某一特定结果的理由（因素）方面。然而，阿什利工作的重点不在于逻辑，而在于推理程序的实施，该程序运用案件中的信息（其中涉及哪些因素）构建论证以说明某案件为何是或者是否是另一案件的先例。罗斯（Roth，2003）将阿什利的出发点阐述为法律中基于案例推理的逻辑解释。基于案件推理的其他研究（例如Branting，1991；Prakken and Sartor，1998）是以某一案件的比率计算为出发点，将案件解释作为证明CLCP真实性的证据，从而忽视了基于案件推理其实是类比推理的一种形式。

四、结论

在这篇文章的结论部分，我想表达的观点是：类比规则适用的思想是有意义的；如果不是一种分离推理形式，如何对类比规则适用给出一个逻辑解释；当两个案件相似时是否应该运用类比论证，如何就案件的相似性论证给出一种逻辑解释。

（编辑：宋保振）

WTO二十年的法律治理：若干法律方法问题

[德] E－U彼德斯曼[*] 著　何　俣[**] 译

摘　要　本文讨论始于"法律方法论"这一在国际经济法中的具有多重含义的概念，关于其隐含的"正义诸原则"的争议，以及在促进国际经济法法律协调一致上相互对立的方法。随后探讨了"碎片化"和"重新一体化"的方法是国际法渐进式发展不可避免亦是合乎辩证逻辑的方法，亦适用于始于1948年的GATT/WTO法律和贸易体系。尽管在WTO争端解决机制体系中已体现部分"宪法化因素"，但WTO法仍为政府间的强权政治所主导。贸易政策的自由裁量权日益受到WTO法律和裁决的限制，但为了非经济权利和公共产品而建立非歧视性规则的国家主权仍受法律所保护。由于条约解释的习惯法并未就"语义""法理""学说""司法释明"等用于条约模糊内容和其隐含的"正义诸原则"的准确解释提供理论，"成员国驱动型的立法性规则解释"常常遵循了不同的法理和学说推理而不是采用"司法性规则解释"。鉴于作为"制宪权"的公民人权之"不可剥夺性"，作为"民主首领"的全球所有治理机构，法官作为宪政主义守护者的"宪法功能"已经形成普世共识，因此，在包括互惠和多层级的WTO法律和贸易体系在内的针对跨国公共产品的多层级治理中，人权和民主多样性需要得到进一步的认可和保护。

关键词　条约解释　法律方法论　正义诸原则　宪法主义　跨国公共产品　多层级治理

---

* E－U彼德斯曼（Ernst－Ulrich Petersmann），当代国际经济法学泰斗，国际经济法、欧共体法、德国法等诸多领域的国际著名理论家与实践家，长期担任GATT（WTO）法律顾问，国际法协会国际贸易法委员会报告人，佛罗伦萨欧洲大学研究所国际法与欧洲法教授。原文是彼德斯曼教授根据其于2016年5月3－4日在新德里的印度外贸学院召开的WTO争端解决国际会议上的讲演整理而成，发表于《曼彻斯特国际经济法期刊》2016年第2期。

** 何俣，男，浙江宁波人，华东政法大学国际法学博士研究生，研究方向为国际经济法、证券法。

一、介绍与概述

本文所述之术语“法律方法论”，是对以下概念定义的“最佳方式”：法律体系的“渊源”；法律解释的方法；“作为主要规则的行为规则”和“作为次要规则的承认规则、改变规则和审判规则”；“法律实证主义”“自然法”和“法律社会学”之间的关系；以及现代法律制度的“双重性”。在词源学上，方法论一词源于希腊语“meta - hodos”，意指“沿着路走下去”。这表明全球化及其在将大多数国家的“公共产品”① 转变成为跨国的“集体公共产品”的过程，需要审视为了能够让公民和人们在全球合作中提升他们的社会福利而找到“更好的道路”的法律方法论。这些“集体公共产品”包括了人权、法治、民主和平，以及旨在促进“可持续发展”的互惠的货币、贸易、法治、环境、通信和法律制度。本文探讨了在国际经济法中的法律方法论问题，这一讨论以通过列举《1994 年建立世界贸易组织的协定》（WTO 协定）自 1995 年 1 月 1 日生效 20 年来的 WTO 法律、治理和裁决而进行之。本文聚焦于法律的三大主要功能：

第一，作为对社会合作的规范性要求（例如，在 GATT/WTO 法律中对强权政治的不充分限制，以及在 WTO 治理中无法顺利结束自 2001 年开始的多哈回合谈判）；

第二，“作为主要规则的行为规则”和“作为次要规则的承认规则、改变规则和审判规则”协调一致的法律体系（例如，对于 WTO“争端解决机制”的“司法功能”合理性的争议）；

第三，作为建立在“法律社会化”基础上的社会秩序（“活的法律”），并被法律主体作为法律规则和原则而遵守（例如，在国内管辖中通常未能充分实施的 WTO 法律义务，侵蚀了为实现跨国法治的“WTO 合规文化”）；

本文的第二部分讨论了 WTO 实践中在法律和政治上的“治理失灵”以阐明审视方法论挑战的必要性，例如，全球化视角下法律体系的情形转变，公民驱动的人权和宪法性权利的工具性功能，以及社会关系中的“社会工程学”和“公平秩序”。本文第三到第五部分则审视了 WTO 争端解决机制中的方法论挑战。

（一）关于国际经济法及其隐含的“正义诸原则”的多重概念

直至第二次世界大战，国际法的正当性仍主要体现为权力主导的概念，如国家主权和殖民主义。因联合国人权法的出台，对于“不可剥夺”和“不可分割”的人权的普遍共识，推动了对于公民和诸如生产者、投资者、交易者和消费者等经济参与者在民事、政治、经济、社会和文化自由的法律保护力度的提升。政府、政府间和非政府间组织以及公

① 纯粹的“公共产品”（如阳光、洁净的空气、不可剥夺的人权）同时具备非竞争性和非排他性，不会由私人市场提供。大多数公共产品是“不纯粹”的，或只具有非竞争性（如俱乐部产品），或只具有非排他性（比如公共资源）。

民从更多样的观点和价值前提中提炼了国际经济法这一概念。例如：

政府坚持“国家主权”和“国家利益”优先从而倾向于将国际经济法视为关于国际经济的国际公法（比如1944年布雷顿森林协定、1947年GATT和WTO协定）；

私人经济参与者则运用它们在全球劳动部门中法律和经济的私人自治权将国际经济法主要视为关于交易、商事和公司的国际私法和“冲突法”；

公民、民主机构、宪法性民主国家的法院则倾向于从共和主义者的视角将国际经济法视为一种多层级民主规则，用于管理公共产品，以经济效率原则解决“市场失灵”和“治理失灵”（如通过将全国性竞争、贸易、环境、劳动和社会立法作为具有正常功能的“社会市场经济”的先决条件）；

欧盟公民、28个[①]欧盟成员国和欧盟代表机构则将欧洲经济法视为其共同市场的多层级宪法性规则，以多层级地治理其他欧洲公共产品（如跨国法治、欧洲公民人权和宪法性权利的多层级保护），即便第三方欧洲国家在设计国际经济法时坚持保留其多元的宪法性传统，例如欧洲自由贸易区（EFTA）国家基于1993年欧洲经济区（EEA）协定而加入了欧洲共同市场。

联合国特别机构、WTO以及更多的区域经济组织认识到他们的主要和“次要”的条约法正在不断受到“全球行政法”原则的限制，这些原则维护国际货币稳定、世界贸易体系、世界粮食安全、全球健康保障和其他跨国公共产品多层级治理中的透明度、法律责任和法治。[②]

此外，对国际经济法的学术分析也常常在以下五个国际经济法概念如何被评估和如何相互协调一致争论不休。这五个多重概念分别将国际经济法视为（1）基于国家主权的国际法；（2）基于私人自主权的国际私法；（3）基于“法律与经济”的多层级经济规则；（4）多层级宪法性法律；（5）全球行政性法律。条约解释的习惯国际法（编撰入《维也纳条约法公约》中，最著名的就是公约第31－33条）要求“条约应依其用语按其上下文并参照条约之目的及宗旨所具有之通常意义，善意解释之”（第31条第一段）。第33条第3款还明确了“和上下文一块考虑的，还应当包括适用于各方关系之间的任何相关国际法规则”[③]。鉴于联合国所有成员国均接受人权义务以及在联合国章程和联合国条约下的其他“正义诸原则”，条约法公约的序言强调：

凡关于条约之争端与其他国际争端同，皆应以和平方法且依正义及国际法之原则解决之，念及联合国人民同兹决心创造适当环境俾克维持正义及尊重由条约而起之义务，鉴及

---

① 作者发表文章时，欧盟成员国仍为28个。——译者注

② 关于这些国际经济法的多重概念的讨论，参见Ernst－Ulrich Petersmann，*International Economic Law in the 21st Century*（Oxford：Hart，2012），43－112，chapter 1。

③ 维也纳条约法公约第33条第3款的文本为“条约用语推定在各作准约文内意义相同。”此处作者表述应为其对该条款的理解。——译者注

联合国宪章所载之国际法原则，诸如人民平等权利及自决，所有国家主权平等及独立，不干涉各国内政，禁止使用威胁或武力以及普遍尊重与遵守全体人类之人权及基本自由等原则。

不过，如何在多层级经济规制中对以国家为中心的“正义诸原则”（如国家间主权平等）、以人民为中心的“正义诸原则”（如人民永久自决权）、全体人类的人权和基本自由等协调达成一致意见仍存在根本的分歧。自亚里士多德开始，在建设具有正当性的法律与争端解决机制时，程序正义、分配正义、矫正正义、交换正义与公正衡平一直被认为是各种“正义的诸领域”（如遵照 GATT 第 23 条的“违反之诉”“非违反之诉”和“情势之诉”）。后殖民时代的国际经济法也包含了基于对发展中国家优惠待遇的“跨国正义诸原则”（如 GATT 第四部分和 WTO 中的争端解决机制），还包括了基于联合国成员国之间的普遍人权义务的“普世正义诸原则”。但 WTO 成员方未能在 2001 年便开始的“多哈回合”谈判中达成一致，以及自 1995 年来发生的超过 500 起 WTO 争端，以上种种皆表明了政府和非政府参与者在关于“正义诸原则”应如何指导 WTO 谈判与裁决这一问题上喋喋不休的争议。当欧盟公民已经就其国内和欧洲法律体系的“宪法化”取得成功时，相似的“宪法化路径”（比如从基于公民间“宪法契约”和对其“不可剥夺”宪法权利的尊重的国际法中所获得的合法性）却仍被一众联合国和 WTO 中的外交家们以权力主义和为了出于政府间强权政治的“现实主义”在外交政策上的自由裁量需求而抵制。

（二）促进国际经济法法律一致性的多重方法

为了发展国际经济法的协调理论，阐明不同价值基础相互之间的法律关系，人们可以用美国法哲学家罗纳德·德沃金的“法律理论的四个阶段”进行区分：

在法律的语义阶段，多数法律术语（如国际经济法、人权、贸易和投资法的标准如非歧视性、“公平公正待遇”）仍是未定的“诠释性概念”，不同的参与者使用的含义不同。

在法理学阶段，国际经济法则需要在“正义诸原则”上进行进一步阐明（如国际经济法上的国家中心 vs 普世主义、宪法性和全球行政法概念），并演化成一个具有说服力的并为公民所接受为正统的“法治”理论。

在法律学说阶段，其“真理条件”须由在具体领域的立法和行政如何实现其最大化价值并确保行为和理念的正当性所构建（如欧盟在限制“市场失灵”的竞争、环保和社会立法上的坚持是为了从法律上构建一个具有良好功能的“社会市场经济”），并且司法行政必须在具体的争端中，通过独立的、中立的规则解释以将“公共理性”制度化，并通过保护平等权利与社会和平的方法，从而适用法律、阐明法律、执行法律。①

现代人权法是基于如今普世的观念，即“对人类家庭所有成员的固有尊严及其平等的

---

① 参见 Ronald Dworkin，*Justice in Robes*（Cambridge：Harvard UP，2006），at 9ff。

和不移的权利的承认，乃是世界自由、正义与和平的基础”（《世界人权宣言》序言）。“人人生而自由，在尊严和权利上一律平等。他们赋有理性和良心，并应以兄弟关系的精神相对待。”（《世界人权宣言》第1条）。当然，关于人类理性的这类法律概念可能和经济模型下通过成本收益计算而追求个人利益最大化的自私的理性经济人相冲突。此外，关于在“政治市场中”理性行为的“公共选择分析理论”也承认在进行决策和人类行为中心理、社会和文化的影响，例如“人的决策三原则”：

“自动思维”（如“快速”和“自发”地而不是“深思熟虑”和“理性地慢慢思考”）；

“社会思维”（如在腐败社会背景下的改变）；

“心智模型思维”，其依据情势和文化而不同（例如在监管不足的金融市场中通过避税和规避法律来盈利）。①

在寻找国际经济法“渊源”中，对于国际经济法的“作为主要规则的行为规则”和“作为次要规则的承认规则、改变规则和审判规则”的法律解释最好的方法，常常始于法律实证主义视角的路径，即通过权威的法律制定和有效的法律执行来发现法律事实。例如，《国际法院规约》第38条中编入了国际法的渊源：“国际条约”“国际习惯，作为通例之证明而经接受为法律者”“一般法律原则为文明各国所承认者”。第38条还明确了“承认规则”，不仅仅只是国家的承认，还提及了“文明各国”所承认，以及经当事国同意的“司法判例及各国权威最高之公法学家学说，作为确定法律原则之补助资料者”，这与维也纳条约法公约中关于条约解释的习惯法规则也相一致。与邦雅曼·贡斯当的只保护少数拥有财产的男性特权阶层（如大约2500年前规定在雅典共和宪法中和罗马的共和宪法中）有限自由的“古代人自由”不同，现代人权法（如联合国、区域的和国家的人权文件）和宪法性民主政治则从平等、不可剥夺、不可分割的人权以及“全体人类的基本自由”发展，并将其作为个体和民主自决和“宪法正义”的前提。② 由于所有联合国成员国均接受了作为现代法律体系的一部分的尊重、保护和履行不可剥夺的人权作为其义务，人权法需要“批判性法律实证主义”，从而使人权法的“宪法性前提”（例如，承认公民是“正义的代理”，“制宪权”和“民主首领因受制于人权、民主和司法救济从而只能代表有限的政府权力”）与国际法的路径依赖和权力导向的概念（如主张霍布斯的代表国家和“绝对统治者”无限权力的“社会契约”从而将“所有人针对其他所有人”的内战状态转向和平与秩序）保持一致。人权法和去殖民化促使了大多数联合国成员国采用了国家宪政，承认人权并采用宪政来限制政府权力。

区分私法（又可以进一步划分为管理人、物、行为的法律、合同，物权法、家事法和

① 参见世界银行：《2015年世界发展报告：思维、社会与行为》。

② 参见 Ernst - Ulrich Petersmann，‘Human Rights，International Economic Law and “Constitutional Justice”’，*European Journal of International Law*，2008，19（4）：769 - 98。

继承法）、国家公法（又可以进一步划分为宪法和行政法）和国际法的传统的法律分类方法（比如在欧洲法律体系中）因为全球化中跨国法律和多层级治理体系的出现而受到了持续的挑战。跨国法律和多层级治理体系的出现不再仅仅受到国家驱动，而是更多地由非政府和国际间的参与者驱动，这在关于全球供应链、互联网（互联网位数法）和全球“软法”的跨国规则中尤以为甚。① 新“法律多元主义”是基于功能主义而非法域的法律子系统（如WTO成员也并不仅仅是国家，还可以是从属的或者超国家的关税区域，比如中国香港和欧盟），从而造成了在管辖权上的冲突，这一冲突源于其现有的基于国界和文化的国家、跨国、国际法律和司法体系，以及相关的法律行为人的法律成见。有关不同类型的“纯粹的”和“不纯粹的”公共产品的这些问题和其他的“集体行动问题”由于其不同的规则背景而有所不同。② 理解世界范围内的法律治理体系（如WTO法律）和多层级治理机构（如WTO争端解决机构，区域和国家的经济法庭）需要对多学科进行研究从而从多方面解释政治参与者的选择，如国际关系理论中，是关注国家（如现实主义、机构主义、功能主义），抑或是关注个人和非政府参与者从而分解国家的“黑匣子”（如“公共选择理论”、宪政理论或其他构建主义理论）。③

二、GATT/WTO法律与贸易治理中的碎片化与一致性“方法论”的缺失

关税与贸易总协定（GATT1947）、八轮GATT多边贸易谈判和GATT争端解决实践（例如1948年到1995年间在GATT第23条下和1979年东京回合协议的相关条款下的115份争端解决机构报告）是由欧洲、北美和亚洲的工业化国家所主导的。而去殖民化则促使自1960年代开始发展中国家成了GATT缔约方的绝大多数，且这些国家坚持对GATT法律进行修改和调整（如增加第四部分“贸易与发展”和1979年的赋予发展中国家优惠待遇的“授权条款”）。即便如此，仍迟至1987年至1993年的乌拉圭回合谈判中的“一揽子谈判”才最终达成了协议，革命性地将对于发展中国家出口（如棉花、纺织品、农产品）

---

① 参见Miguel Maduro，Kaarlo Tuori and Suvi Sankari（eds.），*Transnational Law*，*Rethinking European Law and Legal Thinking*（Cambridge University Press，2014）。

② 比如，“最优注入公共产品”（比如针对全球疾病的医药创新研发）可以通过单一国家内的公私合作的单边方式提供，而跨国的“总公共产品”则可能需要所有国家全体参与的世界范围内的“全球管理法律组织”（如万国邮政联盟）或是“宪法性组织”（如通过联合国安理会执行联合国法律，欧盟在跨国法治和人权上的多层级法律和司法保护）。

③ 在国际法和战争间法律和政治学术上“理想主义”的“现实主义挑战”问题上，关于国际法作为替代性的政治科学观念的出现（如著名的“自由主义”“制度主义”和“构建主义”）通过解释了国际规则和国际组织以及“法律构建主义”的多边优势，说服了现实主义对国际法的敌意。参见Jeffery L. Dunoff and Mark A. Pollack（eds.），*Interdisciplinary Perspectives on International Law and International Relations*：*The State of the Art*（Cambridge University Press，2014）。美国国际关系理论的“现状偏差”以及他们经常性地对联合国人权法和区域人权法的忽视常常被欧洲人民批评为“美国十字军”，其旨在宣扬美国强权政治下霸权的合法性，但美国并未提供为全体提供的众多国际公共产品（如跨国法治、人权保护、防止气候变化）的具有说服力的策略或者领导力，而这需要美国超越由其国内利益集团政治驱动的美国国家利益。

的系统性歧视移除，并且在GATT/WTO法律中更多领域给予发展中国家更详尽的“优惠和差别待遇”。作为交换，肯尼迪回合和东京回合各自达成协议（常常仅被20－30个GATT缔约方所批准）所导致的GATT法律体系的“法律碎片化”，也被乌拉圭回合和WTO协议所达成的“一致承诺”所改变，其将包括入世议定书和其他自1995年来WTO所谈判的协议等超过60个不同的贸易协议进行了一体化。

（一）国际法的法律“碎片化”与辩证发展

193个联合国会员国可以自由选择何种国际条约进行缔结的主权自由，造成了现代国际法“法律碎片化”（如几千条国际条约体制的共存）的典型特征。法律碎片化不仅体现了政府间的强权政治（如被强权进口国所强加的“自愿出口限制协议”），也在民主国家将国际法“宪法化”和将取得共识的“正义诸原则”（如基本权利、民主、司法救济、法治）转化成为立法、行政、司法和国际法的努力中而被推动。例如：

1967年肯尼迪回合、1979年东京回合和1994年乌拉圭回合协议在绝大多数民主国家中是由其议会所通过，并由议会立法实施，进而巩固和提高了GATT/WTO法律的民主合法性（GATT1947则由于大多数国家基于《GATT临时适用议定书》中的“临时适用”条款而并未由其议会批准通过）；

向WTO通报的超过600个自由贸易协定（FTAs）（其中有415个已经生效）常旨在提高消费者福利、跨国法治、竞争的非歧视性和司法救济，已远远超过WTO的要求；

包括了若干WTO成员方的“诸边贸易协定”（PTAs）（如《政府采购协定》[GPA]）旨在WTO一般性规则之上，进一步管理和自由化贸易和提高经济福利（如通过对政府采购程序的自由化，保护个人能够通过国内法院就是否遵守GPA进行审查。参见GPA第20条）。

（二）通过多边主义减少法律碎片化的研究

有关多边互惠合作的通常规则和原则的多边协议（如关于效率、多边互惠贸易的经济原则，社会合作中关于程序正义、宪法正义、分配正义、矫正正义、交换正义与公正衡平的法律原则）可以在最大程度上有效促进193个联合国成员国之间的国际合作。雄心勃勃的“多哈回合”旨在进一步通过谈判改进多边贸易体制，以“单一承诺方式”解决约20个不同贸易规制问题为目标，但至今尚未实现这一目标。尽管多哈回合在很多其他目标上仍未达成协议，但仍有很多多边协议达成，如40个新成员国（如中国和俄罗斯）的加入，1997年和2015年WTO《信息技术协定》，1998年WTO《基础电信协议》的生效，1999年WTO《金融服务协议》的生效，2015年WTO《政府采购协定》修订后生效，2001年WTO《TRIPS协定和公共健康宣言》，以及相应的关于基本药物强制专利授权的TRIPS规则在2003年WTO“豁免”和2005年修正案，以及2014年《贸易便利化协定》，这些都表明覆盖了 90% 以上世界贸易且发展中国家份额持续增长（如今超过 53%）的 WTO 体系仍然是历史上最成功的多边贸易体系。在 WTO 内外的政府间贸易谈判仍然是“成员国驱动型”，且被贸易国的相关权力（如“市场支配力”、金融和法律资源）所主导。超过 500 件诉诸 WTO 争端解决机制的案件则显示出采用规则导向、第三方裁决和在 WTO 规则和原则的含义常常有歧义的情况下的渐进式地释明的不同典型做法倾向。在如何追求多哈回合谈判成功上的政治分歧，以及在 WTO 争端解决机构合法权威性和方法论上持续的分歧（如在 2016 年任命 WTO 上诉机构法官中出于政治目的的否决，以及在完善 WTO 争端解决谅解（DSU）问题上 WTO 谈判中的悬而未决，都显示了 164 个 WTO 成员方之间在 WTO 治理问题上的法律和裁决方法论上的广泛分歧。例如：

鉴于多哈回合谈判失败，FTAs 和诸边协定持续猛增。而未来巨型区域化 FTAs 的合并前景，与 1994 年 WTO 协定代替 1947 年 GATT 相似，促进了 WTO 的改革（如由“WTO2. 0”代替），而这一改革似乎不可能通过 WTO 内部协商一致为基础的谈判解决；

2013/14 年《贸易便利化协议》和发达国家 2015 年 12 月关于取消出口补贴的承诺，是 2001 年以来的多哈回合谈判诸多最重要的成果之一。而从 2013 年“巴厘一揽子计划”和 2015 年“内罗毕一揽子计划”在世界贸易自由化和规制问题的有限程度来看，2015 年在内罗毕的 WTO 部长宣言也承认 WTO 成员方在多哈回合谈判未来问题上持“不同观点”，哪怕这些成员国都“郑重承诺推动多哈回合上剩余议题的谈判”。由于协商一致的实践和“单一承诺原则”，多哈回合谈判上其他议题的结果仍具有不确定性；

自 2008 年金融危机而被 WTO 成员方所采取的贸易限制措施仍然在持续增加。尽管在多个 WTO 争端解决裁决中经常被认为违反了反倾销和反补贴措施的相关 WTO 协定，但由于如今 10 起 WTO 争端解决程序中对非歧视性保障措施（GATT 第 19 条）法律挑战上的成功，WTO 成员方采取歧视性的反倾销和反补贴税措施的情况仍在持续上升。关于 GATT 第 6 条和关于补贴的 WTO 协定的经济理性仍存争议，这是因为这些协议缺乏序言中其所应赋予隐含的含糊而又模糊的“公平贸易原则”和成员国在实践中采取的选择性保障措施以正当性；

自 1995 年以来共有超过 500 起争端提交至 WTO 争议解决机制，同时超过 300 份专家组报告、上诉机构报告和仲裁报告中有约 90% 被执行。然而，无溯及既往力的救济（在 WTO 争端解决中裁定的“合理时间”内终止违法措施），损害赔偿中不能适用习惯规则，以及对 WTO 就国内管辖中有效司法救济保证的广泛漠视，导致了 WTO 成员方有时为了应对国内利益群体压力参与到了“政治高效”的、临时性的违反条约行为，而不会向受到此严重影响的公民和贸易伙伴提供有效的司法救济；

WTO 在执行防止气候变化的联合国协议和《2030 年联合国可持续发展议程》时的角色和法律准则仍存争议而需要进一步明确；

当 WTO 争端解决机构承担起更多的此类法律释明工作以应对 WTO 规则的不明确和

WTO原则理论化的不足（如“可持续发展”、计算倾销损害幅度的“公平价格补偿”、“绿色补贴”、根据GATT第23条的“非违反之诉”和“情势之诉”）时，WTO成员方之间在WTO专家组、上诉机构和仲裁程序中，在政府间DSB对司法争端解决机构的政治控制中关于法律和司法方法论上争论就更加强烈。

WTO争端解决报告通过“功能整体性”推理过程强调遵循条约解释的习惯法路径（正如在DSU第三条所描述的以及在《维也纳条约法公约》所编纂的）的必要性。然而，《维也纳条约法公约》第31—33条所规定的用以阐明条约不明确的文本、上下文、宗旨和目标的内容，也仍是模棱两可的原则而不是明确的法律方法论的规则（如根据条约法公约第31条第3款的“系统性”和“动态地解释”），这也常常导致争议各方之间仍有异议。2016年5月，美国反对在WTO上诉机构中重新任命一名韩国法官，美国的理由是宣称其已经越权行使了其有限的司法权力（如在其参与的某些上诉机构调查中向争议方质询了相关问题），美国的这一举动也反映了WTO成员方对WTO争端解决机构中的司法权力的合法性边界有着形形色色的观念。2016年7名上诉机构法官中有2名已经4年任期期满卸任，继任者未经DSB一致同意就上任，带来了损害WTO争端解决机制功能的风险，尤其是在当前有更多的争端提交到DSB，且这些争端在WTO专家组、上诉机构和仲裁程序中仍处于待决阶段时。

三、如何消除“往日幽灵”对WTO争端解决机制的困扰

2015年，WTO争端解决机制中每个月平均有30起活跃争端提至争端解决的专家组。这些专家组趋向于由3位贸易专家（大多数情况下是WTO外交官）组成，这些专家通常缺乏法律专业知识，也缺乏足够的财务报酬。因此，专家们的工作质量以及对WTO专家组程序时间上的严格要求有赖于WTO法律事务部、规则司（负责倾销和补贴争端）和服务争端解决专家组的WTO秘书处在行政和法律上的协助（如起草专家组的事实和法律认定部分）。除了WTO发达成员方外，只有少数发展中国家为有效推进WTO争端解决程序建立了充足的法律和贸易政策专业知识而非求助于美国和欧洲律师事务所所提供的昂贵法律服务。① 由于WTO成员方对WTO预算采取了“零名义增长原则”，对WTO员工数量和用人经费设定了上限，部分争端（尤其是在贸易救济领域）需要“排队”等候WTO秘书处工作人员忙完了其他案件之后才能轮到他们。②

---

① 近期的案例分析可以参见 Abhijit Das and James J. Nedumpara（eds.），*WTO Dispute Settlement at Twenty. Insiders Reflections on India's Participation*（Singapore：Springer，2016）；和 Gregory C. Shaffer and Ricardo Melendez – Ortiz（eds.），*Dispute Settlement at the WTO. The Developing Country Experience*（Cambridge University Press，2010）。

② 详细内容可以参见WTO总干事于2015年10月28日向WTO DSB发表的演讲，收录于2016年3月WTO上诉机构的《2015年度报告》第132页。

（一）WTO 法律对政府间权力政治的不充分限制

回顾 WTO 争端解决机制自 1995 年来的超过 500 件的判例，WTO 争端解决实践持续被“三个往日幽灵”所困扰：

（a）在约束成员国政府间强权政治上 WTO 法律只取得了部分成功，而强权政治正是 GATT1947 实践的一大特征（比如针对发展中国家的歧视性贸易限制、不透明的“自愿出口限制”、对公民缺乏有效司法救济）。例如，非法进口限制（如欧盟进口香蕉）、非法反倾销措施（如在计算倾销幅度时使用歧视性的“归零法”）以及非法补贴（如美国对棉农的补贴），即便这些贸易扭曲措施的非法性已为 WTO 争端解决裁定所反复确认，但这些措施仍然在此后维持了多年。

（b）政府行政机关主导了 WTO 决策程序，这也导致了许多政府优先考虑他们自身的政治利益而不是其国际间的“国家责任义务”和对其公民的法律、民主和正义义务，从而损害了 WTO 治理的法治、民主合法性和“公共理性”。民主和共和的宪政主义历史告诉我们，没有基于保护公民有效权利和救济的强有力的宪法性限制和政府政策审慎性责任（如在国内法院援引和执行 WTO 义务），WTO“为多边贸易体制提供可靠性和可预测性”（DSU 第三条）的目标就无法实现。习惯法要求解释条约须“遵守正义诸原则”，也包含了“全体人类之人权及基本自由”（《维也纳条约法公约》序言又再次强调），但这一要求却难以在 WTO 争端解决实践中被承认和明确。应贸易外交官的要求，大部分国内法院回避了国内贸易规则的“一致性解释”原则，回避了“直接适用”相关 WTO 法律义务以及在国内法院和 WTO 裁判的“司法礼让”，从而侵蚀了成员国的相关义务，这些义务包括了“每一成员应确保其法律、规则和行政程序，与（WTO 协定）所附各协议中的义务相一致”（WTO 协定第 16 条），也包括了 WTO 要求的诸多保护国内司法有效救济的义务。① 由于众多政府行政官员更加关注其政治上的当选与连任，以及国内利益集团对其的政治支持，权利本位的分享式民主和“商议民主”仍在跨政府间、不包容的 WTO 谈判和裁决中被忽视。没有针对“市场失灵”（如通过竞争规则、健康规则和环保规则进行管制）和“治理失灵”（如关于限制有毒的烟草产品贸易的管制）施加更强有力的管制，世界贸易体系就无法有效保护广大消费者的利益，也无法有效保护 WTO“可持续发展”的目标和跨国法治。

（c）WTO 法律不仅规定了关于国内和区域的贸易规则（如 FTAs，PTAs）和政策及其国内执行的法律行为准则，同样也针对在国内法院、跨国仲裁（如《WTO 装运前检验协议》第 4 条规定）、WTO 专家小组、上诉机构、仲裁程序等多层级争端解决的司法程序

---

① 比如，在 GATT（第 10 条）、《WTO 反倾销协定》（第 13 条）、《WTO 海关估价协议》（第 11 条）、《补贴和反补贴措施协定》（第 23 条）、GATS（第 6 条）、TRIPS（第 41－50、59 条）和《政府采购协定》（第 20 条）。

和裁决中规定了法律行为准则。但 WTO 争端解决机制（DSU 第 3 条）这一多层级本质却仍被忽视，① 如在对 WTO 相关条款的“系统性解释”中就被忽视了，这些条款包括了个人进入国内法律和司法救济，包括国家、区域以及 WTO 争端解决机构相互间的司法合作，也包括了对 GATT 和 WTO 条款意义的司法释明（如 GATT 第 23 条的“违反之诉”“非违反之诉”和“情势之诉”）。在国际贸易的“成员国驱动的政治治理”和“市场驱动的经济治理”中单方面侧重前者，忽视了全体国家在集体保护公共产品（比如一个非歧视的贸易体系）中的宪法性经验，即这样的集体保护有赖于个人权利、司法救济、以限制扭曲贸易和竞争的“市场失灵”和“治理失灵”为目标的责任义务。WTO 争端解决机构恰当地聚焦于其在司法行政中的固有权力（如，允许设立多边同意的透明的专家组和上诉程序，通过初裁、私人法律顾问、法庭之友、上诉程序中的法律“完成分析”从而促进了正当程序）；他们执行了司法礼让（如在巴西轮胎案中一并处理了其他相同争端的管辖权问题）和司法尊重（如面对决定对非经济价值如“公共道德”的保护力度的国家主权）。然而由于 WTO 条款经常存在模糊，其相应的争端也导致了在诸多争议问题上悬而未决，例如，如何解释“多边贸易体制的基本原则”（WTO 协定序言），WTO 规则下的经济原理（如补贴，倾销调查中的“公平价格”比较），若政治性的 WTO 机构未能就 WTO 规则的解释达成一致时的司法解释方法问题（如通过“权威解释”、条约修订或者“豁免”）。②

（二）WTO 争端解决程序能被宪法化吗

自约 2500 年前古代雅典的民主宪法和罗马的共和宪法，宪政主义已被证明是解决下列问题最有效的法律方法：

对于一个民族和其法律上的主权以及相应的民主、自主政府在立法、行政和司法上权力进行“组成”、限制、规范并赋予其正统性；

将认可的“正义诸原则”固化和优先化，机构和政府授权须持续地转变为在立法、行政和司法上保护公民权利的“制宪权”，“民主首领”则须确保治理代理人及其受限的、代表的权力在法律上、民主上和司法上负担起保护公共产品的义务。

在 18 世纪建立起美利坚合众国和法兰西共和国的“民主的宪法”，以及在二战后和全部联合国成员在保护人权问题上取得的一致共识上开启的去殖民化，众多国家通过了“人权的宪法”，在多层级保护根本权利、民主、法治和跨国公共产品（如欧盟的单一市场、欧盟《基本权利宪章》）中正在形成的多层级的“世界性的宪法”，都反映了在对国内和

---

① 参见 Ernst - Ulrich E. U. Petersmann, The GATT/WTO Dispute Settlement System (London: Kluwer, 1997), at 233。

② 一个例子就是 TRIPS 的规则扩张，以及 WTO 理事会同意暂停提交适用 TRIPS 下的“非违反之诉”和“情势之诉”。

跨国公共产品多层级治理宪法化矛盾发展进程中不同的历史性阶段。[①] 全球化愈发地将国内公共产品转变为跨国公共产品（如人权和普世权利、民主治理、货币稳定、劳动分工、环境保护），也愈发凸显了“共和任务”的必要性，即作为“正义的代理人”，为了全部民族及其公民的利益而通过对公共产品多层级治理采取构成、限制、规范和赋予正当性的方式从而限制公共和私人权力的滥用。民主宪法、欧盟法以及 WTO 法律也都承认“享有司法公正”是合法治理中的宪法性原则。

在 WTO 法律语境下的多层级贸易治理迄今为止未能限制不计其数的“市场失灵”和“治理失灵”，这类失灵限制和扭曲了国际贸易，从而损害了消费者利益和公民的平等自由（作为确保治理权力合法性的“正义第一原则”）。[②] 自 1999 年开始的旨在完善 DSU 的 WTO 谈判，在 12 个议题上进行了改革的探索，比如第三方权利、专家组组成、发回重审、多边认同的解决方案（包括基于相关方共同请求下的暂停上诉程序）、严格的信息保密、后报复（如，在报复后，有关方就是否争端解决的裁定已经得到履行无法达成一致时采取的程序）、专家组和上诉机构程序的透明度、法庭之友陈述、磋商程序的时间表、对发展中国家的特别关注、灵活性与成员控制（如允许争端各方共同同意删除专家组和上诉机构报告的部分内容，从而促进对 WTO 争端解决裁定的有效遵守）。但基于协商一致的 WTO 谈判能否在 DSU 改革上达成协议仍然存疑，同样存疑的还有这些政府间的改革是否能限制上述提及的“往日幽灵”，例如（a）政府间强权政治，（b）罔顾跨国法治，（c）忽视“WTO 争端解决机制”的多层级本质（DSU 第 3 条）。

WTO 争端解决机制一方面在促进专家组、上诉机构的裁定和仲裁裁决的正常对话上仍保持了独特的作用，另一方面也造成了政府间的争论、批评并常常采纳政治化的争端解决机构的意见，这些意见因“反向一致原则”代表了 WTO 全体成员国的意见。这些基于迄今在 WTO 实践中从未达成的“反向一致”（在 DSU 第 16 条第 4 款、第 17 条第 14 款所规定）的“公共理性”的机构化，仍然被政府行政官员及其外交特权所主导。从受此不利影响的公民的角度来看——这类公民的角色例如作为拥有有限和被赋予权力的政府机构的“民主首领”，又如作为被贸易限制和贸易扭曲损害利益从而受到不利影响的经济中的生产者、投资者、贸易者和消费者，“不包容的政府间主义”将公民仅仅视为客体而非 WTO 法律的主体，从而导致了 WTO 因控制不当造成“分离”，即通过公民和代表议会建立的“输入”和“输出正当性”。由于贸易外交官更关注减少其本身针对公民的法律、民主和司法的责任，绝大多数成员国的国内法院否认在国内管辖中其公民具有援引和执行该

① 参见 Ernst – Ulrich Petersmann, *Multilevel Constitutionalism for Multilevel Governance of Public Goods Methodology Problems in International Law*（Oxford：Bloomsbury，2016）。

② 参见 Ernst – Ulrich Petersmann, *International Economic Law in the 21st Century*（Oxford：Hart，2012）和 Ernst – Ulrich Petersmann, *Multilevel Constitutionalism for Multilevel Governance of Public Goods Methodology Problems in International Law*（Oxford：Bloomsbury，2016）。

国政府的 WTO 义务的权利。

由于国内和国际人权法承认公民是具有“不可剥夺的权利”（包括独立获得司法救济的权利）的“正义的代理”，这是所有治理权力的合法性来源，多层级的治理机构须为了公民的利益而更民主化地被构成、限制、规范和赋予正统性，从而在保护跨国公共产品上更加有效，并承担起治理失灵的更多的责任。过去65年欧洲法律一体化（如1950年《欧洲人权公约》、1951年《欧洲煤钢共同体条约》）的历史经验表明，这类“宪法化改革”不大可能由政府间机构“从上而下”推动进行，除非公民、市民社会、议会和其他民主机构坚持“从下至上”的改革以更好地保护其在公共产品（如人权、基于权利的市场和贸易体系）多层级治理中的权利。欧洲人权法院、欧洲法院、欧洲自由贸易联盟法院的法律体系，以及这些法院与国内法院在解释和发展欧洲法律时的紧密合作，显示了司法命令如何解释条约以“符合正义诸原则”，包括了“全体人类之人权及基本自由”（《维也纳条约法公约》序言所重申），从而赋予了多层级司法保护的正当性，这一保护正是针对基于公民利益及其平等的基本权利的跨国法治。①

四、WTO 判例中的“成员国控制”？如何用 WTO 判例中的非经济权利协调经济利益

通过中立、独立的法官来给予公民平等权利的司法保护是“宪法正义”最古老的典范，正如全世界范围内的法院大楼和宅邸都树立着正义女神朱斯提提亚雕像那样。宪法性授权确保了对公共产品的司法保护，相较于政治和行政治理，同样也是民主自决治理的合法性部分，这主要由自我利益最大化所驱使而非依靠“正义诸原则”。诸如一国宪法和国内立法，以及多边条约（如 WTO 协定）确立了世界范围内的用以规范公共和私人参与者行为的规则，并建立了拥有立法、行政和司法权力的治理机构，若缺乏司法审查的强制管辖以保护公民在“宪法正义”上的合理长期利益并防止权力滥用，这些体系很难保持持续有效。在印度进口数量限制案中，上诉机构拒绝承认限制司法权力的“机构平衡原则”，该等司法权力用以审查 WTO 国际支付平衡委员会已经审查过的措施。尽管如此，GATT 和 WTO 的专家组意见也常常进行了“司法节制”并尊重 GATT/WTO 成员方在其国内非歧视性立法问题上的主权自由。② 甚至被告方有时会反对原告方提出的规则“解释”，认为这是不应被采纳的“造法”，但 WTO 争端解决机构（也包括 DSB）“允许的解释”和被宣称的司法越界及造法行为之间的界限问题，则被 WTO 成员方及 WTO 机构所支持并认为是一个“公共理性”问题而非“客观事实”问题。

---

① 对于欧洲人权法院、欧洲法院、欧洲自由贸易联盟法院司法方法论的比较研究，参见 Ernst – Ulrich Petersmann，‘*Multilevel Judicial Governance in European and International Economic Law*’，in Samantha Besson and Andreas R. Ziegler（eds.），*Le juge en droit europten et international*（Geneva，Schulthess，2013），45 – 64。

② 参见上诉机构报告 India Quantitative Restrictions，WT/DS90/AB/R，1999 年 8 月 23 日，第 82 – 83 段。

多层级的司法权旨在通过中立和独立的“司法行政”约束政治并将“政治司法化”。政治机构则常常通过“审判政治化”来回应将政治措施认定为违法的司法判决（如 2016 年出于政治动机而反对对个别上诉机构法官的重新任命）。此等在政治和司法机构之间对立的“制约与平衡”反映了人性本质的对立（如情绪、理性利己主义和人类心智有限理性的冲突）和人性对权力的争夺。机构化的权力分配，尽管存在功能上的相互依赖（如对公共产品的保护），造成了所有政治和法律体系呈不可避免的“机构竞争”与争论的特点。例如，WTO 争端解决程序的排他性（DSU 第 23 条所规定）和 WTO 争端解决裁定具有法律拘束力的本质旨在限制其他国际和国内法院的管辖权（如确认违反 WTO 规则或造成 WTO 权利和义务“无效或减损”）；并呼吁“司法合作”（国际礼让）以“提供可靠的和可预测的多边贸易体制”（DSU 第 3 条）。WTO 争端解决程序的政治因素（如审查政治决策者通过的对公民造成政治性后果的法令）已由独立、中立的 WTO 争端解决机构所限制，其基于规则的“司法行政”，通过法律适用、正当程序、条约解释的习惯国际法方法，限定了其管辖权和证明争端解决裁决正当性的法律义务的范围。司法参与者、司法审查标准、司法程序、司法论证和政治参与者、政治的多数表决和政治程序是不同的。通过政治化的 DSB（以“反向一致”为基础运作，参见 DSU 第 16 条和第 17 条）协调和“融合”WTO 争端解决司法管辖的政治和司法因素，从而讨论和采用所有 WTO 争端解决裁决，这一独特的方式是全世界其他区域和国家争端解决机制所未知的。

（一）条约解释、法理、学说和司法释明的方法论

DSU 第 3 条和条约解释的习惯法规则（《维也纳条约法公约》第 31 - 33 条所编纂）要求“条约应依其用语按其上下文并参照条约之目的及宗旨所具有之通常意义，善意解释之”（《维也纳条约法公约》第 31 条第 1 款）。在最初的几年里，上诉机构对 WTO 条款的解释主要聚焦于条约文本和上下文而不是 WTO 的“目的及宗旨”，但也需认识到，文本的、上下文的和实用的解释是探究 WTO 条款含义的“整体进程”的一部分，而不是一种机械的方式，因此文本的含义、上下文、目的和宗旨本身就常常交织在一起。在此后的几年中，上诉机构有时不再参照条约解释的习惯法规则去证明其解释的正当性，如对术语、价值和目的的解释通过“进化式的界定”方式进行。① 上诉机构持续地定义了价值和原则进而影响了对 WTO 条款的解释；例如，“必要性”［如在 GATT 第 20（d）条］的含义可能受到一系列因素的影响，“这一系列因素主要包括了符合性措施在执行所涉法律和条例过程的推动作用，即法律或条例所保护的共同利益或价值的重要性，以及伴随发生的法律或条例对进出口的影响。”②“共同利益或价值更重要，采取一项措施作为执行手段的‘必

① 参见如上诉机构报告：US Shrimp，WT/DS58/AB/R，1998 年 12 月 12 日，第 130 段。

② 上诉机构报告：Korea Beef WT/DS161/AB/R，2000 年 12 月 11 日，第 146 段。

要性'就更容易被接受。"[①] 确认一项措施的"必要性"要求对这些多种因素进行"衡量和平衡的程序"；"该措施能对其目的实现起到实质性的促成作用"是否能在数量上或质量上被评估。[②]

鉴于《维也纳条约法公约》第31条3（c）款和对人权即其他"正义诸原则"的普世性接受（如在联合国法律中），《维也纳条约法公约》重申了条约的解释和争端的解决必须"遵循正义诸原则"，和其他原则内容一起的，也包括了"全体人类之人权及基本自由"。尽管WTO协定承认"该多边贸易体制的基本原则"（WTO协定序言），也承认"WTO争端解决机制"是具有系统性本质的，但迄今为止，WTO的司法权极少明确提及"正义诸原则"。对DSB的全部专家组和上诉机构报告的接受，或者WTO理事会决定扩大"中止"非违反之诉在TRIPS适用的范围，都显示了众多成员国对WTO争端解决体制中"成员控制"必要性的重视。WTO司法权常常重视WTO成员方在对其非经济利益保护问题上采取措施的主权自由（如对健康和环境的保护以及相应的风险评估），以及非歧视性的国内立法（如对申请和注册商标设定条件）。[③] 除了行业专家和法庭之友，个人和非政府组织无法成为WTO争端解决程序中的参与方，也不能成为WTO法律所保护的法律主体（如有关他们在TRIPS协定下的"合理预期"）[④] WTO在主权权利对"公共道德"的保护问题上的管辖权［GATT第20（a）条和GATS第14（a）条］认可了如果是为了保护人权那么相关贸易限制也可能具有合法性（比如欧盟海豹产品案中的土著群体权利、美国赌博案中的儿童权利）；[⑤] 尽管如此，与欧洲的法院经常援引人权作为贸易限制的合法性相反，WTO司法权则倾向于关注政府在健康保护上的权利和义务（如对欧盟石棉案的管辖）而不是公民的个人人权，这是由于WTO成员方对于人权和经济权利的理解存在争议。上诉机构在欧盟关税优惠案的裁决中，欧盟认为其合法性在于确定了欧盟体系下对发展中国家给予普遍性的关税优惠是"发展需要"，同时接受国也遵守了人权和劳工权利的惯例。在对于计算"倾销幅度"中"公平价格比较"涉及的"归零法"管辖中，上诉机构裁定（如歧视性的"归零实践"不会是"公平"的）则被美国批评为"司法越界"和不能被采纳的"司法补漏"；但美国的批评被DSB所驳回，并且在后续管辖的约20起生效的专家组和上诉机构裁决均认定"归零程序"不符合《反倾销协定》和1994GATT协定第6条第2款，自此这成为具有法律拘束力的先例，并为遵循这一"法院惯例"带来

① 上诉机构报告：Korea Beef WT/DS161/AB/R，2000年12月11日，第162段。

② 上诉机构报告：Brazil Tyres，WT/DS332/AB/R，2007年12月3日，第146，150段。

③ 上诉机构报告：US Section 211 Appropriations Act，WT/DS 176/AB/R，2002年1月2日，第165段。

④ 上诉机构不愿意对合理预期进行解释，参见上诉机构报告：India Patents（US），WT/DS50/AB/R，1997年12月19日，第42－48段。

⑤ 参见上诉机构报告：EC Seal Products，WT/DS400/AB/R，2014年5月22日，和US Gambling，WT/DS285/AB/R，2005年4月7日。

了合理预期从而具有合法性。①

（二）如何用 WTO 判例中的非经济权利协调经济利益

由于 GATT/WTO 成员方拥有采取多种方式保护非经济利益的主权权利并造成了相应的贸易壁垒，GATT/WTO 法律则聚焦于互惠对等的方式进行自由化和规制这类贸易壁垒，比如基于 GATT/WTO 条款承认主权自由而允许成员国采用非歧视性的国内条例（如 GATT 第 3 条）、保障措施（如 GATT 第 14 条）、"例外原则"（如第 20、21 条），以及旨在保护非经济性的"严重"和"政策目标"的其他国内措施（如 TRIPS 协议第 7、8 条）。在欧盟荷尔蒙案中，上诉机构阐明了"仅仅将一个条约条款分类为一种'例外'并不能证明对该条款'更严格'和'更缩小'的解释就具有合法性"。② 由于各单独谈判的乌拉圭回合协议被一体化为一项"单一承诺"，上诉机构强调哪怕在各单独协议中的起草技术各有不同（如 GATT、TBT 和 GATS 条款中的"无差别待遇"以及相应地承认国家主权保护非经济政策目标的例外或者"原则"），但仍需要在"结构上进行一致性解释"。例如，在美国香烟案中，上诉机构指出：

在 TBT 协定序言中所设立的关于在两个问题上的平衡原则，即一方面是对国际贸易避免造成不必要的障碍的渴求；另一方面是承认成员国有规制的权利。这个平衡原则与 GATT1994 所建立的平衡原则并不会在本质上不同，在 GATT 第 3 条的国民待遇义务会被第 20 条的一般例外条款所保留。③

对 TBT 协议的这一"系统性解释"，从众多 WTO 条款（如 GATT 第 20 条，TBT 协议序言，TRIPS 协定第 8 条）承认国家在"保护公共健康"和"促进在社会经济发展具有重要性的部门的公共利益"的主权权利的角度来看是具有合法性的。WTO 关于澳大利亚的烟草产品"白板包装"条例的未决争端，提供了一个重要的机会以进一步阐明，即关于确保"权利与义务平衡"（TRIPS 协定第 7 条）和"多边贸易体制的可靠性和可预测性"（DSU 第 3 条）的法律方法论，尤其是在 TBT 协议和 TRIPS 协议的背景下，在何种程度上必须遵循 WTO 在诸如 GATT 第 20 条和 GATS 第 14 条例外条款的"必要性测试"上的司法权。在这个问题上，以下事项需要纳入考量：

相关因素，尤其是危及的利益或者价值的重要性，对这一措施目的的达成的推动作用的程度大小，以及其对贸易的限制程度。如果这一分析初步认定这一措施是必要的，那么这一结论必须再次通过和可能的替代措施比较，这一比较过程应当按照危及的利益或价值

① 参见 Isabelle Van Damme, *Treaty Interpretation by the WTO Appellate Body* (Oxford University Press, 2009), at 121 - 4, 248 - 9。

② 上诉机构报告：EC Hormones，WT/DS26/AB/R，1998 年 1 月 16 日，第 104 段。

③ 上诉机构报告：US Clove Cigarettes，WT/DS406/AB/R，2012 年 4 月 4 日，第 96 段。

的重要性程度来进行。①

这取决于起诉的成员国来认定可能的替代措施……为了确保是一个合格的替代措施，该措施……必须和争议措施相比不仅对贸易的限制更少，还应当“维护应诉成员国为了实现对特定目标的保护水平的权利”……如果应诉成功地证明了所提出替代措施……不是真正的替代措施或者不是“合理可用的”，那么该涉诉的措施就是必要的。②

（三）WTO对烟草产品“白板包装”的未决争端

烟草生产商和出口商在多个国家、WTO和投资司法管辖中针对澳大利亚关于烟草产品“白板包装”的立法提出挑战。从习惯法的视角而言，对于条约的解释和所涉争端的解决要求“符合正义诸原则和国际法”，经济自由和公共健康保护问题上的司法和解（“平衡”）不应当通过在多重国内和国际司法管辖下的“挑选法院”方式进行预先判断。也不应当“挑选规则”从而不当地限制政府在保护公共健康上的主权权利和义务，比如选择投资法和投资仲裁庭而不是贸易法和贸易仲裁庭，或者由烟草出口成员国策略性地选择特定的几个WTO协议，这些协议仅仅将健康保护认定为“宗旨”（如TBT协定的序言、TRIPS协定第7条）或者“原则”（如TRIPS协定第8条）而不是作为一项“基本权利”[如《卫生与植物检疫措施协定》（SPS协定）第8条]、默认的权利（如TBT协定第2条）或者“例外情形”（如GATT第20条、GATS第14条）。正如同国内法院倾向于在非歧视、善意和政府限制的必要性及恰当性等宪法性原则的基础上以“平衡”经济和健康权利，区域和WTO争端解决的司法管辖必须充分理解已为WTO成员方所接受的“遵循正义诸原则”和“人权和基本自由”的国际经济法。在不同的司法管辖中所适用的不同法律可能会导致不同的程序（如涉及的举证责任、司法审查标准）和合理的关于人权法、宪法、健康法和国际经济法不同解释。因此，WTO专家组应当重申并阐明，上诉机构在TRIPS协定中以及指出的涉及TBT协定如在解释特定WTO协议时进行的法律和司法上的“平衡方法”，应当同样按照WTO法所隐含的“正义诸原则”和WTO成员方的人权义务进行解释：

（a）涉及的相对应的政策价值的重要程度，必须在遵循WTO、世界卫生组织、欧盟法和人权原则的情形下明确、比较和“衡量”经济和公众健康目的和隐含的价值，从而认识到对人类健康保护的国家主权权利应当优先于WTO市场准入承诺和其他经济权利。③

（b）对立措施的推动程度，限制了经济权利的健康保护措施必须“对其目的的实现能带来根本性的推动作用”，而非仅仅是一个“边缘的或不显著的推动”，这又是基于

---

① 上诉机构报告：Brazil Retreaded Tyres，WT/DS332/AB/R，第178段。

② 上诉机构报告：Brazil Retreaded Tyres，WT/DS332/AB/R，第156段。

③ 欧洲法院的判决认为“保护公共健康……必须优先于经济考虑”，参见Case C－183/95 Affish [1997] ECR 1－4362，para. 43。

“关于所涉措施追求的目标在结果和方式上的真正关系”。①

（c）对经济权利的影响，如果非歧视性的产品和包装要求不大可能会扭曲国际贸易和竞争（例如在竞争性商标之间），那么在衡量和平衡其通过推动减少烟草广告和烟草消费对经济权利的影响，似乎是和“权利与义务平衡”相一致，并且对“社会和经济利益作出贡献”（如 TRIPS 协议第 7 条所要求的），并且避免了“不必要的国际贸易障碍”（如 GATT 和 TBS 协定所要求的）。

（d）合理可用的替代性措施，已由 177 个国家批准的《WHO 烟草控制框架公约》确认了同样由 WTO 上诉机构表明的观点，即“某些复杂的公共健康或环境问题或许只能由包含了多样性的相互作用的一系列措施所构成的一项综合性政策所解决”。② 如果“用其他要素来替代这一综合政策中的一项要素，则由于减少了和其他组成部分的协同作用，将会削弱该政策及其整体效果”，③ WTO 和 WHO 对其每个成员国“有权追求其期望的对［健康］目标的保护水平的达成”④ 的保留原则应当在 WTO 和 WHO 法律中被普遍接受，这也是在联合国人权法和《维也纳条约法公约》第 31 条第 3 款所建议的。

习惯法规则关于条约解释的“一体化”和“一致性解释”要求必不能从非 WTO 成员方角度来看联合国各条约与 WTO 各协定的缔约国不同的事实情况，而是使之无用。⑤ 从公民及其人权的角度来看，对经济和非经济规则的合理的法律、民主和司法“平衡”必须仍由包容性的“合理均衡”（如产业政策工具中的人权价值优于知识产权权利）赋予其正当性，而不是仅仅建立在外交官和经济学家的“功能理性”上。合理程度的标准及其各自的权重会因取决于具体情形的不同而有所差异（例如在“可持续发展”上，WTO 争端中的各方均接受了相同的联合国法律义务和相应的法律背景以解释 WTO 规则和原则）。民主国家应当通过贸易自由化、贸易规制、人权保护、遵守其议会为了公民利益而批准的联合国和 WTO 协议（即便未获得外国统治者的对等互惠）等方式来提高消费者福利。

五、如何用公民的宪法权利协调有限的政府权利

宪政民主、参与民主、代议民主、商议民主要求与公民进行持续的交流沟通，从而将“公共理性”机构化并指导和控制立法、行政和司法的决策程序。相同的，为了国家间的

① 参见上诉机构报告：Brazil Retreaded Tyres，WT/DS332/AB/R，第 150 - 151 段；上诉机构认为，推动作用的大小程度可以由“数量或者质量方面”进行评估（第 145 - 146 段），而无须“在制定健康政策过程中自动地受到可能构成主流科学观点的束缚”因此，即便《WHO 烟草控制框架公约》并没有要求“白板包装”，各方同意的实施指导原则也建议政府“考虑采用……白板包装”作为一项烟草控制的措施，因此可以由澳大利亚借鉴作为论据，其空白包装条例是旨在减少烟草广告和消费。

② 上诉机构报告：Brazil Retreaded Tyres，WT/DS332/AB/R，第 151 段。

③ 上诉机构报告：Brazil Retreaded Tyres，WT/DS332/AB/R，第 172 段。

④ 上诉机构报告：Brazil Retreaded Tyres，WT/DS332/AB/R，第 178 段。

⑤ 参见上诉机构 EC Aircraft，WT/DS316/AB/R，2011 年 5 月 18 日，第 845 段（参考了国际法委员会所解释的“系统性一体化原则”）。

公民社会合作的具有立法功能的多边条约（如WTO协定）的改进、演绎和稳步发展有赖于代议制政府之间的动态交流沟通，而其合理性则来源于在其代议宪政体制中公民及其民主机构对政府的同意和支持。

（一）WTO法律体系中的“宪法正义”

由于WTO法律认可WTO法律、争端解决和贸易体制的系统性本质，譬如在未完成的WTO争端解决程序中，当程序问题虽未明确提出但仍发生时（比如要求“初步裁定”和允许法庭之友陈词），WTO争端解决机构强调其面对进入WTO争端的全部WTO成员方具有确保“法律正当程序”的内在权力。① 美国贸易法301条款案的专家组从DSU明确的促进“多边贸易体制的可靠性和可预测性”的目标（DSU第3条）推断，“藉此交易市场及其不同的运行者”也一样必须被保护：“因此，对DSU条款的解释也必须按照其宗旨和目标并且以最能有效提高促进之的方式进行”。② 其贡献在于论证了为国内和国际的司法管辖施加了额外的法律义务以合作（如通过“司法礼让”）的方式从而集体提供了跨国公共产品，如跨国法治和多边受益的贸易合作。譬如，上诉机构认定WTO争端解决专家组并不能“随意罔顾已由DSB采用的先前的WTO上诉机构报告所包含的法律解释和判决理由”，这已成为“WTO争端解决机制义务的一部分”，③ 相同的，WTO对于各成员国确保其法律、条例和行政程序遵守其在WTO法下（WTO协定第16条第4款）的义务的法律要求，可以赋予多层级司法合作的法律义务以合法性，因为在国内履行WTO义务时有利于促进“一致性解释”（如在国家“公共秩序”中“一致性解释”的法律推定）。值得讨论的是，为全体WTO成员国所接受的人权义务证明了相应解释方法解释WTO法律义务的正当性（如保护个人司法救济），该等解释方法与相应的作为公民基本权利的“制宪权”以及所有治理机构的“民主首领”、国际贸易中主要的经济行为人的基本权利相一致，即便该等法律解释可能会被其他WTO成员方中的非民主统治者所排斥。

（二）“世界宪法主义”是国际经济法的乌托邦吗

承认“世界公民”跨国权利的世界宪法主义不仅在人权法，更是在其他国际法的领域（如国际刑法、互联网法、体育法）和国际经济法（比如区域市场一体化法律、商业、贸易、投资和知识产权法）中持续成为规范范式。然而，自二战以来在国际法上相应的“范

---

① See Asif Qureshi, *Interpreting WTO Agreements. Problems and Perspectives*（Cambridge University Press, 2015）, 87ff.

② 参见WT/DS152/R。

③ 上诉机构报告：US Stainless Steel（Mexico），WT/DS344/AB/R，2008年4月30日，第158、160段（WTO争端解决机制的“可靠性和可预测性”暗示了，若缺乏有说服力的理由，裁判机构将在解决后续的案件中对解决相同的法律问题采取相同的方法）；第161段（在通过的上诉机构报告中所包含的相关解释和阐明并不局限于在一个特定案件中适用一个特定的条款）。

式转移”——例如对人权的普遍承认，以及对多层级治理国际公平的基于权利的“共和宪政主义”扩张的需求——至今仍未在法律上被 WTO 法律体系所整合，从而损害了公民及其基本权利。欧盟的《基本权利宪章》和欧洲的法院基于权利的司法管辖（如相较于多层级经济规制，保护公民的经济和私人权利）表明了 WTO 法律实践中政府权利（如中国出版物和音像制品案）优于公民权利（如政府对观点自由和公民隐私的保护）这一权力导向的政府间优先级做法的片面性。政府常常在影响其公民的 WTO 法律实践中通过缩小其法律、民主和司法责任从而追求其自身利益；因此，公民社会、议会和法院有理由来审查是否存在政府间的对公民利益的忽略（如基于追求实用的互惠性贸易自由化优先顺序而未进行有争议的 WTO 人权讨论）从而可能侵蚀其基本权利（如“GATS 四种服务方式承诺”下被规制的工人在国际流动上的权利，烟草产品消费者的健康权）。但人权也能保护个人和民主的多样性。联合国人权法认可国家在选择批准和优先适用何种人权公约的国家主权自由。因此，国内和 WTO 司法管辖在涉及 WTO 成员方在其国内法律体系中如何执行和优先处理基本权利问题上的多样性模式中，也必须尊重一国的“裁量余地原则”。在“共和宪政主义”上超过两千年的政治经验表明，对跨国公共产品多层级治理的有效性，有赖于赋予公民权力以追究多层级治理机构在法律、民主和司法上的责任，从而提高多层级治理机构的“公共理性”和“民主能力”。

（编辑：黄　炎）

法律方法前沿

论作为法学方法的利益法学

李　帅*

摘　要　在不断批判和修正概念法学的论争中，生活因素被逐步引入推理过程，在这个过程中以黑克为代表的利益法学发挥了承前启后的作用。在批判萨维尼以来的概念法学和自由法运动的基础上，利益法学明确法律不仅呈现概念体系外观，更是关注现实生活的工具。作为法学方法的利益法学，其功能在于划分利益冲突，并引导法官在司法裁判中运用利益衡量方法，揭示了法官不仅适用法律，通过认知、描述和分析的方法进行三段论演绎，而且还可以依据生活所需进行法律续造。因此，在利益法学视角下，法官不再是法律的自动售货机，而成为立法者的助手。

关键词　利益法学　概念法学　利益衡量　法律推理

法律到底是概念还是生活，这恐怕是我们必须面对的一个问题，它在某种程度上关乎司法活动的认知性，更是关系到我们如何重新理解法律的规范属性。在经历近两个世纪的论争后，法律的生活品性和客观意蕴似乎成了势所必至，然而问题依然存在。司法裁判充分发掘法律背后的生活样态，甚至积极主动参与社会公共话题论争，这无疑是现代法律和司法理论的基本共识。① 然而，当我们将目光移转十九、二十世纪时，却会发现，以严谨体系著称的理性主义和以事实为基础的实证主义分别代表了两类主要的法律思维，对应着“主观权利”和“客观法”两个体系。其中，理性主义代表德国法学的传统血脉，塑造了精准的法律语言，并为严格的立法主义和严谨的司法过程提供了基本路径。但这一过程排斥了生活世界。除此之外，围绕着“如何填补法律漏洞”这一阿喀琉斯之踵，理性主义延

---

* 李帅，男，山东济南人，华东师范大学法学院副教授，研究方向为经济法、法社会学。

① 例如，近些年引发社会持续热议的彭宇案、药家鑫案、许霆案，以及最近的于欢案等。域外案例则有美国联邦最高法院和我国台湾地区关于同性婚姻的判决或“大法官解释”等。

长线上的法学理论难以自圆其说。此时，一种修正的法学理论，即“利益法学”，进入了我们的视野。

一、法律适用缘何需要关注“利益”

日本 20 世纪初期的大审院法官末弘严石曾有言，三段论演绎不过是说服当事人的手段而已。① 这样的表述未免沾染法律实用主义的意味，但却充分道出法官在裁判中真切的思考轨迹。具言之，按照法律人的经验和素养，司法裁判的理想状态是：法官自审阅案件材料始就持续体会案情，并大致清楚依循何种途径运用实体规范。此类体悟即成为法官面对案件时的前理解。进而，在案件的调查和审理过程中不断纠正和完善原有的案件判断，为寻找案件大前提以至结论获取坚实的事实基础，之后依靠三段论取得结论证立。在这个过程中，法官的“找法”过程事实上充满了偶然性和不确定性，各类经验、道德观念、甚至是社会回应和政策效果，都成为法官思考过程中不可或缺的因素。

由此可见，法律推理的涵摄过程以至漏洞填补过程，都不是“点对点”式的纯粹演绎，而是“多元归一”，呼唤着各类的实质推理。这是因为，法律语言本质上仍然是自然语言，即便是精确的概念和定义界定，也无法取得类似符号语言的单一意义效果。也正因如此，法律结论作为事实与规范之间的对应，意味着法律需要不断引入生活经验和事实，不断丰富和扩充抽象的法律条文，使之与具体的案件事实相等价。②

正因如此，当前的法律方法理论强调推理和论证的有机结合。所谓“论证”，顾名思义，先“论”而后“证”，“论”和“证”相分离，“论”为“证”提供要件。而推理则强调具象化的语词来实现的逻辑三段论之间的等价。也就是说，“论证”讲究的是“以论服人”，而“推理”则重在概念语词的实质等价。因而，与充满浓厚形式理性色彩的法律推理不同，法律论证可以是高度技艺性的，并在接续实践中开示出丰富的内在包容力。尤其以修辞视角理解法律论证时，此技艺性特征将愈发明显。论证营造起对话双方的沟通氛围，通过立论和驳论之间的持续竞技，从莫衷一是走向同意与接受。同时，论证也协助对话双方推己及人，在摆事实、讲道理中赢取听众认可，取得普泛的论证效应，反向补强业已达成的演绎结果，实现欲求的效果。③ 是故，法律论证能够起到补充法律推理的功能。④ 此时，法律之于我们而言，是对话的而不是受训示的。⑤ 我们不是法律的臣民，法律倒可

---

① 参见杨仁寿：《法学方法论之探索》，三民书局 2016 年版，第 2 页。

② 参见［德］考夫曼：《类推与事物本质》，吴从周译，颜厥安校，学林文化事业有限公司 2003 年版，第 41 页。

③ 此处参考了佩雷尔曼新修辞学的观点，即法律论证具有修辞功能。See Perelman，Chaim，*The new rhetoric*：*A theory of practical reasoning*，The new rhetoric and the humanities，Springer Netherlands，1979. pp. 1 – 42。

④ 参见［英］麦考密克：《修辞与法治》，程朝阳、孙光宁译，北京大学出版社 2014 年版，第 26 – 30 页。

⑤ 关于法律的对话属性，可参见［荷］洛德：《对话法律：法律证成和论证的对话模型》，魏斌译，中国政法大学出版社 2016 年版，第 195 – 197 页。

为我所用。[①]

为此，我们既要为演绎主义辩护，坚持逻辑三段论的实效，又要强调生活经验对法律三段论演绎的具体影响。[②] 总而言之，生活经验既可以是日常的普通人事、道德评价，也可以是宗教观念和政治考量，甚至包括对法律的整体性认识。这些就是德国二十世纪法律学家黑克（Philipp Heck，亦译作“赫克”，本文讨论其代表作品《利益法学》的理论，因此采用《利益法学》一书的译法）所指的“利益”。易言之，黑克在其理论中强调的“利益”，并非专指经济利益，也不同于民众一般意义上理解的意义。根据《辞海》的解释，利益指的就是笼统的“好处”，[③] 而利益法学所指的利益，是人类生活中的各项生活需求，不仅仅包括物质与经济上的个人利益，也包括人类的最高利益以及道德与宗教上的利益。但是，不同主体之间的利益纠缠交错，其中不乏相互冲突与矛盾之处，法律必须协调各方的利益，确定彼此利益之间的界限和保护方式，将这些利益进行界定并通过价值排序的方式进行分类和排列便是立法者的工作。[④] 可见，从立法论角度出发，利益的衡量和排序也是不可或缺的内容，立法者的立法判断也是基于其对价值和利益的判断而做出的，不同立法者的信仰、价值观、受教育程度等会影响其对利益进行判断的标准，因此最终的立法文本究其本质反应的是立法者的欲求。[⑤] 利益产生法律，法律需要平衡各方利益，并对其中符合社会需求和人类价值要求的利益进行保护并予其法律意义，这导致法官需要直面生活经验进行裁判，因为法官的法律证立活动必须以这些“利益”为出发点，此即所谓的“利益法学”。具体而言，“利益”对于法律而言具有以下三方面的意义。

首先，利益决定法律的产生。制定法并非是凭空产生的，而是诞生在每个充满利益的社会。法社会学是基于这样的理论预设而产生和发展的：法律并非由自身决定，也并非在高阶规范和原则的基础上被决定，而是由其与社会的关系所决定。[⑥] 在法律赖以产生并存在的社会关系中，利益具有至关重要的作用。每一项法律命令都对应着决定一种利益冲突，或曰调整一定的利益关系，而不同的利益之间相互对抗、相互作用，使得每个社会中存在的法律或诫命都成了这些不同的利益及利益团体之间相互角力的结果。在这一过程中，不同的主体之间主张的利益并不相同，而往往某一利益的确立是以牺牲其他利益为代价的，这要求法律必须通过利益划分来找到冲突和矛盾的解决方式。因此，在利益法学的视角下，利益的存在、冲突才是形成法律规定的真正推动力，立法过程的本质并不是设定

---

① 这与德沃金的理论截然不同。See MacCormick，Neil，*Practical reason in law and morality*，New York：Oxford University Press，chap. 1 – 2。

② 参见［英］麦考密克：《修辞与法治》，程朝阳、孙光宁译，北京大学出版社 2014 年版，第 85 – 90 页。

③ 参见夏征农主编：《辞海》，上海辞书出版社 1979 年版，第 3976 页。

④ 参见吕世伦、孙凯文：《赫克的利益法学》，载《求是学刊》2000 年第 6 期，第 63 页。

⑤ 参见［美］埃德加·波顿海默：《利益法学和自由法律运动》，邹旬译，载《国外法学》1984 年第 4 期，第 45 页。

⑥ 参见［德］尼克拉斯·卢曼：《法社会学》，宾凯、赵春燕译，上海世纪出版集团 2013 年版，第 62 页。

逻辑自洽的概念或是准确地界定法律上的定义，而是要满足各种利益。从产生的先后顺序来看，利益产生法律命令，对法律命令的研究催生出法律概念（又称科学概念或一般概念），法律概念是为利益调整服务的。

其次，司法过程中的利益衡量可以弥补法律及法律概念的不足。司法环节是调整社会利益的最后一道关口，可以说，法律影响社会的运行和人们的生活最直接的、最首要的方式就是通过法官的裁决。而法官不能仅仅作为制定法的奴隶或者适用机器而存在，因为法律及法律概念存在天生的不足。对于法律命令而言，其本身就是立法者基于一定的利益衡量而被确立的规则，立法者的利益衡量与现实的利益调整需求可能存在一定的偏差，或者由于社会的发展使得既有的法律命令落后于社会利益的调整需求。而从语义学角度来说，有限的表达无法对应形形色色的社会关系，在立法语言上就难以避免地使用一些概括性、原则性的描述，或者赋予法官一定范围内的自由裁量权，例如刑事法律中就存在大量的“情节严重”的表述。虽然可以通过立法或者司法解释的方式加以明确，但是即使在一国范围内，不同经济发展条件或文化背景下对于“情节严重”的评价也不统一，因此从技术角度来讲法律命令难以做到给司法裁判者完全明确且统一的大前提。而对于法律概念来讲，它只是在法律命令产生后对法律本身的总结和归纳，这些概念是为了使法律易于理解而在学术抽屉上贴上的标签，它可以给规范提供原因性解释，但是如果认为法律概念一旦被“建构”出来就应当坚定的予以贯彻和维护，并成为新规范产生的基础，就会在特定情况下阻碍法律的适用和发展。因为法律概念是对既有内容的总结，维护的自然是既有的规则，在一个总结了现有命令的概念中是难以推出新的命令的。德国法在特定的历史时期就陷入了“概念崇拜”，专注于概念研究，而对生活关系和现实的利益关系予以无视，认为生活和利益关系只是法律和法律概念运用的场所，但同时忽视了这也是法律及其概念产生的源头。综上，法律及法律概念都不是完备的，需要在具体的适用过程中由法官进行补充，这种方法就是利益衡量。

最后，利益法学方法可以避免法官的责任推诿。以黑克为代表的利益法学派认为，完全按照“三段论”的方式适用法律会陷入“公式法学”的困境，这种公式的运用会削弱法官的责任意识。即使制定法存在着及其明显的漏洞，即使立法规定远远落后于当前的社会发展，即使该法律命令违背了“良法善治”的法治要求进而损害了应当受到保护的利益，法官仍然可以通过该不当法律的适用来摆脱责任。虽然理论上来讲，法官可以根据法律原则、立法目的等做出裁判，并为此进行充分的说理和论证，[①] 但是在实践中，敢于脱离法条本身适用原则、习惯等判案的情况十分罕见。因为对于法官而言，如果完全按照法律规定和法律概念进行判决，无论结果是否符合公平正义的要求，是否会引发舆论的批

① 参见季卫东：《绘就当下法律理由论证活动的一幅“素描”》，载《人民法院报》2020年8月21日，第5版。

评，但总能以“罪不在我”“罪在规定”这样的理由为自己辩护。法官依照滞后的法律规定得出的结论在司法实践中不会被视为错案加以追究，但如果跳脱出不当的规定依照法律原则进行裁断则可能有错案追究的风险，对于理性思维而言无疑会选择作为法律公式的适用机器存在。而利益法学不拘泥于传统的“三段论”学说，赋予了法官根据案件的具体情况进行利益衡量的方法，以避免法官将案件的裁断责任转移给立法者，实现个案裁断上的正义。利益法学的这一观点也被后来的法学流派所吸收，当今教义法学认为法官裁断后果应当通过法律原则或法律目的的验证，并能经受法律教义的束缚，实现教义和后果考量的平衡，① 这也与利益法学的观点有共通之处。

二、利益法学本质上乃一种法律方法

从本质上说，“利益法学”是一种法学方法论，旨在证立源自生活经验的利益衡量原则。利益法学理论脱胎自德国十九世纪末、二十世纪初的自由法运动，不仅冲击了其时占据司法统治地位的概念法学，而且也更新了人们对法律方法乃至法律基础理论的认识。

从其谱系而言，德国法学基于黑格尔所奠定的古典哲学，并沿袭自18世纪的理性自然法学说，认为法律如同数学、物理学等纯形式的概念体系，也可以根据理性和主观精神，通过概念、公理和逻辑命题来发展出一整套完美体系。② 如德国法学巨擘萨维尼就曾经认为，法律体系的完备性、国家法律的排他性和无漏洞性、法官作为法律的纯粹解释者等是实证法的三大基本命题。③ 即便法律存在漏洞，依靠法律自身也可以加以完美的填补，因此可以说萨维尼的法律方法学说兼具概念法学与理性主义的意味。

由于萨维尼将罗马法认定为代表德意志民族精神和民族历史的法律，所以他的实在法在很大程度上就是罗马法。随后，在科学主义和实证主义的旗帜下，萨维尼的学生普赫塔以及耶林（早期）充分深化了以罗马法为核心的概念法学体系。法律被充分认为是概念独立、公理清晰、逻辑明确的体系金字塔，是一个完全依赖于自我生产的独立有机体，法律证成的正当性纯然来自体系推演和概念重组。④

这种强烈的法律形式主义在实际生活中遭遇到了不少的困境，导致后来的诸多学者开始反思奉罗马法为正朔的理论，尝试将生活经验引入实在法当中。例如，19世纪初，工业革命带来的社会进步与利益重新分配使得传统的以社会契约论为代表的自然法理论受到了冲击，以边沁为代表的功利主义法学乘势兴起。功利主义法学认为，国家和个人行为的出发点都是功利，功利才是社会发展的原动力，也是社会调整首先要解决的问题。法律所要

---

① 参见王彬：《司法决策中的效用考量及其偏差控制》，载《暨南学报（哲学社会科学版）》2020年第8期，第73页。

② 参见［德］维亚克尔：《近代私法史：以德意志的发展为观察重点》（上），陈爱娥、黄建辉译，上海三联书店2006年版，第315页。

③ 参见杨仁寿：《法学方法论之进展》，三民书局2013年版，第60页。

④ 参见吴从周：《概念法学、利益法学和价值法学》，中国法制出版社2011年版，第39页。

保护的功利，有些时候是相辅相成的，有些时候是相互矛盾的，前者如个人与共同体之间的利益关系，后者如不同个体之间的利益关系。国家要立法，就是要实现最大多数人的幸福。① 功利主义的提出，是将人的欲望、利益和道德的要求结合了起来，不再单纯地强调“自然法的理性”，将个人的利益要求和幸福感列入了法律的涵摄范畴，对于概念法学理论产生了一定的冲击。虽然功利主义自诞生时起就伴随着诸多质疑甚至反对之声，但是由于该理论更加贴近人的本性和现实的生活，因此在质疑声中不断得到传播，乃至对耶林的目的法学理论产生了重要的影响。

被黑克称为从利益法学的“扫罗”（Saulus）转变为“保罗”（Paulus）的耶林（后期），就曾反对萨维尼评注罗马法概念体系的做法，不仅讥讽这一做法是寻找“概念天国”，② 而且认为解决法律漏洞的关键在于探究法律条文背后的目的。与概念推演和重组的概念法学相比，耶林为法律利益论辩护，指出探究法律目的，能够明确作为本位的权利并非抽象主观的意思表示，而是客观的法益，甚至认为制定法的目的就是保护利益。这反过来促使他从社会角度探索法律背后的目的和利益，进而明确法律的发展和演变，与社会所追寻之目的和利益因素密切相关。③ 法律文本的制定和出台是服务于一定的立法目的的，法律本身是利益关系的调整器，当利益调整的需求发生变化的时候，法律就需要随之变化，因此并不存在什么亘古不变的理性之法。但是，新的利益需求并不一定很快就会产生新的法，新法想要被制定并推行，往往要经历一个复杂的斗争过程，原有的利益群体不会放弃既有的利益，而新的利益群体为了权利将会不断斗争，这种斗争可能会长达百年。耶林的理论并不仅仅强调个人的利益和权利，也认可社会目的，即要在社会目的和个人目的之间达到平衡，形成一种共生发展、互相依存的局面，进而提出，“创造法律者，不是概念，而是利益和目的”。④ 耶林为法律的利益理论和目的理论奠定了基础。⑤

与此同时，也有不少学者试图为此种生活经验赋予规范效力。他们走了另一个方向，形成了著名的“自由法运动”。之所以称为“运动”而不是“学派”，主要由于其体系松散，没有形成统一的核心观点。不过他们的共同之处在于，都以概念法学为批判的标靶，都以填补法律漏洞作为中心议题。如康托罗维茨（Heremann Kantorowicz）认为，自由法基于个人之确信，不仅具有实在的规范效力，而且是真正代表民族精神的法律，因而可以且必定可以填补法律的漏洞。法官固然需要严格适用法律，但法律在案件中的正当性不是基于立法者权威，而是基于法官的自由心证和对自由法的理解。⑥ 也就是说，当法官寻找到了最能体现案件内涵的意义表述时，就需要选择相关的法律问句，将此种自由法上的意

---

① 参见陈征楠：《去道德化视角下的法正当性问题》，载《法律科学》2014年第5期，第38页。

② 参见［德］耶林：《法学的概念天国》，柯伟才、于庆生译，中国法制出版社2009年版，第4－10页。

③ 参见高鸿钧编：《新编西方法律思想史（现代、当代部分）》，清华大学出版社2015年版，第6页。

④ Schoch, Magdalena, *The Jurisprudence of Interests*, Harvard University Press, 1948, p. 35.

⑤ 参见［德］黑克：《利益法学》，傅广宇译，商务印书馆2016年版，第14页。

⑥ 参见杨仁寿：《法学方法论之进展》，三民书局2013年版，第63－64页。

义表述“赋予”该法律文本，从而实现法律上发现。[①] 埃里希则认为，法律证成存在“自由的法发现”和“技术的法发现”两种，存在生活经验与法律条文、衡平判决与三段论推演等对立的两组观念。进而，他在继受萨维尼的法律本质论同时，反对其国家法本位立场，要求法律三段论必须向生活开放。[②] 由此可见，埃里希的自由法理论是一种社会取向的法律解释方法，要求不拘于法律条文的字面解释，而要观察社会的客观价值取向和判断，并将此种价值判断援引至当前的法律解释中。

三、利益法学的法律方法主张

利益法学是在对概念法学和自由法运动的“双线作战”中逐步崛起的，其优胜的根本原因在于以司法为导向，以解决裁判所需为出发点，以法律的正确适用作为根本依归。首先，利益法学的代表人物黑克，在接受耶林后期的利益理论基础上，强调利益法学作为一种法学方法论，不需要也不应该仅着眼于纯然完美的概念体系，而是必须正视现实，以促使准确的法律适用和方便法官裁判为根本目的。其次，在德国民法典颁布施行的大背景下，过去的罗马法传统应当让位于崭新的德国民法典的条文研究，因此必须考虑社会现实与法律规范之间的双向影响。最后，利益法学理论强调揭穿规范来透视法益，同时又要围绕规范来理解法益。[③]

为此，利益法学理论不仅反对纯粹的概念法学理论，强调生活对法律理论的影响，而且也反对自由法运动和更为极端的现实主义法学理论。在利益法学反对自由法运动的问题上，不同于自由法运动所主张的极端自由裁量权和法律客观目的解释立场，利益法学主张，要充分处理好个案裁判妥当性、法律条文的可预期性与安定性，以及司法权和立法权的分立权限等问题。随之，它坚持尊重制定法和主观目的解释的立场，认为法官的裁判必须受到制定法的约束，遵循立法者在立法时给出的价值判断立场。这些具体的价值立场又需要通过法律条文的字面解释、立法资料和法律沿革等加以判断。[④] 简单来说，法律解释要求法官在尊重法律规范的基础上进行利益衡量。[⑤] 因此，利益法学认为法官在解释法律的时候不仅可以适用类推，并且可以运用法定的价值判断及经验法则。[⑥] 这恰好构成了利益法学理论的出发点。

利益法学根据法律规范和利益衡量两个内容，将法律区分为“诫命概念”和“利益概念”两个内容。这是对法律的双重观察视角。具体来说，“诫命概念”指涉法律的结构

---

① 参见杨仁寿：《法学方法论之进展》，三民书局 2013 年版，第 63 页。

② 参见［奥］埃里希：《法律社会学基本原理》，叶名怡、袁震译，中国社会科学出版社 2009 年版，第 130 页。

③ 参见高鸿钧编：《新编西方法律思想史（现代、当代部分）》，清华大学出版社 2015 年版，第 6 页。

④ 参见高鸿钧编：《新编西方法律思想史（现代、当代部分）》，清华大学出版社 2015 年版，第 18 – 19 页。

⑤ 参见张志铭：《法律解释原理（上）》，载《国家检察官学院学报》2007 年第 6 期，第 58 页。

⑥ 参见于浩：《功利主义视角下法律价值的认知逻辑》，载《社会科学》2017 年第 5 期，第 104 页。

内容，而“利益概念”指涉法律的功能和目的。[①] 诫命概念与利益概念一一对应，前者表现立法者对利益的判断决定，后者表现了利益的认知逻辑。用法律术语表述，诫命概念就是关于法律行为构成要件和法律后果的形式规定，表现了立法者对具体行为姿态的认知态度，而利益概念就是关于此类行为及其后果所代表的具体原则和法益，而且还可以有不同的划分标准。如按照主体标准划分为个人利益、公共利益、团体利益、国家利益；也可以按照形态划分为物、期权、经济利益等；还可以按照价值类型划分为正义、道德、宗教、伦理等。[②] 总而言之，利益包括了以下三种类型：最为抽象的“生活利益”、在法律条文中得以表现的“使用利益”、以及形成具体形式要件的“描述利益”。后两种利益又被统称为“技术利益”。[③] 如此，通过“利益”概念，利益法学不仅可以既包装法学概念，又可以切实开辟一条新的法律认识道路。

正因如此，黑克认为利益法学是对概念法学的某种颠覆：不是从概念界定利益，而是以利益界定概念。他将概念法学所追求的理想状态命名为“高级法学”，即试图仿效自然科学为生物分类的方法，将“通过总结而获得的概念，在结构上应当予以精确的确定”[④]。但是这样的追求实际上是系统的偷换概念：第一，以概念推导概念并加以确定的方法即类推手段，必须建立在概念与事实具有充分相似性的基础之上，但若忽视类推的前提条件，强行将此处的概念适用于彼处，尽管取得完美的外观，但却存在推理失效的嫌疑。第二，概念法学的推演手段，将法律与生活现象相隔绝，概念公式的推演与取得生活上的正确评价之间依旧存在张力。第三，尽管法官被定位为“自动售货机”，但法官不可能在裁判案件时不掺杂任何前理解，既无法保障判决纯然代表客观的概念体系，也无法消弭案件与事实的张力。第四，即便如耶林所说，概念法学的作用在于“表象证成”即为案件的利益裁判赋予逻辑三段论的正当化效果，但却有违法官依客观事实裁判和说理的职责，也与法官的自我责任意识相去甚远。在该场合下，法官面对明显违背社会效果的案件裁判，也完全可以“罪不在我”“罪在概念”等等说辞推脱责任。

针对上述概念法学的弊端，黑克针锋相对地提出了利益法学所涉及的三个维度，即“法律元素的因果关系”“法官的裁判活动”以及“法学结构”。[⑤] 所谓“法律元素的因果关系”，是指法律命令、生活利益与科学秩序概念之间的相互关系，包括法律规范（包括意识形态内容、法律命令等规范性陈述）、生活利益（包括道德、宗教利益、整全性利益和生活理想利益）以及法律的形式概念、构成要件等法律科学概念。而“法官的裁判活动”则包括法官的裁判思维和认知路径。最后，“法学结构”是指法律规范之获取与法律

---

① 参见高鸿钧编：《新编西方法律思想史（现代、当代部分）》，清华大学出版社 2015 年版，第 19 页。

② 参见高鸿钧编：《新编西方法律思想史（现代、当代部分）》，清华大学出版社 2015 年版，第 20 页。

③ P. Heck, *The Formation of Concepts the Jurisprudence of Interests*, pp. 130 – 133. 转引自高鸿钧编：《新编西方法律思想史（现代、当代部分）》，清华大学出版社 2015 年版，第 20 页。

④ ［德］黑克：《利益法学》，傅广宇译，商务印书馆 2016 年版，第 24 页。

⑤ 参见［德］黑克：《利益法学》，傅广宇译，商务印书馆 2016 年版，第 11 页。

规范之发现之间的关系。

利益法学与概念法学尽管在该三个维度上截然不同，却大异其趣。利益法学派认为，与作为“法律艺术理论”的概念法学、追求历史和民族精神的历史法学派、强调生活经验的自由法学均有所不同，利益法学是三者的综合，具备坚实的实在基础：首先，从经验角度看，法律不是根源于理性的主观推演，而是来自丰富的生活实践，法律命令（即法律规范）先于法律概念存在，是法律规范确定了法律概念，而非法律概念推导出法律规范。其次，从法律的目的论角度看，法律因生活需要而产生，人为设计本身也应当满足生活需要，因此无论是制定法还是习惯法，法律本身都不是目的，而是实现共同体欲求的手段。于是，黑克沿袭历史法学的路径，认为法律命令的生成以至概念的形成，是不同利益之间的角力结果，黑克称之为“利益冲突”。也就是说，法律的形成过程就是不同利益相互博弈和冲突的过程，立法者在面对诸多利益时总要按照当时的主流观念或立法意图而有所取舍，并确定利益保护的优先次序。因而法律本身就是利益的产物。但也正因如此，减轻立法在价值保护中的强行决断成本、深化法律命令的目的或利益取向，就显得尤为重要。

从司法的角度看，这一过程将围绕着利益与利益冲突展开，呈现出“利益——利益冲突——法律规范（命令）——司法裁判”的逻辑线条。法律解释的标准在于明确条文背后蕴含的利益冲突。这不仅局限于立法时的目的，而更要关注立法者据以作出利益衡量的标准，以此剖析当下的利益与冲突，进而选择生活所要求维护的利益，并与法律的要求相结合，在贯彻利益划分原则的同时加深目的论解释的作用。在该逻辑线条的延长线上，利益法学派提出了“法官自律”的要求。尽管司法裁判要求法官切实落实法律背后的生活情理，但传统概念法学早已对法官思维形成强大约束，而且法律与生活事实之间的张力也不是所有法官都能完美地弥合，还可能存在法官责任追究和平衡社会舆论等等压力。此时要求法官义务地梳理利益冲突，的确存在难度，法官甘当法律的自动售货机，也似乎在情理之中。正因如此，利益法学派才呼吁法官准确地履行其依法公正裁判职责，落实利益划分原则。

在此情况下，利益法学讲求利益与法律规范的融合。尽管它事实上捍卫法律规范的完整性，但它并不是完全否定概念的独立性和无限可利用性。相反，它主张以利益扩充和丰富法律的概念分析路径，使概念体系的精确界定获得“生活上正确”的指引。首先，利益法学使利益成为法律类推的基础。既有的概念法学的弊端在于单纯追求生活上获得确定效果，而不顾该确定效果是否为当事人甚至共同体所欲求。但当利益法学介入法律裁判场合后，它就能在重视概念独立性和其无限可利用性的基础上，为法律的类推方法寻找到准确的事实根基，从而帮助主观权利取得主客观相统一的效果。其次，利益法学可以扩张法律的概念范畴，能够说服当事人接受法官对法律规范的目的论解释。最后，它还可以成为最优概念建构中的选择标准。特别是在刑事裁判场合下，在认定轻罪与重罪、此罪与彼罪、适用轻刑与重刑时，利益往往能够为法官寻找到最为合适的结论，而且有效维护法律的安定性和司法裁判的正当性。

利益法学方法在司法实践中的运用，可以在一定程度上发挥司法裁判者的能动性，尤其是在概念法学的推断结果与社会预期不一致时更是如此。以于海明正当防卫案①为例，对于于海明是否构成正当防卫，概念法学与利益法学得出的结论便可能不同。该案基本案情为：2018 年 8 月 27 日晚，刘某醉酒驾驶机动车进入非机动车道，与骑自行车正常行驶的于海明发生摩擦，刘某随即从车上取出砍刀袭击于海明，在争斗中刀被甩落在地，于海明抢刀后砍、捅刘某，刘某受伤后跑向轿车，于海明追砍 2 刀未中，刘某在送医后因失血性休克死亡。从概念法学角度出发，于海明是否构成正当防卫，主要是看其行为是否符合正当防卫规定的条款，而不允许考虑其他法外因素，具体来讲该案争议点在在于于海明抢刀后追砍时是否还属于“不法侵害正在进行时”。故意犯罪论者认为，于海明夺刀之后，刘某就已经丧失了继续攻击的能力，之后于海明的行为均为犯罪行为；假象防卫论者认为，刘某转身逃跑后，不法侵害已经结束，于海明认为的不法侵害实际上已不存在；防卫过当论者认为，于海明在刘某逃跑后继续追砍的 2 刀明显过当；正当防卫论者认为于海明无法判断刘某跑向汽车是逃跑还是取凶器，因此不法侵害仍在进行；折中论者认为，于海明是否成立正当防卫要看到底哪一刀对刘某造成了致命伤。② 从该案可看出，法律命令和法律概念本身就存在一定的模糊性，即使逻辑上清晰，也难以对应复杂的案情，同样的概念推演可能产生完全相反的结论。该案发生后，《南方都市报》进行了一次网络调查，受访的 24530 名网民中有 87.4% 的人认为是正当防卫，从网络舆情来看民意也是大多数支持正当防卫认定的。虽然我们不能武断地指责网民的意见是错误的、是非理性的，但至少可以从侧面体现出，法律和法律概念不可能是完美无缺的，这样就使法官在适用法律时可能面临着大前提不明甚至大前提有误的困境。

对于不同的概念推演结果如何取舍，利益法学给出了自己的方法论和结论，即在解释法律和应用法律时，要考虑法律所保护和平衡的利益。在解释法律时，首先要了解法律的目的，以及背后所保护的法益。③ 如果严格按照概念法学的理论认定正当防卫，会使正当防卫的认定率太低，无法起到保护公民人身权利、鼓励正当防卫的目的。有学者针对 12346 份以正当防卫为辩护理由的裁判文书进行分析，成功认定为正当防卫的案件仅为 16 例。④ 法官要考虑立法者通过文本传递出的行为期望，而对于正当防卫的行为期望，并不仅仅体现在刑法第 20 条的文本中，而是考虑了诸多利益，例如打击黑社会犯罪的期望，预防无端滋事行为的期望，对于同违法犯罪行为作斗争的期望，等等。最终，司法机关也是基于以上考量，选择了对于海明一方利益的倾斜性保护，认定该案件为正当防卫的典型案例。

---

① 参见最高人民检察院第十二批指导性案例，检例第 47 号。

② 参见周铭川：《概念法学与利益法学对正当防卫认定的影响——以昆山于海明正当防卫案为例》，载《刑事判解研究》第 38 辑，第 51 页。

③ 参见黄辉明：《利益法学的源流及其意义》，载《云南社会科学》200 年第 6 期，第 77 页。

④ 参见王逯生：《让法院判定正当防卫究竟有多难》，http：//app. myzaker. com/news/article. php？pk = 58db2a1c1bc8e0647900000b，最后访问日期：2020 年 10 月 3 日。

四、利益法学对传统法律方法的变革意义

法律之所以形成，不外乎源于生活的需要，关键在于“定纷止争”功能。所以，法律固然有其内在规律和系统逻辑，但根本而言只是人的决定的集中体现，并服务于人类的利益需求。因此，依据生活经验来解释法律，才能真正做到论证有力，说理充分。也就是说，利益法学破除了法律在本体论意义上的神圣光芒，将法律界定为人类追求生活美好利益的手段和工具。在司法场合，利益法学的这种工具理性体现在以下两个层面：

第一，在法律允许的范围内，法官可以通过生活利益来获取裁判结果。尽管利益法学反对法律教义学机械的漏洞填补方法、反对概念法学的概念天花板，但却仍然是演绎主义强有力的辩护人。立法者期待法官依据法律意图来保护法益，因而法律规范的利益衡量自当优先于法官个人的利益评价。法官要对立法及立法者目的采取“思考性服从”的立场，并秉持自身的理性来做实对案件的“法感觉”。而且，裁判说理不限于纯粹的概念认识活动，也应当允许漏洞填补溢出概念体系的范畴，重点在于裁判结论必须经得起生活世界中的检验，既要保持认受程度，又要在法律规范的合理射程内。① 为此，他开示出法官裁判活动的思维过程：首先，如果法律没有漏洞，那么法官必须依照法律的本意加以裁判。其次，如果法律存在漏洞，就要优先考虑适用法律类推，即寻找他处的法律规范有无同类型的法律判断；如果法官接受这样的类推方案，那么就必须援引该处的法律判断。再次，如果没有适合的类推方案，或者法官仔细斟酌案件事实和生活利益，认为相关判断无法适用，那么就要在法律明确允许自由裁量、或在法律文本存在模糊地带或空缺结构时，法官就要将法律文本解释为生活世界所需要、能够维护所欲求的利益的模样。具体的图示如下：

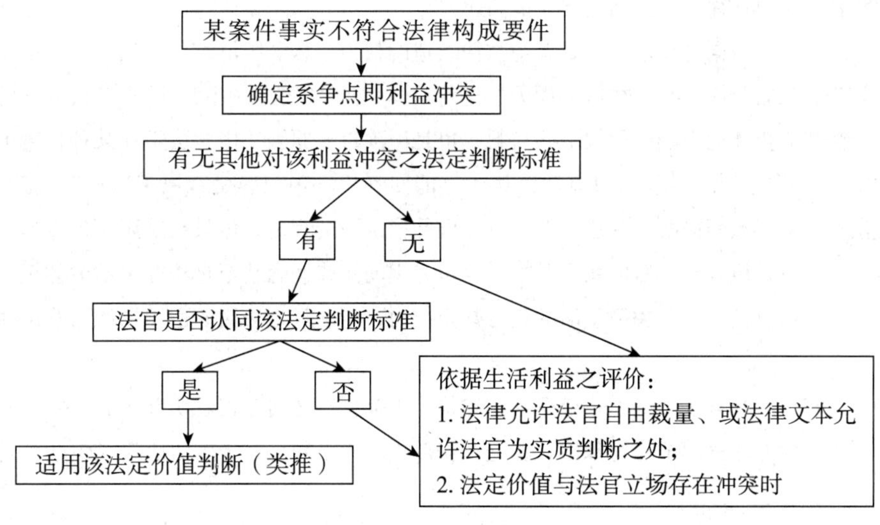

① 参见［德］黑克：《利益法学》，傅广宇译，商务印书馆 2016 年版，第 28 页。

由此可见，这一过程以法官而不是法律为核心。法律不能宰制法官的裁判活动，相反法官要穿透法律文本，对案件背后的利益作根本考察。法官不仅适用法律，通过认知、描述和分析的方法进行三段论演绎，而且还可以依据生活所需进行法律续造。法官不再是法律的自动售货机，而成了立法者的助手。当然，法官只能充当立法者的"助手"，其本身不能成为"立法者"，其个别的裁判活动不应当具有普遍效力，不能当然称为法律规范。

黑克以受遗赠人获得遗赠的权利与个人破产程序中破产债权人的优先权之间的请求权竞合为例，详细说明了利益法学的思维方式更加契合法律的概念体系要求。黑克指出，在法律没有明确规定二者优先顺次的情况下（即出现法律漏洞），可以援引以下两个法律规范：一是《支付不能法》中关于遗产债权人享有优先权的规定，该条文明确规定，遗产债权人的清偿必须获得优先保障，这是一项从破产人生前即获得的法律权利，自当优先于遗赠等死因行为。二是类推适用《德国民法典》第2301条关于死因赠与合同的规定。死因赠与合同属于利他合同，而遗赠因单方允诺属性，效力高于死因赠与合同（因其不需要相对人同意即可作成，而死因赠与合同还需要等待死因行为出现而成就）。但在法律将死因赠与允诺认定为死因处分的情况下，受遗赠人所处的地位也应当与其他订立了死因赠与合同的获赠人的地位相当，同样低于破产债权人的优先权。① 相反地，德国法院在此前的诸多判决中，囿于法律概念的体系，依据《德国民法典》第238条关于第三人可以基于约定"直接"获得给付请求权的规定，主张受遗赠人可直接以此获取遗赠，从而优先于破产债权人的优先权。事实上这里的"直接"只是无须他人协力，而非指绝对、排他地在条件成就时自动获得法律上效力，导致法律体系出现严重漏洞。② 由此可见，利益法学能够突破个别条款的规定，使法官的视野扩展到法律体系之全部，并且可以进入丰富的生活世界，使司法裁判更具法律上和生活上的说服力。

第二，法官可同时获取法律解释与法律续造的权力。从萨维尼时代开始，概念法学就坚持认为，法官只能进行法律解释而无法进行法律续造。③ 这其中除了严格三权分立的因素外，法律规范才能识别法律规范的质料，也是一项重要原因。概念法学在某种程度上迷信"概念崇拜"：他们认为，只有法律概念才能回答"一项内容是否属于法律"的问题，因此法律解释必须因循既有的法律概念。即便是获取新的规范，也只能来源于现有的法律规范。这不仅是概念金字塔体系的要求，也是客观的法律概念甚至是法律本质的体现。也正因如此，法官被剥夺了关怀生活的权力甚至能力，生活只是法律的适用场所而非法律的根本来源。

与之相反，利益法学认为，获得规范和整理规范材料之间存在着明确区分，并且都要以生活利益而非法律规范作为基础。首先，获得规范者必须立足于生活研究（包括利益研

---

① 参见［德］黑克：《利益法学》，傅广宇译，商务印书馆2016年版，第32－36页。

② 参见［德］黑克：《利益法学》，傅广宇译，商务印书馆2016年版，第36－39页。

③ 参见杨仁寿：《法学方法论之进展》，三民书局2013年版，第58页。

究、法社会学研究和法律事实研究等)。具体包括三个方面:一是法官追问生活所需的程序,依据生活状况解释并补充法律;二是司法裁判立足于真实生活,其结论务必体现并塑造具体生活;三是以生活态度对待法律及其价值判断。其次,整理法律的规范材料是对生活经验的提炼和总结,呈现出“生活经验——法律概念——法律规范——法律体系”的自然生发秩序。也就是说,“将概念整理为体系,应该是在研究的结尾而非研究的开端”。①由此可见,识别法律规范质料的基础将不再是法律规范,而是生活事实。法官不仅有权,而且有能力依赖于立法文本,完成这样的识别过程。这不仅可以正视社会现实,回应社会需求,更打破了立法完美的幻想,促使立法保持一定程度的开放特色,在纯粹闭合的法律系统内打开了通往外界环境的通道。

利益法学理论并非是所有案件的司法裁判过程中都必然用到的方法论,甚至不是首选的方法论,其适用范围也存在一定的限制,它有两个前提预设,一是法官应当受到法律的约束,二是前文提到的法律规范本身是不完美的。易言之,利益法学方法论,并不要求法官在司法争讼过程中优先以利益冲突平衡的方法来打破既有的法律,而是首先要在现有的法律框架下解决问题,立法者的利益衡量优先于法官的利益衡量。可见,利益法学并不鼓励法官随意打破制定法,只有在法律没有相关规定、相关规定不明确、相关规定存在滞后或者矛盾等特定情况下才需要进行法律续造。因此,在有明确的法律规定或者在先判例时,利益法学方法论并不是司法审判过程中的首选方法,但是一旦涉及到疑难案件,甚至是没有明确法律依据但现实社会却亟需法律调整的案件纠纷,利益法学方法论就有了用武之地,马萨诸塞州诉美国联邦环保局案就是其中的典型。

2007 年的马萨诸塞州诉美国联邦环保局案是在气候变化诉讼史上具有里程碑意义的案例。在该案中,以马萨诸塞州为代表的原告认为美国联邦环保局并没有将二氧化碳等温室气体列为《清洁空气法》中的空气污染物进行监管,要求被告履行自己的职责。该案的处理过程一波三折,一审时以兰多夫法官为代表的多数派通过利益衡量原则,认为美国联邦环保局工作并无疏漏,理由是行政机关的具体环保措施必须与国家的政策相匹配。② 气候变化问题是全球性的问题,需要世界各国共同努力加以应对,一方面特定国家、特定主体的温室气体排放行为可能会产生世界范围内的影响,另一方面某个国家在气候变化应对问题上的努力可能会让其他国家收益,因此其正向影响和负面影响都具有外部性,这让很多国家在应对气候变化问题时都有了“搭便车”的心态。而一旦将温室气体列为空气污染物进行规制,就必须要让国家和企业承担更多的节能减排任务,从而影响本地的经济发展和居民就业情况。美国面对此种选择时,常常会为了经济效益放弃环境利益,即把经济效益视为最重要的国家利益。也正是基于这样的考量,2001 年美国退出了《京都议定书》,

① 参见[德]黑克:《利益法学》,傅广宇译,商务印书馆 2016 年版,第 44 页。

② See Massachusetts v. EPA, 415F. 3d50 (D. C. Cir. 2005).

后于2016年退出《巴黎协定》。也正是在这样的利益法学方法论主导下，一审法院认为，居民的环境利益和国家政治利益之间存在矛盾时，国家利益优先，并由此驳回了原告的诉讼请求。

该案在美国联邦最高法院上诉时，利益衡量的标准也产生了微妙的偏移，正是这种利益衡量关注点上的细微变化，让美国联邦最高院以5∶4的微弱优势扭转了一审意见，判定二氧化碳为空气污染物，并判决美国联邦环保局应制定相应的标准加以规制。美国联邦最高院在本案判决中加入了对公共福祉的利益衡量，认为虽然国会并没有在《清洁空气法》中明确二氧化碳属于空气污染物，这并不意味着环境保护部门可以推卸掉保护公共福祉的责任。环保部门辩称，二氧化碳是否会导致温室效应引发气候变化目前在科学上并没有得到完全的证实，虽然其本身有权力针对特定的污染物排放制定标准，但是将二氧化碳列为空气污染物没有明确依据。美国联邦最高院认为，气候变化是影响全人类利益的，为了保护公共福祉，环保部门的行政措施应当具有一定的预见性，如果待科学上进行无争议证明后再规制温室气体排放就会产生更为严重的后果，因此在气候变化受害者的环境利益和温室气体排放者的经济利益之间，法官倾向了前者，并提出除非环保部门有明确的证据证明二氧化碳不会造成气候变化，否则就应当制定相应的标准规制其排放。①

通过上述案件分析可知，正是由于利益衡量上的争议，才有可能突破成文法的桎梏或既有判例的限制，一旦在某个纠纷中没有利益衡量上的争议了，那利益法学的方法论就会让位于规范适用，三段论式的法律论证过程会重新占据上风。但在个案中适用利益法学方法论时，可能由于不同主体对不同利益的偏好产生不同的决断结果，因此在一定程度上，利益法学方法论在司法适用中具有结果不确定性的特点。具体何为“利益”，经济利益、国家利益、政治利益、公众利益等不同角度界定的利益何时出现在司法考量中，具体的利益如何界定，不同利益之间如何划定先后顺位，则更加依赖于法官的自主判断。

五、结语

通过对关于利益法学的讨论，我们可以总结出利益法学的几个优点：第一，能使法律体现生活价值、体现生活需要和民族的法感情；第二，法官被认为是立法者的助手而非法律的机器，使法官享有更高的职业感；第三，通过更为清晰和完善的司法说理，改善司法界的声誉，并能够提升法律职业共同体的地位；第四，摆脱概念法学过度僵化和与生活脱节的弊端，使法律的形式推理和实质论证都充满生活之美。简言之，利益法学不仅依赖法律概念，更依赖生活经验。它紧紧围绕着法律推理的抽象过程，在坚持法律推理的基础上引入了生活经验，弥补了法律教义学的不足，并在形式推理中界定了利益衡量的具体程序步骤，可谓全面开启了法律社会学和法学社会方法论的转型过程，直接促成法律对社会的

---

① See Massachusetts v. EPA， – U. S. ， 127 S. Ct. （2007）.

回应面向。[①] 此外，利益法学对日常经验和利益评价的呼唤，也开启了法律论证的情境思维，在某种意义上使利益法学成为菲韦格的论题学以至现代阿列克西法律论证理论的基石之一。[②] 然而利益法学也有其自身缺陷。除遗留下混淆评价标准、形式要素阙如等不足外，还因“利益”的广泛解释而导致其蜕变为利益“全家桶”，缺乏实质的价值评价位阶，最终在纳粹专政时期被彻底污名化。[③] 以利益法学的立场分析我国的司法裁判，不难发现，我国目前的司法过程，常常模糊了法律的概念属性和生活根基，概念法学和法律现实主义式的案例并存，要么刻意追求“依法裁判”，要么过度强调“案结事了”；不少裁判都未能准确地在法律规范上真切认识利益衡量原则的精髓，在法律的人民性和法律的技术性、法理和情理之间来回摇摆。[④] 这种现象存在着多种根源，如法律体系、法官职业素养、司法程序、司法责任等等。由此可见，如何在司法改革中完善相应体制机制，为法官营造相对隔离的裁判空间，进而真确落实利益衡量原则，可能是利益法学这面理论之镜的重要映像。

（编辑：吕玉赞）

① 参见高鸿钧编：《新编西方法律思想史（现代、当代部分）》，清华大学出版社 2015 年版，第 24－25 页。

② 参见［德］阿列克西：《法律论证理论》，舒国滢译，中国法制出版社 2002 年版，第 252 页。

③ 参见高鸿钧编：《新编西方法律思想史（现代、当代部分）》，清华大学出版社 2015 年版，第 24 页。

④ 比如许霆案的一审判决，可以说是概念法学的典型，而泸州遗产案在某种程度上则是法律现实主义的结果。

法律解释共同体实践生成的程序法路径

贾占旭*

摘　要　法律解释共同体的生成虽然主要依赖实体法上统一的法律解释规则，但随着我国诉讼模式由职权主义向协同主义的转变，法律解释共同体的程序法生成路径也不容忽视。在协同主义理论中，法官发挥了部分职权主义的功能，而当事人对法律适用同样发挥了重要价值。协同主义诉讼程序中的三方主体都成为法律适用的参与者，这对于塑造法律解释共同体具有基础性功能，而法律解释共同体同时也对司法审判中的各个主体产生了约束作用。当事人不能肆意提出证据，法官也不能滥用法律解释的权利，协同主义对法律解释共同体的生成发挥着重要的程序法功能。

关键词　法律解释共同体　协同主义　法律适用　程序法

一、问题的提出

围绕案件事实和法律适用进行释明说理是司法活动的中心，法官虽然是法律解释的最终决定者，但诉讼双方当事人基于个体利益的激励，也会积极充当法律解释的参与者和提供者，以期法官能接受本方的解释立场或观点，做出对己方有利的判决。因此，围绕着法律解释，司法活动中必然会出现法官与诉讼双方当事人、律师的深度互动。这一互动过程不仅削弱了法官过于主观的自由裁量权，确保了个案判决的公正性和可接受性，也在司法实践层面推动着法律解释共同体的形成。从实体法层面来看，法律解释共同体的形成依赖于在共同体成员内部形成相同的法律解释规则和共同的法律思维，否则不仅会影响裁判的统一而造成同案不同判，甚至会导致法律解释共同体的分裂。① 虽然，随着法治建设的发

* 贾占旭，男，河北辛集人，中国海洋大学法学院讲师，主要研究方向为刑法、司法制度。

① 李亚东：《我们需要什么样的法律解释学——法律解释规则理论研究》，载《法学论坛》2015 年第 4 期，第 117 - 118 页。

展、法律职业准入的一体化以及法学教育研究的进步，法律职业内部开始共享一套知识体系，这套知识体系不仅涵盖了统一的法律规则和法治精神，而且也囊括了具有内部共识和说服力的法律解释技术。但是，受限于法律职业人员参差不齐的知识素养和法律方法的研究水平，面对相似案件，法官可能会依据不同的解释方法而做出差异较大的判决。① 而法律职业共同体解释能力的整体提升显然不是朝夕之功。因此，要在短期内有效提高司法活动中的法律解释互动水平，促进法律解释共同体的形成，应当寄希望于程序法路径。通过改变职权主义诉讼模式，以协同主义诉讼理念构建诉讼过程中的解释说理规则，是法律解释共同体形成的主要驱动力。

2018 年最高人民法院出台的《关于加强和规范裁判文书释法说理的指导意见》（以下简称《指导意见》）即是在这一方向所做的努力。《指导意见》提出法官要在证据认定、法律适用、引用依据等方面强化释法说理，并针对适用不同诉讼程序的案件和复杂程度不同的案件做了繁简适度的个别化规定，甚至在表达方式和行文规范上都提出了更为细致的要求。一方面，《指导意见》"通过明确释法说理之依据的方式，限定了自由裁量的空间，细化了法律解释的标准，通过具体规定减少了协调化的偶然性和不确定性"，"立足点是法律解释共同体的实践"。② 另一方面，《指导意见》立足于"通过阐明裁判结论的形成过程和正当性理由，提高裁判的可接受性"③，其展现的价值理念和技术路线也契合了协同主义理论的内核，表明我国诉讼模式正在由职权主义向协同主义进一步转变。事实上，法律解释共同体内嵌于协同主义之中，围绕着法律适用展开，并使得协同主义诉讼程序的形成合乎法治发展的基本规则。通过厘清协同主义中当事人与法官在法律适用中各自发挥的功能，以及协同主义与法律解释共同体之间的相互作用，能够探索出一条法律解释共同体生成的程序法路径。

二、协同主义与法律解释共同体的内在关联

所谓法律解释共同体，其概念尚未达成共识，相关学说主要有以下几种：第一种源自美国法学家菲斯，以官员共同体为核心的法律解释共同体，强调法律解释的官方权威性；④ 第二种以费希为代表，他进一步扩大的法律职业共同体，强调律师通过传统因素、专业实践来约束法官的解释行为；⑤ 第三种以德沃金为代表，他主张最大化的法律解释共同体，尽管其主要是以法官的视角来观察法律解释，但是其主张法律解释的去精英化，每一个公民都是法律解释共同体中的一员，同时在法律解释的过程之中"对何种惯例为法律

---

① 在两个事实基本相同的案件中，法官分别使用文义解释和目的解释做出了结果迥异的判决。

② 季卫东：《中国式法律议论与相互承认的原理》，载《法学家》2018 年第 6 期，第 14 页。

③ 《关于加强和规范裁判文书释法说理的指导意见》第 1 条。

④ 刘星：《法律是什么》，中国政法大学出版社 1998 年版，第 226 页以下。

⑤ 徐利英：《法律解释的正当性与确定性》，载《渤海大学学报》2004 年第 2 期，第 56 页。

惯例有充分一致的认识”。① 法律解释共同体主要强调对法律的共同理解和认识，而德沃金更强调法律认识的多元化，在这一意义上，法律共同体更类似于一种法律文化的概念。相较而言，菲斯和费希所理解的法律解释共同体仅涉及特定的法律职业群体，所涉及的法律解释指向的也是存在于司法活动、服务于最终判决的法律适用活动，本文主要强调的也是这一意义上的法律解释共同体。事实上，无论法官、律师还是检察官，在专业技能培养、知识体系学习等方面并不存在根本差异，都被认为属于法律职业共同体的一员。因此，也有学者认为法律解释共同体是参与法律职业实践活动的各种主体，其范围包括法官、检察官、律师和学者，与法律职业共同体没有本质区别。②

法律解释共同体强调，某些源自内部的共同要素对法官法律解释具有约束作用，而且这些要素同时塑造了司法裁判在职业共同体内部的权威性。在这一意义上，司法的权威性不在于司法的强制性，而在于人们对法律规则所具有的共同观念和看法，其中包括对法律解释的方式、方法的共同评价体系。当司法裁判建立在这种共同的评价体系上时，法官和当事人就能够取得内部共识，法官也就能够说服当事人相信并接受相关裁判的权威性。通过法律解释共同体的塑造，司法裁判产生两方面的权威性：一是对内的，政府部门、官员对于司法裁判表示尊重和支持；二是对外的，司法裁判能够获得民众的尊重和执行，法律解释共同体的存在能够调和司法终局性与社会上可能存在的不同观点之间的冲突。

在诉讼程序模式中，理论上存在辩论主义、职权主义与协同主义三种不同的进路。辩论主义提出，在诉讼中只有当事人所提出的、经过两造辩论的事实才能成为法院裁判的决定性依据。③ 具体而言，辩论主义主要包括如下内容：“（1）直接决定法律效果发生或消灭的必要事实，只有在当事人的辩论中出现才能作为判决的基础（换言之，法院不能简单地将当事人主张的事实作为判决的依据）；（2）法院应该将当事人无所争议的主要事实当然地作为判决的基础，就这一事实而言，法院也受其约束（自认）；（3）法院能够实施调查的证据只限于当事人申请的证据。”④ 辩论主义产生于崇尚私权和个人自由的自由资本主义时期，在完全尊重当事人诉讼自由的情况下，可能会出现当事人本可胜诉但却由于缺乏能力而败诉的不公正情况，随着个人本位向社会本位的转变，自由诉讼观逐渐被更注重实质平等、追求法院与当事人之间协作互动的社会诉讼观所取代，一种修正的辩论主义或者说协同主义逐渐形成。⑤ 修正的辩论主义或协同主义要求法官改变传统的消极形象，通过强化法官释明和心证公开防止突袭性裁判，从而提高诉讼效率、确保诉讼公正，并提高

---

① ［美］德沃金：《法律帝国》，中国大百科全书出版社1996年版，第83页。

② 参见孙光宁：《法律解释共同体的解构与重构：从韦伯到鲍曼》，载《人大法律评论》2012年第1辑，第32页。

③ 参见张卫平：《诉讼架构与程式：民事诉讼的法理分析》，清华大学出版社2000年版，第153页。

④ ［日］高桥宏志：《民事诉讼法——制度与理论的深层分析》，林剑锋译，法律出版社2003年版，第329－330页。

⑤ 参见杨严炎：《论民事诉讼中的协同主义》，载《中国法学》2020年第5期，第286页。

当事人对裁判的接受度。协同主义并非是对辩论主义的否定，而是在辩论主义的基础上进一步强调法官职权功能的发挥，从而便于发现事实真相，保证实体权利的享有者获得诉讼胜利，实现公正裁判。在协同主义的诉讼程序中，当事人依然需要承担解明事实的第一责任，满足古典辩论主义三项内容的要求；而法官需要承担解明事实的第二责任，在当事人诉讼能力有别时平衡双方的诉讼地位；同时，法院、原告及被告三方负有对诉讼资料及法律适用进行讨论的义务，以形成当事人与法院协同发现案件真实、共同促进纠纷解决的局面。① 可见，协同主义强调的不仅仅是法官在事实提供方面承担应有的阐明义务，同样要求三方尤其是诉讼两造在法律适用上承担讨论义务，从而在法律解释和法律适用中实现协同合作。这也是协同主义与古典辩论主义的主要区别所在。

在辩论主义的理念下，当事人是诉讼责任的主要承担者，为了获取诉讼胜利，其需要提供相应的证据事实。但是，在“你给我事实，我给你法律”这一观念之下，诉讼两造提供法律解释的能力容易被忽视。即，在诉讼过程中，诉讼两造同时还会提出自己对相关法律的理解，以之来支持有利于自身诉讼请求的事实。“诉讼中所谓的事实并不是无目的、无规制的被（当事人）提到辩论中的，被提到辩论中的事实应当受到实体法的观点的支撑。”② “法的探索说”就认为，当事人不仅仅是诉讼中的事实提出者，而且是“法的探索的主体”，因此其在诉讼中主体的地位的保证源自其探索的主体性。③ 在这种观点中，当事人的诉讼地位被赋予更重要的功能。虽然法律文本是一种客观存在，但由于事实与规范之间的不协同，其在法律适用中容易出现各种歧义、异议乃至法律漏洞。本来法律适用的主体是法官，但是在协同主义的结构下，当事人同样能够提供对法律的解释，而且这些法律解释可以对法官产生影响。首先，当适用事实作为裁判依据时，法官就必然会考虑事实背后的法律评价。当事人所提出支持事实的法律依据当然会影响到法官。其次，当前的诉讼模式日益专业化，作为法律职业共同体的一员，律师对法律的解释也不再是朴素的正义观念，而往往带有其对法律的深刻思考，法官也不应等闲视之。简言之，在诉讼中，能够提供法律理解的并非仅有法官，两造亦如是，法官也会在两造法律理解的基础上提出自己对相关法律的解释，基于三方共同的努力才能最终促成法律解释的形成。因此，在协同主义视野下，法官不仅仅需要关注当事人提供的事实，其为最终裁判所提供的法律意见同样具有价值。

同时，当法律出现漏洞时，各方当事人为了自身利益，也汲汲于寻求不同的法律渊源以论证自身诉求的正当性，如习惯、民间法等等。诉诸多元法源不仅有助于个案争议的解

---

① 参见唐力：《辩论主义的嬗变与协同主义的兴起》，载《现代法学》2005 年第 6 期，第 84 页。

② ［日］高桥宏志：《民事诉讼法——制度与理论的深层分析》，林剑锋译，法律出版社 2003 年版，第 364 页。

③ 参见刘学在：《辩论主义的根据》，载《法学研究》2005 年第 4 期。需要指出的是，这里的当事人主要是指服务于当事人的律师等，他们与法官共同属于法律解释共同体的一员。

决，而且能够推动整个法律体系的完善，进而保障司法裁判的权威性和公正性。甚至在存在明确法律规定时，当事人仍然可能会主张不同于制定法的法律渊源，从而保障个案正义。当然，如果法官在裁判时可选择的法律渊源变得广泛，其自由裁量权也可能会不当扩张。但协同主义的程序构造，却能对法官的自由裁量权设定应有的拘束性，而这又建立在法律解释共同体的基础之上。尽管法官掌握最终裁判权，但两造、法官都是法庭中法律适用的供给方，同时受共同法律解释规则和法学知识体系的制约，三者有可能在其中达成某种共识。

三、法律解释共同体的生成路径之一：诉讼当事人的法律适用

在诉讼过程中，当事人有法律适用的强烈意愿。相对于单纯的事实陈述，依托于法律依据的诉讼主张具有更强的说服力。以民法为例，探寻请求权基础是诉讼主张能够被法官支持的重要前提。在协同主义诉讼模式中，诉讼两造有足够的激励在诉讼中寻找法律、解释法律，进而提供多元法源。

（一）寻找法律

随着我国法治建设的进步，立法成几何级数增加，很难想象每位法官都能掌握数量如此巨大的法律体系。甚至，不少法官在其所专长的领域也很难掌握全部法律，这为法官适用法律制造了相当大的障碍。不仅如此，如果仅仅由法官承担寻找事实、适用法律的职责，就“容易使裁判者产生先入为主的预断，而难于了解案件的真相”，以及“容易误导庭审调查的方向，使其内容容易陷入偏差”。[①] 相较而言，协同主义程序中的当事人在诉讼中享有客观利益，任何一方当事人都要自担举证不能的法律后果，所以这种程序设计激励着当事人积极寻找有利于自己的事实与法律。

在寻找法律的过程中，由于法律差异对当事人的利益具有实际影响，因此当事人必然会有强大的行为激励在庞大的法律体系之中寻求有利于自身诉讼主张的法律。因此，在诉讼实践中，当事人提出不同的法律条文以支持其特定诉求，或对同一事实提出不同的法律评价都十分常见。这意味着，尽管法官承担着诉讼中的适用法律职能，但寻找法律的主体是多元的。在协同主义的程序中，法院与两造都可以提供可适用的相关法律。这不仅会大大提高寻找法律的效率，也有利于全面综合地考虑相关法律与案件之间的关系。

（二）解释法律

当事人的找法功能不仅是提供相关法律文本，而且也体现为增强诉讼主张的说服力之

---

① 汤维建：《美国的对抗制审判方式》，载《比较法研究》1996 年第 4 期，第 406－407 页。应该清楚的是，尽管英美国家并未采取辩论主义的词语，但是实际上他们采取的诉讼模式的内核就是辩论主义的。参见张卫平：《诉讼架构与程式：民事诉讼的法理分析》，清华大学出版社 2000 年版，153 页。

过程中的法律解释。而由于“人们理解法律，都是在使用不同的方式理解，只要有理解，理解便可能不同”①，当事人要想获得法官支持，也需要提供有利于自身的法律解释。

尽管这是一种无权解释，但来自不同主体的法律解释有助于增强法官对于法律意义的多重理解并进行权衡，从而防止陷入盲目而不自觉。德沃金在《身披法袍的正义》中曾提到索伦森案，② 在该案中，诉讼双方提供了不同的法律理由，这实际就是双方基于自身利益提出的不同法律解释。德沃金认为，尽管双方对法律的解释都只是从自身利益出发的判断，但这两种不同的辩护利益中可能有一种是正确的。③ “通过教育、训练以及经验，任何一名法律家都会建立起他自己的判断力，以判读在什么时候某一解释足够适合、从而可以算作一种解释而非杜撰，而他会不自觉地运用这种判断力。”④ 因此，作为法律家的律师完全有可能提供关于案件适用法律的正确解释。⑤ 甚至，在非职业法律家群体之中，“每一个人都是阐释者”⑥，在思考法律问题时解释法律。而在共同知识体系的法律解释共同体内部，每个人对法律的理解都有可能是正确的。

但由于法律本身的模糊性，不同主体会对同一法律规定有不同理解，双方当事人也会基于自身利益主张不同的解释。“兼听则明，偏信则暗”，当事人对法律的解释往往是对立的，但这并不影响其中包含的正确要素，对立的解释能够提供关于同一案件、同一法律规定的全面思考。在职权主义的诉讼结构中，法官更容易形成先入之见，从而影响裁判的准确性。法官基于自身对法律的理解，很容易形成对法律的片面解释，尽管这种解释很有可能是对法律的一种正确解释。但在个案中，法律的解释并不总是正确的，这需要当事人法律解释的参与。尤其是在多元的法律解释方法下，法官的自由裁量权被扩大，其能得到的法律解释是多样的。以目的解释为例，目的解释“扩大了自由裁量权”，“目的论冲突也加大了法官等人的选择权”⑦。自由裁量权的扩大意味着法官很有可能偏执于自己的法律理解。而在协同主义结构中，两造和法官都是法律解释的提供者。要想获得更准确的裁判，法官必须要权衡三种可能对立的法律解释。对立的法律解释也使法官更加充分全面地思考相关法律问题，审慎地选择最好的法律解释路径。这也是限制法官自由裁量权的重要

① 陈金钊:《司法过程中的法律发现》，载《中国法学》2002 年第 1 期，第 54 页。

② 该案件是德沃金自己的思想实验。案件的内容是：索伦森夫人由于疾病而长期服用一种常规药品。但是由于该药品本身存在严重的副作用，但是却没有被生产厂家说明。索伦森夫人因此心脏受到了永久性的创伤。但是由于在索伦森夫人服药期间，同时有 11 家公司生产这一药品，但是索伦森夫人却不能证明究竟是哪一家公司对之造成了伤害。因此诉讼的双方对于同一事实提供了不同的辩护理由。索伦森夫人主张要求所有的制药商按照市场占有率对她进行赔偿。而被告人主张任何人都不应该承担责任。参见［美］德沃金:《身披法袍的正义》，周林刚、翟志勇译，北京大学出版社 2010 年版，8 页以下和 166 页以下。

③ 参见［美］德沃金:《身披法袍的正义》，周林刚、翟志勇译，北京大学出版社 2010 年版，第 9 页。

④ ［美］德沃金:《身披法袍的正义》，周林刚、翟志勇译，北京大学出版社 2010 年版，第 17 页。

⑤ 我国也有学者提出过律师对于法律发现的作用的观点。参见赵文群:《法律发现：发现“活的法律”》，载《中国律师》2007 年第 8 期，第 42 - 44 页。

⑥ 邓巍:《德沃金法律阐释理论研究》，西南政法大学 2008 年博士生论文，第 53 页。

⑦ 陈金钊:《目的解释方法及其意义》，载《法律科学》2004 年第 5 期，第 38 页。

方式之一。

总的来说，对于当事人提供的法律解释，以下几点需要注意：第一，尽管当事人是基于自身利益提出的法律解释，但这并不意味着这些法律解释就是不正确的，而很有可能就是对法律的正确理解，因为裁判本来就需要在对立的利益中做出裁判。第二，当事人所提供的法律解释可能含有片面的真理，因此，当事人提出的任何一种法律解释都可能有考量价值。第三，对法官具有拘束力的是辩论中提出的事实，而不是法律评价，但是当事人的法律评价也并不必然不会对法官产生影响。

（三）提供多元化的法源

由于法律的抽象性、滞后性，任何法律体系都需要面对法律漏洞。而在司法裁判中，法官不得以无法而拒绝裁判。在存在法律漏洞但又不拒绝裁判的情形下，法官不得不诉诸其他法律渊源。在司法场域，所谓法律渊源是指“作为法官之法的裁判规范（个别规范）来自何处”,① 习惯、法律原则、法理等可以在一定条件下成为法官裁判的法源。② 此时，法官在制定法外寻求法源有助于保障司法裁判的权威性。

法官对适用法具有主动性，甚至特定条件下不存在拘束性。③ 多元化的法源可以通过司法过程成为最终的审判依据，如民间法。④ 从司法实践来看，司法中运用民间习惯进行裁判的案件多有发生，甚至曾经出现以民间法否定制定法的情形。从诉讼构造来看，协同主义的审判程序更容易将多元化的法律渊源纳入其中。在协同主义构造中，从自身利益出发，当事人会期待对自己的利益诉求提供更加多元的论理性支持依据。相比之下，在职权主义结构中，无论是搜集证据还是提供法律依据，法官思考案件的起点往往是自身对制定法的理解，此时能够影响法官的主要是国家法或者判例等文本性规定。但为了最大程度说服法官，当事人可能会青睐于提出许多非文本的论理依据，如民间常理、习惯做法等。尽管这些论理依据很有可能存在着种种缺陷而无法作为法律渊源适用，但法官却可以通过法律技术对之进行理性化构造，从而以一种合理化的形式将之展现在判决中。因此，协同主义结构有助于法官获取多元法源，进而保障裁判的权威性与合理性。

四、法律解释共同体的生成路径之二：法官的法律适用

法官是司法裁判中最重要的法律适用主体，司法权的核心就是适用法律、解决纠纷。在协同主义中，如果说当事人是提供事实证据的中心，法官就是提供法律的当然中心。在

---

① 陈金钊：《法律渊源：司法视角的定位》，载《甘肃政法学院学报》2005 年第 6 期，第 1 页。

② 关于法律漏洞的补充方法，参见刘士国：《法律漏洞及其补充方法》，载《人大法律评论》2010 年卷，第 212 页。

③ 参见刘星：《法律是什么》，中国政法大学出版社 1998 年版，第 64 页以下。

④ 参见张晓萍：《论民间法的司法运用》，山东大学 2010 年博士生论文，第 103 页以下。

古典辩论主义中，法官的主要功能是提供最终裁决。随着辩论主义到协同主义的发展，法官的功能得到加强。法官的法律适用功能主要有二：第一，向当事人阐明法律观点，第二，做出最终的裁决。如前所述，当事人在协同主义结构中承担着法律适用功能，这在客观上要求法官要充分考虑、评价、分析当事人的法律观点，并在此基础上做出最终裁决。同时，除非当事人提供了伪证，法官应当对为何认同当事人所提出的事实和法律依据作出合理解释。

1. 法律阐明

法官是法律适用的当然主体。但在古典辩论主义的观念下，法官应该主要提供法律，或者说只提供法律。但协同主义认为，法官应当在事实发现和法律适用中发挥更加积极的释明作用，以阐明其法律观点或者对法律的解释。在双方当事人忽视某一事实或法律而未能提出相关法律见解的情形下，如法院认为该法律见解与当事人利害关系重大，法官有义务对当事人阐明，给当事人陈述意见的机会，使当事人能就事实认定、法律适用等方面进行充分的讨论。①

需要注意的是：第一，法官的法律观点阐明义务为当事人之间的辩论提供了法律观点的基础，并致力于建立某种共识；第二，法官的法律观点阐明义务并非以法官的观点取代当事人的法律解释，而是推动当事人就法律观点展开更加有针对性的讨论。在诉讼程序中，当事人极有可能忽视某些有意义的、甚至关键性的法律观点，此时，协同主义就要求法官发挥积极作用，承担相应的主持讨论义务，从而促进当事人提出更有价值的法律解释。从职业理性出发，法官对当事人的法律适用发挥着指导性而非主动性的作用，对当事人提供合理的法律解释，对促成当事人与法院之间就法律解释形成良性互动发挥极为重要的统筹作用。

2. 做出法律判决

在诉讼程序中，法官的裁判具有终局性，并“最终决定着规则在法律适用中的含义”②。因此，法官需要提供对于法律的终局解释，并据此形成司法裁判。具体来说，法官的法律解释具有两方面的作用：一是引导当事人的法律解释，二是提供自己的法律解释。由于司法裁判的决断性，法官必然需要做出裁判，以解决纠纷。不过在协同主义结构中，即使法官对法律的解释有先入为主的想法，也必须要充分考虑当事人的事实证据以及附随的法律解释，从而影响到法官对法律解释的独断性。

因此，法官的法律解释也有双重性质：第一是独断性，法官掌握着法律解释的最终决定权；第二是兼容性，法官需要对当事人的法律解释进行思考并反馈。法官的法律解释最终决定着司法裁判结果，对于审判程序具有终局性的作用，因此是法律适用的核心。同

① 参见韩红俊：《释明义务研究》，西南政法大学2006年博士生论文，第128页。

② 刘星：《法律是什么》，中国政法大学出版社1998年版，第64页。

时，法官还需要处理法律渊源的问题。如前所述，法律渊源的多元化会扩大法官的自由裁量权。法官基于自身对于法律理念的理解可以选择不同于制定法的法律渊源。但法官对法律渊源的适用不能肆意，其必须要维护司法权威，维护自身裁判的权威性，其需要在各种不同观点之间做出最理性的选择。

作为法律适用的中心，法官提供了能够适用于个案的具体规则，并且需要对法律规则进行具体解释，从而得以在事实与法律之间搭建起有法律意义的桥梁。在这一过程中，法官的法律适用需要得到认可，而且需要建立在法官说理的基础之上。而在协同主义的结构中，由于法官并非是法律适用的唯一提供者，其所进行的法律说理就需要获得其他参与者的理解。要想做到这一点，就需要建立在法律解释共同体之上，否则法官的法律适用就可能被认定为独断，进而降低其说服力和当事人的接受度。

五、协同主义与法律解释共同体的相互作用

在协同主义的结构中，法官与当事人共同塑造了裁判结果。但问题在于，何以当事人的法律解释能够对法官产生影响？正如前文所言，无论是法官还是当事人，都在法律解释共同体内共享一套知识体系和法律解释技术，当事人对法律知识和技术的运用就有可能得到法官的认可。因此，法律解释共同体的存在使得法官不得不接受当事人所提出的正确的法律解释。

1. 协同主义对法律解释共同体的促进

从前文对当事人和法官在法律适用中的作用之分析可知，协同主义程序中法律适用的主体是多元化的。正是当事人与法官在法律适用中的交互作用才促成法律解释共同体的发展和完善。在这一意义上，协同主义对法律解释共同体的塑造意义重大。

在协同主义结构中，当事人和法官各司其职，但又提出自身关于法律适用的见解。尽管这些不同的法律观点未必都会影响到最后的司法裁判，但在整体上，各个主体都可能在司法裁判中发表有价值的法律观点。这些法律观点之间往往存在对立，而协同主义要求各个主体对这些观点进行说明、讨论以及辩驳。通过争辩，最终的司法裁判得以成就。

法律观点的对立性交锋对解释共同体内部法律认同能够产生很大影响。第一，人们可以在其中获得交流、说服乃至认同，从而避免司法裁判的独断性。第二，最终形成的法律观点很可能包含各个主体对法律的理解，甚至没有被采用的法律解释也被进行深刻反思。第三，在辩论过程中，人们通过对法律的讨论，加深了对相关法律规定的理解。第四，法庭上的辩论具有程序开放性，当事人的法律观念通过法律程序得以表达。除非明显错误，并不存在占据绝对优势的法律解释，而法律观点交锋的结果一般是形成各个主体对法律的部分乃至全部共识性认识，因此裁判结论是在辩论中形成的法律共识。

如此一来，各个主体都成了法律适用的参与者，并程序性地表达了自身的法律见解。通过参与诉讼，无论是法官还是当事人，他们的主体性地位得以加强，对法律的认同感可

能也会增强。“只是在制度上充分保障当事者享有和行使这种参与权利的前提下，诉讼程序的展开本身才能够为审判结果带来正当性。”① 随着这种主体性的增强，法庭上的相对弱势者如律师，也将发挥更大的作用。他们不仅会推动法律程序的进行，而且会成为有关法律规则适用方式的共同建构者。事实上，律师具有“与法官同等的辩论能力及其他‘法的能力’，律师能够在对等的位置上与法官以及对方的代理律师进行法的对话”②。通过协同主义的架构，法官与当事人之间的对等性会进一步增强，这在某种意义上会推动法律解释的去中心化。各个主体都是裁判的塑造者，诉讼也不再仅仅围绕法官这一单一主体进行，这对于塑造更加合理的法律解释共同体具有举足轻重的作用。

2. 法律解释共同体对协同主义的限制

法律解释共同体在某种意义上还会限制协同主义的发展，这主要体现在两个方面，一是对当事人的法律辩论，二是对法官的自由裁量权。基于法律解释共同体的观点，当事人之间需要形成法律适用的某种一致性意见。诉讼两造当然会基于自身的利益追求而提出不同的法律见解，但这些观点必须是能够被共同体所理解或者可讨论的，而不能肆意提出不可理喻的观点，否则很难发挥自身在法律适用中的影响。而为了达成法律观点的共识，当事人在提出事实时也会进行有针对性的选择，不会把全部有关与无关的内容都进行不必要的阐述。

在协同主义的诉讼构造中，当事人提供的辩论事实包括主要事实、间接事实和次要事实。主要事实就是与法条构成要件被列举的事实相对应的事实。③ 而法律解释共同体的法律共识对当事人寻找符合相应法律构成要件的事实具有指导性作用，这在事实上也发挥了约束性的作用。考虑到权力运行规律，任何权力都有可能被滥用。而在司法理论中，由于司法在现代社会中发挥着越来越大的作用，在法律诠释学的影响下，司法与立法之间受到个人理解的约束，形成了某种隔阂。法律现实主义对法律的客观性提出最大限度的质疑，“法是法官之法”的说法有很大影响力。在协同主义的观念之中，法官的主要作用也在于输出法律。法官当然是最终的法律阐释者，法官的法律解释最多就是法律思维的产物，只受到法律思维的影响。④

但如前文所论证，事情并非如此简单。协同主义中的参与者在法律适用中的影响显而易见，但这些都被遮掩在“法官是法律的最终阐释者”这一命题下。审判的所有参与者实际上共同促成司法裁判的结果，这也意味着法律解释共同体对法官的自由裁量权产生了实质性约束力。无论是遵循严格的规范主义，还是更具有创造性的能动主义，法律解释共同

① ［日］谷口安平：《程序的正义与诉讼》，王亚新等译，中国政法大学出版社 1996 年版，第 91 - 92 页。

② ［日］谷口安平：《程序的正义与诉讼》，王亚新等译，中国政法大学出版社 1996 年版，第 94 页。

③ 参见［日］高桥宏志：《民事诉讼法——制度与理论的深层分析》，林剑锋译，法律出版社 2003 年版，第 340 页。

④ 参见陈金钊：《司法过程中的法律发现》，载《中国法学》2002 年第 1 期，第 55 页。

体的接受能力实际上限制了法官的自由裁量权。在法律解释共同体内部，裁判如果想要获得说服力，就需要运用共同的知识体系和技术，展开内部性说理。只有符合这种要求，裁判才能够被两造所理解，否则法官将会面对法律解释共同体内部的非难。尽管这种说法具有理想性，但协同主义所推动的当事人的主体性有助于塑造具有此种功能的法律解释共同体。

六、结语

法律解释共同体是一个群体性概念，是一个群体对于法律的样式、内容乃至于运作的认同。同时，法律解释共同体又是一个场域性的概念，法官与当事人在协同主义塑造的司法审判中，对于法律的适用发挥着共同的努力，这成就了最终的司法裁判。协同主义也并非是单纯的提供事实证据的方式，审判中的事实不能离开相关法律规范而独自存在，即使法律规范的来源可能来自制定法以外。这意味着在协同主义之下，当事人对法律适用并非无能为力，而是发挥着独特作用，法官在协同主义的法庭上也不能成为法律独裁者。正是通过这种共同努力，协同主义的构造为法律解释共同体的存在发挥着奠基性作用。

（编辑：杨知文）

论党内法规的实践适用及其方法

史红光*

摘　要　党内法规是与法律并行的规范体系，与法律并存并统一于中国特色社会主义法治体系当中。在性质上，党内法规作为党内制度“真子集”，具有法的外在形式，是党内政策向法律转化的党内程序化规范，是党内治理规则体系法治化的载体。但在实践中，党内法规存在规范化、体系化不足和与法律冲突等问题，影响自身功能的发挥，弱化依法治国方略的效能。为了更好地发挥党内法规功能，克服其在实践运用中的困境，需要以党内法规的文义解释和体系解释提升党内法规的规范适用，并构建以效力位阶为基础的内部适用规则和以法律为准绳的党内法规与法律外部衔接与协调机制。

关键词　党内法规　规范体系　法律解释　法律适用　规范体系

治国必先治党，治党务必从严，从严须有法度。这个“法度”，主要是党内法规。党内法规作为党内制度的重要组成部分，是党内制度体系的核心规范，是党内制度的高级形态。因此，加强党内法规建设成为加强党内制度体系建设的核心环节。十八届四中全会将“形成完善的党内法规体系”确定为全面推进依法治国总目标的重要内容，纳入了社会主义法治体系的框架。党内法规作为中国特色社会主义法治体系的重要组成部分，既是中国共产党管党治党的重要依据，又是中国共产党治国理政的法理遵循，也是建设社会主义法治国家的有力保障。在当下理论研究中，仍然对党内法规的性质存在争议、对解释和适用存在认识不到位等问题。因此，加强对党内法规性质、解释和适用方面研究，对于发挥党内法规在国家治理体系和治理能力现代化，全面推进依法治国中的作用具有重要的现实意义。

* 史红光，男，山东临沂人，上海师范大学博士研究生，华东政法大学教师，研究方向为党内法规、法理学、教育法学。

一、党内法规是与国家法律并行的规范体系

党内法规是与国家法律不同的规范，属于不同的体系。它不是党内制度与国家法律的交叉形态，也不是党内制度向国家法律的过渡形态，而是与国家法律并行的规范体系。

（一）党内法规是党内制度的“真子集”

党内制度是党的各级组织在总结和概括历史经验教训基础上制定的，用以规范党组织的工作、活动、党员行为的党内各类规章制度的总称。而国家法律是由国家制定或认可并以国家强制力保证实施的，反映统治阶级意志的规范体系。因此，从党内制度和国家法律的体系上看，党内制度规范与国家法律规范完全属于不同的规范体系，二者有着明确的界限，不存在体系性交叉的现象。从集合的视角来看，存在两个相互独立的集合，党内制度的集合与国家法律的集合不存在集合交集的情况。

董必武曾指出：“制度有是成文的，也有不成文的。”① 因此，党内制度既包括成文的制度，也包括不成文的制度。不成文的制度主要是一些不成文的意见、通知等规范性制度文件。在成文的党内制度中，党内法规是党内制度中高级形态的规范性文件。由于中国历史上经历了2000多年的封建统治，因此，我们国家民主与法治的基础并不牢固。新中国成立后，由于经济和政治上的权利过分集中，以及以阶级斗争为纲思想的冲击，法治思想未有效确立，人治思想依然存在。“毛泽东就说过，不能靠法律治多数人。——我们的规章制度，大多数，百分之九十是司局搞得，我们基本上不靠那些，主要靠决议，靠开会，一年搞四次，不靠民法、刑法来维护秩序。”②“刘少奇也说过，到底是法治还是人治？看来实际靠人，法律只能作为办事的参考。”③“文革”期间，维护社会秩序和社会治理，主要依靠中央文件、中央领导人的讲话和两报一刊的社论等非法治的手段。就如邓小平所说，“往往把领导人的讲话当作‘法’，不赞成领导人说的话就叫‘违法’，领导人的话变了，‘法’也就跟着改变。”④ 因此，我们国家遭受了十年浩劫。马克思主义政治观认为政治的核心是国家政权，政治的关键在于制度。为了确保社会主义根本制度，必须通过政治立法维护和强化党的领导，坚持社会主义方向，坚持中国特色社会主义发展道路，完善中国特色社会主义政治制度。“没有社会实践需要，理论就不会产生和存在”。⑤ 正是基于党内治理的需要，党内法规作为党政治规则立法的产物应运而生，具有鲜明的政治属性。“它是政治的产物，是党出于管党治党需要而制定和实施的具有法律性质的规定，是党保

---

① 董必武：《在军事检察长、军事法院院长会议上的讲话》（1957年3月18日），载《董必武选集》，人民出版社1985年版，第451页。

② 蒋传光：《邓小平法制思想概论》，人民出版社2009年版，第23页。

③ 转引自蒋传光：《邓小平法制思想概论》，人民出版社2009年版，第23页。

④ 《邓小平文选》第2卷，人民出版社1994年版，第146页。

⑤ 王牧：《学科建设与犯罪学的完善》，载《法学研究》1998年第5期，第134页。

持其先进性和纯洁性的制度要求"①，是马克思主义理论与党的建设的实践相结合的产物，是中国共产党在自身革命和建设的实践中形成的管党和治党的集体智慧的结晶，也是马克思主义中国化的一大理论成果。因此，从集合的角度上讲，党内法规作为党内制度的核心规范和高级形态，不是党内制度和国家法律的交叉的一种形态，而是党内制度的"真子集"。

（二）党内法规是具有法的外在形式的规范体系

党内法规是不是法律这个问题，很多专家学者有不同的看法。归纳起来，代表性的观点有以下几种：第一，"法律"论。王春业认为，"从制定主体、所体现的意志及执行的强制力方面看，党内法规都具备了法律规范所具有的特征，应将其纳入国家法律体系之中"。② 刘松山也曾撰文建议将党内法规上升为国家法律。第二，"社会法和软法"论。该观点以是否运用国家强制力保障实施为标准，将法规范分为硬法和软法，认为党内法规作为党组织制定并实施的法规范，不是国家法和硬法，而是社会法和软法。例如，姜明安主张，现代法的范畴不仅包括国家法、硬法，而且包括社会法和国际法、软法；党内法规就是一种社会法、软法。③ 刘长秋也认为，党规党法不是国家法，但却是一种软法，也属于法的范畴。④ 第三，"活法"论。奥地利法学家欧根·埃利希认为，"活法不是法条中确定的法，而是支配生活本身的法。"⑤ 张立伟借助埃利希的"活法"概念承认党内法规的规范属性。⑥ 第四，"法"外延扩大论。王振民认为，"法"是一个更为广泛的概念，"法律"是"法"的一种，除了国家制定的"法律"之外，还有很多其他的"法"规范，比如善良风俗、道德规范、乡规民约、企业内部规章、各类政党章程等。⑦ 因此，党内法规作为政党章程属于广义"法"的范畴。

对党内法规的性质之所以存在这么大的认识差异，是由于受约翰·奥斯丁为代表的分析法学派"国家—控制法范式"和苏联维辛斯基式法理学的影响。在我国，人们普遍把法与法律混同使用，将法和法律界定为由国家制定或认可，并由国家强制力保障实施的行为规范体系。但是，在西方法理学中，"法指的是永恒的、普遍有效的正义原则和道德公理，

---

① 刘长秋：《论党内法规的概念与属性——兼论党内法规为什么不宜上升为国家法》，载《马克思主义研究》2017 年第 10 期，第 138 页。

② 王春业：《论将党内法规纳入国家法律体系》，载《天津师范大学学报（社会科学版）》2016 年第 3 期，第 56 页。

③ 参见姜明安：《论中国共产党党内法规的性质与作用》，载《北京大学学报（哲学社会科学版）》2012 年第 5 期，第 111 - 112 页。

④ 参见刘长秋：《软法视野下的党规党法研究》，载《理论学刊》2012 年第 9 期，第 28 页。

⑤ ［奥］欧根·埃利希：《法社会学原理》，舒国滢译，中国大百科全书出版社 2009 年版，第 545 页。

⑥ 参见张立伟：《法治视野下党内法规与国家法的协调》，载《中共中央党校学报》2011 年第 3 期，第 87 页。

⑦ 参见王振民：《党内法规制度体系建设的基本理论问题》，载《中国高校社会科学》2013 年第 5 期，第 137 页。

而法律则指由国家机关制定和颁布的具体行为规则；法律是法的真实或虚假的表现形式。”① 孟德斯鸠曾指出：“从最广泛的意义来说，法是由事务的性质产生出来的必然关系。在这个意义上，一切存在物都有他们的法。”②“法就是根本理性和各种存在物之间的关系，同时也是存在物彼此之间的关系。”③ 也就是说，西方普遍认为法是社会内在的自然运行的内在规律，而法律是国家层面运行的基本规律和规则，是法的外在形式之一。也就是说，党内法规也是法的一种外在形式，但不是法律。党的十八届四中全会审议通过的《中共中央关于全面推进依法治国若干重大问题的决定》（以下简称《决定》）提出中国特色社会主义法治体系包括五大子体系：完备的法律规范体系、高效的法治实施体系、严密的法治监督体系、有力的法治保障体系和完善的党内法规制度体系。其中，前四个子体系构成了国家法律体系，而完善的党内法规体系则构成了区别于国家法律体系的另外一套规则体系。因此，中国特色社会主义法治体系包括了两套规范体系，即“完备的法律规范体系”和“完善的党内法规体系”。党内法规不同于国家法律，二者分属于不同的规范体系，二者作为二元结构并存并统一于中国特色社会主义法治体系当中，成为两个并行的规范体系。党内法规与国家法律的关系可以概括为一致性、差异性和互补性三个方面：党内法规与国家法律的一致性表现在：党内法规和国家法律在权力来源、价值追求上具有一致性；党内法规和国家法律同属于法的范畴，都是中国特色社会主义法治体系的组成部分。党内法规与国家法律的差异性表现在制定主体、文件名称、效力范围和实施机制不同。党内法规与国家法律的互补性表现在：一方面，宪法、法律是党内法规的法律依据，党内法规的制定必须遵守宪法和法律，不得与宪法和法律相抵触；另一方面，党内法规对国家法律实施起到促进和保障作用。概言之，“党内法规不能超越国家法律，不能违背法的精神；同样，国家法律也不能代替党内法规。”④

（三）党内法规是党内政策向法律转化的党内程序化规范

党的政策是党在一定的历史时期为实现党的某一方面任务，党的领导机关制定的纲领、路线、方针或准则等。也就是说，党的政策是党制定的具有前瞻性、全局性和战略性的政治宣言和行动纲领，具有全局性、原则性、方向性和灵活性等特征。从内容上来看，党的政策具有广博的覆盖面，包括了我们党的政治建设、思想建设、组织建设、作风建设、纪律建设等，也包括国家政治建设、经济建设、文化建设和社会建设等方方面面。例如，2014 年，十八届四中全会审议通过的《决定》就是党在特定历史阶段提出全面推进依法治国重大任务的治国理政政策。但是，党内法规则是用来规范党组织的工作、活动和

① 张文显主编：《法理学》（第四版），高等教育出版社、北京大学出版社 2011 年版，第 40 页。

② ［法］孟德斯鸠：《论法的精神：上册》，张雁深译，商务印书馆 1987 年版，第 1 页。

③ ［法］孟德斯鸠：《论法的精神：上册》，张雁深译，商务印书馆 1987 年版，第 1 页。

④ 韩强、马金祥：《依规治党和依法治国协同推进的路径思考》，载《治理研究》2019 年第 3 期，第 40 页。

党员行为的规则体系，其目的是实现党内治理的现代化、法治化、科学化和规范化，具有党内事务治理的特点。因此，有学者提出推动党内法规向国家法律法治化转化的建议，其实混淆了党内政策和党内法规界限。其实真正需要转化的是党的政策，而不是党内法规。“政策是国家法律的先导和指引，是立法的依据和执行司法的重要指导。……党的政策转化为国家法律后，实施法律就是贯彻党的意志，依法办事就是执行的党的政策。”① 党内法规作为党内运行的程序和规则，通过与国家法律的衔接和协同，保证了党内政策向国家法律转化程序的制度化、法治化和规范化，保证了转化的效率和质量。在党内政策向国家法律转化过程中，党组织依据党内法规赋予的职权，向相应的国家立法机关提出立法的主张，充分发挥党组织的领导核心作用，依据党的民主集中制原则，最大限度地将党的政策主张列入立法机关的立法日程安排，并通过党内动员和部署机制，确保党组织提出的立法议案转化并上升为国家法律。因此，党内法规是党内政策向国家法律转化的党内程序化规范。

（四）党内法规是党内治理规则体系的法治化载体

中国共产党从成立之日起，就一直致力于通过党的制度建设推进党的建设伟大工作。为了保持党的先进性，增强党的凝聚力和战斗力，中国共产党在革命、建设和改革开放各个时期，一直在探索管党治党、从严治党的方式和方法，也积累和形成了一整套管党治党的好传统、好习惯和好规则。这些好传统、好习惯和好规则集中体现为党的纪律和党的规矩。但是，这些行之有效的党的纪律和党的规矩，在刚开始的时候很多是通过口口相传的方式进行传播，教育党员，并通过党员的自觉履行方式实施。对于中国共产党这样一个大党来说，组织庞大，党员众多，将这些非成文的传统、习惯、规则准确传播到每一个组织和每一个党员是非常困难的。同时，这些传统、习惯和规则在传播过程中，也会因为非成文的原因导致遗失，执行的时候导致走样等。因此，非常有必要将这些党的传统、习惯和规则进行归纳、总结和梳理，运用现代法治思维和法治方式，借鉴法律的立法技术，用规范化的语言进行整理和汇编，使之成为具有内在逻辑严密、外在形式规范的党内法规体系，实现成文化、规范化和体系化。

毛泽东同志在1938年，党的六届六中全会上首次提出了党内法规的概念。此时将政党与法律、法规联系在一起，基本上应是对法律和法规词语概念的借用，通过法律所具有“规范”“权威”和“公平”等内涵，增强党内法规的权威性和有效性。此种情况一直持续到1990年中共中央颁布被称为党内“立法法”的《中国共产党党内法规制定程序暂行条例》。从此时开始，党内法规走上了体系化的道路，法律属性呈现不断增强趋势。第一，

① 佚名：《专家解读习近平在中央政法工作会议上的重要讲话》，载人民网 http：//politics. people. com. cn/n/2014/0126/c70731 - 24235475. html，最后访问日期：2021年3月7日。

从党内法规的立改废释的程序性规范来看，随着2012年颁布《中国共产党党内法规制定条例》（以下简称《制定条例》）和《中国共产党党内法规和规范性文件备案规定》，党内法规建立了完善的立改废释和备案等程序，其已经与法律的程序性规范极其相似，并且规范化程度处于不断增强的趋势。第二，从党内法规体系的内容上来看，党内法规也从注重实体性党内法规向实体性和程序性协调统一的方向发展，从注重义务性规范向权利和义务性规范并重的趋势发展，逐步实现了与法律规范的统一。第三，从党内法规的逻辑结构上，党内法规逐步借用完整的法律规范条件、模式、后果三要素逻辑结构，使用条款形式表述。第四，从党内法规的语言表述来看，也逐步从倡导式、口号式语言表述方式，向专业、排他、严谨和权威的法律语言方向发展。因此，党内法规来源于党内治理规则，党内法规与党内治理规则是一脉相承的。同时，党内法规又体现了与时俱进的特性，是党内治理规则的成文化和体系化。从实质上讲，党内法规是党内治理规则在依法治国和从严治党背景下的凝练和升华，是党内治理规则法治化的载体。

二、党内法规的实践运用困境

党内法规作为中国特色社会主义法治体系的重要组成部分，在国家治理体系和治理能力现代化中具有重要制度价值和意义，但其在实践中仍然面临着适用的一些困境。

（一）规范化不足致使党内法规存在理解不确定性和执行偏差

法律语言具有表意的准确性、逻辑的严谨性和文本的规范性的特点。但是，作为中国共产党管党治党的党内法规，"'党规姓党'是党内法规的最鲜明特色，也是党内法规的最本质特征。"① 因此，党内法规具有鲜明的政治性，具体体现在党内法规党言党语"政治性、通俗性、生动性、丰富性"② 的特点。《制定条例》第5条规定，党内法规的表述应当是规范化的。但是，现实是党内法规依然存在规范化不足的问题，主要体现在以下几个方面：第一，党内法规存在大量的不确定性的概念。例如，《中国共产党巡视工作条例》使用了"公道正派""团团伙伙""腐化堕落"和"虚报浮夸"等概念，存在一定程度的不确定性。"概念的明确性是现代法治的最基本要求，……体现为概念表述和定义（解释）的精准性要求。"③ 概念的不确定性是与法治的发展要求不相符的。第二，党内法规语言比较宏观和抽象，很多内容体现的是原则性的价值宣示。例如，《中国共产党廉洁自律准则》提出的"坚持崇廉拒腐，清白做人，干净做事""廉洁从政，自觉保持人民公仆

---

① 秦强：《党内法规的规范表征》，载中国社会科学网 http://ex.cssn.cn/zx/bwyc/201906/t20190627_4925079.shtml，最后访问日期：2021年3月7日。

② 邹东升、姚靖：《党内法规"党言党语"与"法言法语"的界分与融合》，载《探索》2019年第5期，第72页。

③ 褚国建：《论党内法规制度建设的理论基础问题》，载《浙江工商大学学报》2020年第6期，第92页。

本色”和“廉洁齐家，自觉带头树立良好家风”等要求就是典型的党言党语，而非严谨和准确的法言法语。这是由于“规范党组织的工作、活动和党员行为的党内法规高度凝练并宏观彰显了党的性质和宗旨、路线和纲领、指导思想和奋斗目标。在已有的党内法规体系中，政治性的方针引领多于规范性的程序实施，其偏于强调政治属性而致使其‘重实体’而‘轻程序’。”① 第三，党内法规条文在表达形式上经常不使用三段论结构，不符合形式逻辑的要求。例如，《关于新形势下党内政治生活的若干准则》全篇都是自然段形式结构，而非条款样式表述方式。党内法规自身开放性和不确定性等规范不足的问题，导致使用语言去表述客观确定性的事物的时候，存在一词多义、多词同义等问题，对不确定的概念和宏观、抽象的条文难以进行概念的阐释和文义分析，进而导致执规者对党内法规的具体条文产生不确定的理解，甚至是错误的理解，并进而导致执行的偏差或者执行的错误，最终影响了党内法规制定的质量，并影响其执行的效力。

（二）体系化不足致使党内法规存在执行的软化、弱化和虚化

党内法规是党内治理的工具和手段。为了规范党内政治工作、生活和党员的行为，党制定了数量众多、体系庞大的党内法规制度体系。截至 2019 年，现行有效的中央党内法规有 271 部，地方党内法规有 5400 余部。② 但是，由于历史原因，很长一段时间党内法规整体规划缺失，顶层设计不足，导致党内法规存在以下体系化的问题：第一，党内法规存在一定程度的“碎片化”问题，既包括横向的，也包括纵向的。一方面，横向的“碎片化”表现在部分领域缺少必要的基础主干性法规，或者虽有基础主干性法规，但缺少与基础主干性法规相配套性的法规。“过去的党内法规建设受制定主体重视程度等因素影响，大多围绕党的制度、组织和反腐等方面展开，而其他方面较少制定党内法规，尤其是党的领导、思想、宣传和作风等方面的建设及其体系化明显落后于现实需要。”③ 另一方面，党内法规的制定主体众多，包括中央的和地方的，各自在制定党内法规过程中处于部门或者地方利益考虑，存在部分忽略了党的整体利益情况，导致党内法规的纵向“碎片化”问题。第二，党内法规存在一定程度的重复。由于党内法规体系庞大，数量众多，因此，党内法规重复的问题也在所难免。例如，在党内法规对党员权利的规定上，除《党章》明确规定了党员的权利之外，在《关于党内政治生活的若干准则》《中国共产党权利保障条例》等多部党内法规中均有关于党员权利的规定。第三，党内法规效力位阶不明确。《制定条例》第 5 条规定将党章、准则、条例、规定、办法、规则、细则的内容和功能定位做了区分，构成了党内法规的四级效力层次结构体系。但是，四级效力层次结构体系“只是

---

① 廖秀健、雷浩伟：《完善中国共产党党内法规解释体系》，载《长白学刊》2019 年第 4 期，第 81 页。

② 参见周悦丽：《以制度供给思维提升地方党内法规建设》，载《中国社会科学报》2020 年 7 月 30 日，第 005 版。

③ 姚尚贤：《比较视域下党内法规体系的法治化进路》，载《江西社会科学》2018 年第 3 期，第 200 页。

从《制定条例》中推导得出，而非官方文件正式确认，过去基于法规名称差别而形成的党内法规‘三级结构’理论仍然被广泛接受，这就产生了文本与理论上的不衔接。”① 同时，《制定条例》第31条对党内法规效力位阶做了规定，但是，没有明确中央纪律检查委员会、中央各部门制定的党内法规之间的效力等级。党内法规自身存在的零散化、碎片化、重复和位阶不明等体系化问题，必然会导致党内法规在执行中出现软化、弱化和虚化等问题，严重影响党内法规在管党治党和依法治国中自身功能的发挥，进而损害党内法规的权威。

（三）党内法规与法律的冲突弱化依法治国方略的效能

十八届四中全会确立了全面推进依法治国的总目标和重大任务，为此，中国共产党需要依据党内法规行使党的领导职能，国家机关依据法律行使国家行政管理职能。但是，由于中国共产党在国家生活中的特殊领导地位，其作为领导型政党“兼具机关属性、公法社团属性和私法社团三重属性，正是执政党的机关属性使其具有了一定的国家管理职能”②。因此，在“中国语境下党政分工的界限并非足够清晰，这就使得两大法规规范体系在权限与内容上经常出现冲突矛盾之处”。③ 虽然党内法规和国家法律都是在中国共产党的领导下制定的，都体现了党的主张和人民意志，具有价值追求的一致性。但是，由于党内法规和国家法律属于并行的规范体系，因此，制定党内法规的立规主体和制定国家法律的立法主体是不同的。由于各自制定者存在的认识上的局限，不可避免出现文字错误，逻辑矛盾，甚至可能存在立规者或立法者的真实意图与党内法规、法律文本的差异等。并且基于制定者不同的分析和判断分别制定党内法规和国家法律，这就为党内法规和国家法律的竞合和冲突埋下隐患。而且，“由于党规党法工作部门与国家立法部门之间缺乏较完善的沟通协调工作机制和制度，党规党法与国家法之间往往缺乏衔接，导致在党内规范与法律规范之间出现调整断层和空档。”④ 有学者将党内法规与国家法的冲突概括为：对党内执纪案件和刑事侦查案件管辖权的授权冲突、纪检机关和检察机关对同人同事的检查权和侦查权的冲突、党内法规与国家法在移送问题方面的冲突、党内法规赋予党外主体义务与国家法的冲突和党内法规中极少数条款涉嫌违法等。⑤ 党内法规与法律的冲突影响党内法规的执行，也势必影响了国家法律的权威，干扰了党内法规和法律在推进国家治理体系和治理能力现代化中相互补充、相互促进的关系，最终弱化依法治国方略实施的效能。

---

① 姚尚贤：《比较视域下党内法规体系的法治化进路》，载《江西社会科学》2018年第3期，第199页。

② 李天昊：《党内法规与国家法的冲突与协调》，载《岭南学刊》2017年第2期，第95页。

③ 侯嘉斌：《党内法规与国际法律衔接协同的实现机制研究》，载《社会主义研究》2018年第1期，第98页。

④ 刘长秋：《软法视野下的党规党法研究》，载《理论学科》2012年第9期，第31页。

⑤ 参见李天昊：《党内法规与国家法的冲突与协调》，载《岭南学刊》2017年第2期，第97页。

三、党内法规需要通过法律方法提升适用质量

党内法规的生命力在于执行和适用，权威也在于执行和适用。针对党内法规存在的规范化、体系化不足和与法律冲突等问题，需要以党内法规的法律方法实现党内法规的高质量适用。

（一）构建党内法规的内部适用规则和外部协调规则

在党内法规适用过程中，首先需要依据党内法规的效力位阶构建党内法规的内部适用规则，以便协调各层次党内法规的关系。根据《制定条例》的相关规定，党内法规主要从制定主体和渊源来确定党内法规体系的效力层级。

从党内法规的制定主体来看，党内法规体系包括中央党内法规、部门党内法规、地方党内法规和军队党内法规。中央党内法规是由党的全国代表大会、党的中央委员会全体会议、中央政治局会议、中央政治局常委会会议制定的党内法规。其中，党章也属于中央党内法规。但是，无论在实务中还是学术研究中，基于党章的特殊地位和作用，一般中央党内法规指除了党章之外的其他中央党内法规。党章是最根本的党内法规，是制定其他党内法规的基础和依据，党章在党内法规中具有最高效力，其他任何党内法规都不得同党章相抵触。中央党内法规的效力仅次于党章，同时高于其他党内法规。部门党内法规的效力次于中央党内法规，而地方党内法规又低于部门党内法规。由于中央军委是由中共中央任命的，因此，中央军委可以算作中共中央的下级组织。因此，军队单独制定的党内法规在效力上低于中央党内法规，而与部门党内法规处于同一位阶。因此，从制定主体角度，形成了“党章—其他中央党内法规—部门党内法规/军队党内法规—地方党内法规”四重效力位阶的党内法规体系。

《制定条例》第5条规定了党内法规7种名称，构成了党内法规的渊源，具体包括：党章、准则、条例、规定、办法、规则、细则。从各名称所对应事项和制定主体使用党内法规名称的权限，可以对党内法规渊源进行位阶的排序。第5条第2至第5款规定，党章对党的性质和宗旨等作出“根本规定”，准则对全党政治生活、组织生活和全体党员行为等作出“基本规定”，条例对党的某一领域重要关系或者某一方面重要工作作出“全面规定”，规定、办法、规则、细则对党的某一方面重要工作的要求和程序等作出“具体规定”。而且，从第5条第6款规定，中央纪律检查委员会以及党中央工作机关和省、自治区、直辖市党委制定的党内法规，可以使用规定、办法、规则、细则的名称。而对中央制定的党内法规的名称没有限制。因此，从党内法规渊源角度，就形成了“党章—准则—条例—规定、办法、规则、细则”四重效力位阶的党内法规体系。

除此之外，根据《制定条例》第29条第3款规定，党内法规的解释同党内法规具有同等效力。因此，党内法规解释与被解释的党内法规是具有同等效力的，但是党内法规的

解释还需遵循党内法规的其他效力位阶规则。

为了有效化解党内法规和国家法律之间存在的不协调、不衔接和不适应的问题，甚至冲突，需要构建以法律为准绳的党内法规与法律外部衔接与协调机制。在立规方面，需要厘清党内法规和国家法律的边界，禁止以规代法，党内法规超越法律。对立法法中明确规定只能制定法律的11项保留事项，党内法规的立法主体要尊重和维护全国人大和常务会的专属立法权限，不得涉足并做出规定。严格按照《制定条例》第7条党内法规制定工作坚持党必须在宪法和法律范围内活动的原则，明确党内法规不得与宪法和法律相冲突。同时，成立党内法规立规和国家法律立法的常设协调机构，建立协调和沟通机制，开展党内法规和国家法律冲突的事前审查工作。在适用方面，如果存在党内法规与国家法律冲突的情况，除了法律落后于实践明确需要修订的之外，要以法律为准绳，优先适用国家法律。在保障方面，要积极落实党内法规的备案审查制度，及时发现党内法规的漏洞和缺陷，党内法规与国家法律、下位党内法规与上位党内法规的冲突等。在备案审查基础上，开展党内发挥的清理工作，及时修订和废止与国家法律存在冲突的党内法规、存在漏洞和缺陷的党内法规，保证党内法规与国家法律的协调和统一。

（二）确立党内法规的法律解释方法

党内法规解释是指党内有权解释机关对党内法规条文含义和适用问题所作出的权威的、具有普遍适用效力的解释。党内法规解释即是准确理解和适用党内法规的前提和基础，又是完善和发展党内法规的具体路径。

党内法规作为党内治理规则，用高度凝练的语言彰显着党的性质和宗旨、政策和纲领等，具有与生俱来的政治属性，所使用党言党语呈现出抽象性、原则性特点。因此，党内法规大部分条文是抽象的、概括的和原则性的。这就需要通过党内法规的解释制度来“具化、细化抽象的党内法规文本，阐释、界定不确定概念的内涵与外延”①，克服党内法规自身所存在的模糊性和不确定性，帮助人们准确把握党内法规的精神，明确党内法规的立法意图。制定党内法规的前后两个规划纲要都非常重视党内法规解释问题，把党内法规解释作为党内法规理解和适用的基础。《中央党内法规制定工作五年规划纲要（2013－2017年）》明确提出，要“做好党内法规解释工作，保证党内法规制定意图和条文含义得到准确理解。”《中央党内法规制定工作第二个五年规划（2018－2022年）》要求，“加大解释力度，推动党内法规全面准确理解和适用”。“党内法规解释制度是确保党内法规制度体系的内涵准确传达的有效路径，也是高效党内法规制度实施体系的重要组成部分。”② 法谚有云：法无解释不得适用。对于执规者来说，通过党内法规解释明确党内法规的立法意

---

① 廖秀健、雷浩伟：《完善中国共产党党内法规解释体系》，载《长白学刊》2019年第4期，第82页。

② 吕品：《关于党内法规解释制度建设的思考》，载《理论视野》2019年第4期，第71页。

图，推动党内法规在实践中的准确适用，避免执行的偏差。对于党员干部来说，通过党内法规的解释可以准确理解和认知党内法规的内涵，帮助做到知规矩于前，讲规矩于中，守规矩于后。

“法典不可能没有缝隙。”① 作为立法技术规范性要求更高的法律都存在漏洞，那么党内法规自然不可避免地存在漏洞问题。但是，党内法规解释具有填补制度漏洞和缝隙的功能。首先，通过党内法规解释可以填补制度盲区。《中共中央关于加强党内法规制度建设的意见》提出，到建党 100 周年时，要形成比较完善的党内法规制度体系、高效的党内法规制度实施体系、有力的党内法规制度建设保障体系。经过了第一个五年规划之后，《中央党内法规制定工作第二个五年规划（2018－2022 年）》仍然指出，在规划期内需要修订的党内法规约 15 部，亟待制定的约 20 部。这说明当前党内法规的建设仍然方兴未艾，存在大量党内法规制度盲区和空白地带。为此，党内法规立规部门应该加大党内法规建设力度，在空白地带尽快制定出相应的党内法规以填补制度盲区。同时，由于党内法规解释与党内法规具有同等效力，因此，可以把党内法规的解释作为临时性应急措施，为管党治党提供应急性的制度依据。其次，通过党内法规的解释填补制度的漏洞。针对一些党内法规条文存在的不周延、不严谨，以及党内法规交叉重复和甚至相互冲突造成制度漏洞和缝隙，可以通过党内法规的解释填补制度漏洞和缝隙，化解制度的冲突。最后，通过党内法规解释实现党内法规与国家法律的衔接和协调。针对党内法规和国家法律存在的不协调、不衔接和不适应等问题，党内法规解释应该主动借鉴法律解释制度，在党内法规解释中融入法律思维和法治方式，在国家法治体系建设和发展的大格局中，通过党内法规解释和国家法律解释的衔接和互动实现党内法规与国家法律规范的互融，功能的互补和衔接渠道的互通，达到相辅相成、相得益彰效果。

《制定条例》第 34 条规定，党内法规解释同党内法规具有同等效力。因此，党内法规解释是党内法规体系建设的重要内容，党内法规解释制度是党内法规制度体系的重要组成部分，是推进党内法规走向科学化、体系化和规范化的重要路径。“党内法规解释虽然无法超过党内法规自身的高度，但是其对立规原意的阐述以及法律漏洞的填补可以加深人民对既有党内法规的理解与反思，进而推进新规的创制与旧规的修改。”② 也就是说，党内法规的解释作为“立改废释”制度体系的重要一环，有力地促进了党内法规的“立改废”工作，从而提升了党内法规的合法性与科学性。同时，由于当今正面临百年未有之大变局，社会变革不断深入，管党治党也面临着新情况、新问题，因此，需要党内法规不断适应从严治党的新形势、新特点、新要求。但是，党内法规的权威性一定程度上来自其稳定性，而且由于党内法规制定和修改有着严格的法定程序，不能朝令夕改。否则，党内法规

① 王利明：《论法律解释之必要性》，载《中国法律评论》2014 年第 2 期，第 94 页。

② 雷浩伟、廖秀健、惠洋：《党内法规解释的规范化与法治化论析》，载《理论学刊》2019 年第 8 期，第 84 页。

变化太快、太频繁，会导致党员干部无法形成稳定的行为习惯，无所适从，破坏人们对自身行为规范性的预期和对党内法规的政治认同。因此，需要通过党内法规解释在保持党内法规稳定性的前提下，实现党内法规的与时俱进，从而保持党内法规稳定性与变动性的平衡，促进党内法规的发展。

（三）建构党内法规适用的解释原则

为解决党内法规适用中面临的困境，需要通过以下党内法规的解释原则和方法解决党内法规字面文本与适用过程中的差异问题。

1. 以规范的文义为基础防止对规范的扩大解释

文义解释，又称语法、文法、文理解释，“是指根据语法规则对法律条文的含义进行分析，以说明其内容的解释方法。”① 不仅法律需要文义解释，党内法规也需要文义解释从而确保准确适用。尽管存在文义解释、逻辑解释、体系解释、目的解释、历史解释等多种解释方法，但是，“解释过程中，‘文义解释法’始终是最基本、最常用，也是最有效的法律解释方法之一。”② 党内法规解释制度也需要借鉴成熟的法律解释制度，把文义解释确立为党内法规最基本解释方法。

党内法规的文义解释需要坚持两个方面的基本原则。第一，要确保文义解释法在党内法规解释中的优先使用。“作为一项基础的解释方法，文义解释法在任何情况下都是第一选择，而其他方法作为第二选择。”③ 因此，在党内法规解释方法的选择上，应确立“文义解释优先”的原则。谢晖教授指出：“法律解释的首要原则是文义解释优先，文义解释的基础含义即指法律的字面解释。”④ 陈金钊教授认为，“这里的优先不仅包含使用顺序的优位选择，而且还包括解释者应尽量减少使用文义外的其他解释方法。法治反对那种为达到某种目的而不顾常义的添加或转义解释。”⑤ 第二，文义解释应以字面解释为主，谨慎使用扩大和限缩解释。文义解释作为从条文本身的文字表述入手去解释党内法规的方法，按照文字含义范围的不同，可以将文义解释细分为字面解释、扩大解释和缩小解释三种解释方法。字面解释是指按照文字本身的一般含义对党内法规的条文所做的一般性解释。扩大解释和限缩解释是指对党内法规条文所做的扩张和缩小解释。梁慧星认为，“法律解释必先由文义解释入手，且所作解释不能超过可能的文义。否则，即超越法律解释之范围，而进入另一阶段之造法活动。”⑥ 拉伦茨也认为，“由一般的语言用法获得的字义，其构成解释的出发点，同时为解释的界限，在可能的字义范围外，即使以‘扩张’解释之方式亦

① 张文显主编：《法理学》（第四版），高等教育出版社、北京大学出版社2011年版，第239页。
② 致远：《文义解释法之基本认识》，载《法律适用（国家法官学院学报）》2001年第8期，第9页。
③ 致远：《文义解释法之基本认识》，载《法律适用（国家法官学院学报）》2001年第8期，第11页。
④ 谢晖：《文义解释与法律模糊的释明》，载《学习与探索》2008年第6期，第114页。
⑤ 陈金钊：《文义解释：法律方法的优位选择》，载《文史哲》2005年第6期，第144页。
⑥ 梁慧星：《民法解释学》，法律出版社2015年版，第216页。

不能谓合于字义者，不能视之为法律的内容而加以适用。”① 因此，党内法规作为党在实践基础上形成的党内治理规则的总结、凝练和升华成果，其制定过程一般经历了较长时间的实践、研讨、论证和修改的过程。因此，党内的法规的解释者应尊重党内法规的条款字面意义，特别是审慎使用扩大解释方法，减少对党内法规规范的扩大解释。

2. 倡导党内法规适用的体系解释防止机械适用

虽然文义解释是党内法规解释中最基础的解释方法，但是，传统的文义解释方法在文义不清和结论荒唐时是无法使用的，这时必须运用其他解释方法来弥补这些不足和缺陷。其中，体系解释是弥补文义解释不足和缺陷的最重要的解释方法之一。党内法规的体系解释是指把某一党内法规条文或用语作为一个有机的组成部分放置于整个党内法规系统内进行的，使得党内法规的条文或用语的含义、意义相协调的解释方法。根据解释论理论，“整体只能通过对其各部分的理解而理解，但是对其各部分的理解又只能通过对其整体的理解。”② 也就是说，对党内法规整体的理解，需要基于对党内法规的条款的理解。而党内法规某一条款的理解又依赖于党内法规整体的理解。只有党内法规的条文处于与它相关的所有条文中才能显示其本来的意思，从而能够被准确地理解。“体系解释是在特定的法律条文语境中进行，追求一种内在法律价值的统一，具有更强的逻辑性要求。”③ 因此，当文义解释出现文义不清、结论荒唐或者法律漏洞时，体系解释能够基于体系性思维，克服文义解释的不足，寻求党内法规作为整体开放性体系内各要素逻辑的一致性，做出通达和全面的解释，防止党内法规实施过程中的机械适用问题。

体系解释在党内法规中运用规则主要包括：第一，根据上下文解释规则。体系解释的核心要旨是强调当党内法规文字含义不明确时，需要联系不明确的党内法规条文的上下文来理解该条文。也就是说，党内法规适用者在党内法规具体条文适用过程中，通过文义解释仍然存在疑惑时，首先需要通过党内法规体系解释联系条文所在位置的上下文的内容来确定党内法规的文义。第二，整体文本规则。整体文本规则是党内法规解释规则中一个重要操作规则，它要求党内法规的解释不仅仅限于不明确的党内法规条文上下文之间来寻求明确的涵义，而是把不明确条文的理解放置在整部党内法规的语境之下去理解。如果通过体系解释仍然存在党内法规条文的不确定性时，才可以寻求其他的党内法规的解释方法或者进行利益衡量和漏洞填补。

（编辑：吕玉赞）

① ［德］卡尔·拉伦茨：《法学方法论》，陈爱娥译，商务印书馆2005年版，第219页。

② 全充木：《比较文化论集》，生活·读书·新知三联书店1984年版，第243页。

③ 宋保振：《体系解释的中国运用》，载《济南大学学报（社会科学版）》2018年第6期，第31页。

修辞学视域下的法律思维培养

沈　寨[*]

摘　要　法律修辞学不仅注重对裁判说服技巧的研究，还关注到了人类在裁判这一不确定领域的思维问题，专门探讨适用于司法价值判断的推理方法。因此，学习法律修辞学对于法科生法律思维培养具有十分重要的意义。近些年，我国虽然开设有专业实习、案例教学、法庭模拟和法律诊所等实践课程来培养法科生的法律思维，但一方面我们比较注重对这些实践课程的形式引入，没有真正理解这些实践教学模式背后所隐含的法律思维和推理方法；另一方面也没有认识到提升法律技能的关键在于培养法律思维，从而导致这些课程的开设收效甚微。现阶段，我国应当在课堂教学与实践教学之间介入法律修辞学教育，以培养他们理性的思维能力。

关键词　法律修辞学　法律思维　价值判断　理性论证

近些年来，尽管我国各大法律院校纷纷开设了专业实习、案例教学、法庭模拟和法律诊所等实践课程用以提升法科生的法律技能，但我国法学教育仍未摆脱“法科生法律技能缺乏”的批评和质疑①。这种批评和质疑一部分缘于我们的实践教学课程一直强调对各种实践教学模式的形式引入，没有真正理解各种实践教学模式背后所隐含的法律思维和裁判方法，另一部分缘于我们对法律技能理解的泛化，导致实践教学对学生技能的培养因缺乏明确具体的针对性而事倍功半。起源于英美法系的实践教学在思维上是以经验主义为基础的，我国法学教育秉承的却是大陆法系理性主义和建构主义的理念，它们属于两种完全不

---

* 沈寨，女，湖北荆门人，江苏师范大学法学院副教授，研究方向为法理学、法律方法。

① 如有学者指出，我国当前法学教育存在的主要问题之一就是法科学生的法律技能训练缺乏，导致法科学生到实务部门工作时眼高手低，动手能力不强。参见王新清：《论法学教育的“内涵式发展”的必由之路——解决我国当前法学教育的主要矛盾》，载《中国青年社会科学》2018 年第 1 期，第 9 页。

同的思维方式。在学生没有接受任何法律思维衔接训练的情况下，我国法学院通过引入英美法系的实践教学模式来补强学生法律技能缺失的短板，其结果即便不是“水土不服”，也是收效甚微。

而关于法律技能，人们通常将其笼统地理解为法律实践所需要的技能①。这一空泛的理解导致了实践教学对学生技能的培养缺乏明确具体的针对性而出现成本收益不成比例的情况，也导致了学校教育在对学生技能培养上承受了其所不能承受之重。从内容上看，法律技能包括实务技能和智能技能两个方面②。实务技能主要涉及与人交往的能力，这种技能适合在生活中而非在法学院学习；智能技能则指“阅读（法律及非法律材料）、写作和解决问题”的技能③，这些技能可以进一步地归纳为法律理解能力、法律分析能力、法律适用能力与法律写作能力④，其中前三种能力培养涉及对法科生法律思维的训练，最后一种涉及对法科生法律思维表达的训练，这两种技能是任何法学院都能教授且应该教授的技能。因此，从学校教育角度来看，法律技能不能泛化地理解为一切与法律实践有关的能力，而应当限定在以法律思维和法律写作上。而在这两种技能上，法律思维是最基础和最核心的，提升法律技能的关键在于培养学生的法律思维。

作为一门古老的学问，修辞学不光是对语言表达技巧的研究，它还关注到了人类在不确定领域的思维问题，专门探讨适用于价值判断的推理方法。当代法律随着其强制性的弱化和正当性的强化，法律的正当化过程就是一个说理的过程，而法律修辞正是通过论证推理向公民展现法律的道理，使公民心服口服地遵守法律⑤。另外，法律总是渗透着价值判断，这决定了真实的司法裁判不是依照法律规范运用形式逻辑对案件事实或法律行为作出简单的是非判断，而是运用法律修辞来判别“应当”或“不应当”的过程。由此可见，

---

① 参见胡铭《司法竞技、法律诊所与现实主义法学教育—从耶鲁的法律现实主义传统展开》，载《法律科学》2011 年第 3 期，第 49 页。

② 参见何美欢：《论当代中国的普通法教育》，中国政法大学出版社 2005 年版，第 72 - 74 页。

③ 何美欢：《论当代中国的普通法教育》，中国政法大学出版社 2005 年版，第 103 页。

④ 何美欢老师在其著作《论当代中国的普通法教育》中，将法科生课堂技能训练的内容归纳为以下 12 个方面：（1）对实体法的足够知识；（2）认定法律问题和就法律问题构建有效和中肯切题的论证的能力；（3）明智地运用一切资料进行研究的能力；（4）明白任何法律的基础政策以及社会环境的能力；（5）分析和阐明抽象概念的能力；（6）识别简单的逻辑上和统计上的错误的能力；（7）书写和讲述清楚简明汉语的能力；（8）积极学习的能力；（9）认定和核实任何法律问题的相关事实的能力；（10）分析事实和就被争议的事实构建或批评某论证的能力；（11）对法律实务和程序的足够知识；（12）适用法律的具效率的能力，即解决问题的能力。她紧接着又在文中将上述 12 项技能概括为 6 个方面：（1）法学常识，包括第 1、11 项；（2）批判性地阅读判例的技能，包括第 2、5、6、7、8、9、10 项；（3）批判地阅读制定法的技能，包括第 2、4、5、6、7、8 项；（4）批判地阅读其他材料的技能，包括第 4、6、7、8 项；（5）解决问题的技能，包括第 2、3、7、8、12 项；（6）研究和写作的技能，包括第 3、7、8 项。上述提及的法学常识（包括第 1、11 项）属于知识领域，因此应当被排除在技能之外；除了第 6 条所说的研究和写作的技能之外，其他各项从本质上看其实主要涉及的是对法律的理解、分析和适用技能。因此，本文将智能技能划分为法律理解能力、法律分析能力、法律适用能力和法律写作能力等四个方面。参见何美欢：《论当代中国的普通法教育》，中国政法大学出版社 2005 年版，第 101 - 103 页。

⑤ 参见聂长健：《法律修辞与法律思维》，载《山西大学学报》（哲学社会科学版）2014 年第 1 期，第 104 页。

法律修辞学对于培养法科生的法律思维具有巨大裨益，是提升法科生法律技能的重要途径。

一、法律修辞学与法律思维之间的内在关联

真实的司法裁判从来不是简单地依靠三段论逻辑进行的机械演绎推理过程，而是包含了复杂的价值判断。然而，价值判断充满了主观性，这就决定了价值判断的结论并不像科学结论那样具有唯一正确性，而仅仅具有或然性。由此可见，裁判过程就是一种以或然性为基础的论证过程。而以或然性为基础的修辞正好契合了裁判过程的这种内在需求。在司法价值判断这个或然性领域，为了保证价值判断的客观性，裁判主体在运用修辞时一般会"用每个人都有的概念，用非正式逻辑，再借用共同的知识把一些证据同受众的先前信念结构联系起来，以此来推进他们的论证"。① 因此，就司法裁判而言，法律思维过程也是一种修辞论证过程，学习法律修辞学是培养法科生法律思维的必要方法和途径。

（一）何谓法律修辞学

要理解什么是法律修辞学，首先必须弄清楚修辞的特征，以及修辞与法律之间的联系。修辞在我国通常被理解为辞格与修饰意义上的言辞使用艺术②。因此，中国修辞学研究一直局限于语言学和文艺美学等领域，从未像西方修辞学那样受到人文社科各个领域的青睐和重视。近些年，随着修辞学研究的深入，我们对修辞的理解也从话语层面逐渐延伸到了文化哲学层面，将其含义不再仅仅界定为言辞修饰的技巧，而是阐释成了促成一致行动而进行"说服的艺术"，修辞运用也由此从言辞修饰领域扩展到了人文活动的各个领域，法律就是其中非常典型的一个领域。

修辞之所以能够在法律领域得到广泛运用，原因在于两者之间在本质上具有内在契合性，主要体现在两个方面。一个是修辞适用于不确定性领域，而法律在适用时正好也具有不确定性，这为修辞提供了用武之地。早在古希腊时期就存在"知识"和"意见"的二分，"知识"具有确定性，属于逻辑研究的范畴，而"意见"具有不确定性，属于修辞适用的领域。虽然我们一直强调法律的知识属性以保证法律的确定性，但我们仍然无法回避其具有不确定性的事实。法律的不确定性主要来自其价值性。法律是用来处理人与人之间的关系问题，而人的世界不可能像自然世界那样机械地遵从客观规律，他具有强烈主体性和价值追求。因此，"法律只有在涉及价值的立场框架中才可能被理解"③。而法律的价值关涉主体的信仰、意见和观点等这些不具有知识形态的东西，它们是情景化的、流动的，

---

① ［美］波斯纳：《超越法律》，苏力译，中国政法大学出版社2001年版，第584页。

② 参见余友辉：《修辞学、哲学与古典政治——古典政治话语的修辞学研究》，中国社会科学出版社2010年版，第3页。

③ ［美］罗斯科·庞德：《通过法律的社会控制》，沈宗灵译，商务印书馆2010年版，第62页。

因而是不确定的。对于它们的处理不能通过逻辑推理来展开，只能通过修辞推论来进行。相应地，对于司法价值判断问题也不能依靠逻辑推理来解决，而要凭借修辞推论来处理。

另一个是修辞的目的在于说服，而“理性意义上称得上正确的判决，必须被听众接受，得到人们的普遍尊重与服从”①，修辞的说服功能正好满足了法律判决的这一需求。作为言说的艺术，修辞虽然具有诡辩的特性，但论辩因素的加盟使它褪掉了诡辩的一面，成功走向了理性。修辞的理性说服功能主要来自论辩，即将修辞活动的参与者分为修辞者和受众这两个对立的角色，然后通过他们之间的争辩来达到说服对方的目的。一方面，修辞者的地位对立有利于消除修辞活动中的非理性言说，促使理性结果的出现；另一方面，为了说服受众，修辞者必须对不确定性事物进行正反两个角度的考虑，而为了增加说服的力量，修辞者必须对正反角度的“可能性”进行充分考量和计算，并尽力展示其中详尽的推论过程，这显然非常有利于修辞者养成理性思维的习惯和能力。现代司法裁判要求法律判决在满足法律自洽性的同时必须实现合理可接受性，这就使得司法裁判不是简单的逻辑推理过程，而是通过商谈与论辩进行价值判断的过程。在这个过程中，当事人和法官等都被置于裁判主体的地位，充当着修辞者与受众的角色，他们在法庭上能够充分运用修辞来说服受众接受自己的观点和意见，以最终达成共识，形成法律判决。为了保证价值判断的客观性和合理性，修辞的论辩因素被引入到裁判中：一是各裁判主体被置于修辞对立的地位；二是说服的方式通常采用“可能性”推论的模式；三是将受众的接受和认同作为价值判断正确的标准。

法律与修辞的内在契合性使得修辞在法律领域拥有太多的用武之地，并由此诞生了法律修辞学这一新兴研究领域。法律修辞学主要是研究修辞方法在法律领域的运用，详言之，就是研究如何在遵守逻辑规则的前提下来保证司法判决的正确性和合理性。判决的正确性和合理性由于属于道德性判断而充满情境性，因而不能依赖逻辑的有效性来解决，而要凭借论证的可接受性来处理。论证的可接受性一方面取决于为支持立场而确定的程序，另一方面取决于论辩内容在特定情境下是否可以接受②。为此，法律修辞学发展出了系统的听众理论，并总结出了适用于不同情境下的各种法律论辩形式等。总体来讲，法律修辞学就是基于法律天然的论证特性和对理性的根本追求来探寻实现法律的确定性和正确性双重目标的方法和途径。

（二）法律修辞学与法学教育之间的密切关系

法律天然的论证特性和对理性的根本追求使得修辞与法律之间的联系非常紧密，进而

① 侯学勇：《法律修辞在中国兴起的背景及其在司法审判中的作用》，载《政法论丛》2012 年第 4 期，第 87 页。

② 参见［荷］伊芙琳·T. 菲特丽斯：《法律论证原理——司法裁决之证立理论概览》，张其山、焦宝乾等译，商务印书馆 2005 年版，第 48 页。

也使得修辞学教育在法律领域倍受重视。在古希腊时期，修辞学教育的兴起缘于法庭诉讼需求。公元前 5 世纪中叶，西西里岛的叙拉古城邦推翻僭主建立了民主政府，于是，城邦公民可以通过法庭诉讼追回被僭主夺走的土地和财产。由于没有书面等有形证据，他们不得不聘请修辞师们从案件的“可能性”或“可信性”出发来说服法庭，以维护自己的利益。由于当时没有专业的律师，法庭也是由普通公民组成。在这种情况下，要想赢得官司，辩护者的说服技巧和策略就变得十分重要，由此就诞生了专门传授诉讼知识和说服技巧的大众教育。据考证，古希腊最早的职业修辞学教师有科拉克斯和蒂西亚斯。他们编撰出了最早的修辞手册，就人们应该怎样在法庭上和议事会中雄辩地发言概括出一些原则和点子①。蒂西亚斯是一位专门为诉讼者撰写诉状的修辞学家，这些技巧总结直接来源于法庭演讲和诉状撰写。由此可见，虽然古希腊没有出现法学教育，但法律是修辞学教育的主要运用领域，修辞学是培养法律论辩能力的主要方法。

古罗马时期一开始跟古希腊相似，并没有独立的法学教育，而是被作为修辞学教育一部分，当时的修辞学校在一定程度上承担了培养法律职业者的任务②，其任务是“使学生做好准备能够履行公共演说的义务，尤其是他的法律义务”③。大概在公元前 100 年左右，古罗马出现了专门的法学教育。然而古罗马专门的法学教育自始至终非常重视对修辞知识的传授。公元 5 世纪，狄奥多西帝曾经发布昭文，规定一个公立法律学校必须配备演说学教授 3 人；在课程上，法律学校也通常设有论辩学、演说学等。可见，修辞学在法学教育中占据着非常重要的地位。随着专业法学教育的兴起，古罗马的法律修辞学也获得了巨大发展。西塞罗结合自己一生投身于法律实践积累下来的经验，总结出了一系列的法律修辞知识和技巧。他不仅在亚里士多德“演讲五阶段”说的基础上提出了“修辞五艺”说，即将演说分为修辞发明（invention）、布局谋篇（arrangement）、表达（expression）、记忆（memory）和发表（delivery）五个阶段，还对修辞理论中的一个核心术语“论题”进行了系统阐述，从而明确了这一术语的涵义。昆提利安指出修辞者在论述行为时应该围绕为何、在何处、何时、如何及用何手段等五个方面来展开。赫摩根尼根据法庭论辩的特点确认了 13 个基本争议点，并详细分析了每一个争议点的适用情况。

在中世纪，虽然修辞学失去了与法律的密切联系，但法律修辞学教育仍然幸存了下来。在近代，理性主义的兴起导致修辞学教育日渐衰落，法学教育也日益理性化。然而在现代，随着修辞学的复兴，修辞学在法学研究和教育中再次受到人们的重视。19 世纪中叶，美国法学院开始推行案例教学方法，在向学生传授法律知识的同时，注重向学生传授法律实践背后的裁判思维和推理方法。到目前，欧美国家的法律院校一直非常重视对学生

① 参见刘亚猛：《西方修辞学史》，外语教学与研究出版社 2018 年版，第 20 页。

② 参见焦宝乾：《西方古典时期法律与修辞学教育及其影响》，载《深圳大学学报》（人文社会科学版），2014 年第 1 期，第 93 页。

③ Michael H Frost, *Introduction to Classical Legal Rhetoric: A Lost Heritage*, Ashgate Publishing, 2005, p. 3.

的修辞学教育，美国各大法学院普遍开设有法律推理与论辩等课程，德国的一些法学院开设有法律修辞学课程，其他英语国家也开设有法律论辩、批判性思维和法律写作等课程。修辞学之所以能够在法学教育中倍受重视，主要原因在于修辞和法律在思维上具有内在契合性，从而使得它“是一种非常符合法律职业实际需要的教育工具”①。

（三）法律修辞学对法律思维培养的意义

对于司法裁判而言，如何理性地进行价值判断一直是人们要解决的关键问题。而理性价值判断的难度在于它关涉主体的情感、意见和信仰等非理性因素。对于这些非理性因素的处理，修辞学为我们提供了理性的思路和方法。实际上，虽然修辞学从未摆脱诡辩和欺骗的名声，但正是对如何抑制这一特性的探索和讨论成为人们高超思维的一种操练，从而使得修辞学不断地朝着理性的方向发展。因此，从这个层面来说，学习修辞学能够让法科生在价值判断上养成严谨理性的推理和思维习惯，法律修辞学教育对于培养法科生的法律思维具有非常重要的意义。

修辞学从诞生之日起就背负着诡辩和欺骗的骂名，为了抑制修辞的诡辩性，历代修辞学家们一直在寻找各种思路和方法。古希腊智者为了防止在修辞活动中受到欺骗制定出了严格的语法规则；柏拉图在严谨地批判修辞学不探索真理，而只停留在表面与可能性的事务上之后提出演说应当建立在对事实真相认识的基础之上，以求真为首要任务②。针对古希腊修辞家总是着力于煽起审判员偏见和情感的行为，亚里士多德在明确修辞与逻辑区分的基础上阐发了其论辩理论，试图以此来限制修辞滥用。佩雷尔曼在其论辩理论中将受众置于核心地位，以受众范围的扩大及地位的提升来抵制修辞的负面作用。在对修辞滥用的反思中，人类发展出了诸如语法规则、逻辑思维及论辩思维等，使得修辞在朝着趋于理性方向发展的同时也促使人类思维越来越完善。

如果说上述求真理论、论辩理论及受众理论等只是为修辞理性化提供了目标指向和宏观架构的话，那么修辞学教育则为训练人们理性思维能力提供了非常具体的指引。修辞的原始意义包含两个主要因素：一是以可能性（probability）为基础，另一是以说服（persuasion）为目的③，简言之，“可能性”为修辞提供了说服的基础，而修辞的说服力量主要来自对“可能性”的确信。对“可能性”确信的追求使得言说者必须尽力对可能性观点进行理性安排与推论，从而促进了人的思维更趋于理性化和精细化。其实，修辞学教育从一开始就是从这方面入手来训练被教育者思维能力的。如古罗马时期的修辞学校在初级教育阶段会要求学生就赞成或反对某一命题展开辩论，在学生完成初级教育进入演说练习

---

① Michael H Frost, *Introduction to Classical Legal Rhetoric*: *A Lost Heritage*, *Ashgate Publishing*, 2005, p. 15.

② 参见［美］杨克勤：《圣经修辞学：希罗文化与新约诠释》，宗教文化出版社 2007 年，第 35 页。

③ 参见高辛勇：《修辞学与文学阅读》，北京大学出版社 1997 年，第 7 页。

阶段后也会就一个法律问题要求学生做出赞成和反对的回答，以此来训练他们的思辨能力；昆提利安在其修辞学教材《演说术阶梯》中对论题按照人—物两分法并就它们所关涉的各种因素进行了非常详尽的列举和分析，在对可能性论题和拟制性论题进行讨论时也归纳出各种推论的条件和方法①；古希罗修辞学家为了便于进行案例的事实分析，立基于大脑推理的典型方式对案件论证方法进行了归纳和列举，并就常规类型的重要法律事实制定了详细的检查列表和清单等。②

对“可能性”确信的追求驱使修辞学家们（他们通常也扮演着修辞学教育者的角色）不断探索并尽力周延地归纳和列举各种论题，严密和完善各种推论方法，分析各种修辞起点和结论之间的关联等。在这个过程中，人的思维得以日趋理性和缜密，以至于在当下司法价值判断活动中，在人工智能技术的辅助下出现了对“可能性”确信度进行量化计算的工具和方法。由此可见，法律修辞学对于帮助法科生养成理性的法律思维习惯和价值推理能力大有裨益，特别是在我国当前法学教育还是侧重于法学知识与理论传授的背景下显得格外有益。

二、法律思维培养的既有途径及其缺陷

作为大陆法系国家，我国法学教育一直比较强调对法律知识的传授，不大注重对法律思维和法律技能的培养。近些年，各大法律院校在原有专业实习的基础上纷纷引进了案例教学、模拟法庭和法律诊所等实践教学课程，用于弥补传统课堂教学的不足。应当说，这些课程的开设对于训练法科生的法律思维和法律技能起到了一定的作用，但我们比较注重对这些实践课程的形式引入，没有真正理解这些实践课程背后所隐含的法律思维和推理方法；再加上这些实践教学课程的引入是以提升法律技能为目的的，而我们对法律技能理解的还比较模糊和泛化，从而导致这些实践教学课程对学生法律思维的培养缺乏明确针对性。这两种因素叠加导致各种实践教学课程对于法科生法律思维的培养未能收到应有的效果。

（一）专业实习

专业实习是历史最为悠久的实践教学模式。法科生一般都会在法律知识学习结束后选择为期一个月到一年不等的时间到法院、检察院、仲裁机构或律师事务所等法律部门来实习。通过专业实习，学生们对课堂所学的法律知识有了更深入的认识和理解，对法官的具体裁判过程也有了一定程度的了解和掌握。然而，据笔者多年教学观察，法科生对专业实

① 参见徐国栋：《修辞学校在罗马的兴起与罗马的法学教育》，载《河北法学》2014 年第 1 期，第 28 – 31 页。

② 参见［美］迈克尔·弗罗斯特：《古典法律修辞学：一个被遗忘的传统》，孙达丹译，载《法律方法》（第 27 卷），研究出版社 2019 年版，第 6 页。

习的体验也存在诸多不尽人意的地方。一方面，他们普遍感受到在课堂所学知识与法律实践之间存在巨大的鸿沟，有的同学甚至认为课堂所学知识对于法律实践没有多大用处；另一方面，大多数同学认为法律思维没有得到实质性训练。他们在实习期间主要从事的是诸如文件整理、文字记录及文书撰写等边缘性工作，而对于案件审理活动，他们只能充当旁观者而非参与者角色。因此无法深入了解案件推理的整个过程，从而也就难于掌握法律推理的方法和技巧。

（二）案例教学

"案例教学是以案例为课程素材，通过一系列追问与推理过程展现法律逻辑思辨、法律知识运用与法律程序知识的经典教学方式。"① 这种教学方法自20世纪80年代末期从美国引入后，现已被各个法律院校备受推崇，俨然成为训练法科生法律思维最为常用的方式和手段。我国法学教师一般在讲授法律知识、原理和规则时插入适当典型、热点案例或经加工的真实案例，通过这种方法来引导学生理解和适用法律。案例教学对培养学生从实践角度审视和分析法律具有非常重要的意义，它不仅使学生获得了对抽象法律理论和知识的理解和领悟，还激发了学生就案例进行独立的批判性思考和分析的能力。② 但是，缘于我国与美国在法律制度与教育模式上的差异，案例教学在我国的运用对于学生法律思维的培养并未起到预期效果。

美国案例教学让学生直面精选案例的原始材料，通过案例和案例再现的社会环境让学生身临其境地了解案件的完整情节和法律运行的真实环境，并借助角色模拟和换位思考将学生置于真实的压力情境下，激发学生对法律问题的自主性探究。当学生居于法律运行的真实环境中，处于真实的压力情境下时，他们对案件的法律分析就不仅仅是直线性的逻辑思考了，还会积极地从生活实践层面对案件作出严谨理性的法律判断和推理。然而，我国的案例教学主要是由教师对案例进行单维度静态化的介绍和讲解，这种介绍和讲解主要目的是为了阐释某个法律知识点，帮助学生对法律原则和规则有更为清楚明白的理解，即使有讨论，也是有问题有答案的封闭式讨论。由此可见，我国的案例教学侧重于培养学生对案件进行抽象分析的能力，并未关注到司法裁判本身所具有的情境性及裁判推理过程的论证特性，从而导致学生在面临价值判断时很难形成严谨理性的推理能力。

（三）模拟法庭

模拟法庭，顾名思义，是指由学生扮演法官、检察官、当事人、律师和其他诉讼参与

---

① 陈治、李瑞雪：《法科学生实践能力培养的问题与出路——西南政法大学研究生法律援助中心的实践及启示》，载《法学教育研究》第10卷，第128页。

② 参见陈京春：《美国法学教育的变革：从苏格拉底教学法到法律诊所教育》，载《法学教育研究》，法律出版社2012年版，第318页。

人等角色，在教师的指导下构建虚拟的法庭审理场景的一种教学模式。通过这种教学模式，学生不仅对法庭活动有非常直观的体验和感受，而且在确定自己的角色后能够深入分析案情，熟悉诉讼程序，探讨辩论焦点，从而比传统教学能够更有效地训练学生的法律思维能力。然而，模拟法庭存在的问题也不容回避。一方面，所选案例通常是经过教师改编的案件，案件事实已被事前固定，在这种情况下，无论是法理分析和举证质证，还是法庭辩论都只能根据已固定的事实来展开，缺乏真实庭审场景的开放性。因此，模拟法庭虽然能够促使学生主动进行法律思考和论辩安排，但案件事实的固定性限制了法律思考和论辩展开的空间。另一方面，模拟法庭的课堂效果通常会受到庭审过程流畅度的直接影响，为了追求庭审过程的流畅，学生往往比较注重对庭审流程的把握，忽视了对法律实体内容的深度研习，这在一定程度上弱化了法科生对法律的深入思考。

（四）法律诊所

法律诊所是指仿照医科教育利用诊所实习培养医生的模式。它“通过让学生在具有法律实务能力的诊所教师督导下承办真实案件，面对真实的客户和真实的当事人，使学生掌握办理法律案件的技巧和技能”①。相对于其他实践课程来说，法律诊所的优势在于它让学生办理真实案件，使学生进入真实的情境角色，学生通过亲身体验来培养自己的法律思维和法律技能。这种把学生直接置于法律工作者的角色，让他们居于法律活动主体地位的教学形式，能够充分激发他们主动探索和分析法律问题的积极性。然而，经过近20年左右的实践，我国法律诊所教育在培养学生法律思维方面也受到了一些质疑。

首先，法律诊所教育需要较高的成本投入，这在很大程度上抑制了其作用的发挥。开办法律诊所课程不仅需要固定的办公场所，稳定的经费支持，还需要有丰富法律职业经验的教师。这些条件不是所有法律院校都能具备的，从而导致我国法律诊所课程的开展并非针对所有法科生，而只是其中的少数（通常为开办学校法科生总数的20%到30%）。当大多数法科生被排除在法律诊所教育之外时，这个课程对于法科生法律思维培养的作用也就受到了极大限制。其次，法律诊所是将学生置于真实案件的全处理过程中，这种“打包式”的培养方式虽然对学生技能培养面面俱到，但就是这种“打包式”面面俱到的培养变成了具体目标指向不明的教育，导致学生在诊所教育过程中所接受的法律思维训练都缺乏系统深入性。最后，近些年，尽管我国引入了多种实践课程，但整个法学教育仍侧重于对法律基本概念和原理的传授，对学生思维能力的训练依旧停留在形式逻辑推理层面。然而当学生在法律诊所处理真实案件时，他们需要的不仅是将法律与事实进行直接对应的逻辑推理能力，还有更为复杂的价值推理和法律论证能力。概言之，我国主流法学教育侧重

① 韩桂君、吴欢：《诊所法律教育的耶鲁标本及其启示意义——评〈法庭风暴：美国耶鲁师生诉战总统〉》，载《法学教育研究》第26卷，第353–354页。

法律的逻辑理性培养，法律诊所强调法律的经验理性训练。在学生经验理性思维处于完全空白的状态下，要使他们在这两种教学思维模式之间进行无缝对接，显然会导致其对法律诊所教育的不适应，从而降低法律诊所教育的效果。

由上述可见，无论专业实习和案例教学，还是模拟法庭和法律诊所，虽然这些实践课程对法科生的实践能力提升起到了一定的作用，但在法律思维培养上表现出不同程度的缺陷和不足。学生从专业实习中获得的大多是对诉讼程序的了解和与人交往的能力，从案例教学中获得的主要是对抽象法律理论和知识的具象化能力，从模拟法庭中获得的大多是对庭审流程的掌握和文书写作的锻炼，而从法律诊所中获得的则主要是对真实案件处理过程的肤浅体验。在法律思维培养上，在经过较长时间的实践课程学习后，法科生还是普遍没有养成规范和理性的思维能力，特别是当法律推理需要涉入政策、道德和利益等因素时，大多数法科生还是把司法裁判看成仅仅是权宜性的决断过程，缺乏对如何从正当性角度思考法律推理大前提的意识，也欠缺对判决结论进行可普遍性论证的思维。质言之，大多数法科生还未养成对价值判断进行理性推理的思维能力。

三、法律修辞学视角下法律思维培养模式的重构

从上述分析可以看出，无论是专业实习和案例教学，还是法庭模拟和法律诊所，这些实践课程一方面因强调对各种实践教学课程的形式引入，忽视了其背后所隐含的裁判思维和推理方法。另一方面也因在法律思维培养上缺乏明确的针对性和系统性，从而在对学生法律思维培养上始终没有摆脱收效不佳的批评。法律修辞学因关注司法价值判断的理性推论问题从而对培养法科生的理性思维具有非常重要的意义，因此我们必须重视法科生的法律修辞学学习。其实，欧美国家的法律院校一直非常强调对法科生的修辞学教育。然而在我国，尽管有一些法律院校开设有法律写作和批评性思维等课程，但普遍没有意识到法律修辞学的重要性，因而对这些课程从未给予足够重视，一般将其视为法学边缘课程。法律修辞学对于提升法科生法律思维能力，培养合格法律人才具有十分重要的意义，我们应该从法律修辞学视野来重构我们的法律思维培养模式。

（一）开设法律修辞学课程，衔接两种法律思维培养模式

作为专门研究价值推理的学问，法律修辞学对于培养法科生理性论证能力具有非常重要的意义，我们应当在现阶段法学教育中引入法律修辞学教育。那么我们应该如何安置法律修辞学课程，以便使其充分发挥法律思维培养的功能呢？从学校教育的角度来看，应当在传统课堂教学模式和现有实践教学模式之间设置适当的法律修辞学课程，以作为两种课程之间的衔接。尽管传统的理论和知识传授模式遭到严重批评，但作为大陆法系国家，这种教学模式不可能被取消，并且仍将是我国各大法学院主要的教学模式之一。但是这种模式在法律思维培养上的缺陷也是有目共睹，因此案例教学、模拟法庭和法律诊所等实践课

程被相继引入，以弥补传统教学方式在法律思维培养上的不足。法学是一门实践性学科，在法学教育中安排法学实践课程是符合法学学科教育规律的，因而也是非常必要的。然而，这些实践课程的开设由于各种原因在法律思维培养上并未收到预期效果。在这种情况下，开设法律修辞学课程用于衔接传统课堂教学模式和实践教学模式就显得非常必要。

我国法学教育秉承的是大陆法系理性主义和建构主义的理念。在这种理念的指导下，传统课堂教学所呈现出的司法裁判过程是这样一种过程，即法官在面对案件时，只要将案件事实置于相应的法律规则之下，然后经过演绎推理便能得出一个客观的裁判结论。质言之，司法活动就是一个逻辑三段论式的推理过程。然而，真实的司法裁判并非如传统课堂教学所呈现的那样是一个单纯的形式逻辑推演过程，而是关涉情感和道德等主观因素的复杂价值判断过程。因此，裁判过程也不是简单的形式推理活动，而是对情感、认知、心理和逻辑等各种主客观因素进行理性论证的思维过程。由此可见，传统课堂教学在法律思维训练上的这种缺陷难以培养出符合实践需求的法律人才。然而关于各种实践教学课程，虽然它们均是以培养法律实践人才为目标导向的，但一方面我们只关注对它们的形式引入，并未注意到其背后所隐含的法律思维和推理方法与传统教学所讲授的形式思维和逻辑推理方法是存在巨大差异的，致使知识与实践之间不能有效衔接，进而导致这些实践课程效果欠佳；另一方面一些实践教学课程在开设过程中一般被设想为全真的职业操练，并非是对法律思维能力的专门训练，这也导致这些实践课程收效甚微。法律思维能力是法律技能的最核心内容，也是能够通过学校教育习得的一种技能，而法律修辞学正好是关于在或然性领域如何进行理性推理和思维的学问，且能够通过课堂教学来习得，因此可以通过法律修辞学教育来培养，这不仅能够弥补传统课堂教学和各类实践教学在法律思维培养上的不足，也能在它们之间实现衔接，以促进各类实践教学在培养法科生实践能力上收到更好的效果。

（二）我国法律修辞学课程的构建

与传统教学注重法科生法学理论和知识的掌握不同，法律修辞学侧重于对法科生思维能力的培养和训练。而法律思维能力是法科生将法学理论和知识用于法律实践的必备技能，因此应将法律修辞学设置为专业必修课程。鉴于我国修辞学教育除了介绍修辞格就没有别的内容①，即我国修辞学强调美文修饰而缺乏理性论辩特性，因此我国法律修辞学教育应以培养法科生的论证思维为核心任务。首先通过讲授西方古典及现代修辞学理论和知识，让学生知悉和理解修辞学的法律方法论意义，然后再通过让学生参与对具体案例的讨论和辩论来领会和掌握价值推理的思路和方法。在课时安排上，法律思维训练需要在掌握法律知识和理论的前提下才能进行，而我们对学生法律理论和知识的传授一般在大二下学

---

① 参见傅慧钧：《修辞学与语文教育》，浙江大学出版社2016年版，第381页。

期就已经基本结束，因此法律修辞学课程安排在大三比较适宜。由于大二阶段法科生的理性思维还比较欠缺，对于价值推理如何理性化更是懵懂无知，所以应增加法律修辞学的授课时间，将其贯穿于大三整个学年，授课应以各种修辞推论方法及其法律运用的讲解和传授为侧重点，然后配合真实案例进行反复训练。在法律修辞学课程内容的设置上，可以初步安排为包括导论在内的七个章节。在导论部分首先分析三段论逻辑之于司法裁判的功能及缺陷，接着在此基础上阐释修辞之于司法裁判的意义，最后介绍我国修辞学的历史传统和特征，并阐释我国修辞学与西方修辞学之间的差异；在第一章中介绍修辞的内涵和特征，并以论辩为核心系统梳理西方修辞学发展的历史，特别是包括柏拉图、亚里士多德、西塞罗、昆提利安等在内的古希腊罗马的修辞学理论和知识及包括图尔敏、佩雷尔曼及菲韦格等人在内的现代修辞学理论和知识；第二章系统介绍古罗马“修辞五艺”说，并对修辞发明进行重点阐释；第三章讲述古罗马争议点理论，对赫尔玛格拉斯的四大争议点理论和赫摩根尼的十三大争议点理论进行系统介绍，并以具体案件为例讲解法律论辩的布局策略；第四章介绍论题学思维及修辞学家对论题目录的编排和整理，特别是亚里士多德、西塞罗和菲苇格等人的论题题目和论题学思维，以方便法律修辞者迅速发现可资利用的构思或论证方法；第五章讲述图尔敏的论辩理论和论辩图示，首先介绍图尔敏场域独立和场域依存理论，让学生了解价值判断的情境性及场域依存性，然后讲解图尔敏的论辩图示及其在法律中的运用，并选择合适案例对如何运用此种图示进行反复训练；第六章介绍佩雷尔曼新修辞学的主要思想，介绍他的合理性理论，让学生理解司法判决是对法律确定性和正确性的双重追求，然后选择能够适用于法律实践的论辩技术和论证型式，并结合案例展示这些论辩技术和论证型式的具体运用。教师在对这门课程进行讲授的时候一方面要特别注重引导学生系统了解传统的修辞学理论和知识，甚至可以引导他们深读诸如柏拉图的《对话录》、亚里士多德《修辞学》、西塞罗的《雄辩家》及昆提利安的《雄辩术原理》等著作，毕竟古典修辞学是他们倾尽一生的学问，他们留给后世追随者们唯一的任务就是选择、组合及运用他们所制定的规范并对其熟练掌握，这样也就把握了这门艺术的要旨①；另一方面应根据已有的修辞知识和方法通过适当案例或模拟场景对学生的论证思维进行反复训练，以使他们具备理性的法律思维能力。总之，法律修辞学教育应当注重对论证思维的培养，以契合法律价值推理的需要。

四、结语

正如刑法学家陈兴良所言，法律就是语言本身；法律得以存活的诉讼过程就是一种语言的复杂游戏，一门语言的修辞艺术②。而作为将冲突解决从暴力模式转向话语模式的司

---

① Michael H Frost, *Introduction to Classical Legal Rhetoric*: *A Lost Heritage*, *Ashgate Publishing*, 2005, p. 1.

② 参见陈兴良：《法律在别处》，《刑法评论》第 7 卷，第 8 页。

法活动，它所依存的话语修辞必须是理性的。在西方，正是因为依赖话语模式来解决冲突问题，他们才在语言交往和修辞活动中发展出了严谨理性的思维。可以说，真正的修辞活动必然是以理性为基础和目标的，而也正因为有了理性的指引，人类思维又在修辞活动中得以不断提升和完善。然而在我国，由于传统上冲突解决对言语活动的依赖程度较低，致使我们一直将修辞局限于言辞修饰领域而非言语交往领域，因而未能挖掘出其对人类理性思维的塑造功能，从而导致修辞学教育从未进入我国法学教育的视野。从学校教育的视角来看，现代法学教育对法科生法律技能培养的核心在于训练他们的理性思维能力，而法律修辞学教育因对理性思维具有巨大的塑造功能无疑是实现这一目标的最佳途径。因此，我国应当在课堂教学与实践教学之间介入法律修辞学教育，以培养他们理性的法律思维能力。

（编辑：吕玉赞）

论司法裁判中价值判断的不可通约性*

严　崴**

摘　要　司法裁判行为中不可避免地要涉及价值判断，价值的多元和冲突提出了不可通约性问题。不可通约性包含基数性和序数性两种，并且带有非传递性、不可转化以及开放性三种特征。司法裁判关注不可通约性，能够平等重视诉讼双方的理由，确证司法造法的合理性，并且能保持司法的开放性和包容性。传统思路以通约性的前提逻辑来处理不可通约性问题，很难有所贡献。在不可通约情形下只能允许适当造法，但是可以在主导价值，社会承诺和主体性等方面来进行合理限制。如此才能在司法遭遇不可通约性时提供帮助。

关键词　不可通约性　衡量理论　价值反思　社会承诺　主体性

通常认为，裁判哲学中有两个极端：一是无论案件事实多么复杂，司法过程多么困难，甚至在法律渊源根本没有提供明确答案的情况下，法官始终是在适用既存法律而不是根据自己的价值判断来创造法律。另一种是法官总是在创造法律，期待法官仅仅扮演客观公正、审慎老练的法律宣示者形象的美好愿望常常会落空。这就是哈特所说的“高贵之梦与噩梦”①，也是法律人对于司法裁判中价值判断所扮演角色的基本态度。

从现实角度来说，任何案件的裁判都隐藏着价值判断的过程。也许会有人怀疑简单案件中是否存在着价值判断，因为在此类案件中法官的工作似乎只是形式化地将法律规则套用到案件事实上从而得出结论，似乎不需要价值判断。然而，之所以造成这种错误的印象是因为其中所涉的价值种类相对单一，价值指涉明确和价值排列相对分明，从而导致价值

---

* 本文系国家社会科学基金青年项目“司法裁量的运作机制与偏差控制研究”（项目编号：17CFX054）的阶段性研究成果。

** 严崴，男，安徽天长人，浙江大学光华法学院博士研究生，研究方向为司法哲学、法律方法、法律解释。

① ［英］H. L. A 哈特：《法理学与哲学论文集》，支振锋译，法律出版社 2005 年版，第 133－141 页。

参与并不明显。一个典型案件的裁判可能只需要依赖某种主导价值就能得出结论，例如法治。然而，即使是最简单的法律规则适用也无法完全与价值以及价值判断割裂开来。① 而复杂案件中所牵涉的价值可能就盘根错节，价值之间就无法避免冲突和竞争。由此，司法裁判过程中的价值判断必然会面临不可通约（incommensurability）的情况。这一问题目前还未得到学界重视。但是能否妥善解决不可通约性，不仅影响案件是否能得出令人信服的裁判结果，还影响到整个司法过程的合法性。本文目的就在于从理论上澄清价值不可通约的相关问题，并且给出对应的解决方案。

一、不可通约性的概说

（一）什么是不可通约性

不可通约性原本是库恩探讨科学革命时提出的概念。② 但是，随着价值多元主义得到普遍认同之后，它越来越受到政治、道德和法学的关注。在这些涉及行动的学科中，经常需要在多种价值之间进行选择和决策。而价值往往具有终极性和基础性，相互之间不仅无法转化、互译，且时有冲突，因而容易形成不可通约性。

通常，当处于比较关系中的事物、价值、原则、选择等无法形成正向价值关系（no positive value relation）时，就是出现了不可通约性。在不可通约的情况下比较双方既不是优劣关系，也不是等价关系。拉兹认为，“如果 A 好于 B 不为真，B 好于 A 也不为真，A 和 B 具有相等价值也不为真，则 A 与 B 就是不可通约的。”③ 例如，隐私权与言论自由，个人信息和公共安全，经济发展与环境保护等权利或价值之间就是不可通约的关系。面对这些价值，我们实际上无法肯定地说它们是优劣关系还是相等关系。

一般来说，造成不可通约性的主要原因是共有评价标准的缺失。这也是法学界广为接受的说法，“从狭义上理解，不可通约性指的是两个（或者更多）行为、选择或价值不能被放到同一标尺上衡量。”④ 日常语境中，比较通常在某一种特定的评价尺度上进行，譬如 A 的身高是 170cm，B 的身高是 180cm，此时 A 和 B 具有了高度上的通约性。由于是用准确的数值来表示，所以又称基数上的通约性。在法学语境中，经常需要比较的是权利、价值，这些对象显然并不能通过共同单位上的数值表示。我们不会说隐私权是 1 个单位，言论自由是 1.5 个单位。所以这些权利之间就是基数上的不可通约。

---

① 参见许德风：《论法教义学与价值判断——以民法方法为重点》，载《中外法学》2008 年第 2 期，第 171 页。

② 参见托马斯·库恩：《科学革命的结构》，金吾伦、胡新和译，北京大学出版社 2012 年版，第 3 页。

③ Joseph Raz, *The Morality of Freedom*, Oxford: Oxford University Press, 1988, p. 322.

④ ［美］布赖恩·H. 比克斯：《牛津法律理论词典》，邱昭继等译，法律出版社 2007 年版，第 102 页；Frederick Schauer, Commensurability and Its Constitutional Consequences, *Hastings L. J.*, vol. 45, 1994, p. 785；E. A. Posner, The Strategic Basis of Principled Behavior: A Critique of the Incommensurability Theis, *U. Pa. L. Rev.*, vol. 146, 1998, p. 1185。

然而，法学中的不可通约性还具有更深层次的含义。给冲突的权利、原则等赋值并非是司法中的常规做法。但是理论上，我们认为它们之间存在优先顺序，也即序数上的通约性。例如，宪法权利通常高于部门法上的权利，人格尊严权利优先于债权。虽然此时比较项之间缺少明确的数值度量，但却呈现出“不精准的比较性”①。在这种意义上，不可通约性指的不是共有尺度的阙如，而是优先顺序也无法形成。沃尔德伦称之为“强不可通约性”，意指两种考量因素从根本上无法比较。②

从不可通约性的界定中还可以概括出三种附属特点：（1）非传递性。常规比较关系具有传递性，当A好于B，B好于C时，就可以推断出A好于C。而在不可通约中则并不具有关系传递性。例如，在某案中民主优先于法治，另案中法治优先于平等，我们也无法推导出民主和平等之间的优先关系。安德森等人就此指出，政治体系要处理不可通约性价值就要求我们放弃选择的传递性这种预设。③ 即使每种价值都可分别量化，它们之间也不具有传递性；（2）不可转化性。事实上，通约内含了转化关系。如果两种价值是通约的，就表示它们之间可以相互转化，或者能够借助第三方转化。理想状态下，转化过程不会造成价值的损耗和削弱。譬如在一般买卖合同中，标的物本身的价值就是市场价值，交易完成的必要条件就是双方对等给付。但这一结论并不适合不可通约的对象。桑斯坦就认为：“不可通约性发生在不对我们审思这些善如何能被最好的描述的判断进行暴力手段就不能沿用单独的度量比较相关的善的时候”。④ 也就是说，不可通约本身就代表了价值之间无法转化，强行转化只能是专断任性的做法。（3）开放性。遭遇不可通约性通常意味着决策走进了死胡同，任何人遇到“鱼与熊掌”的两难困境都会踌躇不决。但是拉兹表示：“重大的社会形式，其描绘了构成人类幸福工程和关系的基本形态，取决于不可通约性和甚至完全拒绝考虑以一种不可通约的选项交换另一种的结合。”⑤ 也就是说，不可通约性也产生了常规情形下容易忽略的或者不允许考虑的可能性。换言之，不可通约性预示着开放性。正是不可通约性的出现使得其他情形下无法获得的关系、情感、态度和行动成为可能。所以，不可通约性一方面是选择的障碍，另一方面也为决策创造了机遇。“由于这个理由，社会规范和生活才可能坚持各种各样的不可通约性作为维持美好生活的态度和关系的方式的可欲性。”⑥

① Derek Parfit, Can We Avoid the Repugnant Conclusion?, *Theoria*, vol. 82, 2016, p. 112.

② See Jeremy Waldron, Fake Incommensurability: A Response to Professor Schauer, *Hastings L. J.*, vol. 54, 1993, p. 815.

③ See Richard Pildes, Elizabeth Anderson, Sling Arrows at Democracy: Social Choice Theory, Value Pluralism, and Democratic Politics, *Colum. L. Rev.*, vol. 90, 1990, p. 2122.

④ Cass R. Sunstein, *Incommensurability and Kinds of Valuation*: *Some Applications in Law*, in Ruth Chang, ed., Incommensurability, Incomparability, and Practical Reason, Cambridge: Harvard University Press, 1997, pp. 235 – 238.

⑤ Joseph Raz, *The Morality of Freedom*, Oxford: Oxford University Press, 1988, p. 348.

⑥ Cass R. Sunstein, Incommensurability and Valuation in Law, *Mich. L. Rev.*, vol. 92, 1994, p. 805.

二、司法中的不可通约性

（一）不可通约性存在吗

经验上，出现不可通约的两难似乎是罕见情况。另外，司法终局性要求法官对诉至法院的案件必须给出答案。这就容易导致对司法中的不可通约性产生两种失准的认知：首先，只有在疑难案件中才会出现不可通约性。其次，面对疑难案件时，有意无意地忽略其中的不可通约性问题导致不合理的判决。

我们不妨以简单案件为例。一起交通肇事案中，逃逸者造成了被害人的死亡。经过相关审判程序，判决被告人有期徒刑5年以及民事赔偿10万元。裁判过程和结论表面上并无不妥，但其内在逻辑似乎默认了5年有期徒刑和10万元能够弥补受害人及其家人的损失。然而，我们凭什么认为生命和5年有期徒刑加上10万元就是通约的呢？这种貌似理所当然的判决恰恰掩盖了其中的不可通约性。被害人失去的是生命，而被告人受到的处罚是有期徒刑和罚金。很明显，在本质上生命和自由以及金钱是无法通过共同标准来度量的价值。就算是法律的门外汉也不会认为5年的自由和10万元与一条生命能够形成真正意义上的对等关系。

如果说在这类案件中，不可通约性只是隐而不显地存在，尚不足以造成严重的后果。那么，在价值冲突强烈的疑难案件中，忽略不可通约性有可能造成裁判的合法性危机。我们不妨以前些年引发社会热议的“泸州二奶遗赠案”略作说明。1963年四川泸州的黄某（男）与蒋某（女）登记结婚并收养一子。1996年黄某外出与另一女子张某相识，两人租房同居，周围邻居都以为两人是夫妻关系。2001年黄某患肝癌住院治疗，其间张某一直在侧照料看护。2001年4月18日，黄某立下遗嘱将自己名下的财产赠予张某，并且办理了公证手续。黄某去世后，张某向蒋某告知遗嘱并索要财产，双方发生争执。蒋某以遗嘱无效为由将张某告上法庭。①

学界对此案有两种针锋相对的意见：一种是认为按照《继承法》的相关规定，黄某所立遗嘱真实有效，应该按照遗嘱内容分配给张某相应财产份额。另一种则声称，尽管遗嘱满足了法律规定的形式要件，但黄某与张某之间并无有效的婚姻，而是为社会大众所不齿的“非法同居”关系，黄某的遗赠行为有悖社会公德。所以，按照当时《民法通则》中公序良俗原则的要求，应当认定遗嘱无效。事实上，这种观点也得到了审理该案的法院支持。初审法院和二审法院一致认为黄某的遗赠行为违反了法律规定和公序良俗，损害了社会公德，破坏了公共秩序，应属无效行为，从而驳回了张某主张遗赠财产的请求。然而，裁判结论一出引发巨大社会争议。

表面上，该案是法律规则应否适用和如何适用的问题，但造成裁判窘境的根本原因其

---

① 四川省泸州市纳溪区人民法院（2001）纳溪民初字第561号民事判决书。

实是价值的不可通约性。不难发现，该案涉及两类价值诉求，法治和道德。法治要求既然遗嘱满足了法律规定的形式要件，就应该尊重法律的权威。但是，认为遗嘱无效的学者则坚持，法律权利的行使不能违背通行的社会公德。法治价值必须在道德的框架内运行。实际上，这两种说法都有一定的道理，因而很难轻易地给出明确的判断。

法治和道德的要求尽管有不少重合，但根本上却是两种并行的价值评价体系，它们之间并不存在通约的标准。也许在某些特定情况下，道德可以击败法治或者法治可以战胜道德。但是就此案而言，法治与道德并不处于三分关系中。我们不能简单地认为采取法治进路就要好于道德进路，也不能认为坚持道德取向的方案要优于法治取向的判决。它们甚至也不是同样好的解决方案，因为如果是同样好的方案就意味着我们选择任何一种都可以。然而遗憾的是，此案法官似乎并没有看到其中的不可通约性，而是带有强烈独断意味地认定公序良俗的道德压倒了法治。由此，造成了令人唏嘘的判决。

另外，对不可通约性的无视还有可能导致对个人权利的严重侵犯。① 1990 年加州大学洛杉矶分校（UCLA）医学中心的一名医生为原告摩尔治疗干细胞白血病。为了延缓病症的发展，医生选择切除了摩尔的脾脏，这一治疗方案并无不妥。术后，医生发现切除下来的脾脏拥有巨大商业价值。在未征得摩尔同意的情况下，该医生提取了脾脏基因物质中的细胞并将其移植到其他病人身上。提取基因物质只有通过专业人士才能完成，而且需要耗费巨大精力和专业技能。在获得成功后，一家私人公司以 75000 的股权向医生购买那种基因物质，并且三年间提供医生和 UCLA 将近 450000 美元的支持。当摩尔得知此事后，一纸诉状将加州大学告上法院。他主张对于从脾脏中提取的基因物质有财产权。

法院的多数意见表示医学研究者使用人类细胞已经是行业惯例，承认摩尔的诉求会伤害那些没有法律义务为社会做出有益行为的人的情感。而且，禁止使用捐赠者细胞还会妨碍涉及人类细胞的医学研究。但是莫斯科法官却表示了强烈的反对，他主张："我们的社会承认一种尊重人类身体作为独一无二人格的肉体和世俗表达。对那一尊重的阐述就是我们禁止对身体折磨……另一种是我们禁止为了另一个人的单独利益而通过经济开发而滥用其身体……当我们允许研究者促进他们自身的利益，而没有患者参与就使用其细胞作为可市场化的产品的基础，我们视为人类整体的，身体和思想与灵魂，尊严和神圣性就不复存在了。"② 实际上，莫斯科法官提请我们注意的是不可通约性问题。当他强调尊严和身体的神圣性时，就是表明学术研究权利与尊严，身体这些价值无法通约，可惜多数意见并没有当作不可通约的问题来处理，从而牺牲了这些权利。

以上的论述意在说明司法中的不可通约性并非只有极端情形下才出现，简单案件中也普遍存在不可通约的问题。而且，不可通约性还影响着法律判决的合理性以及权利保护等

① See Jürgen Habermas, Reply to Symposium Participants, *Benjamin N. Cardozo School of Law*, vol. 17, 1996, p. 1531.

② 793 P. 2d 479, pp. 515 – 516 (Cal. 1990).

问题。因此，在面对复杂案件时，如果能从不可通约性的角度来思考，也许为裁判提供更加合理的解决思路。

（二）不可通约性重要吗

指出司法过程中不可通约性的存在揭示了裁判的复杂性。但是，不可通约性对于司法裁判具有更重要的作用。基本上可以概括为三点：（1）能够给予诉讼双方的理由应有的重视；（2）确证司法造法的必要性和合法性；（3）保持司法开放性和包容性。

一般裁判过程中，司法秉承的是通约逻辑。为了获取结论，法官通常会比较当事人双方理由的强度，强势方会直接压倒弱势方而胜诉。但是，这种模式的泛化会导致忽视理由本身。尤其是弱势方提出的理由往往得不到足够的重视。事实上，决定裁判的结论应该是理由本身，而不是理由的强度。这一点在不可通约的价值判断中尤其明显，沃那表示“不可通约性的渊源来自价值的属性——或者更准确地说，是珍视（valuing）。那个词的一种核心且重要的意义是，珍视某种东西就是把它当作行动理由的渊源，那种理由包含在由于其本身的重要性（for its own sake）去做，经历或者拥有中，不是作为实现其他任何目的的过程中。”①

相反，基于不可通约立场时，由于双方的理由不存在共同的评价标准，并不具有可转化性，裁判者就不会因为强度而勉强做出裁判。而且正是因为双方的理由不可通约，也会倒逼裁判者重新审视理由本身，在理由之间流连，不会偏废任何一方。即使最终裁判会给出答案，也是在充分考虑了对立双方的理由之后的慎重决定。拉兹已经明确地表示：“在不可通约的选项中的选择，可能基于一种理由。尽管那种理由和替代选项的理由不可通约。它彰显了那一选项的价值，而且当选择那一选项时是因为它的价值。”②

在通约性的思维模式下，司法造法经常被视为裁判过程中的洪水猛兽。因为理由之间总是可以找到合理的转化方案，所以逻辑上根本就不会有司法造法的空间。如果实践中法官无法得出裁判结论，其原因也只能是尚未发现比较的尺度。由此，司法造法一方面确实不必要，另一方面引入司法造法也会导致对通约性前提的否定。但是，上文已经表明不可通约性才是司法中的常态。在不可通约的因素相互碰撞时，通约性的思路已经走向了死胡同。此时，司法造法可能不是通约性逻辑下的理性选择，但却是唯一选择。张美露教授指出面对艰难选择的情境时，创造新的规范性理由是必然的方案。“当给定理由处于艰难选择中的同位关系时，我们就拥有了规范性权力为自己选择一种方案而不是另一种创造意志性理由。”③ 实际上，这种迫不得已的造法即使不符合所谓理性决策的要求，但也不会和理性相冲突，它并非传统意义上所说的法官任意、专断的创造。因此，在一定程度上，不

---

① Richard Warner, Incommensurability as a Jurisprudential Puzzle, *Chi – Kent L. Rev.*, vol. 68, 1992, p. 157.

② Joseph Raz, *The Morality of Freedom*, Oxford: Oxford University Press, 1988, p. 338.

③ Ruth Chang, Hard Choices, *Journal of the American Philosophical Association*, vol. 7, 2017, p. 17

可通约性是司法造法的合理证成。

另外，基于不可通约前提的司法造法本质上属于个案突破。此案中的价值形成不可通约，并不代表在其他案件中就会形成不可通约。即使是同类价值，在不同的案件中也未必形成不可通约性的关系。所以，这就决定了不可通约之下的司法造法也只是当前案件的临时性和可废止性决策。当下一次出现不可通约时，裁判还是需要重新审视相关的理由或价值。因而，它为后续案件的裁判保留了进一步发展和论证的空间，更能容纳不同的裁判思路。

三、两种失败的回应

理论上确认不可通约性的存在和意义尚不足以为操作性的司法提供指导。因此，最重要的问题是如何在实践中回应不可通约性？尽管哲学语境中，有人认为这是无法解决的困境。但是，作为以定纷止争为终极目标的司法活动，很难接受这一说法。① 法学领域中，已有不少学者试图扭转这一令人沮丧的状况，德国学者阿列克西和中国学者梁上上各自提出了应对策略。

（一）公式论

阿列克西对不可通约性的探讨主要集中在他的权利理论中，尤其是宪法中的人权。在他看来，人权主要被理解为原则，它有最优化的要求（optimization requirements）。申言之，它是“鉴于法律和事实的可能性，要求某种东西尽可能地实现到最大限度的各种规范。”② 原则提供了相互区别且不可化约的标准来评价选择，而且原则要实现的各种特性相互之间也不可转化。所以原则之间肯定会发生冲突，某种选项在实现一种原则中的排位比另一个高，而在实现另一原则中可能就会比较低。

他认为原则冲突的解决方式与规则不同，我们既无法创造例外条款，也无法宣布其中一个原则无效。换言之，它并非以全有或全无的方式而适用。处理原则冲突需要通过衡量（balancing）。作为最优化要求的原则，在与其他原则发生冲突时需要建立一种优先关系。这种优先关系并非绝对意义上的，而是以特定案件为中心的有条件优先关系。据此，他提出原则之间的侵害程度与其重要性成正比。“（假如）对某一权利或者原则不满足的程度

---

① 在哲学领域，有不少学者认为在不可通约性下无法做出理性的选择。例如柏林就认为在多元价值之间很难发现一个通约的公式，它是人类无法摆脱的困境。参见［英］以赛亚·伯林：《自由论》，胡传胜译，译林出版社 2003 年版，第 242 - 245 页；罗尔斯也认为不可通约的价值选择中没有明确的答案。参见［美］约翰·罗尔斯：《作为公平的正义：正义新论》，姚大志译，上海三联书店 2002 年版，第 342 页。亦可见［英］John Finnis，*Fundamentals of Ethics*，Oxford：Clarendon Press，1983，pp. 66 - 67；Joseph Raz，*The Morality of Freedom*，Oxford：Clarendon Press，1986，p. 322。

② Robert Alexy，*A Theory of Constitutional Rights*，. trans. by Julian River，Oxford：Oxford University Press，2002，p. 47.

或者损害程度应当增大，相应地，满足与其相对的另一原则的重要性就应当减小。”①

为了便于操作，他将原则之间的侵害程度区分为轻度、中等和严重三种。衡量的过程也分为三步，第一步是确定原则之间的侵害程度，第二步是衡量原则的重要性，第三步确定后一个原则的重要性是否超越不满足或者损害前一原则。当某一原则的利害关系比另外一个原则要大时，就具有优先性。这些步骤可以提炼表达为“分量公式”（Weight Formula）②：

$$W_{i,j}=\frac{I_i \cdot W_i \cdot R_i}{I_j \cdot W_j \cdot R_j}$$

其中，i代表受到侵害的那条原则，而j代表另一条原则。冲突原则的具体分量关系（$W_{i,j}$）由冲突原则的（不）满足程度（I），原则本身的抽象分量（W），以及关于原则（不）满足的经验前提的现实性（R）共同组成。

面对原则的不可通约性，阿列克西公式看似是一种精致合理的应对策略，然而在笔者看来并不成功。他只是预设了通约性，然后主张在实现不同原则的过程中，具有更大利害关系（more at stake）的原则应该获得优先性。但是，即便他给原则相互之间的侵害程度以及分量分配了不同的数值，公式也能够精确运算，原则的比较却未必就可以顺理成章。因为他忽略了公式得以存在前提，即必须论证不同原则的实现程度是可以通约的。也就是说，优先性规则必须首先表明，在某种原则获得更大的满足时，会比竞争原则获得满足时产生更多同样的属性，而不是将那种需要论证的前提当作不证自明。反过来说，如果一开始原则相互之间就是不可通约的，那么这一公式再怎么精致都是空谈。厄比那就提示过这一点：“如果在人权案件中，至关重要的价值和原则是不同的，且不可相互化约，产生了不可通约性的选择，合理的推理需要承认这种不可通约性，而不是无视或者隐藏它。”③

（二）共识论

最近，梁上上教授也注意到了不可通约性并且着手处理这一难题。在《异质利益的公度性及其求解》④ 一文中他发现，基于庞德的研究来看，想从哲学层面上构建一套绝对的价值等级秩序是不可能的。此外，用单一标准（例如货币标准）来测量不同利益之间的大

---

① ［德］罗伯特·阿列克西：《论权衡与涵摄——从结构进行比较》，刘叶深译，载《法哲学与法社会学论丛》2007年版，第81页。

② Robert Alexy，On Balancing and Subsumption：A Structural Comparison，*Ratio Juris*，vol. 16，2003，p. 444.

③ Franciso J. Urbina，Incommensurability and Balancing，*Oxford Journal of Legal Studies*，vol. 35，2015，pp. 590 – 591.

④ 梁上上：《异质利益的公度性及其求解》，载《政法论坛》2014年第4期，第3 – 19页。

小会扭曲利益的事物本性与现实价值。所以，他转而求助于生活层面，立足于具体情境来解决问题。他认为法官在具体案件中结合案件背景完全可以确定何种利益应该优先保护。法律适用层面的异质利益衡量具有可能性与可行性，是因为现实社会提供了相应的条件。妥当的异质利益衡量建立在两种条件之上：（1）社会基本共识。其中包括了基本价值的社会共识，利益位阶的社会共识，行为规范的社会共识；（2）作为规则基础的制度共识。法律适用中的利益衡量是建立在具体法律制度的共识之上。通过对这两点的论证，梁文认为利益衡量需要的是法律共识，不是公度性，也不是通约性，更不是数值上的简单比较。而异质利益通过相应的程序机制可以保证结论的妥当性，例如诉讼程序，法官的利益选择机制等。因此，他得出结论，抽象层面主张不可通约性可能是正确的，但在法律适用的场合强调不可公度性是误入歧途。异质利益的衡量只要建立在妥当的社会共识，在正当的诉讼结构中对处于不同利益层次的利益进行妥当衡量，是可以获得为社会接受的解决方案的。

值得肯定的是，梁文并没有像阿列克西那样试图从抽象层面给出普适性的回应，而是更生活化地给出了异质利益衡量的判别标准，这对于实践中的司法有一定的指导作用。但是，其依然没有处理好甚至可以说没有正面处理不可通约性问题。

首先，逻辑前提下，梁文虽然以不可通约性作为行文起点，但是其主要内容是在探讨异质利益的衡量问题。换言之，不可通约性的预设与其结论关联性不大。文中多次强调异质利益衡量中不可通约性不是关键而企图回避这一讨论的前提。最终在处理不可通约上提供的策略是，不管各种异质的利益通约与否，全部纳入衡量过程。虽然异质利益的衡量中不可通约性未必总是问题的症结所在，但当我们提出这一问题时，草率地强调不可通约性的边缘性或不存在并不是正面处理问题的恰当态度。反而这种“迂回”策略给人掩耳盗铃之感。

其次，异质利益衡量所设计的解决方案对于处理不可通约性作用有限。就利益位阶而言，它的排列并不是绝对，而所谓的共识也难以捉摸。例如健康利益大于财产利益现在看来无可厚非，但放在几十年前就不成立。曾出现在语文教材中的小英雄赖宁牺牲自己挽救集体财产的事迹不仅得到当时社会的赞赏，甚至获得官方的支持和鼓励。这一点在今天显然是不成立的，因为社会共识已经发生了翻天覆地的变化，之前的利益位阶早已不合时宜。当然，共识论可以强调在具体案件中相时而动。但在给出可行的“时”和“动”的判断依据之前这只不过是一种空头支票。另外，更为致命的是，异质利益衡量依赖的规则基础和程序也无法成为可行方案。因为不可通约性出现的前提就是现有的程序和规则已经用尽而无法解决问题了，那么何来运用一说？如果它们还能在决策中发挥决定作用，不可通约又怎么会出现呢？从根本上说，梁文试图将法律适用与不可通约性割裂开来的做法不仅误解了法律适用的内在含义也误解了两者之间的关系。法律适用过程并不是只包含法条，其必然以相应的形而上的规范性理由作为支撑。实际上，就连衡量论本身也需要建立在利益的基础上，我们不禁要问为什么将法律的适用仅仅限定在法条上呢？其实，梁文是想以形而下的制度设计来逃避形而上的价值追问，但这种本末倒置的努力注定不会成功。

第三，不可通约性与利益衡量本身就是互为掣肘的概念。① 不可通约性的一个基本特性就是价值之间的不可化约，而利益衡量的理论前提恰恰是可通约性。抛开现实问题不谈，无论接受价值通约或不通约的立场可能都没有错，但这是讨论的起点，决定了价值问题的后续处理模式。诚如有些学者指出的，决定价值通约与否不是在决定接受何种道德概念观之后我们能做的事情。相反，它是在接受特定道德概念观，或者至少在接受特定种类道德概念观之前必须做的事情。② 在法学领域中，我们必须设定价值有时候是不可通约的，否则像平等，正义，民主这些价值就没有独立的地位和意义。而一旦建立这样的前提，就不能偷换概念中途转向可通约的路数上去。所以，其实梁文本身就有丐题之虞，异质利益衡量的一系列架构（共识，制度，程序）都建立在通约性利益的前提之上，但却被用来证明本身不可通约的异质利益的通约可能性。由此，利益衡量应对不可通约性的种种制度设计更像是预设了利益可以通约之后的穿凿附会。实际上，我们也能同情、理解衡量论这种瞻前顾后，左右摇摆的做法。因为不可通约性是利益衡量无法回答的根本性拷问。一旦承认不可通约性，就意味着利益衡量此前的种种努力付诸流水，这也是利益衡量论为何总是在面对不可通约性时难以切中要害的根本原因。

无论是公式论还是共识论，都没有在遭遇不可通约性时给出令人满意的答案。最主要的原因是这两种思路始终是用通约性的比较思路来应对不可通约性。前文的论述已经在某种程度上表明，面对不可通约性的司法决策需要充分地说理乃至某种程度上的司法造法，而不是比较。也只有在说理的前提下，法官才能认真对待案件中的理由，并且为自己的带有创造性的意见提供支撑理由。

四、如何处理不可通约性

桑斯坦曾说："法律理论的一个特别重大任务就是提供，法律语境中，在不可通约的善和不同可能种类的价值之间做出选择，充分的描述。"③ 换言之，对于不可通约性的研究不能仅仅停留在理论层面，还必须在实践层面给出一些具体指导。

前文已经表明，在遭遇不可通约性时就代表现有理由已经用尽，司法者实际上进入了相对自由的裁量空间，需要进行一定程度的创造和论证。但是，如果这种司法造法希望避免任意、专断的指责，就必须拥有合理的渊源和恰当的标准。本质上，不可通约性下的决策是涉及价值判断的实践性推理。它与三种因素相关：主导价值，外部环境和价值主体。所以，我们可以从这三方面来限制遭遇不可通约时的司法造法。首先，要确定决策情境中

① Richard Warner, Does Incommensurability Matter? Incommensurability and Public Policy, *U. Pa. L. Rev.*, vol. 146, 1998, pp. 1298 – 1324.

② Mark R. Reiff, Incommensurability and Moral Value, *Politics, Philosophy & Economics*, 2013, p. 2.

③ Cass R. Sunstein, Incommensurability and Valuation in Law, *Mich. L. Rev.*, vol. 92, 1994, p. 861.

牵涉的支配价值是什么。虽然多元价值碰撞容易形成不可通约性，但是当我们厘清困境中的支配价值时就有可能化解这样的尴尬。其次，在不可通约情形的困境时，法学领域中的渊源已经用尽。因此，还需要从社会传统和道德中寻找合理的渊源。最后，价值对决策主体才有意义，只有通过主体才能体现。“我们将事物视为有价值的，部分是因为我们是如何的以及部分是因为它们是如何的。”① 所以，在创设新的决策理由时应当符合、彰显主体的承诺和追求。

（一）辨明主导价值

张美露教授认为当两种选项之考虑表现出来的优点（virtue）不能根据共同的标准来评估时，未必是真的不可通约。许多时候是我们忽略了决策情境中的主导价值。而一旦对主导价值进行充分、准确、完整地阐述之后，就有可能化解不可通约的尴尬，进而做出合理决策。② 也就是说，在遭遇不可通约的价值判断时，决策需要回归价值问题本身，诉诸更高层次的主导价值及其内容。对此，菲尼斯表示赞同并认为，“法律中的不可通约性问题开启了之前的问题：内卷在任何以及每一种选择中的现实是什么。”③

司法实践，特别是法律解释的运作规律也印证了这一点。法律解释的元规则要求在文义清楚时以之为准，而只有文义不清楚时才能考虑体系解释。当两者都不足以解决相关问题时，才能求助于立法意图和目的等渊源。④ 从价值角度来看，解释方法之间存在着价值等级的攀升。文本中蕴含的通常是低阶的价值判断，体系解释则需探究更高层次的价值，而意图与目的基本代表了最为抽象的价值。只有在低阶价值无法解决问题时，司法者才会向高阶价值寻求指导。

一般来说，不可通约性经常是在具体案件中的低阶价值之间形成的困境。决策者可以通过充分解读更高层次的价值内涵破除此种局面。例如，在前文的“遗赠案”中，倘若法官能够审慎思考案件中主导价值也许就不会得出令人唏嘘的结论。该案中的主导价值是“公序良俗”的解读。司法者以法律的明文规定和公序良俗为基础拒绝了姘居者的诉求。其理由是公序良俗谴责破坏婚姻的“第三者”，因而赠与行为也归为无效。但是，这种对于公序良俗的解读并不准确。社会舆论的不满和学界的争议已经明显映衬出裁判在主导价值上的论证有失妥当。公序良俗原则固然包含对“插足者”的否定，但是，它也有“知恩图报”的内涵。可惜法院在判决该案时，完全没有解读出这部分内容。

---

① Brett G. Scharffs, Adjudication and the Problems of Incommensurability, *Wm. &Mary L. Rev.*, vol. 42, 2001, p. 1419.

② See Ruth Chang, The Possibility of Parity, *Ethics*, vol. 7, 2002, p. 666.

③ John Finnis, *Commensuration and Public Reason*, in Ruth Chang, ed., Incommensurability, Incomparability, and Practical Reason, Harvard: Harvard University Press, 1997, pp. 219 – 220.

④ See Neil MacCormick, Robert S. Summers, *Interpretation and Justification*, in Neil MacCormick, Robert S. Summers, ed., Interpreting Statutes: A Comparative Study, London: Taylor & Francis Group, 1991, p. 530.

（二）遵循社会承诺

司法是典型的公共事业，它始终处于特定的社会模式和传统之中。因而，“不可通约性不可避免地将公共决策者投入到社会承诺（commitment）的解释者角色中。”① 换言之，当价值不可通约时，诉诸社会承诺是一种必然的选择。菲尼斯认为在不可通约性下的选择有两点要求：（1）选择必须有理性上的吸引力；（2）遵循道德实践的合理要求，例如公平，一致性等等社会承诺。② 前者可以看作是对主导价值的充分论证，后者则是对社会承诺的尊重。

当然，对于社会承诺的尊重并不是盲目地遵循过去和传统。不可通约中的裁判目标是在既存社会理想下建构并保持叙述的连续性。③ 它是对于社会承诺的最佳解读。这一点，在德沃金建立整体性理论时已经阐述得非常充分。他认为我们所生活的世界，人们就善和正当经常有相互冲突的概念观。整体性的出现就是为了处理这种多元主义和政治碎片化。他要求我们在面对多元主义时，将政治制度建构和解释成是一统一的声音，政治性机构促进和保护的所有权利都要来自道德融贯的原则。

由此，裁判的合法性也要来自于过去政治决定中产生的具有整体性美德的原则。特别是在疑难案件的裁判中，法官需要假设司法决策是以社群中人们所理解的原则而非政策所证成。④ “整体性的裁判原则指示法官识别法律权利和义务，尽可能地，预设它们全部是由单个的作者——人格化的社群——表达关于正义和公平的融贯概念观……根据作为整体性的法，如果它们包含在或者来自为社群法律实践提供最佳建构性解释的正义，公平以及正当程序的原则，法律命题就是真的。”⑤ 例如，在蜗牛鱼案中，环境保护和经济利益形成了不可通约的冲突。1973 年，美国国会颁布濒危物种法案，授权内政秘书列出相关物种并且要求所有政府机关采取行动保证他们自己的行为不会伤害到这些物种的生存环境。案发时，田纳西的环境保护者为了保护蜗牛鱼的栖息环境，反对即将完工的 TVA 工程，显然这会造成巨大经济损失。当局政府认为，制定法不能被解释为阻止即将完工的工程，而只能对开始一项工程有效。而且他们提供相应证据说明国会在秘书长列出清单之后还明确表示了希望大坝建成。最终，伯格大法官撰写多数意见要求停止大坝工程，鲍威尔大法官则表示反对。

当我们用不可通约的视角来观察该案时，就需要对社会中的政治道德承诺进行解读。裁判者只有明确哪一种决定可以更好地体现当前社会承诺并且能够为今后的建构和发展留

① Richard Warner, Does Incommensurability Matter? Incommensurability and Public Policy, *U. Pa. L. Rev.*, vol. 146, 1998, p. 1324.

② See John Finnis, Concluding Reflections, *Clev. St. L. Rev.*, vol. 38, 1990, p. 236.

③ See Cass R. Sunstein, Incommensurability and Valuation in Law, *Mich. L. Rev.*, vol. 92, 1994, p. 856.

④ See Ronald Dworkin, *Taking Rights Seriously*, Cambridge: Harvard University Press, 1978, pp. 115 – 116.

⑤ Ronald Dworkin, *Law's Empire*, Cambridge: Harvard University Press, 1986, p. 225.

下足够的空间，才能就此给出合理结论。本案中，叫停大坝的理由是以最佳的方式去呈现社会承诺。就像德沃金说的，合理的解释不仅要敏感于关于正义和明智的政策，还要敏感于民主社会中的政治整体性以及公平和正当程序的理想。①

（三）反思主体个性

虽然在价值形成不可通约时，需要进行司法造法。但本质上它属于实践推理的范畴。实践性推理由两部分构成，分别是事情本身和推理主体。② 这就意味着，在处理价值不可通约性时，不仅要考虑价值本身及其相关因素，还要给予价值主体相应的位置。前者是向外探求，后者是内省，两者缺一不可。实践中我们往往强调前者而忽视后者，但是价值本身是依赖主体的内容真理。像民主、法治这样的价值永远无法脱离主体视角和限度，只有在特定的主体面前它们才有意义。所以，我们必须在价值判断中恢复主体地位。③

需要强调的是，在价值判断中考虑主体性并不必然导致主观主义或者相对主义。我们所说的主体性内容是内在自我理解，体现主体深层的承诺（commitment）和个性。例如对正义、家庭、朋友、理想的承诺，正是通过这些我们才定义了自己。④ 史密斯表示："各种对有价值客体的主观依恋，作为它们与其他重要客体的关系，职业道路，特定美学品位的培养等，构成了个人变成什么样的一部分，当她通贯一生主观地将自己致力于这些客体时，依恋这些行为的多元性并且经常是不可通约的特性很大程度上创建了个体作为人或主体的含义和价值，"⑤

据此，在面对不可通约性的困境时，回归决策主体本身，追问做出价值判断的特定主体致力于成为什么样的人是一种有效的方案。张美露教授发现："当你以一种建立在意志基础的理由上的方式致力于某些事情，相反，是你的主体性，致力的行为，是你创建理由的渊源。致力，不同于承诺，能够成为理由的渊源。"⑥ 简言之，主体的致力能够在进退两难时为行动创造合理的理由。例如，在面临职业选择时，我们经常会问自己到底想成为什么样的人？是成为学者，还是做一名律师？最终答案只能诉诸选择者本身，如果他享受求知的乐趣，喜欢学术的思考就会选择成为学者。反之，就会成为律师。而无论选择者选择什么都应该和其内在的个性、追求和致力相匹配。从这一点来说，在面对价值不可通约性做出的选择并不是任意性的决断，而是将主体性放置在背后的决定。其中，决策主体的

---

① See Ronald Dworkin, *Taking Rights Seriously*, Cambridge: Harvard University Press, 1978, p. 346.

② See Joseph Raz, *Incommensurability and Agency*, in Ruth Chang, ed., Incommensurability, Incomparability, and Practical Reason, Harvard: Harvard University Press, 1997, p. 113.

③ 参见牟宗三：《中国哲学十九讲》，吉林出版集团 2010 年版，第 28 页。

④ 参见 Richard Warner, Impossible Comparison and Rational Choice Theory, *S. Cal. L. Rev.*, vol. 68, 1995, p. 1720。

⑤ Steven R. Smith, *Value Incommensurability and the Politics of Recognition*, Bristol: Bristol University Press, 2011, p. 47.

⑥ Ruth Chang, 'Hard Choices', *Journal of the American Philosophical Association*, vol. 7, 2017, p. 17.

致力在处理不可通约性的选择中扮演了重要角色，有时候采纳某种致力不可通约的问题即可迎刃而解。①

同样的，当法官在裁判中遭遇价值不可通约时，除了辨明、论证主导价值的内涵，关注相应的社会承诺，还要反思自身致力的准则、原则。衡量论之所以失败的一个主要原因就是价值主体始终处于缺场的状态。它只从外部视角去关注如何化解客观价值困境，而没有考虑决策主体在这一过程中可能扮演的角色。虽然司法过程确实要求法官在面对价值问题时尽量保持客观公正，但他并不是冷血的机器，而是具有特定人格和追求的人，他的主体个性肯定会影响其决策。菲尼斯在解决权利不可通约性时指出，决策者必然拥有一些关于人类个性、行为乃至社群交流的模式。一般来说，决策会选择能够支撑那些模式的方案。也就是说，在不可通约的相关问题中，裁判者即使在某种程度上进行造法，他也会与其个人一贯坚持的个性和追求保持统一。②

五、结论

人类以各种各样的方式珍视和追求多元价值，这些价值之间形成不可通约性是普遍现象。同样的，司法中的价值不可通约也是客观存在的事实，实际上许多司法裁判的结论都是在不可通约的价值之间做出的选择，只不过我们对其重视不足以至于身在庐山尚不自知。

承认不可通约性的意义并不仅仅在于提示我们裁判的复杂性，更在于警醒我们如何认真对待案件中涉及的价值。像衡量论这种独断论式的主张无论设计得多么精致，都没有正面、客观、深入的剖析价值问题，以至于在面对价值不可通约时只能选择无视、规避或者强行将价值化约的盲目乐观态度。只有承认不可通约性的前提下，我们才能在司法过程中对于价值本来的意义进行反思和判断，才能更加深刻的评价和理解相关法律问题。同时，在不可通约的前提下，也有助于我们更加理性地对待裁判的社会语境和把握裁判者的主体性。从这个意义上说，不可通约性是认真对待司法中价值判断的指路牌。

（编辑：杜文静）

---

① See Francisco J. Urbina, ‘Incommensurability and Balancing’, *Oxford Journal of Legal Studies*, vol. 35, 2015, p. 598.

② See John Finnis, ‘Commensuration and Public Reason’, in Ruth Chang, ed. *Incommensurability, Incomparability, and Practical Reason*, Harvard: Harvard University Press, 1997, pp. 219 – 220.

司法方法论

论类案判断的司法方法*

——以案例指导与类案检索为背景

孙　跃**

摘　要　类案判断是进行类案检索、实现同案同判的关键环节，其具有重要的实践意义。在现有的司法类案制度框架下，类案判断面临对比对象概念交叉、判断方法模糊不清、判断标准过于单调等方法论困境。为了便于类案判断的对比，可以运用要件理论对案件事实、争议焦点、法律适用等案件要素进行整合，以裁判规则要件事实作为类案判断的对比对象。为了明确类案判断的基本方法与步骤，需要运用基于案例类比的法律论证模型来实现案件相似性的初步判断。为了对案例相似性进行补充判断，还需要引入更加丰富的类案判断标准，通过运用可废止性理论来检验论证前提的逻辑有效性，并运用后果权衡来增强案例类比论证结论的实质合理性。

关键词　类案　要件事实　类比论证　可废止性　后果权衡

自2010年案例指导制度正式确立以来，最高人民法院对于通过司法案例统一法律适用并实现“同案同判”的实践探索就一直没有停息。2015年和2017年最高人民法院发布的《关于完善人民法院司法责任制的若干意见》以及《最高人民法院司法责任制实施意见（试行）》均提出了建立类案检索制度的规划及其初步方案。2020年7月，最高人民法院发布了《关于统一法律适用加强类案检索的指导意见（试行）》（下文简称《类案检索指导意见》），该文件对类案检索的情形、范围、基本方式与程序、责任主体等进行了进一

* 本文系2021年山东省社会科学规划研究青年项目《民法典时代民事类案裁判方法研究》的阶段性研究成果。

** 孙跃，男，山东济宁人，山东工商学院法学院讲师，研究方向为法律方法论与司法理论。

步规定。上述相关司法制度的逐步确立和一系列文件的发布，标志着具有中国特色的司法类案裁判制度已经初具雏形。①

根据《类案检索指导意见》第1条的规定，“类案”是指“与待决案件在基本事实、争议焦点、法律适用问题等方面具有相似性，且已经人民法院裁判生效的案件”。尽管《类案检索指导意见》对类案的定义、类型和范围等问题进行了基本界定，但并没有具体明确类案的具体标准和判断方法。相关制度的留白或空缺容易引起司法方法层面的迷茫与混乱，从而降低类案裁判的效率和效果。近年来我国法学界和法律实务领域围绕类案裁判方法展开了热烈讨论，亦在相关领域取得了较为丰富的成果。然而，这些研究大多是在《类案检索指导意见》实施之前开展的，大多是从法学理论层面或法律实践经验层面对类案裁判的方法论进行探索，不少成果与方兴未艾的类案裁判机制之间的契合度比较有限。针对上述情况，本文将在分析现有制度框架下类案判断标准及其实践困境的基础之上，重点从类案判断的对比对象、类案判断的基本方法以及类案判断的补充方法等三个方面，论述符合现有类案裁判制度且具有充分理论依据和实践可操作性的法律方法和裁判技术。此外，考虑到我国司法案例体系中最具权威性的是最高人民法院发布的指导性案例，因而本文的分析素材和例证将尽可能选用指导性案例。

一、现有制度框架下类案判断的方法论困境

根据《关于案例指导的工作规定实施细则》第9条，判断指导性案例与待决案件是否相似，应当从“基本案情”和“法律适用”两个角度出发。根据《类案检索指导意见》第1条的规定，类案的判断标准是“基本事实、争议焦点、法律适用问题等方面具有相似性”。以上两条规定在内容方面较为相似，其中“基本事实”与“基本案情”大致属于相同范畴，两者都属于案件事实层面的判断；“争议焦点”则是《类案检索指导意见》相对于《关于案例指导工作的规定实施细则》新增的类案对比对象；“法律适用”则是上述两条规定完全相同的内容。综上，在现有类案裁判制度框架下，类案判断的主要标准就是生效判决与待决案件在基本事实、争议焦点、法律适用三个方面均具有相似性。初看之下，《关于案例指导工作的规定实施细则》以及《类案检索指导意见》中对于类案判断标准的规定较为全面和简洁，也基本符合裁判文书写作的基本体例和习惯。但如果结合判例适用的特点对上述标准进行司法方法论层面的分析，就不难发现现有规定不仅在理论与逻辑层面上难以自洽，而且在实践操作中也不可避免地面临诸多困难。

首先，作为类案判断对比对象的“基本事实”“争议焦点”“法律适用”三大要素在内涵上相互交叉重叠，呈现出一种“你中有我、我中有你”的状态，无论在理论层面还是

① 本文所称的“类案”“案例”“判例”等特指我国各级人民法院作出的生效判决或编辑发布的案例，不包括其他国家机关发布的案例。为表述方便，本文不严格区分“案例”“判例”等概念。

实践层面都难以被实质性地区分，这容易造成裁判思维的混乱或冗余。法律适用的步骤是一个“目光往返于事实与法律规范之间”的过程，事实问题必然与相关法律规范相互联系。因此，对案件基本事实的认定不可能脱离对法律适用问题的理解孤立进行。由于“同案同判”就是指“相似的案情（事实）应被赋予相似的法律评价（法律适用）”。也就是说，“法律适用”的相似性其实是“基本事实”相似性成立的结果，两者在逻辑上是递进关系而非并列关系。在已经规定了基本事实作为类案判断对比对象的情况下，再将法律适用作为对比对象，难免存在“叠床架屋”或“画蛇添足”之嫌。此外，由于案件争议焦点本身就是对有争议的事实与法律适用问题进行归纳整理的后果，其内容自然不可避免地与基本事实和法律适用存在交叉重叠。

其次，类案判断的方法和步骤模糊不清，难以操作。尽管《类案检索指导意见》第6条规定了“承办法官应当将待决案件与检索结果进行相似性识别和比对，确定是否属于类案”，但对于如何对类案检索结果进行相似性识别和比对并展开论证说理，则缺乏更加细致的操作方法和具体步骤。根据现有规定，办案人员在参照类案时负有论证说理以及针对其他诉讼参与人提出参照类案请求时进行回应的司法义务。以指导性案例的应用为例，由于司法方法和裁判技术滞后，司法实践中法官引述指导性案例时不说理或说理过于简单、对当事人提出参照指导性案例的请求不予回应、“隐性援引”或规避参照指导性案例的现象长期存在。① 可见，如果不能明确类案判断的基本标准和论证说理方法，类案裁判在司法实践中的推广前景堪忧。

最后，类案判断标准过于单调，没有较为周全地考虑到司法实践中的各种复杂情形以及类案参照适用的特点。相比于法律和司法解释等抽象条文的适用，判例或类案的适用过程更加复杂。在形式层面，法官对于类案裁判论证的初步结论可能会面临“可废止性（defeasibility）”的问题，即类案裁判的前提和结论可能被“废止”而失去有效性。同时，单纯从形式逻辑的层面来进行案例推理与论证，也容易造成司法类案的机械适用，从而不利于实现类案裁判合法性与合理性的有机统一。在普通法系，法官往往会运用“衡平（equity）”或“二阶证立”原则来进行权衡，以确保能够在遵循先例的同时兼顾形式正义与实质正议、普遍正义与个案正义。② 亦有大陆法系的研究者指出，对法律的“深度证立”需要妥当运用实质理由，因为充分的实质理由有助于稳定共识的实现。③ 类案裁判的判断标准因过于单调而无法将实践中的各种因素纳入考量范围，容易降低其参照适用的精确度，不利于个案正义与普遍正义的统一。

---

① 参见郭叶、孙妹：《最高人民法院指导性案例2019年度司法应用报告》，载《中国应用法学》2020年第3期，第88－108页。

② 参见［美］理查德·瓦瑟斯特罗姆：《法官如何裁判》，孙海波译，中国法制出版社2019年版，第209－211页。

③ 参见［瑞典］亚历山大·佩策尼克：《论法律与理性》，陈曦译，中国政法大学出版社2015年版，第295－297页。

二、类案判断的对比对象：裁判规则要件事实

根据本文上一部分的归纳，类案判断的困境主要表现为对比对象概念交叉、判断方法模糊不清、判断标准过于单调三个方面。因此，若要克服这些困境，首先要确定类案判断的对比对象，也就是要明确通过对比哪些要素以及以何种标准来处理这些要素以确定案件相似性成立与否。既然“基本事实”“争议焦点”“法律适用”等要素存在内涵交叉重叠且难以被完全区分的问题，那么不妨变换思路将这些要素进行整合与重构，从而用一个更加简约的概念作为类案判断的对比对象。为此，我们可以借鉴德国等大陆法系国家的判例理论与实践经验，将案例的“裁判规则要件事实”作为类案判断的对比对象。

（一）裁判规则要件事实的内涵

所谓“裁判规则”，有广义与狭义之分。广义上的裁判规则存在于各种法律规范或法律渊源体系中，其与“行为规则（规范）”相对应，一般是指那些能够为法律争端解决提供标准或依据的规则（规范）。[①] 狭义上的裁判规则一般是指那些由司法行为（如判例或案例）生成的裁判规则。本文在类案裁判语境下将从狭义即司法案例的角度来界定裁判规则。在法理学界，有研究者将裁判规则界定为“法官根据法律规定和案件的具体情况而发生量变以后所形成的规则”；[②] 也有研究者认为，裁判规则是指由司法机关在司法过程中所形成的存在于案例或司法解释中对某种争议问题的法律解决方案。[③] 在民法学界，有研究者将裁判规则界定为“裁判者在处理具体案件时实际依据的裁判规范”。[④] 在刑法学界，有研究者认为裁判规则是将法律具体适用于个案的规范类型。[⑤] 可见，尽管不同领域的研究者对裁判规则的定义和表述存在一定差异，但他们都认为裁判规则具有三个方面的特点：其一，裁判规则源于司法活动，其往往以案例和司法解释等形式为载体；其二，裁判规则的创制主体是司法机关或法官；其三，裁判规则是法律规范与个案事实结合的产物，是抽象法律规范具体化的类型。基于上述学界共识，本文将裁判规则界定为“由司法机关通过裁判行为创制，能够为今后相似案件裁判提供依据或理由的规则”。

所谓“要件事实”，是指那些根据特定法律规范的构成要件归纳出的事实，这些事实会对案件法律评价效果产生实质性影响。与英美等国的做法不同，德国的法官在判断案件相似性时并不会直接将案件事实进行区分，而是会经由一个“先归纳后演绎”的过程。这个过程体现为：法官会从制定法和先例中提取裁判规则作为“模板”，然后将待决案件的

① 参见黄茂荣：《法学方法与现代民法》，中国政法大学出版社 2001 年版，第 110 页。

② 陈金钊：《论审判规范》，载《比较法研究》1999 年第 3 期，第 342 页。

③ 参见张骐：《论裁判规则的规范性》，载《比较法研究》2020 年第 4 期，第 145 页。

④ 韩世远：《裁判规范、解释论与实证方法》，载《法学研究》2012 年第 1 期，第 46 页。

⑤ 参见王强军：《刑法裁判规范的开放性研究》，载《政治与法律》2014 年第 7 期，第 127 页。

基本事实"涵摄"于作为"模板"的裁判规则之下，以此判断案件相似性是否成立。[①] 由于制定法或先例裁判规则是由"构成要件"与"法律后果"组成的，因而这些经由构成要件思维加工的事实也被称为"要件事实"。要件事实理论与前文提及的个案规范理论存在密切关联，因为个别规范理论的倡导者认为，应当通过将个案事实归于法律后果之下形成类型化的裁判规则，从而在裁判的一般性（抽象性）与具体性之间保持协调与平衡。[②] 目前我国最高人民法院发布的指导性案例就有不少运用了要件理论或要件事实理论。例如，刑事类的有指导案例 13 号、27 号、71 号、102 号、104 号等；民商事、知识产权类的有指导案例 53 号、83 号、111 号等；行政类的有指导案例 113 号、114 号等；执行类的有指导案例 54 号、97 号等。不同类型指导性案例对要件事实理论的广泛运用，意味着这一理论在我国的司法实践中具有较强的实践接受性、可操作性以及普遍性。

综上，本文将"裁判规则要件事实"的内涵界定为"根据判例（类案）裁判规则的构成要件归纳出的待决案件的基本或重要事实"。为表述方便，下文简称为"要件事实"。

（二）裁判规则要件事实的提炼方法

以指导性案例为例，在体例上主要包括七个组成部分。其中，"标题""关键词"主要起到的是标识案件名称及其案由、提示其核心法律问题的作用，这两个组成部分的主要功能在于方便办案人员进行记忆与检索，"裁判结果"和"相关法条"分别是对其具体诉讼经过与结果、裁判依据的法律法规和司法解释条文的记载。以上四个方面均属于对原始裁判文书的记叙性要素。因此，对指导性案例要件事实的归纳应当重点分析其"裁判要点""基本案情""裁判理由"的内容。

首先，"裁判要点"是对指导性案例裁判规则、裁判方法、裁判理念的集中体现，是司法机关作出创新性判断和解决方案的"精华内容"。[③] 从规范结构上看，裁判要点的内容一般都是由"构成要件（行为模式）+法律后果"组成的。因此，归纳要件事实要以裁判要点中的构成要件为主要规范依据。[④] 其次，关于要件事实的事实依据则主要集中在案例的"基本案情"部分。"基本案情"不仅是对案件基本情况的总结，而且大多重点阐述了与裁判要点密切相关的事实、情节和法律适用问题。正如古德哈特所言，司法先例中的案件事实部分虽然对于该先例本身是"描述性的"，但其对于与之具有相似性的待决案

---

① 张陈果：《德国民事判决书的说理：格式、内容与方法》，载《人民法治》2015 年第 10 期，第 19 页。

② 参见高尚：《论司法判例中的裁判规则》，载《东南学术》2019 年第 2 期，第 163 页。

③ 参见胡云腾、吴光侠：《〈关于编写报送指导性案例体例的意见〉的理解与适用》，载《人民司法》2012 年第 9 期，第 31 页。

④ 需要强调的是，根据《类案检索指导意见》，类案的范围不仅包括指导性案例和公报案例，也包括大量未经编纂的原始裁判文书。这些裁判文书本身并没有列明裁判要点，在作为类案参照适用时需要由法官自行归纳出案例裁判要点或裁判规则。考虑到这一过程涉及的理论与实践问题较为复杂，需要另文专门讨论，此处不再展开。

件而言却具有拘束力。①最后，指导性案例的“裁判理由”部分是对要件事实形成及其对应法律效果判断的集中论证说理，起到了连接“基本事实（案情）”“争议焦点”“法律适用”等要素的重要作用，有些裁判理由还展示了要件事实的归纳过程以及各种法律方法运用的过程，因而可以作为指导性案例要件事实归纳提供指引和参考。综上，要件事实的归纳方法可以总结为：以案例裁判要点中裁判规则的构成要件为规范依据，参照基本案情中的重要事实和裁判理由中的裁判思路，对待决案件的事实进行整理和评价。

此处以司法实践中应用频次较高的指导案例 24 号即“荣宝英诉王阳、永诚财产保险股份有限公司江阴支公司机动车交通事故责任纠纷案”为例来说明上述方法的具体运用方式。该案的裁判要点为“交通事故的受害人没有过错，其体质状况对损害后果的影响不属于可以减轻侵权人责任的法定情形”，这显然是对《侵权责任法》《道路交通安全法》相关规定中“过错”“减轻责任”的解释和细化。在上述规则中，“承担责任”或“减轻承担责任”属于“法律后果”的范畴，不作为要件事实归纳的依据，而只作为要件相似性判断成立后应当适用的法律评价结论，其他组成部分如“主体（交通事故中的侵权人、被侵权人）”“过错（有无过错）”“损害行为”“因果关系（体质状况对损害后果的影响）”“损害后果”等均属于构成要件评价的范畴。根据指导案例 24 号“基本案情”中对裁判事实的认定，侵权人（被告）对受害人（原告）存在真实的侵权行为、造成了损害后果，且侵权行为与损害后果间存在一定的因果关系，即侵权人的机动车交通事故侵权行为是成立的，原告被司法鉴定为具有体质状况（骨质疏松），且这种特殊体质状况的损伤参与度评定为75%，被告以此进行抗辩要求减轻其承担的侵权赔偿责任。本案的争议焦点或核心问题在于：交通事故的受害人没有过错，其体质状况对损害后果的影响是否属于可以减轻侵权人责任的法定情形。

综上，指导案例 24 号的要件事实可以概括为三个方面：（1）案件为交通事故案件；（2）交通事故中的受害人没有过错；（3）受害人的体质状况对损害后果产生了一定程度的影响。与上述三个要件事实相对应的法律后果为：侵权人不能以受害人的体质状况对损害后果产生影响作为有效抗辩事由，即不能减轻侵权人的责任。

三、类案的初步判断：基于案例类比的法律论证

在探寻了类案判断对比对象困境的出路之后，接下来需要应对的困境就是为类案判断寻求明确的方法论。这一问题不仅涉及类案判断过程本身，而且也涉及法官在参照适用类案时的论证说理。只有将类案判断的方法与步骤在裁判文书中阐述清楚，才能增强类案裁判的说服力，并符合《关于案例指导工作的规定》《类案裁判指导意见》等规范文件的要求。总体而言，明确类案判断的基本方法和操作步骤，需要借助基于案例类比的法律论证

① See Athuer Goodhart, Determining the Ratio Decidendi of a case, 40 *Yale Law Review*. 1930, pp. 161 – 183.

理论。

（一）案例类比的基本理论及其特点

首先，类比思维是案例类比的基石，且基于案例的类比与基于制定法的类比存在一定程度上的差异性。在制定法适用的语境下，类比思维或基于类比思维的类推方法一般用于填补法律漏洞，特别是那些“开放式法律漏洞”。[①] 因而，基于制定法的类推本质上是一种基于规则的类比思维。如果说制定法直接适用的思维过程可以被概况为“一般规则＋具体事实——裁判结论”，那么基于制定法的类推过程则可以被表述为“具体规则（既有规则）——具体规则（基于漏洞填补生成的新规则）＋具体事实——裁判结论”。与制定法适用中的类推相比，案例类比虽然也是一种从个别到个别的思维，但这种思维要处理的对象，不仅包括规则，而且包括事实。故此，案例类比是一种基于“具体事实（先例）＋具体规则（先例）——具体事实（待决案件）＋具体规则（待决案件）——裁判结论”的特殊思维过程。

其次，案例类比依托于类型化思维的运用。根据拉伦茨的论述，类型化思维是一种介于一般（抽象概念）思维与特殊（具体）之间的思维模式，是对概念与逻辑体系的有效补充形式。[②] 在实践中，判例本身就是类型化思维运用的产物或载体。一方面，相比于一般性的法律规定或抽象解释，案例中的裁判理由与特定案件事实相结合，因而更加具体。同时，由于类型化思维是对生活中事实的归类或分类，其相比于抽象的法律概念具有更强的开放性、多元性以及动态性。[③] 另一方面，相比于具体的案件事实及其对应的法律判断（裁判结论），判例生成的裁判规则以及支持这些规则的论证理由又具有一定程度的可普遍性，至少其可以适用于与之在性质上相似或相同的案件。类型化思维旨在对特定的事实及其法律评价进行归类或分类，按照考夫曼的理论，能够被归为同一类别的概念或事实应当具有相同或相似的“事物本质”。[④] 因而，类型化思维充当了先例与待决案件中的具体规则和具体事实之间的媒介和桥梁。不仅如此，类型化思维也恰好与我国指导性案例的“应当参照”相互契合。所谓“参照”就是指指导性案例应当被适用于那些与其在性质上相同或相似的案件。这意味着，指导性案例或其他类案并不像法律或司法解释那样产生抽象意义上的普遍拘束力；同时，它们拘束力又在一定程度上超越个案本身，待决案件在缺乏法律与司法解释明确依据的情况下，裁判行为应当接受类案的拘束。

最后，判例类比虽然总体上属于类比思维与类型化思维的产物，但其依然离不开对演

---

① 参见［德］卡尔·拉伦茨：《法学方法论》，陈爱娥译，商务印书馆2003年版，第281－341页。

② 参见［德］卡尔·拉伦茨：《法学方法论》，陈爱娥译，商务印书馆2003年版，第337页。

③ 参见王利明：《法学方法论》，中国人民大学出版社2012年版，第752页。

④ 参见［德］阿图尔·考夫曼：《类推与“事物本质”——兼论类型理论》，吴从周、颜厥安译，台北学林文化事业有限公司1999年版，第40－45页。

绎、归纳等其他逻辑思维的运用。同时，判例类比在不同法系的语境下存在一定的差异性，这种差异是由不同法系的法源体系与特性决定的。由于在普通法国家，判例规则与制定法规则在形式上相互平行，在实质上前者的实践影响力远大于后者，因而判例类比的标准其实是由众多相似判例形成的“判例群”或“判例体系”决定的。正如卢埃林所指出的那样，判例的意义很难借助于单个的判例予以明确，而是要依赖于对判例体系中各种相关判例规则的综合对比与理解，在参照单一的先例无法判断该先例与待决案件相似性时，有必要尽可能寻找更多的相似先例以区分不同案件之间的差别。① 大陆法系国家以制定法为主要法源，判例从属且辅助于制定法，故而判例类比需要在制定法规范体系框架内进行。因此，就规范层面而言，大陆法系国家判例类比的前提就是“对于特定事实的法律评价”在性质上的相似，也就要判断本文上一部分所称的“裁判规则要件事实”之间是否具有相似性。

（二）类案判断的具体方法与步骤

在基于判例的类比推理与论证领域，美国法学家孙斯坦总结出了一套基本的类比推理方法，其包括五个基本步骤②：（1）司法先例（源案例）A 具有特征 X、Y、Z；（2）待决案件（目标案例）B 具有特征 X、Y 或 X、Y、Z；（3）A 在法律中以某种方式被处理，即适用原则 P；（4）思考 A、B 相互关系的过程中建立或发现了一些能够解释处理 A 的原则 P；（5）因为 B 和 A 具有共同之处，B 也应当得到同样的对待，即被同一原则 P 所涵盖。总体而言，孙斯坦的这一推论模型依然有过于简略之嫌，如上述步骤中的第四步即如何判断 A、B 间是否相似以及其要素（X、Y）与处理原则 P 之间的逻辑关系，尚待进一步明确。

在基于判例的类比推理与论证方面，美国学者斯科特·布鲁尔教授进行了更加深入与细致的研究。布鲁尔提出了“类比保证规则（analogy - warranting rule，简称 AWR）”以及基于该规则的论证理由（analogy - warranting rationales，简称 AWRa）的概念，以用于证立待决案件与司法先例之间的相似性，其基本论证步骤为③：（1）待决案件 y 有 F 和 G；（2）先例 x 有 F 和 G，并适用结论 H；（3）运用 AWR（类比保证规则）：对于先例 x，有事实 F 和 G 就有结论 H，所有的事件都有 F 和 G 因而应当适用结论 H（即 F 和 G 是产生 H 的充分条件）；（4）待决案件 y 与先例 x 相似，因此 y 也应当适用与 x 相同的结论 H。可见，布鲁尔在判断案件相似性时，引入了一个由演绎推理得出的类比保证规则 AWR，

---

① See K. N. Llewellyn, *The Bramble Bush*, Oceana edn., 1975, p. 43.

② 参见［美］凯斯·孙斯坦：《法律推理与政治冲突》，金朝武译，法律出版社 2004 年版，第 77 页。为表述方便，对原文的部分符号和表述方式进行了调整。

③ See Scott Brewer, Exemplary Reasoning: Semantics, Pragmatics, and The Rational Force of Legal Argument by Analogy, *Harvard Law Review*, Vol. 109, No. 5 (Mar., 1996), p. 1007.

以此确保案件相似性论证的逻辑可靠性。同理，布鲁尔还提出通过“非类比保证规则（disanalogy - warranting rule，简称 DWR）”以及该规则的论证理由（disanalogy - warranting rationales，简称 DWRa）来用于否定案件之间的相似性①：（1）待决案件 y 与先例 x 都有 F；（2）先例 x 有 G 且适用结论 H；（3）待决案件 y 没有 G；（4）运用 DWR（非类比保证规则）：任何案件如果不能同时满足 F 和 G 就不能适用结论 H；（5）待决案件 x 与先例 y 不具有相似性，因而不能适用结论 H。

在布鲁尔的论证模型基础之上，我们可以将“先例”替换为“指导性案例”；用 F、G 等来指代要件事实；用 H 来指代适用指导性案例裁判要点规则产生的法律效果。② 此外，指导性案例的裁判要点及其相关法条的规则是判断要件事实 F、G 和法律效果 H 的重要依据，此处用 P 指代这些有拘束力的裁判规则。用于判断案例相似性成立的论证方法与步骤可以总结为：（1）初步检索与待决案件 y 可能具有相似性的指导性案例，归纳出这些案例的裁判规则要件事实 F 和 G 及其对应的法律效果 H；（2）归纳出待决案件 y 的要件事实 F 和 G；（3）运用类比保证规则。根据指导性案例 x 的裁判要点及相关法条的规则 P，有要件事实 F 和 G 就有法律效果 H，所有具有要件事实 F 和 G 的案件都应当适用法律效果 H，即要件事实 F 和 G 是产生法律效果 H 的充分条件；（4）判定 x 与 y 构成类案，因此对于待决案件 y 与指导案例 x 相似部分的行为，应当适用指导性案例 x 裁判要点规则 P 中的法律效果 H。同理，否定类案相似性的类比论证步骤为：（1）通过类案检索初步确定与待决案件 y 可能具有相似性的指导性案例，归纳出这些案例的裁判规则要件事实 F 和 G 及其对应的法律效果 H；（2）归纳出待决案件 y 的要件事实 F 和 g；（3）根据指导性案例 x 的裁判要点及相关法条的规则 P，任何案件如果不能同时满足 F 和 G 就不能适用法律效果 H；（4）判定 x 和 y 不构成类案，因此待决案件 y 不能适用指导性案例 x 裁判要点规则 P 中的法律效果 H。

以指导案例 24 号为例，该案的要件事实包括“交通事故”“受害人没有过错”以及“受害人的体质状况对损害后果产生了一定程度的影响”三个方面。因此，如果待决案件中的某一争议焦点涉及的法律问题同时具有以上三个方面的要件事实，那么就可以初步判定待决案件在这一争议性法律问题方面与指导案例 24 号构成类案，并应当参照适用指导案例 24 号裁判要点规则中的法律后果即“不能减轻侵权人的责任”。反之，如果待决案件涉及的任何一方面争议性法律问题在要件事实方面与指导案例 24 号的裁判规则要件事实不具有相似性，就可以初步判定待决案件与指导案例 24 号不构成类案，因而就不能参照适用指导案例 24 号的裁判要点进行裁判。

对于以上示例，需要进行额外说明。其一，这里之所以强调是“与争议焦点相关”，

---

① See Scott Brewer, Exemplary Reasoning: Semantics, Pragmatics, and The Rational Force of Legal Argument by Analogy, *Harvard Law Review*, Vol. 109, No. 5 (Mar., 1996), p. 1010.

② 这里的 F 和 G 是为了表述方便，实践中指导性案例的要件事实也可能超过两个，下同。

是因为一起待决案件可能同时存在多个争议焦点，每个争议焦点又可能分别对应不同的类案。例如，待决案件有 A、B、C 三个争议焦点，其中 A 对应类案 X，B 对应类案 Y，C 对应类案 Z。因此，类案裁判并不以案例与案例的完全对应作为相似性判断的前提，而是以争议焦点的相似性（部分相似）为前提。其二，这里之所以强调是“初步判定”，是因为以上判断方法在理论与实践中都不是终局性的。在司法实践中，有时会出现待决案件并不完全符合指导性案例的要件事实，但依然被参照适用的现象。不仅如此，类比论证的过程与结论需要引入可废止性与实质权衡才能确保其可靠性与合理性，这一问题将在下文进行详细探讨。

四、类案的补充判断：可废止性检验与后果权衡

类比论证模型的构建与运用只能为类案判断提供初步结论和理由，为了确保案例能够在各种不同的司法场景中被妥当适用，还需要在运用类比法律论证的同时对类案进行补充判断。根据补充判断的对象不同，可以将其区分为“对论证前提的补充判断”以及“对论证结论的补充判断”，前者涉及法律推理与论证的“可废止性（defeasibility）”问题，后者则涉及对于“存在竞争关系的理由（competing reasons）”进行权衡与后果取舍的问题。

（一）对论证前提的补充判断：可废止性检验

法律推理是一种“可废止推理”。由于推理和论证的前提往往只能在常规条件下根据有限资料得出，当常规条件产生变化或新资料增加时，推理的正当性或结论就会被改变。① 前述定义中的“常规条件产生变化或新资料增加”通常体现为“例外情形”。根据图尔敏的论证理论，“例外情形”可以起到反驳作用，从而削弱论证所依赖的“保证规则”的权威。②布鲁尔认为，尽管可废止性并不能改变演绎推理是判例推理和法律裁决基础的论断，但可废止性概念是对传统演绎推理的重要补充和修正。③ 一方面，由于指导性案例与待决案件均以特定的文本资料为载体，其就不可避免地会被理解和解释，而但凡是有理解与解释的活动，就可能会释放出不同的意义。因此，基于可废止性检验的案件相似性补充判断，本质上是一种“对论证前提的补充判断”。

在不考虑可废止性问题的情况下，案件相似性对比中的类比保证规则 AWR 适用的逻辑前提是“任何（all）有要件事实 F 和 G 的事件都适用法律效果 H”。但是，当我们把可废止性问题纳入上述论证框架中进行考量，这一全称肯定命题实际上应该被修正为“大多

① 参见宋旭光：《论法学中的可废止性》，载《法制与社会发展》2019 年第 2 期，第 125 页。

② See Stephen Toulmin，*The Uses of Argument*，updated ed. Cambridge University Press，2003，p. 94.

③ See Scott Brewer，Exemplary Reasoning：Semantics，Pragmatics，and The Rational Force of Legal Argument by Analogy，*Harvard Law Review*，Vol. 109，No. 5（Mar.，1996），p. 1018.

数（most）有要件事实 F 和 G 的事件都适用法律效果 H”或“在一般情形下有要件事实 F 和 G 的事件都适用法律效果 H，除非存在例外情形”，即所谓的“似真推理”。[①] 通常情况下，例外情形的出现主要是因为人们认知能力和掌握信息能力的有限性所致。当法官不能完全掌握指导性案例与待决案件相关的法律或事实信息时，基于案件相似性判断的推理和论证就可能被废止。从实践角度来看，随着法庭调查、法庭辩论以及庭审外沟通的进行，法官会从多方主体那里获取各种新的信息，这些信息会更新法官对于案件的认知，其本质上是一种对类案初步判断的“回溯性”判断。退一步讲，即便这种补正最终并没有对实体意义上的裁判结果产生影响，但其会影响裁判论证的理由与方式，因而也是值得重视的。

此处以指导案例 23 号为例来阐述如何运用可废止性检验来实现对案件相似性论证前提的补充判断。指导案例 23 号的裁判要点主要是关于“消费者知假买假能否主张赔偿”的裁判规则，其要件事实和法律效果可以归纳为：（1）要件事实 F：消费者购买到不符合食品安全标准的食品；（2）要件事实 G：消费者明知食品不符合安全标准；（3）法律效果 H：消费者有权要求销售者或者生产者依照食品安全法规定支付价款十倍赔偿金或者依照法律规定的其他赔偿标准赔偿。

假设有一待决案件的要件事实同时符合上述 F 和 G，那么该一案件是否要参照指导案例 23 号进行裁判呢？这就需要考虑要件事实 F 或 G 中的关键内容是否存在可能被推翻的“例外情形”。例如，如何认定要件事实 F 与 G 中的“消费者”就是一个实践中广泛存在的关键问题。根据《消费者权益保护法》第 2 条的规定，消费者是指“为生活消费需要购买、使用商品或者接受服务”的人，那么现实中存在的“职业打假人”是否符合消费者的定义？这种情况下，生产者或销售者或其代理律师可能主张，“职业打假人”是以牟利为目的而经常性的知假买假的群体，不符合《消费者权益保护法》中“消费者”的概念，因而案件相似性判断论证不能成立，待决案件也就不能参照适用指导案例 24 号的裁判要点规则进行裁判。相反，职业打假人或其代理律师也可能主张认为，由于“职业打假人”的主要生活收入来源来自“知假买假行为”，这其实符合《消费者权益保护法》第 2 条中“为生活消费需要”的定义，并且相关法律也没有明确否定“职业打假”行为的正当性。

由此可见，若要对案件相似性初步判断进行可废止性的检验和补正，法官需要尽可能多地掌握与案件相关的法律与事实信息，并注意认真听取各方当事人以及律师提出的意见，特别是有两类意见值得注意：其一，当事人或律师提出的关于指导性案例参照适用的意见；其二，当事人或律师提出的与指导性案例参照适用不直接相关但可能影响案件要件事实归纳与相似性判断的意见。法官需要将这两类意见纳入案件要件事实相似性的判断过程，并在裁判文书理由部分对这些意见进行详细回应。

① 参见王洪：《制定法框架下的判决论证模式》，载《比较法研究》2019 年第 2 期，第 149 页。

（二）对论证结论的补充判断：后果权衡论证

从法律推理与论证的角度来看，在一些疑难案件的裁判论证中，往往会出现若干存在实质冲突的理由，即“竞争性理由”。从实体法律规则适用的角度来看，疑难案件中的法律解释结论具有多义性，从而产生若干具有竞争关系的裁判结论。例如，由于指导案例24号裁判要点中的“体质状况”一词较为抽象，其内涵与外延就可能引发不同理解。从司法诉讼程序的角度来看，案件各方当事人为了追求胜诉往往会提出存在互相竞争关系的意见和理由。例如，在一起与指导案例24号具有初步相似性的交通事故责任纠纷案件中，原告（受害人）可能会要求参照指导案例24号进行裁判以追求更高的赔偿，被告（侵权人）则可能提出反驳意见以减免承担责任。在此种情形下，法官不可能分别根据这些竞争性理由得出多个相互矛盾的裁判结果。如果竞争性理由权衡的标准与结论长期处于一种不统一的状态，就会因违背“同案同判”而破坏法治的稳定性与可预测性。竞争性理由背后蕴含的是若干存在冲突关系的价值或利益，因而法官需要进行实质性判断以决定最终是否以及参照哪些案例进行裁判。① 这种基于价值判断或利益衡量的实质性论证可以被称为“权衡（weighting）”。在权衡论证方面较具代表性的是阿列克西提出的“权重公式（重力公式）”。根据这一理论，假设在一起案件中待权衡的原则为 P_i 和 P_j，那么对它们的权衡结论 W_{ij} 得出的过程可以概括为：②

$$W_{ij} = \frac{I_i \cdot W_i \cdot R_i}{I_j \cdot W_j \cdot R_j}$$

在上述公式中，I_i 和 I_j 代表 P_i 和 P_j 的受侵害程度，属于规则权衡的范畴；W_i 和 W_j 代表待权衡原则 P_i 和 P_j 的“抽象重力”，属于脱离个案事实的原则权衡范畴；R_i 和 R_j 代表 P_i 和 P_j 实现的确定程度，属于后果权衡的范畴。③ 权重公式本来是被用来对案件事实所涉及的竞争性原则进行权衡和选择的，但由于“是否参照指导性案例”也可以被还原成一个原则权衡问题，因此可以被重新诠释后用于案件相似性的补充判断。具体而言，我们可以将 P_i 和 P_j 的意义替换为“案件相似性成立”与“案件相似性不成立”，将 I_i 和 I_j 的意义替换为“支持（不支持）案件相似成立的规则理由”，即前文所称的案件要件事实相似性的初步判断理由 AWRa 和 DWRa；将 W_i 和 W_j 的意义替换为“支持（不支持）案件

---

① 参见孙海波：《重新发现“同案”：构建案件相似性的判断标准》，载《中国法学》2020年第6期，第275页。

② 参见雷磊：《类比法律论证——以德国学说为出发点》，中国政法大学出版社2015年版，第377－392页。

③ 这里列举的是权重公式的“基础版本”，后来阿列克西又在此基础上提出了“完整版权重公式”和“扩展版权重公式”，以通过细化权衡标准来应对更加复杂多元的情况。参见［德］罗伯特·阿列克西：《法：作为理性的制度化》，雷磊译，中国法制出版社2012年版，第211页。

相似性成立的抽象原则理由"，即指导性案例与待决案件背后的价值原则问题；将 R_i 和 R_j 的意义替换为"参照（不参照）指导性案例的后果"。

也就是说，在完成要件事实相似性初步判断还不能充分证立是否应当参照指导性案例时，可以通过比较参照指导性案例和不参照指导性案例在价值原则和社会效果方面的差异以进行抉择。例如，在一起机动车交通事故责任纠纷案件中，受害人无过错但身患疾病，且这一疾病状况对损害结果产生了一定的影响，受害人主张法官参照指导案例 24 号，而侵权人则以"疾病不等于体质状况，本案与指导案例 24 号不具有相似性"为由进行抗辩。此种情况下就需要考虑参照指导案例 24 号与不参照指导案例 24 号何者更加符合《侵权责任法》和《道路交通安全法》等法律法规所确定的法律原则和价值倾向（如预防侵权行为、减少交通事故等）以及何者可能产生更好的社会效果。

此外，近年来随着社科法学在我国的发展，亦有不少学者从法律经济学的角度出发对"权重公式"以及作为其理论基础的"比例原则"进行了批判，提出应当以"成本——收益"分析取而代之。① 按照法律经济学的思路，在形式意义上的初步判断难以确定是否参照指导性案例时，法官可以衡量参照指导性案例与不参照指导性案例进行裁判何者能够以相对最低的司法成本谋取最大化的社会福利或促进社会效率。此处需要强调的是，由于基于不同学科的实质权衡方法在本质上都或多或少带有"后果导向"的色彩，在一定程度上会带来消解法治的规范性的危机。为了降低这种危机发生的概率，在对案件相似性进行权衡时应当满足至少三个条件：其一，实质权衡需要接受法律逻辑与法律规则的规范约束，而不能超越法律规范体系与形式逻辑规则的底线进行；其二，相比于形式逻辑层面的相似性判断，基于实质权衡的相似性判断负有更重的论证负担，因此说理必须更加充分；其三，尽管权衡所考虑的具体对象可以随着个案事实与情境性因素的变化而变化，但权衡路径或方法论应尽量具有可普遍化的特征，以起到维持法律秩序统一、约束自由裁量权的作用。

五、结语

最高人民法院尝试建立的类案检索机制对于推进同案同判的司法实践无疑具有里程碑意义。不仅如此，这一机制必将与先前建立的案例指导制度一道，对我国法律人过于依赖法律与司法解释而不善运用案例的习惯产生深远影响。我们依然要清醒地认识到，相关制度的确立并不意味着各种实践与理论问题能够被一蹴而就地解决，缺乏方法论与司法裁判技术支持的类案检索与类案裁判制度的实际效果和前景难免令人忧虑。类案裁判不仅要在理论上能够自圆其说，更要符合我国立法与司法的基本制度框架，并且具有较高程度的实

① 参见戴昕、张永健：《比例原则还是成本收益分析法学方法的批判性重构》，载《中外法学》2018 年第 6 期，第 1519 - 1545 页。

践可操作性。同时，类案裁判的方法论也必须能够较为周全地兼顾个案正义与普遍正义、形式合法性与实质合理性，才能真正被法律人与社会公众认可与接受。从某种意义上看，作为规则之治的法治不仅是“法条之治”，也是“案例之治”，更是两者的结合与融贯。

（编辑：杨铜铜）

社会主义核心价值观融入司法的机制构建*

陶泽飞**

摘　要　自社会主义核心价值观融入法治建设命题提出以来，最高人民法院和地方各级人民法院都在积极地推动和探索社会主义核心价值观如何融入司法实践。当前社会主义核心价值观融入司法存在融入较为被动、流于形式、方法僵化、机制不健全等现实问题。以法律解释为中心的法律方法在社会主义核心价值观融入司法中发挥着重要作用。为促进社会主义核心价值观有效融入司法，从社会主义核心价值观融入法治建设的方法论属性出发，以法律解释为进路，尝试构建赋予法官个案法律解释权、建立法官适用核心价值观的养成机制、强化裁判文书实质说理、完善案例指导制度的社会主义核心价值融入司法的路径机制。保障社会主义核心价值观有效融入司法，回答"社会主义核心价值观融入法治建设"之司法实践命题。

关键词　社会主义核心价值观　法治建设　司法　法律解释

引　言

社会主义核心价值观（以下简称"核心价值观"）融入法治建设是一个新的时代命题。2013 年 12 月，中共中央办公厅印发的《关于培育和践行社会主义核心价值观的意见》指出，"要把社会主义核心价值观贯彻到依法治国、依法执政、依法行政实践中，落实到立法、执法、司法、普法和依法治理各个方面，用法律的权威来增强人们培育和践行

---

* 本文系国家社会科学基金重大研究专项课题"中华优秀传统文化传承发展的立法对策研究"（项目编号：18VHJ009）的阶段性研究成果。

** 陶泽飞，男，河南商城人，西北政法大学刑事法学院博士研究生，研究方向为法理学、法律方法。

社会主义核心价值观的自觉性。厉行法治，严格执法，公正司法，捍卫宪法和法律尊严，维护社会公平正义。”2016年12月，中共中央办公厅、国务院办公厅印发的《关于进一步把社会主义核心价值观融入法治建设的指导意见》提出，“司法是维护社会公平正义的最后一道防线，司法公正对社会公正具有重要引领作用。要全面深化司法体制改革，加快建立健全公正高效权威的社会主义司法制度，……努力让人民群众在每一个司法案件中都感受到公平正义，推动社会主义核心价值观落地生根。”推动核心价值观融入法治建设，目的是通过法治将核心价值观制度化、对象化和客观化，运用法律法规和司法实践活动来培育和践行核心价值观。2018年3月11日修订的《宪法》总纲第24条第2款指出“国家倡导社会主义核心价值观”，确立了国家倡导社会主义核心价值观的要求。政策文件的制定出台和宪法的修改，诠释了党和国家对核心价值观融入法治建设的具体要求，为核心价值观融入司法实践活动提供了指引。

2020年5月28日通过的《中华人民共和国民法典》，将“弘扬社会主义核心价值观”作为立法目的之一写入法典第一条，民法典各分编也将抽象的核心价值观具体化、规范化，融入具体法律条款中，使核心价值观成为民法典的有机组成部分，也彰显了民法典的价值导向。核心价值观已经通过立法的方式融入多部法律，① 也通过制定贯彻核心价值观的司法解释、司法政策和发布指导案例、典型案例等形式具有了“准法源”地位，解决了核心价值观融入司法的合法性问题。核心价值观融入法治建设已经不再是原则性、口号性的公共政策宣传，通过立法、执法、司法活动不断融入法治建设实践，在法治建设中发挥着重要作用。核心价值观融入法治建设，需要从多方面进行研究。陈金钊教授指出，从核心价值观与法治建设这一命题，“本身所带有较强的方法论属性看，从法律方法论角度展开研究具有更为重要的意义。”② 核心价值观融入法治建设在司法领域已经常态化，发挥了其“适用”的司法功能，法律解释是司法实践运用的重要法律方法。法彦云：“法律不重诵读，而重解释”；“法无解释，不得适用”。核心价值观融入司法，需要通过法律解释将抽象性、原则性的核心价值观适用于具体个案，维护社会公平正义的法治生命线，努力让人民群众在每一个司法案件中都感受到公平正义，实现“实质意义”上的个案正义，将核心价值观的践行落到实处。

当前在核心价值观融入法治的研究中，“大多集中在社会主义的内涵解读、融入法治建设及司法适用意义的宏观阐释，对社会主义核心价值观融入司法适用的现状鲜有论及。”③ 核心价值观融入法治建设是一个宏大命题，也是一项艰巨任务，为更有效地推动

① 《公共文化服务保障法》《国歌法》《电影产业促进法》等都以作为“立法目的”的形式直接将“弘扬社会主义核心价值”写入第1条；《国家安全法》《广告法》《公共图书馆法》《网络安全法》《慈善法》《教育法》等将“倡导、培育、践行、传播、加强教育、坚持社会主义核心价值观”写入具体条款中。

② 陈金钊：《“社会主义核心价值观融入法治建设”的方法论诠释》，载《当代世界与社会主义》2017年第4期，第20页。

③ 于洋：《论社会主义核心价值观的司法适用》，载《法学》2019年第5期，第61页。

此项工作，本文尝试通过厘清核心价值观融入司法的实践现状及存在的现实问题，分析法律解释在核心价值观融入司法中的功能，从核心价值观融入司法命题的方法论属性出发，尝试以法律解释为进路构建核心价值观融入司法的机制，回应“核心价值观融入法治建设”中的司法实践命题。

一、社会主义核心价值观融入司法的现状及问题

自2013年12月，中共中央办公厅印发《关于培育和践行社会主义核心价值观的意见》提出将社会主义核心价值观贯彻到法治建设中这一命题，到2019年10月，党的十九届四中全会提出，“把社会主义核心价值观要求融入法治建设和社会治理。”核心价值观融入司法实践已经常态化，“郑州电梯劝烟案”“开发商自我举报毁约案”“英烈名誉纠纷公益诉讼案”等众多核心价值观融入司法的案件，产生了良好的司法效果、社会治理效果。为实现核心价值观融入司法的制度化和规范化，通过细致梳理核心价值观融入司法的现状，厘清路径样态，找到现存问题，进而构建可操作的机制保障核心价值观实质性地融入司法实践。

（一）社会主义核心价值观融入司法的现状

核心价值观融入法治是，“通过法律实施的主体接受社会主义核心价值来调整思想和行为，用社会主义核心价值衡量、监督法治战略实施的全过程，及时纠正法治建设过程中出现的行为偏差。”① 司法是核心价值观融入法治建设的重要保障，将核心价值观融入司法的主体毫无疑问包括各级人民法院。其主要通过制定发布司法解释、司法政策文件，发布弘扬核心价值观的指导案例、典型案例，具体的司法裁判活动等形式践行核心价值观，贯彻“核心价值观融入法治建设”这一时代命题。就各级法院在核心价值观融入法治建设中各自发挥的职能而言，可以分为最高人民法院和地方各级人民法院。

最高人民法院有法律解释权，有监督地方各级人民法院和专门人民法院审判工作的职责，并在法律规定的职责范围内管理全国法院的司法行政工作。最高人民法院在法院系统中地位和职能的特殊性，“居于法院系统的最高等级，最高人民法院在发布政策、制定规则方面具有充分优势。”② 其主要方式是通过制定司法解释、司法政策文件，发布弘扬核心价值观的指导案例、典型案例，利用其最高人民法院的政治影响力积极推动和指导地方各级人民法院贯彻执行核心价值观融入司法的任务。2015年10月12日，最高人民法院发布的《最高人民法院关于在人民法院工作中培育和践行社会主义核心价值观的若干意见》

① 陈金钊：《“社会主义核心价值观融入法治建设”的方法论诠释》，载《当代世界与社会主义》2017年第4期，第24页。

② 孟融：《中国法院如何通过司法裁判执行公共政策——以法院贯彻“社会主义核心价值观”的案例为分析对象》，载《法学评论》2018年第3期，第189页。

明确了人民法院培育和践行核心价值观的指导思想、基本原则和目标任务等，对全国各级人民法院开展核心价值观建设进行了系统全面部署；2018年9月18日，最高人民法院发布的《关于在司法解释中全面贯彻社会主义核心价值观的工作规划（2018－2023）》中明确了将核心价值观融入司法解释制定的各项工作中，对在司法解释工作中弘扬核心价值观提出了明确而具体的要求；最高人民法院还分别在2016年3月10日、2016年8月23日、2020年5月23日分三次发布了弘扬核心价值观的典型案例共30个，并在2016年10月19日以案例指导方式发布了5个保护英雄人物合法权益的典型案例，用以规范指引地方各级法院的裁判行为，提高核心价值观在司法中适用的规范性和准确性。

各级人民法院履行核心价值观融入司法的职责功能有所不同，“最高人民法院将国家政策转化为司法规范性文件，再要求各级法院审理案件时执行。”① 地方各级人民法院承担着主要的司法裁判任务，在案件裁判中，“积极开展以案释法、以案说理，将核心价值观充分观融入其中。”② 从内涵和性质上进行划分，核心价值观分属国家、社会、公民三个层面，普适性、全面性的核心价值观的司法适用有一定难度和特殊性。当前核心价值观，或通过立法将其入法入规具有法源地位，或通过制定司法解释、政策文件、发布指导案例、典型案例，使其具有“准法源”的地位。核心价值观的制度化和规范化，解决了能否被司法实践活动直接适用，司法裁判直接援引的问题。将核心价值观融入司法裁判，追求的当然是要实现具体的、实质的个案正义。“（法学）所关心的不仅是明确性及法的安全性，同时也致意于：在具体的细节上，以逐步的工作来实现‘更多的正义’。”③ 地方各级人民法院在具体个案的裁判中，通过法律解释、法律论证等法律方法，运用自由裁量权裁判个案，将核心价值观融入司法实践，最后以裁判文书说理的形式予以展示，实现核心价值观和司法的融合。为展现核心价值观在司法实践中运用的具体样态，在中国裁判文书网收录的判决文书中，以“社会主义核心价值观”为关键词，自2012年1月1日至2020年6月3日止，进行全文检索，共检索到3278份判决书。数据展现了，核心价值观适用的判决呈逐年上升趋势，多分布在基层人民法院和中级人民法院，以民事案件为主。④ 地方各级人民法院在司法实践中适用是核心价值观融入法治建设的最主要、最有效方式。近年来公众普遍关注，产生广泛社会影响的案件的最终裁判，都是将核心价值观融入具体个

---

① 杨福忠：《论司法培育和弘扬社会主义核心价值观的机理与技术路径》，载《法学论坛》2020年第2期，第85页。

② 周尚君、邵珠同：《核心价值观的司法适用实证研究——以276份民事判决文书为分析样本》，载《浙江社会科学》2019年第3期，第41页。

③ ［德］卡尔·拉伦茨：《法学方法论》，陈爱娥译，商务印书馆2003年版，第77页。

④ 法院层级分布：基层人民法院1865件，中级人民法院1371件，高级人民法院36件，最高人民法院4件；案由分布：刑事案件53件，民事案件3001件，行政案件182件；裁判年份呈逐年上升趋势，2017年为437件，2018年为986件，2019年为1334件。数据来源于中国裁判文书网 http：//wenshu. court. gov. cn/website/wenshu/181217BMT KHNT2W0/index. html？ pageId = 41b21295d50b42a6a3e31fd123f30b2c&s21 = 社会主义核心价值观，最后访问日期：2020年6月3日。

案，进行解释、论证、说理，消除公众质疑，作出符合社会共同价值认可，契合核心价值观价值导向的裁判，实现社会认可的公平正义。司法实践活动是核心价值观融入法治的有效方式和重要保障，更有利于实现核心价值观落地生根。

（二）社会主义核心价值观融入司法的现实问题

在践行核心价值观融入司法这一时代命题中，不同层级的法院具体职能不同。最高人民法院将党和国家关于“社会主义核心价值观”的政策文件转化成司法文件，地方各级人民法院在案件审理时遵照执行，核心价值观融入司法呈现出不同样态。当前核心价值观融入司法总体呈现出较为被动、流于形式、方法僵化、机制不健全等问题。

第一，核心价值观融入司法较为被动。《宪法》的修改和《民法典》的颁布，从法律上明确了“弘扬和倡导社会主义核心价值观”的任务和要求，核心价值观融入司法是各级人民法院的共同任务。最高人民法院和地方各级法院积极推动将核心价值观融入司法，切实发挥司法对倡导和弘扬核心价值观的促进和保障作用，以司法促进核心价值观引领主流价值导向，推动核心价值观内化于心、外化于行的成绩是有目共睹的。2019 年裁判文书网平台收录的判决书中包含“社会主义核心价值观”的共计 1334 份，但是相较于 2019 年全国各级人民法院审结、执结案件为 2902. 2 万件这一数量是微不足道的，甚至可以忽略不计。数量说明不了核心价值观适用的根本问题，目前数量对比的悬殊差距，还是在一定程度上反映了核心价值观融入司法总体上还是比较少，法官在具体个案中对核心价值观的司法适用还是比较审慎且较为被动。“司法并不创造利益，但是可以发现利益、保障利益，理解人类的生活，传承司法经验，促进社会价值的进步。司法是国家价值的看护人、法律发现和价值判断的复合机关。”① 司法实践中需要法官更加积极主动地选择契合时代的核心价值观，通过更多的司法裁判向社会确认、宣扬法律的价值立场。核心价值观融入司法是因司法实践中需要核心价值观的融入，是一种自然的司法自觉，而不是为了去落实政治任务。许多案件背后都潜藏着某种价值认同的冲突，司法裁判不仅是要实现法律层面上的“案结事了”，也要在司法裁判中回应更深层次的价值认同冲突，通过司法裁判彰显社会共同的价值认同，以践行和弘扬核心价值观。法院应鼓励法官在司法实践中主动适用核心价值观，将正确的价值判断和社会共同的价值认同融入更多的、具体的司法个案。法官也应积极主动地通过核心价值观的司法适用，实现社会共同价值的司法引领，促进同案同判，实现个案正义，通过司法裁判来弘扬和倡导核心价值观。

第二，核心价值观融入司法过于刻意和流于形式。新时代司法正义的标准，不仅是基于法律规范的判断，也要基于我们这个时代的核心价值体系，把价值的选择和法律有机结合起来，用凝结并体现核心价值观的法律规范进行实质正义的司法裁判。通过对各级法院

---

① 杨建军：《通过司法的社会治理》，载《法学论坛》2014 年第 2 期，第 20 页。

适用核心价值观的判决文书进行归类汇总，就会发现核心价值观的适用主要集中在民事领域，刑事和行政领域较少。“在使用‘核心价值观’的场合，绝大多数裁判文书也只是在说理部分进行‘弘扬社会主义核心价值观’的道德宣示，而不是用核心价值观指导法律规范的选择、适用。”① 司法适用总体上呈现出“道德教育宣示型、直接证成结果型以及补强证成结果型”② 三种司法实践样态。刻意地将核心价值观作为案件结果的裁判支撑，缺少解释适用和严密的法律论证过程，说理也不充分。不少适用核心价值观的案件中，仅将核心价值观强加进判决书，用于价值宣示。例如某省高级人民法院在某著作权权属、侵权纠纷二审民事判决书中，指出杭州某网络传媒有限公司以涉案文章的题材和内容与社会主义核心价值观不符为由，判定上诉理由不能成立。③ 该判决有意识地将社会主义核心价值观作为裁判结果的支撑，论证缺失，适用的方式过于形式主义，仅仅是对政治话语的核心价值观泛泛适用。核心价值观融入司法更像是在落实政治任务，而非出于法治思维和法治意识下的司法自觉。当前核心价值观融入司法过于刻意和形式主义，未能论证涉案方应具体遵守哪一层面的何种核心价值观，也从侧面反映出核心价值观并未实质性地融入司法论证和裁判说理过程中。

第三，核心价值观融入司法的方法过于僵化。按照司法原理和法律解释原理，社会主义核心价值观融入司法，应该是法官在具体个案中对核心价值观理解、解释和适用是三位一体的过程。“法官的目光在事实与法律规范间‘来回穿梭’是法律适用的普遍特征。”④ 核心价值观融入司法也理应如此，法官是最为直接的核心价值观适用者，把抽象的核心价值观同具体的案件事实相结合，让人民群众在具体个案中感受到公平正义，维护社会公平正义的法治生命线。“纵观近年来公众普遍关注的有较大影响力的案件，裁判者往往缺乏对裁判结论可能引发不良社会后果的提前预防和判断衡量意识，未将社会主义核心价值观提前介入裁判结论的利益权衡和推理论证，导致裁判结论不符合社会主流价值共识而引发广泛质疑。”⑤ 2006年的南京“彭宇案”，法官用所谓的“常理分析”认为彭宇的行为与情理不符，有做贼心虚的心理。在缺乏正确价值判断和社会共同价值认同的引导下，一审判决作出了认定彭宇送医行为是因撞倒了徐老太太，而非见义勇为。基于“人性恶”的思

---

① 杨福忠：《论司法培育和弘扬社会主义核心价值观的机理与技术路径》，载《法学论坛》2020年第2期，第83页。

② 江秋伟：《价值的司法适用及方法——以法院适用社会主义核心价值观的案例为对象》，载《西安交通大学学报（社会科学版）》2019年第5期，第138页。

③ 例如，在“杭州某网络传媒有限公司、曹某著作权权属、侵权纠纷二审民事判决书”中，法院指出“杭州某网络传媒有限公司以涉案文章的题材和内容与社会主义核心价值观不符为由，主张曹某不享有著作权的上诉理由不能成立，不予支持”。该判决有意识地将社会主义核心价值观作为裁判结果的支撑，论证缺失，适用的方式过于形式主义，仅仅是对政治话语的核心价值观泛泛适用。参见河南省高级人民法院（2018）豫民终1536号民事判决书。

④ ［德］伯恩·魏德士：《法理学》，丁晓春、吴越译，法律出版社2013年版，第286页。

⑤ 支艳：《司法裁判弘扬社会主义核心价值观的机制探讨》，载《人民法院报》2020年4月28日，第7版。

维和背离社会共同价值导向的判决，引发了公众的广泛质疑，也产生了十分恶劣的影响。2017 年的“郑州电梯劝烟猝死案”一审法院依据《侵权责任法》认为双方都没有过错，根据实际情况判决劝阻者向死者家属赔偿一万五千元，引起了社会的广泛质疑。郑州市中院二审认为，弘扬核心价值观是民法的立法宗旨，劝阻行为合法、正当，符合公序良俗，是自觉维护社会公共利益的行为，司法裁判应当鼓励、支持，以弘扬社会主义核心价值观。郑州市中院直接作出改判，判定劝阻者不承担任何责任，赢得了社会的一致好评。核心价值观融入司法，应是核心价值观结合具体的法律规范实现与具体个案的统一，“采用‘法律规范 + 社会主义核心价值观’的适用模式，把正式法源摆在法律推理的优先位置，改变价值宣示等率先适用社会主义核心价值观模式，遵循‘价值中立’的裁判进路，达到合法合理的裁判效果，增强裁判的正当性。”① 当前核心价值观融入司法的方法僵化，很多判决书中机械地表述为：“该行为不符合社会主义核心价值观的内容”“为了弘扬社会主义核心价值观”之类的生硬引用、刻意说理。符合司法原理和法律解释原理的核心价值观融入司法的方法和路径是法官在司法裁判中行使自由裁量权，通过法律规范和核心价值观的选择、解释、适用、漏洞填补、裁判说理等方式实质性地将核心价值观融入司法的全过程，以实现法理、事理、情理和核心价值观的统合，实现具体的个案正义，践行核心价值观的价值引领。

第四，核心价值观融入司法的机制不健全。核心价值观融入司法需要一定的机制保障。党和国家一系列重要的政策文件，法律法规的制定和修改，最高人民法院制定发布的司法解释、司法政策文件及指导案例、典型案例为核心价值观融入司法提供了一定的政策支持和法律依据。核心价值观通过法律的制定和修改而入法入规，保障了融入司法的合法性和正当性。核心价值观融入司法最主要的方式是法官在司法活动中直接适用核心价值观，在技术操作层面将抽象的核心价值观和法律规范适用于具体的个案并做出裁判的过程。目前法官的自由裁量权有限，也缺乏统一的适用标准、适用指导机制和保障机制，司法实践中法官对核心价值观融入司法的态度过于谨慎。面对复杂的社会问题，法官往往仅仅依据法律规定作出法律层面的裁判，不愿进一步解释法律的公共价值，作出价值判断。核心价值观融入司法是融入司法实践的全过程，并非仅在裁判文书说理中作为“形式说理”的说理依据。当前核心价值观融入司法总体上还是因为核心价值观融入司法处于探索尝试阶段，机制不完善。习近平总书记强调：“培育和弘扬社会主义核心价值观，不仅要靠思想教育、实践养成，而且要用体制机制来保障。”② 司法实践中核心价值观的融入也应如此，通过健全的保障体制机制，将司法活动统摄于核心价值观之下，适应核心价值观融入司法的总体要求。

---

① 于洋：《论社会主义核心价值观的司法适用》，载《法学》2019 年第 5 期，第 74 页。

② 中共中央文献研究室编：《习近平关于社会主义文化建设论述摘编》，中央文献出版社 2017 年版，第 111 页。

二、法律解释在核心价值观融入司法中的功能

核心价值观融入司法，使核心价值观的价值取向成为有法律保障、融入司法实践的公序良俗，将其从“纸上的价值观”变为“行动中的价值观”。①“抽象的条文并不能对具体的案件进行裁判”②，在具体的司法实践活动中核心价值观融入司法也需要运用司法解释，克服核心价值观自身的抽象性和法律规范的局限性，实现在核心价值观引领下追求司法实质正义的要求。“如果没有价值的引领，法律的运行就会迷失方向，或失去裁断的正当性。法治建设都不可能做到与价值无涉。法治中国建设也需要与践行社会主义核心价值观同步开展。”③ 运用以法律解释为中心的法律方法，将核心价值观融入司法的全过程。

（一）克服核心价值观内容的抽象性，实现核心价值观的司法适用

党的十八大报告中明确提出了三个倡导，即“倡导富强、民主、文明、和谐，倡导自由、平等、公正、法治，倡导爱国、敬业、诚信、友善，积极培育和践行社会主义核心价值观”。核心价值观将国家、社会、公民的价值要求融为一体，既体现了社会主义的本质要求，继承了中华优秀传统文化，也吸收了世界文明有益成果，体现了时代精神。核心价值观体现在法治建设的各方面，部分核心价值观通过立法融入《宪法》和新制定的《民法典》等多部法律，“成为新时代中国法律体系不可或缺的‘核心法理’”。④ 部分核心价值观也通过最高人民法院制定司法解释、司法政策、发布指导案例和典型案例等司法规范性文件的形式，也具有了“准法源”的属性。司法活动一定价值观指导下的国家行为，在司法实践中，核心价值观发挥了“适用”的司法功能。核心价值观的抽象性，决定了核心价值观融入司法需要运用以法律解释为中心的法律方法，使原则性、抽象性的核心价值观融入司法，实现核心价值观与具体案件事实在司法裁判中的融合。为准确把握核心价值观的内涵，确保核心价值观的准确适用，“运用法律解释厘清社会主义核心价值观的内涵，建构起个案中规范与事实的勾连，提升社会主义核心价值观适用说理的充分性”。⑤

（二）消减法律规范的局限性，实现核心价值观的价值引领

抽象的逻辑演绎本身不足以解释法律规范和构造法律概念。社会生活是复杂多变的，

---

① 郑州电梯劝烟案，一审杨某没有上诉的情况下，二审法院认为，一审判决适用法律错误，损害公共利益，依法改判。参见河南省郑州市中级人民法院（2017）豫01民终14848号民事判决书。还有备受社会关注的村民私自上树摘果坠亡索赔案、撞伤儿童离开被阻猝死索赔案、开发商“自我举报”无证卖房毁约案、吃“霸王餐”逃跑摔伤反向餐馆索赔案”等众多案件，将社会主义核心价值观融入司法的全过程，在促进个案实质正义实现的同时，核心价值观也深入人心。

② O. W. Holmes，The Common Law，Boston：Little，Brown and Company，1881，P. 5.

③ 陈金钊：《“社会主义核心价值观融入法治建设”的方法论诠释》，载《当代世界与社会主义》2017年第4期，第19页。

④ 张文显：《中国民法典的历史方位和时代精神》，载《经贸法律评论》2018年第6期，第7页。

⑤ 于洋：《论社会主义核心价值观的司法适用》，载《法学》2019年第5期，第74页。

价值取向也是多元的，法律文本本身具有抽象性、概括性、滞后性，具体的个案是千变万化的。这就需要运用法律解释、论证等方法将核心价值观融入具体的个案，来缓解复杂多变的具体个案与法律文本自身局限的矛盾。“社会主义核心价值观融入法治建设，不是说可以用道德、价值等直接改变法律的意义，而是说法治建设有了来自社会主义核心价值观或法律价值的支持。”① 法律规范是概括的、抽象的、原则的，社会生活是具体的、复杂的、多变的。“法学是一门实践科学，它必须即刻为每个法律问题提供答案，且不能借口制定法存在漏洞、矛盾或者晦涩不明之处而拒绝做出决定。”② 核心价值观的司法适用，有利于消解法律规范的局限性。法律解释在司法实践中释明法律和核心价值观，将法律规范和核心价值观适用于具体个案。核心价值观为法律规范的解释适用提供价值引导，明确法律规范具体含义，在法律存在漏洞时，进行漏洞填补，实现法的续造。法律解释为法律规范适用提供价值引领，守护了社会共同的价值理念。司法活动“追求的价值目标与法律的价值目标高度一致，社会主义法律天然承载了社会主义核心价值体系，我国司法在适用法律中所追求的必然是社会主义核心价值体系的实现”。③ 法律主要由法律规范组成，蕴涵着一定的价值判断，核心价值观融入司法更是促成我们在司法中坚持社会共同价值导向，法律的适用不仅是追求个案的矛盾化解，更是追求更深层次的法律价值的实现。核心价值观融入司法与法律在司法中的适用具有一致性，都是为了努力让人民群众在每一个司法案件中都感受到公平正义。法律适用本身就是发现法律蕴涵的价值，实现其价值的一种活动。核心价值观的司法适用，在一定程度上可以改变以往司法实践中法官对法律规范机械的理解和解释，避免“流水线作业”形式的工具司法。通过核心价值观的融入，在司法实践活动中要坚持法律规范的适用与价值衡量并重，消减法律规范的局限，实现法的价值目标，实现核心价值观对社会公众的价值引领。

（三）破解形式正义难题，实现实质正义的司法追求

正义是司法的终极目的，是社会共同追求的价值理念、也是法治理念中的最高价值。形式正义或“形式法治的基本目标：法律的一般性、法律的明确性、法律的体系一致性、法律的可预期性和稳定性等的实现。”④ 在崇尚价值多元的现代社会，“人们在抽象理念上接受法治，但绝难接受那种赤裸裸的、没有正义和价值观背景的形式法治。”⑤ 当前人们更为关注实质正义、实质法治的实现。处于转型期的中国社会，价值多元化，人们对多元

---

① 陈金钊：《“社会主义核心价值观融入法治建设”的方法论诠释》，载《当代世界与社会主义》2017 年第 4 期，第 20 页。

② ［德］古斯塔夫·拉德布鲁赫：《法哲学入门》，雷磊译，商务印书馆 2019 年版，第 9 页。

③ 林文学、张伟：《以司法方式加强社会主义核心价值观建设的方法论》，载《法律适用》2018 年第 9 期，第 35 页。

④ 张翔：《基本权利的规范构建》，法律出版社 2017 年版，第 25 页。

⑤ 张翔：《基本权利的规范构建》，法律出版社 2017 年版，第 29 页

价值的需求并存，对社会正义的认识和实现都有不同的价值判断标准。“裁判者必须要对价值判断问题作出明确且唯一的判断，否则就是失职。”① 司法裁判活动，不仅要在法律层面上作出判断，实现纠纷的解决，也要在正义或道德的公共价值立场作出价值的判断。当前司法实践中裁判者面对价值判断难题时，法官往往依据法律和程序规定，作出形式的“法律判断”，忽视更深层次的正义或社会核心价值理念的“价值判断”。“这其实就是用‘力量的逻辑’代替了‘逻辑的力量’，”② 作出的裁判往往引发社会广泛质疑。司法实践中的解释活动是沟通法律价值与社会共同价值的需要，运用法律解释，探寻符合社会共同价值的法律价值。在法律规范认可的核心价值体系内进行裁判，就是要体现核心价值观，彰显社会共同的价值理念。核心价值观是全社会共同尊崇的价值追求，司法活动融入核心价值观，保证个案裁判契合当前社会共同追求的价值目标，实现裁判的实质正义，增加裁判结果的可接受性，实现法律效果和社会效果的统一。把培育和践行社会主义核心价值观的任务，融入司法全过程，濡染浸淫，使之成为司法过程不可缺失的一部分，在实现实质司法正义和社会公正目标的同时，也通过司法裁判凝聚全社会对核心价值观的价值追求共识。

三、法律解释进路下核心价值观融入司法的机制

核心价值观融入司法既是新时代司法实践的需要，也是通过法治践行核心价值观的重要组成部分。核心价值观融入司法可以促进核心价值观的制度化、对象化和客观化，运用法律规范和司法政策，通过司法实践活动向社会传递正确的价值导向。必须遵循司法原理和法律解释原理，准确把握法治精神和法治原则，适应核心价值观融入司法的实践要求，构建和完善机制，以实现核心价值观理解、解释、适用的一体化。

（一）赋予法官在个案中法律解释权，实现核心价值观适用的科学化

核心价值观的司法适用，需要法官在具体个案中有法律解释权。“法律需要经法官解释才可能与具体个案相结合，得出裁判的结果。这应当是常识。”③ 核心价值观融入司法离不开法律解释的运用。“法官运用的解释方法，就是在现行法律制度框架下，考虑法律制度所体现的价值观念，并对不同层次的价值进行衡量作出判断。”④ 司法是维护社会公平正义的最后一道防线，司法不仅仅是为了解决纠纷，还要在程序公正前提下，实现实质

① 王轶：《民法价值判断问题的实体性论证规则——以中国民法学的学术实践为背景》，载《中国社会科学》2004 年第 6 期，第 116 页。

② 王轶：《民法价值判断问题的实体性论证规则——以中国民法学的学术实践为背景》，载《中国社会科学》2004 年第 6 期，第 116 页。

③ 王成：《〈民法典〉与法官自由裁量的规范》，载《清华法学》2020 年第 3 期，第 29 页。

④ 李成斌：《论社会主义核心价值观对民事司法的影响》，载《法律适用》2018 年第 9 期，第 48 页。

意义上的个案正义。“法律解释的最终目标只能是，探求法律在今日法秩序的标准意义。”① 通过法律解释适用核心价值观的目标就是维护社会共同的价值追求，引领社会的价值方向。当前，我国“法律解释立法混杂、法律解释体制不合理、法律解释活动不规范和法律解释形式凌乱，”② 法官在具体个案中缺乏法律解释权，要保障核心价值有效融入司法，就要彻底改变我国当前司法实践中法律解释和适用分离的情况，赋予法官法律解释权。真正“法律解释主体”的解释才是合法有效的，才能得到认可和尊重。经过学界多年的讨论，关于法律解释权的行使主体已经相当明确，只能由法院统一行使，应当废除立法解释、行政解释和最高检作出的所谓“司法解释”。③ 明确授予法院法律解释权，“由最高人民法院作出规范性、抽象性的统一的法律解释和由法官在个案中作出非规范性的法律解释更具合理性和可行性。”④ 实行由最高人民法院进行统一解释和审判活动中法官的个案解释并存，是比较符合我国的司法实际情况的。最高人民法院的统一解释满足了具体审判活动中对法律解释的抽象性需求。“判决本质上是一项解释的事业。对于个案来说，直接产生效力的并不是制定法规范，而是法官根据法律和案件事实的互动关系所构建的裁判规范。”⑤ 审判活动中法官作出的个案解释，满足了司法原理、法律解释原理的基本要求，保证了法律、核心价值观理解、解释、适用的一体化，实现真正意义上的“法律解释”，有利于实现判决的公正性和可接受性，实现核心价值观对司法的价值引领。我国已经迈进法治建设的新时代，立法工作取得重大成绩，为规范法律解释活动，保障核心价值观融入司法的实现，制定一部符合司法原理和法律解释原理的“法律解释法”正当时。防止脱离司法实践的主动“解释法律”，坚决防止“立法式法律解释”的出现。实现法官通过个案解释适用核心价值观，统一适用标准，有利于促进核心价值观与法治建设相得益彰、相互促进。

（二）建立法官适用核心价值观的养成机制，提升核心价值观适用效力

核心价值观融入司法是新时代法治建设的必然要求，为司法实践提供价值引领，追求实质意义上的法治。核心价值观融入司法，就是通过法律解释活动保证核心价值观融入司法的全过程。赋予法官在个案中法律解释权，保障法律解释活动符合法律解释原理是必须的。“当一个社会全面实现形式上的规则治理的时候，法治的重心必定要转到司法之上，

---

① ［德］卡尔·拉伦茨：《法学方法论》，陈爱娥译，商务印书馆2003年版，第98页。

② 魏胜强：《论我国的法律解释立法——基于形式和内容的探讨》，载《学术交流》2016年第6期，第74页。

③ 参见魏胜强：《谁来解释法律——关于我国法律解释权配置的思考》，载《法律科学》2006年第3期，第44－46页。

④ 魏胜强：《法律方法视域下的人民法院改革》，法律出版社2016年版，第54页。

⑤ 唐世银：《把核心价值观融入审判执行工作中》，载《人民法院报》2020年4月27日，第2版。

而司法的重心又会转向方法，而方法成功的关键在于法官。”① 法官是核心价值观融入司法的关键，促进核心价值观融入司法，就必须保障法官法律解释活动。建立法官法律解释运用能力的养成机制，为法官在司法活动中主动、大胆结合具体个案解释适用核心价值观提供一个良好的条件。审判活动中核心价值观的司法适用首要条件是法官必须具备丰富的法律专业知识。法律专业知识是“关于特定社会规范的深奥而繁杂的专业知识”，是“实在法律规制、实践和传统经验、法学理论的统一”。② 核心价值观虽然只有24个字，但是其内涵丰富。核心价值观的司法适用，对法官专业知识要求更高。正如波斯纳所说，法官的职业极为特殊，“人们认为它不仅要求诀窍、经验以及一般的‘聪明能干’，而且还要有一套专门化的相对抽象的科学知识或其他认为该领域内有某种智识结构和体系知识，例如神学、法律或军事科学”。③ 为促进法律和核心价值观专业知识的养成，需要加强法官的职业技能培训，需要长期不断学习、教育和培训，以达到法官在审判活动中熟练地将核心价值观适用于司法实践，实现审判活动中法律、核心价值观解释和运用的统一。首先要提升法官法学理论素养、培养法治思维。审判实务是一种专门进行法律解释和适用的活动，所以法官不仅要知道法律、核心价值观的基本知识，更要有较为深刻的理解。要求法官熟悉法律原则、立法精神，准确理解核心价值观不同层次的内涵，灵活地运用到具体案件中，切实达到使裁判说理准确、恰当的目的。其次要加强司法技术的训练。鲁格罗·亚狄瑟法官指出：“法律如果要受人尊重，就必须提出理由；而法律论证要被人接受，就必须符合逻辑思考的规范。”④ 熟练掌握证据判断与事实认定方法、法律发现方法、法律解释方法、法律推理方法、法律论证方法、利益衡量方法等，能够准确地认定事实并适应法律、核心价值观，更好地将核心价值观融入司法，实现核心价值观与案件事实的完美契合，使裁判结果符合个案正义要求。

（三）强化裁判文书实质说理，实现核心价值观的实质融入

良好的法律解释方法的意识和技能不仅可以帮助法官较为准确地理解、阐述立法者借法律文本所表达的价值取向，实现法律、核心价值观与案件事实的融合，还有助于增进普通人民群众对核心价值之价值内涵的认识和适用的理解，从而提高司法裁判的可接受性和权威性。“对于英美法的法官来说，一个有良好法律推理和解释的司法判决，具有长久的法律力量，这意味着自己工作影响的扩大和伸展。”⑤ 受当前法律解释体制制约，许多法官不能也不敢运用法律解释方法来解释适用核心价值观，只能机械般地、生硬地适用核心

---

① 胡桥：《现代大陆法系法律方法的嬗变轨迹及其背后》，载《政治与法律》2008年第11期，第124页。

② 参见孙华璞、王利明、马来客：《裁判文书如何说理—以判决说理促司法公开、公正和公信》，北京大学出版社2016年版，第216页。

③ ［美］理查德·A. 波斯纳：《超越法律》，苏力译，中国政法大学出版社2001年版，第44页。

④ ［美］鲁格罗·亚狄瑟：《法律的逻辑》，唐欣伟译，法律出版社2007年版，第15页。

⑤ 苏力：《判决书的背后》，载《法学研究》2001年第3期，第7页。

价值观。适用核心价值观的裁判文书中不说理或说理不充分，只罗列具体的事实和抽象的核心价值观，不阐明适用核心价值观的道理。裁判文书是法官运用法律语言的作品，也是法官法律价值理念的具体表达，说理必须有实质的内容。核心价值观司法适用的过程中，要实现核心价值观对大前提论证的价值引领，也要结合核心价值观对小前提进行事实上的考量，把核心价值观融入三段论推理的全过程，防止个案的说理不清、逻辑不明、偏离社会价值共识。核心价值观融入裁判的说理内容必须包括认定证据和案件事实的说理、争议焦点的说理、法律论证的说理和法律、核心价值观适用的说理，把司法过程中需要说理的各个部分展现在裁判文书中。让裁判文书展现法律和核心价值观适用的正确性，具有充分的说服力和教育意义。裁判文书的说理是现代民主政治的一种展现，能够为裁判结果的正当性、合法性和合理性提供支撑，在提高国家司法公信力的同时，也实现了核心价值观的引领功能。

（四）完善案例指导制度，促进核心价值观适用的统一化、规范化

自2013年12月，中共中央办公厅发布《关于培育和践行社会主义核心价值观的意见》后，最高人民法院发布了一系列的典型案例和指导案例，以指导和规范地方各级人民法院开展核心价值观融入司法活动。案例指导制度在社会主义核心价值观融入司法的实践中发挥着重要作用。[①]“法治成熟国家的经验和实践已经充分证明了判例制度的价值，借鉴于此的案例指导制度对中国法治建设来说也蕴含着重要的意义。”[②] 进一步完善当前案例指导制度对法官自由裁量权进行一定的限制，防止审判活动中法官对核心价值观解释的任意性和专断，实现同案同判并维护法制的统一。判例法的法律适用是“由具体到具体”，与成文法“由抽象到具体”的法律适用不同。“遵循先例”的目的在于公正地解决每一个具体的案件纠纷。我国并非判例法国家，法院的判决不具有“先例”作用。法治的发展，审判活动中法官的自由裁量权逐渐受到重视，案例对司法实践的作用日益显现，审判活动中制定法和指导案例的优势互补作用，得到了普遍认可。最高人民法院发布的指导案例和典型案例在核心价值观融入司法中发挥了很大的作用。自2010年最高人民法院发布的《关于案例指导工作的规定》，正式确立了案例指导制度，我国的案例指导制度确立已有十年。当前弘扬社会主义核心价值观的指导案例和典型案例，在案件事实和法律、核心价值观的适用上都较为简单，存在缺乏法律解释的运用、论证不够充分、说理不足等问题。要想实现案例指导制度对核心价值观融入司法的作用，还需要进一步精细化案例的入选条件和标准，凸显案例的典型性和指导意义。抽象的核心价值观融入司法必然要充分说理，说理是司法判决的关键所在，裁判文书又是司法判决的载体，裁判文书需要说理，作为弘扬

---

① 参见杨知文：《把社会主义核心价值观融入指导性案例编撰》，载《光明日报》2018年7月25日，第11版。

② 孙光宁：《案例指导的激励方式：从推荐到适用》，载《东方法学》2016年第3期，第26页。

核心价值观的指导或典型案例的裁判文书就更应该强调说理。作为典型案例或指导性案例必须具有解释法律不明之处或者填补法律漏洞的意义。如果存在漏洞而适用核心价值观，就需要建立在充分说理论证的基础上，否则，法律解释的合理性和科学性就会受到怀疑。当前我国的指导性案例没有法律效力，不具备判决应当遵循的效力。要起到指导和参考作用，要想明确弘扬核心价值观的指导案例、典型案例的制度地位，就要继续完善我国当前的案例指导制度，将其纳入正式法源。将国家弘扬社会主义核心价值观的意志结合具体个案进行细化，也为司法实践活动提供价值引领，统一司法裁判的结果。

四、结语

社会主义核心价值观融入司法，需要借助以法律解释为主的法律方法的运用，来实现核心价值观理解、解释、适用的一体化，需要依赖多种因素的共同推进。以法律解释为进路的核心价值观融入司法的机制构建，包括赋予法官法律解释权、建立法官适用核心价值观的养成机制、强化裁判文书实质说理、完善案例指导制度等机制，将抽象的核心价值观融入具体的司法个案中，以实现核心价值观融入司法的规范化、程序化，具有实际的可操作性，落实党和国家关于“社会主义核心价值观融入法治”中的司法实践命题。

（编辑：杨知文）

论社会主义核心价值观融入司法裁判的路径研究[*]

——基于实证分析的整全性考量

刘　雷[**]

摘　要　社会主义核心价值观融入司法裁判是法治建设的应有之义，是增强裁判文书释法说理的重要手段，有利于充分发挥司法裁判在提升国家和社会治理能力中的规范引领和价值导向作用。当前社会主义核心价值观融入司法裁判存在搁置制定规范，价值适用层面融贯性不够，适用说理不充分，缺乏对事实与规范之关系进行整体衡量等主要问题。为此，司法裁判者应当基于社会主义核心价值观融入司法裁判的规范性基础和正当性前提，综合考量裁判要素的整全性，把握其司法适用过程中法律规范和价值在时间和空间上的融贯性，提升司法裁判的说服力和可接受性。

关键词　社会主义核心价值观　司法裁判　法律解释　整全性

一、问题的提出

自2012年11月党的十八大明确提出“三个倡导”以来，社会主义核心价值观已经从政策倡导的政治层面进入到价值观入法入规的法治领域。作为系列价值观念的集合体，政策倡导和立法阶段是社会主义核心价值观融入法治建设的第一阶段，是司法适用的前阶段，其融入司法裁判具备理论的应然性基础。司法裁判作为核心价值观融入法治建设的重要一环，具有定分止争的功能，而引发法律诉争的社会纠纷多半是与公民生产生活联系密

---

* 本文系国家社科基金重大项目“社会主义核心价值观融入法治建设机理研究”（项目编号：17VHJ009）的阶段性研究成果。

** 刘雷，男，安徽省凤阳人，湘潭大学法学院硕士研究生，研究方向为法理学、法律方法论。

切的事件，其背后必然包含公共政策[①]、社会道德、价值观念、意识形态等内容。目前，社会主义核心价值观融入司法审判的过程中还存在适用说理笼统性、规范非优先性、不同维度价值观适用融贯性不够、案件事实与规范要素考量不全面等问题。司法机关在具体案件的办理过程中如何融入并完整体现出核心价值观的要求，关乎核心价值体系能否在全社会得到贯彻与弘扬，关乎司法的权威和公信力，对司法审判在依法治国进程中完善国家治理体系和提升治理能力具有重要作用。

目前社会主义核心价值观融入司法研究，主要集中于社会主义核心价值观内涵和价值的阐释并强调司法解释在司法裁判中的重要性。例如，江秋伟提出了司法裁判中规则和价值的冲突问题，并坚持规则优先于价值的裁判说理和法律解释。[②] 在目前的实证研究中，对于核心价值观的司法适用现状和问题分析不够明晰和全面。例如，李祖军、王娱瑗通过分类分析案件类型，提到了形式化严重、语言泛化特征凸显、缺乏论证等问题，主张在说理的准度和限度上进行核心价值观的司法适用；[③] 杨福忠则提出司法可以通过对法律规范的选择、法律含义的界定和明确、法律漏洞的甄别和完善的途径进行核心价值观的培育和弘扬[④]。这些研究成果一般以案件的案由、审理法院、地域分布的标准进行案件分类，[⑤] 较少以案件事实和核心价值观的三个维度内涵进行剖析和司法审判的逻辑归纳。[⑥]

既有研究分析和归纳核心价值观司法适用的相关问题，注重倡导核心价值观的司法适用，强调法律解释和说理在司法裁判中的重要作用，为我们进一步对司法裁判适用核心价值观的分析和融入路径的研究提供了有益基础。不过，这些研究对核心价值观司法适用的分析集中在某些概念和表述，对法律解释方法和路径的阐释还不够明晰，法律规范和价值考量不够融贯。上述不足导致核心价值观司法适用的法律方法研究不够深入，核心价值观的司法裁判说理不够充分，进而降低了裁判结果的可接受性和说服力，不利于社会主义核心价值体系的培育和弘扬，也不利于社会价值和规范价值的融合与平衡。

本文以司法案例为基础，通过分析371份样本案例司法适用的现状，归纳核心价值观

---

① 参见孟融：《中国法院如何通过司法裁判执行公共政策——以法院贯彻“社会主义核心价值观”为分析对象》，载《法学评论》2018年第3期，第184－196页。

② 参见江秋伟：《价值的司法适用及方法——以法院适用社会主义核心价值观的案例为对象》，载《西安交通大学学报（社会科学版）》2019年第3期，第136－144页。

③ 参见李祖军、王娱瑗：《社会主义核心价值观在裁判文书说理中的运用与规制》，载《江西师范大学学报（哲学社会科学版）》2020年第4期，第58－65页。

④ 参见杨福忠：《论司法培育和弘扬社会主义核心价值观的机理与技术路径》，载《法学论坛》2020年第2期，第83－89页。

⑤ 参见周尚君、邵珠同：《核心价值观的司法适用实证研究》，载《浙江社会科学》2019年第3期，第39－49页；廖永安、王聪：《路径与目标：社会主义核心价值观如何融入司法——基于352份裁判文书的实证分析》，载《新疆师范大学学报（哲学社会科学版）》2019年第1期，第42－50页；杨彩霞、张立波：《社会主义核心价值观融入刑事裁判文书的适用研究—基于2014－2019年刑事裁判文书的实证分析》，载《法律适用》2020年第16期，第105－117页。

⑥ 于洋结合司法适用的规范依据和法源性内涵，对核心价值观的适用方式进行了比较明晰的整合，参见《论社会主义核心价值观的司法适用》，载《法学》2019年第5期，第62－76页。

适用过程中存在的问题与不足，以探寻核心价值观整全性司法适用的实现路径。为此，一方面，需要利用好核心价值观司法适用的规范性依据和法源基础，做到有法有据，对已经规定核心价值观的法律规范做裁判准则标识，与依法治国的法治逻辑保持一致；另一方面，则应采用整全性的思维方式，结合充分地说理与论证的法律解释方法，把握核心价值观司法适用中裁判说理、法律价值在时间和空间视域上的融贯性，从而实现规范内容与案件事实的联结，综合考虑案件事实要素与案件整体、核心价值观各层面与核心价值体系、适用条文与规范体系的联系，使得司法裁判具有适用规范的正当性和裁判结论的说服力和可接受性。

二、社会主义核心价值观融入司法裁判的现状——基于裁判文书的实证分析

为分析目前司法裁判适用社会主义核心价值观的具体方式和现状，以“社会主义核心价值观”为检索词在“无讼案例①”平台上进行全文检索，共检索到2280份裁判文书。通过对全部文书的进一步筛选，选择以“社会主义核心价值观”明确在裁判说理及裁判依据范围的文书，最终筛选得到371份样本裁判文书。通过对样本裁判文书内容的实证分析，可以获得以下几点认识：

（一）裁判适用核心价值观标准不统一，存在搁置规范情形

根据样本文书，在司法裁判适用社会主义核心价值观的过程中，存在同一个法院适用标准不统一、裁判文书规避法律规范情形，单一化将“弘扬社会主义核心价值观”作为裁判依据，与法治所强调的规则优先性相违背。例如，在湖南省宁乡县人民法院2016年的关于离婚诉讼的5份文书中，有2份文书将婚姻法律中有关离婚法定要件“夫妻感情破裂与否”的规范要件与社会主义核心价值观、传统美德、和谐社会相结合，而另外3份文书中却未结合法律规定的离婚法定条件“夫妻感情确已破裂”的认定标准，仅将弘扬社会主义核心价值观、社会传统美德的笼统性叙述作为裁判说理依据，属于不充分的结合模式。② 同一法院在同一诉讼案由的裁判文书中，因为缺乏适用核心价值观的强制性明确标准，导致适用依据混乱，有的结合法定要件，而有的却单独适用。全国各地区法院因地域地理环境、人文背景、司法习惯的不同，社会主义核心价值观司法适用的过程和状态应然性地出现较大差异。

---

① 参见无讼案例 https：//www. itslaw. com/bj，最后访问日期：2019 年 10 月 27 日。

② 湖南省宁乡县人民法院（2016）湘 0124 民初 887 号、960 号、1529 号、2800 号、3471 号民事判决书。在多数离婚案件中，法院判决不予离婚的理由均是：“为了保护未成年人的权益，确保未成年人的身体健康，弘扬社会主义核心价值观和中华民族传统美德，传递正能量，促进家风建设，维护和谐、美满的家庭关系，故对原告要求离婚的请求，本院不予支持。”参见于洋：《论社会主义核心价值观的司法适用》，载《法学》2019 年第 5 期，第 62－76 页。

表1　结合规范适用信息表

适用方式	文书数量	备　注
老年人权益保障法	11	其中两份文书未结合法律规范
英雄烈士保护法	4	邱少云名誉侵权案 （未明确“社会主义核心价值观”）
法律规定相关义务	18	婚姻法 军人抚恤优待条例

如表1所示，在有关《婚姻法》《老年人权益保障法》《英雄烈士保护法》《军人抚恤优待条例》的33份样本文书中，存在单独适用社会主义核心价值观而搁置法律规范的情形，[①] 违反法律规定优先性的法治准则，不利于法治规则逻辑的维护。根据司法裁判的逻辑，应当优先适用明确的法律规范。[②] 相比于法律规则，法律原则在司法裁判的适用上具有补正、解释作用，[③] 或者结合法律规范，作为特殊疑难案件的例外适用依据，产生新的法律规则，达到实质公正的目的。只有在规则模糊、缺位，或者明显不公正的情形中才可以采用原则、道德等非规范内容作为裁判依据。在样本案例中，关于子女给予父母精神抚慰的义务，在修订的《老年人权益保障法》已经规定：子女赡养，不仅包括物质生活条件的照料和支持，同时应当注重精神安慰。一些法院已经注意到新修订法律对于该部分内容的调整，[④] 但是在河南省巩义市人民法院的裁判文书[⑤]中对于子女探望的义务却没有依据《老年人权益保障法》的明确规定，仅依据《婚姻法》第二十一条关于“子女应当赡养父母”的内容，直接结合“弘扬社会主义核心价值观的要求”作出判决。法律规则与法律原则作为法治的两个线路，发挥着规范性和柔性的双重作用，[⑥] 但是原则适用的前提必须是规则的缺位或者严重不合理，否则就会破坏既有的规范体系和法秩序。

（二）裁判适用核心价值观案件类型集中化，价值观适用各层面的融贯性不够

如图1所示，在371份裁判文书中，从案件类型分布看，民事文书287份，占比最大，

---

① 参见于洋：《论社会主义核心价值观的司法适用》，载《法学》2019年第5期，第62－76页。四川省资中县人民法院（2017）川1025民初2443号民事判决书，河南省巩义市人民法院（2016）豫0181民初4657号民事判决书，吉林省前郭尔罗斯蒙古族自治县人民法院（2018）吉0721民初6188号民事判决书。

② 参见《关于加强和规范裁判文书释法说理的指导意见（最高人民法院）》，2018年6月1日。意见第七条指出，对于一些疑难案件，应当优先规则适用。只有在缺乏明确规范依据时才可以依据习惯或者法律原则进行裁判。

③ ［美］约瑟夫·拉兹：《法律原则与法律的界限》，雷磊译，载《比较法研究》2009年第6期，第132－148页。

④ 参见吉林省四平市中级人民法院（2019）吉03民终339号民事判决书；湖北省竹山县人民法院（2019）鄂0323民初170号民事判决书；重庆市永川区人民法院（2019）渝0118民初4772号民事判决书。

⑤ 参见河南省巩义市人民法院（2016）豫0181民初4657号民事判决书。

⑥ 参见雷磊：《适于法治的法律体系模式》，载《法学研究》2015年第5期，第3－27页。

达 78%。另外，刑事文书 23 份，赔偿类文书仅 1 份，行政类文书 49 份，执行类文书 11 份。可见作为社会核心价值体系的重要部分，核心价值观的司法适用主要集中在民事案件中，适用案件类型较集中。同时，社会主义核心价值观共 24 个字、十二个方面的内容，基本内容包括富强、民主、文明、和谐，自由、平等、公正、法治，爱国、敬业、诚信、友善的国家、社会和个人三个层面。[①] 如图 2 所示，样本文书单独将诚信作为适用理由的有 54 篇，以诚信与其他价值融合适用的有 5 篇，较大超过其他层面价值的适用。在抽取的文书中，无一篇明确单独适用"富强"与"民主"国家层面价值的内容。其中提到国家层面价值的，也是笼统地将整个社会主义核心价值观直接在裁判说理部分硬性增列。而在适用价值观作为说理或者裁判依据的文书中，一般适用的主体多为公民个体或者民营企业单位。在涉及适用诚信价值的裁判文书中，一般多为《民法总则》[②] 中诚实信用的基本原则，多表现为个体之间的民事交往行为准则，包括劳动关系纠纷、邻里关系纠纷、婚姻家庭和继承纠纷。这表明社会主义核心价值观的司法适用集中在个人层面的价值宣扬，偏重以司法裁判对公民个体行为进行规置和对个人品德进行引领和塑造，以及对公民和谐、社会秩序的维护，存在适用价值和案件类型的单一化、集中化问题。

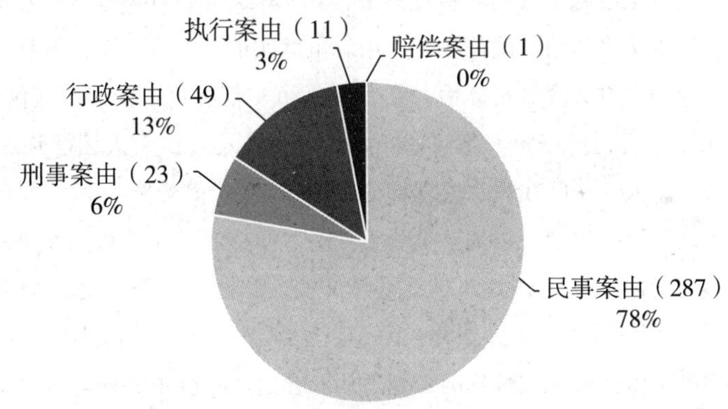

图 1　引用社会主义核心价值观内容的案件类型分布图

如表 2 所示，在样本文书中进行价值引导适用核心价值观的文书有 111 篇，另还有 49 篇与价值相关的道德说教的文书，14 篇结合立法原意与法律精神的文书，以上共占样本比例达 46.9%。党的十八大报告提出三个不同维度、针对不同主体的核心价值观。虽然作为国家、社会、个人整体性价值共同体，但是在司法适用的过程中，尤其是在裁判文书的说理解释部分，一般不应当直接跨越不同维度的价值观而交叉混同适用，否则容易造成价值的混乱不清，司法适用行为与党和国家政策倡导不一致，影响司法裁判权的政治站位。

① 参见《关于培育和践行社会主义核心价值观的意见》(中央办公厅发)，2013 年 12 月 23 日。

② 现为《民法典》第七条诚信原则规定，于 2021 年 1 月 1 日起施行，《民法总则》同时废止。

表2　非正式法源适用信息表

<table>
<tr><th colspan="2">适用方式</th><th>文书数量</th><th>占　比</th></tr>
<tr><td colspan="2">价值引导宣示</td><td>111</td><td>29. 9%</td></tr>
<tr><td rowspan="5">美德　良俗
道德　风尚</td><td>传统美德</td><td>25</td><td rowspan="5">13. 2%</td></tr>
<tr><td>交往习惯</td><td rowspan="2">5</td></tr>
<tr><td>村规民约</td></tr>
<tr><td>公序良俗</td><td>9</td></tr>
<tr><td>道德风尚</td><td>10</td></tr>
<tr><td rowspan="2">立法原意
法律精神</td><td>立法目的</td><td>11</td><td rowspan="2">3. 8%</td></tr>
<tr><td>法律精神</td><td>3</td></tr>
</table>

当然，区分核心价值观的三个层面，并不意味着绝对地割裂彼此的联系和价值融合的相关性。但是在样本分析中，存在核心价值观跨越适用的任意性和不妥当性。在泓帆某公司与中振某公司建设工程施工合同纠纷一案中，① 涉案纠纷更多的是当事人履行合同的诚信品质，审理法院直接将法治与诚信联合适用。虽然法治具有普适性，但是作为核心价值观的司法适用，应当注重案件的具体性，结合案件事实情况提升两者的匹配度和契合度。如在郑某两人相邻关系纠纷二审一案中，② 案件主要涉及公民个人因居住相邻产生的纠纷，其主体为公民个人，法院在裁判说理部分提出“富强”“友善”两个层面。在陈某聚众斗殴罪一案中，法院指出“上诉人正值青春年少，本应在校园孜孜求学快乐成长，却因世界观、人生观、价值观发生偏差，违反了‘文明、和谐、友善’的社会主义核心价值观”。③ 司法本身是贯彻法律、实施法律的环节，法律解释行为是司法权威得以树立的重要保障。上述系列不做充分说理解释的跨越适用，会造成社会主义核心价值观不同层面价值的混淆，违背政策意旨和司法裁判的要求。

---

① 海南省海口市中级人民法院（2019）01 民终 2311 号民事判决书。

② 浙江省衢州市中级人民法院（2017）浙 08 民终 321 号民事判决书。

③ 河南省周口市中级人民法院（2017）豫 16 刑终 284 号刑事判决书。

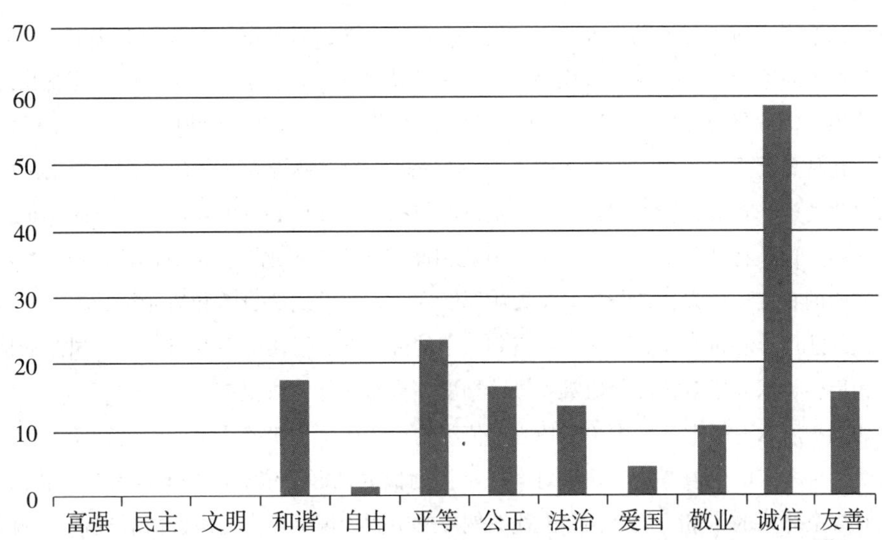

图 2　引用核心价值内容文书比例图（存在结合适用情形）

（三）裁判适用核心价值观说理不充分，缺乏对事实和规范要素之关系的整体考量

司法机关在裁判文书中引用社会主义核心价值观，主要目的在于增强裁判的说理性和信服度，最终使得当事人认可裁判结论，从而进一步树立司法权威。但是在多数样本裁判文书中，普遍出现核心价值观被打包处理的现象，其司法适用说理语辞样板化特征凸显，被“整体采纳”、泛化罗列在裁判文书的“本院认为”部分。例如，在样本文书中，有 10 份河南漯河市召陵区裁判文书直接套用模板化说辞，① 司法裁判说理语辞单一化。虽然一定程度上遵循了同案同判的原则，但是裁判说理照搬照抄特征明显，司法创新度不够，未考虑个案的具体事例之间的特殊化，说理笼统化严重，缺乏对个案的司法关怀，不利于增强司法裁判的权威和公信力。在房某与王某生命权、健康权、身体权纠纷一案中，② 法院仅笼统地在判决书中指出：原被告系同一村民，理应与时俱进，努力践行习近平总书记提出的“富强、民主、文明、和谐、自由、平等、公正、法治、爱国、敬业、诚信、友善”的社会主义核心价值观。但是，作为村民到底需要践行社会主义核心价值观的哪些价值？村民个人需不需要践行国家和社会层面的价值？如果仅践行个人层面价值，到底结合到具

① 参见河南省漯河市召陵区人民法院民事判决书（2019）豫 1104 民初 2119 号、1789 号、103 号、627 号、949 号、2225 号、938 号、224 号、1259 号、2044 号，“努力让人民群众在每一个司法案件中感受到公平正义，是每位司法者的工作目标，从弘扬社会主义核心价值观、社会主义文明新风尚及传播社会主义法治精神的基本要求与理念出发，人民法院通过裁判的目的与宗旨在于为人民群众定分止争、化解矛盾、案结事了，并通过法庭的调解与释明，进一步防止矛盾激化、减少诉累，以节约司法资源，给社会提供一个正确的导向、良好信息及价值理念”。

② 黑龙江省肇州县人民法院（2017）黑 0621 民初 1591 号民事判决书。另参见新疆维吾尔自治区乌鲁木齐市中级人民法院（2018）新 01 民终 275 号民事判决书。

体案件的事实中应当与爱国、敬业、诚信、友善哪个方面联系密切？法院在文书的裁判说理部分并没有充分说明，仅仅采用涵盖性的笼统使用方式。① 在样本文书中，笼统化适用核心价值观的数量合计有70篇，占比18.9%，表明社会主义核心价值观司法适用表面化、涵括泛化现象严重。其中一份刑事文书中，② 法院认为：被告人叶某的辩护人提出的叶某盗窃财物的辩护意见，明显违背法律规定，亦与社会主义核心价值观相悖，对此辩护意见不予采纳。这种将"与社会主义核心价值观相悖"作为不采纳辩护意见的依据部分且不予合理说明的直接适用方式，与我国惩罚犯罪、保障人权的刑法目的和法律精神不符。这种宽泛化的适用核心价值观，不能增强裁判文书的说理性、可接受性及当事人对司法的信服度，相反会加深公民对核心价值观模糊认知度，从而降低司法权威。

如图3所示，样本案件中关于核心价值观的司法适用，笼统适用占比达72%，且集中在单个案件事实的价值考量，缺乏对案件整体的价值把握；依据的规范也是单一化条文，缺乏对规范体系的考量，甚至存在上述案例分析中搁置规范径直适用价值观进行裁判的情形。核心价值观的司法适用，涉及三个维度和十二层面不同内涵的价值，以及案件中事实要素与案件整体、单个法律条文与规范体系的关系平衡。司法审判是针对每个案件、不同当事人纠纷的处理，必须注重案件的事实与规范要素中整体与部分的考量。

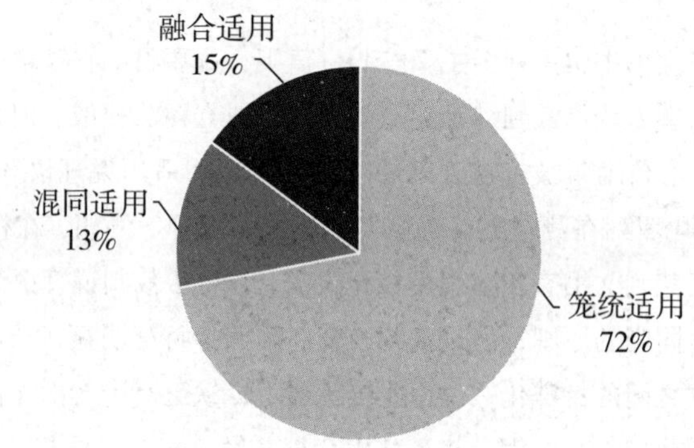

图3　价值适用笼统化比例图

核心价值观中公正、平等、诚信等不仅是实体事实和社会秩序的价值体现，对于举证责任的分配也具有重要引导意义。在周某与李某某、李某民间借贷纠纷中，③ 主要争议在于是否属于夫妻共同债务的认定。随着信息化社会的发展，司法活动中当事人在案件证据的占有、收集和提供的关系和能动性是不同的，一般情况下被告处于相对优势地位。我国民事诉讼法律规定及证据规则中，一般坚持"谁主张谁举证"原则。这是基于法律规范确

① 参见安徽省阜阳市中级人民法院（2015）阜法委赔字第00002号赔偿决定书：陈某某与具有表兄妹血缘关系的杨某某发生性关系的行为，违反道德规范和社会主义核心价值观，赔偿请求人陈某某具有过错，由此引起的精神损害不应当获得精神赔偿，不应当获得精神损害抚慰金。

② 安徽省桐城市人民法院（2016）皖0881刑初39号刑事判决书。

③ 湖南省湘潭市雨湖区人民法院（2019）0302民初85号民事判决书。

定性和司法审判的便利性的考量，但是在诉讼实践中会出现举证难题，不利于案件“事实真相”的发现和社会公正的维护。该案中法官根据最高院2018年的《解释》,① 在没有共同签字确认或追认的前提下，将借款是否用于家庭生活的举证责任分配给了原告。法官加重原告举证责任的做法，出于对未举债方的权益保护，但缺乏结合核心价值观中对于公正、平等的应用，未考虑到案件中当事人之间关系、借款还款时间点等事实要素②，同时未对当事人各方在案件证据和证明责任的掌握和获取的便利性、可能性进行案件综合考量。例如两被告是否属于假离婚实逃避债务、是否还居住在一起，这是原告难以证明的。另外法律规范修改多次，前后举证责任的分配亦是变化较大，单个法律条文与规范体系的联系也发生了修正和调整。而该案法官径直依据司法解释的规定加重原告举证证明借款用于家庭生活的责任，不仅不利于案件事实查明，也不利于司法公正的树立。同时鉴于案件中当事人系亲属关系，审判过程和裁判结果未充分把握核心价值观中公平和平等相关价值体系的内涵，偏离法律规范对于当事人利益的平衡考虑,③ 忽视了单个案件事实与案件整体的区分与联系，未能把握相关法律规范和司法解释文件之间的规范体系的整全性特征，未能契合规范的法律价值及其背后的法律精神的一致性。

三、社会主义核心价值观司法适用的裁判立场与路径反思

通过上述实证分析可以发现，当前社会主义核心价值观融入司法裁判过程中存在适用标准不统一、搁置制定法律规范不用、价值观适用各层面的融贯性不够，以及说理不充分、对案件事实和规范要素考量不整全等问题。要解决上述问题，需要考虑不同裁判立场，并结合一般法学理论，反思司法裁判中依法裁判与自由裁量权、规则与原则、规范和价值以及案件事实要素与规范体系的关系和界限，探寻一条适合核心价值观融入司法裁判的最佳路径。

（一）法条主义的裁判立场

法条主义裁判又称形式主义裁判，指的是法官在案件审理过程中严格适用法律规范，

---

① 《关于审理涉及夫妻债务纠纷案件适用法律有关问题的解释（最高人民法院）》，2018年1月17日。《民法典》第1064条，“夫妻双方共同签名或者夫妻一方事后追认等共同意思表示所负的债务，以及夫妻一方在婚姻关系存续期间以个人名义为家庭日常生活需要所负的债务，属于夫妻共同债务。夫妻一方在婚姻关系存续期间以个人名义超出家庭日常生活需要所负的债务，不属于夫妻共同债务；但是，债权人能够证明该债务用于夫妻共同生活、共同生产经营或者基于夫妻双方共同意思表示的除外”。

② 案件中法官未注重对原被告之间直系姻亲属的关系，同时借款也发生于两被告夫妻关系存续期间，且均与原告发生过大额交易行为，致使案件举证责任分配难以使当事人体会到“公平与正义”。

③ 案例中涉及借贷关系中债权人权利和未举债夫妻一方的权益、民间借贷案件中夫妻共同债务举证责任分配的平衡问题。

是对制定法规则的坚守。[①] 其背后是分析法学、实证主义法学理论，注重对制定法和法律规则的实证分析和规范体系的建构，主张法律规范与法律价值应当划清界限，认为通过立法程序制定的法律规范应当成为司法裁判的唯一依据，秉持法典之上的条文主义，一般称为法条机械主义的司法裁判方式，代表人物和观点有奥斯丁的命令说[②]、凯尔森的纯粹法理论[③]与哈特的承认规则[④]关于新分析法学的"客观视角"法学观点。法条主义的裁判立场，在德沃金的眼中，往往被视为一种惯例主义，即法官注重对既往裁判的遵循和贯彻，包括以往判决对现在的拘束力、上级法院裁判对下级法院裁判的约束力，将惯例中的结果和裁判精神作为审判的法律依据。[⑤] 然而，在社会主义核心价值观融入司法裁判的案例中，严格的法条主义立场将面临规范与价值实践的冲突困境，尤其是面对疑难案件时。[⑥] 为此，在奉行法条主义立场的实证主义者那里，当法律存在空缺结构的可能或空白填补的必要，法律将存在不确定性，并依赖于法官自由裁量权的运用和主张。[⑦] 自由裁量权理论为法条主义裁判立场如何嵌入核心价值观裁判提供了一定的包容性空间，但其所塑造的乃是一种法官造法的观念，进而可能导致对法律正当性的诘问。

（二）实用主义的裁判立场

与法条主义的裁判立场不同，在面临法律规范与司法实践的冲突难题时，实用主义的裁判立场体现了一种结果主义导向的裁判风格。与法条主义所主张的"法律规则优先性"相比，法律实用主义者认为，法官应当坚持一种向前看的裁判立场，作出对社群利益最大

---

① 参见王永杰：《法条主义裁判的反思与思路》，载《复旦学报（社会科学版）》2019 年第 6 期，第 176 - 184 页。另参见［美］理查德·波斯纳：《波斯纳法官司法反思录》，苏力译，北京大学出版社 2014 年版，第 207 页。波斯纳提出，目前美国很多的法官的司法裁判立场仍然是"形式主义"的，当面对司法争议时，法官必须且应当适用相关制定法或者宪法文本，而不能对文本之外的东西抱有过多的想法。关于法条主义孙海波：《"后果考量"与"法条主义"的较量——穿行于法律方法的噩梦与美梦之间》，《法制与社会发展》2015 年第 2 期，第 1767 - 177 页。

② 参见［英］约翰·奥斯丁：《法理学的范围》，刘星译，北京大学出版社 2013 年版，第 20 页。

③ 参见［奥］凯尔森：《纯粹法理论》，张书友译，中国法制出版社 2008 年版，第 61 - 64 页。凯尔森主张因为法律规范之外的关于道德、伦理、价值等自然法的概念太过于捉摸不透，使得我们法律研究的工作完全不必考虑它们。其强调对现存有效的法典条文进行研究，拒绝价值等形而上的渗透。

④ 参见［英］哈特：《法律的概念》，张文显，郑成良，杜景义，宋金娜译，中国大百科全书出版社 1996 年版第 81 - 123 页。相比于凯尔森的"纯粹法理论"，哈特的法律规则观念保留了"最低限度的自然法"观念，认为社会或者组织得以存在必然具备一些自然法意义上的条件：人的脆弱性、人的天赋上的平等、有限的利他主义、有限的资源、有限的理解力和意志力，参见哈特文第 189 - 195 页。哈特指出法律规范是一种强制，应当区分义务性强制和被胁迫的强制，并拟构一个强盗情境论证被胁迫的强制不属于法律的强制范畴，参见哈特文第 19 - 27 页。

⑤ 参见［美］罗纳德·德沃金：《法律帝国》，许杨勇译，上海三联书店 2016 年版，第 95 页。

⑥ 参见［美］罗纳德·德沃金：《认真对待权利》，信春鹰，吴玉章译，上海三联书店 2008 年版，第 117 页。另参见［美］罗纳德·德沃金：《法律帝国》，许杨勇译，上海三联书店 2016 年版，第 209 页。德沃金主张法律意义上的疑难案件与简易案件之间的区分也不是十分重要，认为简易案件也是需要经过同疑难案件一样的裁判过程，"简单案件只是疑难案件的特殊情形"。

⑦ 参见［英］哈特：《法律的概念》，张文显等译，中国大百科全书出版社 1996 年版，第 124 - 146 页。

化的判决，而无须与过去的法律规则或先例保持高度一致。① 实用主义的裁判立场认为，在社会发展发生情境变化时，法官必须对当前法律规范进行调整，以适应迁易的社会环境与政治环境。波斯纳曾将实用主义理论归纳为一种工具意识，法官在功利主义的指导下开展裁判工作，法律规范、法律规则、法律概念均服务于社会发展的最大福利目的。因而，实用主义希望法律规范总是可以灵活地调整其界限和范畴，以适应法律之外的社会实践。② 法律实用主义为司法裁判提供了经济学和社会学的视角，有利于促进当事人的利益和社会政策目标实现的最大化，实现社会主义核心价值观顺利融入司法裁判。但是，实用主义的裁判立场过于强调裁判的后果考量及其对未来社会发展的影响，往往忽视对影响司法裁判的既往立法实践和社会实践的历史视域，缺乏“回头看”的审判策略，可能削弱法律规范的权威性和强制性，进而导致对法律权利的减损或侵犯，与法治建设的根本精神相背离。

（三）司法裁判的整全性路径

针对上述两种裁判立场的不足，为更好地推动社会主义核心价值观融入司法裁判，消解现实存在的核心价值观融入问题，或许应当采用一条整全性的裁判路径。整全性的裁判路径既应遵循历史实践的立法和裁判前见，也要面向裁判的效果，主要包括法律解释的建构性和政治道德原则的融贯性。整全性司法裁判的一个恰当的理论说明是德沃金所发展的“整全性”③ 法律理论，包括立法的整全性原则和裁判的整全性原则。前者要求立法机构制定的法律规范，应当使得法律在原则上保持融贯性，后者要求裁判者将适用的法律规范作为一个融贯性整体予以实施。本文主要围绕司法裁判的整全性为核心价值观融入司法裁判提供一条借鉴路径。裁判的整全性原则主张法官在案件审理的过程中应当首先给予既定规范典范和社群司法实践以特殊的影响力，同时强调裁判者必须将司法适用的依据视为一个整体，包括规范和价值要素之整全关系，而不是分散独立的个别决定。

根据最高院印发的《关于深入推进社会主义核心价值观融入裁判文书释法说理的指导意见》中的具体要求，④ 一是要发挥规范引领作用；二是要发挥价值引导作用，其中包含法治与德治相结合；以人民为中心，注重裁判文书的说理性和可接受性；把握政治效果、法律效果和社会效果的有机统一。整全性裁判理论为核心价值观融入司法裁判提供了一条合适路径。一是要坚持裁判职责的二元论，在规范适用的优先性基础上，结合法律价值和社会价值，利用法律解释进行裁判文书的释法说理，增强裁判的说服力和可接受性，实现

① 参见［美］罗纳德·德沃金：《身披法袍的正义》，周林刚、翟志勇译，北京大学出版社 2014 年版，第 23，38 页。

② 参见［美］理查德·波斯纳：《超越法律》，苏力译，北京大学出版社 2016 年版，第 350－353 页。

③ 参见［美］罗纳德·德沃金：《法律帝国》，许杨勇译，上海三联书店 2016 年版，第 133 页。

④ 参见《关于深入推进社会主义核心价值观融入裁判文书释法说理的指导意见（最高人民法院）》，2021 年 2 月 18 日。

法治与德治结合和以人民为中心的要求。二是要把握价值的融贯性，强调核心价值观各层面适用的整体性。核心价值观包括十二个方面的价值，不是独立的价值个体，而应当是一个融贯的价值整体。三是要遵循释法说理过程中核心价值观适用方式的整全性，把握案件事实和规范的部分与整体之关系，注重对政治要求、法律惯例和社会实践的考量，实现核心价值观的司法适用在时间和空间视域上的融合。下面将以德沃金的整全性理论为主要内容，结合诠释学主张，具体阐述核心价值观融入司法裁判的整全性路径的内容。

四、社会主义核心价值观融入司法裁判的整全性考量

（一）核心价值观司法适用的二元论法律解释

作为一种价值集合体，核心价值观融入司法裁判的过程，是法律规范从应然性到实然性的转变，其中法律解释在该转变中扮演关键性的融贯角色。我国司法体制改革后初步形成司法者主体责任制，法官、检察官对案件质量终身负责制，① 即谁裁判谁负责。保证司法案件的质量，其中关键在于使得人民群众对于案件结果及裁判文书说理的信服。这涉及司法裁判中法律解释的适当性和裁判行为的职责遵循，其常存在二元论与一元论②的争议。前者主张，司法者将规范与价值结合适用于司法裁判当中，补足法律正义的缺陷。后者主张，通过立法程序制定的法律规范应当成为司法裁判的唯一依据，秉持法典至上的条文主义。一元论注重规范的倾向，排斥对法律外道德等价值因素的考量，会产生应然和实然的断裂司法困境。为了弥合这条裂缝，司法裁判需要规范内外的价值融入，实现价值在司法领域的中和与融贯。而核心价值观作为社会价值的凝练表达，在司法适用过程中发挥着价值支撑作用，应当遵循整全性③标准，采用德沃金的建构性法律解释④理论，认为法律是一个解释性概念。法律不仅局限于制定法的范畴，还包括法律原则、政治道德原则以及内含于中的社群共同认识等价值因素，德沃金以一种内在的、参与者的视角⑤分析司法裁判中结论的合法性和正当性。根据德沃金提出的建构性解释模型，其分为前解释阶段、解释阶段和后解释阶段。⑥ 在前解释阶段中，法律解释被提供了解释行为得以进行的规范

① 参见《关于完善人民法院司法责任制的若干意见》（最高人民法院），2015 年 9 月 21 日；《关于完善人民检察院司法责任制的若干意见》（最高人民检察院），2015 年 9 月 28 日。

② 参见李树民：《裁判职责的元点：一元论还是二元论》，载《华东政法大学学报》2019 年第 4 期，第 119 – 129 页。

③ 参见赵英男：《论整全法与哲学解释学的同一与差异——基于方法论的考察》，载《法制与社会发展》2019 年第 3 期，第 159 – 174 页。

④ 参见罗纳德 · 德沃金：《法律帝国》，许杨勇译，上海三联书店 2016 年版，第 149 – 177 页。

⑤ 参见罗纳德 · 德沃金：《法律帝国》，许杨勇译，上海三联书店 2016 年版，第 11 页。

⑥ 参见［美］罗纳德 · 德沃金：《法律帝国》，许杨勇译，上海三联书店 2016 年版，第 53 – 55 页。在建构性解释中，法律的历史实践和社会情境、法律文本的立法者意图与解释者立场、法律规范与政治道德、社群准则处在一个融贯性体系。因而裁判者在进行裁判时，是根据原则和权利对法律文本进行解释的过程。参见高鸿钧：《德沃金法律理论评析》，《清华法学》2015 年第 2 期，第 96 – 138 页。

内容和准则，包括一定的社会共识和观念，[①] 先验性知识和实践经验。核心价值观融入司法裁判的过程，必须注重对其法律解释的法律规范、政策倡导和时代精神等价值因素的把握和考量。

1. 坚持核心价值观司法适用中规范适用的优先性及其基础

法治的本质即规则之治。核心价值观本是政策性倡导，具有非正式法源的性质，司法适用的权威性和规范性力度不够，因而社会主义核心价值观融入司法必须坚持规范适用的优先性。立法将核心价值观纳入法律规范，为其融入司法裁判提供了法律解释的规范基础。中共中央发文[②]强调，将社会主义核心价值观融入法治建设、融入立法体制，逐步推动核心价值观入法入规，从源头上保证社会主义核心价值的引领和塑造。[③] 随着法治建设的不断推进，社会主义核心价值观逐步融入法治建设的立法中，其本身已经转化为规范性的裁判依据。这也为司法裁判适用核心价值观提供了规范保障。同时，社会主义核心价值观与法律原则融合，进入规范条文。通过与法律条文对比，社会主义核心价值观的三个层面、12 个方面的价值内容多数已经转换成法律的基本原则。[④] 核心价值观与法律原则的耦合，为其司法适用的规范性提供了增强补证效果，实际上属于融入社会主义核心价值观的软性法律规则，一旦其被法律文本明文写入，就从道德层面转至规范层面。因为法典的阶级属性，使得列文其中的法律原则当然性地具备国家强制力保证实施的规范性效力。[⑤] 这也为社会主义核心价值观融入司法过程中各层面价值与法律原则的结合提供了规范性补强。

2. 社会主义核心价值观融入司法中注重考量规范外的价值因素的正当性及其前提

社会主义核心价值观作为新时代社会价值的整体倡导，本身属于价值范畴的概念，是对于社会不同主体、不同利益诉求的均衡、妥协的结果。在我国，司法实践过程中法院不

---

① 参见［美］罗纳德·德沃金：《法律帝国》，许杨勇译，上海三联书店 2016 年版，第 53 – 55 页。另参见［德］卡尔·拉伦茨：《法学方法论》，陈爱娥译，商务印书馆 2003 年版，第 88 – 90 页。拉伦茨认为法律解释的“前解释阶段”中的先验材料，存在“先入之见”和“先前理解”的区分，后者才是裁判者真正需要的解释基础和凭借。参见［德］汉斯·格奥尔格·伽达默尔：《诠释学 I：真理与方法（修订译本）》，洪汉鼎译，商务印书馆 2010 年版，第 379 – 380 页。文中将这种“前理解”称为“前把握”，认为“解释开始于前把握”，解释者应当首先论证其所有前见解的正当性，考察前解释基础的渊源和有效性。

② 参见《社会主义核心价值观融入法治建设立法修法规划》（中共中央发），2018 年 5 月 7 日。

③ 以《宪法》为根本，《广告法》（第 74 条）《教育法》（第 6 条）《国家安全法》（第 23 条）《慈善法》（第 5 条）《网络安全法》（第 6 条）《公共图书馆法》（第 3 条）及《电影促进法》《公共文化服务保障法》《英雄烈士保护法》《国歌法》《民法典》均有对社会主义核心价值观的条文规定，或直接将其作为立法目的列入规范文本。

④ 参见周尚君、邵珠同：《核心价值观的司法适用实证研究》，载《浙江社会科学》2019 年第 3 期，第 39 – 49 页。例如，在《民法典》中的第四条、第六条、第七条的平等、公平、诚信原则，第八条“民事主体从事民事活动，不得违反法律，不得违背公序良俗。”的规定，为核心价值观融入司法裁判提供了法源基础。

⑤ 参见刘小牛：《法律原则适用的困顿：以诚信原则为例》，载《江淮论坛》2011 年第 2 期，第 112 – 116 页。

仅要“依法裁判”，还要在案件审理过程中贯彻党和国家的政策方针[①]。中办、国办亦出台相关意见和规划，[②] 通过政策形式为社会主义核心价值观融入司法裁判提供政治保障及正当性依据[③]。同时，核心价值观的司法适用具备时代内涵和社会发展实践的要求，司法裁判的过程即是解读法律、适用法律的过程，而法律的适用离不开对法律规范进行解释，包括法律文本的内容以及其背后蕴含的原则和隐藏的文化和价值。[④] 法律作为一种语言组成的文本规范，本身具有语境差异的历史特征，其当然性是对于它所处在时代的反映，并随其演进而不断变化。司法是社会公正守护的最后一道防线，其公正性评价取决于：司法机关对具体案件的裁判是否符合案件所处时代被公民所崇尚价值的内涵。当前司法裁判要做到“让人民群众在每一个司法案件中感受到公平正义”的要求，做到“法律的生命在于实施、法律的权威也在于实施”，[⑤] 必然要在司法裁判过程中对作为新时代社会主义社会价值凝练表达的社会主义核心价值观进行适用和说理阐释。这也是核心价值观对修补法律漏洞的补充作用。法律是用文字表达的规范性文本，具有抽象性和概括性，而社会现象是丰富多元和复杂的，使得法律规范会存在一定漏洞。[⑥] 法律规范是对于社会秩序和现象的类型化表述，其使用的表达方式具有相对宏观性和归纳特征，是对普遍性社会秩序和行为规则的规置，而司法适用的具体案件是特定和相对微观的。由于立法机关的主观因素和社会发展的客观因素，使得法律规范呈现内容上的欠缺与不周全特征，进而产生法律适用上的弊端。[⑦] 社会主义核心价值观的价值属性，使得其被司法裁判适用具备应然可能性。同时，社会主义核心价值观的司法适用不仅是对于法律规范漏洞的填补，也是立法活动的有效延伸。

核心价值观融入司法裁判依据的逻辑应当遵循：法律规则 - 法律原则 - 习惯道德（相关法律价值和法理基础）的顺序。当前社会主义核心价值观司法适用中存在规范搁置的情形，值得进一步区分与分析：是存在明确规范却避而不用？还是本无契合规范而适用原则或习惯类条文进行裁判？如在样本文书中关于赡养纠纷的裁判文书，法官规避即存有效的

---

① 公共政策作为国家政治意志的表达和体现，其本身是社会成员利益和价值在公共层面的集中体现，而法律又是调整社会秩序价值的一个组成部分。故司法裁判应然性地具有执行政策而适用核心价值观的职能。参见姚建宗：《法律的政治逻辑阐释》，载《政治学研究》2010 年第 2 期，第 32 - 40 页。

② 《关于在司法解释中全面贯彻社会主义核心价值观的工作规划（2018 - 2023）》（最高人民法院），2018 年 9 月 18 日。

③ 社会主义核心价值观本身属于价值观念的表达，可追溯至 2006 年党中央针对社会主义思想道德建设提出的“八荣八耻”，十七大进一步提出“社会主义核心价值体系”的意识形态范畴，至党的十八大提出“三个倡导”才明确凝练十二个方面的价值内容。

④ 参见江秋伟：《价值的司法适用及方法——以法院适用社会主义核心价值观的案例为对象》，载《西安交通大学学报（社会科学版）》2019 年第 3 期，第 136 - 144 页。

⑤ 参见《中共中央关于全面推进依法治国若干重大问题的决定》，中国共产党第十八届中央委员会第四次全体会议，2014 年 10 月 23 日。

⑥ 参见沈宗灵：《论法律解释》，载《中国法学》1993 年第 6 期，第 57 - 64 页。

⑦ 参见杨解君：《法律漏洞略论》，载《法律科学（西北政法学院学报）》1997 年第 3 期，第 12 - 19 页。

《老年人权益保障法》明确规范，而适用价值梳理方式。而在德沃金提供的埃尔默继承案中,[①] 出现继承人提前杀害被继承人——能否继续享有继承权的裁判难题？困境在于即存规范中没有明确的规定规置此种事实关系。故厄尔法官用“任何人不得从违法行为中获利”的法律原则及其体现的法律精神，避免规范空白地带的困境，作出剥夺继承权的裁判。价值观融入司法裁判应当追求规范和价值的结合，不仅仅是裁判职责的二元，更是实施法律与补正规范不足的需要，有利于增强裁判文书的释法说理。

（二）把握社会主义核心价值观司法适用的价值融贯性

1. 把握核心价值观司法适用中各层面价值的融贯性

核心价值观融入司法裁判的过程，应当注重核心价值各层面价值的融贯性，法官需要尽可能地将价值方面与规范体系作为一组融贯的适用综合体予以适用和表达。[②] 在样本文书中，存在法官将社会主义核心价值观不同层面的价值混淆适用的情形，如将“富强”运用到个人层面。这些不同层面价值适用混乱的现象，不意味着对社会主义核心价值观十二个方面价值的有机联系性和内在统一性的否定,[③] 相反佐证其是相互融合、相互贯通的价值共同体。比如，在蔡某与蔡某某恢复原状纠纷一审民事判决书中,[④] 法院指出：“和谐”“友善”的社会主义核心价值观是每个人应当遵从的道德标准。法官从传统美德入手，提倡邻里关系要注重相互谦让、和睦相处，引出“和谐”和“友善”价值在裁判说理部分的融合适用。因此，不能硬性将社会主义核心价值观分割成三个断裂层面，否则在融入司法过程时会出现价值说理不充分、理论阐释零碎化的问题。

这需要我们既要符合党和国家的政策倡导,[⑤] 又要保证司法的公正性，在两者之间把握社会主义核心价值观融入司法的适度性与平衡性。在北京市海淀区某镇人民政府与果某某信息公开一审行政判决书中,[⑥] 法院指出：“诚信是我国社会主义核心价值观的重要内容之一，也是弘扬法治精神、建设法治政府的重要基础。国务院在《全面推进依法行政实施纲要》中，将诚实守信作为依法行政的基本要求，凸显了诚信在法治政府建设中的作用。镇政府在前一案中声称其通过会议、实地检查等多种方式对方案的实施情况进行了协调监督，并且提交会议材料作为证据，证明其履行了相应的职责。然而其在本案中，对于果某某所申请的上述政府信息却又答复不存在，显然自相矛盾，违背了依法行政的基本要

---

① 参见［美］罗纳德·德沃金：《法律帝国》，许杨勇译，上海三联书店 2016 年版，第 12 - 16 页。文中以“埃尔默继承案”为例，当规范不能满足正义的需求市，需要制定规范外的因素介入，即我们内心的价值原则。

② 参见［美］罗纳德·德沃金：《法律帝国》，许杨勇译，上海三联书店 2016 年版，第 172 页。

③ 参见肖琴：《社会主义核心价值观的整体性问题》，载《湖湘论坛》2016 年第 5 期，第 37 - 44 页。

④ 参见甘肃省岷县人民法院（2019）甘 1126 民初 1571 号民事判决书。

⑤ 参见陈融：《社会主义核心价值观入法的理论基础、现实需求及实现路径》，载《毛泽东邓小平理论研究》2018 年第 10 期，第 51 - 57 页。

⑥ 北京市门头沟区人民法院（2018）京 0109 行初 41 号行政判决书。另参见山东省济南市中级人民法院（2018）鲁 01 行初 743 号行政裁定书。

求”。司法裁判者将社会主义核心价值观个人层面的“诚信”价值适用于政府依法行政的裁判说理上，并结合国务院文件对于依法行政的“诚实守信”要求，以达到充分说理和融合适用核心价值观的维度目标。在胡某某与衡山县某镇天柱村谭关组承包地征收补偿费用分配纠纷一审民事判决书中，① 法院将“和谐”“法治”“友善”在国家、社会和个人不同主体间融合适用，指出“和谐”不仅是人与人的和谐，也是社会关系的和谐；“法治”包含规则治理、治国理政的方式，也蕴含着公民要遵守法律，履行法律义务，享有法律权利，而不是绝对地将“和谐”与“法治”局限在国家与社会层面，严格区分，分层适用。②

2. 把握核心价值观司法适用中裁判者的价值偏好与规范价值的融贯

法官裁判时依据规范是第一性准则，但是法官在裁判过程中会偏向裁判职责二元论的实然性，即将规范和价值结合适用到具体案件的裁判中。当案件裁判缺乏明确的规范依据时，他们会以其自身的价值信念，甚至包括他们的宗教信仰，还会凭借他们的价值直觉和意识形态，涉及人身经历、家庭背景、教育程度和个人喜好。③ 而社会主义核心价值观作为价值的集中表达，法官对其的认可度和偏好，很大程度地影响核心价值观司法适用过程中被选择的可能性与分布的差异性。如在两起同为公民打架斗殴案件中，因为法官的偏好不同，以及对于社会主义核心价值观 12 个方面价值的理解差异，导致产生适用核心价值观的选择不同。在刑事判决书④中法官提出：被告人违背了“文明、和谐、友善”的社会主义核心价值观，而在民事判决书⑤中，法官指出：当事人违背和谐、友善的社会主义核心价值观。当然，这两个案件的类型存在差异性，法官在裁判时的心理状态会出现变化，从而导致司法说理的不同。但是两者同为对社会主义核心价值观适用于司法裁判的释法说理，法律评价的行为相同，而不同层面、不同方面价值选择及数量的偏移，与法官的个人价值偏好存在密切的联系。因此，法官应当像赫拉克勒斯那样，⑥ 坚持法律的解释性概念，以参与者的角度考量裁判的正当性，站在社会价值共同体的立场上以最佳视角进行司法裁判。

社会主义核心价值观的整体性司法适用不仅在价值整全性上具有应然正当性，在司法实践中也具有实然可操作性。结合德沃金的整全法理论主张，司法者在进行裁判时，不仅仅是在适用机械的法典条文，更是一整套法律体系，包括法律原则及其蕴含的法律价值和

① 湖南省衡山县人民法院（2018）湘 0423 民初 1084 号民事判决书。

② 参见于洋：《论社会主义核心价值观的司法适用》，载《法学》2019 年第 5 期，第 62－76 页。文中强调：为了准确适用社会主义核心价值观，应当以各个核心价值观内涵为基点，采用“分层适用”的方式对社会主义核心价值观的不同维度进行区分适用，避免整体适用。

③ 参见［美］理查德·波斯纳：《波斯纳法官司法反思录》，苏力译，北京大学出版社 2014 年版，第 97 页。

④ 河南省周口市中级人民法院（2017）豫 16 刑终 284 号刑事判决书。

⑤ 陕西省西安市临潼区人民法院（2017）陕 0115 民初 3279 号民事判决书。

⑥ 参见［美］罗纳德·德沃金：《法律帝国》，许杨勇译，上海三联书店 2016 年版，第 284 页。

精神。这些法律原则、价值、政治共同道德被德沃金成为“社群之公共准则”，整全性路径要求将其表达为一个融贯的体系。① 核心价值观融入司法，应当结合既有法律规范的明文保障，将核心价值观和核心价值体系整体把握为一个“规整”，② 让每一个司法裁判都成为对整个法律价值和原则的填补和适用。因而有必要对法官进行关于社会主义核心价值观融入司法的价值选择和使用方式的规范和引导，裁判者应当注重整全性价值考量，把握核心价值观不同层面价值的内涵，使得司法价值具有统一性，从而保障司法行为的权威性、公正性和可接受性。

（三）遵循释法说理过程中核心价值观适用方式的整全性，把握案件事实和规范的部分与整体之关系，实现价值观的司法适用在时间和空间视域上的融合

1. 遵循释法说理过程中核心价值观适用方式的整全性

根据指导意见的要求，③ 法院在裁判过程中对社会主义核心价值观进行适用时，结合传统美德、村规民约、公序良俗、道德风尚进行联结适用，注重法理情的结合。裁判的可接受性来自说理的充分性，法官应当结合具体法律规范的内容，同时讲情讲理，利用社会主义核心价值观作为主流价值引导，注重推理过程。在规范缺位时，依据法律原则、法律目的、社会风俗习惯，包括公理、情理、经验法则、交易惯例、民间规约、职业伦理，整合把握多种方式的说理与阐释，④ 达到天理、人情、国法的有机统一。⑤ 尤其面临一些疑难复杂的案件，社会主义核心价值观的司法适用，需要利用超越既有法律规范的非正式裁判法源，这也符合当前法律人面对法律纠纷与难题时规范外的因素介入增多的现状。⑥ 同时，还需要利用超越法律规则的修辞方法。裁判者在说理时，可以根据具体案件的事实情况，将需要展现的真实信息，结合情感因子，甚至还有一些法律的暗语和“谎言”，⑦ 统统融合成一个整体进行司法解释，作出“整全性”裁判。

2. 综合考量案件事实与规范要素之整全关系，实现核心价值观的司法适用在时间和空间视域上的契合

司法机关受理的纠纷案件，涉及不同主体的利益竞争，包括私法法益和司法权威、社

---

① 参见［美］罗纳德·德沃金：《法律帝国》，许杨勇译，上海三联书店 2016 年版，第 178 - 180 页。“整全法的叙事包含一个复杂的主张：能够以诸项原则条理化并证成当前的实践”，要求施行于社群的法律原则的横向一致性。

② 参见［德］卡尔·拉伦茨：《法学方法论》，陈爱娥译，商务印书馆 2003 年版，第 149 页。

③ 参见《关于深入推进社会主义核心价值观融入裁判文书释法说理的指导意见（最高人民法院）》，2021 年 2 月 18 日。

④ 参见《关于加强和规范裁判文书释法说理的指导意见（最高人民法院）》，2018 年 6 月 1 日。

⑤ 参见廖永安、王聪：《路径与目标：社会主义核心价值观如何融入司法——基于 352 份裁判文书的实证分析》，载《新疆师范大学学报（哲学社会科学版）》2019 年第 1 期，第 42 - 50 页。

⑥ 参见陈金钊：《法律人思维中的规范隐退》，载《中国法学》2012 年第 1 期，第 7 - 20 页。

⑦ 参见［美］理查德·波斯纳：《超越法律》，苏力译，北京大学出版社 2016 年版，第 439 页。

会秩序的维护。裁判者在适用价值观时，既要注重不同层面的规范和价值的顺承关系，又要保持其在时间和空间视域①上的契合。一是利用核心价值观综合考量案件事实和规范要素，把握整体与部分关系的整全性。核心价值观中诚信、和谐、文明、平等、公正分别划分为国家、社会、个人层面的不同价值，但是司法者在交叉适用时应当做好法律解释与裁判说理的工作，做到价值融合适度，法律解释整全即是正确把握单个层面价值与核心价值体系的关系。既要保证单个案件事实的价值契合，又要使得整个价值体系的融贯。② 在事实要素方面，法官应当考量当事人双方的地位和关系，例如借款关系双方属于姻亲关系，借款发生于婚姻存续期间，两被告在婚姻存续期间均与原告有往来记录，同时起诉时两被告仍然住在一栋别墅内，而且被告一在庭审时承认借款用于投资经营；考量案件单个事实与案件整体的关联性，注重对双方当事人在证据把握和提供上的平等地位和情势，"对事实的判断重视情境性因素的精致把握"③，利用法律解释进行证明责任的分配。在规范层面上，司法裁判中在适用核心价值观时，应当注重自由和和谐价值对实现国家公共利益和私法权益融合的促进作用，适用规范时注重对规范的前后版本的变更内容、同时期的其他司法解释性文件进行横向和纵向的考量，把握个别法条与整个法律规范体系的关系、一个部门法规范体系与其他部门法规范体系的关系，④ 将个人权利和社会目标、原则和政策进行衡量，以政治道德的整全性作为目标，⑤ 深入剖析和理解核心价值观司法适用的融入方式，实现案件中法律价值、法律原则和法律秩序的统一。

二是注重不同主体之间价值的历史性考量，均衡不同权力和权利主体的立场，分析不同主体的利益和需求。⑥ 时期和地域的差异必然产生不同的价值观念，形成各自的文化与

---

① 参见［德］汉斯·格奥尔格·伽达默尔：《诠释学 I：真理与方法（修订译本）》，洪汉鼎译，商务印书馆 2010 年版，第 427 – 434 页。伽达默尔主张诠释学的视域概念是一种处境概念，结合历史理解观点，一个合理的诠释学要求就是："我们为了理解某个他物而必须把自身置于这个他物之中。"

② 参见［美］罗纳德·德沃金：《法律帝国》，许杨勇译，上海三联书店 2016 年版，第 180 – 183 页。德沃金以"连环小说"的文学写作为例，拟制一群小说家依次写一部小说，每位作家依次顺延独立创作，但是"他们的共同目标是尽最大努力创作一部尽可能最好的统一的小说"。核心价值观的司法适用即需要达到案件裁判中，单个方面价值与案件事实的符合，且与整个价值体系保持一致和融贯。另参见《关于深入推进社会主义核心价值观融入裁判文书释法说理的指导意见（最高人民法院）》，2021 年 2 月 18 日。《意见》第九条第二款规定："运用体系解释的方法，将法律规定与中国特色社会主义法律体系、社会主义核心价值体系联系起来，全面系统分析法律规定的内涵，正确理解和适用法律。"参见杨铜铜：《论体系解释规则的运用展开》，载《法律方法》2020 年第 31 卷，第 190 – 206 页。

③ 参见胡学军：《具体举证责任论》，法律出版社 2014 年版，第 282 页。

④ 参见［德］卡尔·拉伦茨：《法学方法论》，陈爱娥译，商务印书馆 2003 年版，第 144 – 146 页；陈金钊：《体系思维的姿态及体系解释方法的运用》，《山东大学学报（哲学社会科学版）》2018 年第 2 期，第 69 – 81 页。

⑤ 参见［美］罗纳德·德沃金：《认真对待权利》，信春鹰、吴玉章译，上海三联书店 2008 年版，第 117 – 179 页。

⑥ 参见《关于深入推进社会主义核心价值观融入裁判文书释法说理的指导意见（最高人民法院）》，2021 年 2 月 18 日。《意见》第九条第一款规定："运用文义解释的方法，准确解读法律规定所蕴含的社会主义核心价值观的精神内涵，充分说明社会主义核心价值观在个案中的内在要求和具体语境。"

事实的惯性逻辑和思维。司法者应当站在宏观的视域上把握价值观的裁判适用，结合过往、当下和未来的社会发展态势，以及不同地区的习惯和传统，达到司法适用中价值的融贯。根据上述婚姻案例，新中国初期提出婚姻自由原则，而《民法典》第一千零七十七条规定了离婚冷静期的内容。前者倡导的婚姻自由原则，鼓励公民个体尤其是妇女人身的解放，一定程度上是对“自由”价值的提倡。其背景是在新中国成立初期，剥削制度被废除，在人民当家做主的人民民主专政制度中，人民特别是妇女地位得到充分提高，破除了人身依附性的束缚，因而在婚姻制度的立法精神和司法裁判原则上，注重提倡公民主体地位和婚姻关系的建立和解除中的自由价值。而《民法典》中的离婚冷静期则是对解除婚姻关系设置的前置程序，一定程度上是对离婚自由的限制根据。目前统计数据显示，我国近年来离婚率整体呈上升态势，同时生育意愿相比以往下降，老龄化程度不断加深，国家劳动力优势不明显，不利于社会经济和秩序的持续发展与稳定。同时，婚姻关系关乎家庭关系，离婚冷静期的设置对于家庭关系的稳定和社会秩序的维护具有一定的促进作用，体现的是秩序稳定的“和谐”价值理念。同时，注重均衡不同权益主体的立场，把握公共利益和私法权益的融合。《民法典》对于离婚冷静期的规定，虽然设置了“三十天”和“再次申请”的程序“障碍”，使得婚姻关系解除更加麻烦和耗时。但这并没有完全背离婚姻自由原则，同时还达到了稳定婚姻关系、家庭关系和社会秩序的积极作用。最后要注重价值观及伴随的法律规范的合法性和合理性。对一项法律法规的评价在于其是否与上位法存在冲突，是否与同位阶法律存在矛盾和重复性，是否符合地区经济社会的发展实际。价值观的司法适用同样需要与上位阶和同等层级的价值相一致，是否符合社群惯例，是否与社群所普遍通行的关于正义与公平等价值的认知和理解相一致。如对于权利的不同分类，对个体权利和集体目标的优先性问题的不同看法，使得社群成员对权利和目标的观念产生差异，司法者在裁判时适用价值观必然会考虑意识形态的不同，需要在裁判中作出秩序维护和权利保障的价值阈值权衡。

（四）核心价值观司法适用中裁判结论的商谈性与说服性

德沃金关于整全法的概念中主张在面临疑难案件时，裁判者可以得出争论的“唯一正解”，其获得来源于德沃金理想的法官——赫拉克勒斯。① 该法官集合专业知识、优质品格、睿智博文等特征，案件的唯一正解得自裁判者的独白性意见。德沃金的整全法观念中关于赫拉克勒斯的设置，与柏拉图的哲人统治观念很相似，缺乏结论的合意与说服的过

① 参见［美］罗纳德·德沃金：《法律帝国》，许杨勇译，上海三联书店 2016 年版，第 298－313 页；王夏昊：《德沃金司法裁判方案的重构与批判——以法律论证理论为基础》，载《政法论丛》2017 年第 3 期，第 108－117 页；王琳：《为整全法裁判理论辩护》，载《安徽大学学报（哲学社会科学版）》2017 年第 2 期，第 117－123 页。王琳为德沃金的“唯一正解”进行辩护，主张“整全法在于一种研究途径，在于问题而非答案，而接受整全法的其他律师们与法官们，会从自己的整全法，对整全法所提出的问题提出不同的答案”。

程，使得司法裁判具有被垄断的偏向，存在社会专制治理的危险性。而核心价值观司法适用是法律解释的过程，法律解释也是价值观融入司法的有效方法和凭借。故而法律解释应当是在尊重法律规范文本的基础上进行一定程度的创造性解释活动，这是法治对于判决的最低限度要求。① 规范是法律解释存在的基础，法律解释以规范文本的模糊为前置。偏离规范文本的解释不是在适用法律、融贯法律秩序，而是在破坏既有的法治规则和逻辑。同时解释适用核心价值观的裁判者，要密切联系法律用语、条文和法律制度，须注重整个法律体系的循环把握。② 这种循环不是原地转圈，而是螺旋式上升结构，案件事实、核心价值观与规范通过利用法律解释进行融合和适用为一个整体，一是要把握规范作为解释的基础，二是要把握事实和规范的“同构性”。③

在这种“循环解释”中，德沃金构想的赫拉克勒斯法官虽具有睿智、博学的贤哲的特征，但其独白意见裁判形式会导致司法垄断的专制危险。在司法适用过程中，有时我们根本不在乎规范文本到底具有怎样的内涵，而是关注规范如此解释并适用到案件中的结论是否比其他方式更加合理、更加可以被接受。核心价值观的司法适用结论应当是一个商谈、说服的合意观点。④ 样本文书中，法官在适用核心价值观时一般注重的是援引理由是否被当事人所接受和信服。同时，这也是当事人对司法裁判中比较关注的内容，需要法官在综合不同解释主张后，选择最具有说服力的理由。⑤ 社会主义核心价值观司法适用时的法律解释本身是一场价值博弈的斗争，其各方主体包括法官及其他参与者，解释者应当通过沟通交流的方式，在进行解释时表达各自说理的观点。在上述周某与李某某借贷纠纷案件中，法官应当在综合考量当事人的亲属关系、借款发生的时间阶段等案件事实的基础上，利用法律解释进行释法说理，充分听取当事人对案件事实的阐述和法律规定的理解，使当事人对司法裁判认可和信服。这是法律合法化的支撑填充，是理性而理想地进行法律适用和法律解释的保证。根据斯蒂文森的观点，论证的过程就是事实命题到规范命题的过程，这种转变中演绎和归纳的作用不是主要的，其最终的目的是达到心理学上的一致和接受。⑥ 法律是涉及价值的集合概念，法律解释本身就是价值博弈的活动。与物理结论的真与假相比，规范命题对与错的特性不凸显。只有通过各解释主体的对话和说服，才能在社

---

① 参见桑本谦：《法律解释的困境》，载《法学研究》2004 年第 5 期，第 1 – 11 页。

② 参见［德］汉斯·格奥尔格·伽达默尔：《诠释学 I：真理与方法（修订译本）》，洪汉鼎译，商务印书馆 2010 年版，第 686 页。

③ 参见李锦：《论法律解释的解释学循环》，载《法律方法》2012 年第 12 卷，第 184 – 196 页。

④ 参见［德］汉斯·格奥尔格·伽达默尔：《诠释学 I：真理与方法（修订译本）》，洪汉鼎译，商务印书馆 2010 年版，第 518 – 519 页。文中以谈话模型构建诠释学经验理论的基本特征，主张：“进行谈话并不要求否证别人，而是相反地要真正考虑别人意见的实际力量”，同时“凡是想认识某种东西的人，不能满足于单纯的意见，不能对那些有疑问的意见置之不顾。”

⑤ 参见苏力：《解释的难题：对几种法律文本解释方法的追问》，载《中国社会科学》1997 年第 4 期，第 11 – 32 页。

⑥ 参见［德］罗伯特·阿列克西：《法律论证理论》，舒国滢译，商务印书馆 2019 年版，第 49 – 50 页。

会主义核心价值观司法适用的过程中达到一个可接受的、合理合意的裁判结论。

五、结论

德国法哲学家考夫曼曾构想过一个“理性”的论坛：参与的主体拥有平等发表意见的机会，每个人不因为身份和地位而影响其发言的重要程度，每个人都对争论的纠纷表达自己的看法和观点。在司法裁判适用社会主义核心价值观的过程中，司法裁判者应当将核心价值观融入司法适用与说理过程置于一个相对公共的理性论坛之中，法律实践的其他参与者均可以在不持成见的前提下，对案件适用的法律规范和构成事实进行意见表达，实现案件事实的客观性与价值观主观性的交融互通。① 与此同时，法律实践参与主体，尤其是裁判适用者，应当在时间和空间的宏观视域上，结合不同主体的诉求和立场，完善和赋予核心价值观不同层面价值的含义和均衡方式，对适用条文与规范体系进行整全性考量，找寻司法裁判面临解说的对象或者法律命题的最佳论述。实现社会主义核心价值观司法适用的整全性目标是一条价值观念与规范体系的博弈与说服的路径，是寻求核心“正确”“最佳”结论的前提和方式。司法裁判的法律解释是利益的表达和说服的过程，是解释方法和法律知识系统的契合，也是展现法理学和法哲学思辨魅力的汇演。

（编辑：宋保振）

---

① 参见［德］卡尔·拉伦茨：《法学方法论》，陈爱娥译，商务印书馆 2003 年版，第 53－54 页。另参见［德］汉斯·格奥尔格·伽达默尔：《诠释学 I：真理与方法（修订译本）》，洪汉鼎译，商务印书馆 2010 年版，第 544 页。

司法回应社会的理据、风险及其应对*

——基于热点案件的分析

王文玉**

摘　要　法律规则和社会生活之间的差异是司法回应社会的直接原因；社会问题司法化是司法回应社会的外在动因；情理型司法文化是司法回应社会的司法文化基础；司法的自我反思与自我改良是司法回应社会的内在追求。但司法回应社会还面临着诸多困境：第一，过重的司法负担考验着法官的回应意愿和回应能力；第二，需要法官独自承担不合理的司法结构或体制风险；第三，加剧司法功能定位的模糊性；第四，助长社会公众对司法提出过多的非理性化道德诉求。明确有限主义的司法功能定位，为司法回应社会划定界限；通过正向保障机制的建设，提升法官的回应意愿和回应能力；建立良性的司法和社会互动机制，扩大司法正义和社会正义的契合面，是应对司法回应社会之风险的有效策略和途径。

关键词　司法回应社会　热点案件　司法公信力　司法有限主义

新时期，围绕着以“让人民群众在每一个司法案件中都感受到公平正义”的司法目标，以“司法为民”理念为指导，以“树立法治理念主义司法观，提升司法公信力”为目标的司法改革为契机，以新闻媒体、网络、公共场所等“公共领域”为平台，以热点案件①中民众的积极参与、监督、评论司法裁判的合法性和合理性，司法积极回应民众的诉

---

* 本文系“国家社科基金重大研究专项项目（项目编号：18VHJ009）”和“重庆市社会科学规划项目（项目编号：2020YBFX36）”的阶段性研究成果。

** 王文玉，男，河南商丘人，重庆大学法学院博士研究生，研究方向为法律方法论。

① 本文讨论的热点案件指的是那些需要法官发挥自由裁量权予以裁判的，具有轰动效应的新型、复杂、疑难案件，或者依照现有法律规定展开裁判可能有违一般社会正义理念的轰动性案件。而对于那些有法律明确规定，且法官依照法律规定展开裁判便符合民众一般正义诉求的轰动性案件并不在本文的分析范围内，因为在这些案件中并没有法官发挥主观能动性回应社会的空间，民众的司法诉求仅仅是法官依法司法即可。

求以获得民众的认同为主线的“诉求——回应”式的司法模式正在形成。

一种司法模式的形成体现了一国一个时期的司法实践需求。近年来一系列引发社会关注的热点案件的出现改变了以往司法裁判仅仅解决具体案件纠纷的局面，司法开始发挥更多的溢出性效应：回应社会的公正诉求、塑造公众法治观念、凝聚社会法治共识。但司法回应社会模式的探索和形成过程往往还伴随着“舆论司法”“干扰法官独立审判”“依法司法原则被破坏”等种种风险。“法律既是从整个社会的结构和习惯自下而上发展而来，又是从社会中的统治者们的政策和价值中自上而下移动。”① 因而我们有必要在对司法经验不断反思、确认和总结的基础上展开理性的风险评估和制度设计，并在实践中检验、修改、完善，如此往复，从而在经验——理论——经验的链条中建构符合我国司法实践需求的司法回应社会模式。

一、司法回应社会之理据

新中国成立以来，我国的司法改革进程大体可以分为该部分提出司法改革进程大体分为三个阶段，但缺少“第三阶段”概念性、界定性论述。第一阶段是建国初期，由于原有的六法全书被废除，且新的法律体系还未完全建成，因而这一阶段的司法改革目标是要充分发挥法官的主观能动性，通过紧密结合群众以及借助国家强制力的方式，以凸显司法在纠纷解决中的民主性、有效性、便捷性从而快速树立起司法的权威性。“人民司法”“马锡武审判方式”等审判理念主导了这次司法改革的进程。

第二阶段是改革开放之后，我国逐步探索和确立了社会主义市场经济体制，并开展了大规模的立法活动以建立起与之匹配的法律制度。在法律体系建成之后，这一时期司法的主要任务便是严格执行现有法律条文，从而以法律的权威提升司法裁判的权威性，并向民众输出守法主义理念。因而，这一阶段“司法改革将重心转移到确立与维护与社会主义市场经济相适应法治制度中，在吸取原有群众路线造成司法的任意性经验之后，此次司法改革的主要目标是推进司法权运行的现代化。在制度上更加强调提升审判效率，增强司法裁判的执行力。在指导理念上或多或少可以看到一些概念法学的色彩。”②

随着法治社会建设进程的不断深入，法官遵循形式理性思维，单纯追求形式正义和程序正义的方式已经无法满足民众对司法正义的期待，司法需要实现从原有“如何运用法律”到现今“如何用好法律”的转变。同时，我国社会主义市场经济的发展和完善带来了经济的高速发展，社会的转型和改革也随之不断深入。社会的转型带来了社会矛盾的深刻变革以及民众权利观念的觉醒，法官不但需要面对裁判案件数量的激增，还需要面对层出不穷的热点案件中民众提出的涉及政治、经济、文化、道德等变革诉求。因而这一时

---

① ［美］伯尔曼：《法律与革命》，贺卫方译，中国大百科全书出版社 1993 年版，第 665 页。

② 季卫东等：《中国的司法改革——制度变迁的路径依赖与顶层设计》，法律出版社 2016 年版，第 3 – 4 页。

期，对司法又提出了要积极回应民众的司法正义诉求，充分运用自由裁量权以发挥司法确认权利界限、完善法律规则、化解社会矛盾、宣示社会价值的功能，从而实现“让人民群众在每一个司法案件中都感受到公平正义”。但此次改革并不是对原有群众司法的简单回归，而是在形式理性占据主导地位的基础上，进一步重视实质理性的作用，努力实现司法裁判形式正义和实质正义的统一。这是在现有法律体系框架内依照社会生活实际变化而展开的动态调试和优化的进程。其中社会对司法正义性诉求的变化以及司法依照社会需求而展开的积极回应与自我调试是现阶段司法改革的主要方向，这既是实现司法自我反思、自我修复、自我改良的主要方式，也是当前确立司法权威和司法公信力的重要方面。

关于司法对社会的回应，许多学者在相关司法理论模型的架构中都有所涉及。其中最具代表性的当属P. 诺内特、P. 塞尔兹尼克的法律模型建构。他们将法律分为压制型法、自治型法和回应型法，并指出回应型法应当成为未来法治模式发展的方向。他们指出回应型法是一种应对“开放性和忠于法律”之间紧张关系的方案，“一个回应型机构会依靠各种方法使完整性和开放性恰恰在发生冲突时相互支撑。它把社会压力理解为认识的来源和自我矫正的机会。”① P. 诺内特、P. 塞尔兹尼克提出回应型法的目的在于改变美国当时的机械主义和形式主义法律观，通过提升法律的开放性和扩大公众的参与等方式，构造出符合社会变革需求的法律模型。在这一模式中，司法作为沟通法律和社会的重要手段，应当积极提升自身的回应能力，以应对社会发展以及法治模式变革的需求。

巴拉克则将法官的司法倾向分为能动主义和自我克制主义两类，将能动主义定义为“通过改变现有法律或者创造新的法律以实现相冲突的社会价值适当平衡的司法倾向”。又指出法官在改变或创造新的法律时，应当以弥合社会和法律之间的差距（即通过对法律的适当调整以适应变化发展中的社会需要）以及保护宪法及其价值为核心目标。在实现这两个目标时，如若存在社会合意，法官就应当对社会合意保持敏感。②

达玛什卡以回应型和能动型的国家类型划分为基础，将司法分为纠纷解决型司法和政策实施型司法。其指出，对于政策实施型司法而言，“官方行动的基本出发点就在于认为一起纠纷仅仅是一项更大问题的征兆，其范围可能会远远超出偶发争议所涉及的范围。”③因而决策者的中立地位并没有必要被强调，如何得出正确的结论或者针对诉讼中显露出来的问题寻找到最妥当的解决方案则是决策者的主要任务。

除了这些具有一定代表性的论述之外，还有许多学者都对司法回应社会的问题展开了相应的理论探讨。如卡多佐就指出，“司法应当追求在当前的规则和目前的社会需要之间

---

① ［美］P. 诺内特、P. 塞尔兹尼克：《转变中的法律与社会：迈向回应型法》，张志铭译，中国政法大学出版社2004年版，第85页。

② 参见［以］巴拉克：《民主国家的法官》，毕洪海译，法律出版社2011年版，第246－278页。

③ ［美］米尔伊安·R. 达玛什卡：《司法和国家权力的多种面孔—比较视野下的法律程序》，郑戈译，中国政法大学出版社2015年版，第205页。

达成一种和谐。”“作为一名法官，我的义务应当是将这一时代男人和女人的信念和追求客观化并使之进入法律。”① 棚濑孝雄认为，“法制社会中的审判应当支持国民在彼此的交流和博弈中形成的小文字的法，并支持他们以此为基础努力创造自己与他人共同生活的空间这一微观的法实现行动。”②

虽然这些学者的论述对我们深化理解司法回应社会的必要性以及方式具有积极意义，但司法回应社会的过程并不是被理论框架所事先确立和限定的，它是一个动态发展的过程，且不同社会具体的司法实践经验和社会需求才是决定司法为何以及如何回应社会的核心和基础。结合现有理论以及我国的司法实践需求，当前我国司法回应社会的主要理据有以下几点：

（一）司法回应社会的直接原因：法律规则和社会生活之间的差异

司法是一个将法律规则与社会生活中产生的纠纷相结合的过程。但由于法律规则的概括性、抽象性，语言文字的模糊性、歧义性，以及社会生活的多样性、流动性等特征，使得法律规则并不能完全覆盖社会纠纷，此时就需要法官发挥主观能动性，运用法律解释、法律推理、法律续造等司法技术以弥合二者之间的差异，从而有效解决纠纷，恢复社会生活的稳定性和社会行为的可预期性。其中，回应社会诉求是法官在法律间隙内展开裁量时所需要关注的重点和核心内容。一方面，社会诉求能够为法官自由裁量权的运用提供正确的价值引导。当法官展开自由裁量时，便意味着其需要在多种可能的法律解释中做出独断性的选择，而这些选择的背后往往都是法官主观性价值判断的结果。如《元照英美法词典》就将法官的自由裁量解释为“法庭或法官依照案件实情，基于公正、衡平的精神以及相关法律原则而做出判断裁决的权力。”③ 为了避免案法官的价值选择受到个人好恶甚至是“一顿早餐”的影响，许多学者就提出了相关的限制方案以约束法官主观价值判断的肆意性。如有学者诉诸源自衡平法院的“法官良心”，认为“对于司法裁决的主观部分而言，法官应当结合自己的良心，在裁判中尽量保持良心的客观性。”④ 也有学者诉诸公益，认为“考虑公益基础上的行动是自由裁量的主观界限，在任何具体场合与公益相一致的自由判断不得被随意撤销。”⑤ 但无论是法官的良心、社会公益还是其他标准也都无法避免具有模糊性、多元性和层次性，最终影响相关方案实际应用的可预期性和可操作性。

一般而言，在法官进行自由裁量时需要参照一些基础性的价值共识——即法官的裁量应当符合底线道德和社会一般共识性的道德要求——这一点上并不具有很大的争议性。个

① ［美］本杰明·卡多佐：《司法过程的性质》，苏力译，商务印书馆 1997 年版，第 95－105 页。
② ［日］棚濑孝雄：《纠纷的解决与审判制度》，王亚新译，中国政法大学出版社 2004 年版，第 152 页。
③ 薛波主编：《元照英美法词典》，法律出版社 2003 年版，第 749 页。
④ 王淑荣：《论法官的裁判良心》，载《法制与社会发展》2012 年第 2 期，第 78 页。
⑤ ［日］田村悦一：《自由裁量及其界限》，李哲范译，中国政法大学出版社 2016 年版，第 37－38 页。

案中形成的社会诉求虽然可能有一些非理性化的成分，但总体而言，这种群体性的、公开性的社会诉求往往是和社会基本道德理念相一致的，能够为法官的自由裁量提供相对明确和稳定的价值参照，从而避免法官的裁量陷入肆意性和个体的偏见之中。如彭宇案中，法官依照“小人之心”式的常理展开事实推定，就违背了民众要求司法引导社会向上向善，鼓励民众见义勇为、相互帮助的基本诉求，从而造成了民众对裁判正当性的质疑，甚至一定程度上引发了社会“道德滑坡”的恶果。有鉴于此，聂洪勇，王琼就指出“法官在自由裁量中的个人价值判断和选择，必须最大程度上靠近社会的价值选择和判断，如此，司法裁判才可能得到社会公众的认可和支持。否则，一旦法官裁量遭受到社会公众的质疑与非难，无论法官还是法院都将会承受巨大的社会压力。”①

另一方面，社会诉求是推动法律发展的重要因素。虽然立法尽可能包容性地预设了社会纠纷的类型，并提供了相应的解决方案。但社会纠纷的多样性和新发性往往还是会超出现有法律的预期。当立法无法有效及时回应新型权利诉求时，在不得拒绝裁判的原则下，法官的自由裁量权实际上意味着“创制新的法律”或者“改变现有法律”的权力，尽管这种权力只能在现有法律的缝隙内展开。“创制新的法律”的动因来自新型权利诉求和社会纠纷的产生。如“南京冷冻胚胎继承权案”中当事人双方提出的冷冻胚胎的继承权问题；“任某某诉被告某网络服务公司侵犯被遗忘权案”中涉及的被遗忘权问题；“腾讯公司诉盈某科技公司侵犯其人工智能生成的文章的著作权案”中有关的人工智能生成作品的著作权问题等等，都是社会发展和科技进步所引发的新型权利纠纷。由于现有法律并无明确的相关规定，就需要法官以确认乃至输出新的规则的方式回应民众对通过司法实现社会正义，建构更具合理性和确定性的社会发展环境的期待。“改变现有的法律”的动因则往往来自原有法律制度已经无法适应社会发展新需求的事实。如在“王力军收购玉米案”中，原有的粮食收购资格许可证制度显然已经无法适应当前的市场经济和民众粮食交易需求；“于欢案”“昆山反杀案”“涞源反杀案”“赵宇案”等一系列涉及正当防卫适用的案件反映了原有的正当防卫认定标准过于严苛，“沉睡”的正当防卫制度已经无法满足民众的防卫安全需求。在这种原有的“某种价值确信变更”已经获致了“广泛的社会认同”②的背景下，就需要法官积极回应民众的法律变革诉求，运用利益衡量、类推适用、漏洞填补、法律目的探寻等法律续造方法对相关法律制度的界限和含义予以重新思考和审视，努力实现法律内涵和“机会性个案”背后潜在的法律发展期待相契合之法律发展的目的。

（二）司法回应社会的外在动因：社会问题司法化

随着法治建设的不断完善，司法的高效化、便捷化、公开化改革不断深入以及司法权

---

① 聂洪勇、王琼：《法官自由裁量权之法理分析》，法律出版社2011年版，第34-35页。

② 参见［德］卡尔·拉伦茨：《法学方法论》，陈爱娥译，商务印书馆2003年版，第196页。

威的逐步确立，司法在社会纠纷解决、社会秩序重塑以及社会价值引领中的作用日益凸显，随之而来的社会问题司法化的程度也不断加深。“新型纠纷对社会原有的非正式纠纷化解机制的挑战；社会结构、社会关系的变化导致这些机制无法有效运行，以及法律体系内外变动引发的公众对关于纠纷的规范性认知框架产生了变动而改变了人们的法律文化意识以及司法行为”① 是造成社会问题司法化的基础动因。“司法回应社会的实质体现在它本身所内含的社会问题司法化的过程，亦即司法通过司法场域依据现代法律规范的社会问题反映、集中与解决。”② 面对着社会问题司法化程度不断地深化，司法不得不在个案中积极开展对社会的回应活动，以充分发挥司法裁判的示范性、确定性、整合性和引领性功能，从而实现对社会秩序的恢复或重塑以及对社会资源的整合。

社会问题司法化的进程同样也伴随着诸多的质疑，其中最为核心的当属司法权对立法权的僭越问题。一般而言，立法所代表的社会公众诉求往往更具理性化、民主性、代表性和全面性。司法作为法律的具体落实机构，在直面个案中具体的社会公正诉求时，绕开立法而直接回应社会将面对着“反多数主义”“反民主”的难题。杰西·乔珀就指出，“法院和社会民众的诉求之间本质上是绝缘的。即便法院时常以社会民众的意愿为参照，做出符合民众诉求的判决，但这也并不影响其‘反多数主义’——即个案裁决中法官个体的意志与立法机关所代表的社会群体意志相背离——的性质。”③ 虽然在实践中，立法并不必然代表社会多数民众的意志，司法也不应当和社会完全绝缘。但对司法回应社会“反多数主义”担忧背后的逻辑仍然是值得我们重视的：既立法回应社会之所以更具正当性，在于立法是一种冷静、谨慎和反思性的活动，而司法中民众的诉求似乎总是仓促、情绪激动和不够周全的。

以上争论显然夸大了立法和司法之间的对立关系，在司法社会化的进程中，司法积极回应社会正义性诉求的过程与其说是和立法之间的竞争，不如说是对立法的一种动态补充和平衡。莱恩就指出：“与立法相比，在那些持续变革的领域之中，司法更能够探知和理解真正的多数人的诉求。”④ 柏瑞蒂则更加明确地指出了司法和立法在回应社会中的互补关系：“立法的僵化使得社会民众的真实意愿并不能得到完全真实的表达。出于提升国家立法可接受性的目的，公众将更倾向于采取司法诉求的方式，以实现其改良立法机关非理

---

① ［日］田中成明：《现代社会与审判——民事诉讼的地位与作用》，郝振江译，北京大学出版社 2016 年版，第 138 页。

② 侯明明：《中国社会的司法回应论纲——“诉求——回应”互动模式的视角》，载《北京理工大学学报》（社会科学版）2019 年第 2 期，第 156 页。

③ Jesse H. Choper, *On the Warren Court and Judicial Review*, Catholic University Law Review, vol. 17, 1967, p. 37.

④ Corinna Barrett Lain, Upside – Down Judicial Review, *Georgetown Law Journal*, vol. 101, 2012, pp. 178 – 179.

性立法的目的。”① 在民众看来，个人权利保护的战场不能仅仅局限于立法之中，更具具体性、话题性、鲜活性和易于理解性的司法理所当然成为另一个主要战场。社会问题司法化的本质可以理解为是社会对司法的一种期待，期待其能够通过个案释放正向社会激励信号以推动社会和法律的良性运转。因而，虽然应当谨慎看待社会问题司法化的进程，但我们不应否定司法回应社会的正向激励以及法治改良功能。司法回应社会并不是以社会公众意见取向取代规则之治，而是要通过对民众诉求的回应清除立法中的不合理、不理性因素，提升法律的适应性和正义性。在这个意义上，司法和立法实际上有着共同的目标，即强调对社会的正向激励，推动社会向上向善发展。

（三）司法回应社会的司法文化基础：情理型司法文化

司法实践和司法传统有着千丝万缕的联系，司法的文化认同感是建构司法公信力的基础和前提之一，司法的运行必须与一国民众传统的司法文化观念相契合。司法回应社会内在地契合我国情理型司法所看重的司法裁判应当重视民众的正义诉求，积极对社会展开教化以及全面看待案情以平衡法意与人情之间的关系等司法理念，因而对于提升司法裁判的社会认同感以及满足民众的司法正义需求具有积极意义。首先，情理型司法是我国传统司法文化的典型代表，其十分重视司法在实现实质正义方面的作用，并在形塑我国民众司法文化理念方面影响深远。首先，情理型司法认为“依法而合情”是司法的最高境界②，即“诚所谓：法意、人情，实同一体。……权衡于二者之间，使上不违于法意，下不拂于人情，则通行而无弊矣。”③ 对于情理的重视，意味着司法裁判需要和生活逻辑、大众常识保持一致。司法回应社会同样要求法官注重司法裁判的社会可接受性，而不应当做出有违一般性社会情理的裁判。如在“电梯劝烟案”中，一审法院让并无过错的劝阻吸烟者补偿死者家属的判决显然有违社会“鼓励公心善意的行为”，“不提倡在公共场所抽烟”等一般性情理认知。二审法院正是通过回应了社会公众的情理诉求，撤销了一审法院要求被告对原告家属进行补偿的判决，才消除了“公心善意的后顾之忧”，得到了民众的认可。

其次，情理型司法还注重司法裁判的教化作用。在礼法合一的古代社会，“引经决狱”的要义不仅仅在于对具体纠纷的解决，还在于通过个案的示范效应引导社会行为符合儒家伦理的要求，从而达至“无讼”这一情理型司法所追求的最高境界。“官司的职责不仅是明辨是非曲直，扬善抑恶，更重要的是教民息讼，使民无讼。”④ 当前发挥司法的教化作用便是要求司法不应当仅仅着眼于个案的裁决，尤其是在热点案件中，还需要注重发挥司

---

① Terri Peretti，Democracy - Assisting Judicial Review and the Challenge of Partisan Polarization，*Utah Law Review*，vol. 4，2014，p. 856.

② 参见康建胜：《情理法与传统司法实践》，载《甘肃社会科学》2011 年第 2 期，第 75 页。

③ 参见中国社科院历史所宋辽金元史研究室：《名公书判清明集》，中华书局 1987 年版，第 311 页。

④ 梁治平：《寻求自然秩序中的和谐—中国传统法律文化研究》，商务印书馆 2013 年版，第 209 页。

法裁判的溢出性效应，通过与社会公众诉求的回应与沟通，从而化解司法正义与社会正义之间的错位难题抑或帮助民众树立起理性的司法诉求，最终凝聚社会的法治共识，推动社会生活的有序化。

最后，情理型司法不仅重视与法律规定相关的“案情”或“事实”，还注重发掘当事人行为背后潜在的“隐情”或“缘由”。这些被传统司法强调的实情“能够使案件中个人的形象变得丰满而具体起来，他们既有行为是否合法的一个方面，也有处于伦理关系中的情感心理和在现实生活面前的精于算计，更有在具体情形中的委曲求全”。司法对社会的回应也要求法官不能仅仅将注意力的焦点聚集于被相关法律裁剪过后的案件事实，不仅要注重法律评价部分，还要关注案件的隐情，从而做出更具正当性和可接受性的裁判。如在“于欢案”中，二审法官正是照顾到了“在我们这个十分重视孝道传统的社会中，当着于欢的面侮辱其母亲显然是严重违背伦理道德”的实情，才恰当认定了于欢“反击行为”的防卫性质，做出了得到民众认可的判决。

（四）司法回应社会的内在追求：司法的自我反思与自我改良

如金斯伯格大法官所言，“法院不应当过度关注某一天的‘天气’，但对于特定时代的‘气候’则应当格外地重视。”① 一定时期的司法制度、司法理念、法官素养、裁判风格等司法权运作的各个环节需要随着社会发展的需求而做出适当的变动，从而努力实现司法和社会之间的平衡，保障司法权的良性运转以及司法权威和公信力的持续提升。司法回应社会打破了司法权封闭的自循环运转状态，通过强化司法与社会之间的良性互动的方式，能够帮助司法及时感知社会需求，明确权力运行的边界与方向，最终有助于司法始终保持一种公正、廉洁、高效状态。

首先，司法回应社会是司法感知社会客观需求，以调试恰当的司法理念和方向的重要方式。沃尔夫指出，“我们不能简单地将奉行能动主义的法官等同于其在‘立法’，而奉行克制主义的法官就只是在‘解释法律’。无疑，能动与克制之间的区别并没有我们想象的那么大，二者仅仅在程度上而不是性质上有所区别。”② 无论是能动主义还是克制主义都是在现有法律制度体系下展开的，也都未偏离法治的主线，二者的区别仅仅在于法官进行法律解释的空间扩展范围不同。无论是要奉行克制主义还是要提倡能动主义，都不是法官主观臆断的产物，也不是上级司法政策的产物，而是由社会客观需求决定的。“法官不是决定者，经济发展需求和来自社会公众的压力才是真正决定法官的因素。”③ 司法回应社会正是司法探知社会需求，主动调整司法理念以实现司法判决在特定时空、地域下的合

---

① 任东来等：《美国宪政历程：影响美国的25个司法大案》，中国法制出版社2004年版，第11页。

② ［美］克里斯托弗·沃尔夫：《司法能动主义—自由的保障还是安全的威胁》，黄金荣译，中国政法大学出版社2004年版，第3页。

③ 宋鱼水：《论法官的选择》，载《法学家》2008年第3期，第130页。

法性与合理性相统一的重要方式。如在关于死刑适用问题的争论中，正是司法在诸如王斌余、药家鑫、李昌奎等案件中通过和社会诉求的互动以及反思，才总结出了适用于我国文化传统和民众正义观念的“严格限制但不可废除的少杀、慎杀”的死刑适用理念。

其次，司法回应社会是司法充分发掘现有制度潜力以提升应对社会异议能力的重要方式。由于法律规则的限制以及胜负二分的特质，司法裁判时常需要面对社会异议，如何有效化解社会对司法裁判正当性的质疑往往关系到司法权威和公信力是否能够有效建构。司法回应社会就是要充分发挥司法的主动性（主动对社会变化做出反应，努力避免司法的僵化，根据社会发展需求扩大法官的裁量权，以达至最佳社会效果）、灵活性（避免机械适用法律，最大限度地发挥规则和程序的柔性）和开放性（注重审判活动的公开性以及社会充分的参与性，从而提升司法的回应能力，实现司法回应与社会诉求之间的平衡）① 的特质，从而提升司法的弹性、包容性和自我纠错的能力，强化司法通过正当程序和制度构造来回应社会异议的能力。

如在于欢案中，由于一审裁判受到了舆论的质疑，除了最高人民检察院及时介入，对案件事实展开全面审查，检察机关在遵循法律程序的基础上全面及时公开了相关调查意见和处理结果之外，二审法院也对此案高度重视，采取开庭全面审理，通过微博直播庭审等方式，最终做出了符合民众正义诉求的判决。司法机关的做法不但有效平息了舆论的质疑，而且还将二审庭审变成了一场全民共享的法治公开课，既提升了民众理性表达司法诉求的能力和积极性，又强化了民众对司法公正的信任感，有效提升了司法公信力水平。这样的司法回应社会的经验无疑为今后司法面对社会异议时提供了参照样本，从而有助于最大限度减少社会异议发酵为对司法能力和公正性质疑的风险。

最后，司法回应社会是提升法官司法能力的重要方式。随着司法的职业化和专业化进程加快，法官裁判的形式合理性逐渐得到保障。但单单的“依法如此”已经无法满足当前民众对司法供给的需求，尤其是在一些引发社会关注的热点案件中，法官需要综合考量裁判的法律效果和社会效果才能得出符合民众正义需求的判决。这就意味着司法回应社会对法官的司法能力提出了较高的要求，法官不但需要精通法律，而且还需要具备较强的沟通能力、对法律的理解能力、对裁判进程的掌控能力、对案件事实的发掘能力以及对社会正义诉求的感知能力，等等。在当前司法公开日益全面和深化的背景下，法官的社会回应能力会随着个案影响的扩张而被迅速放大，如由于缺乏对民意、社会常识以及社会效果的综合性考量的能力，“彭宇案”一审中法官展开事实推定时的逻辑漏洞，“陕西开发商状告自己违法案”一审法官适用法律的机械性等都引发了民众对法官司法能力的质疑。因而司法回应社会的进程也是法官发现自身司法能力缺陷，努力提升综合素质，保证裁判优质性

① 参见高志刚:《回应型司法制度的现实演进与理性构建—— 一个实践合理性的分析》，载《法律科学》2013 年第 4 期，第 33 – 34 页。

的过程。又如在“许霆案”中，一审法官缺乏社会回应意识和能力做出了引发社会公众广泛不满的判决。而在随后与之类似的“于德水案”中，法官就充分吸取了许霆案的裁判教训，积极回应社会公众的争议性诉求，通过深入的释法说理对案件展开了全面、细致的分析和适当的裁量，裁判结果不但取得了被告人的认可，也得到了社会的高度赞扬。

二、司法回应社会的可能风险

关于司法模式划分的种类有很多，如“情理型司法”和“法理型司法”，“纠纷解决型司法”和“政策实施型司法”，“解释性司法”和“造法性司法”等。但司法模式的划分及其优劣的学理比对并不意味着某种司法模式具有终局性、垄断性的地位。“诉求——回应”式的司法模式虽然是一种能够适应我国当前司法需求，有效提升司法权威和公信力的司法模式，但随着司法实践的深入，也出现了一些曲解司法回应社会理念的情形：其一，过于强调社会民众的司法诉求，以至于认为其在司法裁决中起到了支配性的作用，从而让司法滑向了庸俗的实用主义方向，仅仅以社会效果为司法裁判的单一追求，而忽视了司法裁判法律效果的基础性定位。其二，过分夸大司法回应社会的风险，如司法回应社会可能会造成法官的专断、强化民意的非理性化表达、让法官承担更多的风险等等，进而主张司法应当严格依照形式理性的指导而展开裁判，甚至走向机械的法律形式主义。其三，片面看待司法回应社会的作用，将司法回应社会仅仅局限为一种个案式、静态式的回应，而不是努力建构一种系统化的、动态的、长远的回应机制。这些曲解司法回应社会的观点不但会造成司法无法准确、恰当地回应民众的正义性诉求，还可能会对司法产生反噬，损害司法权本身所固有的安定性、权威性。因而我们有必要参照现有实践经验，全面总结和深入发掘“诉求——回应”式的司法模式中所隐含的风险，从而为提出具有前瞻性和针对性的应对方案，有效防范相关风险打下基础。

（一）法官回应意愿和回应能力不足的风险

在当前司法资源不足，案多人少矛盾突出的背景下，法官的回应意愿和回应能力都遭受着一定程度的考验。随着诉讼社会的到来，在法官总人数保持平稳的状态下，我国司法资源供给不足，案多人少的矛盾十分突出。司法回应社会不但要求法官合理展开个案裁判，还需要对民众诉求进行有效回应，这无疑会进一步加剧法官的审判负担。如在 2014 年颇受北京地区舆论关注的“陈丹诉回龙观精神病医院案”中，当事法官就指出：“此案如果没有那么多舆论关注，没准儿在立案的时候就不予受理了。”这位法官还指出：“在此案开庭前，法院的整个开庭程序都非常完备，可以经得起受到舆论关注后的任何疑问和推敲。”①

① 张悦：《网络舆论压力下的司法系统舆情应对研究》，载《广西民族大学学报》（哲学社会科学版）2019 年第 1 期，第 203 页。

在案多人少的矛盾没有得到根本性解决的背景下，“诉求——回应”式的司法模式不可避免地要面对法官回应意愿和回应能力不足的困境。法官的回应意愿不足表现为法官不愿过多地考量司法裁判的社会效果，而是机械地采取法律形式主义思维，保守地展开裁判。如在“河北杨风申老人（非遗传承人）自制烟花获刑案”，“赵春华摆射击枪摊获刑案”等案件中，法官只是机械地依照法定标准展开认定和裁判，而缺乏对社会常识和裁判社会影响的考量，就引发了公众对司法裁判正当性的质疑。法官的回应能力不足则表现为法官在对民众的司法诉求展开回应时，没有切中要害或者在对多元后果的选择中偏离重点。如在“大学生掏鸟窝案”中，法官在判决中仅仅用“被告人‘明知’是国家保护动物，而非法捕猎、出售”带过被告人“对所捕获的鸟类的种类以及其属于国家保护动物有准确的认知、已经多次有目的地捕猎国家保护的鸟类以及多次贩卖牟利”的行为的详细论述，自然容易造成民众对法官量刑过重的质疑。此外，法官对裁判实用主义策略的选择也是造成法官怠于考量司法社会效果的原因之一。当面对着热点案件中多元社会诉求带来的政治、法律、社会风险时，法官采取保守态度，机械地展开裁判可以最大限度减小裁判的政治和法律风险。法官做出这样的选择不仅仅受到案多人少矛盾的影响，现有司法体制和司法运作机制也是造成法官采取实用主义审判策略的原因之一。下文将对此展开进一步分析。

（二）法官在个案中独自承担不合理的司法体制的风险

“诉求——回应”式的司法模式的建构还会强化让法官在个案中独自承担不合理的司法运行和问责体制的风险。司法是一个有机的系统，具有结构性和统一性。然而司法回应社会诉求往往是通过个案展开的，从而不可避免地采取一种具有被动性、临时性、非系统性的调节进路。在原有司法权力运作模式没有变动的情况下，法官依照社会诉求作出调整，可能会造成在个案中对社会做出回应的法官独自承担司法结构或体制风险的困境。如在一些案件中，为了使自身的诉求被重视，一些当事人可能会通过传播具有煽动性的消息、聚众闹事、非法上访等方式以实现自身意见的“越级表达”。这种越级的表达可能会形成类似于信访功能的“直达高层”的“互动”。从而使得科层制下直面案件的法官被间接地“剥夺”独立审判的权力，造成“审理者不办案，办案者不审理”的审判风险。

此外，法官回应社会诉求并不能总是带来具有正面效应的社会效果，“公正的审判是不容易的，最审慎的法官也可能把案子搞错。”① 而现今的司法责任制却往往以结果来倒推法官裁判的正当性，虽然现实实践中，“由于错案认定标准的模糊，错案追责认定组织充当‘既是裁判员，又是运动员’的双重身份等原因，使得实际上错案追责制度更多地被

① ［法］勒内·弗洛里奥：《错案》，赵淑美、张洪竹译，法律出版社2013年版，第4页。

'虚化'。"① 但"以结果为中心"的错案追责制往往会演变为"一审上诉改判率""一审上诉发回重审率""生效案件改判率""生效案件发回重审率"等考核指标，这些指标将直接影响到法官的晋升提拔。显然在当前我国法官履职保障机制不足，不合理的行政干预如"案件审批制度""上级法院对下级法院的干预""法官业绩考评制度"等严重掣肘着法官裁判独立性的司法责任机制没有深化改革的情境下，强调司法对社会的回应无疑会增大法官审判的风险，一系列热点案件的司法应对也可能仅仅成为一些治标不治本、随机的、临时的"司法事件"。

（三）加剧司法功能定位模糊性的风险

对司法回应社会的强调可能会引发法官简单地以泛化的社会效果作为评判司法裁判正当性的主要标准，从而加剧司法功能定位模糊性的困境。从当前的司法实践来看，一些法官片面地将司法裁判的社会效果作为评判司法裁判正当性唯一或主要标准，甚至忽视了诸如诉讼程序、实体权利衡量司法公正性的重要标准。由于社会效果的多元性，在偏离了基本的"依法司法"思维之后，法官做出的回应社会的选择反而可能招致更多的质疑。如在"摘杨梅坠亡案"中，一审法官从"案结事了"和"死者为大"的角度出发判处村委会承担一定的赔偿责任，与民众普遍认可的"自甘风险的行为应当自担责任""法律只考虑正常人"的价值理念发生了冲突，从而招致了民众对法官裁量正当性的质疑。

对此，劳东燕就指出这是由于"我国司法的功能被定位于纠纷的解决，使得对于行为进行法与非法的评价，以及为未来设立规则的面向，都被置于次要地位而受到忽视。"② 在传统的熟人社会中，司法的一个重要作用在于明辨是非，使得原本有序的邻里、亲朋关系得以恢复，以实现"纠纷的解决"为目的的司法裁判由于契合了社会的需求因而能够顺利运作。但在社会全面现代化包括法治的现代化转型之后，以"纠纷解决"为定位的司法运作体系不但无法适应"陌生人社会"形成的发展需求，还可能加剧"基于社会纠纷的历史延续性"与"通过司法解决当下社会纠纷的妥协性"之间的困境。随着传媒的发达、裁判文书的全面公开以及民众关注司法热情的高涨，司法裁判的示范性效应也日益突出。在这样的背景下，法官以实现纠纷的解决为定位，通过某种"退让"或"和稀泥"的方式展开司法裁判，反而可能会引发更多纠纷的产生。正如桑本谦指出的："以'和谐'为手段的司法是短视的司法，其结果是扭曲法律激励，进而损害法律权威。如果司法仅仅致力于纠纷解决而不再维护法律尊严，那么法院在解决纠纷方面也会越来越力不从心。"③

---

① 参见殷兴东：《司法体制改革"三大"误区及综合配套改革的八个方向》，载《甘肃政法学院学报》2018年第4期，第92页。

② 劳东燕：《正当防卫的异化与刑法系统的功能》，载《法学家》2015年第5期，第89页。

③ 桑本谦、李秀霞：《"向前看"：一种真正负责任的司法态度》，载《中国法律评论》2014年第3期，第229页。

因而如何增强司法裁判“依法司法”的功能，从而缓解法官在个案风险和社会风险之间的抉择困境，将是建构司法回应社会模式的进程中亟须解决的难题。

（四）加深司法正义和社会正义之间裂痕的风险

司法回应社会还可能会助长社会公众对司法提出过多非理性化的道德诉求，造成司法正义和社会正义之间裂痕加深的困境。在互联网时代，信息传播更加便捷化、司法审判更加公开化、信息产生和评论主体更加多元化等往往会使得热点案件中相关的司法舆论在公共空间内迅速发酵。由于司法舆论往往具有“理性和非理性交织”“司法诉求和政治诉求融合”“实质正义超越形式正义”“道德叙事身份识别和法律事实混同”等特性，司法对社会民众诉求的回应在支持民众理性化诉求的同时，也难免会助长民众提出非理性化诉求之风。如对官员和富人行为的不满使得“邓玉娇案”“药家鑫案”中的谣言被广泛接受；在“许霆案”和“天价过路费案”中出现了许多对社会不公现象的情绪的宣泄；在“上海携程亲子园虐童案”中的司法舆论背后则是对社会道德现状的不满。我们可以看到许多热点案件中的社会诉求时常是基于“身份识别”和“道德叙事”展开的，这种视角的展开具有随意性和多元性，谣言有时甚至会超越真相。周安平通过对“十大涉诉热点案件”的分析之后指出：“许多涉诉舆论表面上针对司法，但实质上与司法并无关系。”① 虽然当前公众参与司法裁判的热情高涨，但公众理性的不足使得司法舆论中掺杂了过多非理性化的道德诉求，甚至是个人情绪的宣泄，时常使得司法机关陷入一种在严格司法和依民意司法之间进退维谷的两难境地。司法回应社会的优势是在社会正义理念和司法正义理念大体一致的前提下才能够有效发挥的，而面对着当前司法正义和社会正义之间的脱节，摆在“诉求——回应”式司法面前的首要难题便是如何在坚守“依法司法”底线的前提下，有效通过司法判决塑造公众的法治理念，从而扩大司法正义和社会正义之间的契合度，凝聚社会的法治共识。

三、司法回应社会风险之有效应对

司法对社会的回应并不是要回应社会民众的所有司法诉求，在司法与社会的互动中，司法既要积极回应民众的正当性诉求，也要引导民众理性化的表达自身诉求。但在实践中，司法回应和社会诉求之间往往很难保持一种动态的平衡。无论是过分夸大民众诉求正当性的庸俗实用主义，还是过分夸大司法回应社会风险的机械的法律形式主义以及片面看待司法回应社会机制建构的个案、静态回应模式都有碍于司法与社会之间良性互动机制的建构。我们应当做的是在司法回应社会模式建构尚处于转型和探索阶段时，积极地对司法回应社会实践进程中所出现的问题展开反思，并提出行之有效的应对方案，从而努力提升

① 周安平：《涉诉舆论的面向与本相：十大经典案例分析》，载《中国法学》2013年第1期，第174页。

司法机关提供优质司法服务和产品的供给能力，为全面确立司法权威和司法公信力打下坚实基础。

（一）明确有限主义的司法功能定位，为司法回应社会划定界限

司法回应社会是有限度的，只能在现有法律框架以及权力能力范围内展开，还应当尽量避免做出超出自身能力和职责范围内的回应。法理功能和社会功能是司法最重要的两种功能。法理功能是司法本身所固有和内在的功能，强调的是法官依照法律规定展开审理裁判，从而实现定纷止争的司法目标。社会功能则是对法理功能的延伸，表现为由个案司法裁判所引发的社会结构、社会行为、社会关系、社会秩序等的变动。面对社会转型时期法律和社会之间的差距，司法的社会功能日益受到重视，单一的“职业法律人”角色已经无法满足民众的角色期待，法官还要成为“政策施行者”“经济助推者”“社会改革者”，等等。但我们应当清楚的是，“司法在根本意义上就是将在立法中所规定下来的规则适用于具体现实，”① 司法的首要和基础功能仍然是法理功能，即通过法律维护社会秩序的安定性功能。抛开法律规则而片面强调司法的社会功能会不恰当地放大司法的主观性和肆意性，最终失控的司法系统将会对司法公信力造成难以弥补的伤害。因而，并不是所有的社会诉求都需要司法展开回应，“法官的理性往往仅仅局限于现有国家法律体系的有限范围之内。法官尊重司法本身的法理和规律，严守法律的疆界，是体现司法正义和确立司法权威的关键所在。”② 司法回应社会不应当也无力要求司法成为全能型司法，法官应当秉持一种有限主义的立场，在现有法律框架范围以及司法规律的基础之上，适度地回应民众的司法诉求，从而有效实现司法法理功能和社会功能的互补。

一方面，司法对社会的回应是在首先界定法与非法的界限基础上的回应。司法对社会的回应不能模糊法与非法的界限，应当在法律文义射程范围之内，而不是采取绕过现有法律的方式展开回应。如若偏离了法律文本上的正确性这一基本准则，司法裁判的权威性和正当性都将遭受考验，进而司法对社会的回应也将可能衍化为民意的审判抑或法官肆意的决断。有鉴于此，在建构判决的理论类型时，无论是哈特的“演绎 + 司法立法”，拉兹的“演绎 + 限制性规则 + 司法立法”，麦考密克的“演绎 + 融贯 + 司法立法”，还是德沃金的“演绎 + 融贯 + 个人政治理论”③ 都是将法律文本作为司法判决的基础而展开的。司法回应社会并不意味着司法要远离法律，恰恰需要法官更加深入地了解和研读法律，更加熟练地运用精致化的法律方法，为社会确立明确的行为规则标准，最终推动社会在法律文本的基础上达成有限的重叠共识，实现社会守法主义观念的全面确立。

---

① 孙笑侠：《论司法多元功能的逻辑关系—兼论司法功能有限主义》，载《清华法学》2016 年第 6 期，第 19 页。

② 王国龙、王文玉：《裁量理性与司法公信力》，载《山东警察学院学报》2018 年第 6 期，第 11 页。

③ 参见［美］邓肯·肯尼迪：《判决的批判》，王家国译，法律出版社 2012 年版，第 14 – 15 页。

另一方面，在对社会展开回应时，法官应当尽量避免成为政策制定者或者制度变革者，尽量避免做出超出自身能力和职责范围内的回应。司法回应社会应当是在现有权力体系框架以及法治制度设计范围内展开的，只能在“力所能及”的范围内展开回应，否则将可能造成回应无效或回应违法的后果。例如在美国，受到三权分立等制度的影响，司法机关尤其是最高法院往往会深度参与到社会政治、经济等重大问题的制定和决断之中。格雷泽就指出：“最高法院致力于扮演着对于不同领域都能够产生重大影响的积极角色……并简单地将自己的观点转化为诸多复杂社会问题的解决规则。”① 但对于我国的司法机关而言，受制于大陆法系传统以及国家制度安排，司法机关往往被定位为国家法律制度的落实者，因而其对社会的回应空间就应当受到现有法律制度和国家司法政策的约束，应当保持一定的克制性和谨慎性。

如“唐慧案”背后的劳动教养制度的存废问题，“赵春华案”背后的枪支认定标准正当性与否问题，“上海携程亲子园虐童案”“红黄蓝幼儿园虐童案”背后现有儿童权利保障体系混乱的问题，等等，这些制度变革问题都已经超出了司法尤其是一审法院的能力及职责范围，法官只能在现有法律以及职责范围内尽可能地避免裁判出现明显的合法不合理、合法不合情的后果。此外，在司法实践中，二审法院往往拥有着比一审法院更高的回应能力和回应权限范围，因而当面对一些疑难案件时，由二审或再审法院承担起更多的创造性适用法律、明确和引领社会价值趋向、调整司法策略和方向的任务是一种运用现有司法制度和程序减轻司法回应风险，保障司法回应有效性的可行方式。

（二）通过正向保障机制的建设，提升法官的回应意愿和回应能力

在司法实践中，案多人少的矛盾以及行政机关对司法不合理的干预是造成法官回应意愿不足困境的主要原因。法官回应能力不足则主要来自法官个体回应经验的缺失。因而通过强化多元化纠纷解决机制化解案多人少矛盾，加快司法去行政化改革，提升法官回应的自主性，打造专业化审判团队提升法官的回应经验以及将是应对法官回应意愿和回应能力不足的主要方式。

首先，应当继续深化建构多元化的纠纷解决机制以化解案多人少矛盾，“纯化”民众的司法诉求，从而保障法官的回应时间和精力，减少法官的回应风险。一方面，推进多元化纠纷解决机制的建设，坚持发挥多元化纠纷解决机制在溯源治理等方面的作用，是保障法官的回应时间和精力的重要方式。根据最高人民法院工作报告显示，2020年我国法院受理案件数量出现了15年来的首次下降。在纠纷总量没有减少的情况下，我国一站式多元解纷机制在帮助实现矛盾纠纷的源头治理、多元化解方面取得了显著的效果。因而应当继续推进一站式多元纠纷解决机制的建设，化解当前法官疲于应付大量纠纷而不愿将更多的

① Nathan Glazer, Towards an Imperial Judiciary?, *The Public interest*, vol. 41, 1975, p. 115.

精力投入到回应社会的困境。

另一方面，推进多元化纠纷解决机制建设还意味着要坚持把非诉讼纠纷解决机制挺在前面。当前过多的非法律性诉求涌入法院，法官不得不时常越出法律的界限来满足民众的道德、政治诉求等是司法回应社会机制所面临的风险之一。多元化纠纷解决机制如人民调解、商事调解、行业调解等的建设能够优先化解大量涉诉纠纷，从而在缓解司法资源紧张性的同时还能弱化社会诉求的非理性化风险。通过这一机制的过滤，民众的司法诉求也将得以纯化为理性的“依法司法”的法治正义诉求，这样便能够有效提升司法裁判的针对性，降低司法回应社会所可能产生的风险，为司法回应社会机制的运作提供良好的外部保障。

其次，应当积极推进法官专业化团队建设，以提升法官回应社会的能力。伴随着我国法学教育以及司法机关招录人员考试改革的全面开展，现今法官整体的专业化和职业化法律素养已经得到了显著提升。但由于从法学院走出来的法官往往缺乏一定的社会生活实践经验，往往无法处理的司法回应和社会诉求之间的平衡关系。通过强化法官专业化的团队建设能够有效发挥经验丰富法官的提带作用以及法官团体智慧的叠加作用，对于提升法官回应社会的能力无疑具有积极意义。一方面，通过现有的案件繁简分流机制，可以将疑难、复杂等需要法官回应社会的案件交由审判团队中那些理论基础扎实、审判经验和社会阅历丰富以及司法技能突出的法官审理，从而保障司法对社会回应的理性化和优质性。同时，团队中的年轻法官也可以通过参与、观摩、讨论等方式逐渐从中习得和积累回应社会的经验与能力。另一方面，审判团队建设也更容易形成稳定的团队共识和经验，对类型化案件中社会诉求的把握往往也会更加的客观和准确。这种集体的经验和智慧可以避免由于“个人知识和经验的有限性，依照直觉判断而忽略一些重要信息，从而做出不恰当甚至错误的司法回应的风险。”①

最后，推动司法去行政化改革，保障法官在回应社会时不受不正当行政权力的干预。司法行政化以及不合理的法官责任制往往会曲解“诉求——回应”式的司法模式的含义，在加剧公众诉求通过行政化的渠道钳制法官依法裁判的同时，还弱化了司法通过判决塑造公众法治理念的功能。因而去行政化的改革对于建立一个平等、通畅、法治化的平台，缓解司法回应社会所面临的社会正义理念和司法正义理念脱节的难题意义重大。可以从诸如让已入额的院长、庭长、审委会委员直接参与案件的审判；探索法院内部的扁平化管理，将行政人员同审判人员分离；改革法官考核机制，破除原有的具有行政色彩的绩效制度，探索新的绩效机制；给予法官单独的职位晋升序列，完善法官初任和逐级遴选制度等方面，着手探索法院内部管理体制的去行政化。此外，还可以进一步探索、完善和深化诸如

① 沈寨：《个案正义视角下司法人工智能的功能与限度》，载《济南大学学报》（社会科学版）2019 年第 4 期，第 57 页。

将法院人、财、物改由省级统管，改变现有的人大、政府、司法同级设置的模式，尝试设立跨行政区划的司法机构等，从而努力排除外部行政系统对法官裁判独立性的干扰。

（三）建立良性的司法和社会互动机制，扩大司法正义和社会正义的契合度

无论是司法的理念取向还是社会公众的司法诉求都具有较大的流动性，二者在相互的交融、碰撞和借鉴中得以发展，最终使得司法回应和社会诉求维持在一个相对平衡的状态中。无疑，应当对司法和社会之间的互动予以总结和发展，在“经验性变革”和“理性设计”的基础之上建构一种相对合理且具有弹性的机制，以保障司法回应和社会诉求之间的平衡不至于不被急剧的社会变化或者极端个案而打破。

首先，司法对社会的回应要求法官在热点案件中能够正确处理司法和传媒、司法和民众舆论之间的关系。司法既要积极面对社会舆论，主动接受舆论监督，还要充分尊重司法本身的运行逻辑和规律，不为舆论所左右。司法既要避免过度回应意识形态和利益诉求，也不可对社会公正诉求无动于衷，其应当将眼光穿梭于法律规范和公众的正义诉求之间，在“积极捍卫法治社会的规则和价值的同时，也要为法治社会的进步和发展提供源源不断的法理。”① 此外，实现司法和传媒、司法和舆论之间的良性互动，还需要司法机关提升自身对于社会诉求的甄别和过滤能力。当案件引发社会大规模的讨论和关注后，司法应当考量的是社会普遍的公正性认知和感觉，而不是非理性化的情绪表达。司法应当关注的是那些具有共识性的、稳定性的社会诉求，司法对社会的回应也应当是为了满足社会公众在某一时期内汇集而成的正义期待而展开的。

其次，完善的舆情监测、舆情预警、司法公开、民意搜集、舆情引导、舆情回复、民意反馈等机制建设，是保障司法能够及时感知、识别热点案件以及相关舆情，从而准确、恰当回应民众司法正义诉求的重要方式。有效的舆情沟通机制不但能为法官的回应提供一个可以收集稳定的、理性的社会公众诉求的接收器，也为司法和社会之间的有效沟通架起了便捷的桥梁。“只有让私人参与到公共领域所控制的正式交往过程中，批判的公共性才能在一个具有社会学意义的秩序当中，把两个交往领域联系起来。”② 舆情监测和沟通平台的建设会为司法机关、社会公众以及专家学者提供一个相对开放的讨论场域，不但为司法民主的实现提供了保障性的平台，而且在这一场域内个人意见和公共舆论得以勾连，多元主体意见得以交锋，从而可以帮助社会在不断观察——输出——反馈中逐渐凝结出具有公共理性的诉求，最大限度扩大社会正义诉求和司法正义理念之间的契合度。

最后，司法还应当注重借助热点案件的聚集和示范效应，通过强化裁判文书的释法说理功能以积极回应和引导舆论，塑造民众的法治观念。具有争议性、典型性、轰动性、聚

① 涂云新、秦前红：《司法与民意关系的现实困境及法理破解》，载《探索与争鸣》2013 年第 7 期，第 74 页。

② ［德］哈贝马斯：《公共领域的结构转型》，曹卫东等译，学林出版社 1999 年版，第 294 页。

集性的热点案件不但可以集中反映社会转型时期的体制性、结构性、群体性的冲突和矛盾，还能够充分考验和凸显司法转型时期我国的司法能力、司法正义和司法公信力水平。因而司法机关在这些热点案件中，以一种公开的态度，充分利用裁判文书的释法说理功能，努力在“诉求——回应”的互动中培育民众理性的法治思维是凝聚社会价值共识，实现司法和社会舆论良性互动的重要方式。一方面，法官要继续强化裁判文书中法律规范的基础性地位和作用，从而向社会传递有效的规则信号，塑造民众的法治观念，推进社会“守法主义”理念的确立，实现预防类似纠纷的发生、减少诉讼数量的目的。另一方面，法官还需要关注司法个案的具体性和民众的可接受性，注重通过发挥裁判文书的说理功能以应对司法的僵化和社会的变迁问题，从而实现法律的发展以及司法裁判对社会价值的引领。

四、结语

“司法生成于社会，而不是真空。因此，社会的任何变迁都难免要反映到司法之中去。与此相关联，任何司法问题，归根结底，都是社会问题或其变种，唯有在社会之中才有可能寻得正解。”① 因而我们的司法回应社会模式的探索并不是某种“西方模式的复刻”，而是应当在立基于我国社会现实需求的基础上，以民众的正义诉求为导向，能够有效地调和移植与本土、传承和创新、形式正义与实质正义的，符合我国司法规律、法律文化传统、社会发展需要的，具有中国特色的司法模式。在当前社会转型时期，无论是“司法的回应”还是“社会的诉求”都在不断变迁之中，因而除了坚持有限主义的司法功能定位，努力提升法官的回应意愿和回应能力以及建立良性的司法和社会互动机制之外，还有必要在实践的基础上继续深化相关理论的探索和总结，从而为更好地实现司法和社会之间的良性互动提供更多的理论支撑。

（编辑：宋保振）

① 江国华：《常识与理性：走向实践主义的司法哲学》，生活·读书·新知三联书店 2017 年版，第 232－233 页。

论类似案件识别技术的实现路径*

——以民事类案识别为例

张一凡**

摘　要　类似案件的应用是法官在审判活动中需要成熟掌握的一项技艺。类案识别技术作为“入口”，对保证类似案件应用的准确性具有重要作用。类案应用的功能定位主要是解决事实认定的问题，并依托类比推理的模型构建出类似案件识别技术的整体运行路径。首先，裁判者在确定识别基点的范围时，应该回归裁判文书的基本案情和裁判理由部分。其次，类比推理论证的过程包含识别“相关相似性”的内部证成与评价“决定相似性”的外部证成两个过程。其中，“相关相似性”识别过程中比较中项应该根据法律行为的构成要件予以确定；“决定相似性”的评价过程应该以法益保护作为评价基点。最后，得出结论前仍需进行一次价值阻却权衡的检验，以保证法律效果与社会效果的有机统一。

关键词　法律论证　类似案件　类比推理　法益保护

引　言

依托司法信息化建设，利用大数据推进类案推送技术发展以实现裁判尺度统一，是司

*　本文系智慧司法研究重庆市2011协同创新中心和重庆市人工智能+学科群之智慧司法学科建设项目“互联网法院建设与审判研究”（项目编号：ZNSF2020K05）的阶段性研究成果。

**　张一凡，男，新疆乌鲁木齐人，西南政法大学博士研究生，研究方向为民商法学、法律方法。

法责任制改革中的一项“亮点”工程。① 就各地法院探索并建立的智能辅助办案系统的运行情况而言,② 类似案件在司法实践中的应用效果欠佳,“案件推送不准确,法官的用户体验和使用意愿偏低”,③ 并没有实现类案类判的预期效果,左卫民教授更是一言以蔽之,“类案类判技术无根本突破”。④ 制约类似案件发挥参考价值的主要因素,既包括数据自身的质量存在问题,也包括类案识别技术不够准确。一方面,由于现有检索技术和裁判文书自身质量的原因,法官想要找到案情匹配且具有参考价值的裁判文书可能要经过“翻山越岭”的考验,⑤ 有时还不如直接请教有经验的“老法官”来的痛快;另一方面,即便找到了具有参考价值的案例,由于类似案件应用方法的阙如,导致最终适用的结果不尽人意。就指导案例而言,部分法官将裁判要点视同于制定法规则,直接依据裁判要点进行演绎分析,评价待判案例的事实要件,而未围绕案件的基本事实进行分析。这种将裁判要点“大前提化”的演绎式援引是不准确的,类似案件的应用方法,特别是对参考案例与待判案件的识别技术层面缺乏科学的方法论指导。“司法裁判在性质上是一种法律推理或论证的过程,其目标在于追求依法裁判与个案正义的统一,进而提高裁判结论的可接受性。”⑥ 最高人民法院于2020年7月27日发布的《最高人民法院关于统一法律适用加强类案检索的指导意见(试行)》第六条,“承办法官应当将待决案件与检索结果进行相似性识别和比对,确定是否属于类案”的规定,对类案识别技术提出了要求。类案识别的过程应该追求方法运用的一般性,重视相似的裁判的理念与方法而不是相同的裁判结果,⑦ 这一过程是解决参考案例与待判案件之间是否能够匹配的问题,作为整个类似案件应用程序的“入口”,类案识别技术对类案同判精确性的提高具有举足轻重的作用。

一、应用类似案件的功能定位

根据学者考究,司法意义上的“判例”概念,最初很可能是由日本传入我国的,起初

① 国务院公布《新一代人工智能发展规划》提出,促进人工智能在证据收集、案例分析、法律文件阅读与分析中的应用,实现法院审判体系和审判能力智能化;中共中央办公厅印发的《关于加强法官检察官正规化专业化职业化建设全面落实司法责任制的意见》要求,依托大数据技术,完善智能辅助办案系统的类案推送、结果比对、数据分析等功能,促进法律适用统一。《最高人民法院司法责任制实施意见(试行)》规定,承办法官在审理案件时,均应依托办案平台、档案系统、中国裁判文书网、法信、智审等,对本院已审结或正在审理的类案和关联案件进行全面检索,制作类案与关联案件检索报告;与此同时,最高人民法院于2020年7月发布了《关于统一法律适用加强类案检索的指导意见(试行)》,该意见可以看作是对类案检索规则的进一步细化。

② 目前,各地法院探索并建立的智能辅助判案系统典型的有,贵州省高级人民法院的“类案裁判标准数据库”、北京市高级人民法院的“睿法官系统”、苏州市中级人民法院的“案件裁判智能研判系统”以及重庆市渝中区、江北区法院运行的信用卡纠纷案件智能审判平台等。

③ 魏新璋、方帅:《类案检索机制的检视与完善》,载《中国应用法学》2018年第5期,第75页。

④ 左卫民:《如何通过人工智能实现类案类判》,载《中国法律评论》2018年第2期,第29页。

⑤ 有时检索到案情相匹配的案例,但是发现裁判文书的说理部分不足,依然没有参考价值。

⑥ 雷磊:《从“看得见的正义”到“说得出的正义”——基于最高人民法院〈关于加强和规范裁判文书释法说理的指导意见〉的解读与反思》,载《法学》2019年第1期,第173页。

⑦ 参见宋保振:《类案裁判中的法律方法运用》,载陈金钊、谢晖主编:《法律方法》(第31卷),研究出版社2020年版,第179页。

翻译为“判决例”，而后广泛使用“判例”。[①] 将“判”“例”二字拆解考察，即表现出英美法系，尤其是普通法中“先例”（precedent）一词要义的两个方面：由高级法院作出的判决，对下级和上级法院分别具有约束力和劝导力。[②] 但是，中国古代的判决并没有前述的“约束力和劝导力”，[③] 其更多地体现为一种“自由裁量”或者“仅具有学理意义”。[④] 中国古代判例研究经历了秦汉、唐宋与明清三个发展时期，形成了“以权威核心为发布主体、以辅助制定法为基本功能、强调事实情节类比以及侧重对实体问题指引”等特征。[⑤] 虽然，最终未能通过抽象、归纳、概括等方式，将判例上升到理论高度并发展为系统的判例学说，但却在总结司法经验、启迪法官智慧以及服务立法改革层面起到重要的作用。[⑥]

英美法系国家将判例作为其法律渊源之一，本质上通过创制先例或判例以达到法官释法或造法的目的。这样一种“以个案方式凝聚法律群体共识、指引未来案件裁决的形式”与中国古代法中的判例有一定的共同之处，也具有一定的特殊性。从功能性角度分析，中国古代与英美法国家，判例传统最为相似的功能即为“基于判决积累而汇集既往经验，供将来审理案件时参照”；同时，由于中国古代制定法奉行“一罪一刑”的严格法定刑，但是又无法将“罪刑的匹配”进一步具体化，使得中国古代的判例衍生出更具个性的功能，当时的中国司法官员必须在相当程度上仰赖具体化的成案，通过类比方式来解决相关难题。王志强教授对中国古代判例适用上的特征进一步总结为，“以刑事为中心、以量刑为目的、以事实类比为方式、以书面裁判为内容”。[⑦] 中国古代的立法方法在行为模式和法律后果的设置上过于具体化、精确化与数量化，导致法律规定与无限多样的实际个案情节无法一一对应。于是，通过具体的判例补充立法就成为必然选择。判例适用的基本推理方法是类比推理，包括类推（解决罪名适用问题）和附比（解决量刑上情理罪刑相应问题）。[⑧] 综上，可以看出中国古代就存在制定法与判例相结合的模式，通过事实类比的方法解决案件审理中的具体问题。

近年来，司法体制综合配套改革不断深入，其中，建立具有中国特色的案例指导制度是一项引起社会广泛关注的重要举措。江必新大法官认为，指导性案例通过总结提炼法官审判经验、思维方法和价值追求，形成蕴涵着丰富的法律精神和法学理念的“裁判规则”，

---

① 参见王志强：《中国法律史叙事中的“判例”》，载《中国社会科学》2010年第5期，第139页。

② See Rupert Cross, J. W. Harris, *Precedent in English Law*, 4th ed., Oxford: Clarendon Press, 1991, pp. 5, 7–10.

③ 在中国古代严格的官僚体制下，判决对上级司法机关产生一定的“约束力”是不可能的，法寺对死罪案件或情理可悯等案件只有“引律拟断”，即提出意见之权，而无判决之权。在“判决具有约束力”这一意义上，中国古代司法中“判例”的存在自然很容易被否定。

④ 参见刘笃才、杨一凡：《秦简廷行事考辨》，载《法学研究》2007年第3期，第151页。

⑤ 参见柳正权、黄雄义：《“形”与“实”的结合：论案例指导制度对传统判例文化的传袭》，载《湖北大学学报（哲学社会科学版）》2017年第6期，第107页。

⑥ 参见汪世荣：《中国古代的判例研究：一个学术史的考察》，载《中国法学》2006年第1期，第82页。

⑦ 王志强：《中国法律史叙事中的“判例”》，载《中国社会科学》2010年第5期，第151–152页。

⑧ 参见张骐等著：《中国司法先例与案例指导制度研究》，北京大学出版社2016年版，第52、77页。

从而发挥规范类似案件裁判的作用。① 具体而言，法官检索并参照适用类似案件的裁判规则或法理，存在两个方面的目的：一方面，健全法官的知识结构，以启发、拓展法官的裁判思路、帮助法官作出正确的判决；另一方面，统一司法裁判尺度，让法官在可检索范围内最大限度地了解各类案件的裁判尺度，提炼、总结审判经验，规范处理标准和流程，防止类案不同判，维护司法过程和裁判结果的稳定。② 类似案件的应用，主要针对的是案件事实与法律规则的对应关系存在疑义和争议的复杂案件，目的是通过类案中的具体事实对抽象法律规定进行一种解读。③ 伯顿指出，制定法司法裁判过程中的关键性问题表现为：识别一个权威性大前提，明确表述一个真实的小前提以及推出一个可靠的结论。④ 这一过程即是法官运用司法三段论进行演绎推理的过程。法官裁判的过程主要解决事实认定和法律适用的问题，即是法官进行事实认定推理和法律适用推理的过程。⑤ 事实认定推理是对行为或事件是否符合法定构成要件作出认定或判定的推论过程，即所谓“法律与事实间的目光之往返流转”，⑥ 是一个将行为或事件归入法律规定、法律概念或法律关系范畴之中的思维过程，德国学者考夫曼将这一过程称为是在事实和规范之间来回审视的“等置模式”。⑦ 司法裁决的重心与关键不在于最终的司法三段论推导，而在于之前的事实认定，即对事件或当事人行为是否符合法定构成要件的判定。⑧

综上所述，司法判例的核心作用在中国本土视野下从古至今并没有发生位移，其功能主要是解决司法审判的事实认定问题。通过类比推理技术，将抽象法律规定进行一种具体化的解释，在案件事实认定的过程中，针对案件事实提炼、论证及最终判定时可能存在的偏差予以矫正，防止因事实认定的失误导致法律适用的错误。同时，可以增强裁判文书说理部分的论证力度，将裁判的结论及其背后的法律公正性完整地呈现给社会大众，实现法律效果与社会效果的有机统一。⑨

---

① 参见江必新：《最高人民法院指导性案例裁判规则理解与适用》，中国法制出版社 2014 年版，第 3 页。

② 参见左卫民：《如何通过人工智能实现类案类判》，载《中国法律评论》2018 年第 2 期，第 26 页；魏新璋、方帅：《类案检索机制的检视与完善》，载《中国应用法学》2018 年第 5 期，第 75 页。

③ 参见王洪：《制定法推理与判例法推理（修订版）》，中国政法大学出版社 2016 年版，第 165 页。

④ 参见［德］史蒂文 · J. 伯顿：《法律和法律推理导论》，张志铭，解兴权译，中国政法大学出版社 2000 年版，第 54 页。法官裁判的主要任务之就是建立起裁判大前提和裁判小前提，并从已建立的裁判大前提和裁判小前提得出或证成判决结论。参见王洪：《论制定法推理》，载郑永流主编《法哲学与法社会学论丛（四）》，中国政法大学出版社 2001 年版，第 173 页。

⑤ 法官对符合法定构成要件的行为和事件当事人应当承担的法律后果作出裁决的推理，称为法律适用推理；法官对其行为或事件是否符合法律规定的构成要件作出判断或评判的推理，称为事实认定推理，或者事实涵摄推理。此处的事实认定指的是法官进行裁决推理时的事实认定，此处事实认定不是对其真实性的认定，而是对行为或事件是否符合法定构成要件的认定。

⑥ ［德］卡尔 · 拉伦茨：《法学方法论》，陈爱娥译，商务印书馆 2003 年版，第 162 页。

⑦ 参见郑永流：《法律判断形成的模式》，载《法学研究》2004 年第 1 期，第 140 页。

⑧ 参见［德］卡尔 · 拉伦茨：《法学方法论》，陈爱娥译，商务印书馆 2003 年版，第 165 页。

⑨ 参见王利明：《我国案例指导制度若干问题研究》，载《法学》2012 第 1 期，第 73 页。

二、类案识别技术整体运行路径展示

从历史发展来看，英美法系发端于经验主义、实证主义哲学体系，强调每一个案的独立性、特殊性，认为有限的法条不可能包容一切法律关系，法官应当遵循先例、凭藉良知与经验就个案进行判决。因此，英美法系具有尊重司法者造法的传统，判例是其重要的法律渊源。相应地，学者们也注重对法律论证，特别是法律推理技术的研究，这些理论成果具有重要的借鉴意义。但是，我国与英美法系国家在对判例的应用方法上是存在差异的。英美法系国家应用先例，在法律推理层面表现为，由归纳推理、类比推理和演绎推理所组成的混合型推理。在进行创设先例时，运用的是归纳推理的方法，“普通法的运作并不是从一些普世的和效力不变的前提真理中演绎推导结论。它的方法是归纳的，它从具体中得出它的一般”。[①] 但是，我国法官检索到的类似案件依然是演绎推理模式下的产物。例如，指导案例中的裁判要点，虽然是对制定法进行法律解释的结果，但是在解释的过程中，法官对个案中的具体事实构成要素，实际上是先将其抽象为构成要件的形式后，才继续运用法律的解释技术进行解释。裁判要点通常是一种结论命题，目的在于赋予某种类型事实一定的法律意义或后果，而未能反映其所为决定的理由。因此，我国法官应用类似案件整体上存在三个过程，首先是解构演绎推理的结果，恢复案件事实的过程；其次是运用类比推理（事实类比），解决事实认定问题的过程；最后是再次回归演绎推理，涵摄法律事实与法律规定从而得出裁判结果的过程（如图1）。

演绎推理（解构）——→类比推理（应用）——→演绎推理（涵摄）

└→解决事实认定问题

图1　类似案件应用过程总体路径

本文拟解决如何识别参考案例与待判案件之间是否匹配的问题，即运用类比推理规则识别案件之间的相似性。在案例识别过程中，类比推理模型被视为判断案件相似性的合适的理论基础。[②] 前文对类似案件应用的需求，定位为解决事实认定问题，而法官在进行事实认定过程中所采用的真实结构是一种“等置模式”，此时，类比推理是这种模式的核心。在法律层面上，类比推理能够成立的机理体现为，参考案例与待判案件的前提与结论所涉及的行为或情况是相似的，即它们之间相同的部分是重要的，符合类比推理普遍性与融贯性的要求，两个案件均能够被相同的立法意图或价值取向所涵盖。因此，它们就有相同的法律目的理由或价值理由，可以被赋予相同的法律后果或法律意义。[③] 根据学者的总结，

---

① ［美］本杰明·卡多佐：《司法过程的性质》，苏力译，商务印书馆1998年版，第10页。

② 参见张骐：《论寻找指导性案例的方法——以审判经验为基础》，载《中外法学》2009年第3期，第458页。

③ 参见王洪：《制定法推理与判例法推理（修订版）》，中国政法大学出版社2016年版，第258页。

类比推理三段论模型可以作出如下表示：①

大前提：在特定法律规定视角下，参考案例的法律事实 S 与待判案件的法律事实 S′相似，S 与 S′应当拥有相同的法律效果 R；

小前提：事实 F（=S′）与法律规定 N 规定的事实 K（=S）在本质关系上是一致的；

结论：F 应当拥有与 K 一样的法律效果 R。②

类似案件识别的核心在于，待判案例充分相似于满足了某个规则适用条件的参考案例的案件情形。③ 换言之，类案识别的关键在于对小前提中参考案例与待判案件事实的同质性进行判断。事实的同质性是指法律评价上的同质性，需要借助法律规范的整体目的、基本法理等要素去判断两种事实在法律评价上是否存在一致性。④ 法律逻辑领域的类比是"将取自制定法的原则扩张适用于这样的案件，它们与制定法直接规定的情形具有法律上的相似性，即它们与后者对于判决理由具有决定性意义的部分是相同的（本质相同）"。⑤ 而整个法律评价过程又可以拆解为两个层次进行：第一个层次，识别"相似相关性"，即比对两个案件"比较中项"项下的关键事实能够匹配数量的多寡；同时指明需要进行重要性判断的，涉及"决定相似性"的一组或几组关键事实。第二个层次，评价"决定相似性"，即根据第一个层次的指引，判断参考案例与待判案例之间关键事实中的相同点与不同点何者更加重要。类案同判不仅需要满足形式正义要求，还需要追求实质正义的目标。经过相似性评价后，满足了类比推理形式逻辑层面的正当性，为满足实质层面正当性的要求，在得出最终结论之前，还需要进行一次价值阻却的权衡，即预判类比推理得出的结论的实际应用效果，判断是否需要阻却推理结果的应用。质言之，法官进行价值阻却的权衡，就是综合运用政策权衡、价值权衡、利益权衡等方法对裁判结果再次进行检验，防止类比推理的结论不具有兼容性，使待判案件的裁决出现明显不公平的情形。综上所述，本文尝试建立适用于我国类似案件识别技术的运行程序：第一步，确定识别基点的范围；第二步，识别"相关相似性"（经验层面的判断）；第三步，评价"决定相似性"（价值层面

---

① 运用类比的实质推导过程可以被表述为一个肯定式三段论。参见雷磊：《类比推理法律论证——以德国学说为出发点》，中国政法大学出版社 2011 年版，第 23 页。

② 这里的法律效果是指，待判案例可以参照适用参考案例的裁判规则或者法理。这样的一种"参照"，可以进行"正面参照"，即与参考案例得出相同的裁判结果；还可以进行"反面参照"，即与参考案例得出不相同甚至相反的裁判结果，但实质上依然遵循了参考案例的裁判规则或法理。

③ Cf. Jaap Hage, "The Logic of Analogy in the law", Argumentation 19（2015）, p. 403.

④ 参见谢春晖：《从"个案智慧"到"类案经验"：指导案例裁判规则的发现及适用研究》，载贺荣主编《深化司法改革与行政审判实践研究——全国法院第 28 届学术讨论会获奖论文集》，人民法院出版社 2017 年版，第 1139 页。

⑤ ［德］乌尔里希·克卢格：《法律逻辑》，雷磊译，法律出版社 2016 年版，第 150 页。

的判断）；第四步，进行价值阻却权衡（得出结论）（如图2）。①

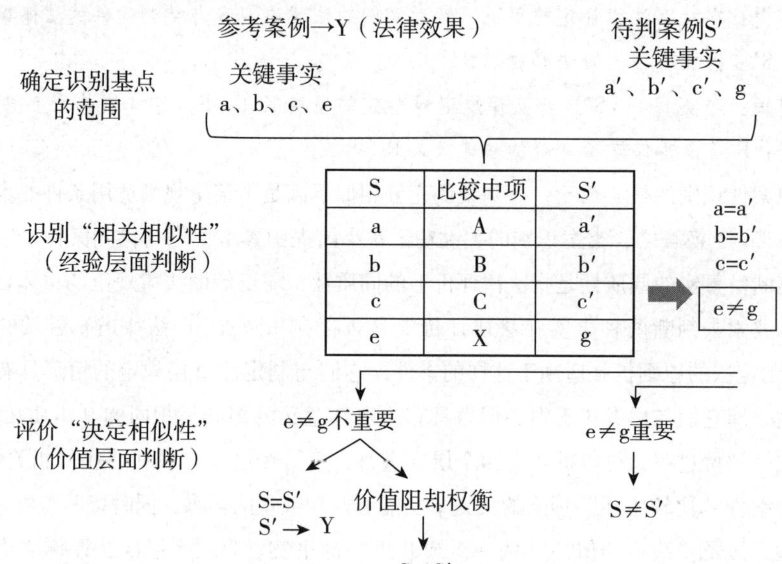

图2　类似案件识别技术整体运行路径

三、类案识别技术分步运行要点分析与演示

以类比推理模型构建的类案识别技术运行路径有其内在逻辑和关键步骤，但是，由于社会现象和法学理论的复杂性，法律论证并不能像数学运算那样，直接地代入公式进行精确的计算，裁判结果亦不是非此即彼的结论。本文以英、美两国以及我国的指导案例为样本，用一种相对直观、鲜活的方法对类案识别技术路径进行演示，以期更好地理解类案识别技术各个分步的运行要点。

（一）确定识别基点的范围：回归基本案情和裁判理由

在类比推理的过程中，两个案件中事实的相似属性越高（同时要求案件事实与裁判结果的联系尽量密切），推论的可靠性，即能够适用相同裁判规则或法理的可能性越大，这是一个注重数量多寡的判断。类比推理充分与否，依赖于待判案件中的事实与参考案例的

① 本文借助伯顿的类比推理"三个步骤"的理论模型以构建类似案件识别技术的运行程序。伯顿认为，类比推理应采取三个步骤：第一，基点的确定，即识别出进行推理的一个基点情况；第二，识别相同点或不相同点，即描述基点情况与问题情况相同或相似和不同或不相似的那些事实方面；第三，作出判断，即判断这些事实上的相同点或不同点在这种情况下是更加重要的。需要说明的是，在第一步中，伯顿所谓的基点指的是相关管辖范围中最高一级法院的判决；而本文所说的识别基点是经过类案检索或推送得到的参考案例中的关键事实。参见［美］斯蒂文·J. 伯顿：《法律和法律推理导论》，张志铭，解兴权译，中国政法大学出版社2000年版，第31－32页。

有效事实的相似程度。[①] 在类比推理适用的过程中，保证所选取的参考案例与待判案件之间具有相关性与典型性至关重要，故案件类似的识别首先要确定比对的基点。根据判例法的经验，法官应当以关键事实为基础来确定先例规则，通过关键性来指导后案法官确定哪些事实重要，哪些事实不重要。也就是说，据以形成裁判规则且对裁判结果产生实质性影响的事实即为关键事实。[②] 既然关键事实是两个案例比对过程中的识别基点，那么，接下来要解决的问题就是关键事实应该从案件的什么部分去寻找，即需要确定关键事实产生的范围。

根据最高人民法院研究室公布的指导性案例，样式共包括标题、关键词、裁判要点、相关法条、基本案情、裁判结果及裁判理由等七个部分。这些裁判文书的组成部分均可能成为法官在检索和识别参考案例时的初步线索，同时也均可能成为待判案件论证过程中的一个法律命题论据。理论界对寻找关键事实的方向问题进行了一定的探讨。有的学者认为，应该从两个案例的法律争议焦点入手比对相似性，因为争议焦点往往是待判案件最终裁决的关键问题；[③] 有的学者认为，应该围绕相关法条对参考案例与待判案件进行比较，否则个案之间的比较没有价值；有的学者认为，一个案件的关键事实对应的是其请求权基础，如果两个案件之间请求权基础缺乏相似性，应该将两个案件类型区分开来；[④] 还有的学者认为，对寻找关键事实最直观、最具有指引意义的当属裁判要点。[⑤] 在司法实践中，法官对指导案例内容应用最为集中的即是裁判要点，[⑥]“裁判要点偏重于严格的事实认定和法律适用，系对指导性案例审判规则的总结和提炼”，[⑦] 从抽象程度考量，裁判要点是处于案件事实与法律规则之间的中间状态。换言之，裁判要点实质上是经过了内部与外部证成证明的，通过演绎推理三段论推导出的最终结论。由此可见，裁判要点在类案识别的基点确定方面具有很强的指引性。然而单靠裁判要点不能完整地总结并选取参考案例与待

---

① 参见［英］尼尔·麦考密克：《法律推理与法律理论》，姜峰译，法律出版社2018年版，第232页。

② 参见谢春晖：《从“个案智慧”到“类案经验”：指导案例裁判规则的发现及适用研究》，载贺荣主编《深化司法改革与行政审判实践研究——全国法院第28届学术讨论会获奖论文集》，人民法院出版社2017年版，第1139页。

③ 通常是指，当事人之间以及当事人与法官间在诉讼标的、法律适用、事实、证据以及一些程序事项等方面具有实质意义的争议焦点。参见冯文生：《审判案例指导中的“参照”问题研究》，载《清华法学》2011年第3期；黄湧：《民事审判争点归纳：技术分析与综合运用》，法律出版社2016年版，第12页。

④ 参见雷槟硕：《指导性案例适用的阿基米德支点——事实要点相似性判断研究》，载《法制与社会发展》2018年第2期，第92页。

⑤ 参见柳正权、黄雄义：《“形”与“实”的结合：论案例指导制度对传统判例文化的传袭》，载《湖北大学学报（哲学社会科学版）》2017年第6期，第110页。

⑥ 司法实践中对指导案例应用内容不存在固定的形式，具有多样化的特点，不仅包括裁判要点、基本案情、裁判理由及裁判结果，还包括裁判思路。其中，裁判要点总占比约54%，应用的频率最高；基本案情总占比近23%；裁判理由总占比近11%；裁判结果和裁判思路总占比均不足1%；另外还有部分未明确引用内容的总占比近13%。参见郭叶、孙妹：《最高人民法院指导性案例司法应用情况2017年度报告》，载《中国应用法学》2018年第2期。

⑦ 杨力：《中国案例指导运作研究》，载《法律科学》2008年第6期，第44页。

判案例之间需要对比的全部关键事实，因此，真正选取需要对比的关键事实，还需回归基本案情和裁判理由中去寻找。

首先，裁判要点自身具有简明性的特点，在进行要点归纳时可能会将法律规定适用的法律关系前提、主体要件等事实省略，因此需要回归基本案情和裁判理由，还原可能具有关键性因素的法律事实才能进行准确地比对。拉伦茨认为："制作司法先例的法官首先考虑的是他所裁判的事件，这些要旨不过是裁判理由中蒸馏出来的结晶，与案件事实密切相关，在很大程度上本身也需要解释。"① 其次，胡云腾大法官认为，"法官在审判案件时，处理不相类似案件时，可以参考指导性案例所运用的裁判方法、裁判规则、法律思维、司法理念和法治精神"。② 上述内容难以在裁判要点中反映，却见诸裁判理由的论证过程，不应忽略裁判文书说理部分形成的思维经验。最后，裁判要点有时会出现超越基本案情的情形，超出的部分不宜适用。③ 类似案件的比较应该是以案件事实的法律特性为线索，来确定两个案件的事实在整体上是不是涉及相同的法律问题，是不是属于同样法律性质的案件。④

综上所述，类似案件进行识别的基点是关键事实，即具有法律意义能够产生法律效果的事实。而寻找关键事实的过程应该通过裁判要点的指引，回归裁判文书的基本案情和裁判理由，尽量完整地筛选出两个案件之间需要进一步比对的法律事实。普通案例可能不存在裁判要点这一部分，此时，可以从待判案件的争议焦点入手。法官应用类似案例的目的是为待判案件的争议问题寻找有帮助的解决方案，可以说，案件的争议焦点是联结待判案件与指导性案例之间的桥梁；与此同时，争议焦点与案件事实、案情有着密切的关系。⑤ 因此，普通案例可以在着重分析参考案例裁判理由与待判案件争议焦点有关的论述及观点后，最终确定两个案件之间需要比对的关键事实。

（二）识别"相关相似性"：找准比较中项

1. 相似性判断需要内部与外部两个层次的证成

根据阿列克西的"内外部证成理论"，⑥ 类似案件比对的过程同样可以区分为内部和

---

① ［德］卡尔·拉伦茨：《法学方法论》，陈爱娥译，商务印书馆2003年版，第233页。

② 蒋安杰：《最高人民法院研究室主任胡云腾——人民法院案例指导制度的构建》，载《法制资讯》2011年第1期，第81页。

③ 例如指导案例9号所涉争议是有限责任公司股东的清算责任，而其裁判要旨将责任主体扩大至股份有限公司的董事和控股股东，故扩大部分在适用上不具有指导性。

④ 参见张志铭：《中国法院案例指导制度价值功能之认知》，载《学习与探索》2012年第3期，第67页。

⑤ 参见张骐：《再论类似案件的判断与指导性案例的使用——以当代中国法官对指导性案例的使用经验为契口》，载《法制与社会发展》2015年第5期，第140页。

⑥ 内部证成处理的问题是：判断是否从为了证立而引述的前提中逻辑地推导出来，或者说，它涉及的是从既定法律推理前提中推导出作为结论的法律判断的有效性问题；外部证成的对象则是这些前提的正确性或可靠性问题。参见Robert Alexy，Theorie der juristischen Argumentation，S. 273；转引自雷磊：《类比推理法律论证——以德国学说为出发点》，中国政法大学出版社2011年版，第181页。

外部两个层次，即前文所提及的识别“相关相似性”与评价“决定相似性”的两个过程。就类比推理而言，其内部证成所包含的法律理性，随着待比较案件之间相似事实数量的增加而增加。① 这种内部理性具有相对性，即相对于推理的前提（法律规定）和推论规则而言，它涉及的是从既定前提（法律规定）出发的推论有效性的问题（形式理性）；而外部证成则涉及前提适当性的问题，即实质性规范与评价性主张的可接受性（实质理性）。综合考量，进行类比推理需要解决两个问题：第一，证立在符合相应法律规定的视角下，参考案例与待判案件之间的关键事实具有相似性；第二，评价参考案例与待判案件之间关键事实中的相同点与不同点何者更加重要。② 类比推理需要遵循两个重要的价值理念，即普遍性和融贯性。普遍性一方面意味着“类似情形同等处理”（类比论证的核心理念）；另一方面也意味着新建构规则本身的普遍可接受性以及可重复性。融贯性则要求类比论证的陈述集合与前提集合内部是无矛盾的，并要求在发生规范冲突时形成正确的优先关系。内部证成中识别“相似相关性”的作用，一方面是保证满足普遍性的要求；另一方面则是为外部证成指明方向，即在内部证成过程中出现了一组以上关键事实之间不兼容时，需要将该组事实传送到外部证成环节进行重要性判断。③

2. 比较中项应该根据法律行为的构成要件予以确定

“相似相关性”的识别，实质是对案件共同事实特征的证立过程，参考案例与待判案件事实之间的相似性并非在任一意义上相似，而是从法律上可证立的规范性评价角度看，它们的某些事实描述特征应当被赋予相同的法律后果。“相关相似性”更为关注参考案例事实与待判案件之间在案件特征上的比较，这种对案件事实特征存在相似性的证立过程，一方面需要借助经验论证的方法；另一方面则更多地通过各种解释规则和教义学论证进行。在类比推理的过程中，法官需要尽可能多地证立参考案例与待判案件事实之间存在，或者说所共享的“正面”相关特征。④ 在类比推理中对相似性的判断需要找到一个比较的基准，这个基准就是比较中项，即参考案例与待判案件关键事实进行比对的一般规范，在比较中项的视野下两个案件的关键事实才可能具有相似性。⑤

---

① 案件相似事实数量的增加，仅是提升而非保证类比推理内部理性。

② 关于第二个层次的证立，有学者认为是评价“决定相似性”的问题。具体而言，从具备“相关相似性”的复数案件情形（以及相应的法律规则）中选择出一个具有决定性相似性的案件情形，对它们进行相互比较的问题。前注27，雷磊书，第312页。本文认为，在类似案件识别的过程中，涉及“决定相似性”评价的案件事实应该理解为在衡量两个案件是否类似方面起到决定性作用的关键事实，这样的一组或几组事实往往在相似性上更加具有争议性，甚至可以说不具有相似性（两个案件事实之间的不同点），故评价“决定相似性”的过程，可以看作是对两个案件中关键事实相同点与不同点何者更加重要的判断。

③ 参见雷磊：《类比推理法律论证——以德国学说为出发点》，中国政法大学出版社2011年版，第240页。

④ 参见雷磊：《类比推理法律论证——以德国学说为出发点》，中国政法大学出版社2011年版，第257－271页。

⑤ 这里运用考夫曼举的一个例子加以说明，狮子与狗彼此相同还是不同？每个人都会说，在“哺乳动物”的视角下是相同的，而在“大猫”的视角下是不同的。参见［德］阿图尔·考夫曼：《法律获取的程序——一种理性分析》，雷磊译，中国政法大学出版社2015年版，第12页。

学术界对比较中项的选择基准有所讨论，基本上集中在两个领域：最终的价值判断或者得出裁判结果的实质理由以及案件的争议焦点。① 价值判断或者实质理由本质上是一种支撑比较中项成立的价值理念，将具有高度抽象性的价值理念作为比较中项，其内涵过于宽泛，可以包含的案件事实数量过多，不利于进行相似性层面的比对。争议焦点乃是待判案件所要解决的问题，而比较中项则属于解决问题的答案范畴，故没有适用的可能。② 根据古德哈特的见解，法官在适用先例的过程中，首先，要对先例的裁判规则进行演绎解构，将其还原为“假设前提 + 行为模式 = 法律后果”的模式。其次，“假设前提”通常由处于裁判规则上位的法律规范决定。从效力场域的范围考量，法律规范调整的对象，即法律关系、法律主体和诉讼请求项下的案件事实都能成为关键事实，上述事实必须具有性质上的一致性。最后，通常而言，“行为模式”是一定“类型化的事实”，与行为相关的具体人物、地点、数量、时间和种类等事实由于不具有类型化意义，往往不属于关键事实，但是，当法官在裁判埋由中陈述，且以此为法律判断的依据时，则构成关键事实。③ 换言之，由于参考案例内部所适用的法律规定是确定的，而类案识别过程中关键事实的比较中项的选择又必须具有法律上的依据，④ 那么根据该法律规定进行拆解之后的法律行为的构成要件，则是作为比较中项最为经济的选择。在比较法上，德国对类似案件相似性的判断，理论上的通说同样采用的是“构成要件类似说”。⑤ 至于对构成要件的具体选择应该根据个案的具体情形予以考量，一般情形下，待判案例与参考案件之间的比较中项宜以案件法律关系为框架体系，形成以法律关系主体、客体、内容（权利与义务）以及行为方式为关键事实的比对范围。在识别“相关相似性”的过程中，可以借助两个案件所涉及的法律关系中的构成要件确定比较中项，从而找到关键事实，同时在进行事实比对的过程中，识别出需要评价“决定相似性”的案件事实传送至外部证成环节进一步论证。⑥ 根据前文的论述，现将识别“相关相似性”的证成模型表示如下（如图3）。

---

① 参见王利明：《我国案例指导制度若干问题研究》，载《法学》2012年第1期，第78页；张骐：《论类似案件的判断》，载《中外法学》2014年第2期，第458页；黄泽敏、张继成：《指导性案例援引方式之规范研究——以将裁判要点作为排他性判决理由为核心》，载《法商研究》2014年第4期，第36－37页。

② 参见雷槟硕：《指导性案例适用的阿基米德支点——事实要点相似性判断研究》，载《法制与社会发展》2018年第2期，第91页。

③ 参见谢春晖：《从“个案智慧”到“类案经验”：指导案例裁判规则的发现及适用研究》，载贺荣主编《深化司法改革与行政审判实践研究——全国法院第28届学术讨论会获奖论文集》，人民法院出版社2017年版，第1139页。

④ 参见王彬：《案例指导制度下的法律论证——以同案判断的逻辑证成为中心》，载《法制与社会发展》2017年第3期，第155页。

⑤ 黄建辉：《法律阐释论》，新学林出版股份有限公司2000年版，第36－38页。

⑥ 参见［德］卡尔·拉伦茨：《法学方法论》，陈爱娥译，商务印书馆2003年版，第258－259页。

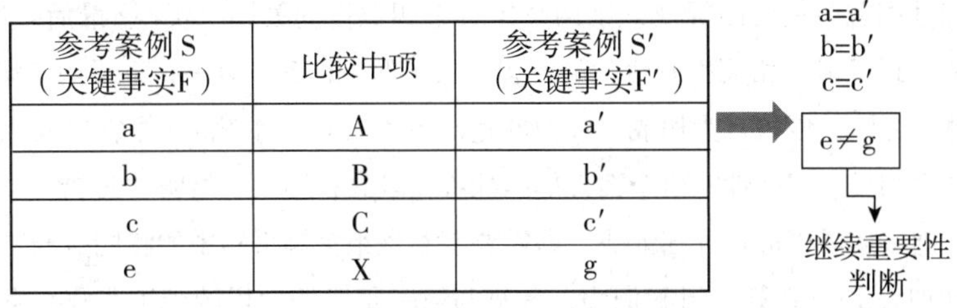

参考案例S（关键事实F）	比较中项	参考案例S′（关键事实F′）
a	A	a′
b	B	b′
c	C	c′
e	X	g

图3　类似案件识别“相关相似性”运行路径

为了更加直观的理解“相关相似性”的识别过程，现将具体的案件代入运行路径进行演示。首先，分别列举两组法律关系相同案例。第一组，以英国侵权法上著名的 Donoghue v. Stevenson 案（下文简称“Donoghue 案”）① 作为参考案例，以 Grant v. Australian Knitting Mills Ltd. 案（下文简称“Grant 案”）② 作为待判案件进行“相关相似性”的识别；第二组，以 Thomas v. Winchester 案（下文简称“Thomas 案”）③ 作为参考案例，以美国侵权法上著名的 Mac Pherson v. Buick Motor Company 案（下文简称“Mac Pherson”案）④ 作为待判案件进行“相关相似性”的识别。两组案件均属于消费者因产品缺陷遭受损害，起诉与其没有直接合同关系的生产者，要求其承担损害赔偿责任的侵权案件。

在第一组案例中，首先，根据侵权责任的构成要件确定两案比对的比较中项；其次，

---

① 原告和朋友在咖啡馆消费消费了一瓶姜汁啤酒，由于啤酒瓶是暗绿色的，所以原告在喝了一些啤酒后才发现，这瓶啤酒中存在半只腐烂的蜗牛。之后原告患上了肠胃炎，遂将啤酒生产商诉至法院，要求其赔偿损失。法院在此案中确立了过失侵权注意义务的基石——邻人原则（Neighbour Principle），即人们必须对其邻人尽到合理注意义务，防止自己的行为或疏忽造成对邻人可以预见的伤害。这里的邻人是指当我们在作为或不作为的时候，应当合理考虑到的会被我们直接影响到的人。法院认为，被告啤酒生产商没有尽到该注意义务，因此应该承担赔偿责任。Donoghue v. Stevenson. AC 562（1932）。

② 原告从零售商处购买了两条长底裤，他先穿了其中一条，结果出现了腿部发红瘙痒的症状，一周后他又穿了第二条裤子。后来，尽管原告听从医生的建议没有再穿那两条裤子，但是由于裤子中含有过量亚硫酸盐，导致原告患上了十分严重的皮疹，并因此卧床七个多月，遂原告将裤子生产商告上法庭，请求侵权损害赔偿。Grant v. Australian Knitting Mills Ltd. AC 85（1936）。

③ 先例 Winterbottom v. Wright 案确立了产品责任的合同当事人原则，1903 年美国联邦第八巡回法院在 Huset v. J. L. Case Threshing Machine Co.，120 Fed. Rep. 865（1903）。一案判决中对该原则作了较为完整的概括：“在建筑或货物的买卖中有过失的承包人或制造商所应负的责任，仅限于在建筑或买卖合同中规定的对当事人所应负的责任。”Winterbottom v. Wright，10 M&W 109（1842）；152 ER 402（1842）. 在 Thomas v. Winchester 案中，法官确立了合同当事人原则存在例外的先例，但例外要求的条件是严苛的。被告由于过失将一瓶毒药贴错了标签并卖给了药剂师，药剂师又将毒药卖给了原告 Thomas。原告服用后出现了严重的中毒症状。原告由此要求被告承担赔偿责任。法院最终支持了原告的请求。因为，虽然原、被告之间并未有直接的合同关系，但是被告的过失使“人的生命处于紧迫的危险之中”，被告应该能够预见到此类危险，而且如果被告尽到了谨慎注意的义务，此类危险就能够得到有效避免。此先例确立的规则是：当产品是“本质危险”的产品，并且由于卖主的过失使第三人的生命处于紧迫的危险之中时，卖主就需要对没有合同关系的第三人承担责任。

④ 被告别克公司是汽车制造商，它将一辆汽车卖给零售商。零售商又将它卖给原告唐纳德·麦克弗森。原告驾车途中，突然出了故障，他摔出来受了伤。有一个轮胎用的是有瑕疵的木料，其辐条粉碎。轮胎并非被告所造，而是从另一制造商那里购得。然而，有证据显示，经适当检查，本可发现这一瑕疵，但被告未这样做，原告认为别克公司应对此承担责任。本案推翻了产品责任的合同当事人原则，并确立了产品责任的过失责任原则。Mac Pherson v. Buick Motor Company，217 N. Y. 385（1916）。

运用“盖然性相似”的判断标准识别两案中具有相似性的关键事实；① 最后，通过分析，可以清晰地看到识别“相关相似性”的过程完成了两个任务：第一，证成两个案件在法律关系的主体、客体，侵权行为构成要件中的违法行为（产品缺陷）、损害以及因果关系等关键事实方面均具有相似性，两个案件的匹配程度较高；第二，指明“过错”这一构成要件项下的关键事实需要进行外部证成，即需要判断该组关键事实中的相同点与不同点何者更加重要（如表1）。在第二组案例中，重复与第一组案例同样的识别步骤，发现待比较的两个案件在法律关系的主体、客体、侵权行为构成要件中的损害以及因果关系等事实方面均具有相似性；而在侵权行为构成要件中的“违法行为（缺陷产品）”与“过错”要件项下的关键事实则需要传送至外部证成环节进一步论证（如表2）。

表1 “Donoghue案”与“Grant案”关键事实比对

Donoghue 案	比较中项	Grant 案
原告是啤酒消费者 被告是啤酒生产商	法律关系主体	原告是裤子消费者 被告是裤子生产商
产品是啤酒	法律关系客体	产品是裤子
啤酒中有蜗牛	违法行为（产品缺陷）	裤子上有亚硫酸盐
蜗牛导致肠胃炎	损害/因果关系	亚硫酸盐导致皮疹
酒瓶是密封的	过错（抗辩）②	裤子拆包后分开销售

表2 “Thomas案”与“Mac Pherson案”关键事实比对

Thomas 案	比较中项	Mac Pherson 案
原告是药品消费者 被告是药剂生产者	法律关系主体	原告是汽车消费者 被告是汽车生产商
产品是药品	法律关系客体	产品是汽车
误将毒药标记为药品	违法行为（缺陷产品）	轮胎使用瑕疵木料制作
原告中毒	损害/因果关系	原告摔伤
毒药出自药剂生产者	过错（抗辩）	轮胎非被告公司生产

接下来，以中国法官裁判的案件为例进行比对分析，以最高人民法院发布的指导案例

① 由于不存在完全相同的案件，借用民事案件“高度盖然性”的证明标准，识别案件事实的相似程度。

② 此时，侵权责任法中的产品责任尚未建立无过错责任的归责原则。本案中，产品瑕疵均是不可见的，两个生产商对产品的包装样态会导致其在销售过程中的控制权，影响生产商注意义务，影响其过错的判断。

24 号①作为参考案例，以“李凤霞等与李文焕等机动车交通事故责任纠纷上诉案”（下文简称“李文焕案”）② 作为待判案件进行“相关相似性”的识别。两起案件均属于机动车交通事故责任纠纷案件。经过识别，“李文焕案”与指导案例 24 号，仅在“过错”和“违法行为”要件项下的案件事实满足相似性的要求。但是，指导案例 24 号的裁判要点是解决“受害人体质状况是否属于可以减轻侵权人责任的法定情形”的问题。③ 一方面，可以说明，“法律关系主体”项下的被告人数以及“损害”要件项下的具体损害情况等案件事实，在实质上不影响待判案件争议问题的解决，不会以此作为法律判断的依据，可以在比较中项的视野下预先认可其相似性（可推翻）；另一方面，“因果关系”项下的案件事实则需要传送至外部证成环节继续进行论证（如表 3）。

表 3　指导案例 24 号与“李文焕案”关键事实比对

第 24 号指导案例	比较中项	李文焕案
一名原告受伤 被告是侵权司机	法律关系主体	一名原告受伤 被告是两名侵权司机
交通事故	违法行为	交通事故
荣宝英无过错	过错	李文焕无过错
骨折十级、左下肢九级	损害	颈部挫伤伴截瘫四级
损伤参与度 75% 老年骨质疏松	因果关系损伤参与度/个人体质状况	损伤参与度 20% 颈椎病、骨质增生

通过对具体案例的分析，可以发现将“相关相似性”识别的比较中项确定在法律关系的主体、客体以及法律行为构成要件的范围内，能够较为精确和高效的锁定参考案例与待判案件之间的关键事实，从而进行相似性的比对。同时，借助案件的裁判要点或者争议焦点，可以对构成要件项下某些涉及具体人物、地点、数量、时间和种类的事实作模糊处

① 指导案例 24 号：荣宝英诉王阳、永诚财产保险股份有限公司江阴支公司机动车交通事故责任纠纷案。基本案情：王阳驾驶轿车碰擦行人荣宝英致其受伤。交警大队认定，王阳负事故的全部责任，荣宝英无责。经过司法鉴定，荣宝英左桡骨远端骨折的伤残等级评定为十级；左下肢损伤的伤残等级评定为九级。损伤参与度评定为 75%，其个人体质的因素占 25%。笔者认为，指导案例 24 号在司法应用层面具有相当的典型性，故将其作为本文的典型案例加以分析。截至 2017 年底，最高人民法院已发布 92 例指导性案例中有 60 例指导性案例被应用于司法实践，共计 1571 例应用案例，其中，机动车交通事故责任纠纷的指导案例 24 号应用频率最高，共 399 次。参见郭叶、孙妹：《最高人民法院指导性案例司法应用情况 2017 年度报告》，载《中国应用法学》2018 年第 3 期，第 133 页。

② 原告李文焕乘坐被告李凤霞驾驶的两轮电动车，行驶至某路口处，与被告尹德全驾驶的小型轿车相撞，发生交通事故，致使原告身体受伤，被送往莫旗人民医院住院治疗，经诊断为颈部挫伤伴截瘫。事故发生后，莫旗交警队认定事故责任为：李凤霞负事故的主要责任，尹德全负事故的次要责任，李文焕无责任。被告尹德全驾驶的轿车投保了交强险及商业第三者责任险，事故发生在保险期内。原告申请伤残等级鉴定，结果为伤残等级四级。被告李凤霞申请做了伤残等级参与度鉴定，为伤者自身原因应负 20% 的责任。原告原患颈椎病、骨质增生等疾病。参见内蒙古自治区莫力达瓦达斡尔族自治旗人民法院（2016）内 0722 民初 464 号民事判决书；内蒙古自治区呼伦贝尔市中级人民法院（2017）内 07 民终 524 号民事判决书。

③ 指导案例 24 号的裁判要点是：交通事故的受害人没有过错，其体质状况对损害后果的影响不属于可以减轻侵权人责任的法定情形。

理，在其没有决定性的影响力情形下，预先认可它们之间存在相似性（可推翻）。一方面，可以减轻在评价“决定相似性”论证过程中的工作压力；另一方面，可以提高向外部证成推送需要进一步检验“质料”的精准性。

（三）评价“决定相似性”：以法益作为评价基点

由于类比推理每一步骤的论证都依赖于裁判者的主观评价或者判断，所以存在一定的局限。① 这种局限的克服就需要对影响规范目的的各种实质性因素进行考量，而案件事实的相似性识别一旦加入了实质层面的决断，便进入了类比推理最关键的一步，即“相同点和不同点的重要程度”的判断，理论上简称为“决定相似性”的评价。② 通过“相似相关性”识别的过程，已经将与待判案件需要解决问题密切相关的一组或几组关键事实摘出，继续进行价值评判。如果两个事实之间的不同点比相同点更加重要（e≠g 重要），那么，排除对参考案例适用的可能；如果两个事实之间的相同点比不同点更加重要（e≠g 不重要），则存在对参考案例适用的可能。“决定相似性”的判断同时也是类比推理融通性价值追求的内在要求，参考案例与待判案件之间出现不相同的事实，说明比较中项下关键事实与内部证成的规范性前提之间可能存在不兼容的问题，需要进行一次价值判断的辩驳，通过完成外部证成的论证义务，对内部证成论证结论的可靠性进行一次补强。外部证成涉及前提本身的正确性问题，需要通过加强支援（重要性判断实现）和排除反驳（价值阻却权衡实现），才能保证法律推理结论在个案中的成立。至此，完成了内部与外部两次法律证成，类比推理普遍性与融贯性的两个价值取向也得以理性化实现。③

本文认为，涉及“决定相似性”判断的案件事实一般与待判案件的争议焦点或者与需要解决的实际问题密切相关，而对其重要性的判断应该围绕案件所保护的法益展开。决定案件类比过程中相同点与不同点何者更加重要的依据，是权衡案件事实之间相似性判断背后的决定性因素，是一种与法律规定关联并具有法律意义的价值评判。由于每一种法律效果的背后都隐含着对某种法益的保护，“决定相似性”评价时需要比对的关键事实又是从法律行为的构成要件中摘出的，参考案例与待判案件构成要件项下的事实能否匹配决定了参考案例法律效果能否传递到待判案件之中，即两个案件所保护的法益能否实现。因此，在进行“决定相似性”评价的过程中，应该将个案所保护的法益作为判断的基点，以决定关键事实的重要性问题。根据拉伦茨的观点，“法官在个案裁判中选择基点的过程中应该进行一系列考量：应受保护的法益的实现程度；假使某条原则或某种利益必须作出让步，

---

① 参见武良军：《类比推理在疑难刑事案件中的运用与保障——一个方法论上的透视》，载《河北法学》2018年第4期，第83页。

② 正如世界上没有两片相同的叶子，案件也不可能完全相同，两个案件事实之间的不同点，并不是指两个事实之间完全不同，仅是没有达到“盖然性相似”的标准，仍然具有一定的相似性，并且两个案件能够参照适用起到决定性的作用。

③ 参见雷磊：《类比推理法律论证——以德国学说为出发点》，中国政法大学出版社2011年版，第240页。

那么考量其受损害的程度如何；考量损害如何最小化，以贯彻权衡之际的比例原则——为保护某种较为优越的法价值须侵及一种法益时，不得逾越达此目的所必要的程度”。①

为了更加直观地理解“决定相似性”评价的过程，继续沿用上文列举的案例做进一步分析。在“Grant 案”中，需要判断两个案件“过错”要件项下的关键事实不相似的因素是否重要。“Grant 案”的被告代理人认为，啤酒生产商因密封的瓶子而对啤酒的样态保有控制权；而被告生产的裤子是一包六件的纸质包装，零购商店会拆开并分开出售，至少存在瑕疵被改变的可能，即便事实上未被改变，裤子从出厂到消费者买入的过程中，被告没有控制权这一事实足以将待判案件区别于参考案例。另外，原告没有将新裤子洗干净再穿，存在一定的过错，也能成为不同点以排除参考案例的适用。在考虑“Grant 案”是否应遵循先例时，法官指出，裤子中隐藏的有毒化学物质就如不透明瓶子中的蜗牛残留物一样，不能被合理察看发觉，裤子从被制造到被使用的过程中，没有发生状态的改变。裤子确实是按照生产商生产的目的被原告使用的，不存在必须先清洗的法律预期。参考案例的判决并非取决于啤酒的瓶子是密封的，关键在于产品在最终到达消费者手里时存在着因为生产中的过失而产生的缺陷，生产商并没有给消费者进行任何中间检查的可能性，而且他们知道，在生产这些产品时不尽合理的注意义务将导致对他人的生命或财产造成损害，他们有责任对使用者承担合理注意的义务，因此，裤子生产商应该承担侵权损害赔偿责任。②

在“Mac Pherson 案”中，存在两组关键事实需要进行重要性的判断。第一，“Thomas 案”确立原则所适用的对象严格限制在毒药、爆炸物等危险物品范围内；但是“Mac Pherson 案”的缺陷产品却为汽车。卡多佐法官认为，产品只要制造时存在过失，并合理断定能给他人的生命造成急迫的危险，就属于危险的东西，故他将危险物品扩大解释为“能给他人生命造成急迫危险的一般物品”，即缺陷产品不同的案件事实，在价值评判层面不具有重要性。本案中，法官从侵权法保护民事权益的目的出发，权衡现实中相异却未必相冲突的事实在价值上的妥协与相容。第二，关于“过错”要件项下关键事实的比对，卡多佐法官认为，“制造商知悉该物（汽车）将会被买方之外的第三人不加检查而使用，那么无论是否存在合同关系，该危险物品的制造者都应该负谨慎制造的义务，即如果他有过失，就有责任”，故汽车制造商没有在产品投向市场之前进行合理检验，这一过失使汽车在合理使用过程中存在危险，故汽车公司应该对原告承担侵权责任。综上，卡多佐法官从保护产品使用者人身权益的角度出发“使例外吞噬了规则”，确立了产品责任的过失责任原则。一方面，维护了侵权法保护当事人人身权益的目的；另一方面，增强了侵权法预防功能的实现。③

---

① ［德］卡尔·拉伦茨：《法学方法论》，陈爱娥译，商务印书馆 2003 年版，第 285 页。

② 参见［英］鲁伯特·克罗斯，J. W. 哈里斯：《英国法中的先例》，苗文龙译，北京大学出版社 2011 年版，第 209 页。

③ 侵权责任法规定何种不法侵害他人权益的行为，应予负责，借着确定行为人应遵循的规范，及损害赔偿的制裁而吓阻侵害行为，具有一定的预防功能。参见王泽鉴：《侵权责任法（第一册）》，中国政法大学出版社 2001 年版，第 10 页。

在“李文焕案”中，需要进行重要性判断的是“因果关系”项下，两个案件受害人的损伤参与度和个人体质状况的关键事实。在指导案例24号中，无论是裁判要点还是判决理由，均未提到个人体质对损害后果的具体影响比例，仅提出个人体质对损害后果存在影响，故受害人的损伤参与度项下的事实，不具有重要性，不会影响参考案例的适用。那么，本组案例需要评价的是两个案件中受害人个人体质存在差别（一个是年老骨质疏松，一个是颈椎病与骨质增生）的重要性程度问题。“李文焕案”的一、二审判决均认为，受害人所患的颈椎病、骨质增生等疾病仅是与事故造成后果存在客观上的介入因素，并无法律上的因果关系，疾病与其主观心理状况无关，非属过错，不应因此而减轻侵权人的民事赔偿责任。实际上，在法律事实层面，法院认可“颈椎病、骨质增生等疾病和年老骨质疏松类似”的结论，其间省略的论证过程是，颈椎病、骨质增生等疾病和年老骨质疏松是不同的疾病，但在本案中，个人体质项下的关键事实存在不同点并不重要，即个人体质仅是当事人身体的一种客观状况，与其主观心理状况无关，不影响“过错”的判定，不能排除对指导案例24号的适用。

上文所举的例子都是“关键事实虽然存在不同点但是不重要”的案例，下面举一个“关键事实存在不同点并且重要”案例。依然以指导案例24号作为参考案例，以“徐银花、林芬芬等与胡鹏、郑小珍等机动车交通事故责任纠纷案”（下文简称“徐银花案”）① 作为待判案件。两个案件中，涉及“决定相似性”的评价的关键事实为“徐银花案”的受害人在治疗过程中发生了医疗损害。法官认为，“林法根生前患有血吸虫肝病、门静脉高压，脾脏切除，该特殊体质确与其死亡产生作用，但其特殊体质并不属于侵权责任法中的过错，是受害人身体的一种客观情况，不能认定为一种应受谴责的主观心理状态，在法理上与其死亡不具有因果关系，因此根据医疗损害及林法根交通事故中的过错对被告赔偿责任比例予以扣减”。尽管本案法官对第24号指导性案例采用的是“隐性援引”的做法，但是可以看出，法官认为两个案件涉及“决定相似性”评价的关键事实之间存在的不同点是重要的，被害人的个人体质状况与损害结果之间构成了法律上的因果关系，阻断了类似于指导性案例的被告承担全部责任的裁判结果。当然，如果仅从个人体质对损害后果的影响上看，该案实际是遵循了指导性案例的裁判要点背后的裁判规则。②

（四）价值阻却权衡：后果考察式检验

通过类比推理的内部和外部证成基本实现了形式正义的要求，为了减轻裁判者的主观

---

① 胡鹏驾驶郑小珍所有的轿车与林法根驾驶的电动三轮车发生碰撞，造成林法根受伤，交警认定双方对事故负同等责任。林法根入院诊断显示胫骨骨折、血吸虫肝病、门静脉高压、脾脏切除术后等。医院对其实施骨折复内固定术，术后因暴发性肝功能衰竭、DC死亡。林法根家属起诉胡鹏等人及保险公司要求赔偿。被告答辩称交通事故导致的外伤对林法根的死亡系诱因，主要是其自身疾病及医疗过错造成，应适用参与度减轻被告责任。参见衢州市柯城区人民法院（2014）衢柯交民初字第82号民事判决书。

② 诚如前文所述，如果仅看裁判结果及赔偿数额，可能认为存在类案不同判的情况；而事实上，两个案件判决并不存在冲突，待判案例实际上是从反面参照适用了参考案例的裁判规则。

认知瑕疵对实质正义的消解，得出类比推理论证的最终结论之前，还要进行一道价值阻却权衡程序，以实现裁判结果与社会效果的统一。借助图尔敏论证模型加以展示价值阻却权衡在“类案”识别运行程序中的位置（如图4）。从案件事实得出最后法律效果的运行路径中，需要经历内部和外部两个层次的证成过程。但是经过内、外部证成的法律命题是相对的，具有被推翻的可能性，在法律论证的过程中，命题存在偏离的可能；在案件裁判过程中，个案存在例外的情形，只有压倒例外情况更强的理由存在，这个法律命题才得以证立。因此，在具体个案中，制定法规则的效力并不是绝对的，而具有程度的面向。这需要衡量证立法律命题所需要的一般情形下的理由和例外情形下的理由来加以确定。也就是说，需要价值阻却权衡这一后果考察手段再次进行一次外部证成，以保证类比推理结论最终不会出现明显不公的情况。权衡的技术手段，可以解决类比推理适用过程中恰当性的问题，同时也是确立或否认“决定相似性”的理性证立方式（“决定相似性”评价过程是确立或否认“相关相似性”的理性证立方式）。①

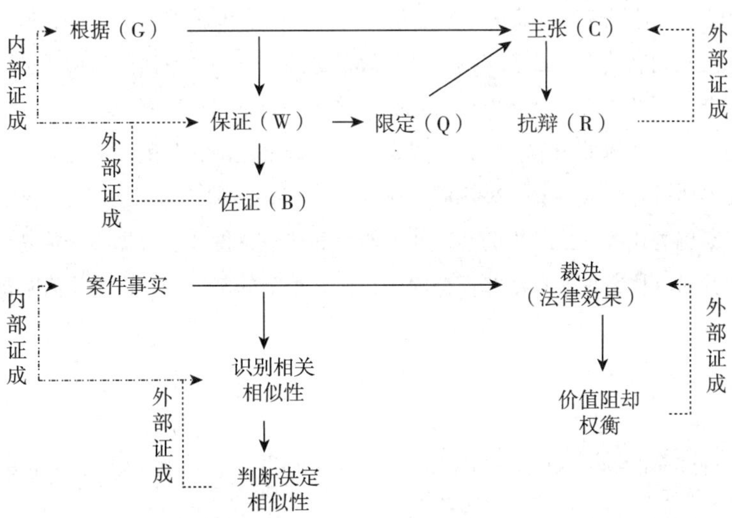

图4 图尔敏论证模型下价值阻却权衡外部证成的位置②

待判案件在进行价值阻却权衡的过程中，需要综合运用政策权衡、价值权衡、利益权衡的方法衡量类比推理结论的社会效果，也就是进行一次后果考察，充分考量法律适用所

① 参见雷磊：《类比推理法律论证——以德国学说为出发点》，中国政法大学出版社2011年版，第323页。

② 图尔敏运用图解方法将实际论证的一般结构表示为：①主张（Claim，C）：待证主张。②根据（Ground，G）：即主张（C）所依据的事实根据；如果主张（C）受到质疑，就要提出事实根据（G）。③保证（Warrants，W）：确保从事实根据（G）推导出主张（C）的蕴含命题或一般性规则。④佐证（Backing，B）：证明保证（W）成立的事实材料。⑤限定（Qualifier，Q）：对保证（W）所作的限制或保留之陈述。即大部分情形下保证（W）是成立的，但保证（W）是有例外或保留的。⑥抗辩（Rebuttal，R）：保证（W）不能普遍化之特殊事由或例外。参见［德］罗伯特·阿列克西：《法律论证理论——作为法律证立理论的理性论辩理论》，舒国滢译，中国法制出版社2002年版，第274页；王洪：《制定法推理与判例法推理（修订版）》，中国政法大学出版社2016年版，第301－302页。

附带的效果可能造成的实践后果；[①] 判断类比推理的结论是否符合法律解释结果的可能范围，是否符合法律规范的理念与目的；考虑法律体系的内部协调性，以体系化的方法，在整个法秩序内考察推理结果的正当性。政策权衡是指要考虑推理结果是否符合公共政策偏好。例如，指导案例53号[②]填补了特许经营权质押的立法空白，是对债权人、债务人利益关系的合理平衡。但是，对于其他种类的特许经营权能否适用此规则，除需满足质权公示性、收益确定性等要件外，还应考虑该种类特许经营权出质是否符合公共政策目的，能否平衡债权人、债务人双方利益而综合认定质权的效力及实现方式。价值权衡是指在适用案例时应切实考虑到参考案例和待判案件之间社会价值的变化。萨维尼曾言，“法律自制定公布之日起，即逐渐与时代脱节”。在判例法国家，有时法官甚至为实现法律的与时俱进而推翻先例。利益权衡强调判决理由上的目的性依据，是指当事人的机会及危险、利益与负担必须处于一种适当的平衡状态，“当裁判者提出这种论据时，能够预测到它所支持的判决将有助于社会福利”。[③] 例如，在“李萍、龚念诉五月花公司人身损害赔偿纠纷”案中，[④] 虽然根据当时侵权法的规定，五月花公司确实不应该承担侵权责任，但是在充分考量双方当事人之间利益失衡的事实以及社会效果等因素下，二审法院适用了公平原则推理出“由五月花公司给李萍、龚念补偿一部分经济损失是适当的”的结论。参照适用类似案件的目的是在借助法律的价值目标，去界定法律的调整范围，分配正义在当事人之间的实现比例，在参照过程中应妥善处理不同主体的利益形态和利益追求。[⑤] 法律条文仅是抽象化的骨架，案例类比等形式逻辑的推理亦不能全面兼顾案件社会效果等价值考量，法官必须在实践中针对具体案件，在法律框架内，在比对类案的基础上，进行价值阻却的权衡。

---

① 参见［德］英格博格·普珀：《法律思维小学堂——法律人的6堂思维训练课》，蔡圣伟译，北京大学出版社2011年版，第70页。

② 福建海峡银行股份有限公司福州五一支行诉长乐亚新污水处理有限公司、福州市政工程有限公司金融借款合同纠纷案。裁判要点：1. 特许经营权的收益权可以质押，并可作为应收账款进行出质登记；2. 特许经营权的收益权依其性质不宜折价、拍卖或变卖，质权人主张优先受偿权的，人民法院可以判令出质债权的债务人将收益权的应收账款优先支付质权人。

③ 陈林林：《裁判的进路与方法——司法论证理论导论》，中国政法大学出版社2006年版，第118－120页。

④ 原告带领儿子前去五月花餐厅就餐，被安排在一间包房的外边就座。这间包房内发生爆炸，包房的墙壁被炸倒下，造成原告残疾和儿子死亡的后果。一审认为，五月花餐厅已经尽了保障顾客人身安全的义务。木板隔墙不符合标准，只是造成原告伤亡的条件，不是原因，它与损害事实之间没有直接的因果关系，五月花公司不能因此承担侵权损害的赔偿责任。终审法院认为，根据最高人民法院《关于贯彻执行〈中华人民共和国民法通则〉若干问题的意见（试行）》第157条中的规定，为平衡双方当事人的受损结果，酌情由被告公司给原告补偿一部分经济损失，是适当的。一审认定五月花公司不构成违约和侵权，不能因此承担民事责任，是正确的，但不考虑双方当事人之间的利益失衡，仅以原告应向加害人主张赔偿为由，驳回原告的诉讼请求，不符合《民法通则》第4条规定，判处欠妥，应当纠正。

⑤ 参见谢春晖：《从“个案智慧”到“类案经验”：指导案例裁判规则的发现及适用研究》，载贺荣主编《深化司法改革与行政审判实践研究——全国法院第28届学术讨论会获奖论文集》，人民法院出版社2017年版，第1139页。

四、结语

“法律必须维护，但正义也必须伸张”。法官不但承担着依法裁判的义务，而且承担着公平、公正裁判的义务。① 一方面，法官必须维护法律的稳定性，保持司法裁判尺度的前后统一，这就需要运用理性的逻辑推理精确计算；另一方面，当司法的一致性不能实现正义时，法官需要作出权衡，以追求司法公平正义的终极目标。本文探讨的类似案件识别技术作为类案应用的“入口”，对提升参考案例选择的准确性具有重要作用。与此同时，规范类案识别的技术路径也是对法官权力的一种限制，能够防止法官滥用自由裁量权。司法裁判的过程需要在内部证成和外部证成的层面上开展，进行符合证据规则的事实认定和正确的法律适用，恰当运用裁判依据与裁判理由。② 通过构建“两个层次，四个步骤”的识别技术整体运行路径，以期为法官锻炼成熟的裁判技艺提供有益的方法论指导。正如富勒所言，合法性是一项实践性技艺，③ 法官欲作出“最好的裁决”需要懂得如何在坚持法律的稳定性与坚持法律的正当性之间保持应有的平衡，如何在冷峻的逻辑理性和温暖的价值关怀之间保持必要的张力。

（编辑：杨知文）

① 参见［德］H. 科殷：《法哲学》，林荣远译，华夏出版社 2002 年版，第 222 页。

② 参见雷磊：《从“看得见的正义”到“说得出的正义”——基于最高人民法院〈关于加强和规范裁判文书释法说理的指导意见〉的解读与反思》，载《法学》2019 年第 1 期，第 173 页。

③ 参见［美］富勒：《法律的道德性》，郑戈译，商务印书馆 2005 年版，第 107 页。

部门法方法论

人工智能体法律人格化拟制路径之探究

骁　克[*]

摘　要　在目前的人工智能法学研究中，人工智能体在法律中的主体地位是无法绕开的话题。传统的法律规则已不能充分处理人工智能体引起的法律关系与权利义务问题。为回应人工智能方面案件的审判，从拟制哲学的角度而言，应赋予人工智能体以法律人格。就现状而言，人工智能体与人的冲突，主要集中在三个方面：民法中的人工智能体侵权，刑法中的人工智能体犯罪，以及知识产权领域的人工智能著作权争议。从法教义学的角度出发，当下应赋予人工智能体有限的民事法律人格。至于完整的法律主体地位，则有赖于人工智能技术的发展，待强人工智能体具备完全自主行为与独立的思考能力后再行商榷。

关键词　人工智能　法律人格　法律主体　法律拟制　法教义学

人工智能并非一个近年来才被提出的科技概念。早在1956年达特茅斯会议就提出了“人工智能”的概念，20世纪70、80年代，学界更是对其充满了研究热情，但受到当时的算法、学习能力等客观条件限制，人工智能更多呈现出一种“有多少人工就有多少智能”的状态。随着算法和深度学习技术的突破性发展，2016年，拥有深度学习能力的人工智能围棋手Alpha Go（以下称“阿尔法狗”）以极大优势战胜世界级棋手李世石，人工智能展示的威力开始震惊世界；2017年，“阿尔法狗”又再一次完胜围棋世界冠军柯洁后，人工智能的发展再次受到全球瞩目，成为当时科技界，乃至今日“全场最靓的仔”。因此，2017年被《华尔街时报》《福布斯》和《财富》等世界重要媒体称为“人工智能元年”。① 同时，借着我国国家层面第一部关于人工智能发展规划——《新一代人工智能

* 骁克，女，上海人，华东政法大学法理学博士研究生，研究方向为法学理论。

① See Rosie Brown，Where Is AI Headed in 2018?，at https：//blogs. nvidia. com/blog/2017/12/03/ai－headed－2018/? ncid＝so－twi－dplglncn－29699，2019年11月18日访问。

发展规划》出台的政策东风，法学界第一时间秉承对现实社会的强烈关切和对热点问题的回应，积极地开始了关于人工智能时代的“法学思考”，相关研究成果呈爆炸式增长，①“人工智能 +”成为如今法学界最耀眼的知识增长点。

一、人工智能体“法律人格论”的学理检视

目前法学界关于人工智能的研究主要关注其风险防范和规制。而法律如何规制这些未来的“最强大脑”，首先必须要回答它在法律中何以安放的问题，亦即人工智能体能否拥有法律人格、继而能否作为法律主体。实践中，随着有国家授予机器人“公民身份”，②并且相关立法草案或建议也拟赋予机器人“主体性”③，部分学者亦随之狂欢，开始新一轮的法律“造人”计划。主张赋予人工智能法律主体资格的论者认为，自主性是人工智能的核心特征，人类已经失去将其继续看作仅供人类驱使的被动性工具的理由，而应给予其主体资格，让其享受特定的权利义务，并对行为承担责任；④ 人工智能体成为法律主体，不仅有利于解决人工智能体自主行为的法律责任承担问题和人工智能创作物的产权归属问题，还能够为以后的高端人工智能体（即强人工智能）自主参与社会活动做好准备。⑤ 目前主要形成了“权利主体说”“拟制主体说”“有限法律人格说”“代理人说”“电子人格说”，本部分将对上述学说逐一展开学理检视。

（一）权利主体说之检视

该学说认为人工智能体具备了权利主体的智能性这一本质要素，将人工智能“人格化”不存在法律方法论上的障碍，相反，人工智能体具有适应社会发展的正向功能性。⑥该学说的拥趸者还从权利扩张和“实力”变化的角度，认为在权利主体的发展历程中，奴隶、黑人、妇女、动物乃至法人等主体，取得权利主体资格，均是“实力影响、界定权利”的反映，机器人广泛运用于社会中并体现了一定的自主性和社会优势，故在法律上应当享有权利主体的地位，即便该权利有别于自然人的权利。⑦

“权利主体说”明确了权利主体的本质要素，通过类比推理的法律方法，将人工智能

---

① 截至 2019 年 11 月 24 日，在“中国知网”数据库中以“人工智能”为主题在“法学”学科类别下进行搜索，共有 2103 篇关于人工智能研究的法学文章，其中不乏大家名家之作。

② 2017 年 10 月沙特阿拉伯赋予机器人索菲亚“国籍”并承认她的公民身份。

③ 《欧盟机器人民事法律规则》（2017 年立法建议）提出给予最先进的机器人以“电子人”身份；2017 年俄罗斯第一步关于机器人法的草案《格里申法案》也主张将机器人归入“法人”行列，成为法律上的主体；爱沙尼亚机器人法草案认为可以赋予机器人以代理人的法律地位。

④ 参见司晓、曹建锋：《论人工智能的民事责任：以自动驾驶汽车和智能机器人为切入点》，载《法律科学》2017 年第 5 期，第 167 页。

⑤ 参见刘洪华：《人工智能法律主体资格的否定及其法律规制构想》，载《北方法学》2019 年第 4 期，第 57 页。

⑥ 参见周详：《智能机器人“权利主体论”之提倡》，载《法学》2019 年第 10 期，第 3 页。

⑦ 参见张玉洁：《论人工智能时代的机器人权利及其风险规制》，载《东方法学》2017 年第 6 期，第 59 页。

“人格化”，主张应赋予其独立的权利主体地位；并从法社会学的立场出发，依据“实力界定权利”的原则，认可人工智能在法律上应该享有权利主体的地位。但该推论逻辑上存在两个问题。其一，智能性是权利主体本质要素的证成是否充分？权利主体是依法享有权利和承担义务的法律关系的参加者，对于权利主体的核心要求应当是能够自主依法行使权利、并承担相应的义务。从民事领域来看，目前人工智能是否具备独立行使人身权利、财产权利以及其他合法权益的能力？从目前看来，人工智能体仅能够具备特定的权利，且权利的实现有赖于自然人的帮助，并不具备独立行使权利的能力。其二，“实力界定权利”原则并非导致权利发生变化的根本原则，亦即“实力”并非权利变化的决定性因素，奴隶、黑人、妇女等法律主体权利的变迁和扩张是社会经济和文化多种因素共同作用的结果，并且这些主体的变化仍局限于自然人范畴，并未扩充到非自然人领域。因此，根据以上两个逻辑上的问题，直接赋予人工智能体以完整、独立的权利主体地位，并不具备说服力。

（二）拟制主体说之检视

该说认为，人工智能体具备了人类的思维能力，所以超越了传统意义上“物”的概念范畴，但人工智能摆脱不了为人类服务的工具性附庸角色，所以其非物也非人，我们可以像拟制法人一样，从法律上拟制一个新的主体，赋予其与法人一样性质的法律地位。① 该主体地位依赖于自然人而非独立于自然人，只是法律的拟制。②

关于“拟制主体说”，其承认人工智能体具备超越“物”的属性，但仍然是为人类服务的“工具”角色，和法人制度一样“是人的手臂之延展”。因此，即使人工智能体不具备完整、独立的权利主体地位，但仍可通过法律拟制的方式，赋予其与法人相同性质的法律地位，但人工智能体的权利行使和义务承担，仍依赖于自然人而非独立于自然人。这种拟制主体的方式导致人工智能体虽然具备权利与义务，但其权利行使和义务承担完全依赖于自然人。试举例，假设人工智能体通过一定的“创作”，取得了作品的著作权。但其权利的行使完全依赖于自然人，机器人意愿的形成和表达仍需要通过自然人的意愿来决定，而并非基于人工智能“主观意愿的自由表达”，那在法律上建立拟制主体制度的价值何在？

（三）有限法律人格说之检视

该学说认为人工智能体的本质依然是工具，③ 其为人类社会服务的属性没有改变，但鉴于其具有独立自主的行为能力，应赋予其法律人格；但另一方面，由于其承担行为能力

---

① 参见易继明：《人工智能创造物是作品吗》，载《法律科学》2017 年第 5 期，第 140 页；张弛：《论人工智能的法律地位》，载《上海法学研究》2020 年第 5 卷，第 7 页以下。

② 参见陈吉栋：《论机器人的法律人格》，载《上海大学学报（社会科学版）》2018 年第 3 期，第 84 页。

③ 参见许中缘：《论智能机器人的工具性人格》，载《法学评论》2018 年第 5 期，第 155 页。

的后果有限，其仅具有有限的法律人格，这种有限性表现在以下两个方面：一是人工智能体享有的权利与负有的义务存在有限性。因此，人工智能可被赋权的范围应集中于虚拟空间、财产权等具有现实利益的经济类权利上，而不包括基础性伦理权。而义务内容就是在可控范围内从事指定劳动，同时此义务需要加以不得伤害人类为绝对性限制，这也是阿西莫夫“机器人三原则”中对于机器人义务的限定。二是人工智能体的行为能力存在有限性。人工智能永远无法在各个方面取代人类，基于此类特殊生产工具的属性，人工智能体的损害赔偿责任最终需要由涉及人工智能产业链条上不同身份的人类主体承担。在此基础上，对于人工智能体仍需要特殊的法律规范予以规制。①

关于“有限法律人格说”，其立论的基础是民法上确认法人的民事主体人格，实质上是一种功利主义视角，是法律人格的工具化。而通过将人工智能与法人的类比推理，认为人工智能与法人一样，应当具备财产权。同时，由于人工智能基于算法和深度学习，其自主决定的判断是合理的，但不一定符合伦理。且人工智能虽然具有有限法律人格，但归根结底依旧是由人类创造并服务于人类社会发展的智慧型工具，这从根本上决定人工智能的发展必须遵循“以人为本”的价值原则，以保护、不侵犯人类为基本底线。因此，赋予人工智能体法律人格具有有限性，并表现为行为能力、权利义务以及责任能力的有限性。其立论即限制了人工智能作为法律主体的权利，这种限制将导致人工智能体与人类在法律关系中处于不平等地位，特别是在极其注重主体平等的民事法律关系中，这种有限人格与自然人的关系展开将带来很大的问题，且该观点并不能普适性地运用在民法以外的范畴，如刑法、行政法领域。

（四）代理人说之检视

该学说源自2017年的《欧盟机器人民事责任法律规则》第52条提出的“非人类的代理人”概念②，其将机器人视为一种具有目的性系统的人工智能体，并视其为人类代理人，这种代理人必然是具有法律主体地位且具有行为能力的人，因此机器人的用户或操作者与机器人的关系可以被看作是法律关系中被代理人与代理人的关系。这一认定几乎等同于承认人工智能体具有法律人格。③ 这个学说是对代理人概念的扩大解释，我国民法典中虽未对代理人的资质有明确要求，但民法是调整平等主体的自然人、法人和非法人组织之间的人身关系和财产关系。

而在这个概念下，人工智能体取得法律主体地位、并且具备行为能力是其作为代理

① 参见袁曾：《人工智能有限法律人格审视》，载《东方法学》2017年第5期，第50页。

② The European Parliament, With Recommendations to the Commission on Civil Law Rules on Robotics (2015/2103 (INL)) [EB/OL]. (2017－01－27) [2017－10－01]. http://www. europarl europa. eu/sides/getDoc. do? Language = ENaereference = A8 －2017 －0005&type = REPORT.

③ See Lawrence Solum, Legal Personhood for Artificial Intelligences. 70 North Carolina Law Review, 1231 －1287 (1992).

人、形成代理关系的正当性前提。但该学说并未论证人工智能取得法律主体地位的正当性，依据一般民事理论，代理人需要具备一定的权利能力和行为能力，机器人的行为能力判断标准如何界定也未明确。在未论证主体正当性的前提下，将人工智能纳入传统的代理制度，并依此承认人工智能体具有法律人格，存在循环论证的问题。此外，根据现行代理法的规定，代理包括委托代理、法定代理和指定代理，而此时并无法将机器人代理归入任何一类，一方面既欠缺法律的明确规定，另一方面也根本不存在任何意思表示。

（五）电子人格说之检视

这一观点源自欧盟通过的《欧盟机器人民事法律草案》第 59f 条款：长远来看，要为机器人创设一个特殊的法律地位，以便至少大多数复杂的自动化机器人可以被确立如电子人（electronic persons）一样的法律地位，为其制造的大量的损害负责，或者，当机器人可以作出自动化决定或者与第三人自主交流时，要申请电子人格。① 因此，通过给先进的自动化机器人以“电子人”的身份，赋予其一定的权利义务，以便能够为其产生的损害负责。该法还进一步建议为智能的自动化机器人设定登记制度，以便为其纳税、缴费、领取养老金。该观点通过对现行权利主体的扩大解释，形成新的电子人格制度，赋予人工智能体以法律地位。②

但是“电子人”这种有别于现有法律人格类别的新型人格类型，并不能因该机器人被生产出来而自动生成，而是需要制造商或所有人提出申请予以确认。此外，就电子人本身，也并没有明确的内涵和外延。相较于现行的自然人、法人、非法人组织，电子人具有的权利能力和义务是否有限？其行为能力应当如何确定？电子人在触犯法律时，如何处罚？传统的自由刑、生命刑对电子人是否有效？电子人如果本身作为自然人的财产，则对电子人“生命”与“自由”的剥夺，又间接剥夺其“主人”的财产权，这种法律竞合如何处理？

综上，虽然主张赋予人工智能法律主体资格的观点众说纷纭，从某一角度看似乎都有一定道理，但其论证人工智能具备法律人格的路径，并经不起仔细推敲和认真审视。这就开启了人工智能体法律人格化的拟制路径分析。

二、人工智能体人格化之拟制分析

“法律主体和法律规范体系不是自然物而是人造物，是法律拟制的产物。”③ 而这种拟

① The European Parliament, With Recommendations to the Commission on Civil Law Rules on Robotics（2015/2103（INL））[EB/OL].（2017－01－27）[2017－10－01]. http：//www. europarl europa. eu/sides/getDoc. do? Language = ENaereference = A8 － 2017 － 0005&type = REPORT.

② 参见朱程斌：《论人工智能电子人格》，载《天津大学学报（社会科学版）》2019 年第 4 期，第 332－338 页。

③ 陈金钊、俞海涛：《国家治理体系现代化的主体之维》，载《法学论坛》2020 年第 5 期，第 19 页。

制，并非狭义的拟制，而是关于主体权责、行为规范的设定，是对模糊不清的事实、界限不明的主体身份、难以断定的行为等予以明晰的规定，是人有意识对认知对象的界定以及对行为方式和思维方式的调整。因此，从这个意义上，所有的法律人格都具有拟制性，是一种人格化拟制。

要理解所有法律人格都具有拟制性这一特征，首先需要区分自然科学意义上的“人”与法律意义上的“人”。民法上的法人、自然人等法律主体所具有的法律人格以及所有的民法概念体系，都是民法为了调整不同主体之间的法律关系或进行权利责任配置，所进行的一种法律拟制。分析法学的代表人物凯尔森认为，man 和 person 是两个完全不同概念，将 man 用作 person 的对立表达。在他看来，作为 man 的人是一个自然科学意义上的生理人，而 person 是法学、分析法律规范的概念。从 man 到 person 的转变背后承载的是两种完全不同的分析范式，前者是自然界中的人，后者是规范世界中的人；前者是对客观事实的描述，后者是对客观事实的抽象化提炼，而这个转变的过程，正是法律拟制。“拟制”，并不是指将一个非人的动物、实体假定为人，而是指法律人的成立，首先是源于法律的抽象建构，人之所以为人是因为根据法律规则的观点，人展现了一种自我目的。

罗马法认为，享有自由权就是自由人，不享有自由权就是奴隶。就市民法来说，奴隶被认为不是人，不具备法律上的人格。除了基于出生的生来自由人，罗马皇帝有资格把自由权赐予有功的奴隶（金戒指权），使其成为解放自由人，而得到恩主同意并由恩主发布出生恢复令，解放自由人才能成为生来自由人。在此过程中，罗马皇帝的金戒指权就是一种法律拟制，而奴隶（自然人）据此取得法律人格。“人”实际上就是“法人”，也即由法律拟制、塑造的人。

法律选择法律主体的标准存在不同。对生物人成为法律主体，法律并无特殊要求，凡是生物人皆为自然人；但对生物人之外的其他实体则借助拟制成为法律主体，这一拟制主要是借助法定条件实现的，即其他实体要成为法律主体必须满足法律规定的条件，否则不承认其具有法律主体资格。这些法定条件背后则隐藏着法律所追求的特定目的，只有合乎立法者认定的社会需求的其他实体，才会被赋予法律主体资格。大陆法系的法人制度清晰地说明了这一点，我国《民法总则》关于法人制度的相关规定即是例证。英美法系同样如此，马歇尔在达特茅斯学院案中指出，公司设立的目的通常是政府希望促进的目标。它们被认为对国家有益，这种利益构成了对价，在大多数案件中，授权是唯一的对价。自然人制度背后的立法目的和以法人为代表的非自然人制度背后的立法目的并不相同。康德指出：“那些其实不以我们的意志为依据，而以自然的意志为依据的东西，如果它们是无理性的东西，就叫作物件。与此相反，有理性的东西叫作人身，因为，他们的本性表明自身自在的就是目的，是种不可被当作手段使用的东西，从而限制了一切人性，并且是一个受尊重的对象。"① 生物人因为有理性而成为目的，成为自然人这一法律主体；除此之外都是物，只是因为人的目的才被拟制为法律主体。从这种意义上说，自然人的判断标准是理性，非自然人民事主体的判断标准是合乎人类需求的拟制。

因此，是否应当赋予人工智能以法律人格或独立的主体地位，无须通过论证其与自然人或法人的相似性或对既有法律主体条款进行扩大解释的方式来论证其法律人格，而是要看是否有助于调整人工智能产生的法律关系或有助于进行其产生的权利义务关系的配置。而现在不具备生命、意志、情感、道德的人工智能已经为人类提供了便捷服务，为了更好地规范人工智能相关法律问题，明确人工智能的法律定位，从拟制哲学的角度来讲，我们完全可以通过拟制法律人格的方式，使之成为法律主体。

即使不考虑未来强人工智能完全自主行为的情况，现有的"深度算法"人工智能，已经存在"算法黑箱"的情况。而在"算法黑箱"的情况下，我们无从得知人工智能的决策中，哪一部分关系需要法律调整，而这一部分又是如何凸显的。这既可能是设计中的不完备，亦或算法开发的瑕疵，也可能是"深度学习"中数据偏见的作用，甚至是使用者不规范使用所导致的。如《侵权责任法》关于产品侵权的规定，在难以界定各方责任的情况下，不能很好地保护自然人的利益。因此，赋予人工智能一定的法律人格，也是回应人工智能侵权案件的现实需求。

2017 年 2 月 16 日，欧盟议会投票通过一项决议，就制定《欧盟机器人民事法律规则》提出具体建议，并要求欧盟委员会提交关于机器人和人工智能民事责任的法律提案。该决议的"法律责任"部分第 AD 条指出："在现行法律框架下，机器人不应因其对第三方造成损害的行为或遗漏而承担责任；在责任保险的现行规定中，机器人的行为或不作为的原因可以追溯到某一特定的人类代理人，如制造商、经营者、所有者或使用者，以及该代理人可以预见和避免机器人的有害行为的地方；此外，制造商、经营者、业主或用户可对机器人的行为或不作为负有严格责任。"而在"民用机器人和人工智能发展的基本原则"部分第 59 条第 f 项指出："从长远来看，应为机器人创造一个特定的法律地位，这样至少可以将最先进的自主机器人界定为电子人，从而负责赔偿其可能造成的任何损害，并可能将电子人格应用于机器人作出自主决定或独立与第三人交往的情形。"上述立法建议进一步证明了在机器人可以自主决策的情况下，传统的规则并不能适用于机器人造成损害而引起的法律责任问题，因为不能确定到底哪一方当事人需要承担赔偿责任，以及由谁应当对机器人自主行为引起的损害承担赔偿责任。

人工智能体法律人格的获取均建立在自然人法律人格的基础之上，甚至离不开自然人的支持——无论是何种观点，均是人类在为人工智能体赋权，而非其他主体在为其赋权。赋予人工智能体以法律人格，哪怕是不完整、不独立的法律人格，依然有利于明确人工智

① 康德：《道德形而上学原理》，苗力田译，上海世纪出版集团、上海人民出版社 2005 年版，第 47 页。

能体行为所产生的权利义务关系配置，有利于调整人工智能体产生的法律关系。因此，从拟制的角度来看，人工智能具备法律人格具有应然性。但人工智能体的法律人格具体应该如何明确，其权利责任究竟如何进行调整或配置，是法律拟制所难以明确的。而面对这种困境，“法教义学是法学研究不可抛弃的立场和方法，当下对人工智能法律问题的研究仅停留在对策论，离开法教义学的精耕细作和理论共识探讨必将使人工智能问题研究难以沉淀。”① 人工智能体的法律人格如何明确，权利责任如何配置，就需要回归到逻辑的开端和理论建构的基点，进行更细致的法律思维——法教义学。

三、具体法域中人工智能体法律人格的拟制规程

无论从非自然人存在物成为法律主体的拟制理由观察，还是从人工智能成为法律主体的问题实质考量，人工智能体成为法律主体并不是为了保护人工智能的利益，而是为了保护人类的利益。换言之，人工智能体成为法律主体只是实现人类利益的手段，人本身才是目的。人类为了解决人工智能体引发的相关社会问题，才按照自身利益将其拟制成为法律主体。人工智能的法律主体地位与自然人的法律主体地位具有不同的涵义，人工智能体为人而存在。而从目前来看，人工智能体与人的冲突有很多领域，笔者尝试从以下三个领域来进行探讨：人工智能体的民事法律人格、人工智能体的刑事法律人格、人工智能体的著作权法人格。

（一）人工智能的民事法律人格——类法人的权利能力

法律人格问题是私法中一个最基本的问题，② 法律人格是法律主体的根基，法律人格、法律主体和权利能力三个抽象的概念在一定程度上能够进行相互解释。③ 拥有法律人格即意味着拥有法律主体地位，也意味着能成为法律关系中的权利享有者、义务履行者和责任承担者。从西方法律人格制度的发展史来看，“法律人格”概念和范畴经历了不断发展变化的历史变迁，呈现出三方面的特征和趋势：一是依托于“天赋人权”理念的起兴和自然法“理性与平等”观念的勃兴，泛灵论和多神论逐渐式微，非人主体如植物、动物、神、上帝等被排除在法律人格和权利主体的范畴之外，自然人成为法律主体；二是法律人格的主体范围完全覆盖到所有自然人，自然人法律人格不再局限于罗马法上有区别、有例外的不平等人格，而是自1804年《法国民法典》始，涵盖到所有自然人，奴隶、妇女、黑人等不再是“会说话的工具”，所有自然人平等地成为法律主体；三是随着经济社会变

---

① 刘艳红：《人工智能法学研究的反智化批判》，载《东方法学》2019年第5期，第123页。

② 参见杨立新、朱呈义：《动物法律人格之否定——兼论动物之法律“物格”》，载《法学研究》2004年第5期，第86页。

③ 参见［日］星野英一：《私法中的人——以民法财产法为中心》，载王闯译、梁慧星主编《民商法论丛（第8卷）》，法律出版社1998年版，第154页。

迁和法律关系理论深入发展，19 世纪末的《德国民法典》进一步抽象出权利能力、行为能力的概念，在自然人主体之外扩展拟制出“法人”人格，“法律人格”概念实现了从“生物人”向“法律人”的华丽转型，现代法律人格制度自此成功建立。

法律人格的发展具有开放性和抽象性，特定的组织通过权利能力的赋予，实现了财产与实体的独立化，拥有了法律上的人格，成了“法人”。法人拟制说的主要贡献是将法律拟制的对象“由自然人拟制为法律人扩展”到“由自然人拟制为抽象实体”。其核心观点体现为以下三点：第一，将自然人的法律主体资格与法人从根本上区别开，前者才是真正的主体，团体人格并非来自法人本质，而是来自自然人，也即“权利义务之主体，应以自然人为限”；第二，法人虽有权利能力，但无行为能力，法人的法律行为只能由法定代表人代理；第三，法人机关与法人的关系是双重人格的代理与被代理关系。法人拟制说中权利能力和行为能力的分离受到了天赋人权影响。以权利为载体的权利能力必然体现和彰显自然人的人格和意志，而法人显然不具备这些基本的要素，因此赋予法人权利的资格已经属于超越自然法的法律拟制，更遑论法人的行为能力赋予。一方面法人有赋予其权利能力的历史必然性；另一方面法人又无法依赖自身行使权利，权利能力与行为能力二分可以较好地处理以上矛盾。法人不能通过法律拟制获得如同自然人拟制那样完整的权利能力和行为能力，但是通过法人背后的人来行使权利能力同样可以发挥法人在社会经济运作中的功能。

事实上，我国在部分侵权案件中，已经有限度的涉及了人工智能体。在许霆案中，“自动取款机”凭什么在没有任何银行人员在场管理或操作之下，可以与客户独立完成一系列存款取款等法律行为？“自动取款机”究竟只是一个机械工具，还是被银行人员授权的有相对智能性和意思表达性的法律上的“代理人”。从民法教义学的角度来看，人工智能的民事法律人格类似于法人，具备有限的权利能力，但没有行为能力（至少现在没有），且其权利的行使有赖于自然人。原因如下：

（1）人工智能缺失“意志理性”。意识、意志和理性三者有机内化融合于法律主体之中且密不可分，人作为社会关系的总和，本质上就是意志的存在形式，因而能在有自主意识的基础上进行有选择、有目的的认识活动和改造活动。正是基于此，法律通过调整人的意志行为，维护社会公平与秩序，并确认、形成、巩固和发展社会关系。① 意志和理性是确认有无法律人格的重要因素。然而，人的意志和理性并不等同于人工智能的逻辑运算，因为决定其发挥功能和作用的算法并不能与作为设计者、制造者的自然人相分离，其拥有的判断能力来自程序和算法的设置，无法完全进行具有自主意识的思维判断和行为活动。人工智能缺乏自然生命所与生俱来的“灵性”和“创造性”，无法应对超出其程序之外的突发状况，不能应对其从未被训练过之事。而且，人工智能也不具备“喜怒哀乐”的

① 参见胡玉鸿：《法律主体概念及其特性》，载《法学研究》2008 年第 3 期，第 3—18 页。

"欲求"，缺乏内在诉求，这种欲望的匮乏不仅在哲学视角下无法成为法律主体，① 在法律视角下也无法产生民事活动的动机。②

（2）人工智能缺乏"责任能力"。责任指的是有能力对自己的行为负责，而且只有人才有能力对所做的事情负道德上的责任，这也是人区别于其他生物体所在，③ 这也就是法律上"自己负责"理论。在法律上，承担责任的方式主要有行为担责和财产担责，并且财产担责占据主要部分。在一定程度上，"人格与人的基本物质条件相连接"，"无财产即无人格"，④ 财产实际上成为决定是否具备法律人格、考察是否具备责任能力的最为重要的衡量因素。从法律主体制度的历史追溯来看，无论是自然人范畴的扩充，还是法人的拟制，这些法律主体外延的展伸过程都秉持以财产为核心要素的责任能力作为判断标准。人工智能在相关实践活动中确实能产生一些财产性收益，但这些应属于其背后的实际控制人——因为其所作出的行为其实是基于实际控制人的意思表示，所以法律主体应该是控制人本身而非人工智能——其仅是法律活动中凭借的"工具"。在司法实践中，当人工智能体发生侵权事件后，一般也是由制造商、所有人或控制人根据过错来承担相应的赔偿责任，人工智能体既无能力也无财产予以赔偿。相反，若由人工智能体进行赔偿，则可能导致上述主体出现"责任甩锅"的逃避行为。

（二）人工智能体的刑事法律人格——面向未来的人格化可能性

人工智能可以分为强人工智能和弱人工智能。弱人工智能体是指不能制造出真正地推理（reasoning）和解决问题（problem solving）的智能机器，这些机器只不过看起来像是智能的，但是并不真正拥有智能，也不会有自主意识。"强人工智能是指有自我意识、自主学习、自主决策能力的人工智能，也是人工智能发展的终极目标，但是在意识问题没有解决之前，强人工智能的实现还有很长的路要走。"在现阶段人工智能依然应用在特定技术、特定领域应用，虽然有着一定的学习能力，但是并不能从根本上具有自主意识，仍然属于学界所说的弱人工智能阶段。因此，由于有责性缺失与刑罚无效，赋予现阶段的人工智能体以刑事法律人格并不现实，但随着未来的自主智能机器将有能力完全自主行为，具备不需要人类介入或者干预的"感知—思考—行动"，不排除对其赋予主体地位的可能。但至少目前，"在机器人社会化应用尚未真正实现之前，法律仅允许机器人权利的必要拟制、有益拟制。"⑤

因此，探讨人工智能体的刑事法律人格问题，应着眼于现有规范体系难题，尤其是深

---

① 参见龙文懋：《人工智能法律主体地位的法哲学思考》，载《法律科学》2018年第5期，第24页。

② 参见房绍坤、林广会：《人工智能民事主体适格性之辨思》，载《苏州大学学报（哲学社会科学版）》2018年第5期，第64—72页。

③ 参见胡玉鸿：《法律主体概念及其特性》，载《法学研究》2008年第3期，第3—18页。

④ 尹田：《再论"无财产即无人格"》，载《法学》2005年第2期，第38页。

⑤ 张玉洁：《论人工智能时代的机器人权利及其风险规制》，载《东方法学》2017年第6期，第60页。

度算法的获得以后，机器人具有自我学习或深度学习以后，如何让其承担刑事责任的问题。如无人驾驶技术的发展，导致无人驾驶产品的侵权或“犯罪”的增加，现有的研究还主要着眼于让相关技术人员或产品生产者等环节来承担民事责任，能否追究该领域的相关产品的刑事责任，以及如何来承担相关刑事责任，在“刑事责任”的承担要求行为主体的意识性、自主性以及罪责能力等法律教义学的背景下，如何对该领域，尤其是民事责任承担无法降低整个社会风向的背景下，刑事责任的承担也会提升日程。面对未来法治，有学者为人工智能体设计了具体的“刑罚”类型：“适用于人工智能的刑罚可以有三种，即删除数据、修改程序、永久销毁。”从形式上，“删除数据”“修改程序”“永久销毁”系对于人工智能体实施的技术操作，并会导致其本体的状况改变。这种观点有一定的启发性，尤其是面对日益发展的人工智能体，尤其是深度算法和自主学习能力获取以后，如何分配无人驾驶等领域的刑事责任问题，也是一个亟须研究的课题。①

（三）人工智能的知识产权法律人格——双重主体共同参与

2017 年 5 月，微软小冰在学习了 519 位诗人的现代诗、训练超过 10000 次后，创作完成了诗集《阳光失了玻璃窗》，并正式出版。除了微软小冰，其他公司也开发了众多人工智能产品用于创作各类文学和艺术“作品”。例如，谷歌开发的人工智能 DeepDream 可以生成绘画，且所生成的画作已经成功拍卖；腾讯开发的 DreamWriter 机器人可以根据算法自动生成新闻稿件，并及时推送给用户。这些由人工智能创作的成果从外观形式来看，与人类创作的成果没有任何区别，而且也很难被察觉并非由人类所作。21 世纪以来，人工智能在“深度学习”的基础上，已经完全能够脱离原有程序设计者，结合外界环境学习经验并独立创造出新智力创作的成果。

人工智能独立创作能力的出现，对当前著作权乃至知识产权领域的法律规则提出了新的挑战。追溯知识产权制度的产生与发展，其最终目标都是通过赋予权利人独占性权利及取得利益的期待可能性来鼓励和促进创新。在目前的著作权法体系中，作品仅是指自然人、法人或其他组织创作的智力成果，作品的权利也只能由上述三者取得。由此出现一个新的难以回避的著作权问题：由人工智能创作出的智力成果能否成为著作权法体系当中的“作品”，以及这种智力成果的权利归属由谁来取得。对此，著作权体系必须做出回应，确保其继续合理保护智力投资、鼓励计算机自主创造系统发展，同时需要平衡风险，避免计算机自主生成作品的大量出现导致著作权体系的崩溃。

针对人工智能创作物的性质认定与法律保护，在西方国家已出现了相应的法律进展。英国《著作权法》第 9 条规定，“作者”指的是创作人；在文学、戏剧、音乐等艺术作品

① 参见岳艾洁：《无人驾驶汽车交通肇事刑事归责的困境解构与类型化分析》，载《上海法学研究》2020 年第 5 卷，第 225 页以下。

来源于电脑的情况下，作者应当是对作品创作做出必要安排的人。该法第178条规定，电脑生成作品是实质上没有任何其他自然人参与作业、完全由电脑独立创作产生的作品。根据其规定，即便在人工智能创造出创作物的情况下，也将其视为一般工具，其创作物的权利归属只是笼统地赋予“做出必要安排的人”，并未指明是管理人员、设计者还是程序的版权所有者。这实际上已经暗示了计算机作为著作权人的主体地位，只是将其作品的权利归属仍然赋予了自然人。它一方面肯定了计算机独立生成的内容具有独创性，另一方面又将未参与创作而促成计算机生成作品的主体视为作者。从现有技术出发，促成计算机独立生成作品的主体一般为程序的创作者或使用者。在美国，一个由人工智能系统设计的卫星天线已被授予了专利权，专利权人是原程序的设计者。2016年4月，日本政府知识产权战略总部决定着手保护人工智能创作小说、音乐等方面的知识产权。由于人工智能作品不属于日本现行《著作权法》适用对象，因此日本将研究制定新法。相关方案也写入了代表知识产权政策方针的《2016年知识产权推进计划》，并且“将为运用知识产权进行革新创造的企业和大学等挑战者提供强有力的支持”。2017年2月，欧盟议会通过决议并提出：“对于计算机或者机器人创作的可版权作品，需要提出界定人工智能的‘独立智力创造’的标准，以便可以明确版权归属。”

从比较法的角度来看，世界各国目前仍未将人工智能视作独立的知识产权法律主体，但都认可人工智能治理成果的独创性，即保护作品不保护“人”。要解决人工智能在知识产权上的主体问题，必须面对两个问题：财产权利如何保护分配以及行为责任如何承担。从目前来看，将权利与责任归于人工智能本身并无异议，因为即使允许人工智能如同法人一样，具备独立的财产权利与责任，但人工智能体并没有利用财产权利的内在诉求，也缺乏处分财产的制度保障。因此，较为合理的方式是以实行人工智能主体与传统主体相结合的双重主体模式，实现权利与义务的合理分配与统一协调。在人工智能未出售给他人之前，其创作物的权利主体地位由原始设计者与人工智能共享，责任义务也由二者共同承担。在人工智能被出售给他人后，人工智能创作物的权利主体地位由所有者与人工智能共享，责任义务也由二者共同承担。

综上，由于目前人工智能体仍不具备完全的自主能力与理性，即处于弱人工智能时代，但是也应看到，自主学习和深度学习能力算法的发展，面对很多对现有法律规范进行冲击的领域，我们亟需相应的法律方法或方式来进行应对。就人工智能体法律人格化问题，笔者认为，通过拟制的方式，有限承认其一定的法律人格，可能更有利于规范的完善和适用，尤其民事领域和知识产权领域，实践逐渐给我们提出了很多的问题，也给我们解决问题提供了一些启示。即使在备受争议的刑事领域，随着深度算法的发展，无人驾驶领域能否让人工智能体承担相应的刑事责任问题，也有人进行了思考。而且这种讨论，会随着技术和实践的发展，而不断走向开放和深入。

四、结语

科技的迅猛发展为现代人的生活带来了极大的便利，也让我们对未来的生活充满了愿景。传统的规则已不能很好地的处理人工智能引起的法律关系与权利义务问题，而目前论证人工智能具有法律人格的几种途径，均存在逻辑上的瑕疵。从法律拟制的角度，正因为法律明确了主体权责、行为规范，才有了法律意义上的“人”，因而所有的法律人格都具有拟制性。而设立法律上“人”的定义，正是因为这合乎人类的需求。因此，在有助于调整人工智能产生的法律关系与有助于进行其产生的权利义务关系的配置的前提下，赋予人工智能以法律人格具有应然性。从民法的角度出发，由于人工智能缺乏“意志理性”与“责任能力”，人工智能尚不具备行为能力，但可以赋予其类似于法人的有限权利能力。从刑法的角度来看，人工智能体的发展，其刑事责任能力承担的问题并不是十分紧迫，但着眼于深度学习能力和某些领域，如无人驾驶等也不断给传统刑事责任认定提供很多挑战。从知识产权的角度出发，应当认可人工智能的“创造物”，但由于人工智能自身权利能力和行为能力的缺失，采取双重主体共同参与、由人工智能与原始设计者共享主体地位并承担责任义务更为妥帖。“人工智能并未对法律基础理论、基本法学教义提出挑战，受到挑战的只是如何将传统知识适用于新的场景”①。因此，现阶段不宜急于求成、一步到位赋予人工智能以法律人格，根据人工智能的能力发展与实际场景需求，不断地完善人工智能的权利能力与行为能力体系，才能更好地解决人工智能发展中不断出现的新法律问题。

（编辑：吴冬兴）

① 刘艳红：《人工智能法学研究的反智化批判》，载《东方法学》2019 年第 5 期，第 124 页。

电商平台规则司法适用研究*

尚海涛**

摘　要　电商平台规则具有民间社会性、单方主导性和探索创新性。大多数平台规则符合制定法精神，而少数平台规则与制定法相冲突，司法机关基于电商平台规则具体内容，分别对平台规则采取认可、补充、反对和修正等态度。平台规则的司法适用须满足为交易习惯、法无明文规定、公众认可、合法性和合理性审查。电商平台规则在司法裁判中的应用形态非常丰富，可作为文义解释、体系解释和法意解释的依据，也能构成漏洞填补和利益衡量的规范基础，此外，平台规则在事实认定中发挥重要的助力作用。

关键词　平台规则　交易习惯　法律解释　漏洞填补　利益衡量

随着大数据和算法技术的发展，电商平台异军突起，逐渐成为网络交易的组织者和控制者。电商平台的崛起，既促进了创新能力的提升和消费者的多元选择，又加速了商业模式的更迭和治理模式的变革，成为当前我国经济社会发展的新动能。随着电商平台的快速发展，作为行为规范的平台规则日益进入司法诉讼的视野。虽然在司法案例中当事人的诉求不一，但案例的核心指向明确，都在拷问平台规则的合法性和合理性。国家司法或支持、补充平台规则，或修正、反对平台规则。在司法适用中，平台规则要么作用于法律解释、漏洞填补和利益衡量，要么作用于案件事实认定。国家司法与平台规则之间的博弈与驯服，昭示着平台规则司法适用的重要性。基于此，本文就在分析相关案例的基础上，重点探讨电商平台规则司法适用的具体方法。

---

*　本文系国家社科基金重大项目“社会主义核心价值观与我国商事立法完善”（项目编号：17VHJ001）阶段性研究成果。

**　尚海涛，男，山东淄博人，天津师范大学法学院副教授，法学博士，研究方向为平台治理。

一、平台规则司法适用的法理基础

随着网络技术和移动智能设备的革新，电商平台的资源集成和配置效应日益凸显，而政府部门囿于执法资源和技术能力的限制，难以对平台内部的违法行为全面管控。由此，在国家法律适度“放权”和“让权”的基础上，电商平台就形成了事实上的二元规范体系，即国家法律和平台规则。“规范体系是一个比法律体系的内容更为庞大的体系，但法律规范是规范体系大家庭成员之一，且是首先的和首要的。”① 国家法律主要有《电子商务法》《网络安全法》《网络预约出租汽车经营服务管理暂行办法》《网络餐饮服务食品安全监督管理办法》等；平台规则如《淘宝平台规则总则》《美团用户服务协议》《滴滴平台用户规则总则》等体系。平台规则涵盖用户服务协议、隐私政策、评分规则、用户诚信公约、安全管理办法、侵权投诉、纠纷处理等多方面的内容。对于平台规则，虽然不同学者的定性不一，如马长山教授将其认定为“软法”②，杨立新教授认为它是“交易习惯”和“习惯法”③，而戴昕教授则将其归类于“社会规范”的范畴④，但通过各位学者的界定，我们发现他们对于平台规则特征的描述大体一致，即平台规则具有民间社会性和探索创新性。

1. 电商平台司法适用之属性基础

探讨电商平台规则的司法适用，首先需要从法理层面阐释电商平台规则的法律属性，探讨为何国家司法机关会在司法实践中有意识地采纳电商平台规则。

首先，平台规则可以作为电商平台处理纠纷之规则基础。平台规则的民间社会性，既体现在其制定主体为商业主体的电商平台，更体现在其实施方式的民间社会性。一方面，电商平台依照平台规则建立了完整的证照审核、信息公示等机制，从源头上预防高风险商家入驻平台，从而大量的交易风险被阻挡于平台之外。另一方面，电商平台充分利用信息技术优势，依照平台规则建立了定期抽检、神秘买家等机制对平台商家进行全面监管。电商平台对用户采取的技术监测方式使得平台规则的实施具有低成本、高效率、高确定性的特征。此外，电商平台通过主动监测和消费者投诉发现违法事实，以启动对平台商家的阶梯式处罚。电商平台通过警告等声誉型处罚实现了对平台商家的社会控制，通过下架违规商品、置休店铺等限制服务型处罚实现了对平台商家的信息控制，通过下线活动、下线店铺等财产型处罚实现了对平台商家的经济控制。

其次，平台规则具有探索创新性。平台规则的这一特征与习惯、软法和社会规范皆有

① 刘作翔：《“法源”的误用——关于法律渊源的理性思考》，载《现代法学》2019 年第 3 期，第 10 页。

② 参见马长山：《互联网＋时代“软法之治”的问题与对策》，载《现代法学》2016 年第 5 期，第 49 页。

③ 参见杨立新：《网络交易规则研究》，载《甘肃社会科学》2016 年第 4 期，第 178 页。

④ 参见戴昕：《重新发现社会规范：中国网络法的经济社会学视角》，载《学术月刊》2019 年第 2 期，第 119 页。

不同。习惯、软法和社会规范是不同社会群体在生产和生活的过程中基于利益诉求、交易需要、惯常做法生成的，带有明显的经验总结。平台规则与之不同，平台规则的生成是在国家法律不完善的背景下，电商平台基于市场的需要和解决各类交易难题而自发创生的。这些规则大部分是国家法律所没有规定的，处于空白地带，因此平台规则就带有明显的探索性和创新性。它的制定和实施能够为后续国家法律的出台提供较好的经验积累和借鉴。"互联网一直具有'非法兴起'的历史经验，政府很可能并不会明确反对平台实验创新治理机制，并乐于将成功的平台经验转化为法律。"① 如交通运输部等部委在制定和修订《网络预约出租汽车经营服务管理暂行办法》时，就充分吸收和借鉴了滴滴平台、曹操出行、滴答出行等众多平台规则的内容。"若社会规范法律化的交易成本是可承受的，立法者通常会将社会规范吸收为法律；但若社会规范法律化的成本高昂，立法者就将社会规范独立于法律之外，通过道德约束实现社会规范。"②

2. 电商平台规则司法适用的条件

在电商平台规则司法适用前，还需要明晰平台规则司法适用的条件，即平台规则在何种情况下方能司法适用。综合而言，这主要体现在四个方面。

首先，平台规则属于交易习惯的范畴。根据《最高人民法院关于适用〈合同法〉若干问题的解释（二）》，交易习惯主要有两方面特征，一是为当地或者某一行业领域通常采用，二是当事人经常使用且知道或应当知道。依此标准，平台规则符合交易习惯的界定。一方面，设立平台规则是电子商务领域的通常做法，每一个电商平台都有自己的平台规则，且同类型平台的规则大体一致。如天猫和京东虽是竞争对手，但两者的平台规则大致相似，都包括入驻规则、交易规则、营销规则、处罚规则、争议处理规则等内容。另一方面，平台规则为电商平台所制定，平台用户在使用前须"知情同意"，则平台规则自然为交易双方所了解。基于此，"将网络交易规则的法律属性认定为交易习惯，是完全没有问题的。"③

其次，现行法律没有明文规定。对于关涉电商平台的纠纷，若法律有规定，当然要依据法律规定处理；若法律没有明文规定，就需要借助于平台规则在内的交易习惯予以构建和补充裁判规范。"形式法律无法完全满足社会、案件的复杂性，经常会出现漏洞、模糊、歧义、不确定等语言和价值问题，迫使法律向社会、道德、政治、价值等因素开放，以弥补法律的不足。"④ 当新出现的社会事实超出了既有法律的调整范围时，法官只能在许可的法律渊源中寻找最相接近的规范予以填补，而平台规则"是在一定时空范围内被人们所

① 邱遥堃：《论网络平台规则》，载《思想战线》2020年第3期，第153页。

② Hui-Feng Hsu, *The Relationship between Social Norms and the Law: from the Perspective of Transaction Cost*, Hua Gang Fa Cui, Vol. 32, 2004, pp. 157-172.

③ 杨立新：《网络交易规则研究》，载《甘肃社会科学》2016年第4期，第178页。

④ 陈金钊：《对"法治思维和法治方式"的诠释》，载《国家检察官学院学报》2013年第2期，第86页。

接受的规范，同时也能从中推出当事人之间的权利与义务，并据此裁判当事人因权利义务所产生的纠纷。”①

再次，平台规则为公众所认可。一方面，平台规则为公众所熟知，根据商务部发布的《中国电子商务报告2019》，2019年我国电子商务交易额达34.81万亿元，网络零售平台店铺数量为1946.9万家，网络购物消费者达7.1亿人②，由这三个数据可知电子商务交易的广泛性、普及性和频繁性，则相关平台规则也就为公众所获知、熟悉和遵守。作为交易习惯，平台规则“不是因为某些制定法要求如此……而是因为法院发现这些规则在社会成员的相互交往中被大范围遵守，或是被局部遵守”③ 另一方面，平台规则也为公众所认同，这既表现在公众以平台规则为行为规范在电商平台购物，更体现在消费者接受以平台规则为调解规范解决平台内部的交易纠纷，如淘宝每年都依据平台规则通过“结构化纠纷解决模式”调解处理上百万件平台交易纠纷，且实现了“纠纷总量降低、纠纷率下降、客户满意度提升的效果”。④

最后，平台规则必须要接受合法性和合理性审查。平台规则的合法性和合理性审查是司法审判最为基础和核心的步骤。合法性指的是合法律性，在已有的司法案例中，法院主要将平台规则视为格式合同，从而依照格式合同的标准进行合法性审查。依照《合同法》和《关于适用合同法若干问题的解释（二）》规定，平台规则的合法性审查主要包括形式规制和内容审查两部分。形式规制“主要包括‘纳入’规则、‘不利于提供者’的解释规则与‘透明性原则’等”⑤，如对于平台规则中免除或者限制平台责任的内容，电商平台是否采用足以引起平台用户注意的文字、符号、字体等特别标识，并对平台用户加以说明。内容审查主要基于两个标准：一是平台规则是否免除电商平台的法定责任，是否加重平台用户不应承担的义务，是否排除平台用户依法享有的法定权利。二是平台规则中是否有《民法典》第四百九十七条规定的格式条款无效的情形。

在合法性审查的基础上，还需要判定平台规则的合理性。其判断标准也主要有两个，一是价值判断，即平台规则是否符合国家法律所设定的基本原则、法律目的和法律精神，如平等原则、公平原则、诚实信用原则和公序良俗原则等，平台规则的司法适用必须接受这些原则的审查和认可。“裁判时需对运用的风俗习惯仔细甄别，确定其为善的风俗才能

① 谢晖：《民间法与裁判规范》，载《法学研究》2011年第2期，第175页。

② 参见《中国电子商务报告2019》，第1－3页，载中华人民共和国商务部网 http：//dzsws. mofcom. gov. cn/article/ztxx/ndbg/202007/20200702979478. shtml，最后访问时间：2020年10月25日。

③ ［美］约翰·奇普曼·格雷：《法律的性质与渊源》，马驰译，中国政法大学出版社2012年版，第242页。

④ 申欣旺：《淘宝互联网纠纷解决机制——结构化维权及其司法价值》，载《法庭内外》2016年第3期，第7页。

⑤ 参见张良：《论不公平格式条款的形式性规制》，载《河南大学学报（社会科学版）》2013年第3期，第56页。

运用。凡行为能助长或维持此种或彼种‘善’者，我们即认可，反之则不予认可。”① 二是效益判断，即在符合价值判断的基础上，重点看平台规则能否促进电商经济的发展，尤其是在网络平台国际竞争日益激烈的格局下，需要“将‘大众创新、万众创业’所创造出来的利益增长和机会空间，适时转化为制度上的增量赋权，尽可能地为社会权利的增长保驾护航”。②

二、司法审判对于平台规则的采纳与规训

自 20 世纪 90 年代互联网兴起以来，国家对于网络治理的态度就非常明确，即“互联网不是法外之地”③，要全面推进国家网络法治建设。此种态度反映在立法领域，就是国家大力推动网络法的制定，如《网络安全法》《电子商务法》等法律法规陆续颁布实施。在司法领域，此种态度就要求国家司法要不断回应电商领域出现的新现象、新问题，司法判决要不断弥合平台规则与国家法律之间的规范缝隙，从而助推我国网络经济的发展进步。平台规则与国家法律之间既有分工和合作，又有差异与侧重，大部分的平台规则其实是对国家法律的重复和细化，只有少部分平台规则是国家法律的“先行先试”和“探索创新”，由此就存在大部分的平台规则与国家法律相一致，而小部分的平台规则与国家法律相冲突的现象。站在国家司法的视角，就表现为国家司法对于平台规则的认可、补充、修正和反对。

1. 司法审判对平台规则的认可和补充

首先，电子商务隔空交易的经营形式，隐蔽性、虚拟性的交易模式，信息不对称、平台负外部性的固有风险，在增加政府监管难度的同时，也使得平台自治不可或缺。为了促进电子商务的更大发展，电商平台就在消费者保护方面进行了诸多创新，国家司法对此往往是择其优者予以认可和支持，“原则上对平台制定的交易规则仅形式审查，对平台根据服务协议行使必要的管理权予以支持与肯定，而且还通过部分裁判的说理有效鼓励和引导了平台自治的发展。”④ 在福州九农贸易有限公司诉上海寻梦信息技术有限公司网络服务合同纠纷案⑤中，法院虽然认为平台规则中的“消费者赔付金”规则与国家法律中的违约金规则存在差异，但还是从两个方面认可了其规则内容。首先，“消费者赔付金”规则是电商平台与平台商家同意的结果，中间不存在强迫和压制平台商家的意志自由。其次，“消费者赔付金”规则也契合国家法的要求。电商平台设立“消费者赔付金”规则，其目

① 蔡唱：《公序良俗在我国的司法适用研究》，载《中国法学》2016 年第 6 期，第 250 页。

② 马长山：《智慧社会建设中的“众创”式制度变革——基于“网约车”合法化进程的法理学分析》，载《中国社会科学》2019 年第 4 期，第 92 页。

③ 习近平：《习近平谈治国理政》第 2 卷，外文出版社 2017 年版，第 336 页。

④ 姚辉、阙梓冰：《电商平台中的自治与法治——兼议平台治理中的司法态度》，载《求是学刊》2020 年第 4 期，第 99 页。

⑤ 案件详情参见上海市长宁区人民法院民事一审判决书（2017）沪 0105 民初 20204 号。

的并不在于盈利，而是为了保护消费者合法权益，因此并不违反国家法律的强制性规定，且符合公序良俗和诚实信用原则。

其次，如同国家法律，平台规则也存有大量的规范漏洞，这些漏洞之所以产生，或因语词表达，或因认知局限，或因利益需求，不一而足。对于平台规则中的漏洞，或者由平台经营者自我修订完善，或者由国家司法在案例中予以补充。在平台规则的漏洞中，较为典型的是二手交易平台中卖家的身份问题。以闲鱼为代表的二手交易平台中，卖家是否是经营者，交易平台并没有明确的判定规则。之所以存有这一规范漏洞，主要是交易平台主观预设的目的。网络交易的双边效应和平台效应，使得电商平台往往将扩大用户数量作为平台发展的核心任务，而对于二手交易平台来说，卖家数量的增加就是平台发展的关键。平台的这一漏洞可以使许多经营者借助于消费者的身份在二手交易平台贩卖商品，以此规避国家法律的强制性规定。在杨某某与王某网络购物合同纠纷案①中，法院认为，虽然平台规则没有对平台卖家是消费者还是经营者做出明确界定，但平台可以根据诸多要素做出必要的判定，如交易双方的聊天记录、卖家的销售信息、商品交易数量、评价数量、销售动态等，以补足平台规则的漏洞。

2. 司法审判对平台规则的修正和反对

首先，随着分享经济的发展，电商平台的诸多新做法一直徘徊于商业创新和监管套利之间，如网约车、共享单车、共享住宿等。赞同者认为这是电商平台利用信息技术，在降低交易成本基础上推进社会资源的优化配置和充分利用②；批评者认为，并不存在所谓的商业创新，电商平台与传统企业之间并无差别，只是通过话语包装呈现出“创新”的假象，其实质是通过平台规则规避国家法律的监管套利③。对于此种争论所涉及的相关纠纷，国家司法需要明确其态度，以便为商业创新和监管套利画出清晰的界限。在中国人民财产保险股份有限公司广州市分公司与郭某某、北京亿心宜行汽车技术开发服务有限公司广州分公司保险人代位求偿权案④中，诉讼的焦点是代驾平台与代驾司机之间的法律关系。平台认为，根据“e 代驾”的平台规则，两者之间是平等主体的合作关系，但法院并不认同，而认为平台与司机之间是雇佣合同关系。其一源于国家法律的强制性规定，即根据《网络预约出租汽车经营服务管理暂行办法》的规定，网约车平台应当与驾驶员签订劳动合同或劳务合同。其二源于平台规则所确立的管理权限。法院认为，代驾司机和代驾平台之间具有指挥、控制、考核等从属性特征。基于以上两点，法院认为，代驾平台和代驾司机之间应当认定为雇佣合同关系。

---

① 案件详情参见北京市第四中级人民法院民事二审判决书（2019）京 04 民终 207 号。

② See Orly Lobel, *The Law of the Platform*, Minnesota Law Review, vol. 87, 2016, pp. 106 – 110.

③ See Elizabeth Pollman, Jordan M. Barry, *Regulatory Entrepreneurship*, *Southern California Law Review* vol. 383, 2017, pp. 398 – 400.

④ 参见广东省广州市天河区人民法院民事一审裁定书（2017）粤 0106 民初第 15696 号。

其次，电商平台具有市场和企业的双重身份，即它既是制定和实施平台规则的市场管理者，也是独立经营的营利性企业，这就决定了其所制定的平台规则既具有一定的公共性，也内含较强的自利性。许多电商平台利用平台规则以满足自己的利益需求，其负外部性就表现为制假售假、刷单炒信、侵犯知识产权、内部工作人员腐败等，国家司法对于这些自利性的平台规则就持反对态度。在董某某诉浙江省诸暨市某食品有限公司网络购物合同纠纷案①中，法院认为平台规则所设定的管辖条款无效，主要基于两方面的理由。一是形式性规制要件，即电商平台没有尽到合理显著的提示义务、清晰明确的说明义务和提供平台用户充分的审查机会。二是内容审查，即平台规则中的管辖条款违反公平原则，这主要着眼于条款的制定者具有阻止消费者提起诉讼的目的，平台经营者在诉讼中有特殊利益，没有保证消费者有解约和退出的权利等。在本案中，由于平台规则管辖条款的不公平引致国家司法的反对，由此导致国家法律对于平台规则的纠正和替代。

3. 电商平台规则司法适用的风险

电商平台规则司法适用的风险主要在于其是有平台单方制定的，具有单方主导性。平台规则的这一特征与软法相类同，而区别于习惯和社会规范，软法中规范性文件的制定带有国家主导性，而习惯和社会规范是在民众日常生产和生活过程中自发生成的，具有自发性和互动性。平台规则的制定虽然也征求广大平台用户的意见，如淘宝的规则众议院就有规则制定的征求意见阶段和投票环节，但受限于平台用户的分散性和高昂的协商成本，因此平台规则主要还是反映电商平台的利益和意志。习惯和社会规范既没有特定的制定主体，也没有明确的制定权限和制定程序，但平台规则的制定主体和制定权限非常明确具体。其一，平台规则的单方主导性体现在制定权限方面。平台规则的制定权限源于平台服务协议。依据平台服务协议的规定，参加电子商务交易的经营者和消费者，都要服从电商平台的管理，并接受平台规则的约束。电商平台将平台规则视为平台服务协议的一部分，因此制定平台规则就是平台依据服务协议获得的授权。“对于交易规则，平台内经营者与交易相对人无权就其内容与电子商务平台经营者进行协商，只能选择接受或者不予接受。”② 平台规则的制定权限还来源于国家法律的授权。我国《电子商务法》第三十二条明确规定，电商平台应当制定平台服务协议和交易规则，并遵循公开、公平、公正等必要原则，所制定的平台规则要涵盖平台商家和消费者进入和退出平台、个人信息保护、商品服务质量保障等方面。其二，平台规则的单方主导性还植根于平台的技术架构。劳伦斯·莱斯格曾提出法律、市场、技术架构和社会规范的多元规制框架，特别指出技术架构对于网络行为的规制和约束作用。③ 平台架构是平台规则的基础，平台规则是显性的平台架

① 参见河南省安阳市中级人民法院民事二审裁定书（2016）豫05民辖终264号。

② 郑佳宁：《电子商务平台经营者的私法规制》，载《现代法学》2020年第3期，第171页。

③ 参见［美］劳伦斯·莱斯格：《代码2.0：网络空间中的法律》，李旭、沈伟伟译，清华大学出版社2018年半，第91－100页。

构。平台架构涵盖的范围较广，既包括微观的代码设计、传感器和摄像头，也包括宏观的传输协议、操作系统和应用程序，而其内核则是评分机制，借由平台用户的行为数据和评分机制实现对平台内多元主体的规制，从而使得基础架构成为能够自我执行且不以平台用户意志为转移的“法律”。

三、平台规则司法适用方法

通过中国裁判文书网，以“平台规则”为关键词在裁判理由中检索，共获得507个案例。其中绝大部分是民事案例，主要涉及合同、知识产权、公司和侵权等民事领域。根据平台规则的适用方法，这些案例大致可以分为四类：第一类是平台规则的解释型案件，法院主要使用文义、体系、法意和目的等解释方法，对于平台规则和法律文本中过于抽象的概念和模糊的条款加以解释和澄清；第二类是平台规则的漏洞填补型案件，法院在这些案件中以平台规则为规范基础对相关法条进行了超越文义的填补；第三类是平台规则的利益衡量型案件，法院在这些案件中主要通过法律价值层面的衡量方法、经济利益层面的衡量方法和社会效果层面的衡量方法做出实质判断，实现法律效果和社会效果的统一；第四类是平台规则的事实认定型案件，在这些案件中法院运用平台规则助力案件事实的认定。

1. 平台规则的解释方法

在平台规则的解释型案件中，部分案件涉及平台规则的解释，即对于平台规则文本中语词和条款的解释；还有部分案件涉及法律文本的解释，即以平台规则为依据对于法律文本中语词和规则的解释。在平台规则解释型案件中，法官多使用文义解释和体系解释，而较少使用法意解释和目的解释。

其一，文义解释是法律解释和平台规则解释中的首要方法，“文义解释是法律解释的开始，也是法律解释的终点。”① 文义解释主要是依据法律文本和平台规则中语词的文字意思进行解释，包括语词在语言习惯中的意思和语词在某一行业中的特殊意思，如拉伦茨所言，“依普通语言用法构成之语词组合的意义，或者，依特殊语言用法组成之语句的意义。”② 在法律解释和平台规则解释的所有方法中，文义解释占有优先地位，此种优先一方面表现为文义解释的顺序优先，即在进行法律解释和平台规则解释时应首先采用文义解释，只有当文义解释出现复数时方采用其他解释方法；另一方面表现为文义解释的效力优先，即与其他解释方法相比，文义解释占有更大的衡量分量。在吴海岩与广州唯品会电子商务有限公司网络服务合同纠纷案③中，法官需要对于《唯品会服务条款》第15.8款中的“不合常理的高退货率”进行解释。那么，何谓“不合常理”，这就需要文义含义。依

① 王泽鉴：《法律思维与民法实例》，中国政法大学出版社2001年版，第220页。

② ［德］卡尔·拉伦茨：《法学方法论》，陈爱娥译，商务印书馆2003年版，第200页。

③ 具体案件参见广州互联网法院民事一审判决书（2019）粤0192民初939号。

据《现代汉语词典》，常理是指“通常的道理”①，“即被民众所普遍接受和认可的惯例或准则”②。依据民众的惯例，一般商品的购买中，超过 50% 的退货率就应当被认定为“不合常理”，而原告吴海岩从 2015 年 5 月至 2018 年 4 月期间，在唯品会平台购买了 537 件商品，退货和拒收共 454 件，占购买商品的 84.54%，这显然属于“不合常理”范畴。据此，法院认定唯品会电子商务有限公司解除与吴海岩之间的网络服务合同合法有效。

其二，体系解释是法律解释和平台规则解释中的基础性方法。体系解释主要强调法律体系或平台规则体系内部的关联性，此种关联一方面强调具体层面的关联，如语词与规则的关联，规则与规则的关联，规则与原则的关联；另一方面也强调宏观层面的关联，如制定者的局部意图与整体意图，制定目的中高低位阶的实现，法律或平台规则文本的形式理性等。体系解释的运用，一方面要依据上下文解释，即通过上下文之间的逻辑关联确定语词的含义；另一方面要依据同一原则解释，即对于同一语词要有同一含义，以保持解释中的内部连贯。在池慧蕾与杨倩网络购物合同纠纷案③中，案件争议的焦点是作为闲鱼平台卖家的杨倩是否属于经营者的范畴。对此，法院主要采用体系解释方法从《消费者权益保护法》《电子商务法》等法律整体及其内部逻辑出发进行解释。一是卖家是否进行市场主体登记，依据《消费者权益保护法》第 3 条规定，经营者是具有市场主体登记的提供商品或服务的主体。本案中平台卖家杨倩不是个体工商户，不属于市场主体登记的范畴。二是经营的持续性和商品交易量，依据《电子商务法》的相关规定，经营的持续性和商品交易量是认定经营者的重要标志。本案中，卖家杨倩在闲鱼平台销售的产品仅 1 件。据此，法院认定杨倩不属于经营者的范畴。

其三，法意解释是在突破文本解释的基础上，主动追寻法律和平台规则制定者的主观意图。在萨维尼的法律解释要素中，历史要素最为重要，后历史要素演化为法意要素，成为一种实质解释方法。法意解释的适用，一方面要求解释者站在制定者的立场和历史情境中，摒弃自身思维的偏见，探究制定者的主观意图；另一方面，要求解释者通过研究各种立法资料发现法律和平台规则蕴含于文本中的意图。在广州黑盘羊贸易有限公司与廖清标、解鑫商业贿赂不正当竞争纠纷案④中，案件争议的焦点之一是解鑫在淘宝平台上的评价，“质量很差，味道不好，不值这个价”，“被坑了，没有差评的习惯，只好给中评”等，是否构成编造、传播虚假信息。对于“虚假信息”和“正常评价”，法院主要从三个方面予以区分：一是评价是否带有恶意，带有恶意的评语为编造虚假信息，不带有恶意的评语为正常评价。本案中，淘宝公司依据平台规则将订单评价认定为同行恶意差评，并予以删除处理的事实为法院认可。二是评价是否失实，失实的评语为虚假信息，不失实的评

① 中国社会科学院语言研究所词典编辑室：《现代汉语词典（补修版）》，商务印书馆 1991 年版，第 55 页。

② 戴津伟：《常理的司法功能》，载《天府新论》2012 年第 1 期，第 83 页。

③ 具体案件参见福建省南平市延平区人民法院民事一审判决书（2020）闽 0702 民初 4515 号。

④ 具体案件参见广东省广州市荔湾区人民法院民事一审判决书（2017）粤 0103 民初 6449 号。

语为正常评价。本案中，法院认为评价失实主要基于两方面的事实。一个是黑盘羊公司提所交的用以证明其商品质量的《检验证书》；一个是解鑫购买商品金额较大但其又未申请退货的事实。

2. 平台规则作为漏洞填补规范

社会生活的复杂性和立法者的有限理性使得法律漏洞成为必然。"即使是立法者字斟句酌、殚精竭虑地制定出最完备、最周全的立法，也仍然会存在诸多的不足与漏洞，如语焉不详、用词不当、规则缺失、前后矛盾、因循守旧、不合时宜等。"① 当碰到制定法的不足和漏洞时，法官就需要借助法律渊源运用多种方法予以填补。"法律渊源所开创的是一种在更宽范围内探寻法律意义的方法。其前提是承认法律多元，在多元的规范与价值之间进行法律意义的探究。"② 我国《物权法》《民法总则》和《民法典》都规定了"可以适用习惯"，确立了习惯的法源地位，习惯成为制定法漏洞填补的重要规范。在电子商务纠纷的裁判中，漏洞填补的习惯主要表现为平台规则。

首先，平台规则作为漏洞填补规范，体现为法律明确规定援引交易习惯，即法律规定可以参照交易习惯来确定当事人的权利义务关系。如我国《民法典》所规定的"根据交易习惯"，拉伦茨称之为"指示参照性法条"③。之所以"指示参照"，是因为交易习惯与制定法之间具有规范的一般性，即交易习惯具有"理性化"和"可诉性"，可以直接援用交易习惯填补制定法漏洞。"理性化是作为经验事实的习惯升华为理性事实的法律，并用来补充法律漏洞的基础。"④ 当然，二者也有相异之处，毕竟制定法和交易习惯代表着不同主体的意志，因此交易习惯作为裁判规范适用就需要法官的充分论证。

其次，平台规则作为漏洞填补资料，还表现为制定法虽没有明确援用条款，但仍需要借助平台规则填补制定法漏洞的情形。法律漏洞的填补方法众多，既包括类推适用、目的性扩张和限缩，也包括依习惯补充和依指导性案例补充等。对于这些漏洞填补方法，可以依照"制定法意义中心的远近"而将漏洞填补方法予以排序，即距离制定法意义中心越近的填补方法越优先适用，距离制定法意义中心越远的填补方法越靠后适用。梁慧星教授曾对于漏洞填补方法予以排序，即依习惯补充→类推适用→目的性扩张和限缩→反对解释→比较法方法→依民法原则补充→创造性补充。⑤ 梁慧星教授之所以将依习惯补充放在第一位，应当是考虑到漏洞填补的第一种情形，即具有明确的援用条款。王利明教授也曾对漏洞填补方式进行过排序，即类推适用→目的性扩张和限缩→基于习惯法的漏洞填补→基于

---

① 徐国栋：《民法基本原则解释》，中国政法大学出版社 2004 年版，第 176 页。

② 陈金钊、吴冬兴：《体系解释的逻辑展开及其方法论意义》，载《扬州大学学报（人文社会科学版）》2020 年第 1 期，第 68 页。

③ 参见［德］卡尔·拉伦茨：《法学方法论》，陈爱娥译，商务印书馆 2003 年版，第 141 页。

④ 谢晖：《论司法对法律漏洞的习惯救济——以"可以适用习惯"为基础》，载《中南大学学报（社会科学版）》2020 年第 1 期。

⑤ 参见梁慧星：《裁判的方法》，法律出版社 2012 年版，第 212－247 页。

比较法的漏洞填补→基于法律原则的漏洞填补①。在这一排序中，王利明教授将习惯法填补放在类推适用和目的性扩张限缩之后，应主要是考虑到漏洞填补的第二种情形，即没有明确的援用条款。之所以将习惯的漏洞填补放置于类推适用和目的性扩张限缩之后，主要是考虑到相比于习惯，类推适用和目的性扩张限缩距离制定法意义中心更近，而习惯距离制定法意义中心略远。在电商纠纷的司法裁判中，有些平台规则，其内容与制定法相一致，往往会被制定法所吸收和覆盖，法官在构建裁判规范时直接援用即可；而有些平台规则与制定法相冲突，往往会被法官认定无效而不予适用；还有些平台规则与制定法的方向相一致，所规定的内容是制定法还没有规定的，这些平台规则在经过法院认可后可以为法官援用而构建裁判规范，具有事实上的法律拘束力。“常理性质的习惯为相应的群体长期信奉和遵循，在行为模式上经过反复实践，相当成熟，也正是无数次的实践性重复，使得构成这一习惯的行为模式获得了普遍认同，具有较强的稳定性，以此作为法律漏洞的填补素材容易被大众接受。”②

在浙江淘宝网络有限公司与蔡振文服务合同纠纷案③中，法官主要通过援引平台规则构建裁判规范并依此做出最终判决。本案中，双方争议的焦点是淘宝公司因蔡振文不当行为而实施的限制账户使用的惩罚措施是否具有合法性和合理性。其一，消费者的合法权益受法律保护，但消费者滥用自己的权利，如多次投诉不实、屡次申请退货、通过投诉获利等不当行为，我国法律并无明文规定。本案中，法院主要援用《淘宝规则》之《不当注册的认定和处罚的规则与实施细则》，认定蔡振文“退货调包”和“重复利用退货单号”为不当行为，理应收到处罚。其二，法院认可了淘宝基于平台规则的处罚行为。一方面，法院依照格式合同标准对平台规则进行了合法性审查。法院认为，争议平台规则系淘宝规则第61条，经审查并不存在“免除己方责任、加重对方责任、排除对方主要权利”的情形。另一方面，法院对于平台规则和处罚结果的认可，实质是藉由平台规则构建的裁判规范对于平台用户不当行为的审判。

3. 平台规则作为利益衡量基础

“法官在阐释法律时，应摆脱逻辑的机械规则之束缚……若有许多解释可能性时，法官自须衡量现行环境及各种利益之变化，以探求立法者处于今日立法时，所可能表示之意思，而加取舍。斯即利益衡量。”④ 无论是作为审判思维还是裁判方法，利益衡量都弥漫于司法审判的全过程。相比于法律解释和漏洞补充，利益衡量兼顾形式合法性和实质合理性，在依法裁判的大前提下更为注重实质推理和实质正义，从而达到法律效果和社会效果

① 参见王利明：《法律解释学》，中国人民大学出版社2011年版，第460－461页。

② 戴津伟：《常理的司法功能》，载《天府新论》2012年第1期，第84页。

③ 案件详情参见广东省佛山市南海区人民法院民事一审判决书（2015）佛南法狮民二初字第567号；广东省佛山市中级人民法院民事二审判决书（2016）粤06民终3872号。

④ 杨仁寿：《法学方法论》，中国政法大学出版社1999年版，第176页。

的统一。利益衡量之利益，既包括当事人的具体利益和群体利益，也包括制度利益和公共利益①。在这一利益结构中，由具体利益到群体利益、制度利益再到公共利益，呈现由具体到抽象的递进关系。法官在个案衡量中，需要以当事人的具体利益起点，并综合考虑群体利益、制度利益和公共利益，而后看个案中哪一方的利益优先保护，从而得出妥当的实质判断结论。虽然不同学者列举的利益衡量方法不尽相同，但大体可归入三个层面，即法律价值层面的衡量方法、经济利益层面的衡量方法和社会效果层面的衡量方法。下述以厦门德克菲斯贸易有限公司与北京京东叁佰陆拾度电子商务有限公司等服务合同纠纷案②为例予以分析。本案中，德克菲斯贸易有限公司系京东平台商家，因销售假冒化妆品而被京东公司依据平台规则予以处罚。在法院审理中，平台规则所设定的惩罚性违约金有效与否是双方争议的焦点。在经过相互辩驳后，法院判决德克菲斯贸易有限公司向京东公司赔付违约金 100 万元。

利益衡量的首要步骤是对本案中的所有利益关系全盘考量，在此基础上利用衡量方法进行实质判断。其一，法律价值层面的衡量方法主要是价值位阶分析法，即依据公认的法律价值的位阶来作出冲突利益之间的衡量。“在法秩序的意义上，对适当的价值判断仍然可以作合理的说明，即使有关的理由未必具有逻辑上的必然性。”③ 若个案中相互冲突的利益处于不同价值位阶，如人身利益和财产利益，那么衡量结果较为明确，自然是优先保护人身利益；但若相冲突的利益处于同一位阶，那就不容易判断。本案中，原被告的具体利益皆为财产利益，处于同一位阶，并不容易判断；但制度利益和公共利益则具有明确指向，德克菲斯贸易有限公司的售假行为违反了法律所推崇的诚实信用和契约自由原则，则在制度利益和公共利益上需要保护京东公司的财产利益。当然，还需注意的是，制度利益还包括违约金制度，法院的判决突破了合同法关于违约金的具体规定，而这就需要求助于经济利益和社会效果层面的衡量方法。其二，经济利益层面的衡量方法主要是利用经济学的分析工具，通过成本和收益之间的比较和衡量以选择最优方案，如边际效益最大化、损失最小化和资源效用最大化等方法。本案中，法院对于原被告售假和打假的成本收益进行了比较和分析。一方面，京东商城是国内知名的电商平台，在此开设店铺能够获得高于其他平台的关注、流量、口碑和经济利益，但若销售假冒伪劣商品自然也会给京东商城和消费者造成更大的商誉伤害和经济损失，由此德克菲斯贸易有限公司的售假行为就应承担更大的违约责任。另一方面，京东公司为了维护正常的交易秩序，需要成立专门的打假团队发现、取证、公证和应诉处理商家的售假行为，同时还需要对消费者的投诉、举报和诉讼进行先行赔付，这些高昂的管理成本都由平台商家的售假行为产生，因此售假商家需要赔付这些管理成本。其三，社会效果层面的衡量方法，主要是从判决的社会效果出发，为案

① 参见梁上上：《利益衡量论》，法律出版社 2013 年版，第 78－79 页。
② 具体案件参见北京市大兴区（县）人民法院民事一审判决书（2019）京 0115 民初 5190 号。
③ ［德］拉伦茨：《法学方法论》，陈爱娥译，商务印书馆 2003 年版，第 3 页。

件当事人提供博弈和协商的方案，如借助于纳什均衡以实现当事人利益最大化的博弈论分析法，实现法律效果和社会效果均衡的效果衡量分析法等。基于法的安定性，利益衡量的发生情境一般限于漏洞填补和修正法律两种情形，修正法律主要是“法官的裁判是基于某种价值追求而为相应的法律修正式的利益衡量”。① 在本案中，法院除了考虑当事人的具体利益外，更重视群体利益和公共利益，京东平台的商誉和交易秩序不仅关系京东公司和德克菲斯贸易有限公司的具体利益，更关系众多平台商家和消费者的合法利益。通过平台规则设定赔付标准管控商品质量，不仅能有效遏制泛滥的假冒伪劣商品并净化电子商务环境，还能保护消费者和电商平台的合法权益与商誉，因此法院判定德克菲斯贸易有限公司需要支付高额违约金。

利益衡量是“在实质判断的基础上，再去寻找法律上的根据”②，因此在采用利益衡量方法得出实质衡量结论后，法官还必须为衡量结论从正式法源或非正式法源中找出法律理由，并对衡量结论进行法律论证和修正。作为习惯范畴的平台规则虽不具有法律效力，却可以作为影响法官作出实质判断的基础标准和重要参照，并通过法官的利益衡量对司法审判产生积极效益。在本案中，法院对于平台规则的违约条款做出不同于一般违约条款的认定和解读。一方面，两者的设定目的不同，平台规则的违约条款，除具有一般违约条款弥补守约方的损失外，还具有保护消费者合法权益和加大平台商家违法成本的目的。另一方面，两者的适用标准不同，平台规则的违约金除守约方的实际损失外，还包含一定的惩罚金在内。

4. 平台规则助力案件事实认定

司法诉讼始于根据证据构建的案件事实，而终于裁判规范的适用，因此案件事实的认定就是实现司法公正的前提和基础。“法院的主要任务是在特定法律案件中，将普遍的规则（法律或其他权威性规范）具体适用于特定的案件事实。”③ 案件事实的认定，是法官对于当事人提交的证据进行评判分析以形成心证确信，并将案件事实以书面文字呈现为裁判事实的过程，“是一个依据规则和经验而进行逻辑上的解释和确认的过程。”④ 在这一过程中，平台规则作为案件事实的认定基础主要包括三种情形：

其一，作为案件事实的认定基础，平台规则可用于解释案件事实和补充案件事实。我国《民法典》第510条规定，当事人对于商品质量、价款、报酬、履行地等没有约定或者约定不明的，可以按照交易习惯确定。在既有案例中，法官主要将平台规则用于确定电子商务合同的成立、判定合同效力、计算违约金、判断合同性质等。“契约型行规的适用与普通合同类似，主要体现为优先性。即对于具备行规基本形态的特殊契约，首先应尊重当

---

① 蔡琳：《论“利益”的解析与“衡量”的展开》，载《法制与社会发展》2015年第1期，第151页。

② 梁慧星：《裁判的方法》，法律出版社2003年版，第186页。

③ [美] 杰罗姆·弗兰克：《初审法院——美国司法中的神话与现实》，赵承寿译，中国政法大学出版社2007年版，第4页。

④ 陆而启：《法官事实认定的心理学分析》，法律出版社2014年版，第46页。

事人意思自治，使其优先适用于法律。"[①] 在北京字节跳动科技有限公司与江珍惠、钟胜淘赠与合同纠纷案[②]中，被上诉人钟胜淘打赏行为的合同定性是案件的关键。法院依据《西瓜视频用户服务协议》第六项"虚拟社区币服务，包括钻石等"规则，认定钟胜淘的打赏行为也属于网络服务合同的范畴，因此钟胜淘与北京字节跳动科技有限公司之间成立网络服务合同，而非赠与合同法律关系。在郭贝与赵贤林等机动车交通事故责任纠纷案[③]中，法院依据滴滴《顺风车平台用户专属规则》，认定平台乘客具有是否接受司机接单的选择权，而平台无权给乘客强制派单和指定服务司机，因此郭某运输合同的交易对象应为运达公司而非滴滴公司。其二，作为案件事实的认定基础，平台规则还被用于事实推定，从而在法官进行事实认定推理时发挥作用。在芜湖皖南货畅天下物流有限公司和高王虎运输合同纠纷案[④]中，上诉人货畅公司于 2020 年 5 月 21 日 17 时 59 分在运满满平台上发布货运信息，而被上诉人高王虎于 2020 年 5 月 23 日 11 时 31 分看到货运信息。根据运满满平台规则，信息只能保留 24 小时，超过 24 小时即被自动下架，即货畅公司所发布的信息已于 2020 年 5 月 22 日 17 时 59 分自动下架，由此法院推定被上诉人高王虎在运满满平台上所看到的信息非货畅公司所发布的信息。

四、结语

平台规则是一种交易习惯，但又不同于传统的交易习惯，它有明确的制定主体和制定程序，成文化且体系化，由此平台规则的司法适用所引发的争议较小。由于电商交易的庞大数量，即便较小比例的平台纠纷逃逸到司法领域，其体量和绝对值仍然巨大无比，由此国家成立互联网法院专门审理此类案件。在案件审理的过程中，平台规则的合法性和合理性始终是审判的中心和基础，法院一般借用格式合同的标准审查平台规则的合法性，借用民法的基本原则衡量平台规则的合理性，在认可和补充大部分公共性平台规则的同时，也修正和否定少量的自利性平台规则。同为规制网络交易的规范体系，制定法与平台规则既有分工又有侧重，分工表现为平台规则的"先行先试"和"探索创新"，侧重则体现在平台规则对于制定法的细化和专业化。此种分工和侧重投射到司法领域，就表现为法官援用平台规则通过法律解释、漏洞补充和利益衡量构建裁判规范，这既体现了法官对于平台自治的尊重，也有助于促进平台治理中不同主体的各司其职和广泛合作，从而实现网络社会中的协同治理和合作共赢。

（编辑：戴津伟）

---

① 董淳锷：《"法律与商业行规"的理论谱系——基于交叉学科视角的多维阐释》，载《中山大学学报（社会科学版）》2020 年第 3 期，第 142 页。

② 参见安徽省芜湖市中级人民法院民事二审判决书（2020）皖 02 民终 2598 号。

③ 参见上海市第一中级人民法院民事二审判决书（2020）沪 01 民终 5967 号。

④ 参见安徽省芜湖市中级人民法院民事二审判决书（2020）皖 02 民终 2766 号。

论部门规章在商法中的价值补充功能及其规范实现*

——从“合同违反部门规章无效”的司法认定切入

吴冬兴**

摘　要　价值补充是“不确定法律概念”或“概括条款”在个案中得以具体化的法律方法程序。在各级人民法院“合同违反部门规章无效”的类案导向之下，商事审判实践似乎形成了“以部门规章作为不确定法概念或概括条款价值补充媒介”这一崭新进路。在应然意义上，相较于“法官自己对不确定概念或概括条款作价值补充”的传统进路，该进路确能提高价值补充说理的权威性、专业性和裁量拘束性。然而，作为“执行性解释”的部门规章，由于自身过于强烈的政策属性和强制秩序属性，介入商事裁判可能会引发政策对法律的不利影响，强制秩序对私法自治的不当干预等风险。因此，在商事裁判中，必须遵循严格的个案审查进路，对部门规章的合法性和裁判援引的必要性进行充分检讨，尽量规避法外因素的不当干扰，发挥部门规章在价值补充作业中的积极功能。

关键词　部门规章　不确定法律概念　概括条款　价值补充　个案审查

引　言

最高人民法院（下称“最高院”）关于“福建伟杰投资有限公司、福州天策实业有限

* 本文系国家社会科学基金重大项目“新兴学科视野中的法律逻辑及其拓展研究（项目编号：18ZDA034）的阶段性研究成果。

** 吴冬兴，男，安徽池州人，华东政法大学法律方法研究院博士研究生，研究方向为法律方法论。

公司营业信托纠纷案"① 的裁定意见，一度被业界视为保险行业穿透式监管的标杆案件。本案纠纷肇因于福州天策实业有限公司（原审原告，以下简称"天策公司"）和福建伟杰投资有限公司（原审被告，以下简称"伟杰公司"）之间，就双方的信托关系及《信托代持股协议》的效力而产生的分歧。在二审裁定中，最高院根据保监会（现为银保监会）依《保险法》授权②而制定的《保险公司股权管理办法》（2014 版）第 8 条："任何单位或者个人不得委托他人或者接受他人委托持有保险公司的股权"，在综合考量该《办法》的"规范目的、内容实质，以及实践中允许代持保险公司股权可能出现的危害后果"的基础上认定："由于双方签订的《信托持股协议》违反了中国保险监督管理委员会《保险公司股权管理办法》的禁止性规定，损害了社会公共利益，依法应认定为无效。"本案之所以引起广泛关注，最大的原因在于业界普遍认为，最高院的裁判意见将合同"违反部门规章"作为判断"合同损害社会公共利益"的准据。从裁判方法论的视角观之，本案应当反思的重点在于：按本案裁定，协议违反保监会的《保险公司股权管理办法》，"在一定程度上具有与直接违反《中华人民共和国保险法》等法律、行政法规一样的法律后果，同时还将出现破坏国家金融管理秩序、损害包括众多保险法律关系主体在内的社会公共利益的危害后果"，即"违反部门规章的合同会因损害社会公共利益而无效"，这一借助部门规章展开价值补充作业的裁判正当性何在？

一、部门规章作为价值补充媒介的方法论检视

当然，就商事裁判实践而言，本案只是进一步确认了"合同因违反部门规章而无效"的司法认定模式。因为早在 2007 年，最高法就在当年的全国民商事审判工作的会议上明确："如果违反地方性法规或者行政规章将导致损害社会公共利益，则可以根据合同法第五十二条第（四）项的规定，以损害公共利益为由确认合同无效。"并且，从最高院及部分地方法院近年来的裁判实践来看，合同因违反部门规章被认为"损害社会公共利益"而无效的裁判进路更是一直存在的。其中的典型案例就包括："巴菲特投资有限公司诉上海自来水投资建设有限公司股权转让纠纷案""安徽福利彩票发行中心与北京的德法利科技发展有限责任公司营销协议纠纷案""杨金国、林金坤股权转让纠纷案""张雪蓉与祁骥房屋租赁合同纠纷案"等案件。在 2019 年公布的《九民纪要》中，最高院进一步明确并

① 本文所援引的裁判文书的相关内容，具体参见"福建伟杰投资有限公司、福州天策实业有限公司营业信托纠纷案"，最高人民法院（2017）民终 529 号民事判决书。

② 《中华人民共和国保险法》第 134 条规定："国务院保险监督管理机构依照法律、行政法规制定并发布有关保险业监督管理的规章"。因此中国保监会作为国务院直属的保险监督管理机构，有权根据《保险法》的授权制定相关规章。

细化了这一立场。①

（一）部门规章作为价值补充媒介的类案检视

既然《合同法司法解释（一）》第4条早就明确规定："合同法实施以后，人民法院确认合同无效，应当以全国人大及其常委会制定的法律和国务院制定的行政法规为依据，不得以地方性法规、行政规章为依据。"那么以部门规章作为社会公共利益判断基准的裁判进路，似乎又挑战了"合同效力的认定准据只能是法律和行政法规"的法理共识。② 对此，法律方法论认为，直接将部门规章作为合同的效力判断依据，与运用部门规章对"社会公共利益"概念进行补充说明具有本质差异。前者系将部门规章作为规范法源，后者则是将部门规章作为不确定法律概念或概括条款的价值补充媒介。并且，部门规章作为价值补充媒介已经在司法实践中存在相应类案。

在"巴菲特投资有限公司诉上海自来水投资建设有限公司股权转让纠纷案"中，上海市高院和上海市二中院均认为，国资委、财政部制定的《企业国有产权转让管理暂行办法》、上海市人民政府制定的《上海市产权交易市场管理办法》"虽然不是行政法规，但均系依据国务院的授权对《企业国有资产监督管理条例》的实施所制定的细则办法。根据《企业国有资产监督管理暂行条例》第十三条的规定，国务院国有资产监督管理机构可以制定企业国有资产监督管理的规章、制度。而且，规定企业国有产权转让应当进场交易的目的，在于通过严格规范的程序保证交易的公开、公平、公正，最大限度地防止国有资产流失，避免国家利益、社会公共利益受损。因此，《企业国有产权转让管理暂行办法》《上海市产权交易市场管理办法》的上述规定，符合上位法的精神，不违背上位法的具体规定，应当在企业国有资产转让过程中贯彻实施"，并最终根据《合同法》第52条第4项认定涉案协议无效。③

在"安徽福利彩票发行中心与北京的德法利科技发展有限责任公司营销协议纠纷案"中，最高院认为"合同法实施以后，人民法院确认合同无效，应当以全国人大及其常委会制定的法律和国务院制定的行政法规为依据，不得以地方性法规、行政规章为依据。因此

---

① 《九民纪要》第31条规定："违反规章一般情况下不影响合同效力，但该规章的内容涉及金融安全、市场秩序、国家宏观政策等公序良俗的，应当认定合同无效。人民法院在认定规章是否涉及公序良俗时，要在考察规范对象基础上，兼顾监管强度、交易安全保护以及社会影响等方面进行慎重考量，并在裁判文书中进行充分说理。"

② 在最高院先前的判决中，合同违反部门规章并非链接"损害社会公共利益条款"进而导致合同无效的认定路径。例如在"大连锦绣大厦有限公司与佳定工程有限公司拖欠工程款纠纷上诉案"中，最高院就在裁判意见中认定"佳定公司虽在施工过程中没有办理资质证和登记注册，违反了建设部和工商总局的相关规定，但依据法律规定，违反部门规章的规定，不构成合同无效的条件；而且佳定公司已实际履行了合同的内容，也补办了资质证和登记注册，说明其还是具备承包工程的资质。"详见"大连锦绣大厦有限公司与佳定工程有限公司拖欠工程款纠纷上诉案"，最高人民法院（2000）民终字第101号民事判决书。

③ 详见"巴菲特投资有限公司诉上海自来水投资建设有限公司股权转让纠纷案"中，载《中华人民共和国最高人民法院公报》2010年第4期。

在本案合同效力的认定上，不应以行政规章的规定为认定依据。但在法律行政法规没有规定，而相关行政主管部门制定的行政规章涉及社会公共利益保护的情形下，可以参照适用其规定，若违反其效力性禁止性规定，可以以违反《中华人民共和国合同法》第十二条第四项的规定，以损害社会公共利益为由确认合同无效。"①

在"杨金国、林金坤股权转让纠纷案"，最高院也以诉争《委托投资协议书》及《协议书》违反证监会根据证券法授权制定的《首次公开发行股票并上市管理办法》《上市公司信息披露管理办法》的监管规范为由，判定涉案协议因违反合同法第五十二条第四项的规定而无效。② 在"张雪蓉与祁骥房屋租赁合同纠纷案"中，上海市一中院根据建设部、发展改革委、监察部、财政部、国土资源部、人民银行、税务总局于2007年共同颁布的《经济适用住房管理办法》认定涉案合同因违反公共利益而无效。③

（二）不确定法律概念价值补充的传统进路检视

"社会公共利益"既属于规范性不确定法律概念，也构成概括条款的核心要素。不确定法律概念或概括条款的主要机能，"在于使法律运用灵活，顾及个案，适应社会发展，并引进变迁中的伦理观念，使法律能与时俱进，实践其规范功能"。④ 但是，不确定法律概念或概括条款，"本身也像一个摆渡工具，需要法官做相应的价值补充"。⑤ 换言之，不确定法律概念或概括条款须为价值补充方可进行适用。所谓价值补充，依传统的方法论主张，系指"立法者已授权法官于个案中进行补充，且其补充方式是由法官依价值判断将不确定法律观念和一般条款具体化"。⑥ 尽管从目前来看，价值补充在法律方法论上的理论定位仍是一个饱受争议的问题，⑦ 但是一般来说，传统的价值补充方法都会主张，"法官将不确定法律概念具体化，并非为同类案件厘定一个具体的标准，而是应'case by case'，随各个具体案件，依照法律的精神、立法目的，针对社会的情形和需要，予以具体化，以求实质的公平与妥当。"⑧ 在具体方法上，针对不确定法律概念或概括条款，传统的价值

---

① 详见"安徽福利彩票发行中心与北京的德法利科技发展有限责任公司营销协议纠纷案"，最高人民法院（2008）民提字第61号民事判决书。

② 参见"杨金国、林金坤股权转让纠纷案"，最高人民法院（2017）民申2454号民事判决书。

③ 参见"张雪蓉与祁骥房屋租赁合同纠纷案"，上海市第一中级人民法院（2016）沪01民终5440号民事判决书。

④ 王泽鉴：《民法总则》，北京大学出版社2009年版，第61页。

⑤ 韩世远：《合同法总论》，法律出版社2018年版，第228－229页。

⑥ 梁慧星：《民法解释学》，法律出版社2015年版，第298页。

⑦ 价值补充的性质，在法学方法论上存在三种学说：法律解释说，漏洞填补说，独立类型说。法律解释说主张：其一，不确定法律概念纵有不确定性，但是难谓实证法无规定；其二，不论根据"主观的漏洞说"还是"客观的漏洞说"，不确定概念或概括条款的价值补充都难谓"违反计划性"。法律漏洞说认为：不确定法律概念属于"授权补充的漏洞"或"法内漏洞"。独立类型说则提出：价值补充既不能被归入法律解释，也不能被归为法律漏洞，应将之作为独立案型处理。相比较而言，法律漏洞说似有成通说之势。参见黄茂荣：《法学方法与现代民法》，自版发行2020年版，第695－699页。

⑧ 杨仁寿：《法学方法论》，中国政法大学出版社2013年版，第186页。

补充进路也基本遵循“案例－案例群－类型化”的适用方法。①

（三）部门规章作为价值补充媒介需要方法论证成

最高院的这一裁判实例及相关类案表明，最高院和各地方法院的普遍实践已经形成了相异于传统价值补充的方法论进路：“通过部门规章作价值补充”。②“方法选择是某种规范的事物，我们透过一个纯粹的经验的研究是无法查明的。”③ 这一进路是否能够经受裁判方法论的正当性检验就是其必须首先应对的质疑。第一，不论是形成于2007年和2019年的民商事审判工作会议纪要，还是目前司法的普遍实践，都无法构成这一裁判进路的正当性基础。一方面，上述会议纪要并非规范性法源；另一方面，事实和价值的二分也表明作为事实的司法实践并不能证成规范拘束力。第二，即便该进路满足了司法裁判的合法性要求，从上升到一种价值补充作业范式的高度来看：（1）作为一种新的价值补充进路，其相对于传统进路的优势何在？（2）其系统性应用会不会引发制度性风险，导致诸如强制秩序过度干预私法自治、从司法克制偏向“行政篡权”、甚至形成“借法律、行政法规之名，行部门规章之实”的司法窘境？下文将以“合同违反部门规章无效”的司法认定为切入点，提出在商事裁判中，部门规章具有作为不确定法律概念或概括条款价值媒介的合法性基础，并通过考察其实践优势和可能风险，提出完善部门规章价值补充功能的理论建议。

二、作为“执行性解释”的部门规章具备价值补充的合法性基础

《最高人民法院关于加强和规范裁判文书释法说理的指导意见》第12条前半句规定：“裁判文书引用规范性法律文件进行释法说理，应当适用《最高人民法院关于裁判文书引用法律、法规等规范性法律文件的规定》等相关规定”。④ 由《最高人民法院关于裁判文书引用法律、法规等规范性法律文件的规定》第6条可知，在商事裁判中，部门规章作为规范性文件，可“根据审理案件的需要，经审查认定为合法有效的，可以作为裁判说理的依据”。⑤ 因此，在商法上，应当认为部门规章作为不确定法律概念的价值补充媒介，具有相应的制度理据。具体来说，部门规章作为价值补充媒介的合法性基础，恰恰栖身于“合法有效”和“根据需要”这两大要素：“合法有效”指向部门规章的法定构造；“根据需要”则指向个案中，裁判说理援引部门规章的必要性。这意味着在商事裁判中，只要是“合法有效”的部门规章，且确有裁判援引必要的，就能作为商法不确定法律概念或概括

---

① 参见刘亚东：《民法概括条款适用的方法论》，载《政治与法律》2019年第12期，第78页。

② 韩世远：《合同法总论》，法律出版社2018年版，第229－230页。

③ ［德］考夫曼：《法律哲学》，刘幸义等译，法律出版社2004年版，第83页。

④ 《最高人民法院关于加强和规范裁判文书释法说理的指导意见》，法发〔2018〕10号。

⑤ 《最高人民法院关于裁判文书引用法律、法规等规范性法律文件的规定》，法释［2009］14号。

条款的价值补充依据。

（一）"合法有效"依附于部门规章的"执行性"属性

目前，我国部门规章立法的规范性文件主要是《宪法》《立法法》和国务院根据《立法法》制定的《规章制定程序条例》。① 第一，就部门规章制定权的主体而言：《宪法》规定，享有部门规章制定权的主体仅包括国务院各部和各委员会。《立法法》规定，享有部门规章制定权不仅包括国务院各部和各委员会，还包括中国人民银行、审计署和具有行政管理职能的直属机构。第二，就部门规章制定权的来源而言：《宪法》规定，部门规章的授权来源是法律和国务院的行政法规、决定、命令。《立法法》对此也进行了同样的规定，但是不同于《立法法》规定的是，《宪法》还赋予了国务院各部、各委员会发布命令、指示的权力。第三，就部门规章的权限范围而言：《立法法》规定，部门规章规定的事项应当属于执行法律或者国务院的行政法规、决定、命令的事项。没有法律或者国务院的行政法规、决定、命令的依据，部门规章不得设定减损公民、法人和其他组织权利或者增加其义务的规范，不得增加本部门的权力或者减少本部门的法定职责。《规章制定程序条例》除缺省"部门规章规定的事项应当属于执行法律或者国务院的行政法规、决定、命令的事项"的规定，作出了与《立法法》第 80 条第 2 款相同的规定。第四，就规章的制定程序而言：《立法法》第 83 条规定："国务院部门规章和地方政府规章的制定程序，参照本法第三章的规定，由国务院规定。"其具体制定程序也由国务院通过《规章制定程序条例》加以落实。

从上述分析可以看出，部门规章在我国法律体系中是作为"执行法律或者国务院的行政法规、决定、命令的事项"而存在的，也就是说，部门规章最大的特征是其"执行性"。部门规章的"执行性"以部门规章创制的从属性和受制性为突出特征，"在多种层次、多种类别的中央立法体制中，它是位于最低层次的一种立法。而其从属性和受制性的具体表现，就是其不但要以执行法律和行政法规为内容，而且还要以执行并不属于法的渊源的国务院的决定与命令为内容"。② 而且，这一点也可以由《立法法》对部门规章和地方政府规章的不同规定而得出，因为《立法法》不仅赋予了地方政府规章执行性立法的权力，而且也赋予了地方政府创设性立法的权力。③

部门规章的执行性立法属性意味着其并无对上位法作出补充性立法或自主性立法权限。具体来说，执行性立法"是指行政机关为了执行或实现特定法律和法规或者上级行政

---

① 参见《宪法》第 90 条第 2 款，《立法法》第 80 条，《规章制定程序条例》第 3 条。

② 沈福俊：《部门规章为什么没有行政许可设定权——部门规章功能分析》，载《政治与法律》2005 年第 6 期，第 76 页。

③ 参见《立法法》第 82 条第 2 款。

机关行政规范的规定而进行的立法”，① 其立法规则可以概括如下，“就义务性规则和职权性规则而言，国家法律应当视为统一性标准；就权利性规则和职责性规则而言，国家法律可以视为最低限度的标准。”② 因此，执行性立法最大的特征就是将“法律规定的内容具体化”。③ 在此意义上，部门规章的“合法有效”，实际上依附于其执行性立法属性。

（二）“根据需要”源于部门规章的“解释性”特征

出于法律语言的模糊性、规范之间的可能冲突、规范调整的缺位、基于正义原因裁判对规范的背离等考量，法律适用总是会直接或间接导向不确定法律概念或概括条款的价值补充。④ 在商事裁判实践中，“根据需要”援引部门规章作为裁判依据意味着，部门规章可以为相关不确定法律概念或概括条款的阐释提供充足的规范性理据。正如张志铭教授所说，“‘法律’包括一些‘基本法律’的解释权顺着‘法律 – 实施细则 – 实施细则的解释’的‘流行’也进入了政府主管部门的职能范畴。”⑤ 可以说，至少在事实层面，部门规章在很大程度上也承担着某种“解释”的功能。姜明安教授甚至直接将“行政法定解释性文件”⑥ 归入行政立法的范畴。也就是说，国务院职能部门实际上会通过规章的形式实施行政解释权。

这也不难理解，毕竟法律的实施与对法律的理解和解释是不可分离的，作为执行性立法的部门规章，显然是执行相关法律必不可少的前置性要素。准此而言，即便某些部门规章并不属于专门的“行政法定解释性文件”，但是这些部门规章中一定会含有某些行政解释成分或解释性条款。如果作进一步推论，既然部门规章作为执行性立法，其功能在于将“法律规定的内容具体化”，那么，部门规章无疑会具备某种解释属性。这样，在执行性立法属性的制约之下，部门规章的调整范围就被限定在与执法有关的事项中，⑦ 因此，在应然意义上，部门规章对作为制定依据的上位法所进行的“解释”并不是补充性解释，更不是创制性解释。因为执行性立法意味着部门规章无权对上位法做出补充性规定或创制性规

---

① 姜明安：《行政法与行政诉讼法》，北京大学出版社、高等教育出版社 2015 年版，第 162 页。

② 程庆栋：《执行性立法“抵触”的判定标准及其应用方法》，载《华东政法大学学报》2017 年第 5 期，第 181 页。

③ 章志远：《行政法学总论》，北京大学出版社 2014 年版，第 248 页。

④ 参见［德］罗伯特·阿列克西：《法律论证理论——作为法律论证理论的理性论辩理论》，舒国滢译，商务印书馆 2019 年版，第 1 – 2 页。

⑤ 张志铭：《法律解释学》，中国人民大学出版社，2015 年版，第 166 页。

⑥ “行政法定解释性文件，是指具有法定解释权的行政主体对法律规范进行解释而形成的具有普遍性强制约束力的行政规范文件。”在行政规范性文件中，有一类文件被称为“行政解释性文件”，“所谓行政解释性文件，就是指行政主体为了实施法律、法规或规章，统一各个行政主体及其公务员对法律、法规和规章的理解及执行，对法律、法规和规章进行解释而形成的规范性文件行政解释性文件又可以分为行政法定解释性文件和行政自主解释性文件两类。”详见姜明安：《行政法与行政诉讼法》，北京大学出版社、高等教育出版社 2015 年版，第 175 页。

⑦ 参见徐向华主编：《立法学教程》，上海交通大学出版社 2010 年版，第 141 页。

定，而“只能将法律规定的内容具体化，不能创设新的权利义务”。[①] 那么，商事裁判为何容许引入部门规章作为价值补充的基准，就可以被转化为这样的问题：为何商事裁判可以纳入行政机构的抽象解释?

对这一问题的回答，须从价值补充的理论定性说起。按照通说，不确定法律概念的价值补充属于漏洞填补。“在漏洞领域进行法律适用的所有步骤，也就是法官对漏洞的定义，漏洞和填补。”[②] 并且法官进行填补作业时必定会受到宪法、相关规范的射程、一般法律原则及整个法秩序“内部体系”的制约。[③] 因此，价值补充的传统进路须根据“法律的精神、立法目的，针对社会的情形和需要”将不确定法概念或概括条款具体化。那么，从程度上来看，只要依据“部门规章”进行价值补充与“法官个人的补充”具有相当性乃至更符合裁判拘束性要求，“部门规章作为价值补充”的合法性就不应存在任何质疑。而这一点恰恰可以从部门规章的“执行性解释”属性中导出。既然部门规章对规范文件的解释只是一种执行性解释，那么从解释主体、解释程序、解释结论的角度看，部门规章作为价值补充媒介无疑是具有合法性基础的。

首先，从解释主体看，那么无论是根据 1981 年全国人大常委会《关于加强法律解释的决议》，还是前文所述的《规章制定规范》，部门规章都属于“有权解释”。当然在商事裁判中，这种“有权解释”并无法律拘束力，因其不属于民法的规范法源。但是从参照适用的要求和价值补充视角来看，其权威性足以胜任价值补充媒介的角色，也具备目的上的合法性；其次，从解释程序来看，如前所述，《立法法》及国务院颁布的《规章制定程序条例》都要求部门规章必须依法定程序制定与发布，这可以从法律程序上保证部门规章作为价值补充媒介的合法性；第三，从解释的结论看，作为执行性立法的规章，其任务在于将法律规范的内容予以具体化，而不能进行意义的添加或限缩。因此，这种“执行性解释”在规范层面就是法律文本固有的意义，而不应包含解释机关所增减的含义。这恰恰可以从内容上保证部门规章作为价值补充媒介的合法性。

三、部门规章作为价值补充媒介的价值与风险

一方面，相较于价值补充的传统进路，在商事裁判中，援引部门规章作为商法不确定法概念或概括条款的价值补充媒介有其自身优势，否则，其作为独立的价值补充进路就无存在必要；但是另一方面，由于部门规章本身过于强烈的政策属性和强制秩序属性，其系统性应用也会引发相应的制度风险。部门规章作为价值补充媒介的优势体现为其地位的权威性、内容的专业性和裁量的拘束性；其系统性应用可能诱发的风险包括政策的易变性瓦解法律的稳定性，政策缺陷向司法延续甚至被放大，从“司法克制”倒向“行政篡权”，

① 章志远：《行政法学总论》，北京大学出版社 2014 年版，第 248 页。

② ［德］伯恩·魏德士《法理学》，丁晓春、吴越译，法律出版社 2013 年版，第 374 页。

③ 参见［德］伯恩·魏德士《法理学》，丁晓春、吴越译，法律出版社 2013 年版，第 374 页。

过度干扰私法自治等。

（一）部门规章作为价值补充媒介的优势

部门规章作为价值补充媒介，可以强化商事裁判价值补充说理的权威性。在法律论证中，裁判说理的可接受性高度依赖理由的权威性。法理学一般认为，权威意味着内容独立性，即来源与内容的分离，理由的来源独立决定结论的可接受性。[①] 在商事裁判中，相较于法官依个人的价值认知而展开的价值补充作业，借助部门规章实施的价值补充范式无疑更具权威性。与普通法系不同的是，大陆法系普遍怀着对法官的不信任，在司法克制的姿态下，总是试图以各种方式限制法官的自由裁量权。[②] 这种姿态业已随着法律继受而成为我国法律文化的组成部分。同时，兼顾到预防司法腐败、统一裁量尺度、提升裁判质量等要求，以国家机关面目出现，以规范性文件形式呈现的部门规章，作为商法不确定法律概念或概括条款的价值补充媒介，无疑具有更强的权威性。例如在金融资本市场监管领域，国务院金融监管部门总是“着眼于微观层面对于金融乱象的整顿，以规范金融机构的表外业务，推动资管业务转型，防范系统性风险”，[③] 进而出台相关的部门规章。很显然，在商事审判中，援引央行、银保监会、证监会等多部委基于职权而创制具有执行性解释属性的行政规章，自然可以强化裁判说理的权威性。

部门规章作为价值补充媒介，能够提升商事裁判价值补充说理的操作专业性。从国务院部委参与立法以及部门规章作为“执行性解释”的专门性角度看，援引部门规章也有利于提升法官实施价值补充作业的专业性。在2015年修订的《立法法》中，立法的诸多事项都不同程度地和国务院各职能部门挂钩。从《立法法》和《行政法规制定程序条例》看，国务院职能部门参与立法的途径主要可以分为两种：第一种是职能部门负责起草法律草案；第二种是在法律听证，立法论证和立法征求意见时，各职能部门可以有效地对相关条款提出调整意见。例如，两次《保险法》的起草主要都是由保监会执笔的；根据《立法法》和《行政法规制定程序条例》，国务院职能部门本身就是行政法规起草的法定主体。[④] 从立法过程参与来看，在我国，根据《立法法》第36条第2、3、4款的规定，国务院职能部门是《立法法》明确加以规定的立法论证、立法听证和立法征求意见的参与主

---

① 参见吴冬兴：《制定法先例的解释功能研究——基于美国联邦制定法裁判应用的探讨》，载陈金钊、谢晖主编：《法律方法》第26卷，中国法制出版社2019年版，第96页。

② 例如，在普通法系传统中，衡平法法官被视为“国王良心的守护者”，相反，在孟德斯鸠、韦伯等欧陆学者眼中，法官总是被迫承受着“自动售货机式”的设定。伍德教授亦曾经从美国法律史的角度详细论述了美国自殖民时期到现代，民众如何从“对司法权力和司法裁量的敌意”到将法官视为“民众和立法机关之间的中间体角色”的转变过程。参见［美］安东宁·斯卡利亚等著：《联邦法院如何解释法律》，蒋惠岭等译，张泰苏校，中国法制出版社2017年版，第69－90页。

③ 张研：《“大资管”时代的行业监管困境与出路》，载《中国法律评论》2019年第2期，第196页。

④ 参见《立法法》第67条、《行政法规制定程序条例》第10条。

体。[1] 从“执行性解释”的专门性看，作为执行性立法的部门规章，无疑承担着行政管理的重要职能。因而，相关职能部门对所监管领域理论和实践的熟悉度一般被认为远胜过法官的个人判断。职能部门参与立法案的起草及有效立法意见的提出，无疑使得这些职能部门对相关法律规定的具体内容更为熟谙，加上对所监管领域的专门性，无疑使得部门规章作为“法律法规内容的细化”更加准确，更为专业。因此，相较于法官的个人认知，以部门规章作为价值补充媒介无疑更具专业性。

部门规章作为价值补充媒介，可以提高商事裁判司法裁量的拘束性。“通过解释规则限制法官自由裁量权”,[2] 借助“文本、立法目的、先例限制法官”[3] 一直是司法方法论研究的中心议题。然而，针对不确定法律概念，传统的“价值补充或具体化过程都带有解释的能动性，会趋向解释者主观判断，增加过度与任意解释的风险”。[4] 司法的困境即在于，一方面，法官的自由裁量是案件裁判所必须的；另一方面，自由裁量又可能会偏向恣意裁量。这一点恰恰是价值补充的传统进路所面临的司法悖论。但是部门规章作为价值补充媒介，无疑开辟出了一条有别于传统进路的价值补充范式。在商事裁判中，当法官以部门规章作为不确定法概念或概括条款的价值判断基准时，而不是凭借法官个人的价值认知和模糊的法律规定为导向进行自由裁量，对降低解释的能动性，减轻解释的主观成分，规避过度和任意解释，跳出传统价值补充的悖论有着十分重要的意义。

（二）部门规章作为价值补充媒介的风险

尽管部门规章作为价值补充作业具有不可比拟的优势，但是其系统性应用还是可能诱发政策对法律的不利影响。在作为典范的大陆法系国家民法典中，几乎难觅国家政策作为规范法源的规定。究其原因，就是担心政策的适用会对法律的运行造成的不利影响。在《民法总则》的起草过程中，以梁慧星教授为代表的一批民法学者就强烈地要求对《民法通则》第6条关于国家政策民事法源地位进行修正，甚至在梁慧星教授看来，“如果民法总则将‘政策’规定为‘法源’，必将贻害中国法治伟业，并成为国内外敌对势力攻击、丑化中国法治的把柄。”[5] 最终在《民法总则》第10条中，政策正式退出民法的规范法源序列。

政策与法律当然不可能截然分开，从目前来看，政策介入商事裁判主要通过两种途径来实现：第一，政策通过司法解释介入商事司法；第二，政策借助裁判理由进入商事司

---

① 参见《立法法》第36条第2款、第3款、第4款。

② Antonin Scalia & Bryan A. Garner, *Reading Law*: *The Interpretation of Legal Texts*, West Group, 2012 p. 9.

③ See William N. Eskridge, Jr.: The New Textualism and Normative Canons, 130 *Colum. L. Rev.* 533.

④ 杨铜铜;《不确定法律概念的体系解释—“北雁云依案”为素材》，载《法学》2018年第6期，第126页。

⑤ 梁慧星：《民法总则绝对不能规定“政策”为“法源”》，载爱思想 http://www.aisixiang.com/data/102922.html，最后访问日期：2020年12月6日。

法。前者被称为显性途径，后者被称为隐性途径。① 作为行政立法的部门规章，依附于行政权而存在，其无疑带有浓烈的政策属性。部门规章作为不确定法概念或概括条款的价值补充媒介，就属于政策介入商事裁判的隐性途径。以部门规章为基准进行价值判断，无疑也可能带来政策对法律的不利影响。诸如政策的易变性可能瓦解法律的稳定性，政策缺陷可能向司法延续甚至被放大。另外，会不会因长期以来我国所奉行司法克制的姿态，把对法官的不信任转向对政策的依赖，在特定领域形成所谓的"行政篡权"现象？更有甚者，在能动司法的号召下，司法权成为行政权的喉舌和助手，为政策的顺利施行"保驾护航"。故而，《九民纪要》强调，"规章的内容涉及金融安全、市场秩序、国家宏观政策等公序良俗的，应当认定合同无效"，似乎存在过于绝对化之嫌。

首先，价值补充不当会威胁私法自治的价值根基。由于部委规章具有强烈的政策属性和监管效率追求，通过"部委规章"为价值补充时，很容易造成公权力对私法自治的过度干预。私法上的法律关系，系以意思表示为核心建构起的庞大体系。"私法自治—在其合法的范围内—保障个人根据自己的意志，通过法律行为构筑其法律关系的可能性"。② 当然法律行为亦可能涉及特定或不特定第三人，通过法律行为效力制度予以矫正固属必要。"维续社会共同体以尊重必要的强制秩序为前提，该强制秩序不得为任何个别意志所改变，处在自治领域之外"。③ 可是一旦超越了私法所要求的必要的强制秩序，就会瓦解私法自治的根基。以"福建伟杰投资有限公司、福州天策实业有限公司营业信托纠纷案"为例，《保险公司管理办法》第8条，实际上属于穿透式金融监管的规章设定，存在滥用金融监管职权干预私法自治之嫌，对此，有学者就一针见血地指出，"穿透式监管的客观性要求其嵌入合同的治理必须以客观穿透而非价值判断为定位"。④ 换言之，穿透式保险监管实际上只能在事实层面将合同链条中的相关交易主体纳入监管范围之内，至于合同的效力认定，则只能基于私法的价值脉络为具体判断。因此，当裁判者借助部委规章为价值补充时，如果误将管理性规定当作效力性规定，误将抵触上位法的效力性规定当成价值准据，就容易诱发威胁私法自治价值的实践风险。

其次，价值补充不当会减损商法不确定法律概念或概括条款的动态调整机能。"商法不确定法律概念或概括条款的解释适用，必须作严格限制，以免被滥用，致生不良后果"。⑤ 以商法上的"社会公共利益"概念为例，其应当是以"市场秩序"之维护为核心的开放概念。作为合同效力的控制性因素，社会公共利益具有维护私法秩序的正常运转的

---

① 参见齐恩平：《国家政策的民法法源论》，载《天津师范大学学报》（社会科学版）2018年第2期，第9页。

② ［德］迪特尔·梅迪库斯：《德国民法总论》，邵建东译，法律出版社2013年版，第8页。

③ 朱庆育：《民法总论》，北京大学出版社2016年版，第294页。

④ 邓纲、吴英霞：《穿透式监管如何嵌入合同治理——以"天策公司和伟杰公司股权代持纠纷一案"为例》，载《安徽大学学报（哲学社会科学版）》2019年第3期，第108页。

⑤ 韩世远：《合同法总论》，法律出版社2018年版，第228页。

功能，因而具有极端的实践重要性。然而，在合同效力的审查中，一旦“社会公共利益”无法得到准确的价值补充，其效力控制机能就会受到极大减损。在“福建伟杰投资有限公司、福州天策实业有限公司营业信托纠纷案”中，最高院在综合分析实践中允许代持保险公司股权可能出现的危害后果之后，认定本案中的社会公共利益应当包括，“对可能损害保险关系主体利益行为之禁止”。此种“社会公共利益”的补充，显然就降低了“社会公共利益”的效力控制机能。因为，作为合同效力准据的“社会公共利益”，必定是处在确定状态或高度盖然性状态，对可能损害特定商法秩序行为之禁止，显然不属于商法“社会公共利益”的范畴。

四、部门规章作为价值补充媒介的规范进路

一方面，基于部门规章的执行性解释属性，将之作为商法不确定法律概念或概括条款的价值补充媒介确实具有实践必要性。另一方面，由于部门规章本身过于强烈的政策属性和强制秩序属性，一旦价值补充不当，亦将会对商法的基本价值体系造成严重威胁。“事实上，真正需要警惕的并非公法‘过度’干涉私法秩序，而是‘错误’干涉私法秩序。”① 因此，在商事裁判中，援引部门规章作为价值补充媒介，必须因循个案特质对部门规章进行充分审查。本文认为，在商事裁判中援引部门规章作为价值补充媒介，对部门规章的审查可以分为外部审查和内部审查两个维度。外部审查要求法官把握部门规章创制的执行性要求，严格根据上位法规定对之进行“合法有效”审查。内部审查则要求法官审核部门规章的援引必要性，在综合考察规章类型，规章立法参与和待补充对象的基础上，规范价值补充的裁判说理，以维持政策与法律、强制秩序与私法自治的动态平衡。

（一）外部审查：部门规章的“合法有效”审查

由《裁判规范规定》第6条可知，在商事裁判中，可援引的部门规章必须满足“合法有效”这一前置性要求。进言之，部门规章合乎上位法规定构成其可作为价值补充媒介的法定条件。在规范设置上，一旦部门规章超越其自身的执行性定位，其作为不确定法律概念或概括条款价值补充媒介之功能定位也就丧失了正当性依据。由《宪法》第90条第2款、《立法法》第87条、《规章制定程序条例》第3条第1款规定可知，部门规章在法律上的有效性，实际上取决于部门规章是否合乎宪法、合乎法律、合乎行政法规和国务院的行政决议及行政命令。虽然在我国现行的立法监督体系中，部门规章的立法审查属于国务院的立法监督权。② 但是实际情况却是，不仅部门“规章的合宪性审查是一项已经存在、尚待完善的立法监督制度”，③ 在合法律性和合规（行政法规）性层面，部门规章的审查

① 李建伟：《行政规章影响商事合同效力的司法进路》，载《法学》2019年第9期，第191页。

② 参见《立法法》第97条第3项。

③ 莫纪宏：《论规章的合宪性审查机制》，载《江汉大学学报（社会科学版）》2018年第3期，第5页。

工作也存在不少缺漏。为了保证作为价值补充媒介的部门规章满足“合法有效”要求，在个案裁判中，法官必须从实质和形式上对部门规章合乎宪法、合乎法律以及合乎行政法规进行严格审查。①

根据法秩序统一性原理，作为执行性立法的部门规章，其“合法有效”必须满足不抵触上位法之要求。原因在于：第一，只要在制度上并未将部门规章作为规范法源，实践中也未形成“司法机关尊重行政机构抽象性解释”经验性规则，司法机关就必须根据法制统一要求在个案中对部门规章进行法源检视。第二，从现状来看，我国的部门规章审查制度和实践均存在重大问题。法官既然选择将部门规章作为不确定法概念或价值补充条款的价值补充媒介，那么对部门规章进行规范性审查就是法官应尽的裁判说理义务。第三，价值补充进路下法官对部门规章的审查，不同于《立法法》所规定的规范性文件审查制度，其并不涉及司法权与行政权、立法权的关系问题，也不会存在制度障碍。“不抵触”意味着，部门规章既不得与上位法规则相抵触，也不得与上位法原则相抵触。其具体要求包括：不得对上位法作出相反规定；不得作出抵消上位法规定之规定；不得与上位法的立法原则和精神相悖；不得超越上位法设定的具体权限。② 规则抵触的判定必须恪守“发现上位法规则、要素比较、对应情形和标准、得出结论”③ 这一规范程式；原则抵触的判定则需要在不同规范目的构成的法域价值体系中展开具体权衡，并不得偏离主导性价值的规范意旨。

在“伟杰公司与天策公司营业信托纠纷案”中，最高院对《保险公司股权管理》办法的“合法有效”审查显然就有流于形式之嫌。首先，根据 2015 年修正的《立法法》，我国的授权立法基本只存在两种形式。第一种是全国人大及其常委会对国务院的授权，第二种是全国人大常委会对经济特区所在地的省、市的人大及其常务委员会的授权。④ 而且，授权事项须非法律保留事项，并不得转授权。⑤ 准此而言，保监会所制定的《保险公司股权管理办法》就并非授权立法。至于最高院所援引的作为“授权依据”的《保险法》第 132 条只不过是作为执行性立法的法律依据，也就是制定《保险公司股权管理办法》的依据。换言之，《保险法》仅赋予保监会制定执行《保险法》的相关规章的权力，而不是授权保监会对《保险法》进行补充性规定。所以，从措辞上看，“授权”一词显然于法无据。那么这里的“授权”就只能被解释为《保险公司股权管理办法》（以下称《办法》）是根据《保险法》的规定而制定的，这充其量只从形式上证明该规章的制定具有执行性立

① 本文认为，出于民事裁判的规范性要求，依据国务院行政决议和行政命令制定的部门规章不能作为价值补充媒介，因此无须作为外部审查的内容，本文将在后文对此加以详细论述。

② 参见全国人大常委会法制工作委员会国家法室编著：《中华人民共和国立法法释义》，法律出版社 2015 年版，第 303 页。

③ 程庆栋：《执行性立法“抵触”的判定标准及其应用方法》，载《华东政法大学学报》2017 年第 5 期，第 181 页。

④ 参见《立法法》第 9 条、第 74 条。

⑤ 参见《立法法》第 9 条、第 12 条第 2 款。

法的合法性来源。第二，最高人民法院似乎将论证的重点放在了保监会《办法》的合目的性上。最高人民法院认为，“该管理办法关于禁止代持保险公司股权的规定与《中华人民共和国保险法》的立法目的一致，都是为了加强对保险业的监督管理，维护社会经济秩序和社会公共利益，促进保险事业的健康发展”。但是，在执行性立法中，“与上位法规则相抵触，但不与上位法原则相抵触”也是执行性立法抵触上位法的一种典型情形。由此可见，单纯的目的性论证并不能说明部门规章的合法性问题。那么，该《办法》未与上位法及同位阶规范产生冲突，且具体的规范目的亦契合整个商法的价值体系，显然就是本案需要论证的重点内容。但是最高人民法院在这里却简单地一笔带过，在论证的可接受性层面明显不足。

（二）内部审查：说理援引的“必要性”审查

商事裁判在进行价值补充作业时，还必须对所援引的部门规章进行内部审查。所谓内部审查，就是援引部门规章作为价值补充媒介的必要性审查，内部审查的要素是与部门规章作为价值补充媒介的优势相关联的。一旦部门规章作为价值补充媒介的在个案中的合理性不复存在，那么援引部门规章进行价值补充不仅会变得毫无必要，而且还会增加法官的论证负担，造成司法资源的浪费。如前所述，部门规章作为价值补充媒介的优势体现在其说理的权威性、解释的专门性、立法的参与性、裁量的拘束性之上。裁量的拘束性是适用部门规章进行价值补充所带来的客观效果，当然不属于审查的范围；说理的权威性建立在其法律定位之上，这一点主要通过外部审查来保证，但是从民事裁判的规范性出发，还是应当在从内部对部门规章进行类型审查；部门规章内部审查的重点应当落在解释的专门性和立法参与性之上。

第一，在商法不确定法概念或概括条款的价值补充作业中，作为价值补充媒介的部门规章只能是根据法律和行政法规制定的部门规章。如前所述，根据《宪法》和《立法法》的规定，部门规章的制定依据包括法律、行政法规、国务院的行政决议和行政命令。换言之，根据现有的法律规定，以制定依据为标准，部门规章其实可以被分为依法律制定的部门规章，依行政法规制定的部门规章，依国务院的行政决议制定的规章和依国务院的行政命令制定的规章四类。然而，行政决议和行政命令在我国的法律规范体系中并不属于法律的范畴，其政策属性也更为浓厚。从部门规章制定依据的权威性和制定依据的政策属性来看，依行政决议和行政命令制定的部门规章在权威性上显然逊于依法律和行政法规制定部门规章，在政策属性上也更为突出。作为“执行性解释”的部门规章，我们只能认为其意义是法律和行政法规的原本含义。从体系视角来看，《民法典》第 153 条也只将法律和行政法规中的强制性效力性规定作为法律行为效力的判断准据。为了防止部门规章的适用对司法自治造成过度的干扰，作为价值补充媒介的部门规章应当限制在依法律和行政法规制定的部门规章。

第二，从发生学的视角来看，法官在进行商法价值补充作业时，还必须对部门规章制定机关的立法参与过程进行审查。法律意义的阐释，“首要任务只是去追问，历史上立法者将何种意义绑定在了他所使用的语词上”。① 实际上，之所以援引部门规章作为价值补充媒介，就是因为作为立法的参与者，部门规章对立法原意的把握会胜过法官个人的自由裁量。因此，规章制定部门的立法参与就应当成为规章内部审查的因素之一。而对部门参与立法的审查可以分为立法案的起草的审查和参与立法过程的审查，后者包括对立法论证，立法听证和立法征求意见的审查。其审查的重点是规章的制定部门是否作为立法草案的起草机构，是否通过立法参与，在立法论证、立法听证和立法征求意见过程中提出了实质性的立法理由和修正意见。如果部门规章的制定机构确实作为规章所执行法律的起草者，或者就特定条款而言，在立法论证，立法听证，以及立法征求意见中发挥了实质性作用，那么就可以推定该部门规章契合立法原意当然，推定意味着可以基于充分的理由加以推翻。

第三，当法官应用部门规章作为价值补充媒介时，还应注意对待决案件中需要加以价值评价的具体事项进行综合评估。在美国制定法解释的“Chevron Rule”② 未形成之前，在面临行政解释时，法官总是要考察“系争问题是否要求特定的专业知识，而此类专业知识为政府机构所独有”③ 尽管这只是针对行政机构的个案解释，但是完全可以借鉴到对此处法官对抽象性解释的审查上来，因为知识的专业性和实践的熟悉程度恰恰是部门规章作为执行性解释专业性的重要依托。例如，当价值补充涉及证券、保险监管等特定领域时，如果法官须援引“公共秩序”条款作为审判依据，那么对于“经济秩序”这一法价值的把握，具备执行性解释的部门规章显然要优于不具备专业知识，缺乏金融监管实务经验的普通法官。那么，在这种情形下，允许法官对部门规章加以援引，将之作为价值补充的媒介，就具备个案合理性。相反，如果价值补充的具体事项只涉及一般的社会妥适性判断，例如特定事项是否违反“善良风俗”，则一般没有必要援引部门规章作为价值补充媒介。因为在此类问题的社会妥适性判断上，部门规章显然并无作为解释权威的资格。

五、结语

在商事裁判中，引入部门规章作为商法不确定法律概念或概括条款的价值补充媒介，

① 雷磊：《再论法律解释的目标——德国主/客观说之争的剖析与整合》，载《环球法律评论》2010 年第 6 期，第 21 页。

② “*Chevron rule*” 形成于 1984 年的 *Chevron* 案。在本案中，联邦最高法院“基于制定法语言，立法史和法政策视角的论证，最终确认，行政组织作为政府的分支机构完全有能力和资格进行政策选择，质疑机构对制定法条款的解释，将中心问题聚焦于政策选择合理性，而不关注机构解释是否是国会授权机构进行漏洞填补的一个合理的选择注定是失败的。法院有责任尊重立法的政策选择。” *See Chevron U. S. A.*，*Inc. v Natural Resources Defence Council*，*Inc.* 467 *U. S.* 837（1984）。

③ See Aluminum Co. of Am. v. Cent. Lincoln Peoples' Util. Dist.，467 U. S. 380，390；（1984）；E. I. du Pont de Nemours & Co. v. D – ain，430 U. S. 112，134 – 35 & n. 25（1977）.

不仅合乎司法裁判的合法性要求，而且确能提高裁判说理的权威性、专业性，乃至在一定程度上弥补传统价值补充裁量拘束性不足之缺陷。但是作为一种新的价值补充范式，引入部门规章辅助价值判断，也可能造成政策对法律的负面影响、强制秩序对私法自治的不当干预。因此，在具体的商事裁判中，须分别从外部和内部规范部门规章介入价值补充的适用路径：外部审查源于部门规章援引的“合法有效”要求，不得抵触上位法构成其核心判准；内部审查源于部门规章援引的“必要性”要求，强调对部门规章的类型、立法参与度、价值补充的对象等进行立体考量。总而言之，在商事裁判中，规范部门规章作为价值补充媒介的裁判说理，必须通过严格的证立过程，尽可能降低异质因素的不当干扰，积极发挥部门规章的价值补充功能。

（编辑：杨铜铜）

反不正当竞争法中知识财产法益的类型化保护研究*

王文敏**

摘　要　反不正当竞争法一般条款为知识财产法益提供了一定的保护，但由于一般条款中的要件过于抽象，适用时容易导致“同案不同判”的裁判冲突，有必要运用类型化的方法提高其适用的确定性。通过分析已有的规范类型和经验类型，可将知识财产法益的逻辑类型分为智力成果法益和商业标识法益，前者还可以进一步类型化为时事新闻、商业设计和数据信息三类法益，后者也可类型化为“混淆”“淡化”和“搭便车”涉及的三类法益。通过类型化和类推适用的方法，能够对新出现的知识财产法益作出较为准确的法律评价。

关键词　反不正当竞争法　知识产权　法益　一般条款　类型化

反不正当竞争法能够为知识产权法提供一定的补充保护，因此许多当事人在寻求知识产权救济失败后，往往会选择反不正当竞争法作为补充救济的途径。如“大众点评诉百度”案中的数据汇编、“人在囧途”案中的作品标题、“金庸诉江南”案中小说的人物姓名和关系，由于未能达到独创性的要求，无法受到著作权法的保护①；又如“王老吉诉加多宝”案中的红罐包装、“晨光诉微亚达”案中的圆珠笔外观设计，曾经享有的外观设计权利已经过期，无法受到专利法的保护②。但是，上述客体却继续要求作为法益受到反不

---

* 本文系2020年度国家社会科学基金青年项目“网络平台知识产权侵权治理体系的变革与完善研究”（项目编号：20CFX050）阶段性成果。

** 王文敏，女，福建南平人，华南师范大学法学院、华南师范大学新时代法治广东建设研究中心副研究员，研究方向为知识产权法。

① 上海市浦东新区人民法院民事判决书（2015）浦民三（知）初字第528号，最高人民法院民事判决书（2015）民三终字第4号，广州市天河区人民法院民事判决书（2016）粤0106民初12068号。

② 最高人民法院民事判决书（2015）民三终字第3号，最高人民法院民事裁定书（2010）民提字第16号。

正当竞争法的保护。反不正当竞争法对知识财产①的保护并未正面地设定权利，而是消极地禁止某种行为，该行为所侵害的利益在客观上得到了保护，成为权利之外的法益②。我国反不正当竞争法目前对知识财产法益的保护十分有限，仅在《反不正当竞争法》第6条、第9条中有所体现，对于许多新型知识财产法益，只能通过《反不正当竞争法》第2条提供保护。

《反不正当竞争法》第2条规定了不正当竞争的概念，法院往往通过该概念中包含的三个要件对案件作出判决：即市场竞争行为、手段的不正当性、可能对市场产生损害。应当说，第2条中各要件的灵活性在弥补知识产权体系封闭导致的局限性上发挥了重要作用，但也因为其抽象性和不确定性而带来了法官判断的主观恣意性，产生了许多“同案不同判”的裁判冲突。当上述要件的含义清晰明了时，可以直接适用于某个案件，司法裁判只需通过逻辑程序将案件事实涵摄于各个要件之下即可。然而，一般条款规定的要件是较为宽泛的，造成过度抽象化的情形，这将使人们拘泥于文义的规定，却丧失认识为什么如此规定的机会，以至于无法顺利地进行法律适用。③ 此时，法律需要充分借助类型的工具，运用类型化和类推适用的方法来解决问题。类型不能定义、只能描述，它是开放的，包含了不同方式组合的观点、考虑了多种歧异的可能，直到适用于个案时才能被具体化，类推适用的过程不是单纯地适用法律规范，而是在进行价值判断，④ 更有利于应对日新月异的反不正当竞争法司法实践的需要。为此，应当总结反不正当竞争法保护知识财产法益的逻辑类型，通过类型化和类推适用的方法，提高反不正当竞争法裁判的一致性和确定性。

一、反不正当竞争法中知识财产法益的类型分析

类型化的法学方法是以事物的根本特征为标准对研究对象的类属进行的划分，即运用类型去掌握某一特定对象的科学研究方法。类型化的思维是法教义学的逻辑主线，法教义学专注于对现行法律的解释和类型化，其目标是建构统一的知识体系和思考框架，从而为实践问题的解决提供确定性的指引。⑤ 在法律上利用类型化的思维作为方法由来已久，其在法理学上的贡献是有目共睹的，拉伦茨认为，法的类型化对于法律规定的了解有重要帮助，既可以通过触类旁通降低认识上的劳动强度，还可以用来检查属于同一上位类型之下

① 周林教授指出，Intellectual Property 应当翻译为“知识财产”，而 Intellectual Property Rights 才翻译为知识产权。周林：《从翻译学角度论知识财产概念》，载《中国发明与专利》2017年第10期，第8-12页。

② 孙山：《重释知识产权法定原则》，载《当代法学》2018年第6期，第60-70页。

③ 黄茂荣：《法学方法与现代民法》，法律出版社2007年版，第81页。

④ ［德］拉伦茨：《法学方法论》，陈爱娥译，商务印书馆2003年版，第94-101页。

⑤ 所谓法教义学就是“对于法律素材的科学体系化的预备”。法教义学的基本工作有三个层次：（1）法律概念的逻辑分析；（2）将这种分析通过类型化概括成为体系；（3）将这种分析的结果用于司法裁判的证立。张翔：《形式法治与法教义学》，载《法学研究》2012年第6期，第6-9页。

位类型的规定有无应规定而未规定的漏洞，或有无应一致而不一致的矛盾。①

（一）知识财产法益的规范类型和经验类型

类型可以分为规范的类型、经验的类型和逻辑的类型。当类型被赋予规范上的意义，可以在规范的当为的要求下，使得受规范拘束者以该类型作为生活安排上的参考对象，就成为规范类型；经验的类型是依据现实生活中存在的经验总结出来的类型；逻辑类型虽然多来自经验的类型，但是已经属于思考上的想象的存在，学说上可以运用逻辑的思维建立各种只存在于思想界的模型。② 类型是由数个不同的基本特点交织而成的，若变化其中的一些特点，可以在各种类型间互相转换，组成类型谱，而类型本身已具备体系的结构，可以作为体系建立的基础或方法。③ 类型化对法律的分析具有高度的抽象性，能够超越个性，在特定的阶段成功地概括了社会现实，而获得某种普适的功能，因此，类型可以超越一时一地，用以解释不同社会结构中的法律现象。④ 下文就从立法中规定的规范类型、司法实践中总结的经验类型入手，批判吸收学者的分类标准，总结出知识财产法益的逻辑类型。

规范的类型反映了当前立法的实然状态，类型化思维并非要完全超越制定法，而是以制定法规范作为类型的逻辑原点。在我国，对知识财产法益的保护主要体现为反不正当竞争法中的规定。我国《反不正当竞争法》中的知识财产规范类型主要包括两种，即新《反不正当竞争法》第9条对商业秘密的保护和第6条对未注册商业标识的保护。其中，商业秘密包括了技术秘密和营业秘密；而对未注册的商业标识，2017年新《反不正当竞争法》采取了开放的例示性规定，该条专门对仿冒未注册商业标识的不正当竞争行为进行了列举，第1项保护的对象是商品名称、包装、装潢，第2项则保护企业名称、社会组织名称、姓名。第3项顺应互联网的发展趋势，将域名主体部分、网站名称和网页纳入立法中，成为立法所确认保护的法益。本次反不正当竞争法修改中还增加了第4项“其他”的混淆行为，该规定是未注册商业标识的兜底条款，有起到防止挂一漏万的作用。然而，由于反不正当竞争法中仅有两个法条涉及对知识财产法益的保护，囊括的规范类型也十分有限，而知识经济时代的知识财产法领域经历着日新月异的变化，现有的规范类型无法解决新型知识财产带来的问题。

经验类型反映了当前司法的实然状态，通过对司法实践中已经受到保护的知识财产法益经验类型的梳理，有助于总结出法益的逻辑类型。要判断知识产权法保护之外的成果是否能够受到反不正当竞争法的保护，往往是司法实践中的疑点和难点，目前司法实践中已

---

① ［德］拉伦茨：《法学方法论》，陈爱娥译，商务印书馆2003年版，第337－345页。

② 黄茂荣：《法学方法与现代民法》，法律出版社2007年版，第578－579页。

③ 黄茂荣：《法学方法与现代民法》，法律出版社2007年版，第577－579页。

④ 李琛：《论知识产权法的体系化》，北京大学出版社2005年版，第27页。

经积累的经验类型主要有以下几类：一是热点资讯，如金融资讯、行业动态资讯等①；二是数据信息；② 三是节目名称③；四是角色名称④。除了上述类型外，还有未经许可将他人驰名商标作为字号使用、不正当使用关键词搜索⑤等行为涉及的法益，反不正当竞争法也会提供一定的规制。实际上，在新《反不正当竞争法》颁布之前，对于企业简称、字号、笔名、艺名、译名、域名、网站名称等是否作为法益受到反不正当竞争法的保护存在疑惑。在司法实践中，法院首先肯定了这些利益能够作为法益受到保护，随着此类案件的增多，渐渐地在最新的反不正当竞争法修改中，经验的类型被以立法的形式固定了下来，上升为规范的类型。梳理和总结经验类型可以发现上述行为的共性，如争议的对象是知识产权法保护之外的成果、原告对争议对象具有竞争上的利益、原告投入大量成本、被告行为的不正当性等。这些类型也体现了反不正当竞争法所维护的两种诚实的商业习惯，即：不得恶意侵占其他经营者的经营成果；在竞争中不应有意引起产品或服务的混淆。虽然法院基于对商业道德的认识，已经在规范类型之外确立了许多知识财产法益的经验类型，但尚未形成明确的判断标准。

（二）知识财产法益的逻辑类型

由于知识财产法益的规范类型过少，经验类型也较为杂乱而不成体系，许多学者开始试图总结出知识财产法益的逻辑类型，但现有研究中对于知识财产法益的类型化研究尚未达成共识。有的学者在司法案例的基础上总结了一般条款规制的行为，包括了对其他客体的仿冒、反向仿冒以及侵犯他人在先权利的三种行为⑥，该分类方式存在类型不全的问题，无法涵盖众多的知识财产法益。有的学者将行为的不同描述作为分类的依据，将知识财产法益涉及的类型分为不当获得他人劳动成果、不当获取交易机会两种，其中前者又包括了网络链接、商业抄袭、攀附他人竞争优势三种行为⑦；另有学者将行为的程度不同作为分类的依据，将知识财产法益涉及的类型分为模仿他人经营成果、直接剽窃他人成果两

---

① 例如，“外汇币种走势图”案，北京市第二中级人民法院民事判决书（2000）二中知初字第122号。如“国际财经资讯服务”案，深圳市罗湖区人民法院民事判决书（2006）深罗法民二初字第1429号。“行业动态信息”案，北京市第二中级人民法院民事判决书（2005）二中民终字第00045号。

② 如“金融数据”案，北京市高级人民法院民事判决书（1997）高知终字第66号。“钢铁价格数据”案，上海市第二中级人民法院民事判决书（2012）沪二中民五（知）初字第130号。“大众点评网”案，北京市第一中级人民法院民事判决书（2011）一中民终字第7512号和上海知识产权法院民事判决书（2016）沪73民终242号。

③ 例如“超级女声”案，湖南省高级人民法院民事判决书（2008）湘高法民三终字第47号。

④ 例如“煎饼侠”案，北京市大兴区人民法院民事判决书（2015）大民（知）初字第17452号。

⑤ 例如“畅想诉中源”案，浙江省高级人民法院民事判决书（2015）浙知终字第71号。

⑥ 参见郑友德、范长军：《反不正当竞争法一般条款具体化研究——兼论〈中华人民共和国反不正当竞争法〉的完善》，载《法商研究》2005年第5期，第124-133页。

⑦ 参见谢晓尧：《在经验与制度之间：不正当竞争司法案例类型化研究》，法律出版社2010年版，第133-148页。

种，同时将所保护的知识财产成果分为了经营成果、广告、商誉三种[①]，这两种分类方式都存在一定的问题，法律关注的是调整对象的形态而不是形成对象的过程或行为的不同程度，若虽然行为不同但实际上法律调整的是同一对象，那么该分类方式并不科学且容易造成调整对象的交叉和重叠。此外，有学者将不正当竞争行为分为侵害商誉、破坏秘密管理体制以及侵占市场先行者优势利益三类[②]，这种分类建立在德国《反不正当竞争法》第 4 条第 3 款不当模仿的基础之上，具有较强的列举性而法律的逻辑性较差；还有学者将损害知识财产法益的行为分别归入侵害竞争者利益（B2B）的行为和侵害消费者利益（B2C）的行为中[③]，该分类的依据是欧盟的反不正当竞争法，但是欧盟 B2B、B2C 两分法的设立背景是由于各国在竞争者保护领域分歧太大，从而只能先在《欧共体不正当商业行为指令》中统一有关消费者保护的规则。[④] 当然，也有学者已经提及了对知识财产法益的正确分类，但并未充分展开和深入研究。[⑤]

实际上，目前我国《反不正当竞争法》第 6 条和第 9 条的规范类型对知识财产法益的保护已经部分完成了类型化，但有待进一步根据类型之间的本质区别完整地呈现出知识财产法益的保护体系。总结司法实践中的经验类型，可以发现法官对知识财产法益的保护主要可以分为两类，一是类似于著作权和专利权的保护，要求不得有意侵占其他经营者的经营成果导致对方受损害；二是类似于对商标权的保护，要求不得有意引起产品或服务的混淆或淡化等。这正对应了知识产权法中最为重要的智力成果－商业标识两分法。传统上知识产权可以分为智力成果权和商业标识权两类，从符号学的角度看，二者分别体现了符号的两种功能，前者是创生功能，符号可以通过组合构建新的形式，后者是指代功能，即为了代表另一个事物而存在的功能。[⑥]

事实上，无论是在英美法系还是大陆法系，知识财产法益都可以分为智力成果和商业标识法益两类。与知识产权有关的不正当竞争有两个历史性的来源，一个是禁止盗用规则（misappropriation），一个是禁止仿冒规则（passing off）[⑦]，其中禁止盗用规则对智力成果法益提供保护，也称为“盗用商业价值”，禁止仿冒规则对商业标识法益提供保护。依据

---

① 参见邵建东：《反不正当竞争法研究》，中国人民大学出版社 2001 年版，第 106－123 页。

② 该分类的第三类有关商业秘密，实际上与第一类同质，没有必要单独归类。卢纯昕：《反不正当竞争法一般条款在知识产权保护中的适用定位》，《知识产权》2017 年第 1 期，第 54－62 页。

③ 范长军：《德国反不正当竞争法研究》，法律出版社 2010 年版，导读部分，第 1－15 页。

④ See Unfair Commercial Practices Directive, DIRECTIVE 2005/29/EC OF THE EUROPEAN PARLIAMENT AND OF THE COUNCIL of 11 May 2005.

⑤ 如有学者将使用知识财产法益的商业抄袭行为分为两种，一是导致混淆的抄袭行为，二是不当利用他人智力成果构成不正当竞争，但该文总结的“商业抄袭行为”的用语有待商榷。周樨平：《不正当竞争法对“商业抄袭行为”的规范》，载《法学》2012 年第 3 期，第 41－50 页。又如李琛教授正确地将不正当竞争分为侵害商业标记和侵害智力成果的不正当竞争，但该部分论述由于篇幅所限未能对各类的内容和判断标准充分展开，参见刘春田主编：《知识产权法》，高等教育出版社 2010 年版，第 373－391 页。

⑥ 参见李琛：《论知识产权法的体系化》，北京大学出版社 2005 年版，第 135－137 页。

⑦ P. J. Kaufmann, *Passing off and Misappropriation*, IIC Studies, Vol. 9, VCH 1986, pp. 73－77.

这种分类的价值取向和制度安排也截然不同，禁止盗用规则要求保护的对象具有一定的竞争属性，经营者需要进行实质的投资，同时有更多限制和例外的情形，而禁止仿冒规则保护的对象是具有知名度的商业标识，要求不正当的行为必须引起消费者的混淆，且限制和例外的情形较少。据此，将知识财产法益分成智力成果和商业标识两类是最具有规范意义的，这种逻辑上的分类也将影响两种类型后续的构成要件和法律效果。

二、反不正当竞争法中知识财产法益的类型化

以智力成果和商业标识的划分为基础，在两大法系的立法和司法中还存在着若干知识财产法益的具体类型，可进一步细分。知识财产法益的对象极为繁琐，为了能将其充分掌握，要利用类型加以管理，具有共同特征的内容有许多相同的要求，所以以共同特征形成的类型其规范或多或少会相似，因此，利用类型化的思维可以触类旁通。当出现符合该类特征的新型知识财产法益，就可以直接归类，有助于提高法的可适用性和裁判的可预见性。①

（一）智力成果法益的类型化

通过考察美国和大陆法系国家立法和司法发展过程中的做法，可以发现，除了商业秘密之外，智力成果法益还普遍存在几种主要类型，在我国实践中也有所体现。

第一类是时事新闻法益。在美国，最高法院通过 1918 年判决的“国际新闻社”案，确立了“热点新闻”的禁止盗用规则，对虽然不受版权法保护但具有时效性价值的信息进行保护。该案中，被告原封不动照搬或者抄录原告新闻的实质内容，最终法院认为被告构成盗用时事新闻。② 此后，热点新闻的禁止盗用规则在某些州得到承认，③ 美国法院又通过多个案例对这一规则进行了完善，为了弥补著作权法对时事新闻保护的不足，欧盟委员会颁布的《数字化单一市场版权指令》增加对新闻出版进行数字化利用的邻接权；而德国和西班牙更是早在 2013 年和 2014 年已经通过著作权法的修改，规定了类似的新闻出版者邻接权。④ 随着新闻聚合平台的出现，在欧洲多个国家对占领了本国市场的“谷歌新闻”进行了多起诉讼；2014 年，广州日报和搜狐网先后起诉了风头正盛的“今日头条”新闻聚合，理由是著作权侵权和不正当竞争。⑤ 目前，我国并未设立新闻出版者邻接权，但在

① 黄茂荣：《法学方法与现代民法》，中国政法大学出版社 2001 年版，第 456 – 466 页。

② International News Service. v. Associated Press，248 U. S. 215（1918）.

③ See Douglas G. Baird，*Common Law Intellectual Property and the Legacy of International* News Service v. Associated Press，50 *U. CHI. L. REV.* 411（1983）.

④ 李陶：《媒体融合背景下报刊出版者权利保护》，载《法学》2016 年第 4 期，第 99 – 110 页。

⑤ 《搜狐起诉今日头条》，载京华时报 http：//epaper. jinghua. cn/html/2014 – 06/25/content_ 100288. htm，最后访问日期：2020 年 3 月 29 日。International News Service. v. Associated Press，248 U. S. 215（1918）. See Douglas G. Baird，Common Law Intellectual Property and the Legacy of International News Service v. Associated Press，50 U. CHI. L. REV. 411（1983）。

司法实践中金融资讯、行业动态资讯等①时事新闻已经获得了反不正当竞争法的保护。

第二类是商业设计法益。商业设计在传统知识产权法中只能获得非常有限的保护。首先，一些设计的元素留给独创性表达的空间十分有限，同时许多商业设计具有实用功能且其美感与实用功能无法分离，也无法进行保护。其次，商业设计大约要花费半年的时间才能被授予外观设计权，而对于快时尚来说，此时这项设计已经过时了。最后，商业设计主要是涉及产品的形状，但大多数的时尚设计层出不穷，变化很大，不适宜申请注册商标。在德国马克斯·普朗克创新与竞争研究所的推动下，欧盟通过其《欧共体外观设计条例》新设了一项未注册外观设计权，② 无须履行手续并且节省了登记费用。该保护是一种消极的保护，仅具有禁止他人抄袭的权利，保护不能拓展到他人独立设计的外观设计产品，这也符合知识财产法益保护的特征。美国为了对其时尚设计提供保护，曾在国会提出议案，但是法案未能获得通过，美国始终对将时尚设计纳入版权保护采取了小心谨慎的态度。③我国的一些自主设计如《上新了·故宫》中的文创产品屡遭山寨版的困扰，而这些商业设计也应获得反不正当竞争法的保护。④

第三类是数据库法益。版权法上要求作品必须具备独创性。有些数据库的编排体现了较强的个性和选择，达到了独创性的要求，但更多的数据库编排过于简单，并未满足独创性的要求。实际上，数据库的价值在于其数据信息的丰富性，为了方便查找，因此数据库在编排上尽量都会选择简单易懂的分类，所以编排的方式十分有限，较难达到独创性的要求。然而，数据库真正有价值的部分其实是数据信息本身，而与其编排无关。⑤ 许多数据库虽然内容很有价值，却由于编排没有达到著作权法上独创性的要求，从而无法通过著作权法进行保护，而只能通过反不正当竞争法进行保护。欧盟于1996年颁布了《关于数据库法律保护的指令》，在著作权之外为数据库专门设置了一类特殊保护，这种保护被称为“特殊权利”，这种权利类似于邻接权，是对未能达到著作权保护要求的利益进行保护。这种权利是一种事前的积极设权，具有排他性和可转让性。⑥ 世界知识产权组织曾讨论过是否需要缔结保护数据库的条约，但最终由于各国意见不统一而流产，面对数据库的保护问题，各国还是持谨慎的态度。我国法院也在淘宝诉美景案、谷米诉元光案和大众点评诉百

---

① 北京市第二中级人民法院民事判决书（2000）二中知初字第122号。深圳市罗湖区人民法院民事判决书（2006）深罗法民二初字第1429号。北京市第二中级人民法院民事判决书（2005）二中民终字第00045号。

② F. K Beier, K. Haertel, M. Levin and Annette Kur, Proposal of the Max Planck Institute for a European Design Law, IIC Vol. 22, (1991), pp. 523 – 537.

③ Silvia Beltrametti Evaluation of the Design Piracy Prohibition Act: Is the Cure Worse than the Disease? An A-nalogy with Counterfeiting and a Comparison with the Protection Available in the European Community, Northwestern Journal of Technology and Intellectual Property Volume 8, Spring 2010.

④ “故宫的睡衣”遭侵权：新型文创开发模式如何保护版权？载 http://m.vipzhuanli.com/news/case/7222.html，最后访问日期：2021年1月25日。

⑤ 李扬：《数据库特殊权利保护制度的缺陷及立法完善》，载《法商研究》2003年第4期，第26 – 35页。

⑥ Jens L. Gaster, *The EU Council of Ministers' Common Position Concerning the Legal Protection of Databases: A First Comment*, Fordham International Law Journal, vol. 20, no. 4, (1996), pp. 1129 – 1150.

度案等①司法判决中通过反不正当竞争法一般条款对数据信息提供了保护。

（二）商业标识法益的类型化

从法律体系和比较法等多个角度考察，可以根据造成损害的不同将商业标识法益分为三类：第一类，“混淆”涉及的法益，即注册或未注册商业标识混淆所损害的法益；第二类，“淡化”涉及的法益，即注册商标淡化所损害的法益；第三类，“搭便车”涉及的法益，即注册商标搭便车所损害的法益。

第一类是商业标识“混淆”涉及的法益。商业标识侵权最核心的要件为是否导致消费者的混淆误认，② 我国新修订的《反不正当竞争法》第6条采取的正是“混淆标准”，即要求不正当行为造成商业标识的混淆。《反不正当竞争法》第6条第1项至第3项规定将一些司法实践中以往得到保护的法益加以列举，并留下了“等”字使各类对象均保持了开放性。如“晨光诉微亚达”案③中的圆珠笔外观设计虽然已经过期，但可以作为商品的包装发挥识别来源的作用，应归入第1项商品名称、包装、装潢的类别中。在前三项明确列举的三种行为之外，第4项作为“小一般条款”，可以囊括其他足以引人混淆的行为。例如，根据《商标法》第58条的指引性规定，将他人的驰名商标作为企业字号使用造成公众被误导的行为就应当由第6条第4项进行规制。

第二类是商业标识“淡化”涉及的法益。虽然我国《商标法》第13条规定了对注册驰名商标的淡化行为，但在本质上这也是一种由反不正当竞争法保护的商业标识法益。严格说来，商标专用权的范围以核准注册的商标和核定使用的商品为限，驰名商标权的范围扩大保护至非类似商品上，显然超越了设权模式，回归到反不正当竞争法的逻辑，即为了维系市场竞争的自由公平和防止消费者受到误导而禁止他人使用。美国反淡化理论提出之前，德国和英国其实已经出现了蕴含反淡化思路的司法实践。比如德国根据民法和反不正当竞争法的理论来审理商标淡化的案件。当时，德国商标法尚未规定淡化理论，因此由《反不正当竞争法》一般条款承担起规制淡化的任务。后虽然《德国商标法》纳入了淡化理论的规定，但如果在特殊情形下不具备《德国商标法》规定的构成要件，反不正当竞争法和民法的一般条款仍然有补充适用的可能。④ 在美国，淡化的事由并不属于商标侵权类别，也是单独成一类。在我国，无论是伊利卫生洁具案中的丑化⑤，还是卡地亚案中的弱

① 参见浙江省杭州市中级人民法院（2018）浙01民辖终第684号民事裁定书；深圳市中级人民法院（2017）粤03民初第822号民事判决书；上海市浦东新区人民法院（2015）浦民三（知）初字第528号民事判决书。

② 黄汇：《商标使用地域性原理的理解立场及适用逻辑》，载《中国法学》2019年第5期，第80-95页。

③ 最高人民法院民事裁定书（2010）民提字第16号。

④ 邵建东：《反不正当竞争法研究》，中国人民大学出版社2001年版，第254页。

⑤ 北京市第一人民法院行政判决书（2009）一中行初字第1589号。

化[①]都属于这一类型。

第三类是商业标识“搭便车”涉及的法益。在欧盟，除了造成混淆和淡化的情形外，即使不存在混淆可能，针对不当利用的行为同样可以提供保护，给予享有声誉的欧盟商标以更广的救济范围。[②] 这种行为也称为“搭便车”行为，是指从享有声誉的商标的影响力、信誉和威望中获取利益，且在没有支付任何经济补偿的情况下，利用商标所有人为了创造和保持商标形象所做出的努力。[③]《欧共体商标法协调指令》第5条和《欧盟商标条例》第9条规定了商标权所有人可以禁止他人未经许可实施的三种行为，即不正当利用在先商标的显著性和声誉、损害在先商标的显著性、损害在先商标的声誉。上述三种行为总结起来就是商业标识的搭便车、弱化和丑化。在欧盟，即使不存在混淆和淡化的可能，不当的“搭便车”行为同样也会受到规制。近年来，我国也出现了多起商标“搭便车”情形，其中以关键词搜索案件最为典型。例如，在集佳公司和广立信公司案[④]中，在网站上输入原告的公司名称，点击搜索结果却进入了被告的网站，同时被告的网站还采用了和原告网站相同的照片和广告语，该行为利用其他经营者的知名度为自己谋取利益，虽然不一定会造成消费者的混淆，但属于搭便车的行为，法院根据反不正当竞争法一般条款认定其为不正当竞争。

三、反不正当竞争法中知识财产法益的类推适用

通过将知识财产法益类型化，可以将符合条件的案件直接归入上述类型中，但除了符合条件的案例，司法实践中还存在许多与上述类型虽然相似但不完全契合的案例，此时类推适用的方法就显得尤为重要。

（一）类推适用的两种方式：个别类推和总体类推

类推适用，指将法律明文的规定适用到该法律所未直接加以规定，但其规范上的重要特征与该规定所明文规定者相同的案型，是填补法律漏洞的有效手段，类推适用基于法律的公平理念，将未为法律字面含义所涵盖的生活事实，求助于一种“家族相似性”的求证，以获得“相同情形适用相同法律”的效力。[⑤] 类推不是按照形式思维所进行的逻辑过程，它是建立在规范目的基础上的价值评价，是从法律规范的整体中推导出来的，以概念

---

① 北京市第二中级人民法院民事判决书（2010）二中民初字第01529号。

② 《欧盟商标条例》第9条第2款c项规定，与欧共体商标相同或者近似，使用在与其注册范围相同、类似或不相同的商品或者服务上的任何标志，如果该欧共体商标在欧盟范围内享有声誉，且无正当理由使用该标志会损害或者不当利用其声誉或者显著特征的。

③ Ansgar Ohly, Free Access, Including Freedom to Imitate, as a Legal Principle – a Forgotten Concept? In Annette Kur, Vytautas Mizaras eds., The Structure of Intellectual Property Law: Can one Size Fit all? Cheltenham: Edward Elgar, 2011, p. 97 – 118.

④ 北京市第二中级人民法院民事判决书（2008）二中民终字第19181号。

⑤ 杨仁寿：《法学方法论》，中国政法大学出版社2013年版，第194－197页。

与事物的“相似性”为基础，将法的基本思想相应地适用于法律没有规定的利益状态。① 由于待决事实的构成与法律规范的构成仅具相似性而非相同性，因而无法被直接涵摄到相关规范之下，只能通过类推得以适用。

类推在严格遵守“罪刑法定”原则的刑法上无法适用，但在民事领域，“法无禁止即自由”，类推不仅是可以适用的，而且是应该大力提倡适用的。面对法律没有规范的新领域，可以采取类推的方式推知是否该对某一新型行为进行否定性或肯定性的评价。② 类推适用方法是一种类似性判断，而非严格意义上的法律涵摄，这种判断结果并不具有严格意义上的合法律性，为此在比对过程中往往需要引进法的目的和价值对判断的结果进行衡量和矫正，直至该结果与法的宗旨相一致。③ 法院在进行类推适用时，先要探究是否存在法律漏洞，如果法律已经无漏洞可言，则无须进行补充保护；如果存在法律漏洞，还需要分析这是法律有意不予规定，还是立法者出于疏忽、无法预见或情况变更导致，前者是法律有意的沉默，只有后者才能进行类推适用。④ 接着，类推适用中最关键的一步是，需要探求法律规范的意旨，确立拟处理的案型与法律明文规定的案型具有相同的规范上有意义的特征，建立可供援引的共同的原则，然后将某一类型的法律效果，适用到另一案件上。类推适用的结果既能将该行为纳入法律体系，同时也不会与法律上其他相关规定相矛盾。⑤

类推可以分为个别类推和总体类推两种。个别类推是指将某具体法律规定适用到与该法律规定的事实构成相类似的案件，该过程表现为从具体到具体，从特殊到特殊。⑥ 在反不正当竞争法的司法实践中，大量运用了个别类推的方法。如在《反不正当竞争法司法解释》第 3 条中，对反不正当竞争法没有作出明确规定的经营者营业场所、营业用具、营业人员的装潢、服饰等，也认定为《反不正当竞争法》第 5 条第 2 项规定的“商品装潢”。本次《反不正当竞争法》修法中，将原来法律规定的企业名称扩大到包括简称、字号等，将原来的姓名扩大到包括笔名、艺名、译名等，将原来规定的域名扩大到网站名称、网页等，这些都是在司法实践中先实现了个别类推适用，之后才被作为立法所确认下来。

总体类推，是指无法找到可以类推适用的具体法律规范的情况下，从多数针对不同构成要件但具有相同法律效果的法律规定或司法案件中得出一般法律规则，然后将该规则适用到法律所未规制的案件事实上，⑦ 这种类推的做法是先从特殊到一般，然后再适用于特殊情况，从具体到抽象再到具体，体现了先归纳后演绎的思维过程。通过类型化和类推适

① ［德］魏德士：《法理学》，丁晓春、吴越译，法律出版社 2003 版，第 382 – 384 页。

② 黄茂荣：《法学方法与现代民法》，法律出版社 2007 年版，第 492 页。

③ 魏治勋：《类推解释的思维结构及其与类推（适用）的根本区分》，载《东方法学》2018 年第 1 期，第 117 – 124 页。

④ 杨仁寿：《法学方法论》，中国政法大学出版社 2013 年版，第 194 – 197 页。

⑤ 黄茂荣：《法学方法与现代民法》，法律出版社 2007 年版，第 492 – 495 页。

⑥ 王泽鉴：《民法思维》，北京大学出版社 2009 年版，第 206 – 207 页。

⑦ 王泽鉴：《民法思维》，北京大学出版社 2009 年版，第 206 – 207 页。

用，可以将这些类型的一般性标准适用于待决案件，减少思考负担，因此总体类推对于待决案件具有指导作用，能够加强一般条款适用的客观性。《德国反不正当竞争法》在 2004 年的修法中，通过精心考察在司法实践中得到认可的不正当竞争新类型，将其抽象为法律的一般规则，并增加规定进立法中，此后很少直接适用一般条款，而是通过多个类型的类型化和类推适用，从而实现判决的准确性，这一做法值得借鉴。

（二）智力成果法益的类推适用

在规制盗用智力成果法益方面，我国《反不正当竞争法》仅对商业秘密作出了规定，在涉及其他智力成果法益的保护时，只能求助于反不正当竞争法一般条款做出裁判。此处采取的是总体类推的方式，即从特殊情形中总结出盗用智力成果的一般规则，再运用到特殊案件中的类推方法。一般情况下，类推适用中待决事实的构成与类型的构造之间存在着较大的相似性，仅有某项要件不一致，此时认定二者构成实质相似较为容易。然而，有时案件的事实与类型的构造之间存在较大的差异，无法仅仅依据经验和常识作出相似的判断，需要动用体系解释、历史解释和目的解释等方法，深入分析实质性的理由如共同的思想基础、价值判断等加以辅助认定。① 后一种情形在智力成果法益中尤为明显，智力成果法益的表现形式差异较大，即使是上文总结的时事新闻、商业设计和数据库这三类对象也看似各不相同，但三者具有许多重要的相似特征，且反不正当竞争法对其提供保护的思想基础是完全一致的，即保护这些具有竞争属性的产品的投资，以维护有序高效的市场竞争秩序，因此三者能被统摄在智力成果法益的类型之下。故而当再次出现符合智力成果法益本质特征的对象时，就应当透过现象看本质，对其进行类推适用。

除了上述三类智力成果法益之外，实践中还可能会出现新的智力成果法益，如“赛事组织者利益”。② 由于赛事组织者的利益较难受到著作权法的保护，为此法国、匈牙利的体育法中规定了赛事组织者对赛事直播信号、照片、视频享有民事权利。③ 虽然目前在我国法律机制下没有将赛事组织者的利益作为权利加以保护，但该利益也有可能通过总体类推作为智力成果法益获得反不正当竞争法的保护。当然，由于除了商业秘密之外的其他智力成果法益在法律中并未得到明文的规定，除非经过了长期正当性基础的考察，否则对新型智力成果法益的保护必须慎之又慎，尤其是已经获得著作权和专利权保护的对象，不能轻易适用反不正当竞争法一般条款进行类推适用，防止对公有领域造成侵蚀，这样才能保证反不正当竞争法规范目的的实现。例如“金庸诉江南”案④中小说的人物姓名和关系、

---

① 钱炜江：《论民事司法中的类推适用》，载《法制与社会发展》2016 年第 5 期，第 60 – 71 页。

② Seth Ericsson，Ambush Marketing：Examining the Development of an Event Organizer Right of Association，In Nari Lee，Guido Westkamp，Annette Kur，Ansgar Ohly eds，Unfair ompetition，Intellectual Property，or Protection Sui Generis，Cheltenham：Edward Elgar Publishing Limited，2014，p. 165 – 188.

③ 王迁：《论体育赛事现场直播画面的著作权保护》，载《法律科学》2016 年第 1 期，第 185 – 186 页。

④ 广州市天河区人民法院民事判决书（2016）粤 0106 民初 12068 号。

耀宇诉斗鱼案中的游戏比赛画面①、央视诉我爱聊案中的体育赛事直播视频②，这些对象已经能够通过著作权法获得一定的保护，且没有产生与原有保护目的不同的值得保护的因素，因而很难被类推为智力成果法益，一般情况下无法借助反不正当竞争法进行补充保护。

在进行总体类推时，应采取梳理类型、归纳判断要件和类推适用三个步骤。首先是梳理类型，将司法实践中已经受到保护的智力成果法益类型化，列举出不正当竞争行为的黑名单，如盗用时事新闻、盗用商业设计、盗用数据库等。其次是归纳判断要件，从以上类型中抽象出判断盗用智力成果法益的要件。例如，美国法院在NBA诉摩托罗拉公司案中总结了盗用“热点新闻”的五个判断标准：原告花费了成本或代价；信息具有很强的时效性；被告使用信息的行为；被告直接和原告的产品或服务竞争；行为使这种信息的存在或质量会实质地受到威胁。③ 最后是类推适用。随着时间的推移，在未来出现与三类既有类型相似的法益时，应抛开表面上的巨大差异，看到差异背后的实质相似点，借助反不正当竞争法一般条款，通过总体类推适用这些判断要件，以应对司法判决中出现的一些不可预测的新类型。

（三）商业标识法益的类推适用

在侵害商业标识法益的三种具体类型中，由于商业标识“混淆”和商业标识“淡化”已经有了较为清晰的法律规则，所以出现相似情形时可以直接进行个别类推，即采取从特殊到特殊的方法。前者主要根据《反不正当竞争法》第6条进行个别类推，后者应根据商标法有关淡化的司法解释进行个别类推。在我国《反不正当竞争法》未修改之前，法院一般结合第2条一般条款和第5条（现为第6条）仿冒的规定，对新型的商业标识混淆行为进行类推。例如，在涉及通用网址的案件中，法院用了域名的相关司法解释进行个别类推适用。如在南京雅致珠宝有限公司诉广州园艺珠宝企业有限公司案④中，原告是石头记商标的所有者，被告申请了与“石头记”类似的通用网址，并指向了自己的公司网站，被告的行为使得消费者误以为被告和原告之间有某种联合、附属或者其他联系，从而损害了原告的利益。法院指出，本案中涉及通用网址，与域名最为类似，二者虽然在技术上有所差别，但都和企业名称、商标一样，能够作为区分不同互联网用户的识别性标记，二者的法律性质相同，且《通用网址争议解决办法》中列举的侵权构成要件与域名司法解释中的表述也基本相同，因此法院类推适用了《最高人民法院域名司法解释》的第4条规定作出了

① 参见上海市第一中级人民法院（2014）沪一中民五（知）初字第22号民事判决书。

② 参见北京市海淀区人民法院（2013）海民初字第21470号民事判决书。

③ See National Basketball Association v. Motorola, 105 F. 3d 841 (1997).

④ 广东省高级人民法院民事判决书（2004）粤高法民三终字第323号。

判决。又如，“人在囧途”案中的作品标题和“超级女声”案中的节目名称①也可以通过个别类推认定为商品名称，从而获得保护。

当然，在《反不正当竞争法》修改后，由于第6条增加了“其他足以引发混淆”的第4项，形成了较为全面的保护商业标识法益的规定。当出现不属于前三项的新型损害商业标识法益的行为时，可以根据新《反不正当竞争法》第6条第4项“小一般条款”进行类推适用，无须借助大的一般条款就能作出判断。例如“煎饼侠”案②中角色名称和形象的不当使用，导致消费者产生混淆就属于第4项的情形。当然，小的一般条款也不应轻易动用，而应当优先选择前三项具体的法律条款。这是因为文义优先是法律解释选择中的基本原则，法的确定性本身有独立的价值，法官不能动辄超越法律文本作出解释。③

与之不同的是，目前我国反不正当竞争法并未对商业标识“搭便车”行为作出任何规定，因此只能从已有的司法实践中梳理类型，总结出判断要件，然后根据《反不正当竞争法》第2条进行总体类推，适用到未来出现的新型“搭便车”行为中。目前商业标识“搭便车”行为在司法实践中出现了“关键词搜索”“比较广告”等类型，而一些相关司法解释也归纳了判断此类案件的要件，如《北京市高级人民法院关于涉及网络知识产权案件审理指南》第38条就列举了关键词搜索案件中的考虑因素，包括了使用关键词是否具有正当理由、关键词是否在搜索结果列表所显示的标题和网页内容介绍中显示、关键词是否在通过搜索结果进入被告的网页中有显示、是否足以导致交易机会或竞争优势的损害。

由于法律并未明确地规制商业标识“搭便车”的行为，为此在判断中需要格外谨慎。在类推的过程中，需要格外强调对法律规范目的和结果妥当性的考量，如果是法律有意不予规定的领域，则属于法律有意的沉默，无法进行类推适用；同时，如果类推的结果不妥当，违背了法律的规范目的，则也不具有正当性。④ 正如欧盟学者指出的那样，一刀切式地规制商业标识“搭便车”行为可能会影响自由竞争的市场秩序，弱小的竞争者会因为无法获得商业机会而难以生存，相关的消费者也可能因此而无法买到廉价的替代品。⑤ 鉴于此，如果商标权人的损失很小或没有任何损失，消费者和社会公众反而从该行为中获益，那么禁止这种使用将没有正当性可言，不能将其纳入反不正当竞争法规制的范畴。例如，在楼盘广告案中，被告在楼盘广告中使用了一个模特提着LV包袋的图样，被LV公司起诉⑥，但实际上被告只是意图在于使消费者产生该楼盘适合高档人士居住的印象，这种行

① 最高人民法院民事判决书（2015）民三终字第4号，湖南省高级人民法院民事判决书（2008）湘高法民三终字第47号。

② 北京市大兴区人民法院民事判决书（2015）大民（知）初字第17452号。

③ 李琛：《文本与诠释的互动：回顾〈著作权法〉三十年的新视角》，载《知识产权》2020年第8期，第8－20页。

④ 杨仁寿：《法学方法论》，中国政法大学出版社2013年版，第194－197页。

⑤ See Ansgar Ohly, Michael SpenceI, *The Law of Comparative Advertising*, Hart Publishing, 2000, p. 85.

⑥ 上海市第二中级人民法院民事判决书（2004）沪二中民五（知）初字第242号。

为并不会对原告或消费者的利益造成任何影响。鉴于此，从商业标识法益保护的规范目的出发，上述案件不宜被类推为商业标识法益。

四、结语

随着社会的进步和发展，许多新型知识财产法益陆续出现，由于反不正当竞争法中仅规定了几种不正当竞争的行为，法院只能求助于一般条款来保护新型知识财产法益。反不正当竞争法一般条款中规定的要件过于宽泛，只能依赖于法官的自由裁量，这为司法正义的实现设置了极大的障碍，为此，有必要求助于类型，运用类型化的方法来推动反不正当竞争法对新型知识财产法益的保护。从当前反不正当竞争法对知识财产保护的规定中可以总结出知识财产法益的规范类型，从司法实践中也可以发现许多已经保护的知识财产法益的经验类型，而通过批判和吸收已有的学者分类，可以将知识财产法益的逻辑类型分为智力成果法益和商业标识法益。智力成果法益的主要类型有时事新闻、商业设计和数据信息，商业标识法益的主要类型包括“混淆”“淡化”和“搭便车”涉及的法益。分类不是目的，最终是要利用类型化和类推适用的方法合理地判断某一利益是否为反不正当竞争法所保护的知识财产法益。通过将知识财产法益类型化，可以将符合条件的案件直接归入总结的类型中；对于其他与总结的类型虽然相似但不完全契合的案例，则应进行类推适用。对智力成果法益和商业标识“搭便车”涉及法益的判断应进行总体类推，先从特殊到一般，再适用于特殊情况；对商业标识“混淆”和“淡化”涉及法益的判断应运用个别类推的方法，从特殊到特殊。通过有的放矢地进行类型化和类推适用，能够限制法官的自由“造法”行为。

（编辑：戴津伟）

论刑法规范不确定性的语义消解

肖志珂*

摘　要　语言是思想的交流载体，是人作为社会存在的本质，也是法律规范的组成元素。语言的不确定性是刑法规范的重要特征，主要由语义的模糊、分歧、概括及含混等属性所致。刑法规范模糊属于语言的属性，分歧、概括和含混也是语言的重要特性，前者需要通过合理途径进行应对，后者则可以通过具体语境得以消除。具体而言，刑法规范语义的不确定性可以通过“语义感染”“强制规定”以及“交流商谈”三种模式予以转化。

关键词　规范模糊性　语义学　语义感染　硬性规定

刑法规范是实现社会正义的法律载体，立法主体应该根据社会的发展变化，并基于正义价值，对刑法规范进行修改和完善，以达到对正义价值的准确描述和合理回应。但是，当刑法文本在被制定出来以后，为了保持刑法的稳定性与权威性，立法者一般很少会对刑法规范做频繁修改，这就导致了刑法文本的立法语言在刑法规范被制定出来之后，虽然词语的含义在立法当时具有确定性，但却无法避免在以后实施过程中出现变化。由此，不确定性成为刑法规范的重要属性，对刑法条文的成长和发展具有重要意义，也是刑法规范应对社会发展的重要基础。对此，无论是从语言学的角度，还是从刑法学的角度，学界的主流观点都是给予积极认可的。从语言学分析，规范模糊是造成文本不确定性的一个方面，语义分歧、概括、含混等也是导致刑法规范内涵不确定的重要因素。法学界较多关注语义模糊性对刑法规范解读和适用的影响，对规范语义的其他特征则关注甚少，从而对规范不确定的认识问题缺乏理性和深入思考。再则，就刑法规范的不确定性而言，因其具有一定的积极意义和社会价值，理论上一般认可其存在的必要性与合理性，但需要指出的是，不

* 肖志珂，女，河南濮阳人，上海商学院商业发展研究院助理研究员，研究方向为法律解释学、法律文化。

确定性会带来法律规范的理解和适用困难。不过，对如何消除或弱化刑法规范的不确定性问题，理论研究和论证显然不够，以致对刑法规范的司法适用产生诸多不便。

一、法律解释的语言学转向

解释学的发展与语言学的发展密切相关。如何对语言进行解读，如何看待语言在解释中的地位和价值，如何定位语言解读过程中不同主体之间的关系，是语言学的重要内容，也是解释学关注的要素，因此，解释学的发展离不开语言学的支撑。

诠释学就是专门研究意义、理解与解释问题的学问。从诠释学的发展历程看，主要经历了特殊诠释学、一般诠释学、本体解释学三个阶段。特殊诠释学主要是探讨某些特殊的文本，诸如《圣经》、荷马史诗等才会成为诠释的对象，致力于文本词语释义中的科学性与客观性问题。一般诠释学认为，文本理解中发生误解是普遍的，并不局限在特殊的经书文本当中。因此，一般诠释学主张，通过心理移情的方式，阐释制定主体赋予文本的内涵。质言之，读者将自己的心灵、思想植入作者创作文本时的历史情境以及作者的心理活动，以真正理解文本的内涵。由此，读者不仅要熟知语言学知识，而且还必须对作者生平、相关历史文献、时代背景、文化背景等诸方面有精到的了解，达到对文本内容有深刻理解，并完成通过主观重建客观的发生过程。“解释者必须深入到作者的内心，尽可能回到作者的观点上去解释文本，即替作者设身处地地想。”①

从特殊诠释学到普遍诠释学，使我们更加理解文本中意义由何而来，以及如何形成，认识到文本代表作者思想和时代精神之后，更导向重视作者原意和重建作者原意的方法思考。② 实质上，无论是特殊解释学还是一般解释学，文本制定主体的意志在文本解读过程中都具有重要价值，至于解读主体和文本自身，只是达到解读结果、完成解释任务的辅助条件。在上述解释论的语境中，语言发展多限于形式语言，文本解读多关注二值逻辑和形式推理，语言分析和实证研究是文本解读的主要路径。由此，确定性是语言的重要特征，形而上学是语言分析的哲学基础，形式理性是文本解读的指导思想。但是，显然语言处理的不仅仅是自然现象，还有社会现象，因此，单纯依靠形式语言不能完成对社会交往形式的合理表达。对此，维特根斯坦曾明确指出：“……因为这样就显得我们在逻辑里好像谈的是一种理想语言。好像我们的逻辑是一种为真空而设的逻辑。”③

20 世纪 60 年代以来，现代社会向纵深发展，利益多元化趋势明显，矛盾形态日趋复杂化。后现代主义哲学思潮，更是直接对现代化过程中的整体性、中心性、同一性等思维

---

① 付玉明：《刑法解释的诠释学论说——刑法解释的构成解读》，载《河南财经政法大学学报》2012 年第 1 期，第 145 – 153 页。

② 参见成中英：《诠释学中的存在接受性与意义创造性：从伽达默尔到本体诠释学》，载《安徽师范大学学报（人文社会科学版）》2014 年第 6 期，第 661 – 672 页。

③ ［英］维特根斯坦：《哲学研究》，楼巍译，上海人民出版社 2019 年版，第 44 页。

方式予以批判，并对西方本质主义、基础主义、形而上学、逻各斯中心主义等传统哲学内容解构。“后现代的全部知识都是形形色色的语言游戏，不再需要‘元叙事’的普遍哲学根据，只有约定的游戏规则；它们无需系统、结构、统一性、整体性、人的主体性，而是呈现差异性、异质性、多元性、解构性、不确定性。”① 基于此，去中心论、去权威化、倡导多元化、提倡女性主义等文化理念盛行，语言哲学也加速从语义学向语用学转变，并推动解释学发展的第三次转向，本体诠释学逐渐形成。根据本体诠释学，新的解释机制被建构，文本解读的主客体间性开始为主体间性替代，文本制定者、解读者、文本之间的对话和商谈被倡导，主张通过问答模式揭示文本内涵，历史有效性和视域融合成为文本理解、解释的重要渠道。按照伽达默尔的解释学的观点，真正的理解是文本与读者之间的“视界融合”，产生一种历史的真实和历史理解的真实，达到理解中的历史有效性，及“效果历史”的程度。基于此，本体论诠释学是解释学发展的重要阶段，其在解释模式、发生机制、哲学基础等方面发生了根本性变化。

19 世纪末 20 世纪初，西方哲学研究已基本上完成了语言学的转向，从而形成了以语言的表达功能为核心来研究各种哲学命题的现代西方哲学思潮。② 毫无疑问，语言哲学的发展为本体诠释学形成奠定了重要的理论基础，与本体诠释学形成相关的理论证成者，如胡塞尔、维特根斯坦、海德格尔、伽达默尔、哈贝马斯等哲学家，在现代语言学进行理论建构的过程中，都直接或间接推进了本体诠释学的形成与发展。由分析语言哲学与解释学可知，维特根斯坦的家族相似性、胡塞尔的语言游戏、海德格尔的日常语言、伽达默尔的历史有效性与视域融合，以及哈贝马斯的商谈理论等，都是现代语言哲学发展的重要理论源泉，也是存在主义在语言学领域的重要体现。在解释学发展过程中，语言分析中的形式逻辑开始让位于实践经验、语境、历史、商谈等内容，明显体现出理性主义向存在主义转变的历史印记。于是，具体个体的生活、经验以及历史境遇，以及个体内部非理性的主观情绪体验等因素被给予重点关注。在这个阶段，作为人文社会科学方法论的诠释学开始转变为本体论诠释学。

作为一种语言哲学层面的概念，本体诠释学对其他学科的指导作用不言而喻，尤其是在法律规范的解释上作用明显。近年来，在刑法解释理念、解释机制、解释限度等维度发生的新变化，无不折射出本体诠释学的影响和渗透。在刑法解释体系中，诸多概念都体现出了本体诠释学的内在精神，比如，实质解释、客观解释、目的解释、扩张解释、社会学解释、以刑制罪等。当然，刑法解释学的发展并未局限于刑法理论层面，对我国司法政策的形成、发展与适用也造成一定影响。近年来，我国的一些司法政策在内涵和外延上与本体论诠释不谋而合，比如，司法主体的能动性、司法效果与社会效果的统一、刑事速裁及

① 姚介厚：《“后现代”问题和后现代主义的哲学与文化》，载《国外社会科学》2001 年第 5 期，第 10 – 17 页。

② 参见王佳棋：《论模糊语义学的哲学基础》，载《社会科学战线》2012 年第 8 期，第 256 – 257 页。

认罪认罚从宽等内容。

法律解释论的转变，一方面体现出人本主义的属性，积极强调解读主体在文本规范解读中的作用，即规范解释中解释主体的重要性。同时，文本解释中的非规范化色彩相对浓厚，致使规范解读的不确定性日渐凸显，这与稳定性和一致性的现代司法理念相背离。基于此，哈贝马斯指出，在文本解读过程中，理解者或解读者要重视语义内涵的确定性与统一性，以有效应对文本解读的不确定性问题。分析文本解释的过程与效果，文本解读的不确定性问题往往与释放解读主体的能动性、创造性有关，也与文本语义自身的语言描述有关，比如语言模糊、语言分歧、语言概括、语言含糊等。“从文本注释到诠释的方法论，以及最后到理解的本体论，以此为标志的西方诠释学传统展示了一个演变中的文本、世界和人的辩证过程。它可以说一个通过诠释学经验而来的人的创造性的逐渐发展过程，这种诠释学经验又要经由对存在和语言的世界的接受性揭示。”① 鉴于文本语言描述的重要性，本文旨在通过对规范文本语义予以分析，完成语义的模糊性向精确性转变的目标预设，以有效应对文本语义解读过程中的不确定性问题。

通过分析解释学的发展沿革，解释学与语言学之间的关系紧密。也即，解释学发展离不开语言学的支撑，需要从语言哲学层面寻找解释学发展的动力和源泉。在刑法解释语境下，规范文本的语义探究也需要坚持语言学面向，以达到对刑法规范文义准确认识和辨析之目的。“随着向形式语用学的过渡，语言分析才重新获得了主体哲学最初被迫放弃了的维度和问题。”②

二、刑法规范不确定性的语言学分析

不确定性是语言文义的重要特征，也是语言发展的前提，更是法律语言的重要特征。通常情况下，在规范语词当中，除了术语、符号、式子、图形等特殊的语言描述是确定的，其他一般都是以模糊等形式出现的。在法律文本中，语言的不确定体现的较为明显，既是解决立法技术上的某些困难，比如，无法全部列举事项的技术性处理、不可计量的数值的技术性处理、程度性法律规范的技术化处理等。③ 同时，规范语义的不确定性也是法律文本发展与司法适用的前提和基础。

（一）刑法规范的语义特征考察

从语言学角度看，模糊是语义的一个概念和属性，表明了语义的特征。但是，在语言

① 成中英：《诠释学中的存在接受性与意义创造性：从伽达默尔到本体诠释学》，载《安徽师范大学学报（人文社会科学版）》2014 年第 6 期，第 661 – 672 页。

② ［德］于尔根·哈贝马斯：《后形而上学思想》，曹卫东、付德根译，译林出版社 2001 年版，第 42 – 47 页。

③ 不可计量的数值是指，“数额较大”“数额巨大”“数额特别巨大”等；程度性法律规范是指，严重后果”“情节严重”“情节恶劣”等。

学范畴，除了模糊，还有歧义、概括、含混等概念。① 歧义、概括、含糊与模糊具有一定程度的相似性，却也存在实质区别，并在语言学领域受到学者的重视和关注。虽然我国语言学界已经对语义模糊的本质、特点及其与其他语义学概念的区别有了清楚的认识。可是，在实践应用中，仍有不少人将概括、多义、歧义、双关、含混与模糊等混为一谈。②

在法学领域，尤其是刑法学者对语义模糊性的关注更为有限，对语义歧义、概括、含混等内容更是缺乏研究，甚至在日常论述或理论研究中，经常将前述几个概念混淆使用。不过，需要明确的是，模糊与歧义、概括、含混等概念在内涵与外延上并不相同，在语言学中发生的作用也不尽相同，以及如何通过语言发生机制改变各个内涵的不确定性也有不同。赵元任先生在1959年就曾提出，要区别歧义、模糊和笼统这三者，并指出，一个符号的对象的边界状况不清楚，就说它是模糊的。③ 因此，在刑法解释学的研究中，对上述几个概念应该分别阐述和深度探讨，并对消除其不确定性的情况进行针对性的分析和论述。

第一，模糊侧重表达的是描述对象的不确定性，留给听众一个可供领悟、体会、选择的弹性空间“模糊性是关于对象的类属边界的不清晰性和性态特征的不确定性，是语言的普遍性现象。”④ 从词语的语言结构看，其中心部分的内涵是确定的，其外延界限往往具有不确定性。易言之，模糊是语言本身固有的现象，其往往具有不确定的外延，比如，大、小、高、低、多、少等。不过，在语言表述上，模糊语言具有更大的概括性和灵活性，这种概括性与灵活性恰恰反映在不确定的语言外延层面。在自然语言与日常交流中，模糊词语比比皆是，出现于各种语言表达当中，对于人们语言运用、沟通和交流具有重要意义。一般情况下，模糊语词的不确定外延并不需要加以精确化，社会主体就可以完成对语言的使用和理解。但是，在刑法文本司法适用的语境下，模糊语词外延不确定的消极性是明显的，往往会导致规范适用的不便和误解，并最终会对刑法基本原则与现代司法理念造成侵害，比如，刑法条文中的情节严重、情节恶劣、数额较大、数额巨大、情节显著轻微等法律概念。因此，在司法实践当中，需要对刑法规范中的模糊词语进行梳理和解析，并努力将其不确定性转化为明确性和确定性，为司法主体准确使用刑法规范提供参考和借鉴。

第二，含混是指一个词有多个语义上有关联的义项，也即，同一个词语在不同的用法中有不同的含义，比如，打（交道）、打（人）、打（造）等，前述语义都是从“打”这个词义引申出来的，但与之关联的词语内涵则完全不同。模糊性是概念所指边界的不确定性，一般是语言使用者不得已而为之，既有消极的效应，也有积极的作用。含混不清则是

① 参见张乔：《模糊语义学》，中国社会科学出版社1998年版，第81－82页。

② 参见章婷：《试论中国模糊语义学研究现状》，载《外语研究》2005年第3期，第7－10页。

③ 参见吴翠芹：《模糊语义的表现形式及基本特征》，载《语文学刊》2014年第12期，第12－13页。

④ 谢友荣：《模糊性：语言的独特功能》，载《考试周刊》2009年46期，第39页。

因为运用语言不当致使所提供的信息缺损，是应该尽量避免的消极结果。“模糊性”是语言的一种固有属性，客观地存在于语言之中。“含混”则不是语言的固有属性。① 在刑法规范中，也有类似的含糊性词语，比如胁迫、其他方法、暴力等。抢劫罪中的暴力、胁迫与强奸罪中的暴力、胁迫在内涵上有所不同。故意伤害罪中的暴力与暴力袭警中的暴力在内涵上有不同指向。上述不同刑法条款中的相同词语，其内涵并不是完全确定的，相反，在不同的条文中具有一定程度的差异性，需要解释主体根据不同语言场景进行解读，以消除词语本身的不确定性，完成刑法规范条文的准确应用。

第三，歧义是指一个词有一个以上、且在语义上互不相关的词项。比如，“母老虎”就有两个意义，一个是指雌性的老虎，一个是指泼妇或者悍妇。对于具有歧义的词语，需根据不同语境对规范词语进行判断，以确定词语自身的确切性内涵。就刑法文本而言，在立法层面上应避免文本规范中出现歧义性词语，否则，在规范解读与司法适用中就会出现不便，比如，刑法条款中的追逐竞驶、怀孕妇女、信用卡等。危险驾驶罪中的追逐竞驶是指，两个以上机动车在公路上互相追逐竞驶，还是一个机动车在公路上肆意超速、变道、超载，也可构成追逐竞驶？审判时怀孕的妇女是指，在审判阶段怀孕的妇女，或者是进入羁押阶段就已经怀孕的妇女？② 信用卡是指贷记卡，是否也包括借记卡③？当然，对上述理解上有歧义的词语，在今天来看，已经不存在问题，有权解释主体已经从司法解释、指导性案例、法官适用等层面对上述词语进行了解读，但从立法技术的角度分析，完全可以在立法阶段解决上述规范词语的歧义问题，并不需要通过后续的司法行为进行明确和回应，以最大程度避免因立法科学性不足，导致文本语义解读的歧义性问题。

第四，概括则是词语仅有概括性的意义，也就是说，在它的定义中有不具体的成分，并不是外延的不确定性问题，比如，“鸟”只有概括意义，但是它的一些特征，如有羽毛、卵生、颜色等外在特征并不明确。概括性词语在刑法规范中较为常见，这与立法习惯、立法技术及词语选择有关。也即，立法主体在刑法条文中会选择概括性词语，以保持刑法规范的灵活性和成长性，并适应社会的变化性和词语文义的流动性。比如，刑法分则条款中出现的枪支、凶器、通信等词语，其定义本身往往缺乏具体指向，立法主体在刑法条文中并未对词语的具体特征进行描述，最终导致在词语文义上出现不确定性问题。如非法持有

---

① 参见周菊兰：《模糊立法语言的语义学分析》，载《江苏警官学院学报》2005 年第 4 期，第 108 – 116 页。

② 从文义上看，所谓的“审判时”，指从人民检察院提起公诉时至人民法院作出判决生效时止；最高人民法院在《关于对怀孕妇女在羁押期间自然流产审判时是否适用死刑问题的批复》中指出：对怀孕妇女因涉嫌犯罪在羁押期间自然流产后，又因同一事实被起诉、交付审判的，应视为“审判时怀孕的妇女”。

③ 2004 年，全国人民代表大会常务委员会对“信用卡”进行了解释：刑法规定的“信用卡”，是指由商业银行或者其他金融机构发行的具有消费支付、信用贷款、转账结算、存取现金等全部功能或者部分功能的电子支付卡。根据该立法解释，信用卡应该仅指贷记卡。但在理论和司法上，对信用卡做了扩大解释，将借记卡也包括在信用卡的范畴之内。

枪支罪，对该条款中的枪支①，行政主体只是给出了枪口比动能的数量标准，但对枪支未做任何具体的特征描述，如枪支外形、杀伤性、动力性等。再如，携带凶器盗窃、抢夺的，立法主体对凶器②的特征未做规范描述，如携带可能性、杀伤力、危害性等。鉴于立法主体未对枪支和凶器的具体特性进行描述，致使规范解读和适用主体在上述词语的理解、诠释上会出现分歧，并导致在实践中适用范围过于宽泛，最终造成司法认定存疑和分歧的情形。

从语义上看，模糊词语的模糊主要源自词语外延的不确定性，但是，歧义、含混、概括等词语的不明确则源自词语内涵的多义性。因此，在模糊语词的内涵揭示上，往往与语言使用者的主观判断有关，相反，歧义、含混、概括等词语的内涵展示，往往与人们的主观判断关系不大，经常与上述词语的具体适用语境有关。比如，张三说，这是个母老虎。对此，母老虎所指与张三的谈话语境有密切关系，与言语者的主观判断并没有大的关联。鉴于此，界分模糊词语与歧义、含糊、概括词语的重要标准则是，词语的内涵是否可以通过语境进行具体化。具言之，歧义、含混、概括等语词属性可以在具体语境中完成确定性转变，模糊性在语境中则很难实现内涵确定性，需要通过主观判断等途径完成词语内涵的确切性认知。③ 换言之，模糊性是语言的固有特性和思维属性，是语言的问题，不能通过语境轻易取消。歧义、含混、概括等则是语言现象，是言语的问题，需要通过语言本身所在或提供的语境，来消解词语外延的不确定性问题。

（二）刑法规范语义特征的实践理性反思

文字是规范的语言载体，规范通过语言展示言论者的思想，因此，语言学上的不确定性就是规范层面的不确定性问题。语言学对语义不确定性问题的研究，为认识刑法规范语义提供了理论指导，由此，刑法规范的研究者和阐释者，应该沿着语言学的研究思路，尝试解决刑法规范词语的外延和内涵不确定性问题。不过，从刑法理论看，学界在对刑法规范进行研究和诠释时，往往局限于刑法教义学层面，而缺乏从语言学维度对刑法规范的关注和思考。

首先，刑法理论界习惯于将规范语义的特征类型相混同。语言学对法律规范理解、解释的影响是明显的，语言学中的模糊理论也一直为理论学者接受，并将模糊理论引入到刑法规范的认识和阐释当中，据以分析规范文义不确定性与合理性及应对路径。

语义模糊性对刑法理论的影响，在刑法理论研究中会被提及，并作为论证规范合理

---

① 根据公安部2007年10月29日颁布的《枪支致伤力的法庭科学鉴定判据》和2010年12月7日印发的《公安机关涉案枪支弹药性能鉴定工作规定》，枪口比动能1.8焦耳/平方厘米是认定枪支的法定标准。

② 《最高人民法院关于审理抢劫、抢夺刑事案件适用法律若干问题的意见》对凶器进行了解释，是指枪支、爆炸物、管制刀具等国家禁止个人携带的器械。从司法实践看，该司法解释对凶器的解释还是粗放式的，并未给出具体的参照标准。

③ 参见张乔：《模糊语义学》，中国社会科学出版社1998年版，第84页。

性、科学性的语言学基础。具体表现为，刑法总则中的社会危害性较大、情节显著轻微，刑法分则条文中的情节犯、行为犯、危险犯、未遂犯，以及规范要素、定量要素等，都具有一定程度的模糊性。在国外刑法当中，也多类似模糊条款。《法国刑法典》将强奸罪规定为："以暴力、强制、威胁或趁人无备，对他人施以任何性进入行为，无论其为何种性质，均为强奸罪"，很明显，其中的"任何""无论……何种……均为……"皆概括性极强、含义不具体的词。鉴于任何规则无论怎样加以精确描述，总会遇到关于某些情况是否属于其规定范围的问题。① 因此，在刑法语境中，规范模糊性会被认为是立法文本刚性与弹性的统一，对于适应社会变化具有积极意义，并能最大程度确保规范文本适用的确定性与稳定性。

遗憾的是，在法学理论界，关于语义歧义、含混、概括等语言特性基本没有人提及，鲜有学者讨论语义的歧义、含混、概括等其他语言问题，遑论从上述几个角度分析刑法规范适用中遇到的理论与实践问题。之所以如此，与理论界探讨规范文本语义问题时，常常将语言学上的模糊、含混、概括、歧义等概念混同有关。就一般的社会主体而言，对语义的模糊、含混、概括、歧义等内容没有确切的认知，往往将类似的语义属性习惯于用模糊性予以替代。但是，对于刑法研究主体或者规范解释主体，对语义的不同属性应该有清醒的认识，并根据不同的语言属性进行刑法规范的判断和诠释。究其原因，模糊性是语言使用问题，需要解释主体根据规范文义、政策诉求及利益衡量等因素进行确切性的解读和分析，并在规范适用中做到准确理解和判断。然而，歧义、含混和概括属于语言本身的问题，或者可以通过立法技术消除规范异义，或者可以通过语境分析实现规范文义的确定性问题。

鉴于刑法理论界在语义属性认识上往往限于模糊性理论，对其他词语的语言属性认识不足，致使在刑法规范语词的解读和认识上，会在以下几个方面出现偏差：第一，缺乏对语义属性的科学认识，将词语语义的不同属性进行混淆，从而影响到对词语文义的准确解读和认知；第二，不能认清语义不同属性的内涵，导致在规范文义揭示上缺乏针对性措施，以至于不能有效解读规范文义；第三，对语义的不同属性缺乏准确认识，导致词语在文义功能上难以明确界定，进而影响到在文本立法、规范适用和解读上的准确判断。

其次，刑法学界对规范词语不确定性问题没有构建有效的应对路径。不确定性是刑法规范的固有属性，是刑法文本在变动不居的社会关系中保持确定性与统一性的语言学基础，在这个意义上，理论界对刑法规范不确定性的证成显然是合理的。② 在学界关于规范模糊性的研究中，刑法学者对规范模糊性的合理性进行了深度论证，对规范模糊性的价值做了深入分析，对规范模糊性与罪刑法定原则之间的关系做了透彻阐释，并对规范模糊性

① 参见［英］哈特：《法律推理问题》，载《法学译丛》1991 年第 5 期，第 19 页。

② 参见周少华：《刑法规范的语言表达及其法治意义》，载《法律科学》2016 年第 4 期，第 56－68 页。

在融入刑事政策的路径上做出了正确判断和合理解析。

鉴于语义模糊性的规范，在语言使用与交流中具有重要作用，因此，作为刑法规范的载体，语言是刑法规范的重要构成要素，语义的模糊性及其功能也完全体现在刑法规范的词语文义当中。刑法学者探讨规范模糊性的价值及合理性，无疑是符合词语文义的内在规律的。但遗憾的是，学界往往将关注点置于规范模糊性的合理性论证上，对于规范模糊性向明确性转化的具体路径则研究不够，导致因规范模糊引起的司法适用疑难问题未能得以充分重视。① 对此，有学者仅泛泛指出，或者在立法层面上减少模糊性词语使用，或者在司法层面上细化模糊词语的文义。“对于常见多发且与社会安全关系密切的犯罪以及外在特征不像传统刑事犯罪那样明确的犯罪，采用明确性犯罪构成，不厌其详地描述其构成特征。”② 从学者的观点看，期望通过立法减少刑法模糊性词语的看法无疑是合理的，但又是远远不够的。通过在立法文本中减少模糊性词语的使用，降低语义模糊性在实践适用中的负面影响，具有一定的积极意义。但是，模糊性毕竟是词语文义的固有属性，刑法规范以词语为文字载体，词义是规范的外在揭示。加之，模糊性在语言交流中的价值和作用，因此，期望通过减少模糊性词语，进行明确性立法的方式是行不通的。另外，将目光聚焦于司法主体的规范解读层面，以应对刑法规范模糊性的问题无疑是正确的，有利于规范词语的文义明确与语义解读。但遗憾的是，这仅仅是从法律规范维度探讨刑法词语文义模糊性问题，缺乏从语言学角度消除词语文义模糊性的深度考量，导致论者提出的祛除文义模糊性的确切化措施不够科学，也不够合理和有效。

学界之所以在刑法规范不确定性的转化路径上缺乏有效路径，与刑法学者对语言学的关注不足有关，仅将研究视野局限于规范自身，缺乏从语言学角度审视刑法规范的确定性问题，当然，在转化路径上缺乏有效的建议和措施，即使能提出一些具体的建议和措施，也往往会因为缺乏语言学的关注和考虑，而缺乏足够的合理性与科学性。

三、刑法规范不确定性的消极影响分析

刑法属于公法范畴，其本质在于约束公权力保护私权利，任何刑法内涵的扩充或限缩都会影响到权力与权利的力量平衡。因此，司法主体应保持谨慎和克制，尽量保证规范文本诠释和适用的确定性和一致性，而不能肆意改变和完善刑法文本。总的来看，刑法规范的不确定性会对法治社会建设具有消极影响，下文将从三个维度对该问题展开分析。

第一，刑法规范的不确定性不利于司法权力边界划定。在现代法治社会国家，基于法治精神和宪法规定，立法权与司法权往往分属不同权力主体，前者为立法主体享有，后者为司法主体行使，这既符合现代法治精神，也与现代刑法理论相一致，更符合构建社会主

① 参见姜涛：《基于明确性原则的刑法解释研究》，载《政法论坛》2019年第3期，第89－101页。

② 陈兴良：《论刑法基本原则与刑法的完善》，载《刑法发展与司法完善》，中国人民公安大学出版社1989年版，第87页。

义法治社会的时代需要。

根据法治国家权力分立的政治架构，刑事立法权需要立法主体行使，不管是增设新的立法条文，还是在文义之外扩大或限缩规范文义的内涵，原则上都应该是立法机关的职责，需要立法主体在刑事立法中完成规范的发展和完善，唯此，才能真正体现现代法治国家权力分立之精神。否则，就会出现贝卡利亚所言，“不幸者的生活和自由成了荒谬推理的牺牲品，或者成了某个法官情绪冲动的牺牲品。”① 有鉴于此，在司法实践中，刑法规范保持确定性就显得很有必要，会对司法主体顺利适用刑法规范提供便利，不会轻易触发司法主体通过准立法模式修改刑法规范的冲动。质言之，在司法实践上，司法主体应该充分尊重刑法文本，不能为了达到司法适用目的，擅自变更规范文义或弥补立法漏洞。但是，从刑法规范上看，由于语言的模糊性和社会的变动性，刑法规范的确定性往往是相对的，刑法规范的不确定性则是绝对的。因此，期望通过赋予刑法规范确定性内涵进而限制司法权力，应该是不现实的，也不能达到预期目的。因此，在司法解释和规范适用中，时常能看到解释主体通过抽象解释行使立法权力的情形，比如，两高关于生产、销售不符合国家标准、行业标准医疗器械、医用卫生材料罪②和交通肇事罪③的司法解释等。实质上，不确定性是刑法规范的内在属性，与刑法规范伴生而行，通过立法、司法途径消除或禁绝刑法规范不确定性的想法都是脱离实际的，对此应该有合理认知。但是，如前所述，刑法规范不确定性会推动司法主体积极诠释规范文义，并会导致司法主体越权解释，进行刑法规范漏洞填补，在此过程中，会出现司法权僭越或挤压立法权的现象，从而对合理区分立法权与司法权较为不利，对此我们也应该有合理认识。

第二，刑法规范的不确定性不利于行为预期的判断。在法治社会中，司法主体应该依法而治，按照刑法规定对危害行为进行定罪量刑，这是法治的固有属性。在法治社会中，社会主体应该可以依据刑法规范判断自己的行为，并对行为之刑法属性进行合理预期，换言之，行为是否构成犯罪、是否需要处以刑罚及处以何种刑罚，都应该通过理解刑法文本而反映出来。

如果法官们可以在任何时候轻易转向新的方向，那么人们就很难计划自己的活动。”④根据论者所言，为了保障公民的行为预期，就不能让司法主体在规范解读中随意改变方向，基于此，刑法规范的确定性就成为实践中关注的重要问题。也即，为了达到保障公民

① ［意］贝卡利亚：《论犯罪与刑罚》，黄风译，中国大百科全书出版社 1993 年版，第 12 页。

② 最高人民法院、最高人民检察院《关于办理生产、销售伪劣商品刑事案件具体应用法律若干问题的解释》第 6 条规定：医疗机构或者个人，知道或者应当知道是不符合保障人体健康的国家标准、行业标准的医疗器械、医用卫生材料而购买、使用，对人体健康造成严重危害的，以销售不符合标准的医用器材罪定罪处罚。

③ 《关于审理交通肇事刑事案件具体应用法律若干问题的解释》第 5 条第 2 款规定：“交通肇事后，单位主管人员、机动车辆所有人、承包人或者乘车人指使肇事人逃逸，致使被害人因得不到救助而死亡的，以交通肇事罪的共犯论处”

④ ［美］波斯纳：《法律、实用主义与民主》，苏力译，中国政法大学出版社 2005 年版，第 76 页。

行为预期的目的，切实体现公民的权利诉求，就需要保证刑法文本的确定性，使条文在较长期间内保证文义的稳定性和连续性，为公民行为提供合理的规范性标准和指引，以方便社会民众判断其行为的法律属性，而不会因为行为规范不足或缺陷陷于刑事处罚当中。正如有学者指出的："有了这个标准之后，如果刑法没有规定要处罚的行为，国家就不能给予刑罚。因此，对于人民而言，刑法的存在固然是入罪的标准，但同时也是人民自由权利的保证书。这里所谓的自由，除了是不受刑罚处罚的自由之外，更重要的是开展其快乐生活的自由。因为，在对于刑罚的无法预测的恐惧中，人们动辄得咎的结果，只能自我设限。"① 由此，刑法规范的不确定性往往会影响到公民的合理行为预期，并导致刑法规范提供非合理的行为指引，而成为不具有预测功能的行为规范，这无疑会对公民的合法权利造成侵害。但是，不得不指出的是，刑法规范不确定性是普遍存在的，期望通过立法或司法行为消除不确定性基本不能实现。因此，这是立法主体与司法主体必选面对的问题，为了最大程度减少对公民行为合理预期的损害，就需要从立法和司法不同路径层面降低刑法规范的不确定性。

第三，刑法规范的不确定性不利于罪刑法定原则的贯彻。法治概念在内涵上具有层次性，具体有形式法治与实质法治的区分，不过，形式法治应该是现代法治中最为重要的价值追求。形式法治强调"以法治国""依法办事"的治国方式、制度及其运行机制，因此，根据形式法治的内涵和外延，法律规范的确定性就成为法治社会构建的重要基础和支撑。

刑法规范是法治社会建设的最后手段，也是最重要的手段，也即，罪刑法定是现代人权保障的基本要求，是现代刑事法治的第一原则。根据法治社会的内在要义，罪刑法定是贯穿刑事法治程序的基本原则，换言之，罪刑法定原则是实现法治社会建设的基本要求。罪刑法定是合法性原则的组成部分，合法性原则包括了罪刑法定的内容。② 根据罪刑法定原则的实质侧面，明确性原则是刑法规范的应有之义，也即，刑法规范应该具有内涵确定性和语义明确性的特征，以便于罪刑法定原则的贯彻和实施，才能合理保障公民的合法权利。比如，在英国刑法曾规定"鼓动不满"和"煽动性言论"罪行，对此，马克思、恩格斯曾指批判地指出："如果说这些严厉的刑罚和政治罪概念的不精确在实践中没有达到法律所预期的结果，那么，这一方面也是由于法律本身有缺陷，因为法律中的混乱和含糊之处非常多，高明的律师都能找到有利于被告的漏洞。"③ 根据马克思、恩格斯的科学论断可知，刑法规范的确定性与效果性的关系，也即如果没有刑法规范的精确性，或者明确性很低的话，则刑法规范就没有社会效果，或者刑法效果会很差。基于此，从形式法治社会的建构看，刑法规范确定性是保障人权和社会秩序的重要属性，换言之，如果刑法规范

① 黄荣坚：《基础刑法学（上）》，元照出版公司2004年版，第248页。

② 参见王世洲：《罪刑法定原则的历史发展与价值评判》，载《检察日报》2017年8月30日。

③ 《马克思恩格斯全集（第1卷）》，人民出版社1956年版，第245页。

确定性不足，就会对罪刑法定原则的司法遵循产生不利，并会损害社会主义法治建设。但是，刑法规范的不确定性与确定性是相对而言的，在我们积极倡导刑法规范确定性的同时，刑法规范的不确定从来都不会缺席。因此，为了积极有效的贯彻和遵循罪刑法定原则，除了积极关注刑法规范确定性的一面，对其不确定的一面以及如何完成向确定性的转化，应该给予充分的关注和思考。

四、刑法规范不确定性的语义消解模式构建

从法律规范适用的视角考察，规范词语的不确定性具有积极意义，有利于缓解规范文义与社会需要之间的张力，是保持刑法规范有效性与持久性的重要动力，也是政策贯彻和价值输入的重要途径。因此，规范词语文义不确定性的价值不言而喻。不过，不确定性在刑法规范适用中的问题也是明显的，如果对词语不确定性不能做相应转化，还会危及刑法基本原则和自由保障精神。从辩证法的角度看，语言的模糊义与精确义这一对矛盾的双方，也在一定条件下向它的对立面转化。① 也即，模糊性与精确性是相对的，在一定条件下可以相互转化。由此，构建词语文义的确定性转化路径是理论界应深入考察的问题。

第一，通过语义感染对语言的不确定性进行明确。感染本是医学和心理学上的概念。医学上的感染是指细菌、病毒、真菌、寄生虫等病原体侵入人体所引起的局部组织和全身性炎症反应。心理上的感染是指通过某种方式引起他人相同的情绪和行动，实质上是情绪的传递与交流。通过前述描述可知，感染的发生机制是指外来物体对原物体的嵌入，导致原物体自身发生变化，甚至改变自己的自然属性。

感染效应并非仅仅发生在医学或心理学领域，在语言学领域，也可以发生感染效应。有些词语与其他词语搭配之后，由于语义感染的作用，其语义界限可能发生某种变化。② 具体发生机理是，外来词语与原词语相结合，改变原词语的文义属性，使之从模糊性向精确性转变。这一词语属性变异的过程，在语言学上称之为语义感染。比如，“儿童”和“大人”所表示的语义界限都是不确定的，不过，当二者分别与“票”结合后，其语义界限就相对明确了，这是因为儿童票和大人票的价钱是确切的，这种转化就是因为儿童、大人的模糊语义受票价精确的语义感染所致。

在刑法学领域，也可以将语言学中的语义感染作为分析工具，将刑法规范中的模糊性词语进行转化，使之具有明确性和确定性。刑法中的人的界限是不确定的，但与聋哑、盲、未成年等词语结合后，聋哑人、盲人、未成年人等语义就相对精确了。妇女在刑法中的文义指向也是抽象的，但与“怀孕”结合后，怀孕妇女的文义就具有了更加明确的内涵。利益也是一个模糊性词语，将其与财产性结合之后，财产性利益就成为一个语义相对

---

① 参见伍铁平：《模糊语言学综论》，载《西南师范大学学报》1997 年第 6 期，第 88 – 90 页。

② 参见吴翠芹：《模糊语义的表现形式及基本特征》，载《语文学刊》2014 年第 12 期，第 12 – 13，75 页。

确切的概念。诈骗罪是较为宽泛的规定，但集资诈骗罪、贷款诈骗罪、票据诈骗罪、金融凭证诈骗罪、信用证诈骗罪、信用卡诈骗罪、合同诈骗罪等个罪规定则相对具体。在刑法文本或司法解释中，类似的词语结合模式，并产生语义感染效应的现象有多种表现，对于弱化或消除词语文义的模糊性具有积极意义。“它们富于表现力，正确地理解和使用这类词汇可以提高语言效用，并且在交际中发挥重大作用。”① 易言之，通过立法技术或司法解释，利用语言学上的语义感染功能，对刑法规范中的模糊词语进行明确化转化是一个有效路径。

第二，通过避免歧义词语保证刑法规范用语的明确性。在语言学上，文义歧义是词语的语言属性，对此，可以通过语言提供的具体语境进行明确。如果一个词语有两种或两种以上的解释，就会产生歧义，在很多时候，交流主体在日常生活中并不排斥词语的歧义性，以便于交流的简洁性和有效性。但是，在刑法规范的具体适用中，对规范语词的文义歧义问题应该尽量避免，以有利于规范适用的合法性。

根据语义歧义的特征，歧义性在一般的语言交流中可以获得生存空间，不过，在法律规范尤其是刑法规范中，应该尽量避免有歧义的规范文本词语。质言之，立法主体不应该在立法文本中使用有歧义的词语，司法主体也不应该在司法解释中选择歧义性词语对规范文本进行规范诠释。否则，在刑法规范的适用与解释当中，就会出现相应的冲突或矛盾，不利于规范文本的具体司法适用和条款选择。比如，2013年，最高人民法院、最高人民检察院《关于办理寻衅滋事刑事案件适用法律若干问题的解释》规定指出：利用信息网络辱骂、恐吓他人，情节恶劣，破坏社会秩序的，依照刑法第二百九十三条第一款第（二）项的规定，以寻衅滋事罪定罪处罚。对于该解释中的“信息网络”是否属于公共场所，在理论与实务上存在不同看法。有的学者就指出：“我们通常意义上所讲的公共场所指的是实体上的物理空间，并不包括虚拟的网络空间。”② 也即，信息网络是否属于刑法条款中的公共场所，在理论认识上存在较大分歧。正是由于司法解释选择了有歧义性的词语，对司法主体适用寻衅滋事罪条款造成一定困扰。

2015年颁布实施的《刑法修正案（九）》对危险驾驶罪进行了相应修改，其中，第八条第一款规定：追逐竞驶，情节恶劣的，构成危险驾驶罪。但是，对追逐竞驶应做如何理解，在实务与理论上存在不同意见：追逐竞驶是指两人以上其于意思联络而实施的危险驾驶行为，还是单个人也可以实施的危险驾驶行为。为了推动和确保危险驾驶罪合法、合理

① 刘笑纳、刘丰：《论词义感情色彩变化中额意义感染现象》，载《重庆邮电大学学报（社会科学报）》2009年第5期。

② 王双飞：《网络空间等同于刑法中的公共场所吗？——从刑法解释角度分析》，载 http：//www.zx－law.cn/area/detail.php/id－249.html，最后访问日期：2016年3月15日。

的司法适用，化解理论上对追逐竞驶概念的分歧，最高人民法院专门颁布指导性案例①予以明确和规范适用。其实，立法主体完全可以在立法时，对追逐竞驶的概念进行明确，不应该、也不需要司法主体通过司法解释对追逐竞驶的概念进行确切和细化。

第三，通过硬性规定或司法解读对模糊词语进行转化。在实践当中，可以基于具体需求，对词语模糊性做出硬性规定或者通过司法解读，从而达到实现模糊词语向明确性转化的目标。不论是硬性规定或者是司法解读，在实践上都是较为常见的，效果也是较为明显的。②

首先，通过在刑法条文中进行明文规定。在刑法文本中，对模糊性词语进行细化规定，从而达到对词语模糊性进行明确化之目的，比如，国家工作人员、剥夺政治权利、公共财物、自首、立功等。刑法第九十三条规定：本法所称国家工作人员，是指国家机关中从事公务的人员。国有公司、企业、事业单位、人民团体中从事公务的人员和国家机关、国有公司、企业、事业单位委派到非国有公司、企业、事业单位、社会团体从事公务的人员以及其他依照法律从事公务的人员，以国家工作人员论；刑法第五十四条规定，剥夺政治权利是剥夺下列权利：（一）选举权和被选举权；（二）言论、出版、集会、结社、游行、示威自由的权利；（三）担任国家机关职务的权利；（四）担任国有公司、企业、事业单位和人民团体领导职务的权利。类似规定在刑法文本当中比比皆是，都是对刑法文本中的词语进行的细化规定，属于刑法规范上的硬性规定，对于刑法规范的具体适用具有积极的指导意义。

其次，通过在实践上进行规范解读。在刑法条文中，立法主体会基于社会背景与具体需求，在刑法条款中选择使用模糊性词语。对该类模糊性词语，如果不予以明确和细化，在司法实践上就会遭遇司法适用困难的问题。为了缓解模糊性词语与个案适用的紧张，司法主体通过对规范文义进行诠释和解读，比较好的解决了规范文义模糊性转换的问题，具体可以分为发布司法解释和下发指导性案例等路径。比如，2013 年《最高人民法院、最高人民检察院关于办理盗窃刑事案件适用法律若干问题的解释》对盗窃罪中的数额较大、数额巨大、数额特别巨大等词语进行了明确：（1）个人盗窃公私财物数额较大，以五百元至二千元为起点。（2）个人盗窃公私财物数额巨大，以五千元至二万元为起点。（3）个人盗窃公私财物数额特别巨大，以三万元至十万元为起点。

最高人民法院 2014 年发布了 32 号指导案例张某某、金某危险驾驶案。通过该指导性案例，最高人民法院对危险驾驶罪中的“情节恶劣”内涵进行了诠释，从追逐竞驶行为的具体表现、危害程度、造成的危害后果等方面，综合分析其对道路交通秩序、不特定多人

---

① 最高人民法院第八批指导性案例：指导案例 32 号张某某、金某危险驾驶案。该案的裁判要点是：1. 机动车驾驶人员出于竞技、追求刺激、斗气或者其他动机，在道路上曲折穿行、快速追赶行驶的，属于《中华人民共和国刑法》第一百三十三条之一规定的“追逐竞驶”。

② 参见高军乐：《浅析不明确刑法规范的合宪性推定》，载《法学杂志》2011 年第 12 期，第 71 – 73 页。

生命、财产安全等威胁的状况，是否达到“恶劣”的程度。就司法解释和指导性案例而言，是从司法层面为模糊语义构建明确化路径，是在更大程度上发挥司法主体的能动性，这在大陆法系国家已经有明确体现。“在大陆法国家，现今的制定法已经越来越依靠判决，法官的司法判决成为精致的次级规则体系的渊源，从而创制了一种事实上的判例法。”①

第四，通过交往理性缓解刑法规范的概括性。哈贝马斯交往理性的核心主题就是，构建理论解决事实性与有效性之间的紧张关系。在法律商谈中，这种紧张关系就体现为一种法律确定性原则与对法律的正当适用要求，也就是做成合法的与正当的判决之间的张力。简言之，法律商谈理论就是为了妥当地处理“正当性要求”问题。②

在刑法文本中，分则条文中关于概括性词语较为常见，如危险犯中的危险、行为犯中的危害、未遂犯中的危害、危害行为的结果等。就抽象危险犯的危险而言，根据传统刑法的理论观点，危害行为只要符合抽象危险犯的构成要件，就可以构成犯罪，司法主体不需要对抽象危险进行具体判断。但是，鉴于刑法第十三条关于犯罪概念③的规定，明确要求司法主体对危害行为进行危害性判断，质言之，即使对于抽象危险犯，也需要考虑危害行为的危害性是否符合犯罪构成的实质标准。比如，非法持有枪支罪属于抽象危险犯，那么，行为人是否持有符合法定标准的枪支，就需要依照非法持有枪支罪进行认定。对此，答案显然是否定的。质言之，司法主体不能仅仅根据枪支的法定标准，就判断枪支符合刑法意义上的标准。司法主体在对非法持有枪支进行具体评价、判断、衡量时，并非司法主体自身的独自裁量过程，而是进行法律商谈的过程。也即，司法主体需要在立法条文、民众意见及政策诉求等各方主体意见的基础上进行综合判断，达致合理、科学的认知和结论，以获得法律确定性与正确性之间的平衡，并最终实现刑法规范词语概括性的明确化效应。在法律商谈中，这种紧张关系就体现为“一种法律确定性原则与对法律的正当适用要求，也就是做成正确的或对的判决之间的张力”。④

防卫过当条款中明显超过必要限度的判断，也是一个法律商谈的过程，不仅仅是司法主体独自裁量的过程。明显超过必要限度属于概括性词语，立法主体与司法主体并未对该词语作任何规范意义上的明确和细化，因此，是否符合该法律规定，还需要司法主体做出合理、科学的判断。易言之，司法主体在对防卫行为的属性进行判断时，需要根据交往理

---

① 付玉明、陈树斌：《刑法规范的明确性与模糊性——诠释学视野下的刑法解释应用》，载《法律科学》2013年第6期，第141－148页。

② 参见［德］哈贝马斯：《在事实与规范之间：关于法律与民主的商谈理论》，童世骏译，生活·读书·新知三联书店2003年版，第176页。

③ 刑法第十三条规定：一切危害国家主权、领土完整和安全，分裂国家、颠覆人民民主专政的政权和推翻社会主义制度，破坏社会秩序和经济秩序，侵犯国有财产或者劳动群众集体所有的财产，侵犯公民私人所有的财产，侵犯公民的人身权利、民主权利和其他权利，以及其他危害社会的行为，依照法律应当受刑罚处罚的，都是犯罪，但是情节显著轻微危害不大的，不认为是犯罪。

④ ［德］哈贝马斯：《在事实与规范之间：关于法律与民主的商谈理论》，童世骏译，生活·读书·新知三联书店2003年版，第197页。

性中的法律商谈，认真倾听来自社会各层的声音，并对法律文本的立法精神仔细衡量，经过必要的法律商谈，再对危害行为是否明显超过必要限度做出准确判断。“把语言作为参与者与世界发生关系，从而相互提出可以接受也可以反驳，以实现相互的理解与合作，并有效地表达自己，而不再直接地与客观世界、社会世界或主观世界上的事物发生关系”①

五、结论

刑法规范的不确定性是刑法理论上的传统问题，也是实践上经常探讨的话题。刑法理论往往关注语义的模糊性，但对语义的其他属性则关注不够，导致在刑法规范的认识上往往不够合理和充分。由此，从语言学维度关注、考察和分析诠释刑法规范文义，是有必要的，也是合理的，应该从更加宽泛的意义上探究刑法规范语义的解读问题。正是基于前述思路，本文从词语文义的模糊、含混、歧义、概括等不同维度进行展开，探讨刑法规范语义解读中遇到的困难和不便，以有效缓解刑法规范解释和适用中的不确定问题，并基于语言学理论，构建符合语言学本质与司法规律的刑法规范语义转化路径。当然，就本文而言，只是从语言学维度为刑法规范语义揭示和转化提供了方法论上的思考，至于如何进一步做到准确解读和诠释刑法规范文义，才能准确、合理释放刑法规范的应有之义，依然是刑法理论上需要持续研究和探讨的问题。

（编辑：吕玉赞）

① ［德］哈贝马斯：《交往行动理论（第1卷）》，洪佩郁、蔺青译，重庆出版社1994年版，第140页。

"以股权转让方式转让土地使用权行为"的评价路径

崔　建[*]

摘　要　根据我国刑法和土地管理法的规定，土地使用权不能非法进行转让。但现实中，出现了通过转让股权的方式间接实现土地使用权流转的现象。对于如何评价土地使用权间接流转的行为，传统观点一般将该置为"法秩序统一性与刑法相对性"的议题下讨论，但其实二者之间并无规范冲突，该种行为与违法性层面的法秩序统一性没有关系，而是构成要件符合性判断的问题。对于该行为的评价不能进行一刀切，而应在结合刑法合宪性解释的基础上对非法转让土地使用权罪在构成要件上进行限缩，进而对该类行为评价进行类型化处理。

关键词　股权转让　土地使用权　合宪性控制　构成要件符合性限缩　类型区别

我国《刑法》228条规定了"非法转让土地使用权罪"。但是，"以股权转让方式转让土地使用权"行为是否构成该罪一直是一个具有争议的问题。① 笔者从北大法宝以"股权转让方式转让土地使用权"为词条检索了近十年的案例，对于该种类型的行为，明显存在同案不同判的问题。有的认定为犯罪（占多数，85%），有的未认定为犯罪（占少数，15%）。之所以产生相关争议，其原因在于，根据公司法的相关规定，股权转让行为是合法行为。学界多是从刑民关系或者刑商关系的角度阐释该类问题的解决方案，但是，这种观点忽视了，刑民关系或者刑商关系的协调以刑法与民法、商法等前置法存在规范冲突为前提。前述案件中，并不存在相应的规范冲突。直接按照刑民交叉或者刑商交叉的理论进

---

* 崔建，男，山东德州人，湖南大学法学院刑法学博士研究生，研究方向为中国刑法学。

① 股权转让分为内部转让和外部转让，对于本文所讨论的仅仅为外部转让，只有外部转让对于刑民交叉理论涉及较深。

路解决问题，反而让"评价的问题消失在黑盒子里面"。[①] 因此，本文将对涉以股权转让方式转让土地使用权行为的定性进行刑法教义学的分析，并得出符合刑法教义学理论的观点，以期对司法实务充分指导。正如姜涛教授所言，法教义学不仅强调立法的尊严，而且强调"现实问题的有解性"，不论一个案件是多么地疑难或者富有争议，只要他是"法律的"，法教义学就必须给出一个"唯一正确的解答"。[②]

一、刑法和商法的规定不构成规范冲突

目前，学界对以股权转让的方式转让土地使用权的行为[③]多是立足于如何协调法秩序统一与违法相对论二者之间的关系上，并著述颇丰。[④] 但是否真的可将该行为立足于违法性阶层进行判断，笔者认为，其立场可能有所偏颇。同时，如后所述，于构成要件阶段排除不法，是对该行为出罪的必然选择，也符合刑法教义学立场的价值观念，对协调法秩序统一与违法相对性二者之间的关系起到了至关重要的作用。依论者见，对自身立场的证成进行符合刑法教义学的判断不仅需要积极证成自身观点，而且也需要对学界所存在的不同价值立场进行进一步回应。回到本文所论之行为，对存在于违法阶层判断的"法秩序统一性与违法相对论"视角的伪假性，进行批驳，从二者协调的前提即刑事违法性判断的视角出发，对以股权转让方式转让土地使用权的行为进行探析，指出此种违法论视角下的讨论本身是个伪命题。同时，进一步结合法益理论，证成笔者本文观点的合理性，为以股权转让方式转让土地使用权之行为于构成要件阶段排除不法的出罪事由，做出法教义学的阐释，证成多数学者所致力于法秩序统一性与违法相对性之间的讨论，即涉股权转让方式转让土地使用权行为的刑商交叉问题并非合理，存在证伪空间。

首先，对法秩序统一性与违法相对论之间关系的探讨，第一步需要解决的就是，刑事违法的概念为何。只有在这一前提之下，才能对刑事违法与民商事合法之间的矛盾做出进一步的论证。

何为刑事违法，目前学界主流观点是，定位于规范违反说与法益侵害说之间的争论。为此，于二者之间选边站队对结论的获得至关重要。所谓规范违反说是指，"违法性的本质系违反了以保护法益为目的的行为规范。"[⑤] 而法益侵害说则认为，"刑事违法性的本质系行为产生了法益侵害或者法益侵害的危险。"[⑥] 对于二者之间的定位选择为何，学界存

---

① [德] 英格博格·普珀《法学思维小学堂：法律人的6堂思维训练课》，蔡圣伟译，北京大学出版社2011年版，第14页。

② [德] 伯恩·魏德士：《法理学》，丁小春、吴越译，法律出版社2005年版，第142页。

③ 如在其他部门法合法之行为能否在刑法上入罪的问题。

④ 参见吴加明：《"以股权转让方式转让土地使用权行为"的司法认定》，载《政治与法律》2018年12期，第60－62页；简爱：《从刑民实体判断看交叉案件的诉讼处理机制》，载《法学家》2020年第1期，第121－122页；周光权：《非法倒卖、转让土地使用权罪》，载《法学论坛》2014年第5期，第26－27页。

⑤ 周光权：《新行为无价值论的中国展开》，载《中国法学》2012年第1期，第176页。

⑥ [日] 山口厚：《刑法总论》，付立庆译，中国人民大学出版社2018年版，第103页。

在广泛争议。以张明楷教授为代表的法益侵害说与以周光权教授为代表的规范违反说之间，到底何者更胜一筹呢？对此一问题的回答，双方各执一词。但是，笔者认为，其实二者之间并不存在绝对的对立，完全可以实现共存，即以法益侵害为指导的规范违反之观点，也就是行为无价值二元论的立场。其也是目前德国刑法学界的通说，立足于行为无价值二元论的立场，将规范违反和法益侵害统一起来。① 与此同时，定位于以股权转让方式转让土地使用权之行为能否符合刑事违法性之问题就要回归到法益侵害和规范违反的行为无价值二元论上来。行为无价值二元论之立场认为，"由于客观归责要求行为必须能够制造法所不容许的风险，故除了具有指向法益侵害的主观意图之外，不法中的行为无价值还要求行为必须根据行为时的判断在客观上具备法益侵害的现实可能性。"② 因此，在判断行为人是否具有刑事不法之前，需要讨论的是，以股权转让方式转让土地使用权之行为是否具有法益侵害。

当然，关于法益侵害的问题，因其并没有实际发生土地使用权主体的转移，不会侵害到国家的土地管理制度，所以并无真正的法益侵害。但是，部分学者将股转土地行为认定为有罪的观点多立足于其与直接转让土地使用权的行为一样，都侵害了税收管理制度。对以股权转让方式转让土地使用权的行为是否会侵犯到我国的税收管理制度的问题，有观点认为，其通过股权转让方式，合理避开了土地增值税的收入。众所周知，土地增值税的规范目的就是为了对倒卖土地使用权的行为进行规制，降低其利润空间，对于其倒卖土地使用权之欲望进行削弱。但是，以股权转让的方式转让土地使用权的行为，不涉及土地使用权行为权利归属的变更，所以不会对其征收土地增值税，有损国家税收管理制度。③ 然而，事实是否真的如此呢？在此，笔者有几点想法，与大家讨论。首先，根据税收法定原则，我国现行的税收法律法规中，并没有对该种行为进行禁止性规定，"法无禁止即自由"，对于该种行为，当事人有权选择对自己有利的行为方式即缴纳较少税款的行为方式来进行自己的行为选择；其次，行为人真的逃避了税收款项的缴纳了吗？此一观点不无疑问，我们都知道，在股权转让过程中，因为土地权属并未发生变化，所以无须讨论土地增值税的问题，同时房地产成本的增值也无法计入成本之中，但是，我们不可忽略的一个事实就是，房地产最终还是要销售，在销售价格上就涉及最新的销售价格和最初的房地产成本之间的增值溢价缴纳土地增值税，此处的销售价格必然涉及之前因股权转让导致成本上升的问题，其最终并未逃避土地增值税的征收，股权转让需缴纳的税款并不比土地使用权

① 参见陈璇：《德国刑法学中的结果无价值与行为无价值二元论及其启示》，载《法学评论》2011 年第 5 期，第 65 页。

② 陈璇：《德国刑法学中的结果无价值与行为无价值二元论及其启示》，载《法学评论》2011 年第 5 期，第 68 页。

③ 参见黄绍明：《论房地产公司以股权转让获取土地权益行为的司法认定》，兰州大学 2020 年硕士论文，第22－23 页。

直接转让的税款少，也不会损害国家的利益，① 对于税收管理制度的侵害之立场仅是立足于静态的一点，并未考虑到房地产开发销售的整个流程，过于片面。

所以，以股权转让的方式转让土地使用权的行为并未侵犯到国家的土地管理制度以及税收管理制度。在此，回归到上文行为无价值二元论的立场，对于以股权转让方式转让土地使用权的行为，行为人同时存在两个主观，对应一个行为，一个主观为股权转让的主观，另一个主观为转让土地使用权的主观。实际只有一个股权转让之行为，土地使用权仍然在公司名下，并未发生土地使用权转让对国家土地管理制度的法益侵害以及危害税收管理制度的行为。在此，仅存在土地使用权转让的道德对价，并无行为对价。所以，其不应因无法益侵害的主观想法而涵摄于本罪的处罚范围之内受到刑事追究。此一结论与正当防卫之中，防卫意识和故意伤害对方意识并存下的正当防卫判断的正当化行为相当。② 对于主观构成要件的认知要进行规范的理解而非事实的理解，"对于各种刑法现象，应当从价值判断与规范评价的角度来加以理解；如果从日常生活评价的角度出发，很多犯罪现象是无法解释的，或者解释是无法让普通民众理解的。"③ 定位于此处则为，其可能对以股权转让土地之实质在事实上具有认识，但是，如果规范理解，其仅存在转让股权的规范认知，对于转让土地之行为难言其存在法规范上的可谴责性。

鉴于上述笔者对于刑事违法性的判断，立足于行为无价值二元论的立场，得出以股权转让方式转让土地使用权的行为，在刑事违法性角度似乎难以含涵摄其违法性问题，所以，对学界存在的，针对该问题与"法秩序统一和违法相对论"问题的争议，并无牵涉。该行为无论在刑法还是商法上均是合法的，并无法秩序统一与违法相对性之间协调的讨论空间。

二、基于合宪性控制的构成要件符合性的限缩

上文中对违法阶段的"刑民交叉"视角进行证伪之后，笔者将刑事不法区分于其他部门法，以实现违法阶层判断与法秩序统一之间的协调，进而证明以股权转让的方式转让土地使用权的行为于二者之间的关系探讨与论证是伪命题。但是，仍有不少学者还是坚持定位于违法相对性与法秩序统一之立场争议此问题，④ 至于其理论观点，笔者不再赘述，仅需明确的是，即便存在这种情况，笔者也可以对股转土地行为的出罪事由得出符合刑法教

① 参见张维：《京城四家学术机构联合会诊通过股权转让获取土地收益房地产老总法律风险有多大》，载 http：//finance. ifeng. com/roll/20100820/2533701. shtml，最后访问日期：2021 年 3 月 5 日。

② 参见陈璇：《论防卫过当于犯罪故意的兼容—兼从比较法的角度重构正当防卫的主观条件》，载《法学》2011 年第 1 期，第 119 - 120 页。

③ 李立众：《刑法问题的规范理解》，载陈泽宪主编：《刑事法前沿》第 6 卷，中国人民公安大学出版社 2012 年版，第 253 页。

④ 参见吴加明《"以股权转让方式转让土地使用权行为"的司法认定》，载《政治与法律》2018 年第 12 期，第 60 - 62 页；周光权：《非法倒卖、转让土地使用权罪》，载《法学论坛》2014 年第 5 期，第 26 - 27 页。

义学的分析阐释。即从目前刑法解释论层面中的合宪性解释角度，对以股权转让方式转让土地使用权行为进行合宪性解释，为本行为之认定提出合宪性的视角分析，进而，从此一角度进一步证成即使立足于刑商交叉视角，其合法性之论证仍有实益。正如杨仁寿老师所讲，“不仅各层次之法律阐释者，应具有宪法之涵养，而且具体的各个法律规范，亦应内蕴‘超过其上的’立法正义观。”① 于本节之中，笔者拟对以股权转让方式转让土地使用权的行为，进行刑法的合宪性解释，进而在此基础上，对该行为的构成要件符合性进行限缩，为下文对其类型评价进行规范分析奠定基础。

（一）刑法合宪性解释视角下以股权转让方式转让土地使用权行为定性分析

刑法约束的乃是国家刑罚权，而宪法约束的几乎包括刑罚在内的所有公权力，其与刑法之间存在的共同点在于都是对国家公权力的约束。宪法和刑法在以实定的阶层构造为前提之时，从法律效力的观点看具有位阶上的母子关系，宪法乃刑法制定与适用的根据，刑法的内容以及解释，必须遵循宪法的理念和宗旨。② 近年来，随着刑民交叉、刑行交叉以及相关研究的深入，刑罚解释的分歧成为理论常态。对同一行为刑法与其他部门法表现出不同的价值立场与规范评价，是由规范之间的矛盾或解释方法与立场的差异所导致的。规范之间的矛盾意味着，在某个法律规范中法律要件 T 的法律效果是 R，但在另一个法律规范中，法律要件 T 的法律效果却是非 R，或者某个法律规定之法律要件 T 的法律效果同时是 R 与非 R。③ 在此种情况下，有学者就提出了法秩序统一与违法相对性之间矛盾的解决方法，立足于不同部门法对于同一行为的规范目的不同，从合目的的统一性视角对该问题进行处理和解决。但是，正如笔者上文所讲，从违法性阶段处理该问题，必然导致二者之间的矛盾，从规范目的处罚，也存在违反刑法谦抑性原则与补充性原则之嫌。因此，在这种情况下，引入刑法的宪法学解释就成为解决此一问题的出发点，正如陈璇教授所言，“在刑法规范合宪性解释的意义和理念已大致为人们所接受的情况下，刑法学界关于合宪性解释的研究应当从宏大叙事转向深耕细作，在具体教义学问题的思考和具体条文的解释中提炼、总结合宪性解释的实践操作方法。”④

定位于以股权转让方式转让土地使用权的行为，能否因为其在商法上的合法性而认定其是否具有刑事违法性的问题，从宪法学解释的视角，就是保障人的行为自由权利和国家刑罚权之间的博弈问题。在这种存在矛盾和分歧的法律规范中，其模糊性的定位需要其他法律规范来补充，而这种规范只能是客观的法秩序。对于客观法秩序最准确的理解，则是

① 杨仁寿：《法学方法论》，中国政法大学出版社 2013 年版，第 179 页。

② 参见［日］曾根威彦：《刑法学基础》，黎宏译，法律出版社 2005 年版，第 222 页。

③ Canaris，*Systemdenken und Systembegriff in Jurisprudenz*，9183，2 Aufl.，S. 122. 转引自姜涛：《法秩序统一性与刑法的合宪性解释的实体性论证》，载《环球法律评论》2015 年第 2 期，第 144 页。

④ 陈璇：《正当防卫与比例原则—刑法条文合宪性解释的尝试》，载《环球法律评论》2016 年第 6 期，第 38 页。

立足于宪法视角下的国家法秩序。因为宪法是国家的根本大法，是其他法律秩序的上位法，对此处的冲突和分歧，用宪法教义学的视角得出的结论具有较强的说服力。运用宪法教义学解释刑法问题最常用的方法就是，"把比例原则作为刑法解释的边界，对构成要件的解释不能停留在法条的字面含义，必须以保护法益为指导，使行为的违法性与有责性达到值得科处刑罚的程度。"①

比例原则包括适当性原则、必要性原则以及狭义的比例原则即法益衡量。首先，适当性原则是指国家行使权力行为可以达到其所想要追求的目的。从刑事立法的角度来看，即立法者将该行为纳入刑法规制范围必须有助于实现刑法预期的法益保护目的才是适当的。反之，如果刑罚手段的采用，无助于刑法目的的实现，甚至有碍于刑法目的的达成，则为不适当。② 正如上文所述，以股权转让方式转让土地使用权之行为，并没有侵犯土地管理制度以及税收制度，并不存在法益侵害行为，对于该行为的惩戒难以达到法益保护的目的，甚至可能有碍市场经济的发展。比如，股权转让行为者因为自身客观原因，③ 难以继续有效开发土地，便以股权转让之形式将公司股权转让他人，进一步提升了该土地被合理开发的可能，避免荒废之现状，进一步推动了我国土地的有效利用。所谓的必要性原则是指，在一切适当的手段中必须选择对当事人侵害最小的那一个。④ 在德国，它又被称为禁止过度原则，要求立法者衡量立法手段和立法目的之间的关系，在法律所肯定的侵犯手段能够达到立法目的的前提下还应选择更为轻缓的措施。⑤ 通过上文笔者所讲，对以股权转让形式转让土地使用权的行为定罪处刑，一方面侵害了商法上股权转让自由的基本原则，另一方面，对于该行为追究刑事责任并非维护我国土地管理制度的最优方式，难言其为对当事人侵害最小的手段。对于狭义比例原则，通俗地讲就是利益衡量原则，即其所欲达到之目的价值很小，却严重损害当事人的利益。众所周知，一旦判处刑罚，其标签效应带来的负面影响深远，在此不再赘述。需要说明的是，动用刑罚对于以股权转让的方式转让土地使用权是否符合狭义比例原则呢？根据上文笔者论述，恐难使然，引文以股权转让土地使用权之行为，一方面，并无法益侵害；另一方面，其利大于弊。

于本节之中，笔者结合刑法的合宪性解释之视角，立足于比例原则，在以股权转让土地使用权之行为方式上进行初步尝试，为此行为的出罪事由做出刑法的合宪性阐释，破除法秩序统一性和违法相对论协调之困局，呼应笔者前文之立场。

---

① 张明楷：《实质解释论的再提倡》，载《中国法学》2010 年第 4 期，第 49 页。

② 参见陈伟、李晓：《积极主义刑事立法的理性限制：比例原则的植入》，载《河北法学》2020 年第 12 期，第 28 页。

③ 上文对此有所提及。

④ 参见张翔：《基本权利冲突的规范结构与解决模式》，载《法商研究》2006 年第 4 期，第 98 页。

⑤ Vgl. Klaus Stern, *Das Staatsrecht Der Bundesrepublik Deutschland*, Band I, C. H. Beck'sche Verlagsbuchandlung, Munchen 1977, S. 672.

（二）基于合宪性控制的构成要件符合性的限缩

基于刑法的合宪性解释，在合宪性控制之下实现以股权转让土地使用权行为的出罪分析，离不开对构成要件符合性的限缩。而如何实现构成要件符合性的限缩，便是本节需要论证的问题。

对于股转土地行为的价值判断，目前学界存在“有罪说”和“无罪说”理论。“有罪说”的立场，多是定位于实质判断角度，对刑法条文，进行规范实质解释，其为实质解释论的立场。而“无罪说”的立场则多是定位于形式判断的角度，对刑罚条文仅做形式解释，其为形式解释论的立场。在此，对规范立场的价值定位与选择极为重要，其影响着房地产行业的规范选择和行为自由，对其行业经济发展起着至关重要的作用。对于形式解释论和实质解释论之争，回归到以股权转让方式转让土地使用权之行为，可否涵摄于《刑法》第228条非法转让、倒卖土地使用权罪之中，就涉及对于本罪的构成要件进行形式判断还是实质判断的问题，即形式的构成要件与实质的构成要件的立场之争的问题。

形式构成要件与实质构成要件之立场主要涉及构成要件与违法性之间的关系问题。即到底是坚持贝林主张的将构成要件与违法性相分离，在构成要件阶段做纯形式的判断、在违法性中做实质判断，即“构成要件只能是记叙性的、价值中立的、客观的行为类型，”①主张构成要件行为类型说；还是坚持麦兹格的违法存在论根据，与构成要件无价值性彻底决裂，在构成要件阶段就做处罚必要性判断，进而在主张构成要件违法类型说，即该当构成要件行为原则上违法，② 使构成要件不仅仅是违法的认识根据，而且也是违法的实在根据。③ 对于两种不同的立场的价值选择，对以股权转让形式转让土地使用权之行为的定性存在重大影响。如果在立场之中，倾向于前者，则股转土地之行为，在构成要件阶段即可排除不法；如果倾向于后者，则股转土地之行为则可能会在违法阶段排除不法。④ 可能会有人存在疑问，其认为，对在构成要件阶段排除不法与在违法阶段排除不法之间都是排除不法，并不存在实质之区别。在此，笔者的观点是，其并没有体系性地思考该问题，正如上文笔者对股转土地行为刑商冲突之证伪所言，如果行为从构成要件阶段就排除不法之成立，就不会进入下一阶层，即违法性阶层涉及的违法相对性与法秩序统一性原理之争执，因为一旦陷入争执之中，必然会因存在支持刑法规范保护目的之相对性原理增大入罪之可能，与于构成要件阶段排除不法之结果天差地别。同时，立足于三阶层之视角，无论是在哪一阶层之下出罪，尽管结果都有出罪之结论，但是，立足于不同阶层出罪之可能却完全

① 杜宇：《合分之道：构成要件与违法性的阶层关系》，载《中外法学》2011年第4期，第717页。

② 参见周光权：《价值判断与刑法的知识转型》，载《中国社会科学》2013年第4期，第124页。

③ 参见马克昌主编：《近代西方刑法学说史略》，中国检察出版社1996年版，第238页。

④ 之所以在此处笔者用“可能”二字乃是基于后文中对于违法相对性与法秩序统一原则之间的矛盾问题的处理会影响到此处结论之认定，为表严谨，故用“可能”二字。

不一样。最明显的就是，违法性认识问题在不法阶段出罪与在责任阶段出罪下的可能性就明显不一样，① 否则就不会有多年以来三阶层和四要件理论之争。

对于到底是坚持构成要件行为论，还是坚持违法存在根据论，笔者认为，其主要的争议焦点其实与形式解释论和实质解释论的立场之争并无二致。笔者认为，坚持构成要件行为论，其实是对于形式解释论认同，其对构成要件仅做形式解释，如果不符合构成要件形式之判断，断然不会进入违法阶层的实质判断。与此相反，违法存在根据论的基本立场与实质解释论殊途同归，都是于构成要件阶段对行为做出实质判断，难免带有入罪思维，有违罪刑法定原则，在此，形式构成要件更胜一筹。同时实质构成要件论还存在一个明显的缺陷就在于，如果构成要件真的是违法类型的话，正当防卫等就不会该当构成要件了。② 同时，将构成要件与违法性相分离之形式构成要件立场存在的好处就在于，其有利于为违法性填充内容，防止违法性评价的内容空洞化，避免让违法性阶层的评价，成为只是行为是否存在违法阻却事由之判断，也为违法性强弱之判断提供空间。③ 对应于以股权转让形式转让土地使用权的行为到底能否入罪，关键在于立场的选择，显然，形式解释论以及形式构成要件论更符合罪刑法定原则，股权转让土地使用权难以与《刑法》228 条非法转让、倒卖土地使用权行为之形式构成要件所涵摄。此一结论的得出也与笔者上文基于刑法合宪性解释的结论相同，符合该行为合宪性控制下的构成要件符合性的限缩评价。

退一步讲，即便立足于实质解释论的立场，根据当前主流刑法理论，"构成要件实质化，是以法益指导构成要件解释的目的论解释方法"，④ 在此，我们暂且不论对于法定犯之法益模糊的问题，⑤ 即使立足于法益侵害下的构成要件理论，恐怕也难以认定以股权转让形式非法转让土地使用权之行为构成刑法上的犯罪。众所周知，本罪的保护法益乃是国家的土地管理制度，尽管行为人存在通过转让股权的方式转让土地使用权之行为，但是，正如上文所讲，我们不能否定的一个事实是，尽管股权由 A 转给了 B，但是土地使用权之主体仍然为公司，而且公司也还是具备土地开发实质审查的相关资质，其也符合土地管理法的形式要求，此行为并不存在侵犯《刑法》228 条非法转让土地使用权罪之法益，进而难以符合其构成要件之类型化要求。同时，我们也不能忽略的一个事实在于，在以股权转让方式转让土地使用权之行为，并不存在土地使用权的转让行为，以及转让事实，土地使用权从未变更登记。而且，土地使用权与股权乃是两种具有完全不同法律性质的法律客

① 参见陈璇：《责任原则、预防政策与违法性认识》，载《清华法学》2018 年第 5 期，第 96 页；柏浪涛：《违法性认识的属性之争：前提、逻辑与法律依据》，载《法律科学》2020 年第 6 期，第 25 – 26 页。

② 参见王充：《论构成要件理论的行为类型说》，《当代法学》2006 年第 4 期，第 138 页。

③ 参见郑军男：《德日犯罪构成要件理论的嬗变—贝林及其之后的理论发展》，载《当代法学》2009 年第 6 期，第 6 页。

④ 马春晓：《区分行政违法与犯罪的新视角：基于构成要件之质的区别说》，载《中国刑事法杂志》2020 年第 1 期，第 86 页。

⑤ 参见刘艳红：《法益性欠缺与法定犯出罪》，载《比较法研究》2019 年第 1 期，第 88 页。

体，土地使用权是一种物权，而股权是一种《公司法》上的收益权，股权涉及的资本的转让，而不同于土地使用权的实体转让，本罪之认定不得不说乃是相关部门主观臆想，并无实质法益侵害。将其定罪违反法益信条学之历史经验，“不以法益为基础而禁止某一行为是一种国家暴政。”① 正如刘艳红教授在其文中所讲，对于法定犯之认定并不在于其侵犯了何种法益，而在于其违反了国家要求其做某事的义务。其对于违反商检罪之论述是这样的，“违反或者服从了国家商检法规，既是该罪的构成要件要素，也决定了该罪违法性的有无。至于行为人违反进出口商品检验管理法规时有无侵害或者威胁某种法益，对于本罪的成立没有任何意义，第230条对此根本没有要求。”② 可能是对于这种情况的另一种阐释。

此外，立法论也是刑法的宪法解释学不可缺少的一部分，对以股权转让的形式转让土地使用权的行为进行立法论上的解释，也可实现合宪性控制下的构成要件符合性的限缩，呼应上文形式构成要件理论。对于持实质解释论的学者所提出的以股权转让方式转让土地使用权的行为“有罪论”的立场，即通过股权转让的方式转让土地使用权的行为具有非法转让土地使用权的社会危害性的观点，笔者拟从立法论层面进行分析，对其社会危害性理论进行商榷。从法律产生机制角度出发，刑法既作为评价规范，又作为行为规范，其产生顺序是前者优先于后者。只有通过评价规范，才能对何者为对、何者为错产生一个明确的认识，才能进一步作为行为人行为的实施准则，即行为规范。所以说“法规范对国民的评价有位阶之分。”③ 第一位阶即是评价规范的产生，从立法者角度来看，立法者首先将某类具有社会危害性的行为通过一定形式表现出来，成为刑法规范，告知人民好恶。但是因为刑法谦抑性原因之所在，法规范并未将全部具有社会危害性的行为都规定成法律形式。在第一位阶的基础上，进入第二阶判断，即司法者的形式违法性判断。由此推断出两位阶之间是必要条件关系，有后者一定有前者，有前者不一定有后者。将法律产生机制的二元评价模式定位于以股权转让方式转让土地使用权行为的定性分析，有罪论者将其定位于法律产生机制的第一位阶，将立法者视角下的“社会危害性”考虑进司法者的视角，违背了司法者视角下的法律适用机制，即在适用法律之时，形式违法性优先于实质违法性。在司法适用过程中，行为人只有认识到行为的二阶评价，才能真正将其入罪。行为人认识到一阶评价并不能意味着行为人认识到二阶评价，不能因为行为人的自身存在的价值评价左右法规范的价值评价。对于一阶评价来说，其只具有倡导和提示机能，而现代社会，每个公民的社会价值观念呈现多元化的状态，不能因此而对其谴责。况且，对于以股权转让方式转让土地的行为，行为人有时并未认识到其行为的社会危害性，相反，非因主观原因导致

① Vgl. Roland Hefendehl, Andrew von Hirsch, Wolfgang Wohlers (Hrsg), *Die Rechtsgutstheorie*, 2003, S. 57. 转引自刘艳红：《法益性欠缺与法定犯出罪》，载《比较法研究》2019年第1期，第90页。

② 刘艳红：《法益性欠缺与法定犯出罪》，载《比较法研究》2019年第1期，第88页。

③ 柏浪涛：《违法性认识的属性之争：前提、逻辑与法律依据》，载《法律科学》2020年第6期，第19页。

的客观不能继续开发土地之场合，其不但没有社会危害性认识，反而具有社会有价性认识。所以，从法规范的产生机制和运行机制来看，以股权转让方式转让土地使用权之行为，难言其有罪论处，实质构成要件理论难有存在空间，通过合宪性控制下的构成要件符合性限缩，立基于形式构成要件理论解释该行为更具有合理性。

综上所述，笔者通过对构成要件进行形式立场的选择，进而从立法解释角度，实现了合宪性控制下以股权转让方式转让土地使用权行为的构成要件之限缩。此外，股转土地行为对应于《刑法》228条空白罪状的规定之中，是否违反土地管理法中的"以其他形式非法转让土地"的规定？根据我国股权转让自由原则以及《城市房地产转让管理规定》第3条第1款和第3款之规定，[①] 该行为合法，所以并不处于此处的"其他形式非法转让土地行为"，不能因实质解释论下的违法存在根据论以及可罚违法性理论的立场而将其定罪，否则，有违罪刑法定原则，更何况可罚的违法性理论在我国并没有存在空间。[②]

三、"以股权转让方式转让土地使用权行为的类型"区别

在刑法教义学日益精细化和严谨化的今天，尽管于宏观视角之下对于以股权转让形式转让土地使用权的行为通过规范解释的方法实现了出罪的法教义学分析，但是对罪与非罪的认定不能"一刀切"，应该具体情形具体分析，不能冤枉任何一个无辜的人，也不要放纵犯罪者，从而实现刑法教义学对实务犯罪认定的准确指导。在此，笔者做出如下精细化分析，实现"以股权转让方式转让土地使用权行为的类型"区别。

首先，行为人在满足《土地管理法》规定的转让土地三个条件之后，再通过股权转让的形式间接进行土地使用权转让的，[③] 在这种情况下，其转让土地使用权的行为，因未违反前置法的规定，所以，当然不能构成非法转让土地使用权罪。但是，司法实务中却存在将这种情形认定为犯罪的情形，法院的此种判断严重违反了刑法基本原则，以及刑法的谦抑性精神，应当予以纠正。

其次，对未满足三个条件之后的以股权转让方式转让土地使用权的行为，还需要区分两种情况。第一种情况是，在拍得土地之后未进行开发而直接转让的行为，其转让土地使用权之行为无论在客观方面还是主观方面，非法性质明显，属于合法形式掩盖非法目的，定性为非法转让土地使用权罪并无不可；[④] 但是对于房地产公司获得土地之后，进行开

---

① 本规定所称房地产转让，是指房地产权利人通过买卖、赠与或者其他合法方式将其房地产转移给他人的行为。前款所称其他合法方式，主要包括下列行为：（一）以房地产作价入股、与他人成立企业法人，房地产权属发生变更的；（二）一方提供土地使用权，另一方或者多方提供资金，合资、合作开发经营房地产，而使房地产权属发生变更的；（三）因企业被收购、兼并或合并，房地产权属随之转移的；（四）以房地产抵债的；（五）法律、法规规定的其他情形。

② 参见王彦强：《可罚的违法性论纲》，载《比较法研究》2015年第5期，第122－124页。

③ 参见缴清土地使用权出让金、取得土地使用权证书、开发投资程度达标25%。

④ 因为此行为是合法行为掩盖非法目的，所以上文对于此行为出罪之论证难以支持此一行为。

发，因自身原因，资金周转困难困难等问题，[①] 或者其他非自身主观原因[②]而导致的未达到《土地管理法》的三个条件之行为，[③] 而通过以股权转让方式而进行土地使用权转让的，并无合法形式掩盖非法目的之故意，此刻，笔者认为，如上所述，并无法益侵害性和社会危害性，当然也就不具有刑法上的违法性问题，并无协调其与公司法之间的关系以及法秩序统一性与违法相对性之间关系的问题。[④] 同时，此处也存在犯罪认定的主观构成要件的证明问题，对于刑法上的主观构成要件问题要进行规范的、价值判断，而非事实判断，行为人无明显转让土地使用权行为而非法谋取巨额利益进而侵犯国家土地管理制度的故意，难为刑法上非法转让土地使用权罪的成立。一个在刑事法上并无犯罪成立的问题，何来与商法上合法股权转让行为实现法秩序统一之争议？无论行为人是在已经符合《土地管理法》的相关条件后，还是在此处的情况之下，行为人的主观方面都应当否定其非价性。刑法和行政、商事法律为行为人提供了一个可供选择的行为模式，要么直接转让，以《刑法》中的犯罪论处，要么通过股权转让的方式转让土地使用权，显而易见，行为人在二者之间，放弃了非法方式，而是选择了自认为的合法方式，行为人的主观方面有实施合法行为的主观想法，并无实施非法行为的主观故意，并无行为非价，排除其不法性。该结论的得出与上文笔者之观点殊途同归，同时也是与简爰博士之观点不谋而合。[⑤] 倘若股权无法转让，代表着投资者只能死守公司，形成所谓“一旦入股，永远入股”的局面，[⑥] 显不合理，明显有违商事领域交易自由的基本原则。[⑦] 司法实务中存在的案例千差万别，当然存在形式上与笔者上文所列举之情状不同的规定，[⑧] 但是，对于案件事实的判断还是需要进行实质判断[⑨]与规范分析。

笔者上述类型区分，与司法实务中关于本文所讲类似案件的处理之价值立场，有相同之处，并非笔者一厢情愿。根据笔者于北大法宝上，检索的近十年关于以股权转让形式转让土地使用权行为的有罪判决，大部分是未达到《中华人民共和国城市房地产管理法》对于土地转让的条件的。此一结论对上述笔者的类型区分，提供了实践的支撑。该种区分有

---

① 对于此处之客观原因之判断也必须进行规范判断，原因是因为难以控制之因素导致资金周转困难，则是此处的规范判断下的自身原因，而如果是因为自身可控之原因导致自身资金周转困难，如肆意挥霍或者自身本来知道其将会面临此种问题就难以符合此处规范原因之判断。

② 本案中存在的一种情况就是，此公司本身并不具备此以房地产开发的技术和人才，来证明其主观牟利之故意。

③ 其他两个条件都满足了，只是因为未拿到政府的施工许可证而导致的未能开发到法定条件的 25%。

④ 与上文笔者对于刑商交叉违法性判断相对性之伪命题呼应。

⑤ 参见简爰：《从刑民实体判断看交叉案件的诉讼处理机制》，载《法学家》2020 年第 1 期，第 121－122 页。

⑥ 参见江平：《现代企业的核心是资本企业》，载《中国法学》1997 年第 6 期，第 32 页。

⑦ 参见吴加明：《“以股权转让方式转让土地使用权行为”的司法认定》，载《政治与法律》2018 年第 12 期，第 61 页。

⑧ 比如联合开发或其他形式周小弟等故意伤害、非法倒卖土地使用权案（（2009）沪高刑终字第 157 号）案号：（2009）沪高刑终字第 157 号。

⑨ 对于此处的案件事实的判断不同于上文笔者对于法律规范实质判断之否定。

利于推动理论和实务的良性互动，进一步推进刑法教义学的发展。正如姚诗教授所讲，“借助理论维度，对我国司法判决进行整体描述，分析我国司法判决更倾向于哪种价值立场，以此确定我国的理论阵营，选择与司法实践的价值立场具有亲缘性的理论，是推动理论和司法实务互动的关键。”①

四、结语

通过对司法实践中出现的以转让股权的方式，间接实现土地使用权流转的行为进行分析，立足于行为无价值二元论的立场，其与刑民、刑商交叉无涉，并无刑事违法性。在此基础上，对该行为进行合宪性解释，从比例原则角度出发，实现合宪性控制下的构成要件符合性的限缩，进而实现对以股权转让方式转让土地使用权行为的类型评价与处理，勿枉勿纵。一方面，保护国家土地管理制度、实现国有土地的有效开发和利用；另一方面，打击此种以合法形式掩盖非法目的的转让土地使用权之行为，保护国家土地流转的合目的性。在刑法规范解释论视角下，为司法实务判决的精准定位提供符合刑法教义学的分析路径。

（编辑：蒋太珂）

① 姚诗：《不作为正犯与共犯之区分：实践发现与理论塑性》，载《法学家》2020年第4期，第115页。

消费者权利滥用行为的刑民法域定性逻辑[*]

杨 猛[**]

摘 要 消费者权利滥用行为是由消费者权利行使行为异化而来，游离于民事侵权不法与刑事违法之间，属于刑民交叉法域问题。消费者权利滥用行为可被类型化为天价索赔、暴力胁迫索赔以及欺诈索赔三种类型。传统上对于以上行为类型的评价，倚重于民法依存与先刑思维两种模式，但存在割裂目的行为与手段行为、忽略实质法益侵害的问题。应当立足于法秩序统一原理，通过对消费者权利滥用行为刑民法域规范保护目的的协调，可以实现以下评价逻辑的展开：在没有实质法益侵害的前提下，绝对不能认定为刑事违法；在有实质法益侵害的前提下，即使不具备特定的民事违法性，也应当认为具有刑事违法之可能，而具体违法性的判断还应回归阶层犯罪论的逻辑下进行逐一的分析与考察。

关键词 消费者权利滥用 刑民法域 刑法相对从属性 定性逻辑

不同于大宗商品贸易中的买方市场，日常消费市场中，尤其是公民个人在网络电商平台的消费关系中，卖方是优势主体，买方往往处于弱势需要给予更多的权利保护。尤其是在我国依法治国战略不断推进的当下，消费者维权意识逐渐增强，对于生产、销售假冒伪劣商品的商家，消费者被赋予更多权利与更加多元的维权渠道。同时另一方面，随着我国经济内循环复苏加速，经济内卷趋势凸显，电商平台不断成熟发展，但由于电商资质良莠

* 本文系2020年中国博士后基金项目《我国医疗卫生高风险领域预防刑法之立法问题研究》（项目编号：2020M671054）以及2019年度辽宁省社科基金青年项目《“东北亚经济带”视域下反洗钱KYC的刑事风险与规制》（项目编号：L19CFX003）的阶段性研究成果。

** 杨猛，男，大连海事大学法学院讲师，华东政法大学刑事法学院博士后，研究方向为刑民交叉问题、反洗钱法律制度等。

不齐，对商户以及平台的监管力度逐渐增强，维权案件中的消费者一般都能在商户或与平台的三方关系中得到赔付。所以在对消费者权利保护不断增强而对电商平台监管逐渐增压的对冲作用下，就会为消费者恶意维权提供可乘之机，进而导致权利滥用损害商家合法权益。甚至在极端情况下，消费者以一定事实基础作为有因性、以一定权利前提作为有权性，在线上线下形成恶意维权索赔的全国网络犯罪团伙，专门针对一些抗监管风险能力较弱的小微企业进行恶意投诉，然后威胁索赔获取暴利。① 不仅侵害商家合法权益，破坏市场经济秩序与监管秩序，构成民事违法，同时也可能滑入刑事犯罪规制范畴。而对于消费者的过度维权行为如何认定，民法学界与刑法学界都有不同的观点②。但可以肯定的是，消费者过度维权而导致的权利滥用行为，因其程度不同就会产生民事不法与刑事违法交叉法域违法性的判断问题，一方面当消费者的合法权益受到侵害时，有权按照法律规定向经营者索赔；另一方面，部分消费者使用向新闻媒体曝光的手段威胁经营者，索要远大于实际损失的巨额赔偿就有可能构成敲诈勒索。因此，对于权利滥用行为的违法性到底如何判定，构成民事不法还是刑事违法？需要在经验检讨、规范引导的前提下，运用法秩序统一原理进行类型化综合判断。

一、消费者权利滥用行为性质的先验性审查

（一）消费者权利行使行为与权利滥用行为的界分

消费者权利滥用，顾名思义就是指消费者对于法律赋予其的权利，在行使过程中不当使用的行为。那么从以上概念可以看出，消费者权利滥用行为与消费者权利行使行为具有一定的相关性，为了更进一步的明确消费者权利滥用行为的内涵就必须与前者进行有效的区分，如此才能对该类行为刑民关系的界分起到初步排查的引流作用。也就是说，正确处理消费者权利滥用案件的逻辑起点，应始于明确权利行使行为与权利滥用行为刑法意义上的区别，而后才是罪与非罪、此罪彼罪的具体分析。

权利行使行为本质上是前置法中的概念，是对一类行为的概括，不具有刑法实质评价意义，并不会对刑法评价产生终局的、决定性影响。在消费者维权领域的权利行使行为更

① 近年来，“职业举报人”群体借“打假”之名对电商平台及商户的侵扰愈发严重，其中不乏涉嫌敲诈勒索、恶意诋毁等违法犯罪行为。6月初，×团公司协同公安、市监通过对××市监部门重复投诉件的梳理，发现一伙敲诈勒索外卖商户的犯罪团伙。该伙人长期“同号异地”点外卖，通过向市监投诉商家“虚假宣传”，后在调解中要求商家向其支付一定数量（数百元至二千元不等）的钱款即可撤销投诉，通过上述方法向商家敲诈勒索财物。后警方于今年6月19日对本案以敲诈勒索罪立案侦查。7月7日，××市警方于××市三地区同时行动，抓获敲诈勒索外卖商户的“职业举报人”刘某、王某、张某三人。该团伙近一年来敲诈的外卖商户共计3000余家，涵盖X团公司等各外卖平台，遍布北京、上海、杭州、天津等各大城市（合计涉及城市78个，下单10次以上的城市涉及16个）。经查证，该团伙敲诈勒索涉案金额至少30余万元。相关信息仍在进一步核查中。目前三名犯罪嫌疑人其中两名已经被检察机关批准逮捕，另一人被取保候审。

② 参见张明楷：《妥善对待维权行为避免助长违法犯罪》，载《中国刑事法杂志》2020年第5期，第13－16页。

趋近于民法意义上的中性行为，并不是刑法评价对象。权利行使行为又可以细化为无瑕疵的权利行使行为与有瑕疵的权利行使行为，有瑕疵的权利行为，是指附一定生效条件或者附一定失效条件，在生效条件生效之前或者在失效条件产生之后而行使权利的行为。所以，有瑕疵的权利行使行为，本质上是一种法律效力未决的行为，通过后期的追认可以赋予其民事法律效力，从认定为有效的民事法律行为或不被追认而不受法律保护。但无论如何，它仍是在民事法领域当中进行探讨的行为类型，因此相对于刑事法而言，权利行使行为具有一定的刑事法评价的无涉性。也就是说，有瑕疵的权利行使行为是指权利本体瑕疵，可以通过民事权利救济途径加以弥合，如可通过侵权责任法、合同法、消保法以及食品安全法等前置性法律加以解决。但权利行使行为根本上并非是刑法评价的对象的"基底行为"①，不能够进入刑法评价视野，也无法该当与相关的犯罪构成。所以权利行使行为的问题应在民事领域中解决。

而权利滥用行为是指有一定权利基础，但是在程度上和方法上存在了一定问题，进而导致了人身、财产侵害的结果，这是权利滥用行为。所以权利滥用行为具备一定的法益侵害性，在我国违法性量化的标准前提下，与法益侵害相勾连的权利滥用行为就呈现出刑民交叉法域的问题，其有可能在民事侵权法当中加以解决，也可能通过刑事法加以解决。当然，权利行使行为在一定程度上可以转化为权力滥用行为，就是说在有权利基础的情况下，那么它的行使方式或者产生结果在程度上超越了合法的界限，权利行使就会转化为权利滥用。所以可以说从权利行使到权利滥用，经历了从民事评价到刑事评价的性质变化。在一般情况下，我们探讨权利行使时，其不涉及刑事法评价问题，而在探讨权利滥用时，才涉及刑民交叉违法性的界定问题。具体而言，根据消费者权利滥用行为的程度和方式不同，可以将权利滥用行为分为以下三种类型：第一，天价索赔，即消费者在量上过度地向商家索要赔偿金额的情况；第二，暴力胁迫索赔，即消费者采取过激的手段方式向商家进行索赔的情况，过激的方式有人身损害、财产损害、名誉商誉损害等；第三，欺诈索赔，即消费者采取虚构事实隐瞒真相的手段方式向商家进行索赔的情况。以上三种典型过度维权的权利滥用行为均涉及刑民交叉的法域问题，能否妥当解决关键在于认定其行为是否已经超出维权的界限而滑向侵权抑或犯罪的范畴，而以上分析路径的重点在于对既有判例先验性方法论意义上的审查，才能得出问题的症结所在，从而针对性的寻找解决路径。

（二）消费者权利滥用判例之方法论意义的先验性审查与观点透析

1. 先验性判例类型梳理

根据以上对消费者权利滥用行为类型及概念的分析，可以得出不能对其一概而论地认定为民事不法或刑事违法，应通过对其行为方式以及程度的不同对违法性判断进行具体分

① 陈兴良：《教义刑法学》，中国人民大学出版社2010年版，第57页。

析。然而在司法实践中，由于司法存在一定惯性，每一个成熟的判例又提供了先验性的审判依据，所以对于同类型的案件就会形成较为相同的判断模式，因此对于消费者滥用权利案件可以总结出两种评价范式：一种是偏重于刑事法评价的入罪模式，另一种是偏重于民事法评价的出罪模式。具体而言：

第一，消费者权利滥用行为出罪模式。一是通过不起诉或撤诉认定为无罪。如“黄静笔记本案”北京市海淀区人民检察院以证据不足做出不起诉决定：“虽然其行为带有要挟的意思，但与敲诈勒索罪中的‘胁迫手段’有本质区别。黄静在其权益受到侵犯后，以向媒体曝光的方式索赔，是一种正当行使权利的行为，而不是侵害行为，即使其索要500万美元属于维权过度，但并不构成敲诈勒索罪。”① 另外，在“李某月饼案”中，李某用20元购买月饼后发现存在质量问题，向商家索赔5000元，商家报警后某检察院以敲诈勒索罪向某法院提起公诉，后在诉讼过程中，检察院以该案的事实证据变化为由，向法院提出撤诉申请。② 二是通过改判认为为无罪。如“郭利天价赔偿案”中，因问题奶粉郭利多次找施恩公司索赔300万元并向媒体曝光，施恩公司以敲诈勒索为由报警，法院一审认定郭利构成敲诈勒索罪，判处有期徒刑5年，二审及再审均维持原判。2017年4月7日，广东高院按照审判监督程序提审郭利敲诈勒索案，改判郭利无罪。③

第二，消费者权利滥用行为入罪模式。第一，直接认定为有罪。如“陈某成等敲诈勒索案”，行为人设下圈套使商店陷入用“百泰”冒充“晶永恒”而“欺骗消费者”的被动境地。之后被告人陈秀成等人以珠宝店有欺诈行为为由，要求珠宝店退一赔一。上海市金山区人民法院认定陈秀成等成立敲诈勒索罪，上海市第一中级人民法院维持原判。④ 第二，认定为有罪，但判处缓刑。如“刘某食用油案”，刘某发现食用油里有一橡胶圈，与厂商协商未果后通过新闻媒体予以曝光，多次胁迫要求厂家赔偿36000元，某法院以敲诈勒索罪（未遂）判处刘某有期徒刑二年，缓刑二年。⑤

2. 先验性判例特征研析及论理依据

第一，出入罪标准的特征性不一，入罪倾向较为突出。主要表现在两个方面，一是同

① 邓勇胜：《从典型案例看过度维权与敲诈勒索罪的界限》，载《犯罪研究》2018年第1期，第86页。

② 参见沈志民：《对过度维权行为的刑法评价》，载《北方法学》2009年第6期，第81页。

③ 参见邓勇胜：《从典型案例看过度维权与敲诈勒索罪的界限》，载《犯罪研究》2018年第1期，第87页。

④ 参见徐光华：《从典型案件的“同案异判”看过度维权与敲诈勒索罪》，载《法学杂志》2013年第4期，第41页。

⑤ 参见沈志民：《对过度维权行为的刑法评价》，载《北方法学》2009年第6期，第81页。

案不同判，比如黄静电脑案，还有李海峰方便面案①，在情节上二者高度相似，都是索要天价赔偿款，都通过媒体扩散产生社会公众影响，但是得出的结论却有无罪与有罪的本质区别。原因在于无罪判例将裁判的重点置于索要天价赔偿款的目的行为上，而该行为具有一定的权利基础和事实依据，所以认定无罪；而有罪判决则是将裁判的重点置于网络媒体传播的手段行为上，认为具有威胁恐吓性，而认定为敲诈勒索罪，因此产生不同判决。所以正是因为出入罪标准不一，导致对旧案结论依赖性过重，而缺失了对个案的独立分析与判断。二是入罪思维较重，使得即使是出罪判决，一般都是要先入罪再出罪。比如“李某月饼案”已经在公安机关立案，是经层层司法程序已经到起诉环节了才做出的撤销裁定；而对于“郭利天价赔偿案”是经过一审、二审和审判监督程序多年之后才改判无罪。因此可以看到，对于消费者维权案件在司法实践中先刑的入罪思维占有不少比例，对于只采取过度的维权方式但未造成商家实际损害的权利滥用行为，这显然并非是妥当的判决结果，有违公平正义。

第二，将实质化评价要素过当融入规范评价体系。一是，主观层面的道德法感情。比如有观点认为“法律绝不赞成人们利用别人的违法来故意制造损失，也不赞成人们用违法纠正违法，更不赞成人们利用别人的违法来牟取非法利益”②，“以恶制恶的自力救济方式，违反诚实信用帝王规则，不具有道德含金量，不符合法律道德相一致的法律要求”③。也就是说，上述观点认为利用违法行为抑制另外的不法行为是消费者原罪之“恶”的体现，此时消费者自身的权益保护程度已经受到减损，在此基础上对其行为评价就很可能滑入刑事违法性范畴，加之上述判例中是否为“恶”的判断标准往往又是以是否有超出合理范围的天价损害赔偿作为依据，因此对于高价索赔、职业打假等有盈利差价的维权行为，就会产生较为突出的入罪思维。但是“恶”作为过度的实质化判断要素，其又分为自体恶与禁止恶④，而在法规范的“禁止恶”尚未明确的前提下，又以更加模糊的“自体恶”作为判断依据显然并不妥当。二是，客观层面的社会危害性。比如有观点认为“有些消费者

---

① 李海峰今麦郎索赔案：2014年2月，李海峰购买了4包今麦郎方便面，食用后出现了腹痛腹泻等身体不适。随后他发现方便面已经超过保质期一年，并且醋包里有不明物体。2015年1月，李海峰联系多家检测机构要求检测，其中西安国联质检的检测报告显示，醋包中汞含量超标4.6倍。李海峰以产品重金属超标为由索要赔偿，但今麦郎公司表示，西安国联质检并无检测资质。双方经多次协商后，因赔偿款无法达成一致，李海峰选择在其个人微博以及各类网站上发布今麦郎公司产品含有工业盐，重金属汞超标，并且还宣传自己母亲在长期食用今麦郎方便面后患上乳腺癌，并以此向今麦郎公司索要300万惩罚性赔偿，后追加至500万，最终要求450万赔款。今麦郎公司选择报警，河北省隆尧县人民检察院以李海峰涉嫌敲诈勒索罪，向当地法院提起公诉。2015年12月，一审法院认定李海峰构成敲诈勒索罪，判处有期徒刑8年6个月，并处罚金2元。2016年9月，二审法院改判为有期徒刑5年。参见邓勇胜：《从典型案例看过度维权与敲诈勒索罪的界限》，载《犯罪研究》2018年第1期，第87页。

② 刘中发：《臧某某敲诈勒索案——打假维权与敲诈勒索的界分》，载刘中发主编《刑事案例诉辩审评——敲诈勒索罪》，中国检察出版社2014年版，第45-46页。

③ 李仁玉、陈超：《知假买假惩罚性赔偿法律适用探析》，载《法学杂志》2015年第1期，第52页。

④ 参见陈兴良：《法定犯的性质和界定》，载《中外法学》2020年第6期，第1465页。

维权行为其目的不在于维护权益，而是索要高额赔偿，产生大量恶意举报和诉讼”[1]，消费者权利滥用“严重损害了正常的市场经济秩序”[2]。实际上以上观点将消费者权利滥用的行为置于社会影响的实质评价之中。也就是说，以对司法秩序和市场经济秩序为由作为消费者权利滥用出入罪的观点，无异于将社会危害性这一万金油的实质评价方式作为判断依据，无疑会使本来就法律属性模糊的权利滥用行为更加难以认定。

（三）先验性判例审查之问题检视

1. 刑民法域评价的形式障碍：割裂了手段行为与目的行为的综合评价体系。不论三阶层犯罪论体系，还是四要件犯罪论体系，行为是犯罪论体系的评价对象，同时也是刑民法域违法性判断的交叉点。对于三阶层犯罪论而言，该当于犯罪构成的行为可以推断出其具备相应的违法性，也就是说手段行为反映的是其客观违法要素，目的行为反映的是其主观违法要素。对于四要件犯罪论体系而言，手段行为与目的行为都属于客观方面，其与主观方面的目的、意图、动机故意、过失一一呼应，当然对于个别罪名存在主观超过要素的情况，但是并不会切断以上的逻辑链条[3]，反而印证了犯罪论体系主客观相统一评价原则。因此，对于消费者权滥用行为的刑民法律交叉评价，首先就要在形式上统筹目标行为的目的行为与手段行为的评价要素，将二者有机合并而不是人为地将其割裂单独评价，否则易导致同案不同判的情况。

2. 刑民法域评价的实质障碍：忽视了被害方现实的法益侵害。对于上述消费者滥用权利行为的类型分析，我们看到不论是出罪案例还是入罪案例，都将评价的焦点至于行为人维权的行为样态上，但是却忽略了被害方现实的法益侵害性，而这恰恰是消费者维权行为是否超越维权范围实质的判断标准和依据。也就是说，对于消费者权利滥用行为的刑民交叉法律评价，还应当回归现实的被害方法益侵害这一实际的评价标准上：只有造成了现实的法益侵害，才能满足一般的违法性评价要求，而至于具体构成何种违法性，还需要对具体的法益侵害进行更加细致的量化分析。

二、经验上的误区：民法依存与先刑主义的思维定势

对于权利滥用行为的定性，从具体案例来看，存在这样的思维定势，即“有权性<——有因性<——权利滥用——>越权化——>刑责化”。也就是说对于消费者权利行使

---

① 廖金海：《对职业索赔说“不”正当其时》，载《中国质量报》2019年12月20日第4版，第1页。

② 朱忠保：《岂能以打假之名行敲诈勒索之实》，载《人民法院报》2019年12月10日第2版，第1页。

③ 比如伪造货币罪要求其主观目的是为了使用而伪造货币，但是有的情况下并没有与之相对应客观行为表现，但此时并不能说违反了手段行为与目的行为应当共存的一般规则，只是这类犯罪行为的目的性已经很明显，比如伪造货币就是来“使用的”，而其“使用”方式多种多样，比如消费购物、转卖他人、赠与他人、设定担保等，所以对于此类行为的目的是不言自明的，而无需有特定的目的行为加以印证，因此并非没有目的行为，只是无须提示一一列举而已。

过程中出现的法律问题，呈现出机械化的评价路径：如果消费者权利行使过程中没有达到或达到一定的权利滥用程度，可通过事实上的有因性判断，再寻求一定的法律权利基础，就笼统地排除了消费者刑事责任评价的可能，从而通过民事途径解决。如果消费者权利行使过程中达到或超过了权利滥用的程度，那么就很可能将手段行为定性为类型化越权行为，不再追问其合法性权利基础，而直接通过刑事途径解决。这实际上是将“权利滥用”作为一种默认的先验性的评价标准，而非作为刑法的评价对象加以考察。这种逻辑就会导致很多概念的位阶模糊与内涵混淆，如权利滥用行为、权利行使行为、维权行为与过度维权行为。更为重要的是，以上两种面向的解决方式都没有在根本上解决权利滥用行为如何准确定性的问题，因为权利滥用行为恰恰处在民事违法性与刑事违法性评价的交叉地带，而民法依存思维与先刑主义思维作为两个完全相反且较为极端的经验评价范式，不能为交叉法域的权利滥用行为提供妥当的评价依据，且会造成权利滥用行为的定性偏差，影响法律适用的社会效果。

（一）民法依存思维

在民法依存模式下，刑法对财产法益的保护完全取决于民事权利义务关系，极端的实质解释之下会得出财产犯罪的保护法益就是财产权利的结论。那么，只有严重侵犯民法上财产权的行为才有可能构成犯罪，反之当行为人具有民事法认可的财产权时不成立财产犯罪。

民法依存思维的逻辑进路表现为有因性与有权性二者之间的关系。有因性是有权性的事实基础，而有权性是有因性的法律属性升华。然而二者关系的偏差导致权力滥用与司法认定的困境：对于消费者而言，往往用有因性替代有权性，产生权利错位，虽然行为人主观上认为自己可向对方主张权利，但事实上这种主张未必有法律明文规定或者能够得到法律支持，进而导致过度维权甚至权利滥用案件发生。对于司法机关而言，往往注重有权性而忽视有因性，在讨论权利行使与财产犯罪的界限时，受到民法依存思维定势的影响，会先根据行为人行使的权利性质将行为划分为债权行为和物权行为，在其基础权利上大做文章，反而忽视了事实层面犯罪构成在定性中的作用。也就是说，在权利行使行为有因性前提还不明确的情况下，就因为权利存在的自然状态将其正当化。实际上，具备有因性才是权利行使行为正当化的逻辑前提，失去有因性，权利行使行为本质上可能会转向权利滥用的范畴。因此可以说，虽然不能通过有因性直接认定行为是否构成财产犯罪，但是它会提醒我们注意，刑法视角下什么样的“事实”可以使权利行使行为有别于或接近于一般的财产犯罪，这对于司法机关而言，是不容忽视一个判断要素。更进一步说，民法依存思维本身具有无法避免的缺陷。实际上对于消费者维权的手段行为种类多、程度不同，尤其是在维权不断升级过程中，其手段行为出现异化的同时也伴随着目的的转化，即具有从维权目的滑向犯意目的的风险。那么此时，就不能单纯地运用民法依存思维将民事基础权利作为主要的评价依据，还应进行综合性判断。

（二）先刑主义思维

处理刑民交叉案件的另一个极端，包括两个方面：一是客观方面，割裂手段行为与目的行为。将手段行为比如利用媒体曝光、检举举报等威胁行为单独入罪，而不再对目的行为进一步论证，这实际上是对行为的片面评价。目前，刑法理论上对于行为的评价经历了因果行为论—目的行为论—目的理性（规范）行为论的发展①，相应的违法性评价也发生了从“纯事实层面的客观违法要素到主观违法要素的融入再到规范性综合评价体系”的转变，仅仅将手段行为作为权利滥用的评价对象过于局限，忽略了主观违法要素在犯罪定性中的作用。在复行为犯中，主观违法要素从目的行为中体现出来。因此应从整体上对权利滥用行为进行准确定性。例如今麦郎案件中，行为人以“方便面致癌”的言论以“方便面导致母亲癌症”为由发布微博向今麦郎索赔。虽然该手段行为有夸大的成分，但是从其目的行为来看，并不是要非法占有商家的财产，而是要通过手段行为进行维权。而且对于敲诈勒索等复行为犯而言，其对法益的侵害是手段行为和目的行为共同作用的结果，只考察手段行为而置目的行为于不顾，实际上，这就切断了实行行为与法益保护之间的关联性，很可能导致一个没有法益侵害性的行为也被纳入构成要件符合性的判断范围。

二是主观方面，混淆赔偿目的与非法占有目的。将高价赔偿视为主观入罪的事实依据。黄某的华硕笔记本案以及李某的今麦郎案，开始都将其行为认定为具有刑事违法性的共同原因都在于其诉求中过高的赔偿数额，即都将索要高价作为权利滥用行为非法占有目的的事实依据。然而不论从法理上还是实体法上，都无法得出这样的结论。

首先，法理上，“不法意图”既然是一种单纯的主观上的意思，本来就不需要一个客观事实来加以对照，因此，客观上请求权是否存在，请求权是否有抗辩事由，都不是不法意图所要考量的对象。另外，非法占有目的必要说是我国财产犯罪的通说，但在抢劫罪、盗窃罪、诈骗罪的认定中尚且不以数额的多少来判定非法占有目的的有无，此时以索赔数额过高来论证敲诈勒索罪中的非法占有目的，明显缺乏理论的一贯性。

其次，实体法上，无论是《消费者权益保护法》规定的双倍赔偿，还是《食品安全法》规定的10倍赔偿金都是裁判规范的体现，不可将该规定作为行为规范对消费者加以约束。民法中法无禁止即自由，既然不存在对消费者索赔数额的禁止性规定，对于此类有争议的权利，权利范围的最终确定需要双方进行协商，消费者向商家主张赔偿数额，无须得到对方的同意。同样，谈判过程中商家也有权拒绝消费者主张的数额。

可以说，依法索赔是法治社会的一种正当权利，消费者对于商家而言本是弱者，消费者积极索赔、勇于索赔既是维护自身的合法权益，又有利于打击侵权行为。所以索要高价

---

① 参见陈兴良：《刑法的启蒙》，北京大学出版社2018年版，第350页及以下。

是维权的方式，体现的是索赔的目的，而不是非法占有目的的征表。

（三）问题产生的本质

民法依存思维与先刑主义思维其实就是法秩序统一立场下不同的刑民观的体现。

第一，民法依存思维体现的是刑法绝对从属性的一元违法论立场。刑民关系中以绝对从属性的判断逻辑会导致以上问题，也就是说刑事违法绝对地以民事违法性为前提，可以从民事权利基础寻求刑事违法性排除的方案。所以对于过度维权是否入罪，基于民法依存思维，需要首先对民事权利基础进行判断，而后再分析是否需要将行为正当化以排除犯罪。因此在判断上述案件中，在路径的选择上就往往以寻找民事权利基础的有无为主要出发点，那么这种绝对的一元违法性判断的结果就是将刑事违法性的认定僵硬化、虚置化，刑事违法性实质判断的意义荡然无存。

第二，先刑思维体现的是刑法绝对独立的多元违法性立场。也就是说，如果权利滥用的手段行为满足了个罪的征表，那么马上就进入到刑法调控的空间，刑法提前介入。而不再考虑前置立法的有因性抑或有权性。先刑思维的问题在于其完全剥离了刑事违法性与民事违法性的相关性，而没有将民事违法性作为参照，甚至呈现出刑法的扩大适用，将民事领域的权利行为移花接木般地解释成为具有构成该当性的评价对象，进而混淆了民事违法与刑事违法的界限。

以上两个不同立场，在司法实践当中会产生很多同案不同判或者是负面的社会效果，那么如何认定权利滥用行为、对于消费者和商家之间各方权利如何衡平保护、刑民关系如何协调，解决以上问题就需要在缓和的一元违法性论立场下，坚持刑法的相对从属性说，从而寻求一个折中的处理方式，如此既能兼顾民事违法与刑事违法的逻辑关系，又能给出符合社会预期的解决方案。

三、规范上的纠偏：相对从属的法秩序统一立场

从以上论述中可以看出，不论秉持一元违法性论还是多元违法性论，对于消费者维权行为的法律定性，都必须要在法秩序统一的立场下，对作为刑法评价对象的基底行为做出明确的界分，对于根本不能成为刑法评价对象的行为类型应杜绝先入为主的先刑主义思维，对于可能成为刑法评价对象的行为类型应谨慎运用民法依存思维理性分析。

（一）刑法相对从属性的判断规则

结合我国立法现状与司法实践，学界与实务界都在最大程度上力求实现法秩序的统一，法秩序统一是实现法正义的重要前提。关于法秩序的统一性有很多立场，诸如：一元

违法性论的绝对从属性说①、相对从属性说②；多元违法性论的绝对独立性说③、相对独立性说④。实现法秩序统一就应坚持缓和的一元违法性立场即刑法的相对从属性立场⑤，而对于从属性的具体判断规则，主要有以下两个方面：

第一，总体的法域关系协调方面应当以规范保护目的逻辑自洽为前提。规范保护目的具有一定的价值取向和功利性，法规范与其规范保护目的之间呈现出手段与目的的关系。也就是说在目的论层面，上位法的规范保护目的影响下位法的规范保护目的，同层级的法规范保护目的可能相同也可能相异。在手段论层面，下位法的规范保护目的是实现上位法规范保护目的手段，同层级法规范保护目的在手段层面也可能出现交叉或背离。⑥ 所以权利滥用行为认定的问题，实际就是处于同一层级的刑民规范保护目的冲突的集中体现。而刑法相对从属的法秩序统一立场，可以为化解刑民冲突提供逻辑进路，即在刑法与民法规范保护目的相同的场合，刑法绝对从属于民法；在刑法与民法规范保护目的相异的场合，刑法相对独立于民法。⑦ 而在消费者权利滥用的语境下，属于刑法与民法规范保护目的相异的场合，因此刑法应当有其独立评价的空间。

第二，具体的实质违法性判断方面应当以法益侵害为量化标准。对于消费者滥用权利涉及的刑民关系，由于其涉及罪名是敲诈勒索罪并非是行政犯或义务犯，且前置法与刑法之间存在规则保护目的差异⑧，因此在消费者滥用权利行为的认定上，刑法的“相对从属性”中“相对”的意涵就突显出来，即刑事违法性判断在此应当有其独立的一面。具体而言，在对权利滥用的行为进行违法性判断方面，其涉及定性加定量的分析模式。权利滥用行为，涉及民法领域又涉及刑法领域，所以在违法性的认定上同时涉及两个定性分析和两个定量分析。两个定性分析是指民事违法性和刑事违法性，两个定量分析是民事违法性的量化标准和刑事法违法性的量化标准。在刑法相对从属性的立场下，以上两对关系并不是一一对应的互存关系。也就是说，权利滥用行为的刑事违法性并不从属于前置法，并不

① 参见［意］杜里澳·帕多瓦尼：《意大利刑法原理》，陈忠林译，中国人民大学出版社 2004 年版，第 3 - 4 页。

② 参见［日］佐伯千仭：《修訂刑法講義（総論）》，有斐閣 1974 年版，第 176 頁。转引自于改之：《法域冲突的排除：立场、规则与适用》，载《中国法学》2018 年第 4 期，第 86 页。

③ Vgl. Bruns, *Die Befreung des Strafrechts von Zivilistischen Denken*, 1938, S. 45f. 转引自于改之：《法域冲突的排除：立场、规则与适用》，载《中国法学》2018 年第 4 期，第 86 页。

④ 日本刑法学者山口厚、前田雅英、京藤哲久等皆持相对独立性说。转引自于改之：《法域冲突的排除：立场、规则与适用》，载《中国法学》2018 年第 4 期，第 87 页。

⑤ 参见于改之：《法域冲突的排除：立场、规则与适用》，载《中国法学》2018 年第 4 期，第 89 页。

⑥ 参见于改之：《法域冲突的排除：立场、规则与适用》，载《中国法学》2018 年第 4 期，第 94 页。

⑦ 参见于改之：《法域冲突的排除：立场、规则与适用》，载《中国法学》2018 年第 4 期，第 94 - 97 页。

⑧ 在消费者权利滥用行为刑民评价领域，其前置立法与刑事立法的规规范保护目的存在差异性：对于前置法中的《消费者权益保护法》以及《食品安全法》，侧重于保护消费者的人身权益、财产权益，以及对违法违规的生产商、供应商、销售者进行民事惩罚或者行政处罚，从而实现打假维权净化市场环境目的。而敲诈勒索罪的刑事法规范，其侧重的是对该行为的刑事惩罚和预防，从而保护的是被敲诈勒索的商户人身权益和财产权益。因此，在此领域二者规范保护目的不同，违法性判断上刑法有其独立的评价空间。

以食品安全法，消费者权益保护法的违法性评价为前提。同时，刑事违法性的量化标准也不是以前置法违法的量化标准为前提。所以在违法性的度量上，基于民事领域法无禁止即自由之原则，可以得出消费者提出天价的赔偿款即使超出明确范围，前置法对此至多是不支持，也不会因为量的变化而得出质的民事违法性结论。换言之，消费者权益保护法与食品安全法并没有明确消费者维权中的天价索赔或者借助媒体曝光的方式是否构成民事违法，所以在未明确禁止的情况下就当然不够成民事违法。故在刑事判断方面，就不能以民事违法行为作为前提，不能认为其未构成民事违法，就有权利基础，所以就不具备刑事违法性，这个逻辑是不存在的。因为此时我们是以过度维权行为和敲诈勒索这一罪名进行区分，而敲诈勒索并不是法定行政犯或者义务犯，对它的评价依据中并没有从属于前置立法的义务性规则，那么其虽属刑法相对从属评价之范畴，而体现的是独立性判断的一面。所以若是过量的索赔加之过度的维权手段，造成了实质上的法益侵害，那么就会达到刑事领域违法性的量化标准，从而认定为刑事违法。因此可以看到，权利滥用行为刑事法性判断是以这种实质的法益侵害为标准的，与前置法的量化与定性没有实质关联。所以在具体的违法性判断上，实质的法益侵害是民事违法和刑事违法的分水岭，而不是其他的定性或定量标准。

第三，具体的形式违法性判断方面应当以目的行为加手段行为作为综合标准。在以上缓和的一元违法性评价背景之下，对消费者权利滥权行为评价体现的是刑法相对从属性中的独立面。所以对行为判断时，就要更加精确化，需对行为所有面向进行深入分析，包括目的行为与手段行为。而目的行为与手段行为，正是犯罪构成形式理性的重要体现，“形式理性是从罪刑法定主义引申出来，具有方法论意义”，“构成要件具有形式性，通过构成要件该当性而将那些没有刑法明文规定的行为排除在犯罪之外”。[①] 具体到消费者权利滥用的领域中，消费者维权过程中的手段行为所体现出来的方式是区分消费者正当维权与敲诈勒索行为客观方面的重要区别依据；而消费者向商家提出具体赔偿诉求的目的行为是区分消费者正当维权与敲诈勒索行为主观方面的重要区别依据。因此，通过目的行为和手段行为的综合性评价，能在犯罪构成该当形式理性的框架内将消费者权利滥用行为的民事违法性与刑事违法性进行妥当区分，从而克服了消费者权利滥用行为刑民违法性评价的恣意性。

（二）权利滥用的规范立场

具体到权利滥用行为的规范上来，应秉承这样的立场：若是没有实质的法益侵害，在规范保护目的一致的场合，刑事立法和前置立法都呈现出对消费者权益的积极保护，也就是说该场合下刑事违法性从属于民法，那么民法上的合法维权行为，在刑法上应不予以追

① 陈兴良：《刑法法理的三重语境》，载《中国法律评论》2019年第3期，第79页。

诉；若有实质的法益侵害，在规范保护目的不一致的场合，那么前置法和刑法的违法性认定可能会呈现不同立场，也就是说前置法（消法与食品安全法）对消费者的权利仍然予以肯定，对过度维权的行为至多是不予支持，并未认定为违法，但是刑法仍然要对法益侵害的行为予以惩处。体现了刑事违法性判断的相对独立性。

四、逻辑上的定性：从权利行使到权利滥用的刑民交叉法域评价

在明确消费者权利滥用概念以及对先验性误区的纠偏后，可以将消费者权利滥用行为的刑事评价逻辑整体上进行如下统筹：第一，若行为属于权利行使行为，其导致的权利义务纠纷属于民事法域问题；第二，若行为属于权利滥用，那么根据相对从属性的法秩序统一原理，其既可能涉及民事领域、又可能涉及刑事领域。首先，要看其违法性是否达到罪量要素标准（是否有实质上的法益侵害），进而判断其是否需要从一般违法过渡到刑事违法。其次，对于不具备实质的法益侵害性、未进入刑事领域的权利滥用行为可比照有瑕疵的权利行使行为作为民事纠纷处理即可；对于具备实质的法益侵害性、进入刑事领域的权利滥用行为应结合相关犯罪构成进行个罪分析。

概言之，对于消费者权利滥用行为的刑民法域评价应严格在犯罪构成的形式理性和实质理性的框架内进行：其形式理性体现在一般的犯罪构成该当性中对法益侵害、行为以及犯罪主体的规范性要求；在违法性判断方面以刑法相对从属性为规范立场（贯穿于该当性判断之中）；最后责任层面以期待可能性作为责任的规范评价。其实质理性体现在消费者权利滥用所涉及犯罪论形式理性的每一个规范性评价阶层之下，都需结合具体情况对权利滥用行为与敲诈勒索行为的区分点进行个别分析。具体而言，包括以下四个方面：

（一）全面考察权利滥用行为现实化的法益侵害

当下法定犯时代的到来①，消费者权利滥用对商家的法益侵害应当包括更加广泛的内容，除了财产性法益之外，还包括其人身性法益（生命权与健康权），即名誉法益、商誉法益的侵害。以上法益的类型和内容为消费者权利滥用行为的违法性定性提供了规范的评价对象。但是在具体案件中，我们还应当以上述类型的法益侵害是否现实化为商家的实质侵害作为刑事违法性判断的核心和依据。也就是说实质的法益侵害是权利滥用行为刑事违法性评价的重要前提与核心所在，是刑民关系区别的量化标准，更是刑事违法性相对从属的征表依据。因此，实质的法益侵害是刑法启动的前提。刑法的任务是确认规范效力，进而保护法益。行为不存在法益侵害的不构成犯罪。在财产犯罪或经济犯罪中，法益侵害实际上都可以具化为被害人的财产损失，被害人没有财产损失、财产损失轻微抑或是难以确定时，均不得动用刑法予以保护，无法得出被告人得出犯罪的结论。因此，对于权利滥用

① 参见储槐植：《要正视法定犯时代的到来》，载《检察日报》2007 年 6 月 7 日版，第 1 - 3 页。

行为是否入刑，应对商家是否有明确的现实法益侵害作为重要参考：若是权利滥用行为造成了严重财产损失，已经超出了民法的规范保护目的，即在刑民规范保护目的不一致的场合，刑法评价的介入是刑法相对从属性的法秩序统一立场的必然要求。也就是说，对于权利滥用行为造成了商家财产权益、人身权益、商业信誉等法益等实质性损害，那么刑法必然应当介入，可将其行为评价为敲诈勒索罪、侵犯人身权利罪以及侵犯商业信誉罪等，而不必再追问行为人是否有相关权利基础。当然，若是行为人的手段行为、目的行为并没有造成实际的财产损失或财产损失轻微抑或不明确，也没有造成商家人身权益、商业信誉的侵害，也就是说没有实质的法益侵害，那么刑法无须介入。所以在有的权利滥用案件中，消费者在维权过程中虽然借助媒体传播、采用语言威胁抑或提出天价索赔要求，但是以上过激行为基本都是由于生产者、销售者不依法赔偿而导致①，且在与商家协商过程中出现，所以在未造成商家现实的实质法益侵害情况下，就不能对消费者的维权行为进行入罪化处理。

（二）手段行为与目的行为该当性的综合评价

对于权利滥用是否构成敲诈勒索罪或其他犯罪，应研判具体行为的该当性要件，因此应对权利滥用的手段行为与目的行为进行综合分析。敲诈勒索是一个复行为犯，既有手段行为又有目的行为。其手段行为是通过胁迫、恐吓，进而产生精神压迫和强制，其目的行为是使被害人被迫交付财物，进而非法占有他人财物。

具体到权利滥用案件中，是否构成敲诈勒索，应进行行为的该当性分析。首先对于手段行为我们不能因为其利用了媒体曝光、检举举报就认定其行为是敲诈勒索罪中的威胁、胁迫。一是科技在发展，消费者的维权手段在不断地演进和变化，利用网络媒体本来就是正常维权手段，商家可以利用网络媒体发布广告扩大销路，消费者为何不能利用媒体维权呢？我们不能说他公之于众了，故意造成社会舆论了，就构成胁迫和威胁。二是在高价索赔事件中，消费者一般都会以曝光、投诉等方式来“威胁”经营者，以此令商家妥协，并未违反法律规定。根据《消费者权益保护法》规定，消费者与经营者争议解决途径有协商和解、请求消费者协会或者其他调解组织调解、向有关部门投诉、提请仲裁、向人民法院起诉。消费者在与商家协商和解过程中，基于新闻本身的监督功能，消费者提出向媒体曝光是法律赋予的监督权利，不能定性为胁迫或者恐吓。消费者求助于媒体本身并不违法，这种方式也不具备强制力，与敲诈勒索中的“胁迫”“恐吓”有着本质区别。其次，目的行为，即恶意勒索商户钱财，进行高额索赔。司法实务中往往将高额索赔作为非法占有目的的认定依据。对此，笔者认为仍应从刑法的相对从属性立场出发进行分析。一是进行高额索赔具有有因性与有权性，也就是说消费者提出高价索赔具有事实上的有因性，即他的

---

① 参见张明楷：《妥善对待维权行为避免助长违法犯罪》，载《中国刑事法杂志》2020年第5期，第17页。

权利的确受到侵害；另外，同时又具有法律上的有权性，即其也是一般意义上的消费者，有赔偿请求权。二是即使索要高价也并不违法。根据我国《消费者权益保护法》规定，经营者提供商品或者服务有欺诈行为的，应当按照消费者的要求增加赔偿其受到的损失，增加赔偿的金额为消费者购买商品的价款或者接受服务的费用的3倍；增加赔偿的金额不足500元的，为500元。也就是说，消费者是否可以超额索赔，法律并没有作出禁止性规定。根据“法无禁止皆自由”的原则，即使消费者进行高价索赔超出其权利范围，构成权利滥用也并不违法，至于说商家最终是否给付赔偿款，司法机关是否支持则是另一回事。因为索赔是有一个讨价还价协商的类调解过程，并不是说消费者索赔多少钱商家就一定要支付多少钱，商家当然也可以拒绝。所以说，对于仅仅是为索要高价而检举举报、甚至是夸大其词制造舆论施压的权利滥用行为，只要没有造成实质的法益侵害，就与敲诈勒索罪的该当行为有着本质区别，在刑法谦抑性的原则下，一般不宜定罪。

（三）主体身份对权利滥用行为违法性评价的影响

一般来说权利行使的主体是消费者，而“职业打假人”是否具有一般意义上的消费者身份有争议，导致对职业打假行为的违法性认定也存在各异观点①，所以对于职业打假领域权利滥用的违法性认定首先要解决消费者主体身份的问题。消法与食品安全法都制定了消费者权益保护的赔偿规则，因此获赔的前提是具备一般意义上的消费者身份，消费者是指以个人消费为目的而购买使用商品和服务的个体社会成员。但是职业打假人有时会偏离了消费者的概念范畴，对于职业打假行为的认定应分以下两种类型加以讨论：

一是有维权监督目的的职业打假，一般不具备刑事违法性。该类主体名义上是在消费者权益保护法或者是食品安全法权利范围之内进行维权，其行为特征往往是明知是伪劣产品或者是明知是临界保质期的产品而购买，然后以产品质量问题在法定额度内进行索赔。其目的特征除了包括获得赔偿之外，不排除一定的监督目的。所以该类职业打假人不是一般意义上的消费者，虽然具有一定消费者的主体身份，但是不能赋予其完整的消费者权利，其索赔权利在一定程度上应当受到限制，因为其索赔目的在一定程度上对冲掉了其消费目的，而其监督职能又并非来自法律明确赋予，所以其不具有法律赋予消费者的全部索赔权利，因此对于具有维权监督目的的职业打假行为来说，其本质上很有可能会成为一个越权行为。那么基于刑事违法性的量化标准，具有维权监督目的的职业打假的手段行为未该当于个罪的犯罪构成，加之其目的行为一般也没有非法占有目的，因为获得赔偿的目的和非法占有财产目的并不能等价。所以一般而言对于该类职业打假人，如果其行为构成侵权，那作为民事纠纷解决即可。当然如果其行为造成商家实质上的法益侵害，那么也有追

---

① 参见杨立新：《〈消费者权益保护法〉规定惩罚性赔偿责任的成功与不足及完善措施》，载《清华法学》2010年第3期；徐光华：《从典型案件的“同案异判”看过度维权与敲诈勒索》，载《法学杂志》2013年第4期；张明楷：《妥善对待维权行为避免助长违法犯罪》，载《中国刑事法杂志》2020年第5期等。

究其刑事责任的可能。

二是纯粹牟利性和常业化职业打假，该种类型是刑法予以打击的对象。对于该种职业打假人其身份特征已经超出了消费者法定的范畴和界限，其牟利性和常业化已经完全对冲掉消费者身份所具有的索赔权利，因此应当具备刑事违法性。当然，此处并不是否定职业打假存在的积极社会效应，比如职业打假可以作为公权力的有力补充，二者共存可共同促进法律的有效实施。[①] 但是对于完全不具有消费者身份的牟利打假人，应当进行否定评价，目前全国各地电商平台中此类案件不在少数，其手段行为特征反映出其身份属性的犯罪性：（1）熟知相关法律，用语谨慎，利用"超范围经营""虚假宣传""食品安全"等涉及多倍赔偿的规定，以法律的强制力对商户施压，实际上是以看似合法的方式进行"柔性"敲诈。（2）有具备一定的流动性，利用电商平台和快递服务，全国范围内作案。（3）频繁作案，以此为业，呈现周期性和常态化。（4）有意识的有目的性的组织策划，或形成犯罪团伙。以上种种特征已经明显反映出行为人根本不具有消费者身份，而是很明确的犯罪嫌疑人身份，甚至是犯罪团伙成员身份。另外，其目的行为也反映出其主体的犯罪性特征，即就是要非法占有小微企业的经营性利益，因为小微企业很多情况下资金不充足，但是市场监管却很严格，一旦被举报企业将无法生存，所以迫于压力，小微企业很容易向举报人支付所谓的赔偿金，那么举报人的行为目的就会被满足。对于这种以打假名义牟利的犯罪团伙，已经造成商户法益的实质侵害，具备相当的社会危害性，该当于犯罪构成的，理应按照相关罪名进行刑事评价，而不可再以所谓的"消费者身份"作为抗辩理由。

（四）消费者维权方式期待可能性对责任认定的影响

对于消费者权利滥用行为定性在满足了以上构成要件该当性、违法性的判断之后，还应当对其是否具有非难可能性进行判断，因为在当今电子商务时代，网络购物为消费者提供了更多维权的渠道。除了诉诸公权向消协或者司法机关寻求公力救济之外，网络电商平台为消费者维权的私力救济提供了很多有效途径，比如淘宝、天猫、拼多多等电商平台APP，对权益受损的消费者有完善的补偿机制，同时对违规电商也有严厉的惩罚规则。因此，对于一个理性消费者而言，在维权过程当中首先应选择理性的维权方式，若三方不能协商一致，那么消费者可以选择其他私力救济途径，此时也是在期待可能性的允许范围之内；但是，如果逾越电商平台提供的维权途径而直接选择了较为过激的维权方式，那么就可能构成权利滥用，从而因为具备他行为[②]的期待可能性而落入禁止的范围之内，可能承担刑事责任。

---

① 参见应飞虎：《禁止抑或限制？——知假买假行为规制研究》，载《法学评论》2019年第4期，第72页。

② 参见陈兴良：《他行为能力问题研究》，载《法学研究》2019年第1期，第119-121页。

所以，这里应当明确电商平台义务、责任与消费者权利滥用之间的关系。电商时代，与普通的消费者维权案件有很大不同，其中平台的介入作用可能会对案件的定性产生影响。这里需要强调平台对于纠纷化解的尽职义务。在消费者维权的过程当中，是否选择过激行为过度维权，与电商平台提供的处理方案不无关系。如果在维权案件中消费者通过平台与商户形成了良性互动，那么就能缓冲消费者和电商之间矛盾所带来的负面影响，很可能在民事领域化解纠纷。所以平台承担尽职的前置义务能够起到缓冲作用。那么从另一个侧面来讲，如果消费者选择过激维权手段超越了平台的风险预警，超出平台给出合理化解决路径，那么就很可能突破民事领域，进入刑法评价范围。也就是说，消费者明知平台有合理化的纠纷解决机制，依然选择过激的处理方式，那么在明知的情况下，就有可能依据刑法自己责任原理，由其承担相应的刑事责任。

五、结语

总体上看，在缓和违法性一元论的法秩序统一立场下，应坚持刑法的相对从属性，并以实质的法益侵害作为刑民界分的量化评价标准。因此，在对消费者权利滥用行为类型化以及先验性评价缺陷审查的前提下，对该行为妥当的评价路径应遵循以下逻辑：一方面在没有实质法益侵害的情况下，对于单纯的高价索赔的目的行为或单纯的过度维权的手段行为，虽然往往得不到民法认可，但至多构成民事不法。另一方面，在有实质法益侵害的情况下，如果不是以投诉平台、诉诸媒体、网络曝光或正常诉讼的方式，在有以上他行为可能性的前提下，仍以加害商家的人身权益、财产权益、商业信誉等相要挟，而且所要求的赔偿数额明显超过合理范围的，由于其手段行为不具有正当性，索赔的目的行为超出了应有的赔偿范围进而转化为非法占有之目的，那么就有敲诈勒索罪或其他相关犯罪的适用空间。

（编辑：蒋太珂）

论刑法中“复制发行”概念的体系解释[*]

郑承友[**]

摘 要 体系解释要求刑法与《著作权法》对复制与发行的界定应保持一致。在著作权与邻接权的刑法规制原型中，发行权旨在控制单纯的侵权复制品发行行为。作为复制的首次发行行为则由复制权予以控制。刑法中“复制发行”控制复制者的复制行为及其首次发行行为，即以发行为目的的复制行为。司法解释将“复制发行”解释为“复制、发行或者既复制又发行的行为”废弃了相邻法条涵义，违反了体系解释规则。正确理解刑法中的“复制发行”需要在整个法律体系中界定复制、发行的涵义，在兼顾财产权保护与交易安全保护的基础上予以整合，宜将“复制发行”理解成“既复制又发行”，其规制对象系“为发行而复制”的不法类型。唯有如此才能建立侵害复制权与发行权的合理法律责任体系。

关键词 交易安全 复制发行 司法解释 体系解释 著作权

我国刑法第217条规定的侵犯著作权罪的第（一）（三）（四）项均囊括了“复制发行”行为，其侵害对象分别系著作权人、录音制作者权人和表演者权人。持“刑法独立性观”的学者认为，刑法中的“复制发行”应涵括《著作权法》所规定的所有法定利用行为。① 持“刑法从属性观”的学者则在尊重知识产权法对“复制行为”和“发行行为”界定的基础上，分化出三类解释性主张：（1）“复制并发行说”；（2）“复制、复制并发行

---

* 本文系山东省社会科学规划研究项目“网络版权民刑衔接保护研究”（项目编号：20CFXJ06）的阶段性研究成果。

** 郑承友，男，山东临朐人，山东理工大学法学院副教授，研究方向为知识产权法、法律方法论。

① 参见贾学胜：《著作权刑法保护视阈下“复制发行”的法教义学解读》，载《知识产权》2019年第6期，第25页。

择一说”;(3)“复制、发行、复制并发行择一说”。[①] 其中,“复制、发行、复制并发行择一说”因系由最高司法机关作出的“有权解释”,故而成为司法实践的指导性观点。“复制、发行、复制并发行择一说”源于最高人民法院1998年颁布的《最高人民法院关于审理非法出版物刑事案件具体应用法律若干问题的解释》第3条,[②] 并为2007年《最高人民法院、最高人民检察院关于办理侵犯知识产权刑事案件具体应用法律若干问题的解释(二)》(下称“《解释〈二〉》”)第2条第1款[③]所重申。从文义解释观之,将“复制发行”解释为“复制、发行、复制并发行”应无障碍。但是如果将之纳入整体法秩序进行体系化观察,则该结论便值得商榷。其一,该解释结论存在废弃相邻法条之嫌;其二,司法解释的界定亦违反了法定犯的基本原理。

一、司法解释对“复制发行”的界定存在体系悖反之嫌

法律解释应当坚持法秩序统一性原则,对个别法律规定进行解释时,应将之纳入更高级的法律部门乃至整个法律体系予以全面考量。这是因为“一个法律体系当中的所有法律规则应当尽可能不相互冲突,以为人类共同生活确立有效的秩序。”[④] 《解释(二)》对“复制发行”的解释未考虑法秩序的统一性,导致法律体系的内在矛盾。本文拟在民刑衔接的视域内,以体系解释规则的应用为方法论工具,通过考察《著作权法》中“复制行为”和“发行行为”的规整脉络,以包括民事责任、行政责任和刑事责任的体系化建构为指引,最终厘清刑法中“复制发行”概念的规范意旨。

(一)法教义学要求基于“体系”的概念阐释

对法律解释规则的遵循是正确理解、解释法律的核心要求。法律解释的规则包括文义解释规则、目的解释规则、体系解释规则、社会学解释规则等。以体系化为主旨的体系解释规则正是法教义学的核心取向。体系解释系法律解释的黄金规则,它要求全面地理解、解释法律的意义,反对仅仅从字面意义上理解、解释法律,是克服机械司法和执法的有效规则与方法。[⑤]

---

① 参见李洪江:《〈最高人民法院、最高人民检察院关于办理侵犯知识产权刑事案件具体应用法律若干问题的解释(二)〉的理解与适用》,载《中国检察官》2007年第5期,第64页。

② 《最高人民法院关于审理非法出版物刑事案件具体应用法律若干问题的解释》第3条规定:刑法第二百一十七条第(一)项中规定的“复制发行”,是指行为人以营利为目的,未经著作权人许可而实施的复制、发行或者既复制又发行其文字作品、音乐、电影、电视、录像作品、计算机软件及其他作品的行为。

③ 《最高人民法院、最高人民检察院关于办理侵犯知识产权刑事案件具体应用法律若干问题的解释(二)》第2条第1款规定:刑法第二百一十七条侵犯著作权罪中的“复制发行”,包括复制、发行或者既复制又发行的行为。本文所论司法解释中刑法第217条与第218条的规定皆是指《刑法修正案(十一)》修改之前的规定,正文中论述具体问题时凡是未特别说明之处皆是指上述两条修改之后的规定。

④ [德]齐佩利乌斯:《法学方法论》,金振豹译,法律出版社2010年版,第126页。

⑤ 参见陈金钊主编:《法律方法教程》,华中科技大学出版社2014年版,第134页。

体系解释不仅能决断文义解释难以解决的难题，更是教义学法学的方法论根基。在文义解释不能释疑时，便应当寻求体系解释。体系解释包括两个方面的含义，一是“在此文字中不能确定含义便在其他条款或其他法律文件的彼文字中寻找答案，此时仍用到字义解释，二是用整体来解释部分或个别。体系解释存在的根据在于，法律应是一个内在统一的体系，各具体规范是体系的组成部分，它们具有意义和含义上的相互关联性。”① 为正确理解刑法中“复制发行”的法律涵义，应将刑法与《著作权法》等其他法律部门作为内在统一的法律体系的有机组成部分，在体系解释进路下对“复制发行”的涵义展开辨析。

根据体系解释的基本原理，对刑法第 217 条规定的“复制发行”概念的解释，应当将《著作权法》、刑法等法律规范作为一个内部和谐一致的法律规则体系，建构因侵犯复制权、发行权且与行为人的违法行为社会危害性相当的法律责任体系，进而根据民事责任、行政责任与刑事责任的协调性要求证立“复制发行”概念的具体意涵。然而，《解释（二）》对复制发行的界定恰恰违反了体系解释规则，其不仅会造成语境条文间的扞格，也违背了法秩序统一性的要求和法定犯的基本原理。因为按照司法解释的界定，“复制发行”若被解释为“复制、发行、复制又发行”，不仅会不当扩张犯罪圈和处罚范围，还会导致刑法第 218 条关于“销售侵权复制品罪”与本罪的评价冲突，更会违反法定犯中前置法的规范设定，湮灭了刑法的二次规范性，对法秩序统一性造成不当冲击。

（二）司法解释的界定存在评价冲突

《解释（二）》第 2 条共有三款规定：第 1 款是“刑法第 217 条侵犯著作权罪中的‘复制发行’，包括复制、发行或者既复制又发行的行为”；第 2 款是“侵权产品的持有人通过广告、征订等方式推销侵权产品的，属于刑法第 217 条规定的‘发行’”；第 3 款是“非法出版、复制、发行他人作品，侵犯著作权构成犯罪的，按照侵犯著作权罪定罪处罚。”《解释（二）》对刑法第 217 条规定的“复制发行”的解释无疑侵入刑法第 218 条销售侵权复制品罪的规制范围，使得刑法典内部对同一行为出现相互评价。因为根据刑法第 218 条的规定，“销售侵权复制品罪”的规范对象正是侵犯“发行权”的不法行为。因此，司法解释的界定明显违反了体系解释的一般规则，应予检讨。

《解释（二）》将“复制发行”解释为“包括复制、发行或者既复制又发行的行为”，按其字面意思规制三种行为：只复制不发行的行为、只发行不复制的行为、既复制又发行的行为。刑法第 218 条规定的是销售侵权复制品罪，该条规定“以营利为目的，销售明知是本法第 217 条规定的侵权复制品，违法所得数额巨大或者有其他严重情节的，处五年以下有期徒刑，并处或者单处罚金。”销售是实践中发行的典型方式，如果刑法第 217 条的“复制发行”包括只发行不复制的行为，那么在行为人明知是侵权复制品却又销售的情形

① 郑永流：《法律方法阶梯》（第 4 版），北京大学出版社 2020 年版，第 138 页。

下，究竟是适用第217条还是第218条对其进行刑事追责？这是摆在法律适用者面前的第一个难题。接下来的问题是，两条法律规范的罪与非罪标准和量刑标准皆不一致，[①] 那么在什么情形下适用第217条定罪量刑、在什么情形下适用第218条定罪量刑？二者的分界线又在哪里？这是摆在法律适用者面前的又一个难题。司法解释的制定者至今尚未对二者的区别予以精确说明，上述解释在实践中只能徒增混乱。体系解释规则中的禁止冗余规则要求，应避免以将导致该法律的其他条款成为多余或不必要的方式解释制定法。[②] 因为立法者在立法时不可能赋予一个法律条款的涵义去废弃、架空相邻法律条款的涵义。司法解释对刑法第217条“复制发行”概念的解释明显有违立法本意，系对法律文本可能文义的误读。

（三）司法解释的界定违反法定犯的基本原理

法定犯具有行政和刑事的双重违法性：“法定犯首先具有行政法规的违反性，因而具有行政违法性。其次，法定犯侵害刑法保护的法益，因而具有刑事违法性”。[③] 知识产权法虽然以智力成果为保护对象，但是其保护方式并非传统私法的禁止模式，而是通过为权利设定特定权能的方式。虽然“知识产权法是规范个人知识财产权利之私法，这已被我国法学界、实务界以及国际社会所确认，但不可否认的是，知识产权法中含有大量的涉及行政机关或行政权的公法规范”。[④] 公益导向型的知识产权行政保护甚至要求“深化对知识产权行政法制的研究，知识产权法基本结构需要调整，后民法典时代我国应当制定知识产权基本法”。[⑤] 因此，在知识产权法定的框架下，将侵犯知识产权犯罪作为法定犯具有当然的法理正当性。

那么，刑法中“发行”的涵义是什么？其是否能与《著作权法》中“发行”作出不同理解？按照法定犯的一般原理，刑法中“发行”的涵义应以《著作权法》的相关规定为依据，否则将引发法律体系的内在矛盾，破坏法秩序的统一性。这是因为侵犯著作权罪

---

① 《最高人民法院、最高人民检察院关于办理侵犯知识产权刑事案件具体应用法律若干问题的解释》第五条规定，以营利为目的，实施刑法第二百一十七条所列侵犯著作权行为之一，违法所得数额在三万元以上的，属于“违法所得数额较大”，非法经营数额在五万元以上的属于“有其他严重情节”，应当以侵犯著作权罪判处三年以下有期徒刑或者拘役，并处或者单处罚金。违法所得数额在十五万元以上的，属于“违法所得数额巨大”，非法经营数额在二十五万元以上的属于“有其他特别严重情节”，应当以侵犯著作权罪判处三年以上七年以下有期徒刑，并处罚金。第六条规定，以营利为目的，实施刑法第二百一十八条规定的行为，违法所得数额在十万元以上的，属于“违法所得数额巨大”，应当以销售侵权复制品罪判处三年以下有期徒刑或者拘役，并处或者单处罚金。所以说两个条款罪与非罪的标准以及量刑标准皆不一致。

② 参见陈金钊：《体系思维的姿态及体系解释方法的运用》，载《山东大学学报（哲学社会科学版）》2018年第2期，第80页。

③ 陈兴良：《法定犯的性质和界定》，载《中外法学》2020年第6期，第1464页。

④ 武善学：《对抗、渗透与互动：知识产权法与行政法关系辨析》，载《知识产权》2011年第5期，第81页。

⑤ 戚建刚：《论我国知识产权行政保护模式之变革》，载《武汉大学学报（哲学社会科学版）》2020年第3期，第154页。

作为法定犯，必然以违反《著作权法》第53条的规定为前提，并且行为人实施《著作权法》第53条规制的相应行为是构成犯罪的前提，因此在追究行为人刑事责任时必先解释适用《著作权法》第53条，否则就违反了该罪是法定犯的基本法理。如果将刑法第217条侵犯著作权罪中的“复制发行”解释为“包括复制、发行或者既复制又发行的行为”，必然导致与《著作权法》第53条规定的“复制、发行”之涵义互相冲突，同时废弃刑法第218条的涵义，在刑法中出现体系违反的情形。近年来有学者倡导民刑衔接的跨部门法研究，坚持《著作权法》与刑法的衔接，在部门法之间开辟体系解释的空间，倡导以逻辑为基础的体系思维，主张以体系解释规则约束司法裁判。① 这无疑也是法定犯原理的进一步展开。

二、法秩序统一性视域下的“复制行为”与“发行行为”

欲正确理解刑法中“复制发行”的涵义，必先清楚法律禁止行为人实施未经著作权人许可的“复制行为”与“发行行为”的制度起因乃至其历史沿革过程。包括复制权、发行权在内的著作权保护是历史发展的产物，是科学技术发展到一定阶段后，因作品利用产生的利益关系发生变化，相关主体分享利益的主张互相冲突，各方利益诉求经多次博弈后最终固化为法律制度。首先是《著作权法》的保护，后来就有了行政法与刑法等公法规范的保护。行为人的行为在何种情形下应当受到法律规制，并且予以规范的法理依据是什么，在经济社会发展过程中随技术发展不断予以调整，这也是限制或禁止相关行为需要回答的有关著作权保护的正当性问题。

（一）《著作权法》中复制、发行的涵义辨析

在《著作权法》中，出版、复制、发行的涵义都是比较清晰的，理论与实务对此均已达成共识。根据我国《著作权法》第10条的规定：复制是指在作品已经创作完成的前提下，以印刷等方式制作一份或者多份作品复制件的行为，其核心要义在于对一部作品通过技术手段将其固定在有形物质载体上，通过增加载体数量来制作一份或多份作品复制件；发行是指以出售或者赠与方式向公众提供作品的原件或复制件的行为，其核心要义在于通过转移作品物质载体所有权至买受人或受赠人手中，所有权主体可以在作品载体使用寿命期限内拥有载体所有权，进而使用作品。通常认为“复制权规制的是永久复制行为，即该行为能使作品被相对稳定和持久地固定在有形物质载体上，形成作品的有形复制件”。② 对于临时复制国际上亦有不同观点，美国与欧盟等发达国家和地区倾向于认为构成对复制权的侵害，而澳大利亚和发展中国家则持否定态度。临时复制行为在大多数情形下不具有

① 参见陈金钊：《忘却体系的悲剧及其矫正》，载《上海政法学院学报》2019年第5期，第29页。
② 张玉敏主编：《知识产权法学》，法律出版社2017年版，第112页。

独立商业价值，对其予以规制的意义非常有限。在《著作权法》中，发行权的行使往往与复制权的行使联系在一起。复制是为了发行，发行是复制的必然结果，复制和发行共同构成了出版。①

通常情形下，需要使用作品的人可以通过获得作品载体所有权来接触并使用作品。作品使用者通过买卖合同受让作品载体所有权，是最古老也是最为通常的方式。例如我们到书店中买一本书——作品的载体，通过买卖合同我们继受取得书——作品载体的所有权，我们获得作品载体所有权的目的是为了使用作品——例如阅读这部作品等。作品是著作权的客体，作品载体——书是所有权的客体，这在《著作权法》已经作出清楚区分。比如我们创作一部作品，作品只有一部，但是作为作品载体亦是所有权客体的书——在通常情形下却可以复制多本。在《著作权法》中通说认为发行是通过买卖或者赠与方式转移作品载体的所有权，这不论在国内法中还是在国际条约中都已形成共识。有观点认为通说不符合我国制定法，也不符合经济生活实际，认为发行包括不转移作品载体所有权方式的网络发行，并且区分网络发行行为与网络传播行为。② 上述观点不能成立，也得不到实定法的支持。其错误在于混淆了作品载体所有权的变动行为与无载体所有权变动仅有作品本身传递的问题。作品欲让他人感知且受到法律保护，要求其必须有承载其自身的载体，承载作品的载体是所有权的客体。《著作权法》通过发行权来控制所有权变动行为——买卖行为或赠与行为，其合理性仅在于该所有权的客体是作品的载体，否则通过该权利来控制所有权变动就不应得到支持。因为发行权控制所有权的客体——物（作品的载体）的流通行为，所以著作权人或经其许可之人发行作品原件或复制件之后，因权利人的利益已经实现，故相关作品原件或复制件的发行权至少在该法域内即告穷竭。③

（二）设权模式只是保护作者利益的选择模式之一

对智力成果设定相应的知识产权，原则上应当限制在那些因具有独立经济价值需要控制且技术上能够控制的利益，否则会因维权成本太高而不具有可操作性。当然，赋予作者著作权以控制他人的复制发行行为，只是保护作者利益的诸多选择方案之一。在作者利益保护的制度选择中，通过法律设定复制权、发行权的设权模式，并不是保护法益的唯一途径，“其中法律对利益的保护，以赋予权利的方式做出，则才成立权利，否则，如仅依反射作用使人享受利益，则视为其他法益。”④ 立法技术以及保护的法益本身的性质决定了在某些情形下法律不能正面设定权利，只能消极地禁止某种行为，于是该行为所侵害的利

---

① 参见张玉敏主编：《知识产权法学》，法律出版社 2017 年版，第 112－113 页。

② 参见何怀文：《中国著作权法：判例综述与规范解释》，北京大学出版社 2016 年版，第 505－507 页。

③ 在知识产权法中有关权利穷竭问题较为复杂，因涉及一国的经济社会发展水平与贸易政策等问题，各国分歧较大。TRIPS 协议对此作了回避处理，由各成员自行决定。但是在欧盟内部，为了商品的自由流通，在一国发行的作品在整个欧盟内部发行权穷竭。

④ 龙卫球：《民法总论》，中国法制出版社 2001 年版，第 136 页。

益在客观上得到保护，成为权利之外法律保护的法益。① 前者是知识财产保护的设权模式，后者是知识财产保护的不正当竞争模式。

依据刑法、行政法与反不正当竞争法都能保护作者的利益，相关法律只要制止侵害作者利益的行为，作者的利益就能够得到保护。有学者指出“我们不能认为在没有民法的时期或环境中，就不存在民事权利。依刑法或行政管理（控制）法规、法令、敕令等等，在古代，在现代，都产生过并继续产生着一定的民事权利。”② 在我国知识产权相关立法尚未诞生的时代，中国刑法就已经规定了有关知识产权的犯罪。例如，《七九刑法》中就规定了假冒注册商标罪，此时中国的商标法尚未颁布，因此可以说，当时中国的商标保护是依据刑法产生的民事权利。

还有学者从因复制件质量较低而不构成原始作品的完全替代品等九个方面得出结论，认为即便没有《著作权法》也能够限制因复制所带来的、阻碍原始作品作者收回其创作成本的因素。③ 在尚未通过《著作权法》保护作者利益的古代社会，仍然有作者不断创作出优秀的文学艺术作品，这说明作者创作作品的利益动机并不纯然出于著作权的激励。当下撰写学术论文的作者又有几人是出于著作财产权的经济回报而写作？作者有时非但不能获得著作财产权意义上的经济回报，反而要支付版面费、审稿费等相应的对价才能发表学术论文。作者撰写并发表学术论文的原因更多是因为著作权以外的激励，诸如申报职称、申报课题、学位点建设以及学术声誉等激励使然。因此我们可以说，赋予主体以权利的设权模式只是保护作者利益可供选择的模式之一。

（三）复制权、发行权的重心在于“禁”而不在于“行”

复制、发行是《著作权法》中的基本概念。对复制行为、发行行为的控制是著作权人首要的基本的权利，甚至可以说整个《著作权法》就是建立在以对复制行为、发行行为为核心的作品使用行为的界定以及规制基础之上。包括《著作权法》在内的整个知识产权法保护的重心，在于主体运用权利去控制他人的行为，即其重心在于“禁”而不在于“行”。知识产权客体的无形性导致客体所产生的利益无法在事实上由权利主体独自享有，所以才需要法律设定权利以便主体通过权利来控制他人的行为，以免他人过度分享权利客体所产生的利益。为原本可以自由流动的信息创设知识产权本就是公共政策的产物。“公共政策一方面通过创设知识产权来刺激和鼓励人们投身于创作和创造活动之中，另一方面只对其进行有限保护，以使社会公众能够合理地利用。”④

---

① 参见刘春田主编：《知识产权法》（第5版），高等教育出版社2015年版，第339页。

② 郑成思：《再论中国古代的版权保护》，载《中国专利与商标》1996年第4期，第61页。

③ 参见［美］威廉·M. 兰德斯、理查德·A. 波斯纳：《知识产权法的经济结构》，金海军译，北京大学出版社2016年版，第48－72页。

④ 王迁：《知识产权法教程》，中国人民大学出版社2019年版，第8页。

与物权一样，包括著作权在内的知识产权遵从权利法定。无论是物权法定还是知识产权法定，皆与权利主体以外的他人自由行为空间有关。因为只有为主体的权利划定了边界，他人的自由行为空间才是确定的，这是侵权责任法的必然要求；如果知识产权实行非法定主义，社会公众就无从知晓主体的权利边界，社会公众对自己的行为是否构成侵权就始终无法确定。正因为权利法定，所以主体权利可以控制的行为边界以外的空间就是他人的自由行为空间。知识产权具有排他性，是法律人为创设的排他，在权利性质上属于绝对权，① 但是在现代民法中绝对权有弱化的趋势，而这种绝对权弱化的趋势在知识产权领域反映得更加具体化、系统化、制度化和规则化。②

著作权是专属于权利主体享有的禁止权，由于权利客体的无形性导致“只有通过法律强制性地将非物质成果的特定使用权规定为归属于创造者所专有，他人未经许可使用该成果构成侵权、必须承担法律责任，才能确立创造者对其非物质成果的专有权”。③ 著作权的作用并不在于赋予著作权人利用自己作品的自由，作者能否利用自己的作品，以及以何种方式对作品进行利用与其获得的著作权并无关系，而是取决于法律是否有禁止性规定。④ 换言之，作者能否利用自己的作品以及以何种方式利用作品应以是否侵害他人权利、是否损害公共利益为标准。知识产权主体有权禁止他人的行为却未必有权实施相关行为，这一点与物权是大异其趣的。《专利法》中从属专利权人的专利权就是知识产权这一特性的典型代表。《著作权法》亦是典型的以权利控制他人行为的法律，“享有著作权的意义应在于：他人未经许可不得以特定方式利用作品”。⑤

三、刑法中“复制发行”概念的“体系化”因应

有学者指出，将“复制发行”解释为包括单纯的“复制”或“发行”，其主要目的可能并非是将单纯的“发行”认定为犯罪，而是针对未经许可“复制”但不“发行”的行为，主要是为了防止那些已复制但未来得及发行之人，被发现时因尚未实施发行行为而不构成本罪从而逃脱刑法的制裁。⑥ 笔者同意上述学者的分析思路，因为按照上述学者的理解，可避免使刑法第218条成为冗余条款。这是朝着符合立法本意方向进行的解释，殊值赞同。然而，该学者主张如果在立法政策上确实需要将未经许可“复制”作品的行为单独

---

① 参见黄薇主编：《中华人民共和国民法典总则编释义》，法律出版社2020年版，第326页；金可可：《论绝对权与相对权——以德国民法学为中心》，载《山东社会科学》2008年第11期，第135页。

② 参见郑成思：《私权、知识产权与物权的权利限制》，载《法学》2004年第9期，第83页。

③ 王迁：《知识产权法教程》，中国人民大学出版社2019年版，第8页。

④ 参见王迁：《著作权法》，中国人民大学出版社2015年版，第12页。

⑤ 王迁：《著作权法》，中国人民大学出版社2015年版，第12页。

⑥ 参见王迁：《〈刑法〉第217条中的“复制发行”需要规范》，载《出版发行研究》2007年第11期，第54页。

定罪，应当通过全国人民代表大会或其常委会修改刑法来增加罪名。[①] 笔者认为，如果能够通过合理解释现有规范解决上述问题，就不应通过修改法律增加罪名的方式解决问题。故笔者不赞同通过立法论路径来解决上述问题。

（一）刑法中的“复制发行”规制的是以发行为目的的复制行为

如果我们不是局限于法条的字面意思而是深入探究法律规范意旨，就会发现刑法第 217 条与第 218 条所调整的侧重点是不同的。刑法第 217 条的调整对象是以发行为目的的复制行为，并且刑法第 217 条的规定能够涵盖那些已复制但尚未实施发行的行为。如果我们将刑法第 217 条最后两项规定撇开不论，就能发现第 217 条所规制行为的共同特征——其针对的是“既复制又发行”的行为而不是“复制、发行或既复制又发行”的行为。申言之，刑法第 217 条打击的重心在于“以发行为目的的复制行为”，而刑法第 218 条打击的重心在于单纯的发行行为。第 218 条规制的不法行为人一定是从他人之处得到侵权复制品，因其自己不实施复制行为，欲销售（发行的典型方式）侵权复制品之人，必须先从侵权复制者手中购买侵权复制品。申言之，自己只实施销售行为而不从事生产的人必须要有进货渠道，否则他就无法实施销售行为进而实现其营利目的。

上述两条法律规范的逻辑关系是，如果没有侵权复制行为就必然不存在销售侵权复制品的行为，因为销售侵权复制品之前必须先有人将其复制完成；但是有侵权复制行为却未必有销售侵权复制品的行为。刑法第 218 条规范的是并且只能是从侵权复制行为人那里购买侵权复制品并进而销售构成犯罪之人。在刑法中禁止他人实施《著作权法》规定的受专有权利控制的行为，除明知是侵权复制品而销售构成犯罪由刑法第 218 条予以规制之外，其他犯罪行为一律由刑法第 217 条予以规制。上述法律规定对单纯的销售行为予以区分，区分的目的是为了区别对待。销售侵权复制品罪是指自己不实施复制行为而只是从侵权复制者处购买后销售的行为。为什么刑法对复制发行者与只实施发行行为的人予以区别对待？笔者认为，这涉及知识产权法对交易安全的保护问题。在包括《著作权法》在内的整个知识产权法中，都有对上述法律地位的人作出区分对待的规定。[②]

（二）作为刑法规制对象的复制行为与发行行为

与《著作权法》一样，刑法对复制行为与发行行为也是作了区分对待的。进言之，刑

---

① 参见王迁：《论著作权意义上的“发行”——兼评两高对〈刑法〉“复制发行”的两次司法解释》，载《知识产权》2008 年第 1 期，第 68 页。

② 例如，《著作权法》第 59 条就区分了复制品出版者、制作者与复制品发行者、出租者的责任构成要件。前者要求证明有“合法授权”，后者则仅要求证明有“合法来源”。“合法授权”只能是来自真正著作权人的合法授权，而“合法来源”则是指侵权复制品在商业渠道上的来源“合法”，“合法”是用来限定来源的，而不是用来限定所发行的复制品的——不是指行为人发行的复制品本身是合法的正版复制品，不是指复制品来自著作权人或经其合法授权之人。这充分体现了交易安全保护的基本法理。

法规制的复制行为是指以营利为目的的复制行为，一般而言，也就是以发行为目的的复制行为。刑法第 218 条规制的发行行为是指以营利为目的销售明知是侵权复制品的行为。刑法第 217 条规定的侵犯著作权罪是"以营利为目的"的故意犯罪，刑法第 218 条规定的销售侵权复制品罪亦是"以营利为目的"的故意犯罪。① 刑法 218 条规定的销售侵权复制品罪是以营利为目的，销售明知是刑法第 217 条规定的侵权复制品，违法所得数额巨大或者有其他严重情节的构成犯罪。刑法第 218 条规定的"明知"即是主观要件中的故意，行为人明知是侵权复制品而销售的是故意销售行为，达到一定程度即可能构成犯罪。行为人对其行为除承担刑事责任外还要承担停止侵害、赔偿损失的民事责任。行为人明知是侵权复制品而故意销售，如果因未达到一定程度不构成犯罪，此时却有可能构成行政违法应受到行政处罚，行为人对其行为除承担行政责任外还要承担停止侵害、赔偿损失的民事责任。

行为人对其销售的侵权复制品如果不明知是侵权复制品而销售的，只是有可能承担民事责任而无须承担刑事责任或行政责任。行为人对其销售的侵权复制品虽不明知但是应知是侵权复制品而销售的，是谓有过失之销售行为，应当承担停止侵害、赔偿损失的民事责任；行为人对其销售的侵权复制品既不明知也不应知是侵权复制品而销售的，是谓无过错之销售行为，应承担停止侵害的民事责任，但是不需要承担赔偿损失的民事责任。概言之，法律对各种情形下的责任构成要件已经作出了合理规划。

（三）刑法中对只"复制"未发行者的规制

在刑法中，"既复制又发行"当然是"复制发行"的常态。在著作法中，复制品的出版者、制作者是复制者，并且都是既复制又发行的人。无论在实践中，还是在制度设计上，复制者都是第一个发行者。凡是以营利为目的复制行为都是为了将来的发行而复制，因为如果不发行其营利目的将无法实现。刑法第 217 条规定的"复制发行"行为道理同上。因为凡是以营利为目的的复制行为接下来都要实施发行行为，在实施这种复制行为的人那里，只有已实施发行行为与尚未实施或者尚未来得及实施发行行为之分，没有主观上想发行与不想发行之分。如果其主观上无发行的意思、客观上不实施发行行为，那么其实施复制行为的营利目的将如何实现？在实践中有没有只复制不发行之人亦可实现其营利目的？

既复制又发行的人可以实现其营利目的，只发行不复制的人也可以实现其营利目的，发行是实现营利的必经环节。只复制不发行的人在通常情形下无法实现其营利目的。只复制不发行的人在实施复制行为之后，其拥有的只是物权意义上的侵权复制品，但是却无法将其转化为货币财产。对于那些已完成复制但尚未实施发行之人，被发现时因未实施发行行为是否构成本罪，这是需要研究本罪的成立要件与犯罪形态问题。如果认为本罪成立要

① 参见高铭暄、马克昌主编：《刑法学》，北京大学出版社、高等教育出版社 2019 年版，第 440 页。

件实施复制行为即为已足，复制行为已经构成犯罪既遂；如果认为本罪的成立要件必须包括发行行为，复制行为构成犯罪未遂。在实践中的分工可能更为细致，每人只负责其中一个环节，分别负责制版、印刷、装订、仓储、发行等，此乃共同犯罪问题，应以共同犯罪论处。

在此需要讨论的一个特殊问题是，行为人以营利为目的只实施复制行为，但不对外发行，对侵权复制品留作自用是否构成本罪的问题。笔者认为在这种情形下，如果因其行为节省成本达到一定数额可以构成本罪，可以通过立法手段将该行为拟制为复制发行行为，且认定其节省的成本就是其本应支出却未支出的非法所得。这是复制发行的例外情形。刑法规定的犯罪应以既复制又发行为构成犯罪的常态。行为人不以营利为目的实施复制行为，不对外发行，对复制品只留作自用的当然不构成本罪，但是如果不符合合理使用等免责情形，有可能构成行政违法与民事侵权。

四、结语

法律之所以区分出版者、制作者与发行者、出租者的地位，是因为发行权的规制重点是控制复制者发行之后的后续发行行为，而非复制者的发行行为。法律为发行者单独设定法律责任的规范目的，不在于规范作为复制者的首次发行行为，该行为由复制权予以控制。在《著作权法》中发行者与复制者的地位有区别，在刑法中发行者与复制者的地位亦有区别。因此，刑法中的“复制发行”仅指“既复制又发行”的行为。刑法第217条与刑法218条的规定已经将二者区分开来，《解释（二）》对“复制发行”的界定却又将二者混为一谈。因而，司法解释明显违背了刑法的规范意旨。一个国家现行有效的法律体系应当是法律规范内部和谐一致的体系，不应该是民事司法与刑事司法各行其是。“根据法律思考的法治逻辑，不能仅仅是根据法律某一方面的规定，还必须正确理解把握法律的整体意义。法律是一种体系性的存在，不能进行碎片化理解”。① 在司法实践中曾出现过在民事上不构成侵权但刑事上构成犯罪的判决，这就是知识产权案件判决中的民刑倒挂现象。如果一个行为在民事上不构成侵权，在刑事上又怎么可能构成犯罪？在此应坚持先定侵权后定罪的递进逻辑，② 侵犯著作权犯罪的认定标准应当坚持二次违法原则，《著作权法》、刑法中使用的相同概念的涵义一致，防止出现民刑倒挂现象。③ 但是如果刑事司法与民事司法对法律涵义理解不同，出现上述现象似乎又是必然。在国家知识产权战略中，包括在司法实践中推行知识产权的民事、行政、刑事案件的三审合一。三审合一体制的实

① 周磊：《体系思维对法治的意义》，载陈金钊、谢晖主编：《法律方法》（第30卷），研究出版社2020年版，第89页。

② 参见徐家力、张军强：《对知识产权案件先刑后民模式的反思与完善》，载《中国刑事法杂志》2018年第4期，第134页。

③ 参见刘文华、丁文联、张本勇等：《我国知识产权刑事保护的反思与完善》，载《电子知识产权》2018年第5期，第98页。

施，可能部分地解决上述问题。但是只有将各种法律规范、各个法律部门作体系化理解，方能准确理解法律涵义，以体现有效打击犯罪与刑法谦抑的平衡，让行为人的各种行为与其责任相当，在知识产权保护与交易安全保护中寻求利益平衡。《刑法修正案（十一）》通过后应及时清理与其相冲突的司法解释，保持法律体系内部的和谐一致。

（编辑：蒋太珂）

刑事指导性案例中目的解释的适用难题及其破解

刘亚娜*

摘　要　目的解释方法具有较强的灵活性和价值导向性，有利于弥补刑事法律规范的模糊性和滞后性、解决司法疑难问题。刑事指导性案例中的目的解释方法具有独特的保守性和政策倾向性。目的解释方法在现有刑事指导性案例中的适用较为频繁，更多地适用于对犯罪构成要件的解释之中，主要表现为对立法原意的探求和对刑事司法政策等非规范因素的考量。然而，目的解释方法本身的复杂性、任意性和抽象性，致使扩大解释面临合法性风险、立法目的的选择引发合理性质疑、适用效果受到有效性争议。有必要构建刑事指导性案例中目的解释的运行机制，在规范目的解释方法的解释过程和结论合法性、合理性的同时，保障目的解释方法功效的最大限度发挥。

关键词　目的解释方法　刑事指导性案例　立法目的　法律解释　法律适用

刑事指导性案例通过对个案情境的再现，对刑事法律规范中模糊、疑难等争议问题进行解释，以实现统一刑法适用、维护司法公正的目标，因此指导性案例被视为与司法解释相并行的一种新型法律适用解释机制。目的解释作为法律解释方法的“桂冠”，①对刑事法律规范的司法适用发挥着重要的指引作用，成为刑事指导性案例中不可或缺的法律解释方法。在刑事指导性案例的框架下研究目的解释方法的适用，使其与罪刑法定原则相互碰撞，在司法能动与司法克制之间寻求合理定位，有利于刑事指导性案例说理性和指导性的提升，促进刑事指导性案例在司法实践中的参照与适用，进而推动刑事案例指导制度的实

* 刘亚娜，女，辽宁建昌人，东北师范大学政法学院教授，研究方向为刑法学。

① 参见［德］汉斯·海因里希耶塞克、托马斯·魏根特：《德国刑法教科书（总论）》，徐久生译，中国法制出版社2001年版，第193页。

际运行和未来发展。

一、刑事指导性案例中目的解释方法的研究意义

从理论和实践综合来看，该研究意义主要体现在两方面：

第一，目的解释方法与指导性案例的价值相契合。目的是全部法律的创造者，每条法律规则的产生都源于一个目的，即一种实际的动机。”[①] 目的解释方法就是从法律规范的目的出发，阐释法律规范疑义的法律解释方法。目的解释源于现代法治对形式解释论的扬弃，形式解释论注重对法律规范字面意思的挖掘，排斥规范外因素的介入，以确保法律规范的可预测性。随着社会变革的加深和社会矛盾的激化，法律规范自身封闭性和滞后性等弱点逐步暴露，以追求实质合理性为核心的实质解释论开始盛行，目的解释作为实质解释方法的重要组成部分，其地位彰显并渐受青睐。刑事指导性案例在清晰认定法律事实的前提下，通过合理的法律解释方法正确适用刑事法律规范，是具有普遍指导意义的刑事案例。同时，这些案例并非司法实践中可以经常遇到的简易案件，通常是带有一定疑难色彩的案件。[②] 在此种情况下文义解释所能发挥的作用十分微小，目的解释方法的功能则与刑事指导性案例的需求正相契合。“犯罪的本质是法益侵害性，刑法的目的是保护法益”，[③] 目的解释方法在面对疑难案件时可以对复杂的法律事实抽丝剥茧，从法益保护的角度着眼对刑法规范做出合理的扩张或限缩，从而保障公民人权、维护刑法秩序。

第二，刑事指导性案例中的目的解释方法具有运用上的独特性。该独特性首先体现在罪刑法定原则下的保守运用。目的解释方法立足于法律规范的目的，兼顾多种非规范因素，所得出的结论可能会突破甚至冲击法律条文所表达的本意。在民事法律规范中，在法律没有明文规定的情况下，法官可以将诚实信用原则作为解释法律的根本准则，充分利用平等、正义等基本理念自由地进行裁判。而刑法与其他部门法不同，罪刑法定原则作为现代刑法的灵魂，是一切刑法活动都的基本遵循，刑法解释活动自不例外。罪刑法定原则的核心要义在于“法无明文规定不为罪，法无明文规定不处罚”，通过刑法的谦抑性防止国家刑罚权的肆意启动。在刑事指导性案例中，目的解释方法的适用过程和结果都应遵守罪刑法定原则所设置的必要限度。如果说民事指导性案例中目的解释方法具有鲜明的开放性，那么刑事指导性案例中目的解释方法的适用则在恪守罪刑法定原则的前提下，具有理论上和实践中相当程度上的保守性，即仅限于刑法立法规范文本原意并允许倾向于保障人

① ［美］博登海默：《法理学：法律哲学与法律方法》，邓正来译，中国政法大学出版社 2017 年版，第 121 页。

② 参见孙光宁：《法律解释方法在指导性案例中的运用及其完善》，载《中国法学》2018 年第 1 期，第96－117 页。

③ 张明楷：《刑法理念与刑法解释》，载《法学杂志》2004 年第 4 期，第 11－14 页。

权之限度。①

“最高人民法院发布指导性案例，不失为统一司法尺度的绝佳方案，同时也是参与公共政策的绝佳方式，换言之，指导性案例是其公共政策的一种表达方式”。② 刑事指导性案例的选取和编纂都蕴含着最高人民法院对刑事司法政策的考量和价值判断，可以说刑事指导性案例本身就具有一定的政策倾向性，这种政策倾向性还体现在目的解释方法在刑事指导性案例的适用中。首先，刑事司法政策指引目的解释方法中目的的确立。刑事司法政策是目的解释方法所要权衡的非规范因素的重要组成部分，目的解释方法将刑事司法政策的价值判断导入刑事指导性案例，对刑事法律规范目的的认知并解读具有重要的指引作用。“当我们以特定刑事政策目标的实现作为规范目的之时，实际上就使得目的的来源、具体内容、价值取向都清晰地显示出来”。③ 在定罪方面，目的解释方法以特定刑事司法政策的目的为导向，调整刑事法律规范规制的范围；在量刑方面，目的解释方法根据刑事司法政策对社会危害性的评判，在刑事法律规范规定的法定刑范围内对刑罚的轻重缓急进行调节。刑事指导性案例追求法律效果和社会效果的有机统一。目的解释方法注重实质主义思考，刑事司法政策在此基础上衡量当前社会的政治导向和民众诉求，二者的合力作用下得出的解释结论有利于社会矛盾的化解和司法公正的实现。刑事指导性案例是刑事司法政策融入刑事法律规范的有效途径，目的解释方法在其中的运用则是刑事司法政策发挥效用的最佳方式。

二、刑事指导性案例中目的解释方法的适用现状与问题

（一）目的解释方法适用于刑事指导案例的实证解析

1. 目的解释方法在刑事指导性案例中的适用频率

截至2019年12月，最高人民法院共颁布了22例刑事指导性案例。对现有刑事指导性案例所使用的法律解释方法进行逐一研究，其中运用目的解释方法进行裁判的刑事指导性案例共计17例，约占现有刑事指导性案例总量的77%，具体适用详情请参见表1。由此可见，目的解释方法的适用较为频繁，是刑事指导性案例中比较常用的法律解释方法之一。

表1

目的解释方法的适用	刑事指导性案例编号
有	3、4、11、12、13、14、28、61、70、71、93、97、102、103、104、105、106
无	27、32、62、63、87

① 参见魏东：《刑法解释保守性命题的学术价值讨论——以当下中国刑法解释论之争为切入点》，载陈金钊、谢晖主编：《法律方法》（第18卷），山东人民出版社2015年版，第220－136页。

② 参见李超：《指导性案例：公共政策的一种表达方式》，载《法律适用》2014年第6期，第20－24页。

③ 杜宇：《刑事政策与刑法的目的论解释》，载《法学论坛》2013年第6期，第74－83页。

2. 目的解释方法在刑事指导性案例中的适用类别

对适用目的解释方法的刑事指导性案例进行分门别类，有利于更清晰明了地了解目的解释方法在刑事指导性案例中所发挥的作用。以目的解释方法的理论作用为分类标准，从下面表2中可以看出，目的解释方法在刑事指导性案例中更多地适用于对犯罪构成要件的说明中，对于刑罚适用方面的阐释较少。在定罪方面，涉及的罪名包括受贿罪、贪污罪、拒不支付劳动报酬罪、非法买卖储存危险物质罪、未公开信息交易罪、生产销售有毒有害食品罪、拒不执行判决裁定罪、故意伤害罪、非法经营罪、破坏计算机系统罪和开设赌场罪。在量刑方面，刑事指导性案例4号和12号均为死缓限制减刑的适用，刑事指导性案例14号是未成年人犯罪禁止令的适用。

表2

目的解释方法的适用类别	刑事指导性案例编号
定罪	3、11、13、28、61、70、71、93、97、102、103、104、105、106
量刑	4、12、14

以目的解释方法在刑事指导性案例中的功效为分类标准，可以将其划分为如下表3中的四种类别：第一，立法目的宣示类，是指通过刑事指导性案例宣告某个法律条文或法律制度的立法目的和精神，对该条文或制度的司法适用起示范作用。例如，指导性案例14号针对刑法修正案（八）增加的禁止令制度，通过对其立法目的的宣告以便于司法者的理解与适用。第二，司法疑难问题类，是运用目的解释方法完成司法实践中定罪与量刑相关的疑难问题的认定。第三，刑法规范模糊类，是指目的解释方法在刑法规范模糊时，通过案例中具体情境的展示对刑法规范中的隐含意义进行明示。第四，刑法规范滞后类，是指目的解释方法用于弥补刑事法律规范的滞后性，对当前社会多发的新型犯罪在刑事指导性案例中予以阐释。例如，指导性案例102号－104号根据当前社会发展的需求赋予了破坏计算机系统罪刑事法律规范新的内涵。

表3

目的解释方法的适用类别	刑事指导性案例编号
立法目的宣示类	14
司法疑难问题类	4、12、13、28、70、93、97
刑法规范模糊类	61、71
刑法规范滞后类	3、11、102、103、104、105、106

3. 目的解释方法在刑事指导性案例中的适用内容

（1）探索立法原意的目的解释方法。

目的解释方法在刑事指导性案例中的适用内容主要表现为对刑事法律规范立法原意的探索。首先是对立法原意的分类讨论，在下面表4中，具体目的即在刑事指导性案例中直接表述所涉及具体法条的立法目的与精神，整体目的是借助刑事立法的整体目的完成刑事指导性案例中对裁判结果的说理。指导性案例4号和12号基于“有效化解社会矛盾、促进社会和谐”的宗旨做出限制减刑的裁判结果；指导性案例97号以刑法的谦抑性为原则对王力军非法收购玉米行为的社会危害性、刑事违法性和应受处罚性进行分析从而做出有利于被告人人权保障的无罪判决。从该表格中可以看出，刑事指导性案例中目的解释方法对于立法原意的挖掘大多数属于具体目的，整体目的更多地以抽象性的原则和精神为载体，在刑事指导性案例目的解释方法中的适用十分谨慎，总体数量较少，这也正是根源于刑事指导性案例中目的解释方法对于罪刑法定原则的遵循。

表4

立法原意的分类	刑事指导性案例编号
具体目的	3、11、14、13、28、61、70、71、93、102、103、104、105、106
整体目的	4、12、97

另一方面，在刑事指导性案例中，扩大解释在目的解释方法对立法原意的探索过程中得到了广泛的应用。现有刑事指导性案例中共有11例使用了扩大解释，使用率高达64.7%，主要集中在前述刑法规范模糊类和司法疑难问题类案例中。指导性案例3号将以合办公司名义收受贿赂扩大解释为受贿罪的新形式；指导性案例11号将土地使用权扩大解释为刑法第382条规定的“公共财物”；指导性案例13号将氰化钠扩大解释为刑法125条第2款中的毒害性物质；指导性案例28号将不具备用工主体资格的单位和个人扩大解释为拒不支付劳动报酬罪犯罪主体；指导性案例70号将在法律明列范围之外的盐酸丁二胍扩大解释为生产销售有毒、有害食品罪中的有毒、有害物质；指导性案例93号将非法限制他人人身自由的行为扩大解释为正当防卫中的“不法侵害”；指导性案例102号将利用技术手段实施的“DNS劫持行为”扩大解释为破坏计算机信息系统罪的新形式；指导性案例103号、104号分别将企业的机械远程监控系统、环境治理监测系统扩大为破坏计算机信息系统罪的犯罪对象；指导性案例105、106号分别将通过微信群组织赌博活动、以微信群抢红包方式组织赌博的行为扩大解释为开设赌场罪的新形式。

（2）考量刑事司法政策的目的解释方法。

在追求立法原意的同时，目的解释方法也对刑事司法政策进行充分的考量。在刑事指导性案例中目的解释方法的适用过程中主要体现了宽严相济的刑事政策。在从宽解释方面，指导性案例4号和12号中，对于由婚恋纠纷等引发的民间矛盾，存在被告人由坦白悔罪或者亲属协助抓捕等从宽情节，判处死缓限制减刑。在从严解释方面，受贿罪和贪污罪作为国家的重点打击犯罪，指导性案例3号和11号所出现的犯罪新形式则通过扩大解释从严惩治。指导性案例13号对氰化钠的扩大解释也体现了对于危害公共安全犯罪的从严政策。通过上述形式指导性案例中宽与严的对比，对宽严相济的刑事司法政策展开了多角度的诠释，也有利于司法者对该政策的认识与思考。此外，指导性案例14号未成年人禁止令的适用，也是对未成年人“以宽为先”和“非监禁化、社会化”刑事司法政策的良性呼应；指导性案例28号对不具备用工主体资格的单位和个人成为拒不支付劳动报酬罪犯罪主体的认定，也是对保护劳动者等弱势群体利益刑事司法政策的具体践行。

4. 目的解释方法在刑事指导性案例中的适用方式

在每个刑事指导性案例中，目的解释方法的适用都存在不同的表述方式，以刑事指导性案例3号－71号为研究对象，① 对其表述方式进行研究和分类，研究结果如下面表5所示。嵌入式，是指将目的解释方法适用的理由嵌入刑事指导性案例本体裁判理由部分的适用方式。例如，指导性案例71号中，可以在裁判理由部分找到对目的解释方法适用于本案依据的系统表述；例如，对全国人大常委会对拒不执行判决、裁定罪的立法目的的追根溯源，对破解执行难的立法目的进行详细的说明。段落式和语句式都是在刑事指导性案例本体中对立法原意无迹可寻，但在后续发布的《指导性案例的理解与参照》中对目的解释方法的适用进行解释。段落式的语言相对丰富，例如，指导性案例70号还对《危害食品安全解释》起草人的观点进行了展示；语句式则是通过“符合刑法立法精神和原意”等相似的语句对目的解释方法的适用原因一笔带过。

表5

目的解释方法的适用方式	刑事指导性案例编号
嵌入式	61、71
段落式	4、13、14、70
语句式	3、11、12、28

5. 目的解释方法在刑事指导性案例中的适用效果

司法实践中的应用是检验刑事指导性案例中目的解释方法适用效果的唯一标准。根据北大法宝发布的《最高人民法院刑事指导性案例司法应用报告（2018）》，截至2018年12月31日，17例涉及目的解释方法适用的刑事指导性案例中共有9例被应用于司法实践，

① 本研究对象的限定是由于指导性案例93号－106号的《指导性案例的理解与参照》尚未公布，无法进行参考和比对。

应用率为52.9%。[①] 其中指导性案例13号的应用频率最高，为13次，指导性案例28号的应用次数为6次，指导性案例11号和71号的应用次数为5次，指导性案例12号和61号的应用次数为4次，指导性案例3号、4号、14号的应用次数仅为1次，其余指导性案例尚无可查证的被援引记录。[②]

（二）目的解释方法适用于刑事指导案例的问题检视

虽然目的解释方法在刑事指导性案例中具有不可替代的独特作用，且得到了一定程度的适用，但是这并不能说明目的解释方法的适用过程是没有问题、无可挑剔的，目的解释方法适用不当，会对刑事案例指导制度造成一定的负面影响和不利后果。刑事指导性案例作为统一刑法规范适用的示范性案例，更会对这些负面影响起到放大镜的作用，不能不加以严格检视与深入反思。

1. 解释方法的复杂性致使目的解释陷于合法性风险

目的解释方法的核心在于“目的”，法律规范目的庞杂直接导致了目的解释方法的复杂性，成为目的解释理论自提出至今一直饱受质疑的根本原因。对于目的的探讨，学术界长久以来存在着对于“立法者的目的、起草者的目的还是规范性文本目的、人民的目的还是统治阶级的目的、法官的目的还是其他法律人的目的”[③] 等一系列的追问，其中当属主观目的解释和客观目的解释之争最为激烈。在刑事法律规范中，虽然学术界对以法益为中心的目的解释观达成了较为一致的看法，但是刑事法律规范所保护的法益具有层级性，根据刑法第1条对刑法惩罚犯罪、保障人权的规定形成刑法的整体目的，根据刑法分则每一章节名称所体现出的法益形成刑法的章节目的，根据刑法具体条文所保护的法益又形成了刑法的具体目的。由于一个犯罪行为可能对多个法益造成侵害，每个刑法具体条文中所保护的法益也并不唯一。对于刑事指导性案例而言，立法目的选择不当则会对刑事法律规范的适用产生误导作用，进而削弱刑事指导性案例的指导意义。

目的解释方法与罪刑法定原则存在着天然的矛盾，从应然角度看，目的解释方法在刑事指导性案例中应坚持保守主义的解释立场，但实际上当前目的解释方法的适用主要以扩大解释为主要表现形式，在高使用率的背后潜藏着与罪刑法定原则相冲突的合法性风险。一方面，合法性风险体现为刑事指导性案例中目的解释方法与罪刑法定原则谦抑性要求的直接冲突。通过对使用扩大解释的11例进行深入分析，除了指导性案例93号将非法限制他人人身自由的行为解释为正当防卫的构成要件属于对犯罪阻却事由的扩大解释；其余10

① 需要注意的是，指导性案例93号发布于2018年6月20日，指导性案例97号发布于2018年12月19日，指导性案例102－106号发布于2018年12月25日，距离报告统计截止时间较短或十分临近，可能对本数据的有效性产生一定的影响。

② 《最高人民法院刑事指导性案例司法应用报告（2018）》，载 https：//new. qq. com/rain/a/20190424A0CR4I

③ 陈金钊：《法律解释学——权利的张扬与方法的制约》，中国人民大学出版社2011年版，第190页。

例都属于对犯罪构成要件的扩大解释。以指导性案例28号为例，被告人胡克金属于不具备用工资格且违法用工的小包工头，出于对打击建筑工程施工领域高发的恶意拖欠工资案件的立法目的和维护劳动者权益的刑事司法政策的考虑，目的解释方法对刑法第二百七十六条之一规定的拒不支付劳动报酬罪的犯罪主体做出了扩大解释，并做出了不利于被告人的裁判结果。刑法的谦抑性原则要求在定罪层面的"疑罪从无"，而刑事指导性案例中的目的解释方法为了凸显对社会秩序的维护，通过扩大解释重视入罪而漠视出罪，与罪刑法定原则发生了显而易见的摩擦。另一方面，刑事指导性案例中目的解释方法隐藏着罪刑法定原则所禁止的类推解释的间接倾向。曾有学者指出，"法律的类推适用多半是以客观或主观的目的性论证为基础",① 目的解释方法对刑事法律规范的阐释一旦超过了其可能含义的范围，就不再属于扩大解释的范畴，进入了类推解释的高危境地。刑事指导性案例70号对原本不在《食品中可能违法添加的非食用物质名单》和《保健食品中可能非法添加的物质名单》中的盐酸丁二胍做出了扩大性解读，并创立了"如果该物质与上述名单中所列物质具有同等属性，并且根据检验报告和专家意见等相关材料能够确定该物质对人体具有同等危害的，应当认定为刑罚一百四十四条规定的'有毒、有害的非食品原料'"的裁判规则。② 目的解释方法在该案例中的适用，突破了生产销售有毒、有害食品罪法律条文的稳定性和可预测性，不仅是不符合谦抑性原则的基本要求，从严格意义上讲更是具有显著的类推解释之嫌。况且刑事指导性案例自身的法律地位与效力尚未明晰，如此唐突的创制规则恐怕会埋下僭越刑事立法的隐患。

2. 解释方法的任意性致使目的解释陷于合理性争议

与复杂性相伴而生的是目的解释方法的任意性。从客观上看，法律规范目的作为目的解释方法的第一要义，其本身具有一定程度的不确定性。法律规范目的内部盘根错节，且随着时代的发展与社会的变迁，立法的修订、新司法解释的出台都会给原始法律条文注入新的内涵。"任何一个刑法条文都是立法者在特定目的的指导下形成的，但在时过境迁之后，即使法条文字没有任何改变，法条目的也可能已经改变"。③ 从主观上看，法官通过目的解释方法对法律规范做出自由变通的同时诱发了裁判结果的不确定性。在对法律规范的抉择过程中，不同主体之间由于对法律规范目的的认知存在分歧，基于不同立场所形成的衡量标准具有较强的主观性，最终所做出的取舍与判断就无法确保一致。尽管是同一主体在不同的时间、情境、情势之下，通过目的解释方法所做出的变通也会存在细微的差异。罪刑法定原则要求刑事法律规范在定罪与量刑上的实质明确性，目的解释方法的灵活

① ［德］英格博格·普珀《法学思维小学堂：法律人的6堂思维训练课》，蔡圣伟译，北京大学出版社2011年版，第80页。

② 参见李益松、汤咏梅、李兵：《北京阳光一佰生物技术开发有限公司、习文有等生产、销售有毒、有害食品案》的理解与参照——刑法第一百四十四条规定的"有毒、有害的非食品原料"的认定，载《人民司法（案例）》2018年第23期，第4-8页。

③ 何萍、张金刚：《刑法目的解释的教义学展开》，载《法学论坛》2019年第1期，第76-83页。

性虽然居于法律解释方法之首，若目的解释方法在刑事指导性案例中适用过度，灵活性所衍生出的主客观方面的不确定性将诱导目的解释方法走入任意解释的误区，这不仅是对刑事指导性案例目的解释方法保守主义立场的违背，更会成为对刑法基本精神的公然挑战，造成解释结论的不合理倾向。

目的解释方法追求的立法目的纷繁复杂，依托的非规范因素笼统抽象，最终做出的价值判断迥异多样。在刑事指导性案例中，以不同的法益为出发点进行目的解释会得出不尽相同的解释结论，对于立法目的的选择常常会顾此失彼，从而伴生出对于裁判结论合理性的诸多争议。指导性案例13号将氰化钠认定为毒害性物质从而做出有罪判决，是从刑法一百二十五条的具体目的出发，考虑到非法买卖、储存危险物质罪的立法原意在于维护危险物资管理秩序和社会公共安全，却一定程度上牺牲了刑法整体目的对被告人人权的保障。指导性案例97号将王力军尚未严重扰乱市场秩序的非法收购行为改判无罪，是从刑法谦抑性的整体目的出发保障了被告人的人权，但对国家限制买卖物品和经营许可证的市场管理制度的维护之具体目的却被虚化。指导性案例12号对杀人手段残忍且系累犯的被告人做出死缓限制减刑的裁判，遵循了严格控制和慎重适用死刑的刑事司法政策，最大限度地缓和了社会矛盾、促进社会和谐，却对于累犯加重处罚的情节欠缺考虑，有为了强制推行刑事政策而降低法律制度要求之嫌。① 对比而言，无论是对于整体目的、具体目的还是刑事司法政策的权衡，我们都难以通过统一的标准证明哪一种裁判结果更为合理，每一种目的选择都存在能够自圆其说理由的同时也会引发另一个观察视角的争议。

3. 解释方法的抽象性致使目的解释陷于有效性质疑

正如学者所说，“刑法的目的往往是一种观念的抽象的存在，甚至不是一种客观的存在，刑法文本的一般目的往往更多地取决于解释者的价值判断，发现和解释刑法目的的过程本身是一个相对自由、具有相当不确定性和主观性的判断与选择的过程”。② 与文义解释拘泥于刑事法律规范文本的字面意思不同，“目的解释方法涉及了不同解释立场、刑法观念、价值取向的交锋与妥协，蕴含了纠结的价值衡量，甚至会受到风险社会、刑事政策等多种因素的影响”，③ 在面对疑难问题时，借助抽象的法外因素探寻立法目的并直接、强烈地导向解释结果。刑事法律规范是具体的，而刑事立法目的往往通过这些因素以无形的方式表现出来，因此目的解释方法的价值导向性也可以从另一个角度解读为目的解释方法的抽象性。这种抽象性与罪刑法定原则形式侧面的核心内容——成文法主义相背离。如果刑事指导性案例中的目的解释方法适用不当，不能通过有效的手段限制目的解释方法的

① 参见孙光宁：《中国司法的经验与智慧：指导性案例中法律方法的运用实践》，中国法制出版社2018年版，第355页。

② 梁根林：《罪刑法定视域中的刑法适用解释》，载《中国法学》2004年第3期，120－131页。

③ 田维：《刑法目的解释的基础理论考察》，载《刑法解释》2016年（第2卷），法律出版社2016年版，第96页。

扩张，将会模糊刑事法律规范与立法目的的界限，影响刑事法律规范约束作用的发挥，对刑事立法的权威性造成严重的威胁。

根据前文论证可知，涉及目的解释方法的刑事指导性案例的总体参照率较低，个体被援引次数较少，部分案例并未应用到司法实践中去，引起了众多的质疑之声。这种并不乐观的适用效果当然与刑事案例指导制度运行不畅的外在原因脱不了干系，但聚焦其内在原因，目的解释方法在刑事指导性案例中适用的有效性也值得深思。从目的解释方法的适用类别看，立法目的宣示了刑事指导性案例是对目的解释方法作用的削减。指导性案例14号的案例本身不具有疑难性质，禁止令的裁判也只是依据刑事法律条文的机械适用，目的解释方法的适用只是为了宣示其立法目的。指导性案例是宣告新制度立法目的的最佳方式吗？笔者认为这更应该被视为对司法资源的浪费。从目的解释方法的适用方式看，“最高人民法院过于注重裁判结论以及由此而产生的裁判要点，相应地忽视了解释和论证工作，是授人以鱼而非授人以渔”。① 在刑事指导性案例中，大部分目的解释方法的运用都无具体依据嵌入裁判理由之中，语句式的适用方式依然十分常见，却并不足以使法官精确掌握类似案件中目的解释方法的运用，致使刑事指导性案例的指导和示范作用无法有效地施展开来。

三、回应问题的有效对策建构

准确把握目的解释方法在刑事指导性案例中的基本定位，是构建刑事指导性案例中目的解释方法运行机制的首要任务。学术界对于目的解释方法的地位始终争论不休。有的学者认为文义解释具有优先性，目的解释只是处于辅助地位的一种解释方法，② 有的学者则认为目的解释方法对解释结论的得出起决定作用。就司法实践日常而言，大部分案件都是对刑事法律规范文本的直接适用，基本不需要借助目的解释方法予以阐释，目的解释方法决定论的观点有些冒进。然而，在刑事指导性案例中，面对刑事法律规范的模糊与滞后、面临司法疑难案件之时，目的解释方法毫无疑问地成了最为重要的法律解释方法，如果说文义解释设定了基本的裁判框架和底线，目的解释方法则为刑事指导性案例注入了实质性思考的灵魂，由此判定目的解释方法的决定性地位便并不夸张。同理，对于解释立场方面的形式解释主义与实质主义之争，“形式解释主义以罪刑法定原则为核心，主张在解释法条时先进行形式解释即对刑法条文字面可能的含义进行解释，再进行实质解释即对刑法条文规定的行为在性质上是否具有严重社会危害性进行解释”。③ 在刑事指导性案例中，对

① 孙光宁：《法律解释方法在指导性案例中的运用及其完善》，载《中国法学》2018年第1期，第96－117页。

② 参见蒋惠岭：《目的解释法的理论及适用（下）》，载《法律适用》2002年第8期，第50－53页。

③ 魏东：《刑法解释学基石范畴的法理阐释——关于“刑法解释”的若干重要命题》，载《法治现代化研究》2018年第2期，第111－134页。

于形式法治的绝对追求反倒与其追求的人权保障宗旨相悖。“试图完善以往‘严格司法’和‘禁止类推’的刑事审判思想的刑事指导性案例越发少见，更多地通过规范标准下的倾向性解释及隐性类推来实现中国刑事裁判的科学化和人性化”。① 刑事指导性案例中目的解释方法虽然应当在罪刑法定原则的规范下保持一定程度上的保守性，但这并不妨碍其对实质主义的解释立场的坚持。

（一）规制刑事司法政策运用以保障合法性

由于目的解释方法的适用给刑事指导性案例裁判结果带来了合法性和合理性风险，如何限制目的解释方法在刑事指导性案例中的适用成为重要的课题。笔者认为，面对当下刑事指导性案例不容乐观的适用效果，一味地讨论对目的解释方法的限制可能会导致指导性案例失去活力，且为目的解释方法设置一种明确的解释限度和判定标准缺乏可操作性。或许通过一定的方法对目的解释方法在刑事指导性案例中的适用进行规范，试图去引导和约束，才是刑事案例指导制度当前运行阶段的应然选择。目的性扩大解释的使用通过对拓宽刑事法律规范的字面意思起到填补漏洞的效果，对于刑事指导性案例中的特殊案例的裁判说理具有重要的意义。虽然目的性扩大解释是罪刑法定原则所允许的法律解释方法，但是当前刑事指导性案例中目的性扩大解释更多地运用于入罪，容易导致刑法犯罪圈的扩大，因此我们在坚持适用目的性扩大解释的同时也应当保持一种审慎的适用态度。在目的性扩大解释用于入罪的解释过程中应当承担更多地推理论证义务，谨防类推解释对合法性原则的突破。一方面，适用目的性扩大解释进行入罪需要足够的依据。刑事指导性案例应当对犯罪行为的社会危害性进行详细的论述，只有在社会危害性达到一定的程度时才应该涉及到刑事责任的承担。例如，指导性案例104号明确指出被告人的行为影响了全国大气环境治理情况评估、损害了政府公信力、误导了环境政策的严重危害，对目的性扩大解释的适用做出了明确的阐释。另一方面，适用目的性扩大解释还应当对反对入罪的理由做出及时的回应。刑事指导性案例应当证明依据刑事法律规范字面意义所得裁判结果对立法目的的违背。例如，刑事指导性案例13号指出，氰化钠的毒性高于司法解释中所列举的5种禁用剧毒化学品，如不能定罪处罚显然不符合刑法的立法原意。此外，刑事指导性案例还应当对辩护律师的辩护意见做出相应的回应。例如，指导性案例3号在裁判理由部分对被告人辩护律师的意见进行了逐一的解释与辩驳。从正反两方面对目的解释方法的适用进行论证，更有利于规避类推解释的出现，防止罪刑擅断，进而实现刑事法律规范的法益保护和人权保障目标。

刑事司法政策具有时效性，当前的刑事司法政策可能会由于社会的发展和变迁而被取

① 宋保振：《法律解释方法的融贯运作及其规则——以最高院“指导案例32号”为切入点》，载《法律科学》2016年第3期，第39-48页。

缔；刑事司法政策还具有天然的进攻性，司法主体会基于政策需要忽视刑法规范的尊严，① 从而给刑事指导性案例带来了合法性风险。近年来，刑事司法政策在刑事指导性案例中出现的频率逐渐减少，自 2014 年以来最高人民法院发布的多批刑事指导性案例中都不见刑事司法政策的踪影。刑事指导性案例中目的解释方法的适用受到刑事司法政策的引导，而刑事司法政策也应当在刑事法律规范的范畴内发挥作用。目的解释方法中刑事司法政策的作用应当重在对刑法规范字面意义的修补，而不是创制新的裁判规则。刑事司法政策不应当成为目的解释方法适用的唯一理由，而是在与刑事法律规范目的达成一致之时予以关注。规范目的解释方法中刑事司法政策的适用，有利于消除其中任意解释的倾向，使刑事指导性案例中的目的解释方法回归到罪刑法定原则要求的法定性轨道之中。②

（二）通过各种解释方法的融贯运作以实现合理性

根据刑事指导性案例中目的解释方法的基本定位制定其适用的基本策略，最高人民法院应当继续提升目的解释方法在刑事指导性案例中的适用频率和比例。尽管目的解释方法在指导性案例中的适用可能会带来一定的合理性风险，但只要对目的解释方法的适用稍加规范即可趋利避害。况且刑事指导性的案例遴选标准足以起到严密的过滤功能，所选取案例中目的解释方法的应用本身就具有较强的模范意义，经过总结与提炼成为具有普遍指导意义的裁判规则后再回归到司法实践中去，可以对目的解释方法的适用起到强大的示范作用。如前所述，目的解释运用于刑事案例中，既有自洽性和必要性。在肯定目的解释自身的价值与优势的同时，也不得不注意到目的解释“可能因为追求妥当性、开放性而有损刑法的安定性，价值判断、目的考量有可能成为解释者恣意的借口”。③ 因此，既要对目的解释方法在刑事指导性案例中的适用做出合理性规制，又必须确保目的解释方法的功效得到最大限度的发挥。扬长避短，在遵循罪刑法定原则的前提下最大限度地谋求解释结果的合理性。

刑事指导性案例中目的解释方法解释结论的合理性，可以通过其他解释方法进行验证。文义解释方法通过对刑事法律规范字面意思的诠释，为目的解释方法的运行提供了底线和上限，其解释结论若超过这个空间的范围即失去了正当性。体系解释方法“考量该规范之意义脉络、上下关系体系地位及其对该当规整的整体脉络之功能为何”，④ 还可以联系司法解释甚至是宪法提高目的解释方法解释结论的协调性。历史解释方法通过立法阶段的原始资料解读刑事法律规范，可以对立法目的追根溯源，使目的解释方法的适用有据可依。指导性案例 61 号就在根据未公开交易信息罪立法目的判定了两种情形和量刑档次后，

① 参见赵运锋：《刑法目的解释的作用、边界及规制》，载《北方法学》2011 年第 6 期，第 87 – 95 页。
② 参见卫磊：《当代刑事政策转型与刑法解释发展》，中国法制出版社 2017 年版，第 205 页。
③ 苏彩霞：《刑法解释的立场与方法》，法律出版社 2016 年版，第 181 页。
④ ［德］卡尔·拉伦茨：《法学方法论》，陈爱娥译，商务印书馆 2003 年版，第 310 页。

进一步运用了文义解释、体系解释三种方法对该结论进行证成，确保了与目的解释方法解释结果的一致性。面对复杂而抽象的立法目的，通过多种解释方法的融贯运作检验目的解释方法的解释结论，纠正其不妥当之处，通过规范化的适用淡化个案色彩，维护司法公正。

（三）借助案例指导制度本身的完善以增强有效性

无论是目的解释方法功效的发挥，还是对目的解释方法风险的规避，多要以刑事指导性案例为载体。如果刑事指导性案例本身出现了混乱，那么目的解释方法的适用则失去了根本的保障。因此，探讨刑事指导性案例制度本身的完善，是提升目的解释方法适用有效性的必然选择。

第一，通过对刑事指导性案例遴选标准的完善，优化目的解释方法的适用类别。首先，保持定罪与量刑两类刑事指导性案例的数量齐头并进，同时发挥目的解释方法准确定罪和公正量刑的作用。其次，减少法律宣示类的刑事指导性案例的选取。刑事指导性案例中的目的解释方法不应成为一种单纯宣告立法目的的工具，而是应当在刑事法律规范模糊、滞后以及司法疑难问题类案例中尽其所能，实现其效用的最大化。最后，适当增加出罪类刑事指导性案例的选取。当前刑事指导性案例中，关于出罪类目的解释方法的适用十分稀少，如能适量填补，既可以体现出目的解释方法对犯罪构成要件更全面的解读，又能够弥补刑事指导性案例中目的解释方法谦抑性不足的现实情况。

第二，通过对刑事指导性案例编纂方式的完善，改善目的解释方法的适用方式。从编纂内容上看，刑事指导性案例在注重解释结论的同时更要注意到解释过程的重要性，应当着重加强目的解释方法解释结论的说理性。丰富的论证与说明对刑事指导性案例指导性的提升大有裨益，刑事指导性案例中应当存在对根据不同立法目的所得出解释结论合法性与合理性的深度分析，对立法目的的取舍理由做出细致的阐述。从编纂形式上看，刑事指导性案例应当凸显目的解释方法的适用。通过嵌入式的方式对目的解释方法的适用予以列明当属最佳，但考虑到编纂方式的完善不可能一蹴而就，最高人民法院可以选择先将目的解释方法的解释过程嵌入《指导性案例的理解与适用》，再实现目的解释方法在案例本体裁判理由部分的全面展示，循序渐进地改善目的解释方法的适用方式。刑事指导性案例中的目的解释方法从刑事司法实践中来，只有以饱满的内容和明晰的形式将其呈现出来，才能真正有效地再次“回到”刑事司法实践中去。

第三，通过法官司法技术水平的完善，落实刑事指导性案例中目的解释方法的适用效果。周光权教授曾指出：“实施刑事指导性案例制度需要基层法官有大智慧，要求法官要精通法律法理，熟练掌握刑事政策”。[①] 对于刑事指导性案例中的目的解释方法来说，法

① 周光权：《刑事案例指导制度的发展方向》，载《中国法律评论》2014年第3期，第131－143页。

官既是创造者又是适用者。因此，各级法官应当对刑事指导性案例中目的解释方法的适用进行细致的研究和学习，加深对立法目的的理解与把握，通过经验的累积提升其职业水平和素质，从而实现目的解释方法在司法实践中灵活熟练地运用。

四、结语

刑事指导性案例不具有法律赋予的强制约束力，而只是仰赖于自身的质量来日积月累地获得事实上的约束力。[①] 目的解释方法在刑事指导性案例中的合法、合理、有效适用，通过充分的解释与论证以理服人，是提升刑事指导性案例自身质量和获取事实约束力的有效途径。同时，刑事指导性案例中大量的特殊案例也为目的解释方法创造了展示独特风采的平台，目的解释方法在罪刑法定原则的规范下戴着脚镣舞蹈。也许当前指导性案例的运行现状并不顺畅，但是充分运用以目的解释为代表的法律解释方法的智慧与技艺，必将达成刑法适用的良性循环，在二者相互助益的过程中共同推进刑事司法的法治化。

（编辑：宋保振）

① 参见陈兴良：《我国案例指导制度功能之考察》，载《法商研究》，2012 年第 2 期，第 13 – 19 页。

《法律方法》稿约

《法律方法》是由华东政法大学法律方法论学科暨法律方法研究院编辑出版，陈金钊、谢晖教授共同主编的定期连续出版物。本刊自2002年创办以来已出版多卷，2007年入选CSSCI来源集刊，并继续入选近年来CSSCI来源集刊。从2019年起，本刊每年拟出版3至4卷。作为我国法律方法论研究的一方重要阵地，本刊诚挚欢迎海内外理论与实务界人士惠赐稿件。

稿件请以法律方法论研究为主题，包括部门法学领域有关法律方法的研究论文，稿件正文应在1万字以上。本刊审稿实行明确的三审制度，对来稿以学术价值与质量为采稿标准，并由编辑委员会集体讨论提出相应的最终用稿意见。本刊倡导优良学风，逐步实行国内期刊界倾向的反对在他人论文上挂名的做法，对作者单独完成的稿件优先采用。本刊将不断推进实施用稿与编辑质量提升计划。

一、栏目设置

本刊近几卷逐渐形成一些相对固定的栏目，如域外法律方法、法律方法理论、司法方法论、部门法方法论等。当然，也会根据当期稿件情况，相应设置一定的主题研讨栏目。

二、版权问题

为适应我国信息化建设，扩大本刊及作者知识信息交流渠道，本刊已被《中国学术期刊网络出版总库》及CNKI系列数据库收录，其作者文章著作权使用费与本刊稿酬一次性给付。如作者不同意文章被收录，请在来稿时声明，本刊将做适当处理。

三、来稿要求

1. 本刊属于专业研究集刊，只刊登有关法律方法论研究方面的稿件，故请将这方面的作品投稿本刊。

2. 稿件须是未曾在任何别的专著、文集、网络上出版、发表或挂出。否则，本刊无法采用。

3. 来稿如是译文，需要提供外文原文和已获得版权的证明（书面或电子版均可）。

4. 来稿请将电子版发到本刊收稿邮箱falvfangfa@ 163. com即可，不需邮寄纸质稿件。发电子邮件投稿时，请在主题栏注明作者姓名与论文篇名；请用WORD文档投稿，附件WORD文件名也应包括作者姓名和论文篇名。请把作者联系方式（地址、邮编、电话、电子信箱等）注明在文档首页上，以便于联系。

5. 本刊一般在每年的6月和12月集中审稿，请在此之前投稿。本刊不收任何形式的版面费，稿件一经采用即通知作者，出版后邮寄样刊。

6. 来稿需要有中文摘要（300 字左右）、关键词（3－8 个）。欢迎在稿件中注明基金项目。作者简介包括：姓名，性别，籍贯，工作（学习）单位与职称、学历和研究方向等。

7. 为方便作者，稿件请采用页下注释，注释符用“1、2、3…”即可，每页重新记序数。非直接引用原文时，注释前需要加“参见”，引用非原始资料时，需要注明“转引自”。每个注释即便是与前面一样，也要标注完整，不可出现“同前注…”、“同上”。正文中注释符的位置，应统一放在引用语句标点之后。

四、注释引用范例

1. 期刊论文

陈金钊：《法治之理的意义诠释》，载《法学》2015 年第 8 期，第 20 页。

匡爱民、严杨：《论我国案例指导制度的构建》，载《中央民族大学学报（哲学社会科学版）》2009 年第 6 期，第 65 页。

2. 文集论文

参见焦宝乾：《也论法律人思维的独特性》，载陈金钊、谢晖主编：《法律方法》（第 22 卷），中国法制出版社 2017 年版，第 119～120 页。

3. 专著

参见王泽鉴：《民法思维：请求权基础理论体系》，北京大学出版社 2009 年版，第 165～166 页。

4. 译著

［德］卡尔·拉伦茨：《法学方法论》，陈爱娥译，商务印书馆 2005 年版，第 160 页。

5. 教材

张文显主编：《法理学》（第 4 版），高等教育出版社 2011 年版，第 274 页。

6. 报纸文章

葛洪义：《法律论证的“度”：一个制度问题》，载《人民法院报》2005 年 7 月 4 日，第 5 版。

7. 学位论文

参见孙光宁：《可接受性：法律方法的一个分析视角》，山东大学 2010 年博士论文，第 182 页。

8. 网络文章

赵磊：《商事指导性案例的规范意义》，载中国法学网 http：//www. iolaw. org. cn/showArticle. aspx？id＝5535，最后访问日期：2018 年 6 月 21 日。

9. 外文文献

See Joseph Raz，“Legal Principles and The Limits of Law”，*Yale Law Journal*，vol. 81，

1972，p. 839.

SeeAleksander Peczenik，*On Law and Reason*，Dordrecht/Boston/London：Kluwer Academic Publishers，1989，p. 114 – 116.

Tom Ginsburg，“East Asian Constitutionalism in Comparative Perspective”，in Albert H. Y. Chen，ed.，*Constitutionalism in Asia in the Early Twenty – First Century*，Cambridge：Cambridge University Press，2014，p. 39.

引用英文以外的外文文献请依照其习惯。

《法律方法》编辑部

2021 年 1 月